Hommage de l'auteur
à son cousin par alliance
Monsieur l'abbé Quentin de Kercadio.

Les Planches sur Amblie
le 1er juin 1877.

A. du B. de Courson

RECHERCHES NOBILIAIRES

NORMANDIE

RECHERCHES

NOBILIAIRES

EN NORMANDIE

PAR UN GENTILHOMME NORMAND

SOUS-PRÉFET ET ANTIQUAIRE

1866-1876

Non quis hoc dixerit, sed quid dicatur, attende.

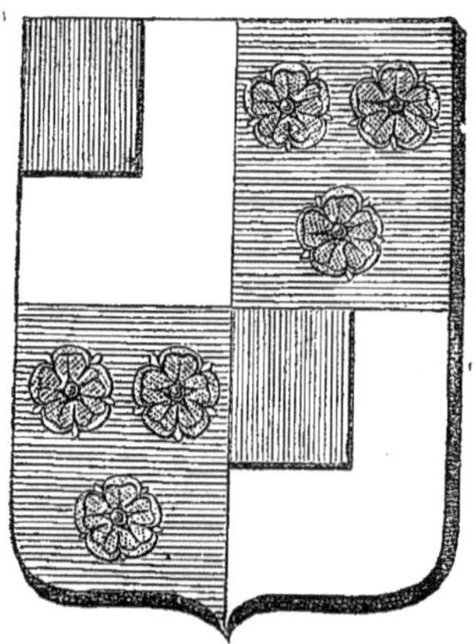

CAEN

TYPOGRAPHIE DE F. LE BLANC-HARDEL

RUE FROIDE, 2 ET 4

1876

MEMORIÆ MAJORUM

Noblesse oblige.

(Vieil adage.)

RECHERCHES NOBILIAIRES.

MAISON NORMANDE DU BUISSON

ET SES ALLIANCES.

AVANT-PROPOS.

Notre premier essai d'histoire nobiliaire, qui date de 1868, a eu trait déjà à des études sommaires sur la famille du Buisson de Courson-Cristot ; mais ce travail, trop prématuré, n'a été qu'ébauché et contient, à part beaucoup de lacunes et d'omissions, diverses inexactitudes, dont quelques-unes nous ont été signalées par des amis compétents (1). En re-

(1) Des avis obligeants nous ont été donnés à ce sujet par divers archivistes, notamment par celui de la Manche, M. Dubosc. M. Stéph. de Merval, qui demeure à Canteleu, près de Rouen, et qui s'est spécialement occupé d'études nobiliaires, nous écrivait aussi, le 16 mai 1870 :
« . . . . . Puisque vous avez assez de confiance en moi pour me « consulter, je vous dirai que j'avais remarqué quelques inexacti- « tudes dans la brochure du Buisson que vous m'avez envoyée, « inexactitudes qui ne proviennent pas au reste de vous, mais des

fondant entièrement cette œuvre d'un novice inexpérimenté et en la rééditant dans des proportions tout autrement considérables, nous avons eu pour but non-seulement de retracer la filiation, les actes ou les vertus de quelques familles, mais encore de restituer le passé historique de la France, en particulier de notre belle Normandie, soit en conservant avec soin, dans l'analyse et la copie des documents, le nom et les qualifications des personnes qui y sont mentionnées, soit en expliquant, dans le cours de l'ouvrage, ce qu'étaient les charges, ce que signifiaient les termes dont un lecteur bienveillant, mais sans expérience en pareille matière, ne pourrait se rendre suffisamment compte.

Si jamais ces *Recherches Nobiliaires* tombent, malgré leur caractère privé, entre les mains des sceptiques de nos jours et des prétendus apôtres de la démocratie moderne, ils ne manqueront pas d'en faire un objet de dénigrement contre leur auteur, taxé d'idées fort arriérées et peu en rapport, d'après eux, avec les principes de l'égalité sociale ; mais cette considération ne saurait nous arrêter dans notre culte des souvenirs, culte qui s'adresse même

« sources auxquelles vous avez puisé. Vous avez pris, dans le *Nobi-*
« *liaire* de Magny, un certain nombre de renseignements erronés, et
« je ne saurais trop vous engager à vous défier de cette indigeste
« compilation, remplie d'erreurs de tout genre, de fautes d'ortho-
« graphe, de pièces falsifiées, de fausses attributions d'armoi-
« ries, etc., etc.

« Je vous demande pardon de ma franchise ; mais la manière
« dont vous avez rédigé la Notice que j'ai reçue de vous me prouve
« que vous avez eu avant tout l'intention d'être vrai ; aussi, si vous
« voulez bien me le permettre, je vous indiquerai plusieurs des rec-
« tifications à faire dans un nouveau travail. »

à ceux de la France féodale (1). « Réveiller les « grands souvenirs historiques, écrivait l'empereur « Napoléon III à l'un de ses ministres, le 12 avril « 1869, c'est ranimer la foi dans l'avenir; rendre « hommage à la mémoire des grands hommes, c'est « reconnaître une des plus éclatantes manifestations « de la volonté divine. » Nous ajouterons de notre côté, avec Cicéron : Qu'est-ce que la vie de l'homme, si le souvenir des faits antérieurs ne rattache le présent au passé ?

Que les fanatiques d'égalité apprennent l'Histoire,

(1) Après la Religion, la Féodalité, selon Taine *(Origines de la France contemporaine)*, continuant l'œuvre commencée, scelle la seconde pierre d'assise de la nation Française, en organisant le pouvoir militaire, défenseur des frontières contre l'étranger, préservateur vigilant à l'intérieur du brigandage des bandes routières, pouvoir despotique, il est vrai, mais protégeant et sauvegardant pourtant le serf et le vassal qu'il opprime à ses heures.

Balzac a écrit quelque part, sous le gouvernement de Juillet : « Les ruines de l'Église et de la Noblesse, celles de la Féodalité et du « Moyen-Age sont sublimes et frappent aujourd'hui d'admiration les « vainqueurs étonnés, ébahis ; mais celles du nouvel ordre de choses « seront un ignoble détritus de carton-pierre, de plâtre et de colo- « riages. Cette immense fabrique de petites choses, d'efflorescences « capricieuses à bon marché ne donnera rien, pas même de la pous- « sière. La garde-robe d'une grande dame du temps passé peut « meubler le cabinet d'un banquier d'aujourd'hui ; que fera-t-on « en 1900 de la garde-robe d'une reine juste-milieu ? Elle ne se re- « trouvera pas, elle aura servi à faire du papier semblable à celui « sur lequel vous lisez tout ce qui se lit de nos jours. Et que « deviendra tout ce papier amoncelé ? »

Ce papier alimentera le feu qui couve déjà sous les idées absurdes du socialisme ; il entretiendra l'incendie révolutionnaire et anarchique, qui, dès maintenant, tend à se propager avec une effrayante rapidité.

et ils sauront qu'il y a des services qu'on ne récompense pas avec un salaire, du sang qui ne s'inscrit pas au Grand-Livre de la Dette publique. Quel prix auraient-ils donné du bûcher de Jeanne d'Arc à la famille de l'héroïne ? La Royauté donna deux fleurs de lys des vieilles armes de la France qu'elle avait sauvée ; elle figure sur son écusson cette vaillante épée avec laquelle elle combattit si généreusement l'étranger ; elle la montre soutenant cette couronne que sa main victorieuse replaça sur le front de son roi à Reims (1). Au Moyen-Age, et même un peu plus tard, quelle auréole d'héroïsme a fait pâlir l'éclat merveilleux qui rayonne sur ce seul mot CHEVALERIE, qui rappelle à l'instant, parmi tant d'autres, les noms de saint Louis, de du Guesclin, de Jeanne d'Arc, de Bayard ; de saint Louis, qui portait un anneau sur lequel il avait fait graver : *Dieu, la France et Margueritte*, et disait : *Hors cet annel, point n'ai d'amour ;* de du Guesclin, mourant en recommandant à Dieu *son âme, son roi et sa patrie ;* de Jeanne d'Arc, invoquant le nom de Jésus au milieu des flammes de son bûcher ; de Bayard, expirant en reprochant au connétable de Bourbon sa félonie et en baisant la croix de son épée.

Non, il ne se dévouerait pas, il ne ferait rien de grand et de noble, l'homme qui n'aurait en vue qu'une récompense matérielle ; il ne donnera sa vie qu'en obéissant au sentiment du devoir et de l'honneur, avec l'espoir que son nom ne disparaîtra pas avec

(1) Armes octroyées par Charles VII à la famille de Jeanne d'Arc : *d'azur, à une épée d'argent, garnie d'or, en pal, couronnée à la royale de même et accostée de deux fleurs de lys d'or.*

lui. On aura beau faire, l'honneur ou l'infamie jettent sur les races un inévitable reflet ; les noms obligent et recommandent. Les Anciens savaient eux-mêmes exciter à la vertu par des signes extérieurs ; le *jus imaginis* autorisait les enfants de ceux qui avaient servi la patrie à honorer leur mémoire par des statues, par des images, par des inscriptions. A toutes les époques, les distinctions honorifiques, lorsqu'elles n'ont pas été prodiguées, ont créé une noble émulation pour les grandes actions. Sous le premier Empire, l'espoir d'un ruban rouge, dont on était avare alors et qui était plus spécialement affecté à l'armée, a fait des héros ; Napoléon avait, avec raison, attaché la noblesse aux familles qui compteraient trois générations de légionnaires, réminiscence heureuse de ce qu'avait inauguré Louis XV en 1750, en faveur de la croix de Saint-Louis, cette Légion-d'Honneur de Louis XIV. Le grand Roi sut en maintenir bien haut le prestige ; un jour, en effet, il recevait un officier auquel il accorda une forte pension, en récompense de ses services ; *Sire,* dit l'ancien militaire, *j'aurais préféré la croix de Saint-Louis. — Je le crois bien, Monsieur,* répondit le monarque, qui eut le privilége de vivre dans un temps d'enthousiasme, de dévouement et de foi, où le souverain était considéré comme tenant son pouvoir de la Divinité et où la majesté royale gagnait à cette croyance un incontestable prestige.

Même après la ruine de la Féodalité et jusqu'au XVIIe et au début du XVIIIe siècle, il faut le dire à la honte de notre époque, le respect seul inspirait souvent les grandes vertus, les nobles et vrais sacrifices. Le paysan ne lisait pas alors les mêmes romans que la grande dame ; il la saluait du plus loin qu'il la voyait ; il la regardait comme son étoile, sa lumière bienfaisante. Les fils de la chaumière n'étaient pas encore des rêveurs ou des sots, pervertis par une encyclopédie champêtre à leur usage. Ils s'agenouillaient devant deux royautés saintes, la Vierge des moissons et la dame du château : l'une était la bannière, l'autre l'égide. Quand ils avaient à se plaindre ou à demander, ce n'était pas au maître, mais à la maîtresse qu'ils s'adressaient ; la main de la châtelaine s'ouvrait toujours volontiers pour l'aumône. Les durs travailleurs aux mains brunies la regardaient avec une admiration silencieuse. Mille circonstances, futiles en apparence et que l'on se plaisait néanmoins à faire naître, amenaient journellement à elle : c'était ce jour un gâteau de pur froment à lui porter, cette autre fois un bouquet champêtre. Eh puis, ne souriait-elle pas d'ailleurs avec bienveillance aux danses sous les ormes, aux joutes et aux jeux dans la plaine ? Ne prenait-elle pas part à toutes les joies comme à toutes les misères ?

Aujourd'hui, un déplorable système d'éducation a brisé le respect des traditions ; l'étude de l'Histoire, trop souvent dénaturée ou faussée dans l'intérêt des principes révolutionnaires, sans souci pour l'origine ou les causes des faits racontés, a perdu toute influence salutaire sur les jeunes générations. « Je « me demande enfin », dit dans une de ses pièces de théâtre un de nos plus charmants et de nos plus élégants romanciers actuels (1), « lorsque vous brisez

(1) Octave Feuillet : *La Belle au bois dormant.*

« pêle-mêle toutes les servitudes de cette vieille « société à laquelle j'ai le triste avantage d'appar- « tenir, les servitudes qui attachaient le sujet au « prince, le vassal au seigneur, le fils au père, « l'homme à Dieu, je me demande si vous n'atteignez « pas au cœur toute société humaine dans son lien « le plus puissant, le plus nécessaire, le plus sacré, « le respect !... La résignation et le respect ôtés de « ce monde, vous aurez beau grandir la matière, « vous ne la grandirez jamais assez pour combler « dans le cœur de l'homme le vide mortel que vous « y aurez fait. »

La plupart des distinctions, souvent même les rangs et les préséances de la hiérarchie, sont considérées de nos jours comme un attentat à l'égalité par des gens qui n'acceptent guère cette maxime de l'Evangile : Rendez à César ce qui appartient à César et à Dieu ce qui est à Dieu. — « La véritable « égalité, a déclaré à la tribune de l'Assemblée « Nationale un de nos plus illustres prélats (1), n'est « pas celle qui passe un niveau grossier et barbare « sur toute supériorité et toute grandeur, mais celle « qui permet à tout ce qui est beau, noble et géné- « reux de se produire, de s'épanouir et de monter. »

L'égalité, qui l'attaque ? La même loi prononce sur tous, l'opinion publique apprécie librement les actes de chacun, la postérité, plus impartiale, les juge ; voilà l'égalité. Mais interdir la mémoire du passé, le souvenir des ancêtres, tourner en dérision cette Noblesse qui, malgré ses fautes, a fait la gloire

(1) Mgr Dupanloup, évêque d'Orléans, *Projet de loi sur l'Instruction* ; Discours du 5 décembre 1874.

de la France, qui jette encore un lointain éclat sur l'histoire de notre pays, ce n'est pas prêcher l'égalité, c'est décréter l'envie, le plus bas et le plus vil des sentiments humains.

Du reste, la vanité est de tous les temps, de tous les pays, de toutes les classes sociales ; elle est inhérente au cœur de l'homme, même, et peut-être à leur insu, au cœur des fanatiques d'égalité. Actuellement comme autrefois, on crie contre la Noblesse, bien qu'elle ne jouisse d'aucun privilége, et chacun pourtant veut souvent s'en créer une à sa taille. A une époque où tant de gens se l'arrogent de leur propre autorité et sont les premiers à contester à d'autres les titres les moins douteux, il serait plus que jamais nécessaire de dévoiler les usurpations que la loi du 28 mai 1858 est impuissante à réprimer, et de rétablir la vérité, les preuves à la main ; de pouvoir dire à celui-ci : le nom aristocratique dont vous doublez votre nom vulgaire ne vous appartient pas ; vous l'avez tiré un de ces jours on ne sait d'où, pour donner à l'étoffe quelque valeur par la doublure ; à celui-là ; le titre dont vous vous décorez est faux (1) ; c'est un joyau de strass qui n'éblouit personne.

(1) Les Titres (*duc, comte, marquis, vicomte, baron*) étaient à l'origine l'union de la dignité et du fief ; plus tard, les souverains s'attribuèrent la collation des *titres nus*, c'est-à-dire sans tenir sérieusement compte de la possession territoriale. Mais ces titres, celui de duc excepté, n'ont jamais conféré aucun privilége, et sont chose très-secondaire, par rapport à la noblesse, ainsi que le déclare implicitement Henri IV lui-même, dans son discours prononcé aux États de Normandie, à St-Ouen de Rouen, en 1596. Néanmoins, les usurpations de *titres*, principalement de ceux de *Comte* et de *Vicomte*, déjà fréquentes sous le règne de Louis XV, atteignent

Les billets de faire-part, dont notre siècle abuse, sont un moyen commode de faire connaître à chacun, à l'occasion d'un décès ou d'un mariage, les Lettres patentes de noblesse que l'on s'est octroyé soi-même la veille. Après une promulgation de ce genre, il n'est plus permis à personne d'ignorer que X... est *noble* ou *titré*, quelquefois l'un et l'autre, par la grâce..... de sa volonté.

Ceux qui devraient être les premiers à s'élever contre de semblables abus paraissent les sanctionner par leur silence, et se contentent de leur lancer une épigramme dans le secret de l'intimité. Aussi ces audacieuses et fréquentes usurpations de la particule dite *nobiliaire* et plus habituellement des titres, s'autorisant l'une par l'autre, sont sanctionnées par les trop nombreux ouvrages de spéculation sur la Noblesse, qui surgissent en France depuis plus d'un demi-siècle; il serait donc fort utile, mais malheureusement beaucoup de considérations et de difficultés matérielles s'y opposent, qu'un ouvrage consciencieux, à défaut de disposition législative suffisamment protectrice, vînt porter la lumière dans ces ténèbres et séparer l'ivraie du bon grain.

Nous ne voulons pas terminer cet avant-propos, peut-être déjà trop long, sans reproduire les sages observations écrites en 1856 par un jeune auteur méridional (1):

aujourd'hui des proportions scandaleuses, sans que ni Lettres-patentes, ni documents, ni circonstances quelconques du passé des familles viennent justifier, au moins en partie, ces étranges prétentions.

(1) Ch. de Tourtoulon : Préface de ses *Notes pour servir à un nobiliaire de Montpellier* (Montpellier : in-12 ; imp. Grollier ; 1856).

« La vieille maxime : *Noblesse oblige* renferme le « jugement de la nation entière sur ce corps, auquel « la France a dû, pendant des siècles, la force de « ses armées, et qui, tout en protégeant les Lettres « et les Arts, a introduit et conservé dans nos mœurs « les sentiments de courtoisie, de loyauté et d'hon- « neur chevaleresque, caractères distinctifs de la na- « tion française. . . . . . .

« Aujourd'hui que la ligne de démarcation qui « séparait les diverses classes de la société s'est effa- « cée sous les pas progressifs des siècles, il faut que « la Noblesse, si elle veut conserver encore quelque « prestige, sache marcher aux premiers rangs de la « nation par les sentiments et par l'intelligence, « comme elle l'a toujours fait par son courage. Il « faut que la Bourgeoisie, si elle veut acquérir de la « Noblesse ce qu'on peut en acquérir, dépouille les « mesquines rancunes et les basses jalousies de ses « pères et revête quelques-unes des vertus qui « distinguaient l'ancienne chevalerie. Si notre époque « n'autorise plus l'orgueil de la naissance, elle n'au- « torisera jamais celui de la fortune. »

Les désastres de la France, pendant les années 1870-1871, ont fourni la preuve, constatons-le avec satisfaction en finissant, que si les représentants des anciennes familles françaises ne jouissaient plus d'aucun privilége dans un temps d'égalité sociale, ayant peut-être le tort de ne pas appliquer aux affaires de leur pays l'activité et parfois la turbulence que leur ont léguée leurs pères, ils savaient encore, à l'occasion, se battre et mourir pour leur patrie; pendant que les perturbateurs de tout ordre social se disputaient les honneurs et les fonctions publiques, péroraient dans les clubs et sur les places publiques, en flattant les passions anarchiques, ou démolissaient la colonne Vendôme, ce glorieux trophée de nos anciens triomphes, en présence de l'ennemi victorieux, et, après l'odieux massacre des *Otages,* incendiaient la capitale de la France, sans reculer devant des violences sanglantes, au milieu des orgies et des saturnales révolutionnaires.

A. B. C.

RECHERCHES NOBILIAIRES

LIVRE PREMIER

HISTOIRE GÉNÉALOGIQUE

DES SIRES

DU BUISSON

GENTILSHOMMES DE NORMANDIE, QUALIFIÉS DÈS LE DÉBUT DU XIIIe SIÈCLE

NOBLES HOMMES, ÉCUYERS, CHEVALIERS

SIEURS DU BUISSON, D'IQUELON, DE COURSON ET AUTRES LIEUX

SEIGNEURS ET PATRONS DE CRISTOT, DE BROUAY, ETC.

« ... Nobilitas nihil aliud est quam claritas splendorque majorum, « honor virtutis præmium. »

(PORPHYRE.)

« ... La qualité de *Gentilhomme* a toujours été en si grande « estime en France qu'un auteur, parlant du roi Charles VIII, dit « que nos Rois jurent *Foi de Gentilhomme*, parce que cette qualité « est comme un cercle qui renferme toutes les vertus destinées à « rendre leur foi inviolable. »

(LA ROQUE, *Traité de la Noblesse* (Paris, 1678), ch. IV, p. 6.)

« ... J'aspire au glorieux titre de Libérateur et de Réformateur « de la France. Déjà par la faveur du Ciel, par les conseils de mes « fidèles serviteurs, *et par l'épée de ma bonne et généreuse « Noblesse*, de laquelle je ne distingue point les Princes, *la qualité « de Gentilhomme étant le plus beau titre que nous possédions*, « je l'ai tirée de la servitude et de la ruine. »

(Extrait du discours d'HENRI IV, à l'ouverture des États de Normandie, à St-Ouen de Rouen, en 1596.)

« ... Sans Noblesse, point de Monarchie. »

(MONTESQUIEU, *Esprit des Lois*, liv. II, ch. IV.)

« ... Tout État, monarchique ou démocratique, sans Noblesse, « tombe dans l'anarchie. »

(CHATEAUBRIAND.)

PREMIÈRE PARTIE.

CHAPITRE PREMIER.

ORIGINES.

§ 1. Origine de la Noblesse Française.

L'origine de la Noblesse Française, selon le sentiment de beaucoup d'historiens et de publicistes, remonterait seulement, soit au Xe siècle, où la possession des fiefs aurait fait les premiers Nobles, soit tout au plus au VIIe, où les seigneuries patrimoniales et les bénéfices, rendus héréditaires et conférés avec le droit de justice, auraient anobli la personne et la postérité de ceux qui s'en trouvaient alors les possesseurs. C'est là une profonde erreur que nous démontrerons un peu plus loin.

Le mot *noblesse* implique l'idée de grandeur, vertu, courage, élévation de sentiments, réputation de loyauté, abnégation de soi-même. Lorsqu'on parle d'un homme qui a fait quelque grande action, on dit : *c'est un noble cœur.* Il n'y a jamais eu, il ne peut pas y avoir une nation fortement organisée sans une classe de sa société qualifiée de *noble* (1), et l'on reconnaîtra avec nous que cette caste fut, chez les nations, la barrière naturelle opposée à l'autocratie, en tant, bien entendu, que cette caste fut dans sa virilité. Lorsque l'autocratie eut brisé les résistances de la Noblesse, elle abusa de son pouvoir devenu trop absolu,

(1) « Et pour ce que la principale force de nostre Couronne gist et con-« siste en nostre NOBLESSE, *en la diminution de laquelle est l'affaiblissement* « *de l'État*, — nous voulons et entendons qu'elle soit maintenue et conservée « en ses anciens honneurs, droitz, franchises et immunitez accoutumées. »

(Art. 256 de l'Ordonnance de Blois, rendue par Henri III sur le vu des cahiers des États : mai 1579).

sans contrepoids, et tomba devant la réaction populaire, laquelle entraîne toujours la décrépitude de la nationalité et sa ruine. On retrouve la même situation dans l'histoire de presque tous les peuples.

Anciennement, les Grecs avaient les cigaliens et les autochthones; les Romains, leurs patriciens; les Indiens, leurs kchatrias; les Egyptiens et Nubiens, leurs cabasyres; les Mèdes et les Perses, leurs achéménides et maspiens; les Juifs, leurs vieillards, que les peintres représentent plaisamment avec de longues barbes blanches, confondant le nom avec l'âge.

Dans nos temps modernes, les Indiens ont leurs rajahs; les Ottomans, leurs émirs; les Russes, leurs boyards; les Slaves, leurs magnats; les Tudesques, leurs graffs; les Chinois, leurs savants; les Anglo-Saxons, leurs baronnets; les Espagnols, leurs hidalgos; les Américains, leurs yankés, enfin les Sauvages, leurs guerriers.

Lorsque, cinquante et quelques années avant l'ère chrétienne, César entreprit la conquête des Gaules, il y trouva une Noblesse nombreuse et puissante; et plusieurs des passages, où il parle des Nobles Gaulois, ne permettent pas de douter que leur noblesse ne fût héréditaire (1). Rien ne fut changé sous la domination des Romains, qui avaient pour système de laisser aux vaincus leurs usages et leur constitution sociale, et les Nobles Gaulois continuèrent à jouir de la distinction attachée à leur naissance.

Les Francs, conquérants des Gaules au ve siècle, et qui, dès cette époque, avaient parmi eux des Nobles, puisqu'ils étaient Germains et que la Noblesse existait chez les Saxons, les Frisons et, on peut même dire, chez toutes les nations d'origine Germanique, sans exception (2), agirent à leur tour comme avaient fait les Romains. Ils ménagèrent les descendants de ces grandes familles sénatoriales de race gallo-romaine, dont Sidoine Appolinaire nous a retracé la brillante existence : les héritiers de ces grands propriétaires fonciers, riches, respectés, influents dans les assemblées, vivant largement sur leurs domaines, lorsqu'ils n'occupaient pas de hautes fonctions, véritables patriciens qui, sous l'empire Romain, avaient exercé une immense influence sur leurs provinces respectives, dont ils dirigeaient directement ou indirectement les affaires.

(1) Voir les Commentaires de César : *De bello Gallico*, liv. VI, ch. XII, XIII, XV, XIX, et ailleurs.

(2) Tacite a, sur ce point, huit ou dix passages décisifs dans son traité *De moribus Germanorum*, ch. VII, VIII, XI, XIII, XIV, XVIII, XXV, XXVIII, etc.
Consulter encore Meyer : *Institutions judiciaires*, t. I, p. 103.

Le caractère des deux aristocraties gallo-romaine et gallo-franque est si absolument le même, qu'il est impossible de se refuser à voir qu'elles n'en font qu'une ou plutôt que la seconde continue la première (1). Elles reposent exclusivement l'une et l'autre sur la propriété foncière et n'émanent ni de la volonté royale, ni du fait de guerre et de conquête. Le riche, en ce temps-là, n'est pas toujours noble, mais le noble est toujours riche. La richesse, pour tout dire en un mot, est la condition première de la Noblesse.

Les preuves de l'existence d'une Noblesse dans les Gaules sous les deux premières races de nos Rois, du Ve au Xe siècle, sont répandues dans les écrits des auteurs contemporains, Grégoire de Tours (2), Frédégaire et ses continuateurs, le poëte Fortunatus, de Poitiers; dans les *Gesta Dei per Francos*; dans plusieurs des histoires et des pièces recueillies par dom Bouquet; enfin dans les *Acta Sanctorum* des Bollandistes. Toutes ces chroniques sont pleines de détails sur l'opulente aristocratie du temps, et parlent à tout instant des *Nobiles*, des *Proceres*, des *Meliores natu*, des *Senatores* et des *Seniores*. — Charlemagne, dans ses Capitulaires de l'an 805, article 195 (3), impose comme peine de certains crimes la perte des bénéfices, des honneurs et de la noblesse : « *Beneficium et honorem perdant, no-* « *tentur infamiâ et nobilitatis vel honoris sui dignitatem tenere* « *non possint.* » Déjà, antérieurement, dans ses Capitulaires de l'an 789 (4), le titre XII est ainsi conçu : « *De filiis Nobilium qui offeruntur*, » c'est-à-dire qui étaient consacrés à Dieu par leurs parents et recrutaient le haut clergé.

Toutefois, la Noblesse ne fut chez les Gallo-Francs, jusqu'à la Féodalité, que ce qu'elle a été primitivement chez presque tous les peuples, une classe distinguée par l'estime générale, sans tenir aucun rang dans l'ordre politique. Cette aristocratie, toute de tradition et sans droits définis, occupant ordinairement les premiers emplois, parce qu'une éducation et une aptitude spéciales, des aïeux à imiter, le désir de s'en montrer digne, lui donnaient plus

(1) La coexistence, puis la fusion de ces deux aristocraties suffit pour démontrer la fausseté des systèmes qui ont prétendu diviser la Gaule, après l'établissement de la royauté mérovingienne, en race conquérante et en race conquise; la vérité, c'est que la population gauloise ne fut dépouillée ni de la possession des terres qui lui appartenaient, ni de ses prérogatives, et qu'elle resta vis-à-vis des rois Francs ce qu'elle avait été vis-à-vis des empereurs Romains.

(2) Voir notamment, dans l'ouvrage de Grégoire de Tours, le liv. VIII, ch. XXIX.

(3) Baluse : p. 860, et liv. VII, ch. CCXXXV, col. 1075.

(4) Id. : p. 241.

d'énergie, plus de crainte du déshonneur qu'aux hommes nouveaux, mais n'excluant ceux-ci d'aucune fonction lorsque de grands talents les y appelaient; leur commandant ou leur obéissant suivant les circonstances, comme nous en avons encore un exemple à la fin du siècle dernier, dans les guerres héroïques de la Vendée; opinant avec eux dans les assemblées générales de la nation *(placita)*, n'est pas, il est vrai, ce que sera la Noblesse militaire et héréditaire du XIe siècle (1), dont nous allons parler tout à l'heure. A l'origine de la nation française et surtout sous la première race, il est bon d'insister sur ce point, les Nobles n'étaient que les premiers entre les laïques *(spectabiles)*, et ne jouissaient, au-dessus des autres, que de cette considération toujours inséparable d'une naissance illustre ou seulement distinguée. — Quant aux *Duces*, aux *Comites*, ils étaient, à cette époque, de simples fonctionnaires, que le roi pouvait choisir dans les classes les plus basses de la société, et parmi les Gaulois aussi bien que parmi les Francs. Les qualités même de *Leude* et d'*Antrustion*, dont les titulaires étaient le plus souvent pris dans la Noblesse, qualités qui attribuaient à l'homme du Roi investi de ce titre une valeur pécuniaire triple de celle de l'homme libre, n'étaient point alors héréditaires.

Arrivons à l'époque féodale. La Féodalité qui, malgré ses vices, a amené indirectement l'unité nationale, née des coutumes germaniques, développée dans l'anarchie sociale des barbares, ne doit son existence à personne; elle s'est faite elle-même et est le résultat des circonstances. Cet état de choses consistait en une espèce de confédération de seigneurs, investis chacun d'un pouvoir propre et parfois arbitraire et absolu dans leurs propres domaines, sur leurs sujets personnels et directs, mais inégaux en puissance, subordonnés entr'eux et ayant des devoirs et des droits réciproques. C'est par là surtout que le régime féodal diffère de toute autre aristocratie, de tout autre gouvernement (2). La Noblesse féodale, fortement constituée quand tout semblait en dissolution, concentra en elle toute l'autorité et institua sur des bases plus régulières une société nouvelle. Quoi qu'on en ait dit, la période où la Noblesse féodale régna en souveraine doit occuper une

(1) « Au lieu que, dans le commencement de la première race, il y avait « dans les villes à peu près la même administration que chez les Romains, des « corps de bourgeoisie, un sénat, des cours de judicature, on ne trouve « guère, vers le commencement de la troisième, qu'un seigneur et des serfs. »
(Montesquieu : *Esprit des Lois*, liv. XXX, ch. XI).

(2) V. ci-après, au chapitre suivant, nos observations au sujet de l'*Origine des Fiefs*.

place large et brillante dans nos annales. Laissons parler un historien moderne :

« Depuis son institution légale sous Charles le Chauve (877) « jusqu'à son déclin, le gouvernement féodal a duré plus de « cinq siècles, qui, eux aussi, peuvent revendiquer leur « part de gloire. Ils ont vu successivement s'accomplir les « Croisades et l'affranchissement des Communes; ils ont vu « naître la Chevalerie, la langue et les littératures popu- « laires, le commerce et l'industrie ; l'intelligence humaine, « se développant dans le cercle de la scolastique et de la « dialectique, a fait des efforts prodigieux ; la chaire a brillé « d'un vif éclat; l'Eglise a eu des saints, des confesseurs, « des chefs illustres ; l'Angleterre a été conquise par les « Normands ; la barbarie, par les idées. L'ère de la Féodalité « a donc le droit d'occuper une place aussi large que brillante « dans nos annales.

« Et cependant ce pouvoir fut détesté dès son origine par « la Royauté et par le peuple. Aujourd'hui encore son nom « seul soulève une vive réprobation dans tous les rangs so- « ciaux ; et la Féodalité, d'une voix pour ainsi dire unanime, « passe pour l'âge de fer de la nation française. Hâtons-nous « de le dire, ce sentiment, bien qu'il ait pour lui l'autorité « d'un fait général, ne peut être accepté sans contrôle par « l'Histoire. La Féodalité était un ordre régulier; et, par ce « seul avantage, elle l'emportait de beaucoup sur l'époque « antérieure. Elle n'avait été constituée ni en vue du despo- « tisme, puisque c'est sous son empire et souvent de son « propre consentement que le peuple s'affranchit, que la « classe bourgeoise se fortifia ; ni en vue de l'avilissement « des esprits, puisque c'est de son temps que la langue, les « mœurs, la littérature et les arts sortirent de la barbarie et « enfantèrent souvent des merveilles ; ni en vue de l'égoïsme « de la classe noble, puisque, pendant que le peuple s'en- « richit et prospéra à l'ombre des vieux manoirs, les sei- « gneurs féodaux s'appauvrirent volontairement pendant « deux siècles à lutter contre les Infidèles, et dévouèrent « généreusement, sous le manteau du Croisé ou sous la cotte « de mailles du Chevalier, leur existence, leur courage et « leur sang, à la défense des opprimés, des misérables et « des faibles. La Féodalité déploya de hautes vertus et d'ad- « mirables instincts ; elle adoucit les mœurs, et, dès qu'elle « fut à son apogée, un demi-siècle suffit pour donner à la « France une face nouvelle, pour la régénérer, pour guérir « les blessures de cinq siècles de confusion et de désordres ; « ce sont là des bienfaits dont il faut lui tenir compte. »

Ajoutons, pour compléter ce tableau, que l'âge héroïque de la Féodalité est une époque organique de force et de mouvement. Au milieu de mœurs débauchées et cruelles, restes de la corruption romaine et de la férocité germanique, apparaissent le dévouement de l'homme à l'homme, l'honneur, la loyauté, la foi du serment, le sentiment des devoirs réciproques, l'amour délicat et respectueux des femmes, la sainteté du mariage, les douceurs de la vie domestique, la courtoisie et l'élégance des manières; enfin, la *Chevalerie*, résumé poétique de tous les sentiments et des idées de ce temps, et qui a divinisé chez la Noblesse du Moyen-Age l'amour et la valeur.

Cette Féodalité, puissamment attaquée dans sa base au XVe et au XVIe siècle par la Royauté, dont le pouvoir, s'appuyant sur l'affranchissement des Communes, allait sans cesse grandissant, déjà très-abaissée par la main rude et cauteleuse de Louis XI, reçut le dernier coup sous Henri IV et surtout sous Louis XIII, de la main du cardinal de Richelieu, son grand et implacable ministre.

La vraie et pure Noblesse est incontestablement celle qui prend son origine avec la nation à laquelle elle appartient; *Quò antiquior est Nobilitas, eò quoque major*, a dit Pline. Mais le noble d'une telle naissance est d'autant plus rare, que la nation est antique, et, pour que la Noblesse ne vienne pas à disparaître, elle doit se recruter constamment parmi les hommes d'élite de cette même nation; aussi, dans toutes les nations organisées, nous trouvons deux classes dans la Noblesse même : 1° *le Noble de nom et d'armes*, noble de par les prouesses de ses aïeux participant à la fondation d'une nation; 2° *le Noble de vertu*, ayant acquis la noblesse tant par ses mérites que par ceux de ses aïeux, mais à des dates diverses et précises, postérieurement à la fondation de sa patrie.

La Noblesse de France, en raison des vides nombreux que faisaient dans ses rangs les guerres continuelles au Moyen-Age, avant, pendant et depuis les Croisades, aurait diminué sensiblement, si elle n'avait eu des moyens de se recruter et de se reconstituer elle-même; en effet, dans les expéditions d'outre-mer, dans les batailles de Courtray (1302) et de Mons-en-Puelle (1304), dans les désastres de Crécy (1346), de Poitiers (1356), et enfin d'Azincourt (1415), périt presque toute la fleur de la Chevalerie française. Quels étaient donc ces moyens? Ce n'étaient pas les anoblissements, qui n'existaient pas dans la première période du Moyen-Age et furent peu nombreux dans la seconde. La Noblesse se recrutait alors par la profession des armes jointe à la possession de fiefs, possession qui n'anoblissait que parce qu'elle astreignait au service militaire. C'est à cette profession des armes que devaient leur grandeur la plupart des seigneurs Français ou

Normands, issus de ces heureux aventuriers conquérants des Gaules, de la Neustrie, de la Pouille, de la Sicile, de l'Angleterre, enfin de la Terre-Sainte et de Constantinople. Les mots *Miles*, *Scutifer, Armiger*, par lesquels étaient désignés les Nobles, marquent assez l'idée qu'on se formait alors de la Noblesse. Aussi tous les hommes d'armes qui composaient les *Compagnies d'Ordonnance* étaient encore réputés Gentilshommes du temps de Louis XII et de François Ier, et l'article 277 de l'Ordonnance de Blois imposait encore à tous Gentilshommes faisant profession des armes, *à peine de la perte du titre de noblesse et de leurs fiefs*, l'obligation du service militaire dans les armées du Roi, en temps de guerre.

Mais, par l'article 258 de la même Ordonnance de Blois (1), rendue en mai 1579, par Henri III, sur le vu des cahiers des États assemblés en 1576, confirmé et étendu encore par l'édit de Henri IV en 1600, ce mode d'anoblissement par la possession des fiefs fut supprimé non-seulement pour le présent, mais encore pour ceux qui ne pouvaient le revendiquer avant l'année 1563. Louis XIV alla encore plus loin, et, selon l'arrêt du Conseil du 19 mars 1667, exigea, pour la Noblesse non pourvue de lettres patentes d'anoblissement, des preuves antérieures à l'année 1560, avec possession de fiefs, dignités et services de ses auteurs (2).

Dans les dernières années du Moyen-Age et dans les temps modernes, le recrutement de la Noblesse se fit surtout par des lettres et des concessions émanées du pouvoir royal, octroyées aux hommes d'élite sortis du Tiers-État et ayant rendu des services au Pays et à la Couronne, souvent depuis plusieurs générations.

La première Lettre d'anoblissement dont on trouve trace dans l'Histoire de France fut donnée, dans la dernière partie du XIIIe siècle, par Philippe III le Hardi, fils de S. Louis, à son argentier Raoul. C'était alors une usurpation bien hardie, presque une attaque à l'aristocratie féodale, puisque, d'après les principes du Moyen-Age, les rois Capétiens n'étaient nobles qu'au même titre que leurs barons (3). Cette innova-

(1) Voici la teneur de l'article 258 de l'Ordonnance de Blois :
« Les Roturiers et non Nobles achetans fiefs nobles ne seront pour ce « annoblis ni mis au rang des Nobles, de quels que revenus et valeur que « soient les fiefs par eux acquis. »

(2) La Roque : *Traité de la Noblesse* (Rouen, in-8°, 1734), p. 407.

(3) La société franque, comme la société gallo-romaine, avait une constitution essentiellement aristocratique, c'est-à-dire patriarcale. « *Dieu seul peut faire un gentilhomme* », disait-on jadis.

Lorsque les Rois voulurent établir l'impôt, longtemps inconnu aux hommes libres, ils n'osèrent y assujétir les propriétaires de fiefs, astreints seulement au service militaire. Ce privilége de l'exemption d'impôt devint la marque de

tion, qui permettait aux roturiers de s'élever à leur tour par leurs talents et leurs richesses aux droits et priviléges que la naissance seule conférait auparavant, prouvait déjà l'autorité de plus en plus croissante de le puissance royale.

D'autres anoblissements, en petit nombre d'abord, succédèrent à celui-là sous les premiers Valois et pendant la guerre de Cent-Ans. Louis XI en fit un grand nombre par la Charte générale sur les Francs-Fiefs, en 1470, et, depuis lors, sous ses successeurs, ce fut le seul moyen régulier, et parfois précaire, de parvenir aux honneurs de la Noblesse.

Si la Noblesse Française, privée d'une grande partie de son indépendance et de ses prérogatives dans ses possessions territoriales au XVIIe et au XVIIIe siècle, tendit un peu trop à devenir *Noblesse de Cour* et à favoriser l'autocratie des Souverains, elle continua, malgré quelques turpitudes isolées, à briller, par sa valeur, sur les champs de bataille, pendant la durée du règne des Bourbons, et par sa fidélité à ses Rois dans leurs malheurs; non-seulement elle perdit en grande partie ses biens, *nationalement* vendus au milieu des saturnales révolutionnaires, mais encore elle paya sa dette de sang sur les échafauds de 93 et pendant les guerres de Vendée. La conduite de ses derniers rejetons dans toutes les guerres que la France a eu à soutenir depuis le commencement du XIXe siècle jusqu'à nos jours, notamment pendant les désastres de l'invasion Allemande en 1870-71, prouve, de plus en plus, la vérité de ces vieux adages de nos pères : *Noblesse oblige* et *Bon sang ne peut mentir.*

§ 2. Origine noble de la maison normande des sires du Buisson.

La maison noble DU BUISSON, des sires du Buisson, près Caen, d'Iquelon, du Buisson-St-Aulbin, de Gavrus, DE COURSON-CRISTOT, de Brouay, etc., que certains titres et documents orthographient parfois DU BISSON, assez fréquemment DUBUISSON (1), et qu'il est fort important de ne pas

la Noblesse. — Or le Roi, qui établissait l'impôt, pouvait en exempter, et c'est ainsi qu'il put anoblir.

C'était s'emparer d'un droit social, et cet empiétement ne tarda pas à altérer singulièrement l'idée de noblesse.

(1) Le particules *De*, *Du*, *Des*, *De la*, précédant un nom patronymique, ne sont nullement une preuve nécessaire de noblesse; elles peuvent bien l'in-

confondre avec ses trop nombreux homonymes de Normandie et même de France (1), est établie de toute ancienneté en Basse et Haute-Normandie, où on la voit figurer avec honneur, *par date certaine*, dès la fin du XIIe siècle.

A cette époque reculée, elle possédait déjà le fief noble et la paroisse du BUISSON, qui étaient situés *en l'élection de Caen*, d'après l'indication précise fournie par un titre généalogique daté de 1500, faisant partie des manuscrits de

diquer, mais sont bien loin de la constituer, comme le reconnaît un arrêt de la Cour Impériale d'Agen du 28 décembre 1857, affaire Codère de Lacan, touchant la baronnie de St-Loup.

Voici ce qu'on lit dans La Roque, *Traité de l'origine des noms*, ch. XXX : « Ceux qui prétendent s'anoblir en amplifiant leur nom, pourraient se représenter qu'il y a un grand nombre de noms anciens, comme Bertrand, « Paysnel, Damas, Chabert, Sanglier, Tournemine, Blosset, Foucault, « Rovault, Châteigner, Bacon, Tesson, etc., qui n'ont aucune particule. « Les véritables gentilshommes ne cherchent pas ces vains ornements, souvent même ils s'en offensent. C'est sans doute pour cette raison que Jacques « Thézard, seigneur des Essarts, baron de Tournebu, se tint autrefois fort « offensé qu'on eût ajouté la particule *De* à son ancien et illustre nom, dont « il était le dernier des légitimes. »

Cette opinion est conforme à celle de Loiseau, et même à celle de Ménage. Ce dernier écrivait, il y a plus de 200 ans : « La plupart de nos gentils- « hommes s'imaginent que les prépositions *De* ou *Du* devant le nom de « famille sont une marque de noblesse. Sur quoi ils se trompent. Nos anciens « ne les ont jamais mises que devant les noms de famille qui viennent des « seigneuries, et il ne faut les mettre que devant ces noms-là. Il serait facile « en effet de citer une foule de familles qui portent le *De*, et à bon droit, sans « pour cela être nobles, et d'autres de très-ancienne noblesse, comme les « Molé, par exemple, qui ne l'ont pas et ne l'ont jamais eu. »

C'est donc fort à tort qu'on a appelé les particules *De*, *Du*, *Des*, *De la*, qui précèdent certains noms devenus noms de famille, *Particules nobiliaires*; elles sont portées fort souvent par des personnes conservant, comme dit Saint-Simon, « la qualité de la pleine et parfaite roture », et n'ont rien de noble ni d'honorifique par elles-mêmes. Le titre seul de *noble homme*, d'*écuyer*, etc., légalement acquis, constitue la noblesse ; jamais le nom et les particules, sans le titre, ne peuvent donner une distinction nobiliaire ou honorifique.

Pendant tout le XVIIe siècle et sous la Restauration, on est resté fidèle au principe : « Pas de noblesse sans titre », et ce n'est vraiment qu'en 1858, lors de la confection de la loi du 28 mai, qu'on a eu la singulière idée d'attribuer une distinction honorifique à des noms et à des particules portés par des personnes non nobles.

Du reste, pour être tout à fait en règle avec la législation actuelle sur les noms, MM. du Buisson de Courson (Eugène et Amédée) ont obtenu, à la date du 28 juillet 1871, un jugement du Tribunal civil de Bayeux qui, se basant sur ce que « de l'examen des pièces produites, il résulte *que les ancêtres des* « *exposants portent, depuis plus de trois siècles au moins, le nom de* DU « BUISSON, *sieur* DE COURSON », ordonne la rectification du nom DU BUISSON, qui devra *être écrit en deux mots, et non pas* DUBUISSON *en un seul mot*, dans divers actes d'état civil mentionnés au jugement, notamment dans ceux concernant les exposants.

(1) Voir ci-après, même livre, même partie, ch. IV, § 3, l'indication et les armes de la plupart de ces homonymes.

la bibliothèque de Rouen (C. A., n° 195); les titulaires de la seigneurie portaient alors la qualification de *sieurs du Buisson*, appellation qui, depuis près de sept siècles, est devenue le nom de famille; car on ne connaît pas d'autre nom patronymique aux du Buisson, qui n'ont transmis à leurs descendants qu'un surnom purement féodal et terrien (1).

Des recherches longues et savantes dans les anciens Rôles Normands imprimés et manuscrits, ne nous ont rien révélé sur les du Buisson avant la fin du XIIe siècle; toutefois, ils sont souvent mentionnés sur ces Rôles, dès le début du siècle suivant; et, dans un ouvrage imprimé à Rouen en 1558, ouvrage intitulé : *Les conquestes et trophées des Norman-Français, tant aux royaumes de Naples et de Sicile qu'en Orient, pendant les XIe, XIIe et XIIIe siècles*, par Gabriel du Moulin (C. A., n° 173), l'auteur signale (p. 473), entre autres chevaliers distingués, Mathieu et Guillebert du Buisson; de plus, on trouve aux archives préfectorales de la Manche un vieil acte en latin, passé en l'an 1191 à Jaffa ou St-Jean-d'Acre en Palestine, au camp du roi Richard Cœur-de-Lion, duc de Normandie (C. A., n° 172), et dans cet acte figure comme témoin et signataire, avec plusieurs autres et notamment avec Guillaume des Rotours, un chevalier du nom de Richard du Buisson (*Ricardus de Dumo*).

Ce chevalier parti pour la troisième Croisade, ce Richard du Buisson, aussi probablement *banneret* (2), est-il la souche de cette maison? Les présomptions tirées de la charte elle-même et du nom des autres témoins, ses compagnons d'armes, tous de Basse-Normandie, sont tellement fortes que, quoique le fait ne puisse être prouvé d'une manière péremptoire, nous n'hésitons pas à le considérer comme l'auteur de la famille, comme le père d'Osmond et de Philippe du Buisson, chevaliers, vivant au commencement du XIIIe siècle. A partir de Philippe, qui, comme son frère Osmond, donna le jour à un fils du nom de Robert, lequel Robert mourut, ainsi que son père, sur la route de la Terre-Sainte, en laissant, de son mariage avec Mar-

(1) Dans un ouvrage précédent, où se sont du reste glissées beaucoup d'erreurs et d'omissions, nous avions pensé que peut-être on pourrait inférer d'un arrêt de la Cour des Aides, rendu en faveur de la noblesse de Nicolas Licqart, sieur du Buisson, près Caen, le 7 octobre 1481 (C. A., n° 193), que ce nom de Licqart était la dénomination primitive qui, selon l'usage féodal, aurait été remplacé dans les chartes par le surnom purement terrien de du Buisson; mais rien n'est venu confirmer cette supposition dénuée de preuves et par trop hasardée.

(2) Voir ci-après, même livre, même partie, ch. iv, § 2 (Armoiries de la maison Du Buisson), ce que c'était qu'un chevalier banneret et sur quel motif sérieux s'appuie cette présomption.

GUERITE DES CHAMPS, des enfants en bas âge ; la filiation est établie sans discontinuation, et d'une façon authentique, jusqu'à la fin du XVe siècle, d'abord par le procès-verbal d'enquête non daté (C. A., n° 178), dressé à Falaise, vers 1249-1252, par les ordres de la reine Blanche, mère de S. Louis, régente du royaume, ensuite par plusieurs documents et plus spécialement par le Titre généalogique de l'an 1500 (C. A., n° 195), manuscrit de la bibliothèque de Rouen dont nous avons parlé ci-dessus, qui nous fournit aussi jusqu'à cette époque l'indication précieuse de presque toutes les alliances. Dans cette période, pendant laquelle les du Buisson, à la suite de mariages, se fixèrent plus ordinairement dans la Haute-Normandie, au VIe degré, deux frères, THOMAS et JEAN DU BUISSON, le premier avocat du Roi en l'Echiquier de Normandie, mort en 1361, le second homme d'armes et chevalier, combattant les Anglais, mort en 1385, et inhumés l'un et l'autre dans le chœur de l'église du Prieuré de St-Lô de Rouen (1), la plus ancienne de cette ville, formèrent vraisemblablement deux branches ; mais la filiation seule de Thomas nous est connue par le Titre généalogique précité. Du commencement du XVIe siècle, au début du XVIIIe, l'établissement de cette filiation est continué, notamment par l'ordonnance de maintenue de noblesse émanée du Grand Conseil, le 28 août 1704 (C. A., n° 88), et de cette date (1704), ou même depuis 1595 jusqu'à nos jours, par des actes d'état civil non interrompus (2).

Il résulte de ce qui précède, que la maison DU BUISSON, dont la branche de Courson se retrouve dans l'élection de Caen, son pays d'origine, au début du XVIe siècle, appartient incontestablement à la *Noblesse de nom et d'armes* (3). Ce fait ne saurait être mis en doute, quoique son nom ne figure ni dans la Recherche de la Noblesse de Montfault, ni dans celle de Roissy, ni même dans celle de Chamillart ; car en voici les raisons : lors de la Recherche faite en Normandie, en 1463-64, par Raymond Montfault, général des monnaies,

(1) Voir Dom Farin, *Histoire de Rouen*, IIIe partie, p. 175.

(2) Voir ci-après, liv. II, IIIe partie, plus spécialement ch. Ier.

(3) *Eum nomine et armis Nobilem esse existimo, qui proprii cognominis tesseram gentilitiam gestat, et ex sanguine genitus est cujus insigne et nomen propria sunt* (Pline). — On appelle, comme on le voit, *Noble de nom et d'armes* celui qui est noble de par les prouesses de ses aïeux participant à la fondation d'une nation, et dont la noblesse est dite aussi *de haut parage* ou *naturelle*, parce qu'elle est sans principe de roture et qu'elle provient d'une ascendance dont l'origine est inconnue et que l'on voit toujours noble si l'on parvient à retrouver un nouvel ascendant. Cette noblesse se distingue ainsi de la noblesse dite *de vertu*, qui provient d'un anoblissement ayant date certaine, si ancienne d'ailleurs que soit cette date.

commissaire de Louis XI, les du Buisson résidaient encore en Haute-Normandie où ils s'étaient transportés à la suite de leurs alliances, comme nous l'avons vu, et l'on sait que la Recherche de Montfault, d'une valeur discutable d'ailleurs, puisqu'on ne lui attribua aucune portée juridique devant la Cour des Aides, est égarée pour tout ce qui concerne précisément la Haute-Normandie; ce qui en reste n'a trait qu'aux élections de Lisieux, Falaise, Caen, Bayeux, Vire, Coutances, Carentan et Valognes. Etablis de nouveau, dès le début du XVIe siècle, à Caen et aux environs où ils possédaient des fiefs, les du Buisson n'auraient pu manquer de figurer dans la Recherche faite en la généralité de Caen, du 22 octobre 1598 au 30 septembre 1599, par Jean-Jacques de Mesme de Roissy, Michel de Répichon et Jacques de Croixmare, commissaires royaux (Henri IV), s'ils n'eussent été retenus ailleurs et hors de cette généralité par leurs charges et dignités; en effet, les trois représentants de la maison à cette époque étaient Tanneguy, Pierre et Anne. Tanneguy était alors conseiller à la Table-de-Marbre (Amirauté et Eaux-et-Forêts), à Rouen; Pierre était contrôleur de la maison de la reine Marguerite de Valois et par conséquent hors de Normandie; Anne était conseiller au Parlement de Rouen, depuis trois ou quatre ans. — Quand eut lieu la Recherche de M. Guy de Chamillart, intendant de la généralité de Caen, c'est-à-dire ès années 1666-1670, le chef de la famille, Claude II, alors âgé de 72 à 76 ans, et engagé dans d'interminables procès, ne prit probablement pas, quoique résidant à Cristot, tous les soins nécessaires pour se faire maintenir, et de plus, la procédure préparatoire de la maintenue de 1704 constate que ses pièces restèrent égarées entre les mains du sieur Le Petit, secrétaire de M. de Chamillart, qu'il dut ensuite actionner pour les recouvrer; aussi, n'y eut-il aucune condamnation contre lui à cette époque, quoiqu'il ne cessât de prendre ouvertement la qualité de *Noble homme* et d'*Ecuyer*. — D'ailleurs, le même Claude II avait précédemment obtenu, non-seulement un jugement définitif de la Chambre Souveraine, établie pour la recherche des Francs-Fiefs en Normandie, le déchargeant, à la date du 2 septembre 1656 et *en sa qualité de Noble et d'Escuyer*, de la taxe mise sur ses fiefs de Cristot et de Courson, mais encore, treize et dix-neuf ans auparavant, le 11 décembre 1637 et le 3 octobre 1643, des décisions analogues de la part des Commissaires des Francs-Fiefs et de l'intendant Le Roy de La Potterie. Or, La Roque, dont on ne peut nier la compétence en pareille matière, a écrit dans son *Traité de la Noblesse* (Paris: 1678), ch. XXXII, p. 126: « L'on fit une recherche « (de Noblesse) en cette Province (Normandie) en 1640,

« 1641 et années suivantes, *avec une exemption de toute in-« demnité pour les Nobles de race* (sic). L'on y comprit tous « ceux qui possédaient des fiefs et membres de fiefs, et l'on « taxa tous ceux qui ne purent représenter *quatre* degrés de « noblesse, accompagnés de services et de titres basés sur des « jugements rendus contradictoirement. »—Ce texte est assez clair et prouve surabondamment que ce Claude du Buisson était alors d'autant plus considéré comme *noble de race* que la première décision, celle de 1637, fait mention de Thomas du Buisson, l'un de ses ancêtres, *qui vivait au siècle quatorziesme* (sic).

Mais ce n'est pas tout : si l'on parcourt le *Registre des dons, confiscations, maintenues et autres actes, faits dans le duché de Normandie par Henri V, roi d'Angleterre, ès années* 1418-1419, on y voit notamment que Nicolas du Buisson, qualifié *Ecuyer*, se trouva contraint de lui faire acte d'hommage et aveu de ses terres (C. A., n° 188) ; or, pour qu'à cette époque le roi étranger exigeât l'hommage, il fallait qu'il s'agît d'un Noble et que ce Noble eût une importance considérable, soit par lui-même, soit par ses biens ; car on n'exigeait pas d'acte de foi et hommage des simples roturiers.

Comme on vient de s'en convaincre, sans même qu'il soit nécessaire de s'appuyer sur l'arrêt de maintenue rendu par la Cour des Aides, le 18 février 1517, en faveur d'un Jean du Buisson, ni sur l'ordonnance des Commissaires généraux des Francs-Fiefs, du 6 juillet 1694, en faveur de Pierre-Nicolas du Buisson, alors mineur, ni même sur l'écu de famille (1), l'absence du nom des du Buisson dans les Recherches précitées ne prouve rien contre l'antiquité de leur noblesse. Vainement alléguerait-on la condamnation prononcée, le 29 juillet 1697, par l'intendant Foucault, contre la noblesse du même Pierre-Nicolas du Buisson, précisément en raison de ce que son aïeul, Claude II, ne figurait pas dans la Recherche de l'intendant Chamillart et n'avait même pas satisfait à l'ordonnance provisoire de cet intendant, en date du 7 juillet 1673, qui lui prescrivait de produire dans le mois la minute du contrat de mariage, passé le 25 juin 1513, de Jean du Buisson, l'un de ses ancêtres ; car, sur pourvoi établissant que cette décision était *insoutenable* (sic), et après longue et volumineuse procédure (C. A., nos 79 à 87), le Grand Conseil du Roi (Louis XIV), statuant en dernier ressort le 28 août 1704, sur le vu de 52 titres de noblesse, mit cette condamnation à néant tant dans ses termes que dans ses effets, et accorda audit Pierre-Nicolas du Buisson, *tant pour lui que pour ses succes-*

(1) Voir ci-après nos observations sur l'écu primitif de la maison Du Buisson (*d'argent, au canton de gueules*), même livre, même partie, ch. IV, § 2.

seurs, enfants et postérité nés et à naître (sic), décharge complète et Maintenue (1) sans réserve dans leur noblesse héréditaire, dans leur *qualité de Nobles et d'Ecuyers* (C. A., n° 88). Cette qualité si précieuse continua de leur être reconnue formellement dans un certificat militaire de noblesse délivré, le 24 octobre 1776, à DOMINIQUE-NICOLAS DU BUISSON DE COURSON, ancien garde du corps du Roi, par le lieutenant des maréchaux de France au bailliage de Caen, et quatre autres gentilshommes de la généralité (C. A., n° 133); le *Procès-verbal des Assem-*

(1) Les Maintenues de Noblesse, surtout celles émanées du Grand Conseil ou Conseil d'État, la plus haute magistrature souveraine du Royaume, ont une importance *hors ligne.* Le *Chartrier Français* (année 1869, p. 151 et 152) apprécie ainsi ces décisions, capitales pour les familles des Gentilshommes :

« Nous devons faire observer la supériorité des *Maintenues* sur *tous les* « *autres titres de noblesse.* — L'Histoire nous apprend que le roi Louis XIV, « ruiné par des guerres incessantes, dut chercher à reconstituer ses « finances; parmi les nombreux édits qu'il fit à ce sujet, on doit mettre « au premier rang ses Ordonnances astreignant les *usurpateurs du titre* « *de noblesse* à payer des amendes proportionnées à leurs délits. Le produit « de ces amendes fut donné à ferme à un *Traitant* qui, exploitant la com- « mission, envoya dans chaque généralité des *Sous-Traitants* et des agents « chargés de poursuivre les faux Nobles. Or, les communes, ruinées par les « impôts, étaient intéressées à découvrir ceux qui, se disant Nobles, se dis- « pensaient de participer à la répartition des tailles; bien plus, les commis « aux recherches et les dénonciateurs d'usurpations nobiliaires avaient droit « aux 2 *sols pour livre* dans les amendes. On conçoit donc que toute la « Noblesse Française, vraie ou fausse, riche ou pauvre, dut passer par la « censure de ces limiers lancés à sa poursuite; car, même sachant une famille « noble, ils espéraient la voir prise au dépourvu et condamnée soit par défaut, « soit par négligence ou absence de titres nobiliaires. Le Noble, de son côté, « n'avait pour se défendre que ses *titres de noblesse*, qu'il devait présenter « aux Intendants des provinces, assistés d'un Conseil composé de gentils- « hommes choisis par eux; ou, enfin, le recours au Roi et au Grand Conseil, « s'il voulait rappeler d'un premier jugement défavorable.

« On peut donc dire que les Maintenues de Noblesse sont issues de mesures « fiscales, qui n'ont d'égales (approximativement) que les arrêts en décharge « des taxes des Francs-Fiefs. . . . .

« On voit par ce qui précède qu'il serait absurde de vouloir assimiler aux « Maintenues de Noblesse ou arrêts des Francs-Fiefs, soit le service du Ban et « de l'Arrière-Ban, soit la capitation de la Noblesse, etc.; car, dans tous ces « cas, le Roi et les Traitants n'étaient pas frustrés; au contraire, ils augmen- « taient les revenus de l'État quand un usurpateur, dissimulant sa roture, « cherchait à se faire admettre au nombre des Gentilshommes; et ce fait serait « facile à prouver, en comparant la liste de ceux qui paient au service du Ban « et de l'Arrière-Ban ou à la capitation de la Noblesse avec celle des usurpa- « teurs de noblesse condamnés par les Intendants ou les Commissaires royaux « départis. — Il en est de même, à plus forte raison, pour les preuves faites « devant les généalogistes des Ordres Chevaleresques, Chapitres nobles, « Écoles royales et des Pages, et toutes autres preuves de noblesse où le public « ni le Roi n'ont à perdre en matière fiscale; car l'autorité d'une personne, « la richesse ou la haute position sociale d'une famille ont pu parfois peut- « être corrompre le vérificateur chargé d'informer sur la noblesse d'une « maison. »

blées de la Noblesse du bailliage de Caen en 1789, fait foi qu'ils en jouissaient pleinement à cette époque.

La maison DU BUISSON, et plus spécialement la branche de Courson-Cristot, compte parmi ses illustrations : 1° trois chevaliers au moins ayant pris part aux Croisades (IIIe et VIIe); 2° plusieurs hommes d'armes ayant combattu l'invasion Anglaise aux XIVe et XVe siècles; 3° un avocat du Roi en l'Echiquier de Normandie; 4° deux savants doyens des Facultés de Médecine et de Droit de l'Université de Caen; 5° un recteur de la même Université; 6° un conseiller au Parlement de Normandie, archidiacre du Vexin Normand et vicaire général de l'archevêché de Rouen; 7° un contrôleur des maisons royales du cardinal de Bourbon (Charles X de la Ligue) et de Marguerite de Valois, premier-gouverneur-échevin de Caen pour la Noblesse en 1612; 8° plusieurs officiers de judicature et de finances; 9° plusieurs officiers d'infanterie ou de cavalerie, dont deux commandants généraux de milices en Basse-Normandie; 10° plusieurs chevaliers de St-Louis; etc.

Cette même maison du Buisson s'est distinguée non-seulement par des services rendus dans l'Epée et dans la Robe, mais aussi par le choix et quelquefois l'éclat de ses alliances, dont quelques-unes se rapportent aux souvenirs de la grande féodalité. Citons en passant, dans la branche directe : les des Champs, Thorel, des Portes, de Gouy, Marescot, de Vauquelin, du Faveril, des Essarts, Le Maistre, Le Sueur, Baudouin, de Poilvillain, de Morant, de Zur-Lauben-Fribourg, des Planches, de Scelles de Prévallon, de Billeheust d'Argenton, du Merle, Le Roy de Dais; dans les branches collatérales : les Mustel, Le Roux-d'Esneval, Malderée, de Villiers, d'Anneval, de Livet, de Bourgueville de Bras, de Manneville-Monmirel, de Beauvais, de Balleroy, Bourdon de Gramont, de Melun, Couespel, de Sarcilly, des Rotours de Chaulieu, Patry, de Villiers de Hesloup, etc.

CHAPITRE II.

FIEFS ET SEIGNEURIES.

§ 1. Origine des Fiefs en général. — Manoirs féodaux.

Le mot FIEF dérive des mots latins *fides*, *fidelitas*, parce que le serment de fidélité ou la *foi* et *hommage*, que le vassal devait à son seigneur, étaient de la substance et de l'essence même du Fief.

A l'époque de la conquête des Francs, toutes les terres conquises furent divisées en *Alleux* ou terres libres, dévolues par le sort à des chefs indépendants, et en *Bénéfices* (appelés *Fiefs* plus tard), terres concédées par un chef à ses compagnons d'armes, en récompense des services qu'ils lui avaient rendus à la guerre. Dans l'origine, en France, même après le traité d'Andelot (587), qui était un commencement de consécration de l'hérédité, tous les fiefs étaient amovibles et même quelques-uns étaient viagers, et rien ne fut sensiblement changé à cet état de choses sous les Mérovingiens et les premiers Carlovingiens; mais, par le capitulaire de Kiersy-sur-Oise, arraché, le 14 juin 877, à la faiblesse de Charles-le-Chauve, petit-fils de Charlemagne, les fils des possesseurs de fiefs purent succéder à leurs pères dans cette possession, comme à un héritage de famille (1); dans le cas seulement où ils ne laisseraient pas d'enfants, l'Empereur rentrait dans le droit de nommer lui-même leurs successeurs. De ce moment commence la véritable époque féodale; commandements militaires, fonc-

(1) « Si quelqu'un de nos fidèles, saisi d'amour pour Dieu, veut renoncer « au siècle, et s'il a un fils ou tel autre parent capable de servir la chose « publique, qu'il soit libre de lui transmettre ses bénéfices et honneurs, « comme il lui plaira.

« Si un comte de ce royaume vient à mourir, nous voulons que les plus « proches parents du défunt, les autres officiers de la comté et les évêques « du diocèse pourvoient à son administration, jusqu'à ce que nous ayons pu « confier à son fils les honneurs dont il était revêtu. »

(Baluze : *Les Capitulaires*, t. II, p. 259.)

tions de justice, dignités laïques et cléricales, emplois domestiques auprès du monarque, des princes du sang ou des grands feudataires : tout était fief, et la France se trouva couverte d'une multitude de souverainetés presque indépendantes. Les possesseurs des fiefs devenus héréditaires accrurent facilement leur puissance sous les derniers Carlovingiens, et les grands vassaux de la Couronne se rendirent, de fait, indépendants. En 987, Hugues Capet consomma le triomphe de la Féodalité en renversant la dynastie régnante. Mais, si les premiers Capétiens n'étaient vraiment rois que dans leurs propres états (1), limités au duché de France et à une partie de l'Orléanais et de la Picardie, dès leur avènement au trône, ils commencèrent contre la Féodalité une lutte que favorisa l'établissement des Communes, et qui devait se terminer victorieusement au XVIIe siècle.

Lors de la cession de la Neustrie au chef des Normands, Rollon, par le traité de St-Clair-sur-Epte (911), ce dernier y trouva déjà le régime féodal organisé et l'y maintint au profit de ses compagnons d'armes. Ceux-ci devinrent possesseurs de riches manoirs, de fiefs importants, firent de leurs demeures de véritables forteresses, et se donnèrent à leur tour des vassaux au moyen de concessions de différentes parties de leurs vastes domaines, à la condition de *foi et hommage*, de service militaire et de redevances de diverses natures, parfois assez onéreuses, parfois aussi ridicules ou peu sérieuses. De là une distinction, qui existait déjà en France, entre les *seigneurs suzerains* et les *vassaux* ou *feudataires*. Le vassal était celui qui, ayant reçu, à titre de récompense, une propriété territoriale, se trouvait par là dans la dépendance du donateur, auquel il devait foi et hommage ; le suzerain était celui qui, ayant conféré le fief par lui ou ses auteurs, avait droit à l'obéissance ou à certaines redevances du vassal. Du reste, le même seigneur pouvait être suzerain pour certains fiefs (ceux qu'il avait conférés), et vassal pour d'autres (ceux qu'il avait reçus).

De la constitution de la Féodalité (*pas de terre sans seigneur*), il résulte que la seigneurie directe restait au seigneur (*domino*), et que le domaine utile appartenait au vassal ; que les fiefs consistaient non-seulement en immeubles, mais encore en droits réels et même incorporels assignés sur un domaine (cens, rentes, devoirs féodaux). On différenciait le

(1) On connaît cette fière réponse faite par un haut baron, Adalbert de Périgord, qui avait pris le titre de *Comte*, au premier des Capétiens. Ce dernier lui dit, dans un moment d'emportement : Qui t'a fait Comte ? Il répliqua sans hésiter : Et toi, qui t'a fait Roi ?

fief dominant du *fief servant*, et le *fief* de *l'arrière-fief*. Le fief dominant était celui à qui la foi et l'hommage étaient dus, le fief servant, celui qui les devait; mais comme le fief servant pouvait avoir un autre fief servant sous lui, il était dominant à son égard, et l'autre n'était qu'arrière-fief, qui pouvait encore avoir d'autres inférieurs; de là, des *inféodations* et des *sous-inféodations* qui se sont multipliées à l'infini et par degrés. Du reste, il existait des obligations, des devoirs réciproques entre le suzerain et le vassal. Lorsque le vassal manquait à ses devoirs, il tombait dans le crime de *félonie*, dont la peine était la perte de son fief, qui était alors réuni au fief dominant; le suzerain qui maltraitait son vassal ou lui faisait injure, perdait, en droit du moins, l'autorité qu'il avait sur lui; le vassal se trouvait délié de ses obligations.

On sait que, dans les anciens principes du droit féodal, la seigneurie était l'union du fief et de la justice, de même que le titre était l'union de la dignité et du fief. La seigneurie sans dignité était seigneurie simple, ou simple justice; avec dignité, elle s'appelait seigneurie médiocre, comme baronnies, vicomtés, vidames, châtellenies; ou grande seigneurie, comme duchés, marquisats, comtés. Les duchés, marquisats, comtés, baronnies se nommaient *Fiefs de Dignité* ou *Fiefs Royaux;* ils relevaient immédiatement de la Couronne et étaient indivisibles, l'aîné, prenant en la succession le fief entier, en indemnisant ses puînés. Tout seigneur ayant fief de dignité, pouvait avoir châtel, châtellenie, *haute, moyenne et basse justice* (1), avec fourches patibulaires. Ces seigneurs devaient avoir plusieurs vassaux ayant droit de châtellenie.

Les fiefs n'ayant été originairement concédés que pour le service militaire (2), les femmes en avaient été exclues; plus tard cependant, elles purent posséder, mais à l'exclusion des

(1) Par *Haute Justice* il fallait entendre non-seulement le droit de juger toutes les causes (*mixtum imperium*), mais encore la puissance du glaive, le droit de vie et de mort (*merum imperium*).

(2) Les Nobles, possesseurs de fiefs, devaient obéir aux convocations du Ban et Arrière-Ban, sous peine de confiscation de leurs biens, fiefs, arrière-fiefs et tenements. Ils devaient le service militaire *à leurs frais* pendant quarante jours. Les convocations étaient adressées par les Baillis aux possesseurs de fiefs, qui devaient conduire à l'*Ost* (armée, camp), le nombre d'hommes déterminé par les services que devaient leurs terres. Ce système a été suivi même après l'établissement des armées permanentes (voir La Roque : *Traité du Ban et Arrière-Ban*). — L'article 277 de l'Ordonnance de Blois (Henri III, mai 1579) est ainsi conçu :

« Advenant nécessité de guerre, tous gentilshommes faisant profession des « armes *seront tenus de prendre les armes* et de se rendre là par où il leur « sera par Nous commandé, pour nous servir, *suivant l'obligation de leurs « fiefs*, ainsi qu'il est porté par nos Ordonnances, *à peine de privation du « titre de noblesse et de leurs fiefs.* »

Pairies et même des apanages, à moins qu'ils ne fussent érigés en faveur des filles comme des mâles, suivant l'Ordonnance de l'an 1566 et l'article 279 de l'Ordonnance de Blois.

Deux autres catégories de personnes étaient *incapables*, à l'origine, de posséder des fiefs: les gens de main-morte et les Roturiers. Les gens de main-morte (gens d'église, corporations laïques, communautés ecclésiastiques séculières et régulières) y furent admis dans la suite, d'abord avec des cérémonies bizarres, en payant au Roi le droit d'amortissement, et au seigneur suzerain le droit d'indemnité.

Quant aux Roturiers, selon les Assises de Jérusalem, ch. CXLVII, exclus de porter *la lance et l'éperon*, marques distinctives du service militaire, ils furent, jusqu'au XIIIe siècle, jugés inhabiles à posséder un domaine noble; et lorsqu'il leur en échéait par succession, ils étaient obligés d'en *vuider les mains dans l'an*. Insensiblement, l'usage contraire prévalut, surtout par suite des Croisades, à cause du besoin qu'éprouvèrent les seigneurs partant pour la Guerre sainte de se procurer de l'argent, moyennant la vente de leurs terres; le but à atteindre consacrait déjà de pareilles aliénations, et un peu plus tard, une Ordonnance de Louis X, du mois de janvier 1315, autorisa les simples gentilshommes à donner leurs fiefs à des non Nobles en récompense de leurs services. D'ailleurs, l'Ordonnance de 1275, édictée par Philippe-le-Hardi, et confirmée par les articles 2 de l'Ordonnance de 1291, de Philippe-le-Bel, 6 de l'Ordonnance de 1330 de Philippe-le-Long, 7 de l'Ordonnance de 1344 de Charles IV, etc., est ainsi conçue: « Quant aux non Nobles qui auront « des fiefs hors les terres de nos Barons, acquis sans notre « consentement, nous voulons que, s'il y a, non compris la « personne qui en a fait l'aliénation, moins de trois seigneurs « intermédiaires à Nous, ces non Nobles nous payent l'esti- « mation des fruits de trois années. » — De ces termes, il résulte : 1° que les Roturiers étaient dès lors supposés pouvoir posséder des fiefs; 2° que lesdits Roturiers qui avaient acquis des fiefs sans autorisation royale payaient de règne en règne, comme preuve de roture, le droit qui s'est perpétué jusqu'à la fin de l'ancienne Monarchie, sous le nom de droit de *franc-fief*, et dont la quotité a varié; 3° que dans les terres relevant directement du monarque, la noblesse héréditaire était acquise à la famille qui comptait trois seigneurs successifs du même fief. — C'est cette dernière disposition que saint Louis, réglant même le mode de partage des fiefs entre des frères non Nobles, avait consacrée en 1270, dans le ch. CXLIII de ses *Etablissements*.

Nous ne terminerons pas cette note sur les Fiefs sans

donner, d'après Chéruel, *Dictionnaire des Institutions de la France*, la description des manoirs féodaux :

« Le Château féodal, appelé aussi Manoir principal, le « Manse *(manerium)* domanial ou seigneurial, était souvent « situé sur une hauteur à mi-côte. Au pied de la colline « s'étendaient les huttes des serfs et des colons qui, en « s'affranchissant progressivement, ont formé les hommes « de *pooste, poeste* ou *poté (homines potestatis)*, les hommes « sous la puissance du seigneur, plus tard les bourgeois. « Tous ne servaient pas le seigneur aux mêmes conditions ; « les uns étaient hommes d'armes, d'autres attachés à la « personne *(ministeriales)*, faisant les fonctions de somme- « liers, d'échansons, etc. Le seigneur dans son fief avait une « véritable cour : un *sénéchal*, qui le remplaçait à la guerre « et dans son tribunal ; un *chancelier*, qui apposait son sceau « sur les actes ; un *bailli*, qui jugeait en son nom et admi- « nistrait ses domaines ; des *écuyers* et *varlets*, jeunes nobles « qui venaient se préparer à la Chevalerie.

« Le manoir habité par la troupe féodale se composait, « autant qu'on en peut juger par les ruines de quelques « châteaux, d'une grande salle et de petits réduits. La salle « baronniale était ornée de sculptures et éclairée par de vastes « fenêtres ogivales. Des armures suspendues aux murailles et « les armoiries du seigneur en faisaient la principale décora- « tion. Les armoiries sculptées surmontaient ordinairement « une cheminée colossale. Une estrade recouverte d'un dais « était le siége du châtelain et de la châtelaine ; des bancs « en bois, ou des siéges grossièrement sculptés étaient « destinés aux hôtes ordinaires. C'était dans cette salle que « le seigneur, représenté souvent par le sénéchal ou le « bailli, rendait la justice, recevait les redevances et faisait « dresser, aux jours de fête, la table des festins. »

La Châtelaine ou la Dame *(Domina*, la maîtresse), nom qui indique assez quelle haute idée les nations modernes se sont faite de la femme et de son rang dans la société, avait elle-même un rôle élevé dans le château : le défendre en l'absence du seigneur, commander aux hommes d'armes, présider aux jeux chevaleresques, accompagner son mari dans les longues chasses d'automne, l'émérillon sur le poing, puis, à la veillée, entendre le récit de quelque trouvère, décider parfois les questions délicates proposées aux cours d'amour, encourager partout la loyauté, la bravoure, l'honneur chevaleresque, tel était le rôle de la châtelaine. Il élevait les âmes et fortifiait les cœurs.

§ 2. — Quelques fiefs principaux de la maison du Buisson.

—

1° FIEF ORIGINAIRE ET PRIMORDIAL LE BUISSON.

Lorsque nous avons voulu rechercher et préciser quel était le fief originaire et primordial de la maison du Buisson, le fief qui lui a donné son nom et a été en quelque sorte son berceau féodal, nous nous sommes trouvé dans un assez sérieux embarras; car il existe en Normandie un certain nombre de lieux portant ce nom (1) et nous n'avons pas de document qui puisse nous fixer d'une façon péremptoire et indiscutable. Toutefois, le Titre Généalogique de l'an 1500 (C. A., n° 195) contient, à la suite du nom de famille DU BUISSON, l'indication *élection de Caen ;* c'est donc dans cette élection que nous avons dû rechercher ce fief, et nous n'avons trouvé, dans cette ancienne division territoriale, comme localité féodale, que celle qui va suivre.

LE BUISSON : ancienne paroisse de Basse-Normandie, située à trois ou quatre lieues de Caen, vers le nord-est, et à peu de distance de la mer ; d'après le *Dictionnaire universel de la France*, par l'abbé d'Expilly (Paris, in-fol., 1762, t. Ier), elle était placée dans le ressort du Parlement de Rouen et faisait partie du diocèse de Bayeux, de l'intendance et de l'élection de Caen et de la sergenterie de Varaville ; on y comptait alors 17 feux. Aujourd'hui l'ancienne paroisse, devenue la commune du Buisson pendant la Révolution, a été supprimée par ordonnance royale du 29 novembre 1826, et réunie alors à la commune de Merville.

L'église du Buisson, qui dépendait de l'archidiaconné d'Hiesme et du doyenné de Troarn, fort petite, paraît-il, et placée sous l'invocation de Notre-Dame, a été démolie peu de temps après la réunion du Buisson à Merville et il n'en reste aucune trace. Cette église avait été jadis donnée à l'abbaye de St-Etienne de Caen, et Henri II, évêque de Bayeux, confirma cette donation en 1172 ; le *Livre Pelut*, rédigé vers 1356, porte la mention suivante : *Ecclesia du Buisson : taxata XL libras ; Guillelmus Guillain presentat abbati Sancti*

(1) On trouve notamment en l'élection de Falaise, où les sires du Buisson possédaient des terres féodales, *La Verderie du Buisson*, dont la sergenterie fut concédée à Thomas Fouillet, le 13 mars 1419, par lettres-patentes du roi d'Angleterre Henri V, alors maître de la Normandie.

Stephani de Cadomo ; cependant les derniers seigneurs en étaient patrons.

Il ne reste pas trace davantage de l'existence d'un château féodal en la paroisse du Buisson ; il existe seulement une ancienne gentilhommière, ayant servi de manoir aux derniers seigneurs ; mais ce n'est plus de nos jours qu'une simple et vieille maison, occupée par un propriétaire agriculteur (1).

Si, comme nous le supposons, les du Buisson étaient originaires de la paroisse du Buisson mentionnée ci-dessus, ou s'ils avaient reçu ce fief en apanage après l'établissement des Northmans dans le pays au Xe siècle, ils en gardèrent le nom, mais ne paraissent pas s'y être établis pendant une longue période de générations. Du reste, nous avons peu de renseignements sur les anciens seigneurs de cette paroisse. La Roque dans son *Histoire de la maison d'Harcourt* (p. 1147), parle de JEAN DE VAUX, seigneur de St-Aubin de Vaux-sur-Aure, de Merville et du *Buisson*, père de Raoul de Vaux, chevalier, vicomte d'Alençon, en 1318 ; Montfault, lors de sa Recherche de 1463-1464, y maintint, comme noble, messire JEHAN LE BRUN, écuyer ; NICOLAS LICQART, maintenu par la Cour des Aides, le 7 octobre 1481, contre les paroissiens du Buisson, possédait cette seigneurie dès 1470, lors de la charte des Francs-Fiefs ; vers la fin du XVIe siècle, ce fief appartenait à la famille de La Cour et était tenu, en 1586, par JEHAN DE LA COUR, écuyer, conseiller du Roi, vicomte de Caen, sieur du Buisson ; le 7 juin 1599, Roissy y mentionne, comme nobles y demeurant, FRANÇOIS LE TRÉMANÇOIS, écuyer, sieur de la Rivière, sergent héréditai de Varaville, et LOUIS, son frère, demeurant également avec lui au Buisson, sortis d'une famille anoblie par les Francs-fiefs. Cette famille, dont les armes étaient *de sable, au chevron d'argent, accompagné de trois molettes d'éperon de même, 2 et 1*, résidait encore au Buisson lors de la Recherche de Chamillart, en 1666-1667. Enfin, sur les anciens registres d'état civil de l'église St-Pierre de Caen, se trouve, à la date du 27 juin 1732, l'acte de décès de CHARLES AMEY, écuyer, seigneur et patron du Buisson, proche Merville (*sic*), âgé de 73 ans, dont le corps fut reporté et inhumé dans l'église du Buisson.

MERVILLE (en latin *Matrevilla*, *Matris villa*, *Mervilla*) est aujourd'hui une petite commune du canton de Troarn, arrondissement de Caen (Calvados), située à 18 kilomètres de cette dernière ville.

L'église, sous l'invocation de saint Germain, a une nef romane (XIe siècle) qui offre des murs en arêtes de poisson, couronnés de modillons supportant une corniche. Le chœur

(1) Lettre de l'abbé Bidot, curé de Merville, en date du 14 avril 1872.

et la petite chapelle qui y touche paraissent du XVIe ou du XVIIe siècle.

Le chanoine de Bayeux, dont le canonicat était situé dans cette paroisse, nommait à la cure. Les dîmes étaient perçues par le même chanoine, qui en prenait la moitié, par le Chapitre de la Cathédrale et le curé. L'abbaye de Ste-Trinité de Caen avait aussi des terres à Merville, d'après un acte de reconnaissance en latin fait à son profit, en 1268, par un sieur Baiart (1).

Merville était, au XIVe siècle, une place forte, ou plutôt possédait un château-fort qui fut visité, en 1371, à l'effet de surveiller sa mise en état de défense, par les Commissaires délégués du roi Charles V; à cette époque, Raoul de Vaux était seigneur et capitaine du lieu (2).

Par suite d'un traité entre le comte d'Alençon et le duc de Bretagne François II, celui-ci fit, en 1467, une excursion en Basse-Normandie, dont il s'empara. Mais les Bretons, ayant été ensuite repoussés par les troupes royales (de Louis XI) du côté d'Alençon, se vengèrent de cet échec par *la prise d'assaut d'un château appelé Merville, entre Caen et St-Sauveur; ils tuèrent tout ce qui se trouva dans le château, le pillèrent et y mirent le feu, après avoir pendu le seigneur du lieu* (3).

Ce château-fort, détruit par les Bretons au XVe siècle, était situé à peu de distance de l'église et était entouré de fossés; on voit encore sur son emplacement quelques pans de murs et une tourelle renfermant un escalier, dont le style dénote aussi le XVe siècle.

2e FIEF ET PAROISSE DE FONTAINE-LE-PIN.

Nous avons peu de documents sur la paroisse de FONTAINE-LE-PIN (en latin *Fontes-les-Pins*), qui était située à l'est de l'ancien pays de Cinglais, dont elle faisait très-anciennement partie.

Au XVIIIe siècle, d'après le *Dictionnaire universel de la France*, de d'Expilly, elle était comprise sous la juridiction supérieure du Parlement de Rouen, dans le diocèse de Séez, l'intendance d'Alençon, l'élection de Falaise et la sergenterie de Tournebu. Elle comptait 46 feux et 208 habitants. — La seigneurie devait appartenir dès le XIe siècle

(1) Voir la *Statistique monumentale du Calvados*, par M. de Caumont, t. II, canton de Troarn, p. 3 et suivantes.

(2) Voir les *Mémoires de la Société des Antiquaires de Normandie*, XIe vol., p. 203.

(3) Voir l'*Histoire ecclésiastique et civile de Bretagne*, continuée par Dom Taillandier, t. II, p. 105.

aux sires DE GOUVIX, qui y fondèrent, vers l'an 1148, la commanderie des Templiers, dite *de Voismer*, dans la vallée de ce nom. Cette commanderie fut détruite en 1207, comme tous les autres établissements du même Ordre, et avec elle ont dû périr les plus précieux souvenirs de la localité; les ruines en sont aujourd'hui utilisées comme bâtiments de ferme. — Le premier fondateur de la commanderie fut ROGER DE GOUVIX, et son œuvre fut successivement suivie et confirmée par son fils GUILLAUME et son petit-fils ROBERT. Ce dernier vivait en 1201 (1).

Un peu plus tard, une enquête faite par ordre de la reine Blanche, mère de saint Louis, régente, vers 1249-1252 (2), nous apprend que, quelques années auparavant, peut-être vers 1225 ou 1230, OSMOND DU BUISSON tenait un fief situé à Fontaine-le-Pin, lequel fief et ses dépendances relevaient du duché de Normandie, et par suite du Roi, sous la vicomté de Caen, et que l'hommage consistait notamment dans la fourniture de six boisseaux d'avoine *(ad sex boisellos avenæ)*; que ce même Osmond du Buisson céda ce fief, moyennant cent livres tournois, et de l'assentiment du roi Louis, à son frère puîné PHILIPPE DU BUISSON, chevalier *(miles)*; que Philippe du Buisson mourut à la Croisade; que son fils ROBERT lui survécut peu et, quoique entré en possession dudit fief, n'eut pas le temps d'en faire hommage au Roi, étant décédé aussi sur le chemin de la Terre-Sainte; qu'enfin ce même Robert du Buisson laissa des enfants en bas âge, dont la garde incombait au Roi en raison du duché, puisque, comme nous venons de le voir, ce fief de Fontaine-le-Pin relevait du duché de Normandie.

Ledit fief resta-t-il longtemps encore dans la maison DU BUISSON? Comment cessa-t-il de lui appartenir? Nous n'avons pu trouver aucun éclaircissement à ce sujet et, après 1252, les chartes connues ne nous fournissent plus guère qu'une mention toute insignifiante de Fontaine-le-Pin, à l'occasion d'une rente y amortie par un Prieur de Ste-Barbe, en 1277 (3).

L'église de Fontaine-le-Pin, sous le patronage de saint Pierre, offre peu d'intérêt; le chœur est très-moderne et la nef paraît de la fin du XIIIe siècle.

Le *Livre Pelut* de l'évêché de Bayeux, dressé au XIVe

(1) De La Rue, *Essais*, t. II, p. 415.

(2) Cette *Enquête* en latin, qui se trouve aux Archives Nationales, manuscrit 8408, 2. 2, B, f° XVII xx IV, R° et V°, est reproduite en entier dans le *Cartulaire Normand* de Léopold Delisle (*Antiq. de Normandie*, t. XVI, p. 81 et 82), et dans notre *Catalogue analytique* ci-après, n° 178.

(3) Ext. des *Recueils de l'Echiquier*, Antiquaires de Normandie, année 1834, t. VII, p. 118.

siècle, cite le *Prieur de St-Jean de Jérusalem* comme possédant, de son temps, le patronage de l'église (1); ce qui implique que ce patronage avait appartenu précédemment aux Templiers (2).

De nos jours, Fontaine-le-Pin est une commune de 400 habitants environ, située à près de 2 kilomètres de la rivière de Laize, canton de Bretteville-sur-Laize (9 kil.), arrondissement de Falaise (Calvados). — Non loin de la commune se trouve le château de Laize.

3° FIEF, SEIGNEURIE ET DOMAINE D'IQUELON-SUR-FOURMETOT.

IQUELON ou ICLON, quelquefois YQUELON, est un ancien fief noble et seigneurial de l'élection de Pont-Audemer (3), dont le siége se trouvait sur le territoire de la paroisse (aujourd'hui commune) de Fourmetot, et qui relevait du Roi pour un quart de fief de haubert; de ladite seigneurie qui, d'après un Rôle dressé en 1540, était alors possédée par Guillaume du Buisson et rapportait 250 livres, dépendaient 1,474 acres de terre, bois ou prés, situés dans différentes paroisses environnantes, notamment dans celles de Manneville, Corneville, Colletot, Valletot, et enfin Fourmetot.

Après avoir appartenu, depuis le XIIIe jusqu'au commencement du XVe siècle, aux LANDRY D'IQUELON, ce fief passa par mariage à la famille DU FAVERIL, puis à une branche de la maison DU BUISSON, par le mariage de Jean du Buisson avec Etiennette du Faveril, vers 1460. Cette branche, qui paraît s'être éteinte à la fin du XVIe siècle, le conserva jusqu'en 1541.

Voici, du reste, l'énumération des actes d'aveu du fief d'Iquelon-sur-Fourmetot, qui se trouvent aux archives de l'Eure, à Evreux; outre les Landry et les du Faveril, ces aveux nous indiquent les titulaires depuis la fin du XVe siècle jusqu'au XVIIIe :

1° .....1484. Aveu rendu par NICOLE DU BUISSON, prêtre, maître ès-arts, pour lui et damoiselle CATHERINE DU FAVERIL, sa tante, veuve de Thomas Blanchechappe;

2° 25 *décembre* 1518. Aveu de NICOLE DU BUISSON, prêtre, en son nom et en celui de GUILLAUME DU BUISSON, *écuyer*, son neveu, pour le fief d'Iquelon, à Fourmetot, vicomté de Pont-

(1) Beziers, *Histoire du diocèse de Bayeux*, p. 47.

(2) Voir, sur Fontaine-le-Pin et la commanderie de Voismer, la *Statistique monumentale du Calvados*, par M. de Caumont (Paris et Caen, 1850), t. II, p. 240 et suivantes.

(3) Dans un précédent ouvrage, nous avions cru qu'il s'agissait d'Iquelon-sur-Angiens dans le Pays-de-Caux. Les actes d'aveu que nous allons citer et surtout l'acte de partage de la succession de Jean du Buisson, du 6 octobre 1493, démontrent clairement l'erreur involontaire que nous avions commise.

Audemer, dont ledit Guillaume tient la moitié par parage. La franche vavassorie du Quemin (chemin) Perrey, à Fourmetot, relève de ce fief, ainsi que le patronage de la chapelle du Quemin-Perrey (*sic*);

3° .....1546. Aveu du fief d'Iquelon, rendu par CLAUDE D'ANNEBAULT, amiral de France. Ce fief était passé dans ses mains, par décret, en septembre 1541;

4° 3 *septembre* 1693. Aveu du fief d'Iquelon, rendu par AUGUSTIN BLOUET, écuyer, sieur de Camilly, conseiller au Parlement de Rouen, pour lui et ses frères, cohéritiers de la succession de feu maître AUGUSTIN BLOUET, sieur de Camilly, leur père, conseiller de grand'chambre audit Parlement de Rouen;

5° 2 *mai* 1708. Aveu rendu par JEAN-BAPTISTE GUILLOT DE LA HOUSSAYE, sieur de Vilon, ayant acquis le fief d'Iquelon d'Augustin Blouet;

6° 27 *septembre* 1716. Aveu du fief d'Iquelon, rendu par JACQUES-ETIENNE DE LA RUE. Il soutient contre l'hospice de Pont-Audemer le droit de patronage de la chapelle St-Jacques-St-Christophe du Chemin-Perrey, fondée pour les Lépreux en 1515. — Son fils, JEAN-BAPTISTE DE LA RUE, docteur en Sorbonne, était titulaire de ladite chapelle en 1733.

Nous avons nous-même visité Iquelon le 20 juillet 1872; ce n'est aujourd'hui qu'un hameau, situé à six kilomètres de Pont-Audemer environ, et à gauche de la route tendant à Bourneville; il dépend de la commune de Fourmetot et est placé à une grande élévation, au milieu d'une vaste plaine. On peut aussi s'y rendre par le Chemin-Perrey, qui aboutit à la route de Quillebœuf. Lorsqu'on est arrivé à ce hameau, on y voit encore les restes informes d'une antique construction, qui paraît un ancien manoir. Une grande ogive semble indiquer la place du pont-levis.

FOURMETOT : commune actuelle de 600 à 650 habitants, située à 3 kil. 1/2 de la Rille, canton et arrondissement de Pont-Audemer, limitée à l'ouest par le Chemin-Perrey et St-Ouen-des-Champs, au sud par Manneville, à l'est par Valletot. — Au nord-ouest, on trouve des ruines qui pourraient être celles d'une ancienne abbaye. — Dans le lieu dit la Cour des Fontaines, près Lilletot, il existait une ancienne source d'eau minérale, aujourd'hui tarie.

L'église de Fourmetot est moderne et n'offre rien de remarquable; le clocher est de la fin du XII° siècle. On trouve dans le cimetière, entre autres tombeaux, ceux armoriés de Pierre de Malleville, ancien officier de la maison du Roi, chevalier de St-Louis, décédé en février 1836, et de Nancy de Malleville, décédée en 1840.

L'ancienne paroisse de Fourmetot, d'après le *Dictionnaire*

de l'abbé d'Expilly, était comprise, au XVIIIe siècle, dans le ressort du Parlement, le diocèse et l'intendance de Rouen, l'élection de Pont-Audemer, la sergenterie de Roumois, et comptait 7 feux privilégiés, 132 feux taillables et 626 habitants. Au XIIIe siècle, le Roi nommait à la cure; mais plus tard, le patronage passa à l'abbaye de Josaphat. Fourmetot était le siége des fiefs nobles suivants :

1° IQUELON, dont nous avons parlé ci-dessus;

2° LE HAMEL, portion du fief de Condé-sur-Rille, dont il fut démembré en 1334, après la mort du possesseur Jean Poisson. Il donnait le titre de seigneur de la paroisse et relevait de Condé, comme arrière-fief, par foi et hommage, reliefs et treizièmes. Dans un rôle, dressé par ordre du Roi, en 1540, il comptait comme quart de fief de haubert, et appartenait alors à messire du Quesne aîné. Le château actuel est moderne; pendant la guerre de 1870-71, et pendant que nous nous trouvions à Pont-Audemer avec les troupes (mobiles et mobilisés), en janvier 1871, une grand'garde y était établie;

3° L'EPINEY, situé près de la commune de Valletot. La maison du fermier offre des traces de l'architecture du XIIIe siècle;

4° LA COUR D'ELBŒUF. Ce nom indique peut-être l'existence d'un village saxon;

5° LA MAREBROC, au hameau de la Béranguerie, relevant du fief de Brotonne;

6° LE MOR, mouvant de la sieurie des Religieux de Cormeilles;

7° La vavassorie de LA CROISÉE, voisine du Mor, au centre de la paroisse;

8° Le fief et vavassorie des PORTES, situé vers Manneville, et tenu, en 1540, par noble homme Jehan d'Elbœuf, lieutenant du vicomte de cette vicomté. Dans la seconde moitié du XVIIe siècle, il était entre les mains de Pierre Lambert, sieur des Portes, bailli d'Annebault;

9° Enfin, la vavassorie du GROS-POMMIER, du côté de Corneville, tenue, en 1540, par Me Pierre Le Sens.

La noble famille DU FAŸ avait des possessions à Fourmetot dès le XIIIe siècle. En 1234, Richard du Faÿ, fils aîné d'un autre Richard, prit, entre autres biens, dans la succession de celui-ci, le fief de la Marebroc. Ce seigneur rendit de grands services à Philippe-le-Bel, qui lui donna en récompense, en 1290, 60 sols parisis de rente sur la terre de Villeurliers ou Pléville-en-Roumois. — Les domaines de cette famille s'accrurent à Fourmetot, en 1516, par le mariage de Richard du Faÿ, fils de Pierre et de Jeanne Percepied, de la paroisse St-Ouen-des-Champs, avec Catherine d'Elbœuf.

A la fin du XVIe siècle, la seigneurie de Fourmetot appartenait aux DU QUESNE ou DUQUESNE, que nous retrouvons encore, avec le même titre, dans cette paroisse au commencement du XVIIIe siècle. Dans le chœur de l'église, sur la muraille de gauche, en entrant, on voit la pierre tumulaire de Pierre du Quesne, écuyer, sieur du Hamel, capitaine d'une compagnie de cavalerie pour les Etats de Hollande, sous la conduite de S. A. le prince d'Orange, qui fit une fondation à l'église de Fourmetot, par contrat du 2 décembre 1640.

Après les du Quesne, la seigneurie de Fourmetot, avec le fief du Hamel, passa à la famille DE LA RUE, qui posséda aussi les fiefs d'Iquelon, de L'Epiney, d'Elbœuf et de Mor. La plupart de ces derniers fiefs avaient appartenu à la maison DE LA HOUSSAYE, dont un membre jouissait encore de la vavassorie du Gros-Pommier quelque temps avant la Révolution de 1789.

4° FIEF ET DOMAINE DU GRAND-VAL-SUR-TRIQUEVILLE.

Le fief et domaine du GRAND-VAL, d'après l'acte de Lots et partages passé devant les tabellions de Pont-Audemer, le 6 octobre 1493 (C. A, n° 3), était situé en la paroisse de Triqueville, et échut, comme quatrième lot, « avec toutes ses appartenances et dépendances », à Jean du Buisson, écuyer, fils puîné de noble homme Jean du Buisson, seigneur d'Iquelon, et de damoiselle Etiennette du Faveril. Le Rôle dressé par le bailli de Rouen en la vicomté de Pont-Authou et Pont-Audemer, suivant Lettres du Roi données à Blayes le 20 mars 1540, nous apprend que ce fief du Grand-Val, compris dans la sergenterie du Mesnil, appartenait alors à Jacques du Buisson, écuyer (un des descendants de Jean), et qu'il était tenu de Me Jean Ernoult, écuyer, à cause de son fief de Lannay relevant du Roi, par un huitième de fief de haubert. Le siége de ce fief du Grand-Val ou du Val, qui relevait aussi en arrière-fief de la seigneurie d'Aubigny en la même paroisse, se trouvait dans la magnifique vallée qui s'étend de Triqueville à Toutainville.

TRIQUEVILLE (Eure) est une commune actuelle de plus de 600 habitants, canton et arrondissement de Pont-Audemer (1), voisine de Toutainville. On y trouve les hameaux de La Côte-aux-Loups, de La Côte-Baron, de La Côte-Fouquier, de La Côte-des-Haies, de La Côte-Jouen, du Val, de l'Église ou d'Aubigny, de La Vallée-aux-Gendres.

(1) Voir l'*Essai historique, archéologique et statistique sur l'arrondissement de Pont-Audemer*, par A. Canel (Paris, 1833, petit in-8°).

Elle est baignée par deux ruisseaux, qui se jettent dans la Corbie. L'église, dédiée à saint Michel, n'offre rien de remarquable.

Autrefois on comptait à Triqueville deux fiefs seigneuriaux principaux :

1° Le fief d'AUBIGNY-SUR-TRIQUEVILLE, qui appartenait, en 1396, à Raoul d'Annebault, qui était le siége d'une haute-justice, et dont relevaient dix-huit fiefs nobles, dépendances d'Appeville-Annebault. Les ruines de l'ancien château d'Aubigny se retrouvent encore près de l'église.

2° Le fief du VAL ou du GRAND-VAL, dont nous venons de parler ci-dessus.

Du côté de St-Germain, on trouve aussi des ruines d'une habitation féodale, nommée *La Bonnerie* ou *Le Manoir.* D'après la légende, on y voyait jadis une grosse pierre, gardée la nuit, pendant plusieurs siècles, par un lévrier redoutable.

Pendant l'invasion anglaise, au XVe siècle, Triqueville fut le théâtre de luttes ardentes contre les envahisseurs. Le lieu dit *La Charrière de Monterocq* fut, assure la tradition, pavé de leurs têtes.

5° FIEF ET VAVASSORIE DE COURSON.

Le désir de connaître le plus exactement possible quel était et en quoi consistait ce fief de COURSON, dont le nom, porté déjà dans les actes publics par les membres de la famille du Buisson dès le commencement du XVIe siècle (*dominus de Corsonio; dominus de Courson; sieurs de Courson*), est devenu de nos jours leur dénomination habituelle, nous a entraîné dans d'assez longues recherches, qui n'ont guère été couronnées de succès.

En feuilletant le *Dictionnaire universel de la France*, par d'Expilly (Paris, in-folio; 1726 et 1762), on y trouve : 1° COURSON ou ST-PIERRE-DE-COURSON : Normandie; diocèse de Lisieux; Parlement de Rouen; intendance d'Alençon; élection de Lisieux; sergenterie d'Orbec. On y compte 62 feux et 280 habitants; paroisse située à 2 lieues (de pays) sud-est de Lisieux. 2° COURSON : bourg et marquisat; Normandie; diocèse de Coutances; Parlement de Rouen; intendance de Caen; élection de Vire; sergenterie de St-Sever. On y compte 307 feux et 1382 habitants; paroisse située à 3 lieues (de pays) est-nord-est de Vire.

Sur la première de ces deux paroisses, trois chartes anciennes sont déposées aux archives du Calvados; dans l'une, non datée, qui est du commencement du XIIIe siècle, Hubert de Courson ratifie la donation faite à l'église Ste-Marie de Courson d'un fief que Guillebert Villart tenait de Guillaume de Tournemont, qui lui-même le tenait de lui. Dans une autre, du mois de juillet 1213, Guillaume de Tournemont déclare qu'il a donné à Jourdain, évêque de Lisieux, le patronage de l'église de Ste-Marie de Courson. La troisième porte décharge de tous droits sur le patronage de Ste-Marie de Courson, donnée par Hubert de Courson, chevalier, aux assises du mois d'août 1225, en faveur du doyen et du chapitre de l'église St-Pierre de Lisieux.

Il n'existe auxdites archives du Calvados que deux chartes seulement sur la paroisse de Courson, de l'élection de Vire. La première est un acte d'aveu rendu, le 28 avril 1456, par Colin Bourget à noble homme Philippe de Sainte-Marie, écuyer, sieur de Bernières, à cause d'une vavassorie assise en la paroisse de Courson. La seconde est un accord fait entre les mêmes, le 27 janvier 1457, au sujet du fief et de la vavassorie de Courson.

Mais il nous paraît vraisemblable que le fief de Courson qui nous intéresse n'a rien de commun avec les deux paroisses précitées. En effet, nous avons déjà vu que les du Buisson étaient originaires, non pas des élections de Lisieux ou de Vire, mais bien de l'élection de Caen, où ils avaient des domaines au XVIe siècle; de plus, non-seulement Jean III du Buisson, qui possédait des immeubles féodaux à Cristot en 1522 et 1525 (C. A, n°s 4 et 5), était qualifié *sieur de Courson* dans les actes notariés qui constatent un agrandissement de son domaine dans cette paroisse; non-seulement un jugement de la Chambre souveraine établie pour la recherche des francs-fiefs en Normandie et rendu le 2 septembre 1656, décharge Claude II du Buisson, comme noble, d'une taxe établie sur ses fiefs de Cristot et de *Courson* (sic), ce qui semble indiquer que ces deux fiefs étaient situés dans un voisinage bien rapproché; non-seulement plusieurs autres documents confirment les présomptions dans ce sens, mais encore les lettres-patentes concédées par Louis XIII à son conseiller au Parlement de Normandie, Anne du Buisson, et datées du mois de février 1621 (C. A, n° 232), érigeant la seigneurie de Cristot en un huitième de fief noble de haubert *à la dénomination de Cristot-Courson* (sic), prouvent péremptoirement que les deux sieuries étaient contiguës et peut-être situées dans la même paroisse de Cristot.

Ne s'agirait-il point, dans l'espèce, de la terre féodale dont le chefmois était situé près de l'église, qui est restée la dernière entre les mains de la famille du Buisson après l'aliénation au profit des Néel d'une partie de la seigneurie proprement dite et des droits de patronage, et qui a été achetée, il y a quelques années, par M. Charles Guéret-Desnoyers, propriétaire à Bayeux ? Cette hypothèse ne semble pas sans fondement, si l'on songe que, dans les dernières années du XVIIIe siècle, les du Buisson, qui avaient perdu la majeure partie de leurs biens à Cristot et à Brouay, mais qui continuaient à posséder la terre précitée, avaient conservé la qualification de *sieurs de Courson*, tandis qu'ils semblaient avoir implicitement renoncé à celle de *seigneurs de Cristot*, que les aînés et chefs de famille avaient portée depuis le commencement du XVIIe siècle jusqu'en 1780, et qui figurait dans toutes leurs signatures, sans même être accompagnée, la plupart du temps, de leur nom patronymique.

Quoi qu'il en soit, il nous paraît démontré par ce qui précède que la sieurie de Courson était située soit dans une paroisse voisine de Cristot, telle que Brouay ou Fontenay-le-Pesnel, soit à Cristot même, ce qui est plus probable. C'était évidemment, dans tous les cas, une simple vavassorie qui, en dehors des redevances féodales, ne jouissait des priviléges féodaux (manoir, chapelle, geôle, basse-justice, sénéchaussée, colombier-à-pied, corvées seigneuriales, etc., etc.) que par sa réunion, en vertu des lettres-patentes sus-visées, avec la seigneurie même de la paroisse de Cristot (1) ; cette dernière va faire l'objet de l'article 9 ci-après.

6° DOMAINE ET PAROISSE DE GAVRUS.

GAVRUS (dans les textes latins *Wavreium*, *Gavriz*, *Gaveriz*), écrit encore dans les textes français GAVRUE et quelquefois GAVREULX, est une ancienne paroisse de Basse-Normandie, comprise autrefois dans le ressort du Parlement de Rouen, le diocèse de Bayeux, l'intendance et l'élection de Caen, la sergenterie d'Evrecy; on y comptait 17 feux et 80 habitants seulement au commencement du XVIIIe siècle (2).

L'église, sous l'invocation de saint Aubin, dépendait de l'archidiaconné de Bayeux et du doyenné d'Evrecy. De plus c'était le siége d'une prébende. Jusqu'à la Révolution, la cure était à la collation du chanoine de Bayeux dont la prébende était à Gavrus; l'abbaye d'Ardennes d'abord (1306), puis le titulaire du canonicat, percevaient les dîmes et en laissaient un tiers au curé; la terre de la prébende se com-

(1) Nous avons dit plus haut que, d'après les anciens principes du droit féodal, la seigneurie était l'union du fief et de la justice, comme le titre était l'union de la dignité et du fief.

(2) D'Expilly : *Dictionnaire de la France* (Paris, in-folio, 1726).

posait de 44 acres 3 vergées. Cette situation existait au XIVe siècle; en effet, on lit dans le *Livre Pelut* (Pouillé) du diocèse de Bayeux, rédigé vers 1356: « *Ecclesia de Gavrus: taxata LX libras. Canonicus obtinet prebendam de Gavrus immediatè sub Capitulo.* » En 1789, le patron collateur était Jean Pradelle, alors chanoine, archidiacre de Bayeux et vicaire-général du diocèse, grand-oncle de M. Pradelle, sous-préfet actuel (1875) de Dôle (Jura). Obligé d'émigrer, comme beaucoup d'autres, par suite de la tourmente révolutionnaire, il se retira à Jersey, puis en Angleterre, et, dans les premiers temps de la Restauration, au mois d'août 1817, il fut nommé par le roi Louis XVIII à l'évêché de Bayeux; mais il mourut l'année suivante avant d'avoir pu être sacré.

Nous voyons pour la première fois le nom de Gavrus (*Wavreium*) mentionné dans un Rôle de l'Echiquier de Normandie en l'année 1195 (1). En effet, si nous compulsons les Archives départementales du Calvados (2), le plus ancien document qui fasse mention de Gavrus est une charte de l'an 1222, scellée du sceau du donataire, par laquelle Thomas d'Evrecy, chevalier, concède à l'abbaye d'Aunay quelques pièces de terre et diverses rentes à prendre à Evrecy, Gavrus et Bougy. —Au siècle suivant, il existe une enquête faite en 1306, devant le bailly de Caen, pour attester que l'abbaye d'Ardennes prélevait les dîmes de Gavrus, et un *Vidimus* donné, en 1388, en la vicomté de Vire, des lettres datées de l'an 1352, par lesquelles Guillaume Sevestre, de St-Manvieu près Cheux, reconnaît devoir aux Religieux du Plessis-Grimoult quatre septiers d'orge de rente, à cause des droits que lesdits Religieux avaient sur le moulin Suhart, situé à Gavrus.

Le fief seigneurial de Gavrus était mouvant d'abord du duché de Normandie, puis de la Couronne de France, à cause de la vicomté de Caen. Lors de la *Recherche* de Monfault, en 1463-1464, ce commissaire royal (de Louis XI) trouva noble et maintint dans sa noblesse, à Gavrus, une famille Ruault (3), dont les membres étaient, selon toute apparence, seigneurs de la paroisse.

Au XVIe siècle, la maison du Buisson y possédait divers fiefs et un domaine assez considérable, ainsi qu'il conste

(1) *Grands Rôles Normands*, publiés vers 1840 (Caen, in-4°) par les soins de M. Léchaudey d'Anisy, p. 61.

(2) Voir Léchaudey d'Anisy: *Inventaire des Archives du Calvados* (2 vol. in-8°. Caen, 1834, t. Ier, p. 34 et 55, et t. II, p. 129).

(3) Ruault: bonne noblesse; famille maintenue non-seulement par Monfault, mais encore par Roissy, le 26 mai 1599, en la paroisse de Cléville, sergenterie d'Argences, élection de Caen, et par l'intendant Chamillart, en 1666; elle porte: *d'azur, à trois coquilles d'argent, accompagnées de trois croisettes de même en chef.*

de l'acte de partage de la succession de messire Claude du Buisson, écuyer, sieur de Courson, docteur et *prieur* (sic : doyen) des Écoles de Droit de l'Université de Caen, ledit acte en date du 28 décembre 1589 (1). Ce domaine était entré dans cette famille, selon les présomptions, à la suite de l'alliance, contractée vers 1560 environ, entre ledit sieur de Courson, écuyer, et noble damoiselle Marie Le Sueur, sa seconde femme, à laquelle il appartenait vraisemblablement; en effet, nous voyons dans l'acte de partage sus-mentionné que la dame du Buisson eut dans son lot, sa vie durant, cette terre de Gavrus; de plus, parmi les témoins qui assistaient à la reconnaissance du contrat de mariage de Marie du Buisson de Courson, sa fille, reconnaissance faite devant Nicolas Roger et Richard Martin, tabellions à Caen, le 27 octobre 1603, se trouvait Nicolas Le Sueur, écuyer, son parent, aussi possesseur de biens-fonds à Gavrus.

Ce domaine échut ensuite à messire Pierre du Buisson, écuyer, sieur de Courson, fils de Claude et de Marie Le Sueur, ancien contrôleur (intendant) des maisons royales du cardinal Charles de Bourbon-Vendôme (Charles X de la Ligue) et de Marguerite de Valois, et pour lors premier gouverneur-échevin de Caen de l'Ordre de la Noblesse; il obtint même du roi Louis XIII, encore mineur, au mois d'août 1613, des lettres-patentes, contre-signées de la Reine-mère régente, qui l'autorisaient à y construire un colombier à pied (2). (Voir C. A., n° 27.)

Le colombier à pied qui fut construit en vertu de ces lettres-patentes a existé assez longtemps; il était placé à peu près en face de Grainville, à environ 60 ou 80 mètres du château actuel, un peu sur la droite de la façade, et a été démoli, il y a quelques années seulement, par M. le comte

(1) D'après l'acte de partage précité de 1589, le domaine des du Buisson à Gavrus comprenait un certain nombre de pièces de terre, situées dans les delles de l'*Arbre*, de l'*Arbret*, du *Buisson-le-Prêtre* ou *Buisson-Saint-Aubin*, du *Fossé*, du *Gibet*, de la *Bulaine*, du *Roquère*, l'*Acre Cordelle*, et une terre féodale « assize au terroir de Gavrue (*sic*), nommée *La Fontenelle*, consistant « en jardins plantés, terres labourables et herbages, sur laquelle il y a une « maison, avec une chasse, le tout clos de hayes et fossés, jouxte les terres « des sieurs de Mondrainville et le chanoine de Gavrus, butte sur le Pray « Labbey. »

(2) « Dans le régime ancien de la Normandie, la possession d'un colombier « était l'apanage exclusif des propriétaires de fiefs. Ce droit figurait, parmi les « privilèges seigneuriaux, à côté du four et du moulin banal, de la possibilité « d'avoir garenne ouverte, du droit de chasser et de pêcher, à l'exclusion de « tout autre, dans le ressort entier du fief. L'adjonction d'un colombier, rempli de pigeons, aux bâtiments d'une habitation champêtre était dès lors un « signe précieux de noblesse et de suzeraineté. »

(J. Cauvet : *Le Droit de Colombier dans la Coutume de Normandie.*)

de Jumilhac, propriétaire actuel du château ; il tombait en ruines et gênait la vue.

Pierre du Buisson, sieur de Courson, affectionnait cette résidence de Gavrus ; car, dès le 7 août 1598, dans une sentence de la Prévôté de Paris, il est qualifié aussi *sieur du Buisson-St-Aulbin*, du nom d'une de ses terres, située en cette paroisse, et lors du mariage de son fils Claude (IIe du nom), en 1624, ce dernier, qui devait devenir plus tard seigneur et patron des paroisses de Cristot et de Brouay, s'intitulait dans son contrat *sieur de La Fontenelle-sur-Gavrus*, du nom de ce fief, que son père lui avait concédé par avancement d'hoirie. — Les anciens actes d'état civil de Gavrus, exceptionnellement bien conservés (1), établissent non-seulement que Pierre du Buisson faisait un fréquent séjour dans cette paroisse, où sont nés ou décédés quatre de ses enfants, mais encore qu'il s'y était retiré après avoir cessé l'exercice de fonctions publiques, et qu'il y est mort lui-même le 17 février 1631 (C. A., n° 246); il y fut inhumé dans une chapelle de l'ancienne église, peut-être la chapelle de la Vierge.

Après sa mort, tout le domaine de Gavrus passa entre les mains de son seul fils survivant, Claude (IIe du nom) du Buisson, qui est aussi qualifié *sieur du Buisson-St-Aubin* dans une sentence du présidial de Caen, du 24 novembre 1637 ; il est probable que cette terre, dont on ne trouve plus trace dans les documents de la famille du Buisson de Courson-Cristot à la fin du XVIIe siècle, était alors passée dans des mains étrangères.

Les du Buisson, possesseurs d'un domaine important à Gavrus, jouissaient-ils du fief seigneurial, autrement dit, étaient-ils seigneurs de la paroisse ? Le fait est possible, bien qu'aucun des documents en notre possession ne leur donne cette qualification, ni à eux, ni aux Le Sueur, qui les avaient probablement précédés et qui étaient peut-être eux-mêmes les successeurs de la famille Ruault. Un de nos jeunes auteurs, M. G. Le Hardy, dans son excellente *Histoire du Protestantisme en Normandie*, cite plusieurs fois (pages 331, 332 et 349), avec le titre de *sieur de Gavrus*, en l'année 1589, messire Tassin ou Thomas Blouet (2), qui avait une assez grande

(1) Les registres d'état civil de Gavrus remontent jusqu'aux dernières années du XVIe siècle, cas fort rare ; toutefois le nom de la famille du Buisson y est presque partout orthographié sans U, *Du Bisson*.

(2) Blouet : famille anoblie en 1610, pour services, en la personne de Pierre Blouet, fils de Thomas ou Tassin, maintenue dans sa noblesse, en 1666, par l'intendant de la généralité de Caen Chamillart, dans les personnes de Pierre Blouet, écuyer, sieur de Than, conseiller du Roi au siége présidial de Caen, âgé alors de 52 ans, et d'Augustin Blouet, sieur de Camilly, conseiller du Roi au Parlement de Rouen et frère du précédent, alors âgé de

influence à Caen, qui y soutenait le parti d'Henri IV, alors prétendant, et joua un certain rôle dans les troubles qui suivirent l'assassinat d'Henri III. Ce même Tassin ou Thomas Blouet était déjà mentionné comme *sieur de Gavrus* dans l'acte de baptême, en l'église St-Pierre de Caen, le 22 juin 1587, d'un fils de Mᵉ Etienne Onfroy, docteur régent et professeur royal en l'Université de Caen; il servait de parrain à l'enfant.

Les successeurs de Tassin Blouet et des du Buisson à Gavrus nous sont connus en 1666, par la Recherche de l'intendant Chamillart. A cette époque, jusque vers la fin du XVIIIᵉ siècle, le fief de Gavrus appartenait à la famille DE BERNIÈRES (1); en effet, messire Jean de Bernières, écuyer, *sieur de Gavrus*, trésorier de France à Caen, alors âgé de 33 ans, fut maintenu dans sa noblesse par ledit intendant Chamillart en cette année 1666, et un acte qui se trouve dans les anciens registres d'état civil de la ville de Caen constate, à la date du 7 octobre 1755, le décès, en la paroisse St-Jean de Caen, de messire François-Jean-Baptiste de Bernières, chevalier, seigneur de *Gavrus*, Mondrainville, Deux-Jumeaux, Longueville, Soquence, Baron, Tourmanville et autres lieux, âgé de 64 ans, dont le corps fut transféré dans l'église des Révérends Pères Jacobins de Caen.

A la fin du XVIIIᵉ siècle, ou au plus tard dans les premières années du siècle actuel, le domaine et le château de Gavrus étaient passés des mains de la famille de Bernières dans celles

41 ans. Cette famille porte : *d'azur, au lion rampant d'or, armé et lampassé de gueules ; au chef cousu de gueules, chargé d'un cœur d'or accosté de deux croissants d'argent.*

(1) DE BERNIÈRES : famille anoblie en 1587. Voici sa filiation telle qu'elle résulte de la *Recherche* de l'intendant Chamillart, en 1666-1667 :

« Pierre, anobli en 1587.
I
« Pierre, Jean.
I
« Rolland, Jean, Henry, Jean-Bᵗᵉ, Michel.

« Rolland de Bernières, écuyer, « sieur de Louvigny, conseiller « au Parlement de Normandie, « 37 ans, Religion Romaine, ori- « ginaire de la ville de Caen ; Jean, « écuyer, *sieur de Gavrus*, tréso- « rier de France à Caen, 33 ans, « demeurant à St-Jean de Caen ; « Henry, prêtre, grand-vicaire de « Mgr l'évêque de Pétrée, à Qué- « bec, au Canada, 31 ans ; Jean- « Baptiste, écuyer, sieur de Vau- « besnard, 27 ans, paroisse St- « Jean de Caen ; Michel, écuyer, « sieur de Venoix, paroisse St- « Jean de Caen, 25 ans. »

« Pierre, fils Pierre, épousa damoiselle Madeleine Le Brethon, en 1626.

« De Bernières porte : *Tiercé en fasces ; au 1ᵉʳ de gueules, à une étoile d'or,* « *au 2ᵉ d'azur, à trois croissants d'or, rangés en fasce ; au 3ᵉ d'argent, au* « *léopard naissant de sable, armé et lampassé de gueules.* »

de la famille D'AUVRECHER (1) ; puis, en 1824, ils furent donnés par Mme d'Auvrecher à M. Théodose LE FORESTIER, comte D'OSSEVILLE (2), chevalier des Ordres de Malte et de la Légion d'Honneur, alors receveur général des Finances à Caen ; ce dernier, qui exerça sa charge jusqu'en 1830, entra en jouissance de cette donation en 1828. Enfin lesdits domaine et château sont devenus la propriété de la famille CHAPELLE DE JUMILHAC (3), par suite du mariage de Mlle Elisabeth Le Forestier d'Osseville, fille de M. Théodose, avec M. Jules Chapelle, comte de Jumilhac, ancien gentilhomme de la Chambre du roi Charles X ; ce sont les père et mère du propriétaire actuel.

De nos jours, comme nous avons pu le constater lors de notre visite le 4 novembre 1872, Gavrus est une très-petite commune (152 hab. environ), comprise dans le canton d'Evrecy (2 kilom.) et l'arrondissement de Caen (14 kilom.), bâtie sur des coteaux dominant la rivière de l'Odon et bornée par les communes de Baron, Esquay, Evrecy, Bougy, Grainville et Mondrainville.

L'église actuelle, placée, comme l'ancienne, sous le vocable de saint Aubin, et desservie par M. l'abbé Legrain, curé actuel, est des plus insignifiantes, moderne, sans caractère, sans ampleur, et reconstruite en grande partie avec le mauvais goût du XVIIIe siècle ; entre chœur et nef, du côté du sud, se trouve accolée une chapelle qui paraît remonter à la fin du XVIe ou au commencement du XVIIe siècle, dans laquelle, selon toute apparence, se trouve la

(1) D'AUVRECHER : famille noble de nom et d'armes, la même que les d'Auvrecher d'Angerville ; elle tire son nom de la terre d'Auvrecher ou Orcher, située dans le bailliage de Caux. Les sires d'Auvrecher ont pris part à la conquête d'Angleterre, en 1066 ; à la première Croisade, en 1096. Jean d'Auvrecher d'Angerville, sieur de Grainville, et Antoine, sieur de Gonneville, ont été maintenus nobles en l'élection de Pont-l'Evêque, le 15 septembre 1668, par M. Barin de la Galissonnière, intendant de la généralité de Rouen.

Armes : *d'or, au léopard de sable posé au canton dextre de l'écu, et à deux quintefeuilles de sable posées l'une au canton senestre, l'autre en pointe.*

(2) LE FORESTIER D'OSSEVILLE, sires d'Osseville, de Vendeuvre, de Mobecq, etc., nobles de nom et d'armes, dont l'un des auteurs signa les *Pactions* du mariage du duc de Normandie Jean-Sans-Terre avec la fille du comte de Maurienne. Cette famille, qui a joué un rôle considérable par ses charges et ses alliances, a été maintenue dans sa noblesse par Monfault en 1463, par Roissy, à plusieurs dates, notamment le 14 décembre 1598, en la personne de Jean, fils de François, sieur d'Osseville, demeurant à Appeville, sergenterie de Lessay, élection de Carentan ; enfin par Chamillart en 1666. Elle porte : *d'argent, au lion de sable, armé, lampassé et couronné d'or* (ailleurs *de gueules*).

(3) CHAPELLE DE JUMILHAC : grande famille de noblesse, étrangère d'origine à la Normandie, et originaire, croyons-nous, du Périgord ; l'un de ses membres est aujourd'hui duc de Richelieu. Elle porte : *d'azur, à la chapelle d'or* (armes parlantes).

sépulture de Pierre du Buisson, sieur de Courson. Une campanille moderne a été établie après coup sur le sommet du gable occidental de l'église.

Dans le cimetière, à droite de l'entrée principale de l'église, on voit une enceinte entourée d'une grille, qui renferme plusieurs tombes en granit; c'est le lieu de sépulture des derniers châtelains. Y sont inhumés notamment : Mme d'Auvrecher; Mme du Boulard, comtesse de Valori; Jules-Marie Chapelle, comte de Jumilhac, et Mme Elisabeth Le Forestier d'Osseville, sa femme; enfin, Mme Marie-Caroline Le Pelletier de Rosambo, comtesse de Jumilhac, décédée le 3 juin 1867.

Le château, moderne comme l'église, assez vaste, renfermant de beaux appartements, mais également sans cachet architectural, est entouré d'un parc d'une assez grande étendue et très-giboyeux, traversé par l'Odon, où l'on trouve quelques filons de marbre et qui renfermait autrefois de grands bois et de magnifiques avenues, dont une partie seulement a disparu. — C'est à l'une des extrémités de ce parc, du côté de Mondrainville, que se trouvait le fief de La Fontenelle. — Ce château et ce parc appartiennent, nous le répétons, à M. le comte de Jumilhac, maire de Gavrus, à l'obligeance duquel nous devons une partie de ces renseignements. En examinant la matrice cadastrale de la commune, qu'il a bien voulu faire passer sous nos yeux, nous avons remarqué qu'une partie des dénominations actuelles données à ses divisions (1) sont encore les mêmes que les anciennes citées par nous dans une note précédente, d'après nos anciens documents.

7° TERRE ET FIEF DU ROUMOIS (AILLEURS DE ROMMARIE), EN LA PAROISSE DE ROUTOT.

Comme nous le verrons dans la Généalogie ci-après, Tanneguy du Buisson, écuyer, successivement recteur de l'Université de Caen, puis avocat au Parlement de Normandie et conseiller du Roi au siége général de la Table de Marbre à Rouen (Amirauté et Eaux-et-Forêts), est qualifié, dans l'acte de partage de la succession de son père (28 décembre 1589), *sieur* DE ROMMARIE, et dans le contrat de mariage de sa sœur Marie (22 janvier 1597), *sieur* DU ROUMOIS.

(1) Voici les principales divisions du territoire actuel de Gavrus, d'après la matrice cadastrale : — La Grandè Bruyère ; — Le Hard ; — Les Crêtes ; — Le Tonneau ; — *La Fontenelle* ; — Le Château ; — *Le Gibet* ; — Le Champ-Rogneux ; — Les Grands-Champs ; — *La Bulaine* ; — Le Val-d'Esquay ; — Le Champ-Bataille ; — Le Fresnot ; — *Le St-Aubin.*

Qu'est-ce qui constituait ce fief de Rommarie ou du Roumois ? Où était-il situé ?

Nous avions un instant pensé, en raison de l'analogie existant entre le nom de Rommarie et celui de Roumare, qu'il pouvait s'agir de ce lieu de Roumare, autrefois paroisse de l'élection de Rouen, aujourd'hui commune de 715 habitants, placée sur un plateau entre la Cailly et la Sainte-Austreberte, canton de Maromme et arrondissement de Rouen, dont elle est distante de 13 kilomètres. Mais des investigations sérieuses nous ont amené ensuite à considérer comme beaucoup plus probable que Rommarie serait une erreur de copie, et qu'il s'agirait plutôt d'un fief du Roumois, situé dans l'ancien pays de Roumois, en Haute-Normandie, pays qui dépendait du domaine ducal au Xe et XIe siècles, et avait Quillebœuf pour capitale. En effet, on n'a pas oublié que les du Buisson, et notamment la branche d'Iquelon, possédaient, moins d'un siècle plus tôt, des fiefs plus ou moins importants dans l'élection de Pont-Audemer, qu'ils y avaient contracté de nombreuses alliances; or, il existait précisément en la même élection, sur le territoire de la paroisse de Routot, une terre féodale de ce nom du Roumois, qui devint même un peu plus tard le siége de la baronnie de Routot. Le Roumois était aussi fort anciennement le siége d'une sergenterie, dans laquelle se trouvait notamment compris le fief seigneurial d'Iquelon ; cette sergenterie, tenue, en 1540, de Jean du Quesne, écuyer, par un plein fief de haubert, appartenait à cette date à Pierre Bouzens, écuyer. De nos jours, le Roumois forme encore un hameau de la commune de Routot. Nous ne pouvons guère dès lors douter que cette terre, la seule qui porte ce nom dans l'ancien pays de Roumois, ne fut l'apanage de Tanneguy du Buisson, après qu'il en eut fait l'acquisition à ses derniers possesseurs.

ROUTOT, où était située la terre féodale du Roumois, est une paroisse assurément fort ancienne, quoique aucun titre n'en fasse mention avant le XIIe siècle. A cette époque, elle devait appartenir aux sires de Pont-Audemer, et il résulte d'une charte de l'ancienne abbaye du Bec qu'elle fit partie de la dot donnée à Adeline de Meulan, sœur de Waléran, lors de son mariage, en 1112, avec Hugues IV de Montfort. Ce ne fut probablement qu'après la conquête de la Normandie par Philippe-Auguste que Routot fit retour au domaine ducal (1).

Cette seigneurie, donnée, en 1298, par Philippe-le-Bel à

(1) Voir l'*Essai historique, archéologique et statistique sur l'arrondissement de Pont-Audemer*, par A. Canel (In-8°, Paris, 1834), t. II, p. 105 à 114.

Louis de France, comte d'Evreux, possédée, en 1329, par Robert d'Artois, IIIe du nom, comte de Beaumont-le-Roger, rentrée au domaine royal en 1343, transmise, avec Domfront, le Passais normand et Quatremarres, par le roi Philippe de Valois à son neveu Philippe d'Alençon, forma, en 1389, la dot de Marie d'Alençon, nièce de Philippe, lors de son mariage avec Jean VII, comte d'Harcourt.

Remise à Thomas, comte d'Essex, par Henri V d'Angleterre, pendant l'occupation Anglaise en Normandie, revenue ensuite aux d'Harcourt, elle entra, en 1417, par le mariage de Marie d'Harcourt, fille de Jean VII, dans la maison de Lorraine, et fut possédée successivement par Antoine de Lorraine, comte de Vaudemont; par Ferri de Lorraine; par René, duc de Lorraine, mort le 10 décembre 1508; par Claude de Lorraine, marquis d'Elbeuf, et auteur des ducs de Guise; enfin, en 1550, par René de Lorraine, auteur des ducs d'Elbeuf.

La descendance de ces puissants personnages possédait encore Routot et la haute justice en 1720. Vers la fin du même siècle, la baronnie avait changé de mains et appartenait à un sieur Le Gingeois.

On ne sait à quelle époque Routot fut érigé en baronnie; il porte ce titre dans un acte d'aveu curieux donné par le duc de Guise en 1542.

Cet aveu nous fait connaître que la baronnie de Routot s'étendait sur Rougemontier et *ès parties d'environ;* elle avait droiture de marché chaque mercredi, avec deux foires par an, la St-Jean-Baptiste et la St-Barthélemy; le marché et les foires, qui existaient dès le XIVe siècle, se sont continués sans interruption. Il s'y fait en général beaucoup d'affaires, surtout à cause de la vente des bestiaux; Routot est le Poissy de la Normandie.

Au commencement du XVIIIe siècle, d'après l'abbé d'Expilly, Routot était déjà un bourg compris dans le ressort du Parlement, le diocèse et l'intendance de Rouen, l'élection de Pont-Audemer, la sergenterie de La Londe; on y comptait 4 feux privilégiés et 190 feux taillables. Aujourd'hui, la commune de Routot, qui a été occupée quelque temps par les Prussiens, pendant les désastres de la guerre de 1870-1871, est un chef-lieu de canton important du département de l'Eure, arrondissement de Pont-Audemer (20 kilom.), près de la forêt de Brotonne.

L'église, sans collatéraux ni transept et flanquée d'une tour carrée, placée sous les vocables de saint Ouen, de saint Jean et de la Vierge, est un remarquable monument appartenant aux derniers temps de l'architecture romane (XIIe siècle). Le chœur est du même style; mais le portail est du

XVIe siècle. A l'intérieur sont à signaler les belles sculptures des stalles et la décoration des fenêtres du chœur. A l'époque de la Révolution, c'était le seigneur qui nommait à la cure.

8° PAROISSE ET FIEF OU PRÉBENDE DE LAIZE-LA-VILLE.

LAIZE-LA-VILLE, appelée aussi NOTRE-DAME-DE-LAIZE, et quelquefois SAINTE-MARIE-DE-LAIZE (notamment dans une charte de l'abbaye de Barbery, de 1273), en latin *Laisia*, *Villa Laisiæ*, était située au nord de l'ancien pays de Cinglais, dont elle faisait partie. Il est présumable qu'elle tire son nom de la rivière de Laize, qui parcourt le Cinglais, et qui est, avec le Laizon, le principal cours d'eau du pays.

Nous manquons de renseignements positifs sur cette paroisse, qui pourtant est ancienne et doit avoir été importante.

C'est à Laize, apparemment, que se trouvait le moulin de *Leezia* (sic), appartenant à l'abbaye de St-Etienne de Caen, au temps d'Henri II d'Angleterre, vers 1160 (1). Il en existait d'autres en 1285 et 1296, possédés par des personnages de la maison de Fontenay, du Mesnil-Touffray, etc. (2).

Soit que, en raison de sa situation, le lieu ait paru peu propre à l'établissement d'une résidence féodale, soit pour toute autre cause, on ne trouve guère, avant Anne du Buisson, d'autre trace de famille seigneuriale ayant pris le nom de cette localité, que la mention isolée d'un certain *Robert de Pont de Laize*, en 1245 (3). Mais, à la fin du XVIe et au commencement du XVIIe siècle, noble homme messire maître Anne du Buisson, conseiller au Parlement de Normandie, chanoine de la cathédrale de Rouen et, un peu plus tard, vicaire général de l'archevêque, Mgr de Harlay, est qualifié *sieur de Laize* (ailleurs *de Laize-la-Ville*), d'abord dans le contrat de mariage de sa sœur Marie, le 22 janvier 1597; puis successivement, dans le contrat de mariage de sa sœur Gillonne, le 17 novembre 1605; dans une requête adressée par lui aux maires et échevins de Caen, le 13 juillet 1613; dans le contrat de mariage de sa sœur Marguerite, le 21 mai 1614; enfin, dans un acte notarié du 2 juin 1619.

Faut-il voir dans ce titre de *sieur de Laize* l'indication et la preuve que ledit Anne du Buisson possédait comme patrimoine le fief seigneurial de cette paroisse? Nous l'avons

(1) Voir *Neustria Pia*, p. 620.
(2) Voir les *Recueils de l'Echiquier*, Antiquaires de Normandie, 1834, t. VII, p. 173 et 174.
(3) Voir les *Recueils de l'Echiquier*, Antiquaires de Normandie, 1834, t. VII, p. 376.

longtemps pensé, avec la persuasion que cette terre, comme celle de Gavrus, avait été transmise à la maison du Buisson par Marie Le Sueur, mère du conseiller au Parlement. En effet, cette paroisse de Laize est voisine de Cintheaux et de Robertmesnil, lieux qui sont le berceau de la famille Le Sueur; en outre, la mère de Marie Le Sueur était apparemment une Le Marchant, et, à la même époque, Gaspard Le Marchant, écuyer, conseiller en la Cour des Aides de Normandie, à Rouen, était sieur d'Outre-Laize, paroisse également dans le voisinage.

Quoique nos hésitations persistent encore et que nous n'ayons pu trouver d'éclaircissements suffisants, il nous semblerait peut-être plus probable, selon la suggestion que nous a donnée le savant archiviste de la Seine-Inférieure, M. de Beaurepaire, qu'il s'agissait seulement de la prébende (1) importante possédée par Anne du Buisson, *canonicus præbendatus* du diocèse de Rouen, les chanoines prébendés ayant fréquemment, paraît-il, l'habitude de porter la qualification du lieu où était située leur prébende. Deux raisons nous font pencher pour cette opinion; la première, c'est qu'après la mort d'Anne du Buisson, on ne trouve plus trace, dans les documents de famille, de la terre de Laize-la-Ville, qu'il aurait, selon toute apparence, transmise à son neveu Claude (II), comme ses autres biens; la seconde, c'est qu'un extrait du Cartulaire de l'abbaye de Fontenay nous fournit cette remarque : que la paroisse de Notre-Dame-de-Laize, bien qu'enclavée dans le diocèse de Bayeux, n'en faisait pourtant pas partie, et dépendait de celui de Rouen, anomalie qui est peut-être un indice d'ancienneté de plus. Il est de fait que son nom, pas plus que ceux d'Espins ni de Grainville, ne figure point dans la liste des églises du doyenné de Cinglais, dressée au XIVe siècle et inscrite dans le Livre Pelut de l'évêché de Bayeux (2). De plus, le patronage de l'église faisait partie des prérogatives de ce canonicat de la cathédrale métropolitaine; le chanoine percevait les deux tiers de la dîme; l'autre tiers appartenait au curé. On suivait aussi pour l'office l'usage du diocèse de Rouen (3).

De nos jours, Laize-la-Ville est une commune de 209 habi-

(1) PRÉBENDE (du latin *præbenda*, de *præbere*, fournir), droit que possédait un ecclésiastique de percevoir certains revenus dans une église cathédrale ou collégiale. La *prébende* diffère du *canonicat* en ce que ce dernier n'était qu'un titre purement spirituel et ne donnant de revenu temporel que lorsqu'il était accompagné de la prébende. Les *prébendiers*, ou *chanoines prébendés*, avaient droit de préséance sur les simples chanoines et chanoines honoraires.

(2) Voir Beziers, *Histoire sommaire du diocèse de Bayeux*, p. 47, etc.

(3) Voir de Caumont, *Statistique monumentale du Calvados*, t. II, p. 172 et suivantes.

tants environ, située dans un frais vallon, sur le chemin de Caen à Thury, à distance presque égale de l'un et de l'autre, et sur le point de jonction des rivières de Laize et d'Orne. Desservie par la poste de May-sur-Orne, elle a, de plus, une station de chemin de fer et est comprise dans le canton de Bourguébus (8 kil.) et l'arrondissement de Caen (13 kil.).

L'église, à peine digne d'une mention, se compose d'une nef du XVIIIe siècle et d'un chœur défiguré du XIIe.

On remarque aussi à Laize d'anciennes carrières de marbre noir, qui semblent avoir été longtemps exploitées, et des excavations souterraines, étrangères à ces mêmes carrières, dont l'objet et la nature n'ont pas été suffisamment examinés.

9° FIEF ET PAROISSE DE CRISTOT.

CRISTOT, que l'on écrit aussi CHRISTOT, et dans les textes anciens ou latins *Crisetot*, *Cressetot*, *Crissotot*, était jadis une paroisse de Basse-Normandie comprise dans le ressort du Parlement de Rouen et du présidial de Caen, le diocèse de Bayeux, l'intendance et l'élection de Caen et la sergenterie de Cheux : on y comptait 90 feux et 405 habitants au siècle dernier (1). La seigneurie était mouvante en arrière-fief de celle du MESNIL-PATRY (2) pour l'hommage, les reliefs et treizièmes, mais en avait été séparée définitivement pour le reste en 1621, comme nous le verrons ci-après.

L'abbé Beziers (Michel), chanoine du Saint Sépulcre, qui

(1) Voir d'Expilly, *Dictionnaire universel de France* (in-folio, Paris, 1726 et 1762), t. II de la seconde édition.

(2) LE MESNIL-PATRY : commune actuelle de 275 à 300 habitants, dépendant, comme Cristot, du canton de Tilly-sur-Seulles, arrondissement de Caen (Calvados), desservie par la poste de Bretteville-l'Orgueilleuse, et située à 3 kilom. de la rivière de la Muë. C'était une ancienne seigneurie importante, mentionnée dans plusieurs chartes des Archives préfectorales du Calvados dès le commencement du XIIIe siècle.

En 1371, cette paroisse était munie d'une forteresse, qui fut visitée, le 19 mars de cette même année, par les Commissaires du roi Charles V.

La seigneurie du Mesnil-Patry, qui relevait de la Couronne sous la Châtellenie de Caen, avait d'abord appartenu à la très-noble famille Patry (Mesnil-Patry : manoir, résidence de Patry), dont l'origine se perd dans la nuit des temps; ensuite, elle fut possédée successivement par les maisons de Martel, Bertrand, de Vassy, avant d'être entre les mains des Le Fauconnier, qui en étaient seigneurs et patrons dans les dernières années du XVIe et au XVIIe siècle. En 1716 et 1725, messire Gouville, procureur du Roi, chargé de la direction de la police à Caen, était seigneur de cette paroisse.

L'église du Mesnil-Patry est peu intéressante. Le seigneur nommait à la cure, quoique ce privilége lui eût été longtemps contesté par les Religieux de l'église St-Vincent du Mans, auxquels appartenaient les dîmes, d'après la donation qui leur avait été faite au XIIe siècle par Guillaume Patry, en même temps que celles de La Lande-Patry, de Flers, de La Villette et de Montigny.

écrivait ses précieux renseignements historiques sur le diocèse de Bayeux de 1760 à 1775 environ, s'exprime ainsi dans le troisième Registre de ses *Notes manuscrites*, déposées à la Bibliothèque de Bayeux : « Cette paroisse (Cristot) est appelée « dans d'anciens titres *Cressetot*, *Cressitolf;* or, *Tot* ou *Tolf*, « en anglo-saxon, signifie, selon quelques-uns, la place où « était un bâtiment, une masure, et selon d'autres, un petit « bocage. Elle est entre Caen et Bayeux, à trois lieues (de « pays) de distance de l'une et de l'autre. Il y a deux ha- « meaux, *Le Hamel* et les *Hauts-Vents*. Celui-ci est partie « sur Cristot, partie sur Saint-Aubin-de-Fontenay (le Pesnel) « et sur Audrieu. »

De nos jours, Cristot est une commune du Calvados, peuplée de 375 à 400 habitants, faisant partie du canton de Tilly-sur-Seulles (4 kil.), arrondissement de Caen (18 kil.), située à trois kilomètres environ de la station d'Audrieu (chemin de fer de Caen à Cherbourg), entourée de haies et de fossés boisés qui en dérobent la vue à une très-courte distance; dans un champ séparé de l'église par la route, se trouve une fontaine nommée la *Fontaine Saint-Roch*. D'où lui vient ce nom? Serait-ce du saint qui est second patron de l'église? Des personnes âgées consultées prétendent qu'on y venait autrefois en pèlerinage. Quoi qu'il en soit, nous avons visité avec intérêt, d'abord le 2 juillet 1868, puis le 5 août et le 12 septembre 1872, cette petite commune placée depuis longtemps déjà sous l'administration civile de M. Le Tellier (Louis), maire actuel, et sous la direction religieuse de M. l'abbé Dupont (Louis-Pierre), curé, que nous considérons comme notre collaborateur pour cette notice; car c'est à son obligeance infatigable que nous devons une série de renseignements pour lesquels nous ne saurions lui témoigner trop vivement notre parfaite gratitude.

Si nous compulsons, au sujet de cette paroisse, les Archives du Calvados, nous ne trouvons pas de chartes la concernant avant le XIIe siècle. Les trois chartes suivantes, sans parler de plusieurs autres, nous apprennent : 1° qu'il fut reconnu par Rotrou, évêque d'Evreux, tenant les assises du roi Henri II à Bayeux, en 1160, que l'abbaye de St-Etienne de Caen avait, sous la dépendance de son fief de Loucelles, diverses pièces de terre situées à Cristot (1) ; 2° que GUILLAUME DU MARAIS vendit en 1275, au Chapitre de Bayeux, toute la dîme des paroisses de Cristot et d'Audrieu, et tous les droits seigneuriaux qu'il avait dans ces paroisses ; 3° que Jean de Rüe, dit Manchon, vendit à Jean Le Bourgeois, en 1284, pour service

(1) *Grands Rôles Normands*, publiés à Caen (Antiquaires de Normandie, XVe vol., année 1846, p. 197).

d'ami (*pro servitio de amore*), et à Mauger Blouet, en 1286, deux pièces de terre situées à St-André de Cristot (1).

Cristot avait des seigneurs féodaux, qui portaient ce nom, à la fin du XIIe et au XIIIe siècle. Le cartulaire de l'abbaye de Mondaye contient la donation d'une mine de froment, faite, en 1215, au profit de cette abbaye, peu de temps après sa fondation, par LUC ou LUCAS DE CRISTOT, fils de GUILLAUME DE CRISTOT, chevalier ; voici, du reste, la teneur textuelle de cette donation, tirée du cartulaire précité (2), et dont nous devons la copie à la complaisance de M. l'abbé Barette, curé de Condé-sur-Seulles :

« Notum sit præsentibus et futuris quod ego, LUCAS, « filius WILLELMI DE CRISETOT, militis, pro salute animæ meæ « et antecessorum meorum, dedi ecclesiæ Sancti-Martini de « Ae, et canonicis ibidem Deo servientibus, in puram et « perpetuam eleemosinam et omninò quietam, unam minam « frumenti, annuatìm percipiendam, in mense septembri, in « unâ virgatâ (*vergée*) terræ quæ sita est in dellâ quemini « Totusversi. Et, si fortè contingerit quòd ego prædictam « eleemosinationem prædictis canonicis garantisare non pos- « sem, ego vel hæredes mei in feodo nostro competenter « excambiaremus.

« Actum est hoc anno ab Incarnatione Domini millesimo « ducentesimo et quintodesimo. — Quod ut ratum et stabile « perseveret in posterum, præsenti scripto, sigilli mei mu- « nimine roborato, confirmavi. »

En remontant plus haut et en consultant les *Rôles Normands* (3), on trouve mentionnés un SERLON DE CRISTOT vivant en 1180, et GUILLAUME DE CRISTOT, père de LUCAS, en l'année 1195 ; on y voit encore que Guillaume de Varneville, Etienne de Longcamp et Roger du Boscq y tenaient des fiefs militaires relevant du Roi, en 1210.

Une charte sans date, mais, selon toute apparence, de la fin du XIIIe siècle, qui se trouve aux Archives du Calvados, nous relate la confirmation, par un seigneur du nom du Burnel, de diverses donations faites au prieuré de Ste-Barbe-en-Auge par ROBERT DE CRISTOT, peut-être le fils de Lucas, et par sa femme, ainsi que par Geoffroy Mahon.

Depuis ce Robert de Cristot, le dernier connu de cette famille, éteinte du temps de Monfault (1463-64), et dont nous ignorons l'écusson, l'obscurité se fait sur les seigneurs

(1) Voir Léchaudey-d'Anisy, *Archives du Calvados* (Caen, 1834), t. I, p. 100, 197, 273, 389 et 390.

(2) Cartulaire de Mondaye (in-4°). Bibliothèque du Chapitre de la Cathédrale de Bayeux, p. 49, au recto.

(3) *Grands Rôles Normands*, p. 17, 81, 82, 173 et 189.

de cette paroisse jusqu'au XVIe siècle. Toutefois, il est avéré qu'à la fin du XIVe, elle était encore munie d'un château-fort (*castellum*), puisque Cristot figure, au nombre des places fortes du bailliage de Caen, sur le procès-verbal de l'inspection faite en 1371 par Regnier Le Coustellier, bailli de Caen, et deux autres chevaliers (1), en vertu d'une ordonnance du roi Charles V, du 30 janvier de la même année.

Raymond Monfault, général des monnaies, commissaire départi par le roi Louis XI en Basse-Normandie, ne mentionne pas de nobles à Cristot dans sa Recherche de la Noblesse, en 1463-64, mais y indique parmi les *non nobles, renvoyés payer taille*, OLIVIER D'ESTRIAC (sieur de Blagny), dont les descendants furent cependant maintenus nobles plus tard, notamment par l'intendant Chamillart en 1666 (2). Cet Olivier d'Estriac n'était-il pas, ou du moins ne se prétendait-il pas seigneur de la paroisse du temps de Monfault?

(1) On lit dans le XIe volume des *Mémoires de la Société des Antiquaires de Normandie*, années 1837, 1838 et 1839, p. 185 à 204 :

« Relation de la visite des forteresses du bailliage de Caen, faite en vertu « d'un ordre du Roi (Charles V), en 1371, par Regnier Le Coustellier, bailli de « Caen, accompagné de Jean du Boys et Rogier Le Masnier, chevaliers :

« Tirée des manuscrits de Gaignières (t. II, n° 671), à la Bibliothèque royale « à Paris ; communiquée à M. de Caumont, secrétaire de la Société. » P. 203 : « Vendredi XIXe de mars (1371).—Ledit jour, les diz Commissaires « visitèrent le fort de CHEUX, et fut commandé au gascoing du Boys, cappi- « taine, et aux genz de la ville, qu'ils soient à pou (approvisionnés) de vivres.

« Item ce jour, au MESNIL-PATRY, commandé fut à la personne et aux genz « de la ville qu'ils soient à pou de vivres.

« Samedi, XXe de mars.—Item ce jour, à CRISTOT (sic), commandé fut à « la personne et aux genz de la ville qu'ils soient à pou de vivres.

« Item ce jour, à NOURAY (Norrey), commandé fut au gascoing du Boys, « escuyer, cappitaine, etc., que le fort fût appareillé de denz XV jours après « Pasques.

« Dymence, jour de Pasques fleuries, XXIe de mars.—Ledit jour à Caen. »

(2) On lit dans la *Recherche de la Noblesse*, de Roissy et autres commissaires, en Basse-Normandie (1598-1599), à la date du 21 juin 1599 :

« D'ESTRIAC : Pierre d'Estriac, sieur de Blagny et d'Agneaux, fils Gilles, « demeurant à Christot (sic), sergenterie de Cheux, élection de Caen, a « pour fils Pierre ; s'est trouvé en procès aux Aides et a été ordonné qu'il « sera imposé par provision. »

On lit dans la *Recherche* de Chamillart (1666-1667), parmi les Nobles ayant justifié quatre degrés :

« D'ESTRIAC.

« Gilles
I
« Pierre
I
« Pierre
I
« Claude

Claude d'Estriac, écuyer, sieur de Blagny, demeurant à Clinchamps, vicomté de St-Sylvain, 42 ans ; Religion Romaine.
Gilles épousa damoiselle Françoise du Vernay.
Pierre Ier. . . . . Blanche Le Bouvet.
Pierre II . . . . . Jacqueline Allain de La Bertinière.
Claude. . . . . . Madeleine Patry, en 1658.

« Portent : *d'azur, au lion rampant d'argent, couronné d'or et lampassé de gueules.* »

Dès la première moitié du XVIe siècle, nous rencontrons à Cristot les DU BUISSON DE COURSON, possesseurs déjà d'immeubles féodaux importants, dans les personnes de Jean et de Claude (Ier) du Buisson, ainsi qu'il conste notamment d'actes notariés en date des 21 septembre 1522 et 21 septembre 1525, et d'une sentence du haut bailliage de Caen, du 30 juin 1568. Toutefois, la seigneurie même de Cristot, l'un des apanages principaux de la maison du Buisson en Basse-Normandie, avec les droits en dépendant et le patronage de paroisse (nomination à la cure), ne furent portés d'une façon définitive, dans cette branche de Courson, qu'au commencement du XVIIe siècle. Avant 1620, le titre de *seigneur de Cristot* était donné à JACQUES LE VAVASSEUR, sieur de ce lieu et d'Anisy (1), puis, après lui, à son fils JEAN, sous la suzeraineté absolue des LE FAUCONNIER (2), écuyers, en ce temps-là seigneurs du Mesnil-Patry, patrons dudit lieu et de Cristot. Mais, par un contrat notarié, en date du 19 février 1620, noble et discrète personne messire maître Anne du Buisson, sieur de Laize-la-Ville, conseiller du Roi en son Parlement de Normandie, chanoine de Bayeux et de Rouen, grand archidiacre du Vexin, vicaire général de l'archevêque de Rouen, primat de Normandie (Mgr François de Harlay), acquit de Jean Le Vavasseur, bourgeois de Caen, les terres seigneuriales de Cristot, avec les droits, dignités et fiefs nobles en dépendant, et notamment avec le droit de présen-

(1) On lit dans un manuscrit de la Bibliothèque de Caen, donné par les Traitants, à M. de Chamillart, lors de sa *Recherche de Noblesse*, en 1666-1667, et intitulé :

« *Anecdotes de Caen, ou Mémoire sur une partie des familles nobles de la généralité :*

« LE VAVASSEUR : Jacques Le Vavasseur, sieur de Christot et d'Anisy, « vice-bailly de Caen, anobli par lettres données à Paris, en juillet 1610, « vérifiées aux Comptes le 13 mars 1612, et aux Aydes le 24 juillet aud. an. »

(2) On lit dans la *Recherche de la Noblesse* de l'intendant de Caen Chamillart (1666-1667) :

« LE FAUCONNIER : anobli en 1595 (ailleurs en 1593).

« Jacques Le Fauconnier, écuyer, sieur de Feuguerolles, demeurant à « Bretteville-sur-Odon, sergenterie de Louvigny, élection de Caen ; Maximilien, sieur de Tordouët, 51 ans, paroisse de Biéville, sergenterie de « Varaville, élection de Caen ; Pierre, écuyer, sieur du Mesnil-Patry, y « demeurant, sergenterie de Cheux ; tous de Religion Romaine.

« Nicolas, anobli en 1595.
I
« Jean
I
« Nicolas, Charles, Jacques, Maximilien, Pierre.

Jean, fils Nicolas, épousa damoiselle Jeanne Malherbe, en 1591, et en deuxièmes noces damoiselle Philippine Le Courtois.

Charles, fils Jean, épousa damoiselle Elisabeth de La Roque.

Jacques, fils Jean, épousa damoiselle Marie des Oubeaux, en 1639.

« Portent : *d'argent, à six mâcles de gueules, 3 en chef, 2 en fasce, et 1 en pointe.*

tation à la cure alternativement avec le sieur Le Fauconnier, écuyer, seigneur du Mesnil-Patry. Puis, par un autre acte de transaction passé à Rouen, le 7 décembre 1620, devant Lucas Le Page et Thomas Dubosq, tabellions royaux, le même Anne du Buisson obtint de Jean Le Fauconnier, seigneur du Mesnil-Patry, la concession d'une *prévôté-receveuse*, avec toutes les rentes seigneuriales, tenures et droits féodaux en dépendant, y compris celui de justice et celui de patronage alternatif y annexé comme faisant partie de la glèbe et fief du Mesnil-Patry. Enfin, par lettres-patentes de Louis XIII, datées de Paris au mois de février 1621, enregistrées au Parlement le 14 juin et en la Chambre des Comptes le 29 octobre suivant, données par ce souverain pour récompenser les services de son conseiller en Parlement, ce dernier contrat fut déclaré validé, le démembrement consommé et la seigneurie de Cristot créée et érigée « *en un huitième de fief* « *noble de haubert, à la dénomination de* CRISTOT-COURSON, « *avec juridiction, pleds et gages-plèges sur les hommes et* « *vassaux qui en relèvent, droit de prévosté, de colombier, etc.*— « *Joint l'annexe et l'attribution à icelle du patronage alternatif.* » (Voir C. A. n° 232.)

Les prérogatives du seigneur de Cristot s'accrurent encore un peu plus tard, en raison de l'abandon absolu et sans réserve de son alternative de patronage que fit, par contrat du 13 mars 1628, le même Jean Le Fauconnier au même Anne du Buisson, et nous allons voir que le successeur de ce dernier sut faire valoir cette renonciation des seigneurs du Mesnil-Patry à toute espèce de droits sur l'église de Cristot. Ajoutons ici que, dans un arrêt du 4 août 1661, la Cour des Comptes de Rouen confirme ce fait que le fief seigneurial de Cristot ne relevait pas directement de la Couronne.

Claude, IIe du nom, du Buisson, conseiller du Roi en l'élection de Caen, qualifié dans son contrat de mariage, en 1624, *sieur de La Fontenelle-sur-Gavrus*, fils de Pierre du Buisson, écuyer, sieur de Courson et neveu de messire Anne du Buisson inhumé dans la chapelle de la Vierge de la cathédrale de Rouen le 21 septembre 1628, hérita des terres et des droits seigneuriaux de son oncle à Cristot, notamment des droits de justice, comme le prouvent deux extraits des plaids de la seigneurie tenus sous son nom, le 12 juillet 1647 et le 4 juillet 1650; mais, après y avoir fixé sa résidence vers 1630, il n'attachait pas moins d'importance aux droits de patronage. En effet, lors de la vacance de la cure de Cristot, à la mort de l'un de ses fils, noble et discrète personne Jacques du Buisson, inhumé dans l'église de la paroisse le 13 septembre 1673, il s'engagea, au sujet de la succession à cette cure, un gros procès entre quatre prétendants, dont l'un était pourvu par ledit Claude, tandis que les autres étaient nommés soit par le Roi, à cause du litige, soit par son propre fils, Pierre du Buisson, soit par Pierre Le Fauconnier. écuyer, sieur du Mesnil-Patry (fils de Jean). Claude du Buisson, bien que fort âgé (79 ans), intervint pour revendiquer ses droits dans cette instance, dont vingt-et-une pièces de procédure attestent l'intérêt; elle s'était déjà engagée à l'occasion de la nomination du précédent curé. Ledit Claude eut gain de cause dans l'affaire portée en appel devant le Grand Conseil du Roi (Conseil d'Etat). (Voir C. A. nº 68.)

Jusqu'à la fin du XVIIIe siècle, les aînés de la famille du Buisson portèrent et conservèrent le titre de *seigneurs et patrons de Cristot*, et avaient fait du manoir qui leur appartenait en cette paroisse leur résidence habituelle, comme le constatent de nombreux contrats et la compilation des anciens actes de l'état civil. C'est ainsi qu'à Claude, IIe du nom, du Buisson, mort en 1679, succéda Pierre, IIe du nom, mort en 1686; à Pierre II succéda Pierre-Nicolas du Buisson, commandant du bataillon de milice de Caen, chevalier de St-Louis, pensionnaire du Roi après 58 ans de services militaires, mort en 1764. Il est vrai que le fils de ce dernier, Guillaume-Nicolas du Buisson, lorsqu'il n'était pas à l'armée, séjournait alternativement à Caen, à Cristot, et surtout à sa terre des Planches-sur-Amblie, où il est décédé le 16 octobre 1779.

Cependant les du Buisson de Courson n'étaient pas la seule famille noble ou notable en résidence à Cristot. Outre les D'ESTRIAC, sieurs DE BLAGNY, dont nous avons déjà parlé et qui figurent encore plusieurs fois sur les registres d'état civil, notamment le 24 avril 1664, lors du baptême de Renée, fille de Claude d'Estriac, écuyer, sieur de Blagny, et de Madeleine Patry, nous trouvons encore: — les LAMENDEY, alliés à la maison du Buisson le 17 février 1624, et d'abord possesseurs des fiefs de Lébisey-sur-Cristot, du Ruffey, de La Pallière, etc.; — les DU VERNAY (1), écuyers, originairement possesseurs du fief du Vernay-sur-Cristot, acquis par Anne du Buisson, en vertu d'un contrat passé devant les tabellions de Caen le

(1) DU VERNAY OU DU VERNEY: On lit dans la *Recherche* de Roissy, à la date du 28 juin 1599: « Jean du Vernay, sieur de La Rivière, fils Jean, demeu- « rant à Missy, sergenterie de Villers, élection de Caen, a pour fils Jean, « Raphael. Charles, Gaspard et Jacques. Veu ses titres, jouira (du privilége « de noblesse). »

L'intendant Chamillart a maintenu, en 1666, cette famille parmi les nobles qui justifièrent de 4 degrés, en les personnes de Georges du Vernay, écuyer, 55 ans, demeurant à Caen, paroisse St-Etienne; de Siméon, son cousin, demeurant à Grainville, sergenterie de Villers, élection de Caen, 40 ans; enfin de Charles, demeurant paroisse de Cristot et âgé de 80 ans, leur oncle. Les du Vernay portaient: *d'azur, à trois fasces ondées d'argent.*

6 mars 1621. Cette famille, dont la demeure était située près de l'église et qui s'était alliée à Cristot avec les d'Estriac de Blagny, a fourni à l'Eglise et à l'Armée plusieurs membres distingués, entre autres un curé de Cristot et deux capitaines d'infanterie, dont l'un, noble Jean-Charles-Claude du Vernay, chevalier de St-Louis, mort âgé de 82 ans, a été inhumé à Cristot le 27 janvier 1781; — enfin et surtout les Néel, sieurs de Tontuit, et, dans le courant du XVIIIe siècle, devenus seigneurs de Cristot *en partie*, et de beaucoup d'autres lieux en Haute-Normandie. Cette dernière famille, en raison de son rôle et de sa situation à Cristot, mérite une notice plus détaillée (1).

Jean Néel, fils Pierre, procureur du Roi en l'élection de Caen, qui fut le parrain de Marie du Buisson, fille de Claude (II) et de Françoise de Poilvilain, le 16 mai 1641, eut notamment pour fils, d'une alliance contractée le 25 avril 1642, Jean-Pierre, qui suit.

Jean-Pierre Néel, qualifié d'abord avocat au présidial de Caen dans un acte d'état civil de Cristot du 3 avril 1671, puis avocat en la Cour du Parlement de Rouen dans une sentence du bailliage de Caen du 2 janvier 1698, sieur de Tontuit, seigneur et patron de Fiquefleur, etc., ayant obtenu, en décembre 1704, lettres de confirmation de noblesse et au besoin d'anoblissement nouveau, moyennant finance, encore confirmé dans sa noblesse le 12 janvier 1717, décéda au commencement de l'année 1728 et probablement à Rouen. De son mariage avec dame Elisabeth Maduel, inhumée à Cristot, le 11 décembre 1728, en présence de deux de ses fils, dans la chapelle de leur château, étaient sortis six enfants, cinq fils et une fille.

1° Jean Néel, inhumé à Cristot le 21 octobre 1714, âgé de 17 ans;

2° Jean-Pierre Néel, second du nom, sieur de Tontuit, Fiquefleur, La Pommeraye, Bonnœil Genneville et autres lieux, et en partie de Cristot, conseiller du Roi en la Cour des Comptes, Aides et Finances de Normandie, mort à l'âge de 57 ans, le 28 décembre 1751, et inhumé dans l'église de Cristot le 31 du même mois. En 1735, il avait fondé auprès de son château une chapelle dédiée à la Sainte-Vierge, bénite

(1) On lit dans un manuscrit de la Bibliothèque de Caen, placé à la suite des *Recherches* manuscrites de Roissy, de d'Aligre, etc., et intitulé: *Appendice au Dictionnaire de la Noblesse : Normandie :*

« Néel de Cristot : commencent par un bastard de la maison des Néel « de Tierceville. Ce bastard acheta du bien à Cristot et épousa une Le « Chanteur, de laquelle sortit N. Néel, qui espousa une Le Mière, mère du « sieur de Christot-Néel, procureur du Roy en l'élection de Caen, qui a laissé « plusieurs enfants. »

le 16 juin 1737, avec droit de présentation pour lui et ses successeurs. Il laissa, de son mariage avec noble dame Marie-Marthe de Bellanger, dame de La Pommeraye :

A. Marie-Marthe-Elisabeth, née à Cristot le 5 octobre 1723, mariée en la même paroisse, le 26 décembre 1746, avec messire Nicolas Nepveu, sieur d'Epiney, Gruchet, etc., conseiller au Parlement de Rouen depuis 1734;

B. Jean-Gabriel-Pierre Néel, chevalier, seigneur de La Pommeraye dans sa jeunesse, puis de Tontuit, en partie de Cristot, né à Cristot le 25 octobre 1726. Il est, croyons-nous, le père de Pierre-Michel Néel, petit-neveu de l'évêque de Séez, par lequel nous terminerons nos indications sur les Néel.

3° Michel Néel, troisième fils de Jean-Pierre et d'Elisabeth Maduel, successivement archidiacre des Vez, vicaire général du diocèse de Bayeux, et enfin vicaire général du cardinal de Soubise, archevêque de Strasbourg; mort abbé d'Essonnes en 1731.

4° Louis-François Néel, quatrième fils des mêmes, dont nous allons parler ci-après.

5° Charles Néel, né en 1702, mort, à l'âge de 12 ans, le 14 septembre 1714.

6° Elisabeth Néel, sœur des trois précédents, née à Cristot le 18 février 1705, mariée en la même paroisse le 11 novembre 1727, à Jean-Gabriel Langevin, écuyer, sieur de Saulx et autres lieux.

Louis-François Néel de Cristot (*sic*), né vers 1697 ou 1698 à Rouen, nommé conseiller-clerc au Parlement de Normandie en 1719 (1), bien jeune encore, fut d'abord chanoine, puis grand doyen de la cathédrale de Bayeux, ensuite vicaire général de l'archevêque de Rouen. Promu au siége épiscopal de Séez le 3 mai 1740, consacré à Gaillon le 18 décembre suivant, il prit possession de son siége par procuration le 23 du même mois, et personnellement le 14 octobre 1741 (2). Dans ses moments de loisir, cet évêque faisait de fréquents voyages à Cristot, et, d'après l'abbé Beziers, aimait à venir se reposer des fatigues de l'épiscopat sous de frais ombrages,

(1) Voir *Catalogue et Armorial du Parlement de Rouen*, par Steph. de Merval (Evreux, gr. in-4°, 1867), p. 111.

(1) Extrait des registres de l'Evêché de Séez :

« Ludovicus-Franciscus Néel de Christot, Rothomagensis; — nominatus « tertiâ die mensis maii 1740;—consecratus die 18 decembris ejusdem anni, « Gailloni, per archiepiscopum Rothomagensem, assistentibus episcopis « Ebroïcensi et Bajocensi; — professionem adeptus per procuratorem die « 23 decembris 1740, personalem die 14 octobris 1741. — Obiit Parisiis die « decimâ septembris 1775, annos natus 78; — et jacet in choro abbatiæ « Sancti-Victoris. »

dans le château bâti par son père, achevé et embelli par son frère et par lui au commencement du siècle sur une partie du domaine seigneurial (peut-être le fief de Lebisey) aliéné par les du Buisson. Il décéda à Paris le 10 septembre 1775, à l'âge de 78 ans, et fut inhumé dans le chœur de l'abbaye de Saint-Victor de cette ville. Le *Mercure de France*, dans son numéro d'octobre 1775, constate encore que cet évêque était abbé commandataire des abbayes royales de Silly (ordre des Prémontrés : diocèse de Séez) et d'Estommes (ordre de Saint-Augustin : diocèse de Soissons).

Les armes des Néel de Tontuit et de Cristot ne nous sont pas authentiquement connues. Nous avions pensé qu'elles pouvaient bien être celles qui étaient figurées au 2e et 3e quartier de l'écu peint sur l'ancien tableau d'autel de l'église, du côté de l'Evangile : *de sable, au sautoir d'or, cantonné d'un cœur cousu de gueules en chef, de deux étoiles d'or à dextre et senestre, et d'un croissant d'or en pointe;* ces armes étaient écartelées avec celles des du Buisson, au 1er et 4e quartier; *d'argent, au canton de gueules.* Mais il faut reconnaître que les Néel de Tierceville, dont ils dérivent, portaient : *d'argent à trois bandes de sable, au chef de gueules;* et ce dernier écusson est indiqué comme celui de l'évêque, par M. Steph. de Merval, dans son *Catalogue et Armorial du Parlement de Rouen* (1).

Après la mort de l'évêque de Séez, qu'est devenu depuis lors jusqu'à nos jours le domaine des Néel de Tontuit, à Cristot? M. l'abbé Dupont, curé de Cristot, résout cette question dans sa lettre du 22 décembre 1873, dans laquelle il s'exprime ainsi :

« Le château a passé des mains de l'évêque de Séez dans « celles de Pierre-Michel Néel de Tontuit (son petit-neveu), « époux de Mlle Julie-Aimée-Adélaïde de Venoix. Ce dernier « l'a possédé jusque vers 1810 ou 1811 ; je n'ai pas de date « précise ; mais M. de Tontuit est resté maire jusqu'au com- « mencement de 1813, et les anciens se rappellent que, « pendant la disette de cette année 1813, et quoiqu'il « habitât déjà Mondeville, il envoyait du riz aux Pauvres « de Christot. M. Néel de Tontuit est mort à Mondeville le « 31 juillet 1816, et a été inhumé dans le cimetière de « Christot, ainsi que son épouse, décédée dans cette der- « nière paroisse le 14 novembre 1808. Ils ont dû avoir deux « enfants : un fils, Pierre-Louis Néel de Tontuit, dont « les anciens n'ont aucune connaissance, et une fille, « Mlle Louise-Renée-Aimée Néel de Tontuit, qui a dû

(1) Voir encore ci-après, à l'article sur Brouay, la note concernant les Néel.

« épouser un M. d'Auray, dont on a perdu également la « trace (1). — M. Pierre-Michel Néel de Tontuit, précité, « s'est toujours fait remarquer par sa générosité et sa cha- « rité pour les Pauvres, ce qui lui a valu, pendant la « Révolution, un certificat de la municipalité de Christot, « où il est cité comme un bienfaiteur de l'Humanité ; il « s'occupait surtout de la culture des pommes de terre, « dont la paroisse et les paroisses voisines ont beaucoup « profité. Ce certificat le fit délivrer de la prison de Rouen, « où il avait été mis comme ennemi de la République.

« Ce fut donc vers 1811 que M. Néel de Tontuit vendit son « château, avec son domaine, à un M. MANOURY, de Caen, « qui, ayant fait de grandes pertes sur mer, fut obligé de « le revendre quelque temps après.

« Je trouve, dans un registre des mutations appartenant « à la mairie, l'inscription, en date du 15 janvier 1820, de « la vente du d. château, avec son domaine, à M. DE « VENDES, maire de Loucelles ; donc cette vente a dû avoir « lieu en 1819. Je trouve, dans le même registre des mu- « tations, que M. de Vendes a vendu à *treize* acquéreurs, « pendant les années 1822, 1823 et 1824, beaucoup de « terres en détail, et en particulier une ferme considérable, « aliénée d'abord au profit d'un M. GUILMIN, de Tilly, passée « ensuite dans les mains d'un M. CHOUGON, qui l'a revendue « en 1867, par acte passé chez Me Beaujour, notaire à Caen, « à M. HENRY, bourgeois de Caen, originaire de Lantheuil. « Le château, avec ce qui restait de ses dépendances, avait « été vendu par M. de Vendes, le 31 mars 1825, à M. LOUIS « DU COLOMBEL, dont la veuve, Mlle Colmiche, l'a enfin « aliéné en 1867, par acte passé, je crois, chez Me Bellenger, « notaire à Caen, au profit du même M. Henry, qui l'a « démoli l'année suivante (2). »

(1) Nous sommes sur ce point mieux renseigné que M. le curé de Cristot. M. le marquis d'Auray de St-Pois (Louis-Eugène Beuve), mari de Mlle Néel de Tontuit, est mort en 1848, laissant deux fils : 1° Raymond-Beuves-Florent, marquis d'Auray de St-Pois, marié, le 28 juillet 1831, avec Mlle Renée-Marie-Mathilde de Carbonnel de Canisy, et père aussi de deux fils, Anne-Beuves-Eugène d'Auray de St-Pois, devenu préfet, et Gustave d'Auray de St-Pois, membre du Conseil Général de la Manche ; 2° Norbert-Louis d'Auray, comte de St-Pois, marié en 1res noces à Mlle Sophie-Blandine-Zuide Jolivet de Colomby, et en 2es noces, avec Mlle Emma de La Mothe-Ango de Flers ; mort en 1851, laissant du 1er lit, une fille, mariée au marquis d'Hadwin de Pienne, et du 2e lit, trois filles et un fils, Alfred d'Auray de St-Pois, né en 1847, marié le 31 mai 1875 avec Mlle Jeanne Bezuel d'Esneval.

Les d'Auray, nobles de nom et d'armes, portent : *Losangé d'or et d'azur.*

(2) Ce château existait encore à peu près intact dans son ensemble lors de notre première visite à Cristot, le 2 juillet 1868 ; il a été détruit dans la fin de cette même année.

On voit par ce qui précède que la famille Néel, qui n'occupait à l'origine qu'une situation modeste à Cristot, a fini par y jouer un rôle important. Mais, si une partie des droits seigneuriaux, avec l'alternative du patronage, furent concédés au XVIIIe siècle à cette famille Néel de Tontuit par Pierre-Nicolas du Buisson ou par son fils (1), le domaine seigneurial proprement dit, quoique fort amoindri par des aliénations successives, surtout par celles des autres fiefs, devait rester longtemps encore aux mains des membres de la maison du Buisson de Courson, dont les armes se trouvaient, avant la Révolution, sur l'un des vitraux du chœur de l'église du côté de l'Epître, c'est-à-dire au midi. En effet, après avoir appartenu à messire Guillaume-Nicolas du Buisson, sieur de Courson, lieutenant-colonel d'infanterie, capitaine-général des milices garde-côtes de la capitainerie de Bernières, qui n'était appelé autrement que *M. de Christot* (sic), et dont on sonna encore pendant *quarante* jours le trépas à Cristot, suivant les privilèges des seigneurs du lieu, après son décès arrivé à sa terre des Planches-sur-Amblie le 16 octobre 1779, ledit domaine échut en partage, par le contrat de lots du 21 septembre 1780, à messire Jean-Louis-Antoine du Buisson, chevalier de Courson, officier de cavalerie, second fils du précédent; puis il passa, par le mariage des deux filles seules héritières du susdit, dans la maison DES ROTOURS DE CHAULIEU. Resté entre les mains de la branche aînée de cette dernière famille, et attribué à Mlle Thaïs des Rotours de Chaulieu, qui épousa, le 31 janvier 1837, M. Adrien PAYEN DE CHAVOY, il a été aliéné par ce dernier, en 1865 ou 1866, au profit de M. Charles GUÉRET-DESNOYERS, propriétaire, demeurant à Bayeux, le beau-père de M. DELMAS, sous-préfet actuel de cet arrondissement.

Anciens fiefs situés à Cristot. — Il n'est pas facile de connaître parfaitement aujourd'hui tous les anciens fiefs, nobles ou roturiers, situés dans cette paroisse; cependant nous savons qu'en dehors du fief seigneurial proprement dit, appelé aussi le fief d'ARGOUGES, dont le chefmois était près de l'église, au village du Hamel, on y trouvait encore les fiefs suivants :

1° Le fief de COURSON, du moins selon toute apparence (voir ci-dessus l'article 5) ;

2° Le fief du VERNAY ou VERNEY, déjà cité, acquis par Anne du Buisson, comme nous l'avons dit, le 6 mars 1621;

(1) On lit dans les *Notes* de l'abbé Beziers (1760-1770 environ), 3e registre manuscrit déposé à la Bibliothèque de Bayeux :

« MM. du Buisson et de Tontuit, seigneurs de Christot, présentent alternativement à la cure. »

3° Le fief de Lébizey, appartenant originairement aux Lamendey, acquis aux du Buisson par le mariage de Claude (II) avec Anne Lamendey, le 17 février 1624; passé, en 1650, aux mains de Pierre (II) du Buisson de Cristot-Courson, du chef de sa mère décédée; aliéné, le 4 octobre 1714, par Pierre-Nicolas du Buisson au profit de Jean-Pierre Néel, avocat au Parlement de Rouen. Ce fief relevait du Roi à cause de la vicomté d'Evrécy, et était *un huitième de fief noble de haubert*, dont le chefmois était bien à Cristot, mais qui s'étendait aussi sur Putot et autres paroisses circonvoisines. C'est ce que nous apprend l'acte d'aveu, scellé du sceau de ses armes, rendu au Roi par Pierre (II) du Buisson, le 19 septembre 1683; cet acte d'aveu, en original, se trouve aux Archives départementales de la Seine-Inférieure (C. A., n° 241);

4° Le fief du Rufey, donné, le 9 juin 1669, au Trésor de l'église de Cristot par Claude (II) du Buisson, écuyer, *mu de dévotion et désirant faire le salut de son âme* (sic). Ce fief venait aussi des Lamendey (C. A., n° 56);

5° Le fief de La Pallière, appartenant aussi aux Lamendey..... etc.

Toutefois les dénominations territoriales du cadastre moderne ne rappellent en rien ces anciens fiefs (1).

Eglise et Cure de Cristot. — Il ne nous reste plus, pour terminer cette étude d'une très-modeste commune rurale, qu'à parler de son église et de sa cure.

On lit dans le *Livre Pelut* (Pouillé du diocèse de Bayeux), rédigé vers 1356 : « Archidiaconatus *Bajocensis* : — Decanatus de Fonteneto-Paganelli. — *Ecclesia de Cristot* (sic). « *Taxata* IIII^x *libras. Abbas Vindecinensis et sunt plures opponentes ad ejus patronatum.* » Comme on le voit, l'église de Cristot était comprise, au milieu du XIV° siècle, et est restée jusqu'à la Révolution, dans l'archidiaconné de Bayeux et le doyenné de Fontenay-le-Pesnel; mais, paraît-il, le patronage (nomination à la cure), qui fut abandonné définitivement aux seigneurs du lieu, leur avait été contesté d'abord par l'abbaye de Ste-Trinité de Vendôme, qui jouissait encore au XVIII° siècle, d'après l'abbé Beziers,

(1) Voici, d'après le Cadastre, la division territoriale de la commune de Cristot :

Section A.	*Section* B.
Le Château.	La Ferme du Douaire.
Le Hamel.	Le Village-ès-Bouet.
La Cour au Cornu.	Le Lieu Bellemare.
La Ferme Chaulieu.	Les Hauts-Vents.
La Grande Ville.	La Girardière.

d'une moitié des dîmes, tandis que l'autre moitié appartenait au curé. Ces dîmes elles-mêmes avaient appartenu, à la fin du XIIIe siècle, au Chapitre de Bayeux, auquel Guillaume du Marais les avait vendues en 1275, comme nous l'avons indiqué ci-dessus. Cette église de Cristot, placée dès le XIIIe siècle et encore aujourd'hui sous le vocable de saint André, était desservie autrefois non-seulement par une série non interrompue de curés, dont l'un, Nicolas Ranulfe, fit acte de soumission à Henri V, roi d'Angleterre, lors de l'invasion anglaise en 1417, mais aussi par des vicaires; une sentence du bailliage et siége présidial de Caen, du 28 novembre 1753, rendue à la requête de Pierre-Nicolas du Buisson, chevalier, seigneur de Christot (*sic*), et à celle de plusieurs autres paroissiens, *veu que dans tous les temps il y eut un vicaire dans ladite paroisse*, condamne le sieur Seigle, alors curé, à avoir un vicaire *résidant*, dont il paiera les honoraires, et aux dépens de l'instance.

Considérée comme monument, le seul qui existe dans la commune depuis la démolition du château, l'église de Cristot, dit l'abbé Beziers au siècle dernier (1760-1770), « est simple, « petite, n'ayant que 82 pieds de longueur sur 19 de lar« geur. La nef fut bâtie en 1758 dans la longueur de 52 pieds. « Le chœur, y compris le sanctuaire, a 30 pieds et 7 croi« sées. La tour est entre chœur et nef » (ce qui n'est plus exact aujourd'hui).

Lorsque nous avons visité cette église, le 2 juillet 1868, nous avons pu constater que le chœur, ancien, voûté en pierre et assez bien conservé, est du XIIIe siècle (première moitié); au nord et à l'est, les arcatures ogivales sont d'un bon effet, ainsi qu'une charmante porte, bouchée, dont l'archivolte est garnie de petites têtes plates. Les fenêtres sont en lancettes. « Le côté sud du chœur, nous dit M. de Caumont (1), « a moins de caractère, et l'on avait percé, vers le XIVe siè« cle, dans le chevet, au-dessus des arcatures, une grande « fenêtre qui a été bouchée depuis (et qui est aujourd'hui « ouverte à nouveau en très-grande partie). L'entablement « est orné de modillons en biseau très-légers portant une « arcature ogivale subdivisée au sommet. » — Ce chœur est orné, en outre, d'un assez bel autel en pierre, sculpté, il y a quelques années, par les mains habiles de M. l'abbé Docquet, curé de Brouay. Mais les vitraux, où, d'après des documents du siècle dernier, se trouvait l'écusson des seigneurs de la paroisse (notamment des du Buisson), ont été démolis pendant la Révolution et sont remplacés par de

(1) A. de Caumont : *Statistique monumentale du Calvados* (Caen, 1846), t. I, p. 262 et suivantes.

simples petits vitraux très-ordinaires; nous avons, toutefois, été assez heureux pour retrouver l'ancien tableau d'autel, qui, étant devenu sans usage, nous a été retrocédé, et sur lequel sont peintes les armoiries des du Buisson.

« En refaisant la nef, dit encore M. de Caumont, on a « ménagé quelques parties des anciens murs, notamment, « du côté du sud, un contrefort plat, flanqué de deux colon« nettes à chapiteaux romans, qui s'élevaient jusqu'à l'enta« blement. On peut en conclure que la nef était romane et « d'un style assez orné avant la reconstruction de 1758. »

La tour actuelle, construite après l'époque où écrivait l'abbé Beziers, c'est-à-dire vers 1772, n'est pas placée entre chœur et nef comme l'ancienne, mais à l'entrée de la nef, à l'ouest de l'église; cette tour, qui est peu élevée, massive, du style le plus pauvre, terminée par un petit dôme en pierre comme on les faisait à l'époque, contenait deux cloches avant la Révolution; la plus grosse a été prise à cette époque pour fondre des canons; sur la plus petite, la seule qui reste, est gravée l'inscription suivante:

L'AN 1774, J'AI ÉTÉ NOMMÉE GVILLAVME-JVLIE
PAR MESSIRE GVILLAVME-NICOLAS DV BVISSON,
SEIGNEVR ET PATRON EN PARTIE DE CHRISTOT,
ASSISTÉ DE
NOBLE DAME JVLIE-AIMÉE-ADELAIDE DE VENOIX,
ÉPOVSE DE MESSIRE DE TONTVIT,
SEIGNEVR ET PATRON AVSSI EN PARTIE DE CHRISTOT,
ET BÉNITE
PAR MAITRE FRANÇOIS LE COVTOVR,
CVRÉ DE CHRISTOT,
MARIN SOSSON, TRÉSORIER EN CHARGE.

Cette église, tant dans le chœur que dans la nef, est dallée des tombeaux des anciennes familles nobles ou notables de la paroisse, ainsi que de ceux de leurs parents ou alliés, et d'un certain nombre de curés; mais toutes ou presque toutes les inscriptions qui devaient se trouver sur les pierres tumulaires ont disparu, effacées en partie, probablement, par les pieds des Fidèles, en partie aussi par le temps, qui ne respecte rien, pas même les souvenirs du passé.

10° FIEF ET PAROISSE DE BROUAY.

BROUAY, que l'on appelait aussi BROUAIS et, dans les textes latins, *Broeïum*, *Broë*, est une ancienne paroisse de Basse-Normandie comprise autrefois dans le ressort du Parlement

ÉGLISE DE CRISTOT

Diocèse de BAYEUX (Calvados)

RELEVÉ DES SÉPULTURES

FAITES DANS L'INTÉRIEUR DE L'ÉGLISE SAINT-ANDRÉ (CHŒUR ET NEF)

DE 1639 A 1789

D'APRÈS LES ANCIENS REGISTRES PAROISSIAUX ET QUELQUES AUTRES DOCUMENTS.

NOMBRE DES SÉPULTURES Par numéros.	DATES DES DÉCÈS OU INHUMATIONS. NOTA. — Lorsqu'il n'y a qu'une date, cette date est celle de l'inhumation ; lorsqu'il y en a deux, la première est celle du décès.	NOMS, PRÉNOMS ET QUALITÉS DES PERSONNES ENSEVELIES DANS L'INTÉRIEUR DE L'ÉGLISE ST-ANDRÉ DE CRISTOT, DE 1639 A 1789.
Ie	24 Avril 1639. Jour de Pâques.	. . . . . . Sépulture, dans l'Église, de noble dame Anne LAMENDEY, femme de noble homme Claude du Buisson, écuyer, seigneur et patron de Cristot et de Brouay.
IIe	12 Février 1646.	. . . . Id. . . . . . de Charles de LA MOTHE, écuyer.
IIIe	16 Novembre 1647.	. . . . Id. . . . . près des fonts de baptême, de Jacques BUISSON (*sic*).
IVe	4 Décembre 1650.	. . . . Id. . . . . . de N..... LE CANU, père de discrète personne Jean Le Canu, curé de Cristot.
Ve	16 Septembre 1659.	. . . . Id. . . . . . de discrète personne maître Jean LE CANU, prêtre, curé de St-André de Cristot.
VIe	10 Avril 1665.	. . . . Id. . . . . . de noble dame Marie de NOLLENT, veuve de feu Robert de Poilvillain, écuyer, sieur des Hauts-Champs.
VIIe	15 Mars 1669.	. . . . Id. . . . . . de messire Charles du VERNAY, écuyer, âgé de 82 ans.
VIIIe	12 Octobre 1671.	. . . . Id. . . . . . de noble dame Louise de MALHERBE, veuve du précédent.
IXe	13 Septembre 1673.	. . . . Id. . . . . . de noble et discrète personne maître Jacques du BUISSON de CRISTOT, prêtre, curé de St-André de Cristot.
Xe	22-23 Septembre 1676.	. . . . Id. . . . . . de damoiselle Marguerite COUESPEL, âgée de 8 ans, fille de messire Georges Couespel, sieur du Mesnil, et de dame Marie du Buisson de Cristot.
XIe et XIIe	Fin de l'année 1679.	Sépultures, dans le chœur de l'Église, de messire Claude du BUISSON de CRISTOT-COURSON, écuyer, seigneur et patron de Cristot et de Brouay, sieur de La Fontenelle, de Courson, et autres lieux, âgé de 84 ans et quelques mois, et de noble dame Françoise de POILVILLAIN, sa seconde femme.
XIIIe	1er-2 Juin 1682.	. . . . . . Sépulture, dans l'Église, de maître Georges COUESPEL, sieur du Mesnil, avocat au Parlement de Rouen, âgé de 52 ans.
XIVe	17 Septembre 1682.	. . . . Id. . . . . . de Claude d'ESTRIAC, écuyer, sieur de Blagny.
XVe	26-27 Mars 1683.	Sépulture, dans le chœur de l'Église, de dame Marie ROGIER ou ROGER, âgée de 28 ans, femme en 1res noces de noble Pierre du Buisson, écuyer, seigneur et patron de Cristot et de Brouay.
XVIe	5 Janvier 1684.	. . . . . . Sépulture, dans l'Église, de damoiselle Perrine de LA MOTHE.
XVIIe	4-5 Février 1686.	Sépulture, dans le chœur de l'Église, de noble homme Pierre du BUISSON de CRISTOT-COURSON, écuyer, seigneur et patron de Cristot et de Brouay, sieur de Courson, etc., âgé de 58 ans environ.
XVIIIe	13 Avril 1686.	. . . . . . Sépulture, dans l'Église, de Philippe du BUISSON, fils puîné du précédent, âgé de 3 mois 15 jours.
XIXe	6 Octobre 1688.	. . . . Id. . . . . . de Philippe NÉEL, âgé de 5 ans.
XXe	17 Septembre 1691.	. . . . Id. . . . . . de damoiselle Madeleine de MATHIEU, âgée de 2 mois, fille de Jean de Mathieu, écuyer.
XXIe	21-22 Janvier 1694.	. . . . Id. . . . . . de damoiselle Marie du BUISSON, âgée de 60 ans, fille de feu Claude du Buisson, écuyer, seigneur et patron de Cristot et de Brouay, et de feue dame Anne Lamendey.
XXIIe	12 Décembre 1694.	. . . . Id. . . . . . d'André du VERNAY, écuyer, âgé de 78 ans.
XXIIIe	6-7 Novembre 1695.	Sépulture, dans le chœur de l'Église, de noble dame Marie-Anne de MORANT, âgée de 37 ans, fille de Nicolas-Claude de Morant, baron de Courseulles, et femme en 2es noces de feu messire Pierre du Buisson, en son vivant écuyer, seigneur et patron de Cristot et de Brouay.
XXIVe	26-27 Octobre 1708.	. . . . . . Sépulture, dans l'Église, de Nicolas-Pierre du BUISSON de CRISTOT-COURSON, âgé de 2 mois, fils de messire Pierre-Nicolas du Buisson de Cristot, écuyer, officier en service dans les armées du Roi.
XXVe	8 Septembre 1710.	. . . . Id. . . . . . de Valentine du BUISSON de CRISTOT, âgée d'un an, sœur du précédent.
XXVIe	7 Juin 1712.	. . . . Id. . . . . . de discrète personne Guillaume LE TELLIER, prêtre obitier, âgé de 84 ans.
XXVIIe	14 Septembre 1714.	. . . . Id. . . . . . de Charles NÉEL, écuyer, âgé de 12 ans.
XXVIIIe	21 Octobre 1714.	Sépulture, dans le chœur de l'Église, de Jean NÉEL, écuyer, âgé de 17 ans, fils de Jean-Pierre Néel, écuyer, avocat au Parlement de Rouen.
XXIXe	28 Mai 1720.	. . . . Id. . . . . de discrète personne Thomas HUET, prêtre, curé de Cristot et doyen de Fontenay-le-Pesnel ; il avait été curé de Cristot pendant 57 ans.
XXXe	22 Mars 1740.	Sépulture, dans la nef de l'Église, de Jean LE CORNU, sous-diacre, âgé de 22 ans.
XXXIe	18 Septembre 1740.	. . . . . . Sépulture, dans l'Église, de noble dame Françoise LE BOUCHER (d'Émiéville), épouse de noble homme Pierre-Louis du Vernay.
XXXIIe	22 Septembre 1746.	. . . . Id. . . . . . de Jean-Charles de VENOIX d'ANCTOVILLE, âgé de 8 ou 10 mois.
XXXIIIe	28-31 Décembre 1751.	Sépulture, dans le chœur de l'Église, de Jean-Pierre NÉEL de TONTUIT, écuyer, conseiller du Roi, maître ordinaire en la Cour des Comptes, Aides et Finances de Normandie, devenu alors seigneur en partie de Cristot et patron alternatif dudit lieu, seigneur de Tontuit, Fiquefleur et autres lieux, âgé de 57 ans.
XXXIVe	7 Juillet 1752.	. . . . . . Sépulture, dans l'Église, de Pierre-Louis du VERNAY, écuyer, âgé de 88 ans 6 mois.
XXXVe	28 Décembre 1754.	Sépulture, dans le chœur de l'Église, de discrète personne maître Louis SEIGLE, prêtre, curé de St-André de Cristot.
XXXVIe	26-27 Juillet 1764.	. . . . Id. . . . . de noble homme messire Pierre-Nicolas du BUISSON de CRISTOT-COURSON, chevalier, sieur de Courson, seigneur et patron de Cristot, ancien commandant du bataillon de milice de Caen, chevalier de l'Ordre royal et militaire de Saint-Louis, pensionnaire du Roi, âgé de 79 ans environ.
XXXVIIe	11 Novembre 1773.	. . . . Id. . . . . auprès du précédent, de noble dame Marie-Anne de ZUR-LAUBEN de FRIBOURG, âgée de 88 ans 6 mois, veuve de messire Pierre-Nicolas du Buisson, écuyer, en son vivant seigneur et patron de Cristot.

Fidelium animæ per misericordiam Dei requiescant in pace.

de Rouen, le diocèse de Bayeux, l'intendance et l'élection de Caen, la sergenterie de Cheux (1); on y comptait 167 feux au siècle dernier.

L'église de Brouay dépendait de l'archidiaconné de Bayeux et du doyenné de Fontenay-le-Pesnel, et était autrefois comme aujourd'hui sous l'invocation de Notre-Dame et de saint Laurent; on lit dans le *Livre Pelut* de l'évêché de Bayeux, rédigé vers 1356 : « *Ecclesia de Broeïo : taxata « XXV libras. Decanus et Capitulum Sancti-Sepulchri de Ca- « domo* (patroni). » Cette église, qui est flanquée entre chœur et nef d'une tour trop peu élevée et massive, avec toit en bâtière, est probablement de la seconde partie du XIIIe siècle, ou du commencement du XIVe; toutefois, si la nef, par ses fenêtres en lancettes allongées avec colonnettes du côté du sud, sans colonnettes du côté du nord, offre ce caractère, le chœur pourrait être plus ancien, car les fenêtres *à lancettes courtes* qui l'éclairent sont des premiers temps de l'ogive; la corniche de ce chœur est portée sur des modillons taillés en biseau; le sanctuaire renferme un assez bel autel en pierre de taille, sculpté par les mains exercées de M. l'abbé Docquet, curé actuel.

La cure était au XIVe siècle, comme nous venons de le voir, à la présentation du doyen et des chanoines du St-Sépulcre de Caen; Beziers rapporte même que la collégiale du St-Sépulcre possédait des Lettres de Philippe-Auguste confirmant la donation du patronage de Brouay; ces Lettres étaient de l'an 1221. La collégiale percevait toutes les dîmes, le curé était à la portion congrue. Au XVIIe siècle, cependant, il est avéré que les seigneurs de Brouay nommaient à la cure.

L'Hôtel-Dieu de Caen possédait aussi à Brouay quelques rentes qui lui avaient été données par Simon de Loucelles, d'après une bulle du pape Innocent III, de l'année 1210.

Aux Archives du Calvados, déposés à la Préfecture, à Caen, on trouve *douze* chartes du XIIIe et du XIVe siècle, dans lesquelles il est question de Brouay, et qui attestent aussi l'ancienne existence de cette paroisse; entre autres, des Lettres-patentes de Philippe III (le Hardi), roi de France, datées de l'an 1277, pour confirmer l'amortissement, fait par le prieur de Ste-Barbe-en-Auge (St-Martin-d'Ecajeul), de plusieurs rentes assises sur les paroisses de Mézidon, Cottun, Fresnel, Escures, La Boissière, Fontaine-le-Pin, Gouvix, Graye, *Brouay*, Hermanville, Vaux, Loucelles,

(1) D'Expilly : *Dictionnaire universel de la France* (in-folio; Paris, 1726 et 1762), t. I.

Corneville, Ouville, Quatre-Puits et Le Breuil. Les autres chartes sont des actes de donation ou de vente au profit des abbayes d'Ardennes et de St-Etienne de Caen, dans lesquels figurent les noms de Roger Larcher, Richard de Manières, Martin Le Prévost, Lucas de Pincerne, Guillaume du Castel, etc. Voici l'analyse des cinq qui ont le plus d'intérêt : 1° en l'an 1222, Alix et Osanna DE CUSSY, sœurs, confirment la donation faite à l'abbaye d'Ardennes, de diverses pièces de terre situées à Brouay, par Aachon DE CUSSY, leur frère ; 2° par acte de donation daté de l'an 1233, Martin Le Prévost concède à l'abbaye d'Ardennes tout le tenement que MATHIEU DE BROUAY tenait de lui en cette paroisse ; 3° par un autre acte de donation de la même année, GEOFFROY DE BROUAY, fils de GEOFFROY DE SAINTE-CROIX DE BROUAY, concède à la même abbaye une autre pièce de terre située même paroisse ; 4° en 1269, acte de vente de deux pièces de terre, passé par Guillaume Decaen, du consentement de Pétronille, sa femme, au profit de GUILLAUME DE BROUAY, clerc; 5° acte de concession fait en 1284 par Thomas CARBONNEL au profit de Jean DE LA VENTE, clerc, d'un manoir et de ses dépendances, situé audit lieu de Brouay (1).

La seigneurie de Brouay relevait en arrière-fief de la baronnie d'Audrieu ; mais, à l'exception de la connaissance que nous avons des membres de la famille DE BROUAY, issus des premiers seigneurs et cités ci-dessus comme vivant au XIIIe siècle, dont on ne trouve plus trace ensuite et dont nous ignorons même l'écusson, nous sommes peu fixé sur les noms de leurs successeurs jusqu'aux premières années du XVIIe siècle. En effet, la *Recherche de la Noblesse* de Monfault, commissaire royal en Basse-Normandie (1463-1464) ne mentionne pas de Nobles à Brouay; il est vrai, cependant, qu'elle y mentionne, comme *non noble*, *assis à taille* (sic), un certain Colin NÉEL, qui fut anobli ensuite aux Francs-Fiefs, en 1470, à cause de ses possessions dans cette paroisse depuis plus de 40 ans. Si ce Colin Néel n'était pas seigneur de Brouay, il en était le plus notable habitant ; car son fils, Jean NÉEL, fut maintenu noble contre les paroissiens de Brouay par arrêt de la Cour des Aides de Normandie, en date du 10 octobre 1480, lequel arrêt ordonna néanmoins, pour certaines considérations, qu'il paierait son assiette sans préjudice de sa noblesse (2) ; de plus, ses descendants furent reconnus nobles également par Roissy et

(1) Voir aussi Léchaudé d'Anisy : *Inventaire des Archives du Calvados*, t. I, p. 5, 6, 15, 17, 18, 33 ;—117 ;—289, 292, 297, 301.

(2) Voir La Roque, *Traité de la Noblesse*, ch. LXXXIX, p. 374.

autres commissaires royaux, en 1598-1599, et par l'intendant Chamillart, en 1666-1667 (1).

Au début du XVIIe siècle, deux actes notariés, l'un passé à Amblie le 4 juin 1608, l'autre en date du 20 juin 1609, citent, avec la qualification de *sieur de Brouay*, messire Nicolas DE CAIRON (2), écuyer, fils de feu noble homme Guillaume de Cairon, sieur de Bretteville-l'Orgueilleuse, et de noble damoiselle Jeanne de La Mariouze. Ce Nicolas de Cairon, qui figure dans plusieurs documents jusqu'en 1631 et qui était mort avant 1634, laissa de son mariage avec Isabeau du Boissel (ou Boussel) deux filles, Anne et Isabeau, dont la première épousa à Bretteville, les 16-25 juin 1641, Jean-Jacques Le Coustellier, écuyer, sieur de Beaumont; il est probable que c'est ledit Nicolas de C. qui aliéna la seigneurie de Brouay au profit de noble homme et discrète

(1) On lit dans la *Recherche de la Noblesse*, de Roissy et autres commissaires royaux (1598-1599), à la date du 4 juin 1599 :

« NÉEL : Jacques Néel, sieur d'Anisy, fils André, fils Louis, fils Jean, fils « Jean, qui obtint arrest contradictoire aux Aides contre les paroissiens de « Brouay, du 10 octobre 1480, demeurant à Noyers, sergenterie de Villers, « élection de Caen, a pour fils Pierre, André et Thomas ; Jean, frère du dit « Jacques, demeurant à Caen, a pour fils Michel et Jean; André, autre « frère *demeurant à Brouay*, sergenterie de Cheux, élection de Caen ;—Veu « le dit arrest et leur titre, jouiront. »

On lit dans la *Recherche* de l'intendant Chamillart (1666-1667).

« NÉEL ; anobli en 1470.

« André I	André Néel, sieur de Fontenay, de la paroisse d'Orbois, élection de Bayeux ; Religion Romaine.
« Jacques I	
« Thomas I	Thomas épousa damoiselle Olive Le Vavasseur.
« André	André. . . . . . . Marguerite Le Roux, en 1651.

« Portent : *d'azur, à trois bandes d'argent, au chef de gueules.* »

Voir, à la Notice sur Cristot, nos annotations sur les Néel de Cristot et de Tontuit. Ces Néel de Fontenay, de Cristot, de Brouay, etc., anoblis, descendaient, croyons-nous, d'un bâtard de la maison des Néel de Tierceville, nobles de nom et d'armes, qui portaient : *d'argent, à trois bandes de sable; au chef de gueules.* (Voir suprà.)

(2) DE CAIRON, ou plutôt PERROTTE DE CAIRON : originaires de Bretteville-l'Orgueilleuse. Nicolas Perrote, souche de la famille se distingua, comme homme d'armes, à la bataille de Formigny, livrée par l'armée Française contre les Anglais, le 14 avril 1450, et fut anobli par le roi Charles VII, en récompense de ses services, par lettres-patentes données à Mehun-sur-Yèvre (Berry), le 3 février 1454. Cette famille fut maintenue dans sa noblesse par Monfault, en 1463-64, par Roissy, le 5 juin 1599, et par Chamillart, le 1er août 1667. Elle prit le nom de *de Cairon* au lieu de celui de *Perrote*, en vertu de lettres-patentes, données à l'un de ses auteurs, par le roi Louis XI, et datées de La Guercbe, en Touraine, le 5 août 1472.

De nos jours, l'un des derniers représentants de cette famille est M. Adolphe de Cairon, propriétaire du château d'Amblie (canton de Creully : Calvados) et maire de sa commune.

De Cairon porte : *de gueules, à trois coquilles d'argent,* 2 *et* 1.

personne messire maître ANNE DU BUISSON, conseiller clerc au Parlement de Normandie, pendant la période comprise entre le 30 mai 1619 (contrat de mariage de Berthaud de La Bigne et d'Elisabeth de Cairon) et le mois de février 1621; en effet, dans les Lettres royales (Louis XIII) d'érection de la seigneurie de Cristot en un huitième de fief noble de haubert, etc., qui sont, à cette dernière date, ledit Anne du Buisson, qui avait aussi trouvé moyen d'acquérir le patronage de l'église, est qualifié *seigneur et patron de Cristot et de Brouay;* on lui donne aussi la même qualification dans un acte d'aveu qui lui était rendu par un tenancier du nom de Blaize, le 12 juillet 1628.

Après la mort de l'archidiacre-conseiller Anne du Buisson, inhumé dans la chapelle de la Vierge de la cathédrale de Rouen, en présence de la Cour du Parlement, le 21 septembre 1628, son frère PIERRE (Ier), sieur de Courson, ou plutôt son neveu Claude (IIe du nom), devint, en vertu du testament de son oncle, *seigneur et patron de Cristot et de Brouay*, et conserve cette qualification dans tous les actes (fort nombreux) jusqu'à son décès en 1679. Son fils aîné et successeur, PIERRE (IIe du nom), la prend à son tour, notamment dans un acte d'aveu, en date du 19 septembre 1683, et dans son contrat de mariage avec noble damoiselle Marie-Anne de Morant-Courseulles, en date du 25 novembre suivant; elle lui est donnée après sa mort dans les Lettres royales de garde-noble, octroyées à sa veuve le 31 août 1694. PIERRE-NICOLAS, fils aîné, puis unique de Pierre (IIe), mineur à la mort de son père, hérita lui-même de la seigneurie de Brouay, puisqu'il en est qualifié *seigneur et patron* dans une requête du 6 mars 1697; il est certain, d'ailleurs, que la maison du Buisson conserva ce fief, qui relevait, comme nous l'avons dit, de la baronnie d'Audrieu, jusqu'aux premières années du XVIIIe siècle.

A cette époque, il passa dans les mains de la noble famille BOURDON, soit à la suite d'une aliénation directe par le dernier possesseur de la famille du Buisson cité plus haut, soit à la suite d'une transaction et d'une cession amiable faite entre cousins et parents très-proches; car les Bourdon, descendants par les femmes du frère de Jeanne d'Arc, l'héroïne d'Orléans, étaient en outre issus de l'alliance contractée vers 1623 ou 1624 entre Guillaume Bourdon, écuyer, sieur de Préfossé, et Jeanne du Buisson de Courson, fille de Pierre (Ier) et d'Isabelle Baudouin, et sœur de Claude (IIe) du Buisson, dont nous avons parlé ci-dessus. — Claude-Jessé Bourdon, devenu seigneur de Brouay, et Marie Daumesnil, sa femme, décédés l'un et l'autre avant 1720, laissèrent un fils et trois filles; le fils, Claude, *seigneur et patron de*

Brouay et de Fontenay-le-Pesnel, est mentionné dans plusieurs actes en 1720, 1721 jusqu'en 1729; étant mort sans postérité, ses sœurs se partagèrent son héritage, et la seconde, Marie-Gabrielle Bourdon, devint ainsi *dame et patronne de Brouay*. Cette dernière, décédée à son tour sans alliance à St-Sauveur de Caen le 23 mars 1778, à l'âge de 84 ans, et inhumée le lendemain dans le chœur de l'église de Brouay (1), où son corps avait été transféré, avait aliéné le château et le fief seigneurial, dans les dernières années de sa vie, au profit de M. SAINT-VINCENT (Charles-Alexandre), bourgeois, négociant et juge-consul à Caen, qui conserva ce domaine pendant la Révolution et fut un instant maire de la commune; après son décès, il fut d'abord inhumé dans une chapelle dépendante du château, le 9 août 1800.

Jean-Charles-Alexandre Saint-Vincent, fils et héritier du précédent, également juge-consul à Caen et maire de Brouay sous l'Empire, lui succéda dans la possession du domaine jusqu'au 21 septembre 1815, date de sa mort; c'est alors que le corps de son père, exhumé, fut transporté avec le sien dans le cimetière de la paroisse, près du chœur, côté du midi; un cippe funéraire élevé sur leur tombeau porte une inscription qui atteste ce fait.

Les héritiers de M. J.-C.-A. Saint-Vincent mirent en vente cette belle terre seigneuriale qui fut achetée par le général d'artillerie marquis D'ABOVILLE (2), plus tard lieutenant-général et pair de France, mort vers 1844 ou 1845. Elle est aujourd'hui (1875) la propriété de son neveu, M. le comte d'Aboville (Alphonse-Gabriel), qui lui-même est célibataire et dont l'héritage passera encore, par conséquent, à des collatéraux ou à une autre famille.

Le château de Brouay est une construction moderne, de la seconde moitié du XVIIIe siècle, croyons-nous, qui par conséquent n'est pas l'œuvre des du Buisson, et qui n'offri-

(1) Ceci nous est indiqué par les anciens registres d'état civil de Brouay. L'acte de sépulture de Marie-Gabrielle Bourdon la qualifie encore *dame honoraire et patronne de Brouay*.

(2) D'ABOVILLE : famille noble, originaire, croyons-nous, de l'élection de Valognes. On lit dans la *Recherche* de Roissy (1598-1599), à la date du 29 décembre 1598 :

« D'ABOVILLE :—Pasquier d'Aboville, fils Jean, demeurant à Gonneville, « sergenterie du Val-de-Saire, élection de Valognes ;—Veu ses titres, jouira, « ainsi que Martin d'Aboville, fils Jean, le dit Jean et autre Jean mentionné « ci-dessus, cousins. »

Les d'Aboville, dont un des membres, peut-être le frère de celui de Brouay, est actuellement député du Loiret à l'Assemblée Nationale, maintenus nobles aussi par l'intendant Chamillart, en 1666, portent : *de sinople, au château flanqué de deux tours couvertes et girouettées, le tout d'argent, maçonné, ouvert et ajouré de sable.*

rait par elle-même rien de bien remarquable, si elle n'était précédée d'une assez longue avenue de hêtres presque séculaires, qui lui donnent un air imposant, et entourée d'un assez vaste parc admirablement dessiné, renfermant des prairies et de frais ombrages.

Quant à la commune actuelle, elle se compose d'environ 400 habitants, et est située à la source d'un affluent de la Seulles, dans le canton de Tilly (6 kilom.), et l'arrondissement de Caen (17 kilom.); elle est traversée par le chemin de fer de Caen à Cherbourg, près de la station d'Audrieu, et desservie par la poste de Bretteville-l'Orgueilleuse; enfin elle est administrée civilement par le sieur Le Franc, maire, fermier du château, qui a mis avec une grande obligeance à notre disposition les registres de la mairie, lors de notre visite le 13 mai 1872; ces registres nous ont permis encore de constater l'existence ancienne à Brouay d'une famille Rogier, dont les membres comptaient assurément parmi les plus notables habitants; il y avait les Rogier, sieurs d'Armont, conseillers du Roi à Caen, alliés aux Vauborel; les Rogier de La Hoguette, et enfin les Rogier de Prémesnil, dont un ancien maire de Brouay (1).

Nous avions terminé cet article lorsque nous avons reçu de M. l'abbé J. Docquet, curé de Brouay, une lettre datée du 9 février 1874, dont voici la partie la plus intéressante :

« Monsieur,

« Je vous envoie avec plaisir l'inscription mise sur la cloche « de Brouay; je regrette que les carillonneurs aient effacé, « avec leurs marteaux, le nom des fondeurs. Voici cette « inscription :

BÉNIE PAR JEAN-THOMAS MURIE,
CURÉ DE CE LIEU,
ET NOMMÉE JEANNE,
PAR NOBLE DAME JEANNE CHAPLAIN,
VEUVE DE MESSIRE JACQUES DE GAALON,
CHEVALIER, SEIGNEUR DES CARREAUX.
LES DO...., DE QUINBOU,
NOUS ONT FAITE EN 1780.

(1) Il a existé plusieurs familles *nobles* du nom de Rogier; l'une de l'élection de Valognes, portait : *coupé d'argent et d'azur, au 1er chargé d'un lion léopardé de sinople, au 2e chargé de trois roses d'argent*, 2 et 1. Une autre famille Rogier fut anoblie en 1698, en la personne de Michel Rogier, sieur de l'Espiney, et portait : *d'or, à trois merlettes de sable, 2 et 1.* — Nous ignorons la situation, au point de vue nobiliaire, des Rogier qui habitaient Brouay.

« Il existe des armoiries sur un côté; je vous en aurais « envoyé un dessin ; mais elles sont tellement empâtées « d'huile durcie et de poussière que j'ai dû y renoncer.....

« Quant à l'origine de la cloche, il est certain qu'elle n'est « pas de Brouay. La tradition locale prétend que, pendant « la tourmente révolutionnaire de la fin du siècle dernier, « les *patriotes* de la commune emportèrent les deux cloches « au bailliage de Caen et en rapportèrent une autre ; et que « cette nouvelle cloche rapportée était celle de St-Manvieu...., etc. »

M. le curé déclare ignorer s'il s'agit de St-Manvieu, du canton de Tilly-sur-Seulles, ou de St-Manvieu, du canton de St-Sever ; il inclinerait plutôt à croire qu'il s'agit de cette dernière commune.

11° FIEF ET HAMEAU DES PLANCHES-SUR-AMBLIE, A AMBLIE-SUR-SEULLES.

Le hameau et domaine sieurial DES PLANCHES (anciennement DES PLANQUES), qui ont probablement, à une époque lointaine, reçu ce nom de la famille des Planches à laquelle ils appartenaient, bordés par la rivière de Seulles et confinant aux carrières d'Orival, dont les pierres ont servi, aux XIe et XIIe siècles, à la construction de la cathédrale de Bayeux, sont placés dans une vallée boisée formant en quelque sorte oasis au milieu d'un désert de plaines en culture et sans arbres. Ce hameau pouvait dépendre originairement de la paroisse de Colombiers-sur-Seulles (1), comme semble l'indi-

(1) COLOMBIERS-SUR-SEULLES : ancienne paroisse de la sergenterie de Graye diocèse et élection de Bayeux, intendance de Caen, aujourd'hui commune de 500 habitants environ, canton de Ryes, arrondissement de Bayeux (Calvados), limitée d'un côté par la rivière de Seulles.

L'église, seul monument digne d'une mention, placée sous l'invocation de Saint-Vigor, est un édifice roman presque complet des XIe et XIIe siècles, réparé et agrandi avec goût et intelligence par M. l'abbé Labrecque, l'un des derniers curés ; les arceaux du chœur sont dignes d'attention ; le clocher, parfaitement conservé, offre de belles proportions. A l'époque où le *Livre Pelut* de Bayeux fut écrit (1356), le seigneur de Cully était patron de Colombiers-sur-Seulles et nommait à la cure ; plus tard, c'était le seigneur du lieu.

Près de l'ancienne voie romaine de Bayeux au Bac-du-Port, qui longeait jadis un des côtés de la paroisse, en face du Calvaire actuel, on voit une pierre-levée ou *menhir*, qui appartient à l'époque celtique, auprès de laquelle on a trouvé beaucoup de cercueils en pierre gallo-romains ; non loin de là se voyait aussi un *tumulus* il y a quelques années.

Colombiers-sur-Seulles avait au XIVe siècle un château-fort *(castellum)*, qui est mentionné dans la *Relation* de la visite des places fortes du bailliage de Caen, faite en vertu d'un ordre du roi Charles V, en 1371, par Regnier Le Coustellier, bailli de Caen, accompagné de Jean du Bois et de Rogier Le

quer un document du 29 août 1556 ; mais il est avéré qu'au XVIIe siècle il faisait partie de la paroisse d'Amblie, en l'élection de Caen et la sergenterie de Creully, bien que plusieurs pièces de terre, notamment le *Jardin-Pavie*, relevassent des seigneurs de Colombiers, comme nous l'apprennent entre autres un acte d'aveu du 28 juin 1627 et un document du 13-20 décembre 1782.

Le domaine des Planches, dont plusieurs actes de notre cartulaire établissent la possession au profit de la famille DES PLANCHES dès la première moitié du XVIe siècle, était plutôt un composé de fiefs relevant de diverses seigneuries qu'un fief sieurial proprement dit, entraînant la jouissance de priviléges féodaux; néanmoins il comportait fuies et colombier. Il fut, comme nous le verrons, apporté à la maison du Buisson par suite de l'alliance contractée, le 30 septembre 1738, entre messire Guillaume-Nicolas du Buisson, chevalier, sieur de Courson, seigneur et patron de Cristot, lieutenant-colonel d'infanterie, et noble damoiselle Catherine-Louise-Henriette des Planches d'Hérouville, fille unique de messire Olivier des Planches, sieur d'Hérouville, et de noble dame Catherine-Louise Harel. D'après le procès-verbal d'arpentage dressé, le 28 avril 1767, par l'ordre du sire de Courson-Cristot, qui avait alors recueilli, du chef de sa femme, la succession de son beau-père et d'un oncle de cette dernière, le domaine *non fieffé* des Planches lui appartenant se composait de 11,415 perches de 24 pieds, ce qui équivaudrait, en mesure moderne, à environ 69 hectares 38 ares 03 centiares ; si l'on y ajoute les 3,965 perches possédées par un autre membre de la famille, Gabriel-Urbain des Planches, on arrive à un total de 15,380 perches, ce qui représente, en chiffre rond, à peu près 94 hectares, sans compter les droits, avantages et prélèvements féodaux.

Masnier, chevaliers; la visite en eut lieu le samedi 13 mars *(Antiquaires de Normandie*, XIe volume, pages 185 à 204).

Parmi les anciens seigneurs, nous trouvons, en 1556, les héritiers de noble damoiselle Renée Daneau, dame de Banville et Colombiers-sur-Seulles ; en 1622 et en 1627, messire Nicolas de Cyresme ou Siresme, écuyer, d'une famille anoblie en 1559, qui porte : *de sinople à trois faulx d'argent, emmanchées d'or, posées en pal et la lame en haut;* au XVIIIe siècle, la maison de La Haye. Antoinette-Marguerite-Josèphe de La Haye, fille et héritière de messire Marc-Antoine de La Haye, porta ce domaine par alliance, dans la seconde partie du même siècle, à messire Alexandre-Jean Boula de Mareuil, chevalier, avocat-général en la Cour des Aides de Paris, puis conseiller d'honneur en ladite Cour en 1782. Ce même domaine est aujourd'hui entre les mains de l'arrière-petit-fils de ce dernier, M. Louis Boula de Coulombiers, qui a pris le titre de *comte de Coulombiers.*

Les Boula de Mareuil et de Coulombiers, Lorrains d'origine et étrangers à la Normandie avant le siècle dernier, portent : *d'azur, à trois besants d'or*, 2 et 1.

Par suite de l'extinction de la famille des Planches, la totalité de cet héritage devait revenir à la famille du Buisson de Courson-Cristot, et Dominique-Nicolas du Buisson de Courson, fils aîné de Guillaume-Nicolas et de Mlle des Planches, jeta, vers 1785, les fondements du château actuel, précédé d'une avenue de vieux ormes et entouré d'un parc dont un dessinateur habile pourrait tirer un heureux parti. Mais cette terre des Planches, encore actuellement (1875) en la possession de la branche aînée de la maison du Buisson de Courson-Cristot, a perdu, tant à la suite de partages qu'à la suite d'aliénations faites au commencement de ce siècle, une partie notable de son importance primitive.

Le hameau, également moins populeux qu'autrefois, dépend encore d'Amblie, comme au XVIIe siècle.

AMBLIE (*Amblia*, *Amblida*, dérivatif de *Ambo amnes*, les deux rivières), jadis paroisse comprise dans le ressort du Parlement de Rouen, le diocèse de Bayeux, l'intendance et l'élection de Caen, la sergenterie de Creully, et comptant 87 feux et 397 habitants (1), est aujourd'hui une commune dont la population ne dépasse pas 500 âmes, située au confluent de la petite rivière de Thue et de la rivière de Seulles, dans le canton de Creully (Calvados), à environ 17 kilomètres de Caen; elle est traversée par le chemin de grande communication de Creully à La Délivrande. Son territoire, qui s'étend assez loin, notamment du côté de la route départementale de Caen à Creully (2),

(1) D'Expilly : *Dictionnaire de la France* (Paris : In-fol.; 1726 et 1762), tome Ier.

(2) Le territoire d'Amblie s'étend du côté de Lantheuil au-delà de la route départementale de Caen à Creully, et comprend notamment une pièce de terre assez vaste (14 hectares 3 ares 52 centiares), nommée la *Carée* ou la *Pièce de la Croix de Pierrepont*, à l'encoignure méridionale de laquelle il y a en effet une ancienne croix en pierre, démolie pendant la Révolution, et relevée en 1809. Cette croix avait été érigée par messire Gabriel des Planches, écuyer, le 31 décembre 1728, et mention en est faite sur les anciens registres d'Amblie, dans lesquels on lit :

« Le dernier jour de l'année mil sept cent vingt-huit, par moi, prêtre, curé « de ladite paroisse d'Amblie (Henri Costuel), a esté bénite une Croix, posée « sur le grand chemin de Caen à Creully, à la diligence de M. des Planches « le jeune, ladite croix estant sur les héritages dudit sieur des Planches.

« Ce fait en présence de Pierre Demallon, custos de ladite paroisse, et autres.

« Signé : *H. Costuel ; P. Demallon.* »

Cette pièce de terre, passée d'abord par héritage entre les mains de noble et discrète personne Jean-Charles des Planches, prêtre, neveu du susdit, devenu curé de Saint-Etienne de Caen en 1755, et mort le 14 décembre 1762, fut transmise par lui à son frère puîné Gabriel-Urbain, le restaurateur de la Croix en 1809, mais sous la condition testamentaire expresse qu'elle *ne serait jamais aliénée au profit d'un protestant ou d'un huguenot.*

Aujourd'hui, la Pièce de la Croix de Pierrepont, comprise dans le partage de la succession de Gabriel-Urbain des Planches, fait le 19 juillet 1811 entre

comprend même une partie de l'ancienne paroisse de Pierrepont, actuellement supprimée et réunie pour le surplus à la commune de Lantheuil, par ordonnance royale du 22 mars 1835.

Amblie ne compte qu'un seul monument digne de remarque, son église ; nous allons en parler à la fin de cet article. Quant au château actuel, complètement moderne, et habité la majeure partie de l'année par son propriétaire, M. de Cairon, maire de la commune, il ne présente pour le touriste rien d'intéressant, si ce n'est la vue d'un parc fort bien dessiné et fort bien tenu, traversé par la Thue ; il est probable qu'il est construit à peu près sur l'emplacement de l'ancien manoir seigneurial.

L'ancienne seigneurie d'Amblie, à laquelle était attaché le *patronage* (nomination à la cure), qui était laïque, se trouvait originairement placée sous la suzeraineté des hauts barons de Creully, et ses habitants étaient tenus, aux termes d'une ordonnance de Charles V, du 25 mai 1369, ainsi que ceux de plusieurs autres paroisses circonvoisines, *au service du guet* dans le château-fort de Creully, *où*, dit l'ordonnance, *ils avaient coutume, lors de la guerre, de se réfugier, eux et leurs biens* (1). Près d'un demi siècle plus tard, lorsque Henri V, roi d'Angleterre, eut conquis la Normandie (1417), après la désastreuse bataille d'Azincourt, livrée le 25 octobre 1415, il confisca le château et la baronnie de Creully sur Guillaume de Vierville, quatorzième baron, qui lui refusa serment de fidélité; mais quoique, suivant les lois de la guerre en ce temps, la confiscation frappât à la fois les biens du seigneur et ceux des vassaux, le roi d'Angleterre consentit, par un bref du 22 août 1417, à exempter de cette rigueur les habitants de 26 paroisses dépendant de la baronnie, parmi lesquelles figuraient AMBLIE, Colombiers-sur-Seulles, Villiers-le-Sec, Bazenville, etc. *Voulant les prendre sous sa protection spéciale*, il leur faisait *donation de tous leurs biens, joyaux, chevaux, animaux et harnais à lui appartenant, en vertu de la reddition qui lui avait été faite du château et forteresse de Creully* (2), etc., fiction politique qui donnait à l'abus de la victoire l'apparence d'un bienfait. — Dans la suite, le fief seigneurial

la famille du Buisson de Courson-Cristot et la famille des Rotours de Chaulieu, appartient à M. Amédée du Buisson de Courson, conseiller de Préfecture de la Manche, et possesseur aussi du domaine des Planches.

(1) Voir l'abbé de La Rue : *Nouveaux Essais.*

(2) Voir la teneur de ce bref en latin, dans les *Grands Rôles Normands*, publiés vers 1846, par les soins de M. Léchaudey d'Anisy, pages 216 et 217 du XVe volume des *Mémoires de la Société des Antiquaires de Normandie.*

d'Amblie releva directement de la Couronne (1), et ses titulaires étaient aussi justiciers.

Il nous faut toutefois observer qu'en dehors de la seigneurie proprement dite, en dehors aussi du hameau et domaine des Planches, qui était mouvant de divers fiefs, l'abbaye de Fécamp, par l'intermédiaire du prieuré de Saint-Gabriel, avait des vassaux à Amblie, y possédait une église, et y jouissait de droits seigneuriaux assez étendus (2) ; en outre, que plusieurs parties de son territoire relevaient des abbayes royales de St-Etienne et surtout de Ste-Trinité de Caen (3).

Les premiers seigneurs d'Amblie, connus dès le temps de Guillaume-le-Conquérant (XIe siècle), sont les sires DE PIERREPONT (4) ; l'un de leurs descendants, Girard de Pierrepont, seigneur d'Amblie et de Pierrepont, fut maintenu dans sa noblesse par Monfault en 1463. Ses successeurs, maintenus aussi par Roissy (1599) et Chamillart (1666), figurent sur les anciens registres d'état civil d'Amblie jusqu'aux premières années du XVIIIe siècle, mais seulement alors comme *seigneurs et patrons de Pierrepont.*

(1) Extrait d'une pièce sans date, écrite dans la seconde moitié du XVIIIe siècle :

« . . . . . Le fief d'Amblie relève du Roy, avec titre de haute justice et « droit de nommer à la cure. — Les rentes seigneuriales consistent en argent, « froment, avoine, bougie, poivre, girofle, sucre, chapons gras et maigres, « poules gélines, poulets, œufs, jarretières de soye, mulettes, trotins de « mouton, journées d'hommes pour le curage des bieux des moulins; la « pêche dans la Seulles, qui coule le long de la paroisse et est très-poissonneuse, et une corvée de chevaux pour le charriage des meules de moulin. « Le tout se fait très-exactement, au gré du seigneur, etc. . . . . . .

« Le fief de Pierrepont relève de la baronnie d'Argences nûment et sans « aucune charge ; il donne le droit de nommer à la cure de cette paroisse, « et ses casualités sont en considération, à cause des terres qui en relèvent, « etc. . . . . »

(2) Voir Pezet, *Les Barons de Creully* (In-8° ; Bayeux, 1854), page 360. Cette assertion est, de plus, corroborée par un acte d'aveu de 1776.

(3) On trouve aux Archives du Calvados une charte constatant que Jeanne, abbesse de Sainte-Trinité de Caen, et les religieuses de ce monastère, donnèrent en fief, en 1221, à Guillaume Le Séneschal, d'*Amblie*, les terres situées à Bény, qui avaient été données à l'abbaye par Jean de Saligny, par Gascoin de Saligny, son fils, et par Marguerite, sa fille, le tout à charge de 20 septiers de froment.

Nous avons en notre possession un acte d'aveu de diverses pièces de terre, situées à Amblie, rendu, le 16 mai 1733, devant Pierre Moisson, sieur d'Urville, docteur agrégé aux droits de l'Université de Caen, par « Urbain des Planches, « écuyer, sieur de Cloville, conseiller du Roi, et son avocat au bailliage et « siége présidial de Caen, fils de Gabriel des Planches, écuyer, à très-illustre « religieuse dame madame Marie-Anne Scaglia de Verrüe, abbesse de l'abbaye « royale de Sainte-Trinité de Caen, et aux dames prieure et religieuses, à « cause de leur noble fief, terre et seigneurie d'Amblie. »

(4) DE PIERREPONT, sieurs de Pierrepont, Amblie, Esquay, St-Lambert, Cricqueville, Rouanay, St-Marcouf, etc.; nobles de nom et d'armes, portent : *de gueules, au chef denché d'or.*

Toutefois, il est à faire observer ici que les Rôles de l'Echiquier de Normandie mentionnent, en l'année 1195, des seigneurs du nom de ROGER D'AMBLIE, REINAUD D'AMBLIE, HERVÉ D'AMBLIE, THOMAS D'AMBLIE; que, par une charte de Philippe-Auguste, de mai 1205, Richard d'Argences obtint donation d'un fief situé à Amblie, qui avait appartenu à Guillaume de Moranville; que Richard d'Argences possédait encore ce fief en 1210; qu'enfin RAOUL D'AMBLIE, prêtre, curé de St-Rémi (*de Gientevillâ*), obtint un sauf-conduit du roi Henri V d'Angleterre, le 2 octobre 1417 (1).

Quelques années après la Recherche de Monfault, la famille GODES (2) succéda aux Pierrepont dans la seigneurie d'Amblie; le 23 mai 1474, Guillaume Godes, écuyer, de la paroisse de Villy, acquit de Jean Parisy et de Jean Richard, bourgeois de Caen, leurs droits sur le patronage d'Amblie. Cette famille Godes, anoblie en 1471 par la Charte des Francs-Fiefs (Louis XI), s'éteignit en ligne masculine, après cinq générations, en la personne de Jacques Godes, qualifié *seigneur et patron de Pierrepont et d'Amblie* dans un acte notarié du 20 novembre 1588; maintenu noble par Roissy, le 8 juin 1599, et inhumé dans l'église d'Amblie, le 19 décembre 1629, à côté de Charlotte d'Auberville, sa femme, ensépulturée au même lieu, *dans un coffre de plomb* (sic), trois ans auparavant.

Par suite du mariage d'Oliver Le Gardeur, écuyer, avec Marguerite Godes, en 1570, les LE GARDEUR (3) devinrent à leur tour *seigneurs et patrons d'Amblie* dans la première moitié du XVIIe siècle, mais ne conservèrent pas très-longtemps cette seigneurie. Jacques Le Gardeur, fils d'Olivier, après avoir été, suivant les présomptions qui se déduisent des actes, ruiné en partie par le sieur d'Ericq, administrateur de ses biens, mourut à Caen le 12 septembre 1635, et fut inhumé le lendemain dans le chœur de l'église d'Amblie, laissant notamment, de son mariage avec Guillonne d'Aché, un fils, baptisé à Amblie sous le nom de Jean-Baptiste, le 22 juillet 1630, qui devint, après son père, seigneur et patron d'Amblie, et une fille nommée Lucrèce.

(1) Voir les *Grands Rôles Normands*, publiés à Caen (In-4°) vers 1846, par les soins de M. Léchaudey d'Anisy, pages 53, 54, 57, 58, 83, 155, 177, 224 et 276.

(2) GODES : Voir sur cette famille la Recherche de Roissy. — Armes inconnues.

(3) LE GARDEUR : sieurs de Croisilles, puis d'Amblie, Bény, etc.; anoblis en mai 1510, maintenus par Roissy le 8 juin 1599, et par Chamillart en 1666; comptent deux lieutenants criminels à Caen; portent : *de gueules, au lion rampant d'argent, armé et lampassé d'or, tenant une croix recroisetée aussi d'or.*

Cette dernière vendit à Jean (II) des Planches, sieur de La Fontaine, le 31 décembre 1663, les biens qu'elle possédait sur le territoire de cette paroisse.

La seigneurie d'Amblie, du moins *en partie*, et le manoir seigneurial passèrent, peu d'années après cette date de 1663 et par aliénation selon toute apparence, entre les mains des LE PRÉVOST DE COUPESARTE (1). Charles Le Prévost, écuyer, sieur de Coupesarte, déjà patron d'Amblie, d'après un acte d'état civil du 11 février 1671, est qualifié *seigneur et patron d'Amblie*, *Coupesarte et autres terres* dans son acte de sépulture du 21 mars 1684, constatant qu'il était mort la veille à l'âge de 55 ans, et que son corps, renfermé *dans un coffre de plomb* (sic), fut inhumé ce dit jour 21 mars, dans le chœur de l'église St-Pierre-d'Amblie. La même qualification est encore donnée audit Charles dans l'acte de sépulture de sa femme Marie-Anne de La Luzerne, en date du 25 novembre 1689, et, dans de nombreux actes, à son fils Marc-Antoine Le Prévost, inhumé dans le chœur de l'église St-Pierre-d'Amblie, le 1er décembre 1695, ainsi qu'à ses petits-fils Jacques-Emmanuel et Louis-Antoine. Jacques-Emmanuel fut même, par Lettres de Louis XIV, confirmé, en 1711, dans la possession de la justice de la paroisse d'Amblie.

Toutefois, nous nous sommes intentionnellement servi ci-dessus de l'expression *en partie*; car, vers la même époque, les sires DE MARGUERIE (2), qui avaient succédé par alliance aux sires de Pierrepont dans la possession du fief de Pierrepont, prenaient aussi, dans les actes, la qualification de *seigneurs et patrons de Pierrepont et d'Amblie.* Sans parler des actes notariés en notre possession, et en compulsant seulement les anciens registres d'état civil d'Amblie, on peut constater le fait, notamment dans un acte de baptême du 27 octobre 1679; dans l'acte de mariage entre François de Marguerie, écuyer, et Mlle Lambert de Vengeons, en date du 24 novembre 1683; dans l'acte de sépulture en l'église de Pierrepont, le 23 septembre 1702, de *noble personne* Guillaume de Marguerie, père du précédent; dans un autre acte de sépulture du 31 août 1703; enfin dans l'acte de mariage, en date du 22 février 1717,

(1) LE PRÉVOST, sieurs de Coupesarte, Reviers, Amblie, etc., anoblis en mai 1544, maintenus par Roissy le 14 juin 1599, et par Chamillart, en 1666, portent: *d'azur, au chevron d'or, accompagné de deux roses de même, en chef, et de deux aigles combattant, en pointe; au chef cousu de gueules, chargé d'un croissant d'argent.*

(2) DE MARGUERIE: vieux nobles; maintenus par Roissy le 18 février 1599, et par Chamillart le 12 avril 1666; portent: *d'azur, à trois marguerites d'argent œilletées d'or; au pied feuillé de sinople.*

entre Jean-Guillaume-Adrien Aubert, écuyer, et noble damoiselle Madeleine de Marguerie, fille de feu messire Guillaume de Marguerie, seigneur et patron de Pierrepont et d'Amblie (*sic*), et de noble dame Louise Avenel.

Mais les véritables seigneurs d'Amblie étaient néanmoins les Le Prévost de Coupesarte ; ils occupaient le manoir seigneurial, et d'ailleurs ils paraissent avoir acquis des Marguerie, dans les premières années du XVIIIe siècle, la seigneurie même de Pierrepont, qui relevait nûment, comme nous l'avons vu ailleurs, de la baronnie d'Argences.

Après la mort, à l'âge de 45 ans, de Jacques-Emmanuel Le Prévost de Coupesarte, seigneur et patron d'Amblie, inhumé le 23 février 1719, dans le chœur de l'église de la paroisse, son frère, Louis-Antoine, recueillit son héritage. Ce dernier, de son mariage avec noble dame Madeleine de La Luzerne, n'eut qu'une fille unique, Marie-Henriette Le Prévost, qui épousa à Amblie, le 26 mai 1739, « noble personne Pierre-Charles LE VICOMTE, seigneur DE « VILLY (1), fils de feu Gilles Le Vicomte, écuyer, et de « noble dame Madeleine Fouasse. » Lors du décès de Louis-Antoine Le Prévost, ensépulturé, le 22 septembre 1742, dans le chœur de l'église d'Amblie, près des marches du sanctuaire (2), la seigneurie d'Amblie passa aux mains de cette nouvelle famille, mais pour bien peu de temps.

En effet, M. de Villy, par un acte notarié d'aliénation, en date du 11 septembre 1767, transféra « les terres d'Am« blie et de Pierrepont, avec tous les droits de seigneurie « et de patronage » (3), à messire Jean-François DE CAIRON (4), écuyer, sieur de La Varende.

Depuis lors, cette terre n'a cessé d'appartenir à la famille de Cairon ; car, des mains de l'acquéreur Jean-François, elle passa dans celles de son fils Ambröise-Victor, maire d'Amblie sous la Restauration, décédé en son château d'Amblie le 13 juin 1835, à l'âge de 67 ans. Ce dernier, par son mariage avec noble demoiselle Marie-Anne-Reine-

(1) LE VICOMTE, sieurs de St-Hilaire et de Villy ; anciens nobles ; maintenus par Roissy le 11 mars 1599 et par Chamillart en 1666, portent : *d'azur, à trois coquilles d'or, 2 et 1*. Haut et puissant seigneur Pierre-Charles Le Vicomte de Villy, fut inhumé dans le cimetière St-Jean de Caen le 2 août 1785, à l'âge de 80 ans.

(2) Ce tombeau est le seul de l'église dont l'inscription ne soit pas complètement effacée.

Dans l'acte de mariage de sa fille, Louis-Antoine Le Prévost est qualifié : *Haut et puissant seigneur*.

(3) Voir, note 1re de la page 69, en quoi consistaient ces droits seigneuriaux.

(4) DE CAIRON, ou plutôt PERROTE DE CAIRON : voir notre annotation précédente sur cette famille à l'article Brouay.

Alexandre Thorel de Bonneval, fut père de M. Adolphe de Cairon, propriétaire actuel du château d'Amblie, maire de la commune ; il n'a plus lui-même, de son union avec Mlle Adrienne Daugher ou d'Augher, qu'une fille unique, Mlle Marie de Cairon, laquelle a épousé, en 1866, M. Robert Achard de Bonvouloir (1), dont postérité.

L'église actuelle d'Amblie, située sur un coteau d'où la vue s'étend sur la vallée de la Seulles, et presque jusqu'à la mer, à laquelle aussi on accède ordinairement par un large escalier de plus de 50 marches, est, comme nous l'avons dit précédemment, le seul monument de quelque valeur architecturale dans cette commune. La nef en est romane, et est accompagnée de bas-côtés, dont un seul, celui qui est du côté du nord, est ancien ; l'autre, du côté du midi, a été reconstruit il y a une vingtaine d'années, mais malheureusement les fenêtres en sont d'un style différent (ogival). Les arches cintrées de ces bas-côtés reposent sur des colonnes monocylindriques, dont les chapiteaux sont ornés d'animaux bizarres, d'enlacements, de figures diverses. La façade occidentale est du XIIIe siècle ; la porte est entourée d'un tore garni d'anneaux, ce qui est assez rare en France.

Le chœur, primitivement du XIIe siècle, a été refait en partie ; les voûtes doivent être du XVe siècle, car dans le sanctuaire, sous le pendentif de la voûte qui couvre l'autel, on voit une inscription en lettres gothiques, à demi effacées, qui semble indiquer la date de 1471. — Les voûtes de la chapelle accolée au chœur, du côté nord, et celles du bas-côté de la nef qui fait suite, paraissent de cette époque. — Sous les dalles du chœur reposent les restes de plusieurs curés et d'une grande partie des anciens seigneurs d'Amblie, mais nous avons vu plus haut qu'il n'y a qu'une seule pierre tumulaire dont l'inscription puisse encore être déchiffrée.

Le clocher, assez insignifiant, était établi sur l'arcade séparant le chœur de la nef et paraissait être de la fin du XVIIe siècle ; il a été démoli par la foudre dans les premiers mois de l'année 1869, et il est à désirer que les habitants fassent une œuvre de patriotisme local en le remplaçant par un autre clocher plus digne d'une mention. — Les deux cloches qu'il contenait, établies actuellement

(1) Achard : sieurs de Bonvouloir, de Vacognes, des Hautes-Noës, etc., anciens nobles présents à la conquête d'Angleterre en 1066 ; mentionnés dans un manuscrit de la Bibliothèque de l'Arsenal, portant le n° 243 ; maintenus dans leur noblesse par l'intendant Chamillart, le 2 août 1666, et par l'intendant de Marle (Alençon), en 1667, portent : *d'azur, au lion d'argent, armé et lampassé de gueules, chargé de deux fasces de gueules alésées brochant sur le tout.*

dans le cimetière sur un échafaudage provisoire, avaient été nommées : la plus petite en 1809, par noble dame Marie-Reine-Alexandre Thorel de Bonneval, épouse de messire Ambroise-Victor de Cairon, assistée de messire Louis-André de Baudre ; la plus grosse, en 1833, par Mme Justine-Aimée de Billeheust d'Argenton, veuve de M. Ange-Casimir du Buisson de Courson, assistée de M. Louis-Eugène du Buisson de Courson, son fils aîné.

Au temps jadis, il existait deux églises à Amblie, dont l'une était sous la dépendance des moines du prieuré de St-Gabriel, qui relevait de l'abbaye de Fécamp. La plus importante, placée sous le vocable de saint Pierre, est l'église paroissiale actuelle ; l'autre était placée sous l'invocation de saint Jean-Baptiste. Quoiqu'il reste peu de traces de cette dernière, peut-être plus ancienne et démolie au siècle dernier, on peut encore voir la place qu'elle occupait en face de l'église actuelle, dans la vallée, près de la Seulles, dans la pièce que l'on nomme encore aujourd'hui le *Clos-Saint-Jean.* Par suite de sa suppression, son patron, saint Jean-Baptiste, est devenu le premier patron de l'église paroissiale, dont saint Pierre n'est plus que le second.

Nous avons déjà vu que le droit de patronage (nomination à la cure) de l'église d'Amblie était laïque. En remontant jusqu'à une époque assez reculée, on trouve à Amblie deux curés, qui desservaient en même temps l'église Ste-Trinité de Pierrepont, succursale ou annexe d'Amblie. On lit, d'après le *Livre Pelut* du diocèse de Bayeux, rédigé vers 1356, que la première portion était à la nomination de messire Jean de Pierrepont ; la seconde, d'un seigneur Godefroy de Rupaley ; voici le texte de cette mention : ARCHIDIACONATUS DE CADOMO : DECANATUS DE CROLLEÏO : *Una portio de Ambliâ XXX libras taxata ; patronus Johannes de Petrâ Ponte, scutifer ; alia portio, ibidem XXX libras taxata ; patronus Gaufridus de Ruppaleio.* Ce ne fut qu'en 1650 que les deux cures furent séparées ; mais, avant la Révolution, le curé de Pierrepont se qualifiait encore de curé d'Amblie pour la seconde partie, et celui d'Amblie prenait le titre de *curé d'Amblie et de Pierrepont.*

Antérieurement à la Révolution, les dîmes de Pierrepont et un tiers de la dîme d'Amblie se percevaient et se partageaient par les deux curés. Les deux autres tiers de la grosse dîme d'Amblie se partageaient inégalement entre les abbayes de Fécamp, de St-Etienne et de Ste-Trinité de Caen.

Parmi les curés d'Amblie, nous trouvons plusieurs ecclésiastiques, tels que Gilles de Marguerie, Guillaume de Marguerie de Livry, Louis de Bonnechose, appartenant aux plus nobles familles de Normandie. Ils sont dignement représentés de nos jours par M. l'abbé Locard, curé actuel, si bien formé, d'ailleurs, à l'école de son vénérable prédécesseur, M. l'abbé Docagne, mort nonagénaire le 21 janvier 1854, entouré de la considération et de l'affection filiale de tous ses paroissiens ; il avait administré cette paroisse, comme pasteur, pendant *cinquante* ans.

Nous ne terminerons pas cette notice sans faire remarquer que, quels que puissent être aujourd'hui les sentiments politiques de la population d'Amblie, elle paraissait, sous la Restauration, assez dévouée à la cause royaliste, si on en juge par la délibération suivante du Conseil municipal de la commune, prise à l'unanimité, le 3 avril 1821 :

« Aujourd'hui, troisième jour du mois d'avril de l'an mil « huit cent vingt-un, le Conseil municipal de la commune « d'Amblie, réuni par autorisation de M. le Préfet, — « *voulant donner un témoignage authentique de son attachement* « *et de son dévoûment parfait au Roi et à son auguste famille,* « — arrête *à l'unanimité* qu'une somme de cinquante francs « sera offerte, au nom de la commune, — *à l'effet de coopérer* « *à l'acquisition du domaine de* CHAMBORD, *pour en être fait* « *hommage, au nom de la France, à Monseigneur le duc de* « *Bordeaux*, — laquelle somme sera prise sur les fonds dis- « ponibles de la commune, et versée le plus tôt possible par « le Percepteur dans la caisse du Receveur-Général du « Département.

« Fait et arrêté en séance, les jour, mois et an que dessus. « Signé après lecture faite. »

Signé : *C. du Buisson de Courson ; Le Tellier ; J. Roussel ; P. Le Marchand ; J. Crespin ; J. Fallet ; J.-B. Fouchaux ; Jean Turquetil ; Docagne ; Morel*, adjoint ; *Victor de Cairon*, maire.

CHAPITRE III.

TITRES NOBILIAIRES ET HONORIFIQUES; PATRONAGE; PRIVILÉGES SEIGNEURIAUX; DROITS FÉODAUX.

Dans les plus anciens documents concernant la maison du Buisson aux XIIe et XIIIe siècles, quelquefois au XIVe (voir Catalogue analytique ci-après), nous voyons chacun de ses membres qualifié *Miles;* ce mot latin était à l'époque la qualification nobiliaire par essence, le terme équivalent du mot *Chevalier* (1).

On sait que les rois Gallo-Francs conservèrent, avec le plus grand nombre des institutions politiques des Romains, la plupart de leurs offices et de leurs dignités; seulement, réservant le titre latin de *Comes* pour les officiers exerçant les premiers commandements, ils attribuèrent celui de *Miles* aux autres charges de haute dignité (2).

Les Français, qui avaient adopté le mot *cavalier* en général comme la traduction du mot *eques*, combinant le mot latin et le mot français *chevalier*, et *miles*, qui exprimaient pour eux un même ordre d'idées, finirent par les traduire l'un par l'autre. *Chevalier* en français et *Miles* en latin leur servit donc à qualifier tous les hauts dignitaires, soit militaires et quelquefois civils, soit *seigneurs de fiefs d'un revenu déterminé* (3);

(1) « Militia nobilitat, ut quisquis est miles is est nobilis..... militia est « dignitas et dignitas propria Nobilitatis..... *Chevaliers* qui dicuntur, nobiles « sunt. » (Tiraqueau, *De Nobilitate*, chap. VIII.)

Il en fut ainsi pendant tout le Moyen-Age, mais autrement sous les Valois et les Bourbons.

(2) Aux simples dignitaires, auxquels leurs offices n'attribuaient pas le titre de *Miles*, les premiers Francs donnèrent, soit le titre de *Senior* (Seigneur, Sieur), c'est-à-dire homme respectable comme le sont les vieillards, soit parfois celui de *Nobilis*, lorsque ces offices ne pouvaient être possédés que par des Nobles ou anoblissaient ceux qui en avaient été pourvus.

(Sémainville, *Code de la Noblesse française*, pages 524 et 525.)

(3) Selon le Père Menestrier, *Chevalerie ancienne et moderne*, « Les Chevaliers, qui chez les Romains composaient le corps de cavalerie, étaient nommés *Equites*, et leur état *Equestris ordo.* On leur donna depuis le nom de « *Milites* sous les empereurs Allemands, quand on commença à distribuer des « fiefs à ceux qui servaient en guerre.

« Ainsi tous ceux qui, en vertu de ces fiefs, étaient obligés de servir à « cheval, quand le seigneur dominant de qui ils tenaient le fief le requérait, « étaient appelés *Milites* ou *Chevaliers.* »

car on n'a pas oublié ce que nous avons dit précédemment, que la noblesse féodale était basée sur la possession des fiefs avec le corollaire *obligé* du service militaire. De Jort, procureur en la Chambre des Comptes de Normandie, dans sa *Dissertation sur les aydes chevels* (1706), prouve que la chevalerie glébée était de l'essence du fief, et d'ailleurs le titre XXV de la première Coutume de Normandie, *De exercitu ducis*, porte : « Exercitus autem quandoque dicitur, auxilium illud « pecuniale quod concedit princeps Normanniæ, facto exer- « citûs per quadraginta dies servitio, baronibus vel *militibus* « *de illis qui tenent de eis feodis ;* » on peut aussi voir dans le même ordre d'idées le titre XXIV *De Assisiâ*, et le titre LX *De Submonitionibus*. — Enfin La Roque, dans son *Traité de la Noblesse*, chapitre XCIX, page 276, déclare que, pour faire partie des chevaliers d'armes non glébés, « il fallait « être de race considérable par la noblesse et la chevalerie. « Ce qui le justifie dans une enquête faite au Parlement de la « St-Martin d'hiver, l'an 1261, sous le règne de St-Louis, par « maître Robert Coccum et par Thomas Le Tellier, chargés « par le bailly de Vermandois — ad sciendum utrum Petrus « dictus Aux Maçues (*sic*), miles, sit de tali genere quod possit « et debeat esse *miles.* »

A partir de la fin du XIVe siècle, le mot *Miles* employé comme terme indicatif de noblesse disparaît presque complètement des actes authentiques en latin, devenus, d'ailleurs, de plus en plus rares, et y est remplacé par ceux de *Nobilis vir* ou *Armiger, Scutifer*, et dans les actes en français, devenus bien plus nombreux, par ceux de *Noble homme* et d'*Ecuyer* (1). — Dans les documents qui concernent la maison du Buisson, les deux qualifications sont employées également, quelquefois ensemble ; néanmoins, dans les contrats de mariage qui sont conservés, ainsi que dans la plupart des actes d'état civil, qu'elle possède à peu près sans interruption depuis 1595, même dans un certain nombre d'autres actes notariés ou émanant de l'Université, on ne trouve guère que le titre de *noble homme*, *nobilis vir*. — Ces deux titres, *noble homme* et *écuyer*, paraissent avoir été appréciés presque d'égale valeur, comme indication nobiliaire, par les Commissaires royaux délégués depuis le XVe siècle pour les

(1) « *Escuage*, en latin *Scutagium* ou *Servitium scuti*, s'entendait du ser- « vice de chevalier dû par un fief tenu par un service ou demi-service, et « l'*Ecuyer* tenant un tel fief était obligé, s'il ne faisait pas son service lui- « même, de fournir au seigneur suzerain une personne capable de s'acquitter « pour lui de ce service, c'est-à-dire une personne *égale en rang et en dignité ;* « ou bien un chevalier d'armes non glébé auquel ses exploits avaient mérité « ce titre. »

(Houard, *Anciennes Lois françaises*, chap. III, section 95.)

recherches des usurpations et maintenues de noblesse en Normandie. Toutefois, La Roque préfère de beaucoup le titre de *Noble homme*; dans son *Traité de la Noblesse*, chap. LXVIII, p. 263 à 273, il s'exprime ainsi : « Il y a une grande « contestation en la recherche des Nobles et des prétendus « Nobles, sans beaucoup de fondement, pour savoir si le « titre de *Noble homme* équipollait à celui d'*Ecuyer*. Je vais « montrer par des exemples incontestables et très-fameux « que, le nom de *Noble homme* étant (originairement) le genre « et celui d'*Ecuyer* l'espèce, le premier a été de toute an- « cienneté beaucoup plus considéré que l'autre et qu'on a « mis entre eux une notable différence.....

« On sait que le titre de *Noble* procède d'une vertu connue « et que *Nobilitas*, selon Loiseau, signifie *proeminentiorem* « *dignitatis gradum*.....

« Ce titre de *Noble* a été si relevé dans tous les siècles que « quelques-uns de nos Rois ne l'ont pas dédaigné.....

« Et ne sait-on pas que le roi François 1er, à son retour « d'Espagne, dit à la Noblesse, qui lui fit offre de ses biens, « qu'il était né *Noble* et non pas *Roi*.

« Les Princes du sang de France, à l'exemple de nos « Rois, ont aussi pris la qualité de *Nobles hommes* selon « les Mémoires de Jean du Tillet, greffier au Parlement.

« Et les Souverains-Pontifes n'ont pas trouvé de titre plus « éclatant pour honorer les Rois, les Ducs et les autres per- « sonnes souveraines et de la plus haute marque que de les « qualifier *Nobles hommes*, en leur adressant leurs brefs et « autres lettres. Ils appellent pareillement les Princesses « *Nobles femmes*..... (Suivent de très-nombreux exemples.)

« Pour faire voir encore que la haute Noblesse préférait « le titre de *Noble homme* à celui d'*Ecuyer*, on remarque « que par les intitulations des anciens actes judiciaires, « les Baillis, Sénéchaux et Prévôts prenaient la qualité de « *Noble homme*, et leurs lieutenants généraux et particuliers, « celle d'*Ecuyer*, comme inférieure. Cela est justifié par un « arrêt de l'Échiquier de Normandie de l'année 1474, dans « lequel Robert Séran, *écuyer*, est dit lieutenant général de « *noble homme* messire Georges de Bissipat, chevalier, dit « le Grec, vicomte de Falaise, descendant des empereurs de « Constantinople ; etc.....

« Ce n'est pas aussi sans raison que Jean Froissart dit, en « plusieurs endroits de son Histoire, qu'en certaines ren- « contres il fut tué un grand nombre de *Nobles* et un grand « nombre d'*Ecuyers*, mettant toujours les Ecuyers après, « etc.....

..... « Cela n'a pas empêché, selon Charles Loiseau (qui « paraît dans la question d'un avis différent de La Roque),

« que quelques-uns n'aient dédaigné le titre de *Noble* « *homme* pour prendre celui d'*Ecuyer*, que *la plus part esti-* « *ment infiniment au-dessus de l'autre.* — Et moi, je dis que « les plus prévoyants prenaient anciennement les deux en- « semble. »

Il n'entre pas dans notre cadre de parler ici des titres, originairement réels et territoriaux, de *Baron*, *Duc*, *Marquis*, *Comte*, *Vicomte* (1), qui, quoique souvent devenus purement honorifiques dès la fin du XVIIe siècle, sont si fréquemment usurpés de nos jours soit par des personnes n'y ayant aucun droit, soit même par les enfants de personnes réellement et légalement titrées; car il est utile de faire remarquer ici, qu'à part de rares exceptions créées par les lettres-patentes originaires ou résultant de dispositions spéciales (2), les titres reposent *sur une seule tête* et les fils d'un titulaire appartenant à l'ancienne Noblesse ou décoré d'un titre postérieur à 1808, n'ont droit ni à un titre d'un degré inférieur, ni, à plus forte raison, au titre même porté par leur père. Les titres précités ne sont cependant que chose secondaire par rapport à la naissance (3); le roi Louis XV ne fit même que continuer l'usage des titres nus en autorisant les anciens gentilshommes de race à se pourvoir, moyennant le droit de marc d'or prescrit par l'édit de 1770, de brevets de marquis, comte ou baron. C'est aussi sous le règne de ce monarque que, soit par un usage consacré, soit peut-être par un règlement particulier qui ne nous est pas parvenu, les seigneurs châtelains possédant fief et justice prirent l'habitude de timbrer leurs armes de *couronnes*

(1) Voir, sur cette question, Sémainville, *Code de la Noblesse Française*, pages 557 à 588. On lit aussi dans Pezet, *Les Barons de Creully*, pages 492 et 493 : « Le titre de *Baron*, qui dans les premiers temps de la Féodalité « occupait la première place, avait été considérablement amoindri. Les Ducs « et les Comtes ayant usurpé les droits de la souveraineté et ayant voulu, à « l'imitation des Rois, avoir des Barons autour d'eux, avaient érigé en ba- « ronnies les terres possédées par leurs principaux vassaux. Les seigneurs à « leur tour avaient presque partout usurpé ce titre de *Baron*, en se l'attribuant « comme conséquence de leur qualité de hauts-justiciers; l'usage et la vanité « avaient consacré cet abus, de sorte que cette dignité, devenue plus commune, « avait perdu son ancien lustre dès les dernières années du XVIIe siècle, « sous le règne de Louis XIV. »

(2) Décret-statut du 1er mars 1808, art. 2, 3, 7. Décret du 4 juin 1809, art. 5. Décret du 3 mars 1810, art. 10. Ordonnance royale du 25 août 1817, art. 12. Voir sur cette question la circulaire du garde des sceaux, ministre de la Justice, en date du 22 juillet 1874.

(3) « Les fiefs de dignité (duché, marquisat, comté, baronnie) élèvent les « Gentilshommes, mais ne les font pas; cette sorte de seigneurie leur étant « affectée, ils n'en deviennent pas plus nobles, parce que l'Ordre de la « Noblesse ne souffre ni le plus ni le moins. »

(La Roque : *Traité de la Noblesse.*)

de marquis, *comte* ou *baron*. On présume que le timbre de *Comte* qui surmonte aujourd'hui les armoiries de MM. du Buisson de Courson date de cette époque. Mais c'est bien à tort qu'une masse de familles, aujourd'hui existantes, ont inféré de là qu'elles pouvaient prendre les titres de *Comte* ou de *Marquis*, sans qu'il y ait, en leur faveur, aucune trace d'érection royale de Comté ou de Marquisat.

Avant de terminer cependant cette question des titres nobiliaires, nous dirons encore un mot du titre de *Chevalier*, dont nous avons déjà parlé ci-dessus. Il est évident qu'il ne faut pas confondre la chevalerie *glébée* ou *réelle*, qui résultait de la possession d'un fief de chevalerie ou de haubert, avec la chevalerie *personnelle*, conférée lorsqu'on était armé chevalier pour quelque brillant fait d'armes, ni avec les Ordres de chevalerie (1) ; pas plus que l'on ne confond le titre de gentilhomme et celui de gentilhomme de la Chambre, l'un étant le genre, l'autre étant l'espèce; l'axiome du Moyen-Age et même des temps plus modernes, que *Nul ne naît chevalier*, ne signifie qu'une chose : c'est que nul n'avait alors par droit de naissance l'ordre de la Chevalerie avant d'être armé chevalier plus tard, ou de recevoir les Ordres du Roi.

Il résulte d'une ordonnance de Louis XIII, du 10 janvier 1629, d'un arrêt du Parlement de Paris du 13 août 1663, de déclarations de Louis XIV, notamment de celles de 1664 et du 3 mars 1699, que la qualité de *chevalier* devait être attribuée, non à l'ancienneté, mais à l'illustration des familles nobles et qu'il fallait pour la porter *de bons et valables titres;* mais, si nous en croyons le Père Ménestrier (2), on n'en tenait pas compte dans la pratique et la chevalerie était, au XVIIe siècle, considérée comme un droit héréditaire pour les anciennes familles ; tous les anciens Nobles étaient censés

(1) Nous serions obligé de nous étendre beaucoup trop pour donner ici des notices historiques sur la Chevalerie dite *personnelle*, qui a brillé d'un si vif éclat à l'époque des Croisades, et sur les Ordres chevaleresques, soit anciens (de St-Jean de Jérusalem, du Temple, Teutonique, etc.), soit modernes (de St-Michel, du St-Esprit, de St-Louis en France, etc.).

Consulter à ce sujet :

1° Houard, *Anciennes lois des Français* et *Dictionnaire analytique de la Coutume de Normandie* (Rouen : 1780);

2° Le Père Ménestrier : *Chevalerie ancienne et moderne ;*

3° La Roque : *Traité de la Noblesse* (Paris : 1678), notamment chap. c, pages 854 et suiv.; curieux détails sur les cérémonies qui s'observaient à la réception des Chevaliers d'armes ;

4° Sémainville : *Code de la Noblesse Française* (Hyères : 1860) ;

5° W. Maigne : *Dictionnaire encyclopédique des Ordres de Chevalerie* (Paris : 1861).

(2) Père Ménestrier : *Chevalerie ancienne et moderne.*

du corps de la Chevalerie, c'est-à-dire de la Noblesse militaire, différente de celle de la Robe et des nouvellement anoblis par lettres-patentes du Prince. Il faut dire aussi que presque tous les anciens Nobles comptaient, dans leurs ascendants, des chevaliers du St-Esprit et de St-Louis, s'ils ne l'étaient eux-mêmes, et peu à peu l'usage prévalut de donner aux enfants le titre personnel de *chevalier*, dont avaient été décorés leurs pères. D'abord appliqué au chef de famille, lorsqu'il n'avait pas un titre de dignité héréditaire (Duc, Comte, Marquis, Baron), nous voyons, au XVIIIe siècle, ce titre porté par les cadets qui suivaient la carrière des armes, et précédant généralement un nom de fief, quelquefois le propre nom de famille. — Nous pourrions donner à cet égard de nombreux exemples; si nous nous en tenons à la maison du Buisson, nous voyons dans les pièces de famille cette qualification de *chevalier* portée d'abord par Pierre-Nicolas du Buisson de Christot (1684-1764), qui, il est vrai, était chevalier de St-Louis; ensuite par son fils Guillaume-Nicolas du Buisson de Christot (1717-1779), qui jouissait du même honneur, et enfin par le fils puîné de ce dernier, Jean-Louis-Antoine du Buisson (1747-1797), désigné partout sous le titre de chevalier de Courson.

La qualité de *Seigneur et Patron* que les du Buisson ont possédée dans plusieurs paroisses, notamment dans celles de Cristot et de Brouay, probablement aussi dans leur fief primordial du Buisson, leur conférait un certain nombre de droits féodaux et en première ligne le PATRONAGE, qui consistait dans la désignation, à chaque vacance, dans les paroisses où ils étaient patrons, du nouveau prêtre destiné à y remplir les fonctions de curé; l'évêque diocésain ne pouvait se refuser à la nomination de ce prêtre par l'investiture ecclésiastique que pour des raisons tout à fait majeures, tirées de ses mœurs par exemple. Nous verrons dans la suite combien on accordait d'importance à ce droit par l'analyse du procès soutenu au sujet du droit de patronage de l'église de Cristot par Claude II du Buisson, seigneur et patron de cette paroisse, alors presque octogénaire, procès gagné par lui en dernier ressort au Grand Conseil du Roi, le 29 mars 1675.

Mais ce droit de patronage était loin d'être le seul; car les du Buisson jouissaient de beaucoup des priviléges seigneuriaux et féodaux, réels ou honorifiques, conservés, avec ses titres, à la Noblesse jusqu'en 1789, même après qu'elle eut perdu sa souveraineté féodale (1).

(1) On lit dans La Roque, *Traité de la Noblesse* (Paris: 1678), chap. xcv pages 336 et 337, le passage suivant sur les droits et priviléges des Gentilshommes :

Parmi les priviléges réels de la Noblesse, il faut placer l'exemption des tailles et des corvées personnelles, le droit de ne plaider que devant les baillis, sénéchaux, juges présidiaux et chambres des Parlements, sans être soumis aux justices intermédiaires des prévôtés et des châtellenies (édit de Crémieux, art. 5); le droit de *Garde-Noble* (1); le droit de

« Les Nobles et même les Anoblis ont un grand nombre de priviléges aux- « quels les Non-Nobles n'ont point part.

« Ceux de ce rang peuvent porter les Armes ou Armoiries appartenant à « leur état, à l'exclusion des Roturiers. Quant aux dignités auxquelles ces « derniers sont admis *cæteris paribus*, les Nobles ou Anoblis doivent être « préférés. Il y a des Bénéfices et des Dignités ecclésiastiques qui ne peuvent « être tenus que par des personnes nobles; et, en cas de concurrence, les « Nobles sont préférables aux autres.

« Les Nobles de race et les Anoblis ont le privilége de jouir en France de « l'exemption des tailles, crues, aides, subsides, impositions, subven- « tions, etc.....

« ..... Tiraqueau, Therriat et Loiseau citent plusieurs droits attribués aux « Gentilshommes:

« Ils sont préférables aux charges de la maison du Roi.

« Ils ont des priviléges aux Universités pour abréger le temps des études « et des degrés.

« Les Fiefs et Seigneuries sont affectés d'ancienneté aux Gentilshommes, « les Roturiers n'en étant capables que par dispense. Aussi la Noblesse « requit, aux Etats de Blois, que les hautes-justices et les fiefs de haubert lui « fussent réservés, à l'exclusion des Roturiers.

« Les Gentilshommes précèdent ceux du Tiers-Etat, s'ils ne sont magis- « trats; ils ont la préséance sur ceux qui sont leurs justiciables dans le lieu de « leur pouvoir et de leur territoire; et les ecclésiastiques ne précèdent point « les laïques gentilshommes, s'ils n'ont des charges dans l'église.

« Les mêmes Gentilshommes ont droit de porter l'épée, sont exempts de « loger des gens d'armes, ont droit de chasse et de tirer de l'arquebuse par « l'ordonnance du roi Henri IV de l'an 1601, article 4.

« En cas de délits, ils sont exempts d'être fustigés; ils sont décollés, si ce « n'est qu'ils aient commis trahison, larcin, parjure, ou fabriqué de faux « témoins; car la condition aggrave et augmente le crime.

« Mais pour les amendes et peines pécuniaires, les Gentilshommes, selon « Tiraqueau, sont plus rigoureusement punis, etc., etc..»

(1) Garde-Noble: Il n'est pas de meilleure définition de ce droit que celle donnée par Gilles-André de La Roque La Lontière, dans son *Traité de la Noblesse* (Paris, 1678), chap. XXXIII, pages 127, 128 et 129:

« On sait que le Roi est le protecteur légitime de ses sujets et de leurs « biens, spécialement des fiefs nobles, et qu'il en a la garde durant leur « minorité. Claude Cottereau attribue la source de ce droit aux Écossais sous « le règne de Malcolm II; c'est aussi l'opinion d'Hector Boëce.....

« Il y a deux sortes de Garde-Noble en Normandie: l'une royale, qui « dépend du Roi; l'autre féodale, qui dépend d'un seigneur particulier; mais « si le mineur possède plusieurs fiefs et qu'il en ait un qui relève immédiate- « ment du Roi, il attire tous les autres qui relèvent médiatement; aussi la « garde-noble entière dépend de Sa Majesté (C'était le cas de Pierre-Nicolas « du Buisson de Cristot, mineur à la mort de son père, en 1686, tombé en la « garde-noble du Roi, à cause de son fief de Lébizey-sur-Cristot, quoique « plusieurs autres de ses fiefs ne relevassent pas de la Couronne. Voir ci- « après à la Généalogie).

Justice. Pour employer les expressions de la Coutume de Normandie (art. 336, 28 et 185), le seigneur avait *cour*, *usage*,

« L'ancienne Coutume de Normandie, au chapitre de la Garde-Noble des « Orphelins, parle en ces termes: *Le Prince doit avoir la garde de tous les orphelins qui sont de petit âge, qui tiennent de luy, par hommage, Baronnies, Comtez, Marches, aucun fief ou membre de fief de haubert, sergenteries fieffaux, qui ne peuvent être parties entre frères, ou maisons et tours batailléres. Il doit avoir la garde de tous les hoirs qui sont dedans âge, de qui la garde appartient à leurs seigneurs pour tant qu'ils tiennent du Duc, par hommage, aucune part de fief qui appartient à la duché, et, s'ils ne tiennent rien par hommage, la garde reviendra au seigneur de qui ils tiennent par hommage.*

« La différence qui se trouve en Normandie entre la tutelle et la garde, « selon les termes de l'ancienne Coutume, est que l'on peut bailler des tuteurs « aux mineurs qui sont en garde, tant pour la conservation des meubles et « autres biens qui ne tombent point en garde, que pour défendre ces mineurs « contre leur gardien et le contraindre à faire le devoir auquel il est sujet « par la Coutume. Il est vrai qu'il ne répugne pas, selon Guillaume Terrien, « que le gardien même soit élu tuteur; comme il se fait quand la garde est « donnée par le Roi à la mère ou autre proche parent des enfants, pour leur « avantage, à charge de lui en rendre compte (Le roi Louis XIV donna la « garde-noble de Pierre-Nicolas du Buisson de Cristot-Courson à sa mère « Marie-Anne de Morant, déjà sa tutrice, par lettres-patentes données à Ver- « sailles, le 31 août 1694.....).

« La même Coutume met une différence entre la garde du Roi et celle des « autres seigneurs : — *Nous debvons sçavoir que, quand le duc de Normandie a la garde d'un hoir pour raison de la duché, tous les autres fiefs qui appartiennent à celui hoir, partables ou non partables, et les eschaites qui lui eschéent par héritage tant comme il sera en garde, seront avec lui en la garde du Duc. Les autres seigneurs n'ont si plénière garde de ceux qui tiennent d'eux; car ils ne le sont que des fiefs qui sont partables, en quoy ils doivent avoir garde.....*

« Le gardien fait les fruits siens des biens des mineurs et doit rendre « compte sans intérêt pupillaire. Le Roi, en faisant don de la Garde-Noble, « ne se réserve qu'un droit liquidé à la somme de six livres ou autre somme « par an, ordonnée par la Chambre des Comptes, pour chaque Garde, en « reconnaissance du don qu'il en fait.

« Quelques-uns croient que les rois François Ier et Henri II ont été les « premiers qui ont donné les Gardes-Nobles en Normandie; mais je trouve « que longtemps auparavant les officiers du roi Jean (le Bon) reçurent « 22 deniers d'or provenant de la terre de l'héritier de *Monsieur* FOULQUES « DU MERLE, qui était en bas-âge, et dont la seigneurie, située en la vicomté « d'Auge, était dans la main de Sa Majesté. Les Lettres qui en furent expé- « diées le 28 mai 1352 sont dans le Trésor des Chartes; elles contiennent « ces termes : — *De emolumentis terræ hæredis domini* FULCONIS DE MERULA, « *in vice comitatu Algiæ existentis; in manum Regis transit terra, ratione gardiæ dicti hæredis minoris; 22 denar. auri, 28 die mensis maii, anno Salutis* 1352.

« Ainsi le roi Charles V, qui commença à régner l'an 1364, gratifia à son « avènement Jean, comte d'Harcourt et d'Aumale, de la garde-noble de « Jeanne de Tilly, héritière de la châtellenie de ce nom, etc., etc.

« Ce don se fait néanmoins d'ordinaire aux veuves mères des mineurs « (comme celui fait par Louis XIV à Marie-Anne de Morant de la garde- « noble de Pierre-Nicolas du Buisson de Cristot-Courson, son fils), ou à l'un « des plus proches parents. »

juridiction et *gage-plége.* Il exerçait par suite sur ses vassaux une juridiction à la fois judiciaire et administrative. On peut y ajouter le droit de colombier, de four et de moulin banal, de garenne ouverte, de chasse et de pêche, à l'exclusion de tout autre, dans le ressort entier du fief. Enfin la plupart des offices de la maison du Roi et les grades militaires étaient réservés aux Nobles préférablement et parfois trop exclusivement, témoins les déclarations royales des 22 mai-10 août 1781 et du 1er janvier 1786.

Les priviléges honorifiques consistaient particulièrement dans les droits de préséance aux cérémonies, le droit d'armoiries timbrées, celui d'occuper une place d'honneur et d'avoir banc seigneurial dans les églises, d'y être encensé, d'y avoir des prières nominales (*Domine, salvum fac*, etc.); le droit de primauté dans la distribution de l'eau bénite et du pain bénit; le droit de sonner les cloches pour convoquer les vassaux, de tenir les plaids de justice sous le porche de l'église, de faire sonner les cloches pendant quarante jours après le décès du seigneur patron (droit qui appartenait à Cristot aux du Buisson), etc., etc.; le droit de *Lîtres*, ou placement de ceintures funèbres armoriées autour de l'église; enfin le droit de sépulture et de caveaux dans l'église et dans le sanctuaire (1). Ce dernier privilége avait une importance grande, surtout à l'origine et pendant toute la durée de la Féodalité. A cette époque reculée (plus de huit siècles), les serfs dormaient dans les fosses communes, les vilains dans des fosses séparées des cimetières; les bourgeois, surtout ceux qui avaient été échevins, obtenaient, à prix d'or et de fondations seulement, une lame de sépulcre dans les nefs des églises et des cathédrales; il fallait être réputé de noble et ancien lignage pour reposer dans les sanctuaires chrétiens. Cet usage s'est conservé, en France, avec quelques atténuations, jusqu'au règne de Louis XV.

Quoique la plupart des sépultures des du Buisson au Moyen-Age nous soient inconnues, il n'en est pas moins établi authentiquement par Dom Farin, dans son *Histoire de Rouen*, IIIe partie, page 175 (C. A., n° 185). et par un manuscrit de la fin du XVIe siècle (C. A., n° 21), que les tombeaux de THOMAS DU BUISSON, écuyer, avocat du Roi en l'Echiquier de Normandie, et de JEAN DU BUISSON, aussi écuyer, son frère, qui guerroyait contre les Anglais sous Jean-le-Bon et Charles V, ont été longtemps conservés dans l'église du prieuré de St-Lô, à Rouen, la plus ancienne de cette ville,

(1) Voir dans les *Mémoires de la Société des Antiquaires de Normandie*, tome XX, pages 345 et suivantes, l'article sur le *Droit de patronage ecclésiastique*, par J. Cauvet.

où ils avaient été inhumés l'un en 1361 (aliàs 1371), l'autre en 1385. — Ce seul fait servirait de preuve incontestable à la noblesse d'ancienne race de la maison du Buisson.

Mais ce n'est pas tout : si nous arrivons aux temps plus modernes, nous voyons par le manuscrit indicatif des conseillers au Parlement de Normandie depuis l'institution (C. A., n° 211), dont les énonciations sont confirmées d'une façon péremptoire par les registres du Chapitre de la cathédrale de Rouen (C. A., n° 234), que noble et discrète personne (*nobilis et circumspectus vir*) Anne du Buisson, sieur de Laize, le premier de sa famille qualifié seigneur et patron de Cristot et de Brouay, fut inhumé dans la chapelle de la Vierge de la cathédrale de Rouen, où son tombeau, quoique moins pompeux, se trouvait avec ceux de Louis de Brezé, grand sénéchal de Normandie, le mari de la belle Diane de Poitiers ; de Pierre de Brezé, comte de Maulevrier, grand sénéchal d'Anjou ; des cardinaux d'Amboise, archevêques de Rouen, et de tant d'autres illustres personnages.

Noble Pierre du Buisson, sieur de Courson, frère du précédent, ne fut-il pas inhumé, en 1631, dans l'église de Gavrus, près Evrecy, après avoir exercé, entre autres fonctions, celles de premier gouverneur-échevin, de l'Ordre de la Noblesse, à Caen, de 1612 à 1615 (C. A., n° 246) ?

Presque tous les descendants directs de ce dernier, notamment Claude II, Pierre II, Pierre-Nicolas et leurs femmes, ne furent-ils pas inhumés, avant la Révolution, dans le chœur de l'église de Cristot, dont ils étaient patrons, sépultures constatées encore, d'ailleurs, aujourd'hui que le temps et les pieds des fidèles ont effacé les inscriptions gravées sur les dalles tumulaires, par les anciens actes d'état civil tenus jadis par le Clergé.

CHAPITRE IV.

ARMOIRIES.

---

§ 1. Origine et réglementation des armoiries en général.

Quoique l'origine des Armoiries soit assurément fort ancienne, c'est probablement à tort que l'on a recherché dans les emblèmes des premiers Ages les rudiments du Blason, puisque les figures de fantaisie que l'on pouvait trouver sur les boucliers des Anciens ne servaient jamais à indiquer la noblesse ou l'illustration des familles. Mais s'il est difficile de fixer d'une façon précise l'époque où le Blason commença à être en usage, on peut cependant en quelque sorte l'identifier avec la Féodalité ; l'amour de la gloire, la galanterie, passions chères à nos aïeux, le besoin de rendre intelligible aux yeux les gages d'amour et les signes de la valeur déployée dans les tournois aux temps héroïques de la Chevalerie créèrent la science héraldique et ses emblèmes.

C'est au Xe siècle que l'on peut rapporter les premières traces connues du Blason ; il est encore dans son enfance, mais il existe déjà ; et, si les exemples que les auteurs en citent pendant ce siècle violent les règles héraldiques, c'est uniquement parce que ces règles étaient encore fort incertaines. Au tournoi donné à Gœttingue en 934 par Henri l'Oiseleur, duc de Saxe et depuis empereur d'Allemagne, on voit figurer des pièces d'étoffes disposées comme le furent plus tard les pièces des Armoiries : ce qui donne quelque fondement à l'opinion du père Ménestrier, de Spelman et de Muratori, qui regardent les armoiries comme nous étant venues d'Allemagne, quoique ce ne soit qu'en France qu'elles aient acquis leur parfaite réglementation.

Au XIe siècle, le blason existe en France ; les sceaux d'Adalbert, duc de Lorraine (1030 et 1037), où l'on voit *un aigle au vol abaissé ;* celui de Robert comte de Flandre (1072), qui est chargé *d'un lion ;* celui de Raymond St-Gilles, comte de Toulouse (1088), avec *une croix cléchée et pommetée,* en font foi ; mais il faut arriver à la grande époque des Croisades pour entrer dans la période des Armoiries régulières, les voir se généraliser, se développer selon des règles fixes et plus tard invariables ; dans ces armées composées de vingt peuples divers, la nécessité de se faire reconnaître de ses soldats obligea chaque chef de revêtir des insignes particuliers. Au retour de la Croisade, le guerrier eut soin de conserver ces insignes, qui rappelaient ses exploits, et les transmit à ses descendants comme un titre d'honneur.

Nous avons déjà dit que les emblèmes héraldiques prirent naissance au milieu des tournois. On n'admettait à ces jeux militaires et publics que des personnes de haute qualité, et l'on régla les pièces qu'elles devaient porter sur leurs boucliers, afin que l'on reconnût plus facilement leur noblesse. Une cérémonie suivait l'admission au tournoi ; on était conduit, au son des fanfares et des trompettes, en un lieu destiné pour poser et attacher le bouclier; c'était ordinairement le château d'un grand seigneur ou le cloître de quelque célèbre abbaye. On appelait cette exposition *faire fenêtre*, et les boucliers ou écussons de tous les chevaliers reçus pour le tournoi, tant en assaillant qu'en défendant, étaient exposés, afin qu'il fût permis à chacun de les aller reconnaître et de faire des plaintes, s'il y avait lieu, contre ceux à qui ils appartenaient. Si la plainte était grave, il fallait y satisfaire ou être exclu du tournoi. Un gentilhomme qui s'était trouvé plusieurs fois à des tournois pouvait le faire savoir par deux ou plusieurs cornets qu'il mettait en cimier sur son heaume ; et lorsqu'il se présentait à un autre tournoi, il ne lui fallait pas d'autres preuves de noblesse.

Ces fanfares et ces sons de trompettes qui attestaient la noblesse du gentilhomme donnèrent aux insignes héraldiques le nom de *Blason*, terme dérivé de l'allemand *blasen*, qui signifie *sonner du cor*, *publier*. Le mot *Armoiries* dérive des armes défensives ou boucliers portés par les gens de guerre. Les mots *Ecu*, *Ecusson* dérivent du latin *scutum*, qui signifie aussi bouclier. On appelle la science des armoiries *Art héraldique*, parce qu'anciennement se livraient spécialement à cette étude les hérauts d'armes placés à l'entrée de la barrière des tournois et obligés de tenir registre des noms et des armes des chevaliers qui se présentaient pour entrer dans la lice. Au début, lors de l'établissement des Armoiries, ces hérauts en composèrent, en nommèrent et en réglèrent les pièces ; et dans la suite, lorsque les Souverains récompensaient du titre de *Noble* les belles actions ou les services de quelques-uns de leurs sujets, ils laissèrent soit à ces hérauts, soit à des juges d'armes par eux nommés, le soin d'ordonner les pièces des écussons des nouveaux anoblis.

L'empereur Frédéric-Barberousse (1152-1190) tenta le premier de fixer les règles de l'art héraldique. En France, le premier traité du blason parut sous Philippe-Auguste et lui fut dédié ; il avait pour but d'en réglementer les principes et de mettre un frein à l'abus que l'on tentait déjà d'en faire. La science des Armoiries était presque complète sous le règne de saint Louis et acheva de se perfectionner sous les premiers Valois.

L'institution des maréchaux d'armes doit être considérée comme la première mesure sérieuse destinée à régulariser le droit aux armoiries, et nous voyons que Charles VIII, par Lettres datées d'Angers le 17 juin 1487, institua Gilbert Chauveau, dit Bourbon, héraut d'armes de Mgr le duc de Bourbon, « en l'office de mareschal d'armes de France. » Sans préjudice des règlements locaux, parfois assez sévères, un édit d'Henri II, daté d'Amboise le 15-26 mars 1555, défendait à toute personne noble de changer de nom et d'armoiries sans autorisation royale, sous peine d'une amende de mille livres et de privation du privilége de noblesse. Les déclarations, ordonnances et édits de 1560 (Orléans, Charles IX); septembre 1577, mai 1579 (Blois), mars 1583 (Henri III); 23 août 1598 (Henri IV); janvier 1634 (Louis XIII); l'arrêt du Parlement du 16 août 1663 et la déclaration royale (Louis XIV) du 26 février 1665, défendaient *expressément* à tous ceux qui n'étaient nobles, ni par leur naissance ni par leurs charges, de porter des armoiries *timbrées*.

Nous avons encore la preuve de l'importance qu'attachait le roi Louis XIV à la réglementation des Armoiries : 1° par l'édit de Versailles de 1696, registré au Parlement de Paris le 28 novembre, portant suppression de l'office de juge d'armes de France, et création d'une grande maîtrise générale, et dépôt public des armes et blasons du Royaume ; 2° par l'arrêt du Conseil du 12 mars 1697, portant qu'il ne sera admis aucune *fleur-de-lys* ni *champ d'azur* dans les armoiries, qu'il ne soit apparu de titres et possessions valables, et permettant d'inscrire les armoiries sur les carrosses, vaisselles et ailleurs; 3° par l'arrêt du Conseil du 19 mars 1697, portant confiscation des carrosses, vaisselles et autres meubles timbrés d'armoiries non enregistrées, avec amende contre les propriétaires, conformement à l'édit précité de novembre 1696 ; 4° par les lettres-patentes concernant les Armoiries, données à Versailles le 27 février 1698 et registrées en la Cour des Comptes le 7 août 1699.

Du reste, nous ne pouvons mieux faire que de reproduire le préambule de l'Ordonnance de Louis XV, donnée à Versailles le 29 juillet 1760, au sujet des Armoiries. Les diverses phases de cette question s'y trouvent résumées, et le tribunal des Maréchaux de France, juges-nés de la Noblesse et des Armes *(sic)*, y est indiqué comme devant statuer dorénavant sur toute contestation à cet égard. Voici la teneur textuelle du préambule de cette Ordonnance, conservée dans les Recueils des anciennes lois françaises :

« Les Armoiries, qui, dans l'origine, n'étaient que de « simples marques ou reconnaissances que les anciens guer- « riers Francs portaient sur leur armure dans les batailles et « autres rencontres où ils se trouvaient pour le service de « leur Prince, afin d'être mieux distingués dans la foule des « combattants, ayant ensuite été adoptées héréditairement « par leurs enfants et descendants, tant pour conserver la « mémoire des hauts-faits de leurs ancêtres que pour « s'exciter à les imiter; et étant successivement devenues « par ce moyen le signe distinctif des différentes maisons et « familles nobles, il fut établi, sous le règne de Philippe- « Auguste, pour maintenir l'ordre et la police dans le port « desdites armoiries, prévenir les usurpations et la confusion « qui s'en serait ensuivie, *un roi d'armes de France*, dont les « fonctions étaient entre autres de tenir, sous l'inspection et « la surintendance du conétable et des maréchaux de France, « des registres de toutes les familles nobles et de leurs ar- « moiries blasonnées, et des noms, surnoms et qualités de « tous ceux qui avaient droit d'en porter, pour être en état « de rendre compte au Roi de la Noblesse de son royaume. « Depuis, Charles VIII, persuadé que rien ne pouvait contri- « buer davantage au lustre de la Noblesse que de réprimer « l'abus qui s'était glissé dans le port des armoiries et d'y « obvier pour la suite, créa, en 1487, *un maréchal d'armes « de France*, auquel il attribua les mêmes fonctions dont « l'ancien roi d'armes avait négligé l'exercice. C'est dans le « même esprit et par le même motif que les rois successeurs « de Charles VIII auraient fait différents règlements pour le « maintien de l'ordre en cette partie et empêcher les usurpa- « tions; et notamment Charles IX, par l'article 90 de l'or- « donnance d'Orléans ; Henri III, par l'article 257 de « l'ordonnance de Blois ; et Henri IV, par la déclaration du « 23 août 1598. La licence des temps ayant rendu lesdits « règlements sans effet, la Noblesse de France sentit com- « bien son antique splendeur souffrait d'une pareille inexé- « cution ; en conséquence, en 1614, elle supplia humblement « le roi Louis XIII de faire faire une recherche de ceux qui « auraient usurpé des armoiries au préjudice de l'honneur et « du rang des grandes maisons et anciennes familles, et, « sur lesdites remontrances, il fut créé, par édit du mois « de juin 1615, *un juge d'armes de la Noblesse de France*, « auquel il fut attribué toute juridiction pour connaître du

« fait des armoiries et des contestations qui en pourraient « naître, à la charge de l'appel, en dernier ressort, par devant « les maréchaux de France, et qui fut en même temps « chargé de dresser des registres universels, dans lesquels il « emploierait le nom et les armes des personnes nobles, les- « quelles, à cet effet, seraient tenues de fournir aux baillis « et sénéchaux les blasons et armes de leurs maisons, pour « lui être envoyés, avec défenses, en outre, à ceux qui « seraient à l'avenir honorés du titre de noblesse, de porter « des armoiries avant qu'elles n'eussent été reçues et jugées « par ledit juge d'armes, qui y donnerait son attache.

« Le feu roi Louis XIV, ayant reconnu que les pourvus « dudit office, par le défaut d'autorité sur les baillis et séné- « chaux, n'avaient pu former des registres assez authenti- « ques pour conserver le lustre des armes des grandes et « anciennes maisons, et fixer celles des autres personnes « qui étaient en droit d'en porter; et jugeant qu'il était de « la grandeur de son règne de mettre la dernière main à cet « ouvrage qui n'avait été pour ainsi dire qu'ébauché jus- « qu'alors, en envisagea le moyen dans la suppression dudit « office de juge d'armes de France, dans l'établissement « d'un dépôt public où seraient enregistrées toutes les ar- « moiries, et *dans la création de différentes maîtrises particu- « lières, qui, chacune dans son district, connaîtrait de tout ce qui « y aurait rapport, à la charge de l'appel en dernière instance « par devant une grande maîtrise générale et souveraine à Paris.* « Mais les offices créés pour composer lesdites maîtrises « générales et particulières n'ayant point été levés par le peu « de produit et de fonctions y attachés, cet établissement ne « put avoir lieu, et, par édit du mois d'avril 1701, *l'office de « juge d'armes fut rétabli.* Quelque zèle que ceux qui en ont été « pourvus depuis aient apporté dans l'exercice de leurs « fonctions, S. M. a été informée que les abus se sont multi- « pliés à un tel excès qu'il devient indispensable d'y pour- « voir, chacun s'ingérant, sans droit ni titre, de prendre des « armoiries telles qu'il le juge à propos; plusieurs, même « sous prétexte du rapport du nom, et encore que souvent « ils ne soient pas nobles, usurpant celles des anciennes « familles nobles, soit pour faire croire qu'ils sont de tige « plus ancienne et plus illustre, soit pour se faire passer « pour nobles par succession de temps, ce qui est également « contraire à l'autorité de S. M., au bien de l'Etat, à l'hon- « neur et au rang des grandes maisons et de la Noblesse en « général. Pour réprimer ce désordre et remettre la Noblesse « dans son ancienne splendeur, en lui laissant l'entière « possession des plus belles marques d'honneur qu'elle a « conservées de temps immémorial, et que ses services, sa

« valeur et son rang lui acquièrent, S. M. n'a rien trouvé de « plus expédient que d'effectuer l'établissement projeté par « le feu Roi d'un dépôt général où seront enregistrées toutes « les armoiries; d'ordonner l'exécution des édits et règle- « ments rendus sur le fait d'icelles par les rois, ses prédé- « cesseurs; et pour la rendre plus assurée, *d'en confier le « soin au tribunal des maréchaux de France*, *qui sont juges-nés « de la noblesse et des armes;* et, d'autant que, suivant un « usage qui a prévalu, le port des armoiries n'est pas borné « à la seule Noblesse, S. M. a cru ne pas devoir priver de « cette distinction les personnes qui, quoique non nobles, en « sont en possession ou qui désireraient d'en porter, en la « restreignant néanmoins à celles seules qui sont revêtues « d'offices ou états honorables, et en conservant, d'ailleurs, « à la Noblesse, les marques d'honneur dues à son rang et à « sa qualité.

« A quoi S. M. voulant pourvoir, etc..... » . . . .

Mais malgré toutes ces prescriptions, malgré les mesures prises, malgré les efforts des juges d'armes d'Hozier père et fils, d'Hozier de Sérigny, Chérin, etc. (Louis XIII, Louis XIV, Louis XV et Louis XVI), il ne fut pas possible d'empêcher que la confusion ne se glissât parfois dans la multiplicité des armoiries françaises (1).

La Révolution de 1789, qui fit table rase des priviléges de la Noblesse, proscrivit définitivement, par la loi du 19-23 juin 1790, les titres, les qualifications féodales, les armoiries et les livrées (2). La Convention dépassa même cette mesure, en autorisant chacun, par le décret du 24 brumaire an II, à prendre les noms et prénoms qui étaient à sa convenance; mais elle fut elle-même effrayée de la confusion qui en résulta et, par un autre décret du 6 fructidor de la même année, elle défendit de prendre d'autre nom de famille que celui porté en l'acte de naissance, et ordonna en outre à ceux qui avaient quitté le leur de le reprendre. Toutefois la question des changements de noms ne fut réglementée que par la loi du 11 germinal an XI.

(1) On compte en France *huit* sortes d'armoiries: 1° de famille; 2° de domaine; 3° de dignité; 4° de concession; 5° de prétention; 6° de villes; 7° de patronage; 8° de corporation.

(2) Loi des 19-23 juin 1790, émanée de l'Assemblée Constituante:

« ARTICLE 1er. — La Noblesse héréditaire est pour toujours abolie. En conséquence, les titres de *prince*, de *duc*, *comte*, *marquis*, *vicomte*, *vidame*, « *baron*, *chevalier*, *messire*, *écuyer*, *noble*, et tous autres titres semblables, « ne seront pris par qui que ce soit ni donnés à personne.

« ARTICLE 2. — Aucun citoyen ne pourra prendre que le vrai nom de sa « famille; personne ne pourra porter ni faire porter des livrées, *ni avoir « d'armoiries.* »

Sous l'Empire, qui créa une noblesse nouvelle dès 1804 et 1806 et l'organisa par le décret-statut du 1er mars 1808, et par les décrets du 4 juin 1809 et 3 mars 1810 (1), les armoiries recommencèrent à se produire, comme marques distinctives particulières aux familles nobles.

Lors de la Restauration des Bourbons, et par application de l'article 71 de la Charte de 1814 (2), qui permettait à la Noblesse ancienne de reprendre ses titres et par conséquent ses armes, et à la nouvelle de conserver les siens, on vit reparaître les armoiries presque dans la même proportion qu'avant 1789.

L'emploi s'en multiplia et l'abus en devint excessif sous le gouvernement de Juillet, à la suite de la promulgation de la loi du 17 août 1832, qui fit disparaître de l'article 259 du Code Pénal les dispositions relatives aux usurpations de titres.

Au lendemain de la Révolution de 1848, le Gouvernement provisoire n'eut rien de plus pressé que d'abolir, par un décret, les anciens titres de noblesse et les qualifications qui s'y rattachaient (3); mais ce décret, *qui du reste ne se préoccupa pas de la question des armoiries*, fut abrogé quatre ans

(1) Décret-statut du 1er mars 1808, concernant les titres et les majorats :

« Article 19. — Les lettres-patentes seront rédigées sur parchemin et « revêtues de notre grand sceau.

« Article 20. — Elles énonceront :

« 1° Les motifs de la distinction que nous aurons accordée ;

« 2° Le titre affecté par nous au majorat ;

« 3° Les biens qui en formeront la dotation ;

« 4° Les *armoiries* et *livrées* accordées à l'impétrant. »

Décret impérial du 3 mars 1810 :

« Article 11. — Le *nom*, les *armoiries* et les *livrées* passeront du père à « tous les enfants. Ils ne pourront néanmoins porter les signes caractéristiques « du titre auquel le majorat de leur père est attaché, que lorsqu'ils deviendront titulaires de ce majorat. »

(2) Charte constitutionnelle présentée aux Chambres le 4 juin 1814 :

« Article 71. — La Noblesse ancienne reprend ses titres, la nouvelle conserve les siens.

« Le Roi fait des Nobles à volonté ; mais il ne leur accorde que des rangs « et des honneurs, sans aucune exemption des charges et des devoirs de la « société. »

(3) Décret du Gouvernement provisoire, en date du 29 février 1848 :

« Au nom du Peuple Français,

« Le Gouvernement provisoire,

« Considérant que l'égalité est un des grands principes de la République « Française ; qu'il doit en conséquence recevoir une application immédiate ;

« Décrète :

« Tous les anciens titres de noblesse sont abolis. Les qualifications qui s'y « rattachaient sont interdites ; elles ne peuvent être prises publiquement, ni « figurer dans un acte public quelconque.

« Paris, le 29 février 1848.

plus tard, par un autre décret du Prince-Président de la République, en date du 24 janvier 1852 (1).

La loi du 28 mai 1858, édictée sous le second Empire dans le but de réprimer les usurpations de titres et les modifications de nom en vue d'une distinction honorifique (2), complétant à cet effet l'article 259 du Code pénal, non-seulement a été impuissante à remplir son objet, mais encore, de même que le décret du 9 janvier 1859, portant rétablissement du Conseil du sceau des Titres, est restée muette sur la question des armoiries.

Faut-il conclure de ce mutisme regrettable que le droit de prendre telles armoiries que bon semble soit du domaine public? Non assurément, si l'on considère l'écusson comme une propriété de famille qui, comme toute propriété, se transmet naturellement par l'hérédité directe. Cette opinion, consacrée, comme nous l'avons vu, par la législation qui a précédé 1789, l'a été en ces derniers temps d'une façon éclatante dans un arrêt rendu, lors de l'affaire Montmorency et Talleyrand-Périgord, par la Cour impériale de Paris, le 8 août 1865 (3). Aux termes de cet arrêt important, la Cour,

« Les membres du Gouvernement provisoire de la République Française,
« Signé : *Dupont* (de l'Eure); *Lamartine; Louis Blanc; Garnier-*
« *Pagès; Arago; Albert* (ouvrier); *Ad. Crémieux; Marast; Flocon;*
« *Marie; Ledru-Rollin.* »

(1) Décret du Prince-Président de la République, du 24 janvier 1852 :
« Louis-Napoléon, président de la République Française,
« Sur le rapport du garde-des-sceaux, ministre de la justice,
« Décrète :
« Article 1er. — Le décret du Gouvernement provisoire, en date du « 29 février 1848, concernant les anciens titres de Noblesse, est abrogé.
« Article II. — Le garde-des-sceaux, ministre de la justice, est chargé de « l'exécution du présent décret.
« Fait au palais des Tuileries, le 24 janvier 1852.
« Signé : Louis-Napoléon.
« Le garde des Sceaux, ministre de la Justice,
« Signé : *Abbatucci.* »

(2) Disposition finale de la loi du 28 mai 1858 :
« Sera puni d'une amende de cinq cents à dix mille francs quiconque, *sans* « *droit et en vue de s'assurer une distinction honorifique*, aura *publiquement* « pris un titre, changé, altéré ou modifié le nom que lui assignent les actes de « l'état civil.
« Le Tribunal ordonnera la mention du jugement en marge des actes « authentiques ou des actes de l'état civil dans lesquels le titre aura été pris « indûment et le nom altéré.
« Dans tous les cas prévus par le présent article, le Tribunal pourra « ordonner l'insertion intégrale ou par extrait du jugement dans les journaux « qu'il désignera, — le tout aux frais du condamné. »

(3) Voici la partie de l'arrêt de la Cour de Paris qui concerne les armoiries
« La Cour. . . . .
« Sur le troisième chef :
« Considérant que les armes d'une famille constituent pour elle une pro- « priété ;

se déclarant incompétente pour statuer sur la collation du titre de duc de Montmorency, qu'un décret de l'Empereur, en date du 14 mai 1864, avait octroyé à M. Adalbert de Talleyrand-Périgord, réforma *sur la question des armoiries* le jugement du Tribunal civil de la Seine, qui, le 3 février 1865, s'était déclaré incompétent sur tous les chefs de la demande des Montmorency, et constata que la famille de Montmorency proprement dite était recevable et fondée à réclamer la propriété exclusive de ses alérions, de ses armoiries telles que les avait faites la bataille de Bouvines, le 27 juillet 1214.

« Que tous les jours la justice consacre, au profit d'héritiers ou ayants-« droit, le *privilége exclusif* de signes distinctifs adoptés par leurs auteurs;

« Qu'il est impossible de ne pas reconnaître au moins un droit égal pour de « nobles insignes portés pendant des siècles à la tête des armées du pays;

« Considérant qu'on ne peut soutenir dans la cause que les armes sont un « accessoire ou une dépendance du titre;

« Qu'en effet la famille les possédait avant l'érection du duché;

« Que les armes sont *l'attribut de toute la famille*, auquel le titre de duc « ne fait qu'ajouter, pour celui qui en est revêtu, le signe distinctif de cette « dignité . . . .

« Considérant que les tribunaux ont sans doute le devoir de renvoyer aux « pouvoirs supérieurs et à l'Administration l'interprétation de leurs actes, « mais que le décret-loi du 1er mars 1808 dispose textuellement : que ceux « auxquels l'Empereur concède un titre ne peuvent porter des armes qui ne « leur sont pas conférées par des Lettres-Patentes;

« Que l'intimé ne justifie pas desdites Lettres; qu'il y a dès lors de sa part « absence de titre, par suite impossibilité d'interprétation et nécessité de « statuer sur les conclusions des parties;

« Considérant qu'ainsi le tribunal ne pouvait se déclarer incompétent, etc.

. . . .

« Dit que le tribunal était en l'état compétent pour prononcer sur la de-« mande relative aux *armoiries*, etc. . . . . »

Il est encore intéressant de consulter sur ce curieux procès Montmorency et Talleyrand-Périgord le Recueil des arrêts du Conseil d'État, année 1866, pages 298 et suivantes. L'arrêt intervenu est du 28 mars 1866.

§ 2. Armoiries de la maison du Buisson de Courson-Cristot. Additions à l'écu primitif ; variations dans la disposition des pièces.

Les Armoiries primitives, d'origine, de la maison du Buisson sont : *d'argent, au canton* (ailleurs , *franc-quartier*) *de gueules.*

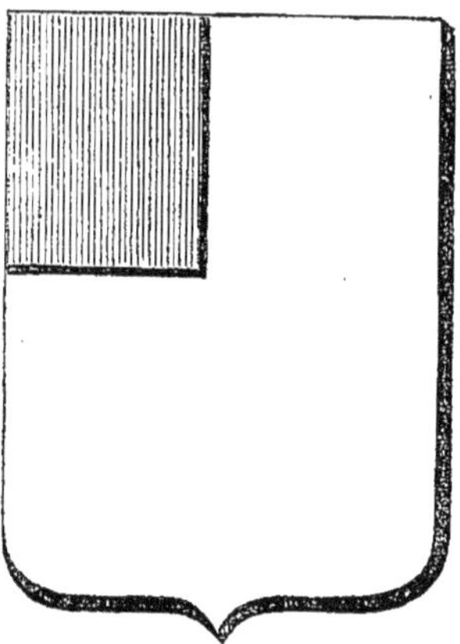

Fig. 1re.

Cet antique blason (Figure 1re), qui avait pour CIMIER (1) et pour SUPPORTS (2) des *Lévriers d'argent , au collier de gueules*, emblèmes de la chasse seigneuriale, et pour TIMBRE (3) un *Casque de chevalier à grilles, orné de Lambrequins argent et gueules* (Figure 2) se trouvait gravé sur les tombes de Thomas et de Jehan du Buisson (1361-1385), dans le chœur de l'église du prieuré de St-Lô, à Rouen ; gravé sur tous les cachets et anciennes pièces de famille, peint, au XVIIIe siècle,

(1) CIMIER : ornement du casque ou de la couronne, que l'on porte à sa cime. Les panaches , les vols d'oiseaux ,les animaux, les dextrochères tenant une épée, sont les cimiers les plus employés. Cet ornement est *facultatif ;* on peut le changer à son gré ; cependant la plupart du temps il est transmis par descendance.

(2) SUPPORTS ou TENANTS : animaux naturels ou fantastiques, ou êtres à forme humaine, placés aux côtés dextre et sénestre de l'écu. Les animaux ont ordinairement une posture hardie et un air menaçant, pour indiquer qu'ils sont chargés de défendre le blason confié à leur garde. Les Supports ne sont aussi que des pièces accessoires et ne sont guère plus héréditaires que les cimiers; néanmoins ils se transmettent généralement avec les Armoiries. Aux grandes familles seules était reconnu primitivement le droit d'avoir des Supports à leurs Armes; mais depuis, presque tous les Nobles s'arrogèrent ce privilége.

(3) TIMBRE : casque ou couronne surmontant les Armoiries. Dans le commencement de l'usage des Armoiries, les Roturiers n'en avaient pas et la Noblesse les portait sans Timbres. Plus tard, on plaça des Timbres au sommet des écus : premièrement pour distinguer la Noblesse de la Roture, à laquelle on toléra souvent, et l'on autorisa même, en 1696, moyennant finance, des armoiries ; secondement pour marquer ses divers degrés et ses titres.

L'usage de mettre la couronne sur le casque était commun pour les gentilshommes de nom, d'armes et de cry, c'est-à-dire pour ceux qui avaient un nom, des armes et un cri de guerre héréditaires. Mais relativement au Timbre, comme pour les Titres, il y eut une infinité d'abus.

sur le tableau d'autel et sur l'un des vitraux du chœur de l'église de Cristot, il est en outre constaté authentiquement,

Fig. 2.

d'abord par deux titres généalogiques, l'un daté de 1500, remontant au XIIIe siècle, et déposé aux manuscrits de la Bibliothèque de Rouen (C. A. n° 195), l'autre de 1600 environ, concernant la branche du Buisson d'Iquelon, et faisant partie du Cartulaire de MM. de Courson (C. A. n° 21); ensuite, par un autre manuscrit de la même Bibliothèque de Rouen, contenant la liste et les armes des conseillers au Parlement de Normandie (C. A. n° 211), et dont nous parlerons ci-après; enfin, par l'empreinte très-nette, en cire rouge, qui scelle un acte d'aveu rendu au Roi, le 19 septembre 1683, par Pierre (II) du Buisson, écuyer, seigneur et patron de Cristot et de Brouay (C. A. n° 241), empreinte que nous avons pris soin de faire mouler en plâtre lorsque nous avons visité les Archives de la Préfecture, à Rouen, le 22 juillet 1872.

D'après les meilleurs héraldistes, tels que Géliot (1), Palliot son commentateur, Devarennes (2), le Père Ménestrier, de Magny, etc., le Canton est classé, parmi les figures qui meublent les écussons, comme *pièce honorable de premier ordre.* Il est une marque d'ancienne franchise, de droit de guidon, ou une concession du Souverain pour porter bannière à la guerre. Il figure en armoiries la bannière carrée, ou *guidon de chevalier banneret*, ce qui tendrait à faire supposer qu'aux XIIe et XIIIe siècles, les chefs ou les aînés de la maison du Buisson auraient porté un guidon de gueules, comme bannerets, à l'arrière ban de Normandie. Cette prérogative n'appartenait qu'aux Nobles possesseurs de fiefs de bannière relevant nûment de la Couronne, c'est-à-dire qui avaient pour vassaux d'autres chevaliers ou écuyers, dont le nombre variait de dix à vingt-cinq. Ceux-ci suivaient à la guerre la bannière de leur seigneur et chef reconnu, qui de là était appelé *seigneur banneret.* — Voici quelle était la manière de faire un Banneret. Le récipiendaire présentait au Souverain ou à son représentant un étendard qui se terminait en pointe; le Souverain ou son délégué, après avoir pris cette pointe d'une main, la coupait de l'autre, ce qui rendait l'étendard carré. — Sur les bannières étaient les armoiries des Chevaliers (3).

La branche des du Buisson, seigneurs d'Iquelon, dont on perd toute trace vers la moitié du XVIe siècle, conserva dans toute sa simplicité, jusqu'à son extinction, l'écu *d'argent, au canton de gueules.* Mais, soit à l'époque des francs-fiefs (1470), sous Louis XI, soit bien plutôt à la suite de la nomination d'Anne du Buisson à la charge de conseiller au Parlement de Rouen en 1595, la branche des du Buisson de Courson-Cristot accola à l'écu primitif des armes *de Concession* ou *de Dignité* (4), imitées de l'écu royal de France et allusives au nom du Buisson : *d'azur, à trois roses d'or* (roses sauvages, *roses de buisson* à cinq pétales, en forme de *quintefeuilles*),

(1) Louan Géliot, auteur d'un *Indice Armorial* (Paris : 1635).

(2) Marc Dévarennes, de la Compagnie de Jésus, auteur de : *Le Roi d'Armes* (Paris : 20 septembre 1635).

(3) Houard : *Dictionnaire de la Coutume de Normandie*, tome Ier, page 150, article *Banneret.*

(4) On appelle *Armes de Concession* celles qui contiennent quelques signes ou pièces des armoiries des Souverains, quelques ressemblances marquées avec elles; elles sont *concédées* par honneur à un simple gentilhomme.

On appelle *Armes de Dignité* les armoiries symboles de certaines hautes fonctions, que l'on porte indépendamment des armes personnelles.

posées, comme les lis de France, 2 en chef et 1 en pointe (Figure 3).

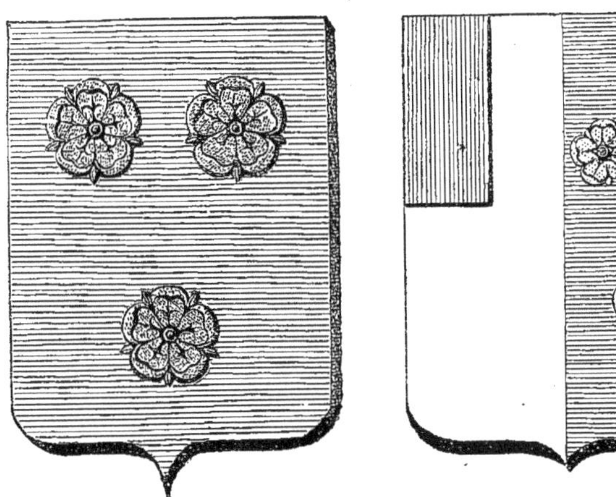

Fig. 3. Fig. 4.

Dès lors, l'écu de famille fut scindé en deux sections: *Parti: d'argent, au canton de gueules; d'azur à trois roses de buisson d'or* (Figure 4). — Ce nouvel écusson est relaté, et ainsi indiqué comme existant à la fin du XVIe siècle, dans un manuscrit de la Bibliothèque de Rouen, contenant la désignation successive et souvent les armes de Messieurs du Parlement depuis l'institution en 1499, article Anne du Buisson, frère de Pierre (Ier) du Buisson, sieur de Courson (C. A. n° 211). En outre, dans un ancien Recueil de la même Bibliothèque de Rouen (*Rébus d'armoiries et de blasons normands et picards*), on trouve l'explication de ces armes parlantes *d'azur, à trois roses d'or*, consignée dans cette sorte de dicton ou DEVISE : *La rose vient du buisson.*

A la fin du même XVIe siècle, Tanneguy du Buisson, écuyer, sieur du Roumois, frère aîné de Pierre et d'Anne, et issu d'un autre lit, qui était Recteur de l'Université de Caen en 1576, portait aussi, outre ses armes de famille, des armes *de Dignité*, allusives à ses fonctions de chef d'une Université chargée de répandre les lumières de la Science: *d'azur, à une torche allumée d'or, entourée d'un serpent de sinople* (Figure 5).

Cet écusson est peint fréquemment sur le parchemin des registres de l'Université de Caen (déposés aux Archives de la Préfecture du Calvados), pendant les années 1575 et 1576 (C. A. n°s 205 et 206); il est de plus encadré des palmes vertes de l'Université. — Mais il n'a pas été joint d'une façon définitive au blason primitif et originel, comme les armes de dignité d'Anne du Buisson, et ne figure pas dans les armoiries actuelles.

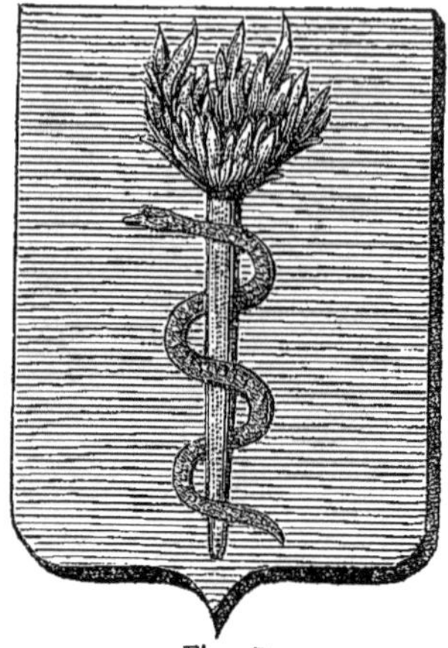

Fig. 5.

Au XVIIIe siècle, lorsque messire Pierre-Nicolas du Buisson de Cristot-Courson, commandant du bataillon de milice des grenadiers de Caen, fit placer ses armes sur l'un des vitraux du chœur et sur le tableau d'autel de l'église de Cristot, écartelées avec d'autres, peut-être celles de la famille Néel de Tontuit ou de l'évêque de Séez (1), il ne mit dans la première et la quatrième partition de l'écu que les armes primitives de sa maison : *d'argent, au canton de gueules.* — Ce tableau d'autel, nous l'avons dit, existe encore et est conservé par MM. de Courson; quoiqu'il soit détérioré, on y voit néanmoins encore très-nettement cet écusson à brisure écartelée, soutenu par deux lévriers d'argent, colletés de gueules, à tête contournée, et surmonté d'un casque sommé d'un demi-levrier d'argent colleté de gueules, avec lambrequins argent et gueules.

Guillaume-Nicolas du Buisson, seul fils *légitime* survivant du précédent, conserva l'écartelure, ordinairement réservée aux armes d'alliance, et reprenant l'écu de dignité, *d'azur*

(1) Les autres armes peintes sur le tableau, à la 2e et 3e partition, se définissent ainsi : *de sable, à la croix pattée d'or en sautoir, cantonnée d'un cœur cousu de gueules en chef, de deux étoiles d'or, 1 à dextre, 1 à sénestre, et d'un croissant d'or en pointe.* A quelle famille appartenaient-elles ? Les écussons écartelés sont ordinairement le résultat d'une alliance; mais aucune des familles alliées aux du Buisson n'en portait de semblables, ce qui tend à nous faire supposer qu'elles pourraient être celles des Néel de Tontuit, devenus seigneurs en partie de Cristot au XVIIIe siècle ; car, quoique ces Néel dérivent, comme bâtards, des Néel de Tierceville, il ne nous paraît pas prouvé absolument qu'ils portassent les armes de ces derniers (*d'argent, à trois bandes de sable, au chef de gueules*), indiquées cependant dans le Catalogue et Armorial du Parlement de Rouen, de M. Steph. de Merval, à l'article Néel de Christot. — Les armes ci-dessus relatées ressemblent bien d'ailleurs à des armes d'évêque.

à trois roses de buisson d'or, porté par son arrière-arrière-grand-oncle, le conseiller au Parlement, il le plaça sur son cachet à la 2ᵉ et 3ᵉ partition, à la place du blason étranger.

Tel est l'écusson actuel (Figures 6 et 8).

Fig. 6. Fig. 7.

Mais aujourd'hui, sur un grand nombre de pièces armoriées de la famille du Buisson de Courson, l'écu est ainsi disposé : *écartelé : au 1ᵉʳ et 4ᵉ d'azur, à trois roses de buisson d'or; au 2ᵉ et 3ᵉ d'argent, au canton de gueules posé à sénestre* (Figure 7). C'est une erreur manifeste ; une transposition rendue évidente par l'examen d'un blason gravé au siècle dernier, et en outre par la pose du canton à sénestre, place qu'il n'occupe jamais. Cette erreur de disposition, sans importance sérieuse du reste, doit provenir originairement d'une gravure vicieuse faite sur un cachet; en effet le graveur n'aura probablement pas tenu compte de la nécessité d'imprimer les armes en sens inverse de la disposition réelle, afin que sur l'empreinte elles puissent se trouver replacées dans leur ordre naturel.

Comme on le voit ci-après (Figure 8), le cimier et les supports sont les mêmes que ceux de l'écu primitif, des *Lévriers d'argent, au collier de gueules et à tête contournée;* mais le tibre est aujourd'hui une *Couronne de Comte*, usage ou concession du règne de Louis XV.

Fig. 8.

§ 3. Blasons de familles homonymes.

Nous avons déjà dit au chapitre Ier, § 2, sur l'origine de la maison des du Buisson d'Iquelon et de Courson-Cristot, que cette maison compte un certain nombre d'*homonymes* étrangers, tant en Normandie que dans quelques autres parties de la France. Les plus connus sont :

En Normandie :

1° Les DU BUISSON DE LA LIZONDIÈRE. — Gédéon du Buisson, sieur de La Lizondière, Jacques, son frère, et Anne Ragot, leur mère, furent maintenus dans leur noblesse, comme anciens nobles, en la paroisse de St-Antoine de Sommaire, élection de Verneuil, par M. de Marle, intendant de la généralité d'Alençon, le 15 janvier 1668 (Voir la Recherche de de Marle, et aussi le manuscrit coté Y, 62, Bibl. de Rouen). — Ils portaient : *de sable, à trois quintefeuilles d'or, 2 et 1* (Chevillard).

Pourraient peut-être avoir des affinités de parenté. Très-incertain.

2° Les DU BUISSON, sieurs D'AIGREFEUILLE et de LA BRANCLIÈRE. — Ils sont cités dans l'Armorial des principales maisons et familles du royaume de France, par Dubuisson (Paris, 1757), avec indication de leurs armes : *d'azur, à trois quintefeuilles d'or, 2 et 1.*

Pourraient peut-être avoir des affinités de parenté. Très-incertain.

3° Les DU BUISSON en Cotentin. — Sont mentionnés dans l'Armorial de France, manuscrit de d'Hozier (1696), à Paris. Philippe du Buisson, chanoine de la cathédrale de Coutances, portait : *d'argent à la fasce de sable, accompagnée de quatre roses de gueules, 3 en chef et 1 en pointe.*

4° Les DU BUISSON-BARROIS. — On trouve un brigadier des Gardes-du-Corps de ce nom, sous Louis XIV, qui, d'après le Traité du Blason de M. de Magny, portait : *d'argent, au chevron de gueules, accompagné de trois trèfles de sinople, 2 en chef et 1 en pointe.*

5° Les DU BUISSON D'AMFRÉVILLE. — Anoblis en mai 1584, par lettres-patentes d'Henri III, vérifiées en la Cour des Comptes le 15 décembre 1598, et en celle des Aides le 19 décembre 1599, en la personne de Jacques du Buisson, sieur d'Amfréville, de la paroisse de Fatouville-Grestain-en-Bocage (Eure). Voir, à la Bibliothèque de Rouen, les manuscrits cotés Y, 120, et Y, 62. On lit, dans ce dernier, page 317 : « Charles du Buisson, sieur d'Amfréville, « demeurant à Douains, maintenu le 6 mars 1669. Issu « de Jacques, sieur d'Amfréville, anobli en 1584, qui « épousa Marie du Tellier, dont il eut Robert, qui épousa « Marie de La Barre, dont il eut Charles, qui épousa Jac- « queline Hervieu. Porte : *de gueules, à trois bandes d'or,* « *au chef d'azur, chargé d'un lion d'argent.* »

6° Les DU BUISSON DE LONGPRÉ, LONGPREY ou LONGPRAY. — On lit dans la Recherche de la Noblesse, de Roissy, en 1598 et 1599 : « Philippe du Buisson, sieur de Longprey,

« et Jacques, son frère puîné, sieur des Trois-Minettes, « anoblis par charte du mois de mars 1597, registrée aux « Comptes le même mois 1598, et aux Aides la 24 dudit « mois; paroisse St-Trinité de Falaise, y demeurant, ser- « genterie et élection dudit lieu. »

On lit aussi dans dom Farin, *Histoire de Rouen* (Rouen, 1668, 3 vol. in-18), t. 1er, ch. XLII : « Liste de Messieurs « de l'Amirauté de France et Eaux et Forêts au siége gé- « néral de la Table de Marbre, au Palais, à Rouen, en l'an- « née 1668. — Gens du Roy aux deux siéges : — Nicolas « du Buisson, sieur de Longprey, procureur du Roy. »

Quelles étaient les armes des du Buisson de Longprey? Ici il y a quelque embarras pour nous. D'après certains, elles seraient identiques à celles de Philippe, chanoine de Coutances, enregistrées dans d'Hozier; d'après une lettre de l'archiviste de l'Orne, du 19 octobre 1868, un certain Jean du Buisson, sieur de Longpré (*sic*), qui habitait Falaise en 1666, portait les armes indiquées ci-dessus pour les du Buisson-Barrois; enfin, d'après l'Armorial de Dubuisson (Paris, 1757), elles seraient : *d'or, à la fasce de sable, accompagnée de deux molettes d'éperon aussi de sable en chef, et d'une rose de gueules en pointe.*

En France :

7° Les du Buisson de Champigny, en Franche-Comté, qui portent : *d'azur, à deux épées d'argent, pommetées d'or, en sautoir.*

8° Les du Buisson d'Aussonne et de Bournazel, originaires de la province de Rouergue dont plusieurs furent gouverneurs, établis aussi en Languedoc; famille distinguée par son ancienneté, ses domaines, ses charges, ses services et ses alliances. Le comte de Boulainvilliers, dans son *État de France*, met cette famille au rang de la Noblesse principale des généralités de Montauban et de Riom. Deux marquisats : 1° Bournazel en Rouergue, élection de Villefranche, érigé par lettres-patentes du 1er août 1624, en faveur de François du Buisson, gouverneur de Rouergue; 2° Aussonne, au diocèse de Toulouse, érigé par lettres-patentes d'août 1676, en faveur de Jacques du Buisson, conseiller d'Etat, fils d'un gouverneur de Cahors. Cette maison est aussi mentionnée dans d'Hozier, Armorial manuscrit de 1696, en la personne de Jacques du Buisson, de la paroisse de Cambes, en Rouergue. Armes parlantes : *d'or, à un buisson* (ailleurs *trois arbres*) *de sinople.*

SECONDE PARTIE.

GÉNÉALOGIE

DE LA MAISON NORMANDE DU BUISSON (BRANCHE DE COURSON-CRISTOT), DEPUIS LA FIN DU XIIe SIÈCLE JUSQU'A NOS JOURS.

—

1er DEGRÉ.

(SELON GRAVES PRÉSOMPTIONS, QUOIQUE SANS CERTITUDE ABSOLUE).

RICHARD DU BUISSON (*Ricardus de Dumo*), chevalier (*miles*) et probablement *banneret* (1), est considéré par nous comme l'auteur présumé de la maison du Buisson depuis la fin du XIIe siècle. Il est vrai qu'en 1180 vivait en la baillie de Caen un seigneur du nom de GUILLAUME DU BUISSON (*Willelmus de Buisson*) mentionné sur les grands Rôles de l'Echiquier de Normandie sous les rois d'Angleterre (C. A. n° 171), et qui pourrait être le père de Richard; mais dans l'incertitude, et en l'absence de preuves de filiation, nous n'avons pas cru devoir remonter encore d'un degré cette généalogie (2).

(1) Voir précédemment, Ire partie, chapitre IV, § 2, les explications que nous avons données sur les *Chevaliers bannerets.*

(2) Si la filiation que nous donnons ici ne peut être établie avec quelque garantie d'authenticité que depuis Richard du Buisson ou même que depuis ses fils présumés, il ne saurait être douteux que l'origine et la noblesse de cette maison du Buisson étaient antérieures à la fin du XIIe siècle, bien que les traces n'en soient guère parvenues jusqu'à nous. Cette présomption semble confirmée par une lettre à nous adressée, le 22 octobre 1874, par un héraldiste normand, M. Garet. En effet, cette lettre contient le passage suivant :

« ... Ayant eu la chance, peu avant l'invasion Allemande, de découvrir « une partie des manuscrits de M. Bigot, président à Rouen sous Louis XIV « (copies faites en 1768, 1770, etc., par M. de La Garenne, conseiller du « Roi à Harfleur), j'en ai opéré assez lentement le dépouillement, non « encore terminé.

« Dans une de vos brochures, vous parlez de Richard du Buisson (*Ricardus*

Notre chevalier Richard précité prit part à la troisième Croisade avec son prince suzerain Richard Cœur-de-Lion, duc de Normandie et roi d'Angleterre, et avec le roi de France Philippe-Auguste. En effet, il figure comme premier témoin, avec Guillaume des Rotours et autres, dans un acte en latin passé au camp du roi Richard, devant St-Jean-d'Acre, en Palestine, en l'année 1191 ; cet acte, constatant une obligation de 20 livres d'Anjou de la part d'un chevalier nommé Guillaume du Douit, est conservé en original aux archives préfectorales de la Manche, à St-Lo (C. A. n° 172).

Le sire du Buisson était de retour de la Terre-Sainte en 1195 ; car son nom se trouve sur les grands Rôles de l'Echiquier de Normandie dressés à cette date (C. A. n° 171), et il résulte de l'examen de ces pièces qu'il dut payer au Trésor royal, à la recette des vicomté, bailliage et prévôté d'Argentan, un marc d'argent, comme caution de Richard d'Argences.

Richard du Buisson avait pour contemporains dans la même province, peut-être pour parents : ERNAUD et MATHIEU du Buisson, ainsi qu'AGNÈS du Buisson, mentionnés tous les trois soit sur les grands Rôles de l'Echiquier de Normandie, soit par Gabriel du Moulin (C. A. n°s 171 et 173); GARNIER ou WARNIER du Buisson, qui céda, par une charte sans date, de la fin du XIIe siècle, à l'abbaye de St-Jean de Falaise six pièces de terre situées dans le fief Tournebu (1). Mais malheureusement son alliance nous est restée inconnue, et ce n'est même que par une induction très-vraisemblable, en raison de sa province originaire, de sa résidence habituelle en la généralité de Caen, du nom de ses compagnons d'armes, tous de Basse-Normandie, que nous sommes conduit à le considérer comme père de deux fils, qui habitèrent aussi les élections de Caen et de Falaise, et dont l'un, comme nous allons le voir, suivit glorieusement ses traces :

« *de Dumo*) vivant en 1191. Il existe deux documents plus anciens relatifs à « la maison du Buisson. J'en ai les preuves sous la main.

« Ext. du manuscrit de 1768 : Bigot, copie La Garenne : supplément aux « listes de du Moulin, de d'Eudemarre, etc. Liste de plusieurs hommes « d'armes de la Conquête d'Angleterre, en 1066 : Lettre B.-W. : DU BUISSON, « *banneret*.

« Autre titre extrait du même manuscrit : Deuxième Croisade de 1147. — « Catalogue de plusieurs Nobles des pays de Caux, Rouen, Coutances, « Bayeux, etc. ; parmi beaucoup de noms très-notables, dont plusieurs en- « core existant (de Bray, de Mauduict, de Carbonnel, etc.), on voit figurer « messire P. DU BUISSON, sire de La Porte et baron de Tourville, « *banneret*. »

(1) Léchaudey-d'Anisy, *Archives du Calvados* (Caen, 1834), tome Ier, page 328, n° 37.

1° OSMOND ou HUGUES (1) du Buisson, l'aîné, déjà assez âgé en 1216 pour être entendu comme témoin dans une enquête de l'Echiquier de Normandie faite à Pâques aux assises de Falaise (C. A. n° 174). Une autre enquête sans date, mais qui fut faite entre 1249 et 1252 (C. A. n° 178) établit non-seulement que cet Osmond était frère de Philippe qui suit, mais encore que son fils Robert, qualifié *magister*, comme étant, selon toute apparence, dans les Ordres religieux (2), y fut entendu en témoignage, ce qui nous porterait à croire que ledit Osmond était mort à cette date, ainsi, du reste, que son frère. Nous n'hésitons pas à penser également que ce Robert, fils d'Osmont, *magister Robertus*, est le premier qui est mentionné, sans indication d'alliance, en tête du Titre Généalogique de 1500 (C. A. n° 195), et que le second, Robert, vivant en 1225, qui figure sur ce document, était son cousin-germain et non pas son fils, ainsi que la façon dont est transcrite cette pièce nous l'avait d'abord fait supposer et indiquer dans un autre ouvrage. L'enquête précitée de 1249 à 1252 environ (C. A. n° 178) ne semble laisser subsister aucun doute à cet égard ;

2° PHILIPPE du Buisson, qui continue la filiation.

II° DEGRÉ.

Noble PHILIPPE DU BUISSON, chevalier (*miles*), sieur du Buisson, du fief de Fontaine-le-Pin, seigneur suzerain de Maltot et autres lieux, est mentionné notamment : 1° dans une charte, sans date, des archives du Calvados, dont le sceau est brisé et où il est qualifié chevalier, par laquelle il donne décharge aux chanoines de St-Jean de Falaise des droits qu'ils lui devaient sur son moulin de Rokerol (3) ;

(1) Nous sommes porté à croire qu'*Osmond* du Buisson et *Hugues* du Buisson, mentionnés dans plusieurs chartes des archives du Calvados, ne forment qu'un seul et même personnage. Non-seulement ce Hugues du Buisson était un des témoins de la charte précitée concernant Garnier du Buisson, mais encore on lit sur lui dans l'*Inventaire des Archives du Calvados*, par Léchaudey-d'Anisy Caen, 1834), tome Ier :

Page 332, n° 72. — « Nicolas d'Avesnes, chevalier, étant aux assises « d'Argentan en 1246, confirme et garantit aux Religieux de St-Jean de « Falaise, ainsi qu'à ROBERT DU BUISSON, tout ce qu'ils possédaient du don « de HUGUES DU BUISSON, *oncle de ce dernier*, malgré tout ce que pourraient « réclamer d'eux Robert Robichon et ses hoirs, etc. — Le sceau brisé. »

Page 337, n° 111. — « HUGUES DU BUISSON confirme, en 1243, les droits « que les Chanoines de St-Jean de Falaise possédaient sur le tènement de « Guillaume Langlois à Auleville, ainsi que sur d'autres héritages qui dépendaient de ces fiefs, et il reçoit, pour cette confirmation, 13 livres « tournois. — Le sceau brisé. »

(2) On lit aussi dans l'*Inventaire des Archives du Calvados* précité, t. Ier :

Page 475, n° 1072. — « ROBERT DU BUISSON, *prêtre*, fils de HUGUES DU « BUISSON, confirme, en 1221, la donation de la dîme d'Avesne faite par « son père à l'abbaye de St-André de Goufferu. — Le sceau brisé. »

(3) Léchaudey-d'Anisy, *Archives du Calvados*, t. I, page 328, n° 40.

2° dans une charte de confirmation de la fondation faite dans son fief de Maltot au profit de l'abbaye de Belle-Etoile, pour le salut de son âme et des âmes de sa femme, de ses enfants et de ses prédécesseurs. Cette charte, qui porte la date de 1230, est conservée aux archives de l'Orne, à Alençon (En voir la teneur C. A. n° 175).

Mais l'enquête déjà citée de 1249-1252 (C. A. n° 178) nous donne des renseignements bien plus détaillés sur son existence; car elle établit, non-seulement qu'il était chevalier et qu'il était mort à la Croisade (*in itinere Sanctæ-Terræ*) antérieurement à la date de cette enquête, mais encore qu'il avait, entre autres enfants, un fils du nom de Robert; qu'il avait pour frère aîné (*annatus*) Osmond du Buisson, chevalier (*miles*); que cet Osmond, peu favorisé de la fortune, lui céda pour cent livres tournois son fief de Fontaine-le-Pin, dont il rendit hommage au roi de France (Louis VIII ou Louis IX); enfin, que ledit Philippe avait auprès de lui pour écuyer (*armiger*) Raoul d'Assy (*Radulphus de Aceio*), lorsqu'il mourut dans la Terre-Sainte.

Sans compter son frère Osmond (ou Hugues) du B., il avait pour homonyme contemporain, et peut-être pour parent, Guillebert du Buisson, qui habitait les environs d'Evreux, d'après les Rôles de l'Echiquier de Normandie (C. A. n° 171), et dont le nom se trouve parmi les membres des familles illustres de Normandie mentionnés par Gabriel du Moulin (C. A. n° 173).

Comme pour Richard, l'alliance de Philippe nous est restée inconnue; la charte de 1230 semble indiquer cependant qu'il avait plusieurs enfants, dont un seul toutefois, Robert, nous est *authentiquement* désigné.

IIIe DEGRÉ.

ROBERT du Buisson, chevalier (*miles*), sieur du Buisson, du fief de Fontaine-le-Pin, etc., vivait en 1216, d'après une charte des archives du Calvados émanée de Nicolas d'Avesnes, chevalier (1), et était déjà à la fleur de l'âge en 1225, si nous en croyons le Titre Généalogique de 1500 (C. A. n° 195); mais il importe de ne pas le confondre avec son cousin-germain, Robert, fils d'Osmond, comme nous l'avons dit plus haut.

Robert, fils d'Osmond du B., vivait encore et déposa, au moment de l'enquête de 1249-1252, tandis que Robert, fils de Philippe, n'existait plus à ce moment. En effet, ce dernier Robert accompagna son père à la Croisade (probablement la

(1) Léchaudé-d'Anisy, *Archives du Calvados*, tome I, page 332, n° 72.

VIIe; saint Louis : 1248-1254), s'y distingua comme lui, mais ne lui survécut que peu de temps (*post paululum obiit*), ce qui ne lui permit pas de pouvoir rendre aveu et foi et hommage à son roi du fief de Fontaine-le-Pin, suivant son intention. C'est toujours ce que nous apprend l'acte d'enquête de 1249-1252 (C. A. nº 178), qui établit en même temps que, comme son père et son oncle, il était mort lorsqu'elle eut lieu, probablement des suites de ses fatigues ou de ses blessures (*præ maximâ infirmitate*.

Les contemporains homonymes de Robert du Buisson en Normandie, peut-être ses parents, voire même ses frères, étaient les suivants, sans compter Robert, son cousin-germain : 1° Thomas du Buisson, mentionné dans le rapport adressé par Jean de Meullent à la reine Blanche en 1248 (C. A. nº 176); 2° Lucas du Buisson, chevalier, témoin dans une enquête en 1249 (C. A. nº 177).

Robert du Buisson avait épousé noble demoiselle MARGUERITE DES CHAMPS, issue, croyons-nous, d'une famille de la généralité de Rouen. De ce mariage, constaté par le Titre Généalogique de 1500 précité (C. A. nº 195), il laissa plusieurs enfants en bas-âge (*dimisit hæredes parvulos*), dont un seul, Jean, nous est connu, et continue la filiation.

IVe DEGRÉ.

Noble JEAN DU BUISSON, chevalier (*miles*), sieur du Buisson et autres lieux, était très-jeune, ainsi que ses frères, comme nous venons de le voir, à la mort de son père, et dut vraisemblablement, par suite, tomber en *garde-noble* royale (1), ne fût-ce qu'à cause du fief de Fontaine-le-Pin, qui relevait alors de la couronne de France, depuis la confiscation du duché de Normandie sur le roi Jean-sans-Terre par Philippe-Auguste.

Il n'en suivit pas moins, un peu plus tard, les traces de ses devanciers, et l'exemple qu'ils lui avaient donné en se livrant à la noble profession des armes; car, sur les anciens Rôles des bans et arrière-bans, qui ont été reproduits par le sieur de La Roque La Lontière (C. A. nº 181), nous voyons figurer le nom de Jean du Buisson au nombre de ceux des chevaliers du bailliage de Caen et de la vicomté de Falaise qui furent convoqués à Tours, avec armes et chevaux (*in armis et equis*), par le roi Philippe-le-Hardi, pour la quinzaine après Pâques de l'année 1272. Cette réunion de gens d'armes fut considérable; peut-être le Roi

(1) Voir, sur le droit de *garde-noble* en Normandie et sur son origine, ce que nous en avons dit dans l'avant-dernière note du chapitre III de la première partie, p. 82 et 83.

n'était-il pas fâché de s'assurer, dès lors, de ses forces, pour pouvoir revendiquer énergiquement, à l'occasion, l'héritage de Henri-le-Gros, comte de Champagne et roi de Navarre, héritage qui devait, du reste, revenir en 1274, et par mariage, à la couronne de France.

Jean du Buisson épousa, ainsi que nous l'indique le Titre Généalogique de 1500 (C. A. n° 195), noble damoiselle ANNE THOREL, d'une famille qui paraît aussi appartenir à la Haute-Normandie; il en eut pour fils :

BERTRAND du Buisson, qui suit;

Et peut-être *vénérable et discrète personne* JEAN du Buisson, chanoine de la cathédrale de Rouen, mentionné, dans des Lettres épiscopales datées de mars 1326, comme l'un des délégués de l'archevêque Guillaume de Durfort, pour procéder à une enquête dans l'église St-Eloi de Rouen (C. A. n° 184).

Ve DEGRÉ.

Noble BERTRAND DU BUISSON, chevalier, sieur du Buisson St-Aulbin, etc., continua les traditions guerrières de sa race. En effet, nous voyons qu'en 1301 et 1302, il portait les armes pour son pays; son nom, avec les qualifications de *chevalier*, *sieur de Saint-Aulbin*, est inscrit le 28e sur le Rôle des 42 chevaliers ou écuyers normands, qui se trouvèrent au camp des Flandres en 1301 et 1302, par les ordres de Philippe IV le Bel. — On sait que le roi de France, par suite de la félonie de Guy, comte de Flandre, qui fut enfermé prisonnier dans la tour du Louvre, avait soumis les Flandres en 1297-1299; mais que, les exactions de Jacques de Châtillon, nommé gouverneur, ayant amené un soulèvement général, 3,000 Français furent massacrés à Bruges, au commencement de cette année 1302. C'était cette révolte des Flamands qu'il s'agissait de châtier, et si la chevalerie française, sous le commandement de Robert d'Artois, éprouva d'abord à Courtray, le 11 juillet 1302, un rude échec, précurseur des désastres que sa témérité incorrigible lui fit subir plus tard, elle prit, le 17 août 1304, sous les ordres du Souverain lui-même, une éclatante revanche à la bataille de Mons-en-Puelle.

Le Rôle précité (C. A. n° 183), dressé par Guillaume Le Chantre et Bertrand-Gaston de Saudras, l'un trésorier général et l'autre commissaire général des Guerres, et conservé dans les *Olim* de la Cour des Comptes de Rouen, constate encore que Bertrand du Buisson, chevalier, sieur de Saint-Aulbin, *de la baillie de Caen* (sic), était acompagné de *deux* écuyers, de *quatre armures de fer* (sic : hommes d'armes avec leurs suivants), et qu'enfin il était muni de ressources pécuniaires considérables pour l'époque.

Nous manquons de renseignements sur la suite de l'existence de ce personnage qui, s'il ne périt pas à la bataille de Courtray, fut peut-être le compagnon d'armes de FOULQUES ou FOUCAUT DU MERLE, nommé *maréchal de France* après cette bataille. Comme il existe une lacune à son égard dans le Titre Généalogique de 1500, nous ne savons pas non plus le nom de sa femme, dont il eut cependant deux fils :

1° THOMAS, qui suit ;

2° JEAN du Buisson, écuyer, qui embrassa, comme ses ancêtres, la carrière des armes, et épousa, d'après le Titre Généalogique de 1500 (C. A. n° 195), noble damoiselle MARIE MUSTEL, que nous croyons la sœur de Jean Mustel, maire de Rouen en 1356, dans tous les cas de la meilleure noblesse de Haute-Normandie. En eut-il postérité? Rien ne nous l'indique, mais il est possible qu'il ait donné naissance à d'autres rameaux des du Buisson normands. — Quoi qu'il en soit, Farin, dans son Histoire de Rouen (tome III, 3e partie, page 175 ; voir C. A. n° 185), et un Titre Généalogique de 1600 environ (C. A. n° 21) nous apprennent que, après son décès arrivé en 1385, à un âge assez avancé selon toute apparence, il eut l'honneur d'être inhumé auprès de son frère Thomas dans le chœur de l'église du prieuré de St-Lô, la plus ancienne de Rouen.

VIe DEGRÉ.

Messire maître THOMAS DU BUISSON, écuyer, sieur du Buisson et autres lieux, se livra aux études plus paisibles des Belles-Lettres et surtout du Droit et, comme le feront deux siècles plus tard quelques-uns de ses descendants, il mit en pratique la vieille maxime : *Cedant arma togæ* (1).

(1) Dans le tome XXII du *Recueil des historiens de France*, de l'an 1226 à l'an 1328 (Paris, in-folio, Imp. Impériale, 1865), publié par MM. de Wailly et Delisle, se trouve mentionné quatre fois un certain THOMAS DU BUISSON (*Thomas*, *Thomassinus du Buisson*, aliàs *de Dumo*) parmi les officiers de la maison du roi Philippe-le-Bel; la première fois en Flandre (*apud Foilleiam*), dans un compte du 30 juin 1301 (page 315) ; la seconde fois *apud Gayam* (Gaye, Marne), dans un compte du 11 mars 1302 (page 534) ; la troisième fois *apud villam Louain* (Louans, Indre-et-Loire), dans un compte du 17 novembre 1303 (page 538); et enfin la quatrième fois *apud Tholosam* (Toulouse), dans un compte du 26 décembre 1303 (page 542).
S'agirait-il de notre Thomas du Buisson? Le fait n'est pas impossible, mais n'est rien moins que certain, d'autant plus que, pour l'admettre, il faudrait supposer que Thomas du Buisson, qui n'aurait pu avoir alors moins de 18 ans et qui est mort en 1361, aurait vécu jusqu'à un âge fort avancé. Aussi nous contentons-nous de cette simple mention, sans en tirer de conséquences.

Nous avons déjà pu remarquer précédemment les tendances des du Buisson, originaires de Basse-Normandie et même de l'élection de Caen (C. A. n° 195), à prendre leurs alliances en Haute-Normandie, et notamment dans la généralité de Rouen, où ils avaient, par suite, été entraînés à séjourner. Thomas du Buisson suivit aussi cet exemple par son mariage avec damoiselle MARGUERITE DES PORTES, mariage constaté encore par le Titre Généalogique de 1500.

Mais il est établi en outre d'une façon péremptoire qu'il était l'ancêtre direct des du Buisson de Courson actuels par le jugement, en date du 11 décembre 1637, des Commissaires des Francs-Fiefs en Normandie, rendu en faveur de Claude II du Buisson de Cristot, et qui fait foi (*sic*) de la noblesse dudit Thomas du Buisson, *qui vivait au siècle quatorzième* (C. A. n° 81).

L'Histoire précitée de Dom Farin, prieur de Veules (C. A. n° 185), corroborée par un autre Titre Généalogique de 1600 (C. A. n° 21), nous apprend qu'il devint docteur en Droit civil et Droit canon (1), et qu'il était membre distingué du Barreau, comme avocat en l'Echiquier de Normandie, à Rouen, où il avait, semble-t-il, sa résidence.

Ces documents indiquent sa mort, deux en l'année 1361, le troisième en 1371, et relatent qu'il eut l'honneur d'obtenir sépulture dans le *chœur* de l'église du prieuré de St-Lô de Rouen (2), qui tenait le premier rang dans cette ville tant par son ancienneté que par l'avantage qu'elle eut d'être pendant près de deux siècles et demi, érigée en cathédrale.

(1) Au Moyen-Age, dans ces siècles d'ignorance, et même beaucoup plus tard, la science du Droit était tout particulièrement tenue en honneur, et nos Rois avaient fait les plus grands efforts pour la rehausser encore aux yeux même de la Noblesse d'alors, d'humeur si batailleuse et si tracassière. Aux légistes appartenaient une partie des hauts emplois de la Cour; mais si l'on en veut d'autres preuves plus récentes, il suffit de consulter les documents qui se rapportent à cette question. C'est ainsi que les professeurs docteurs en Droit jouissaient de la noblesse personnelle (Requête des Docteurs de la Faculté des Droits de l'Université de Caen aux commissaires de la Cour des Aides de Rouen, en 1655; De La Roque, *Traité de la Noblesse*, chap. XLII). Ils n'étaient pas sujets au droit des Francs-Fiefs (Arrêt de la Chambre des Francs-Fiefs établie à Toulouse le 17 septembre 1698). Après avoir servi vingt ans, ils jouissaient du titre de *Comte* (Idem. Voir de Backer, *Noblesse flamande de France*, page 43).

(2) L'église du prieuré de St-Lô de Rouen, si nous en croyons l'*Histoire de Rouen* précitée de Dom Farin (Rouen, 1668), fondée par saint Mellon en l'an 260 de l'Ère Chrétienne, était la plus ancienne de cette ville; elle fut érigée en cathédrale, en l'an 913, par Théodoric, évêque de Coutances, et conserva ce privilége jusqu'en l'an 1144.

Le même auteur constate qu'en 1361, à l'époque de la mort de Thomas du Buisson, c'était Jean de La Croix qui était alors prieur de St-Lô de Rouen (*Histoire de Rouen*, tome III, page 164).

Le seul fils connu de Thomas du Buisson, mentionné dans le Titre Généalogique de 1500, est le suivant.

VIIe DEGRÉ.

Noble ROBERT DU BUISSON, IIe du nom (ou IIIe, si l'on compte Robert, fils d'Osmond), chevalier, sieur du Buisson et autres lieux, fils de Thomas et de Marguerite des Portes, vivait vers 1350 et 1360, et revint à la profession des armes qu'avait quittée son père.

Dès sa jeunesse, il prit, selon toute apparence, une part active à la guerre dite de *Cent-Ans*, qui désolait alors la France; nous avons la preuve, dans tous les cas, qu'en l'année 1377, il combattit en Bretagne contre les Anglais, sous les ordres du futur connétable Olivier de Clisson, lorsque le sage Charles V, après l'expiration de la trêve et la mort de son redoutable ennemi Edouard III (21 juin 1377), s'empressa de prendre, à l'avènement au trône d'Angleterre d'un roi mineur, tous les avantages qu'il pouvait espérer, et poussa de nouveau la guerre avec vigueur. En effet, par un mandement daté de Paris le 16 décembre 1377 (C. A., n° 186), dont l'original se trouve au Cabinet des Titres de la Bibliothèque nationale, le roi Charles ordonne de faire payer la somme de 200 fr. d'or, qu'il avait donnée à *Robert du Buisson, chevalier* (sic), « pour les bons et agréables « services qu'il nous a faiz en nos presentes guerres ès « parties de Bretaingne, en la compaignie de nostre amé « et féal cousin le sire de Cliczon. »

Le Titre Généalogique de 1500 (C. A., n° 195) constate seulement son alliance avec noble damoiselle CHARLOTTE DE GOUY, que nous supposons d'une famille dont on trouve trace plus tard en l'élection de Pont-l'Évêque. Il en eut, entre autres enfants:

Messire NICOLAS, qui continue la filiation.

CONTEMPORAINS (*frères, sœur ou parents*):

JEAN du Buisson, écuyer, l'un des principaux défenseurs de l'abbaye de Ste-Catherine de Rouen contre les Anglais et Henri V, en 1418; chargé, avec deux autres des principaux officiers, Jean Noblet et Pierre de Graville, de régler les stipulations de la capitulation, le 30 août 1418 (C. A., n° 187).

GUILLAUME du Buisson, écuyer, marié avec damoiselle PHILIPPE DE FONTAINES (1), qui servit d'ôtage au roi Henri V d'An-

(1) Le *Registre des confiscations, maintenues et autres actes* faits dans le duché de Normandie par Henri V, roi d'Angleterre, de 1417 et 1420, mentionne non-seulement Nicolas du Buisson, comme nous le verrons ci-après,

gleterre, pour l'exécution des clauses de la capitulation de l'abbaye de Ste-Catherine, près de Rouen, le 30 août 1418 (C. A., n° 187); il est mentionné dans l'acte de capitulation comme *gentilhomme des plus notables.*

EUDELINE du Buisson, devenue prieure de l'Hôtel-Dieu de Vernon, et qui rendit aveu au roi du fief de Lépinay, au nom de sa Communauté, le 20 juin 1414 (C. A., n° 180).

VIIIe DEGRÉ.

Noble homme NICOLAS DU BUISSON, écuyer, sieur du Buisson, etc., mentionné comme fils de Robert dans le Titre Généalogique de 1500, vécut principalement pendant le déplorable règne de Charles VI, et dut, par suite, être mêlé aux luttes de ces temps malheureux contre l'invasion anglaise.

On sait qu'après la désastreuse bataille d'Azincourt, livrée le 25 octobre 1415, où furent anéanties, avec la Chevalerie française, les forces vives d'une nation en proie aux factions, sous le gouvernement d'un roi privé de la raison, la Normandie passa, après une résistance assez longue, mais sans entente, isolée, et par suite infructueuse, sous le joug de l'envahisseur Henri V. — Pour éviter une dépossession et une ruine complète, Nicolas du Buisson se vit contraint de rendre hommage au roi d'Angleterre, pour ses terres normandes, le 4 février 1419 (C. A., n° 188); nous voyons dans le même document, où il est qualifié *escuïer*, que, le 14 mars 1419, il obtint un délai jusqu'à Pâques, et que, le 23 septembre 1420, il rendit aveu de terres situées dans le bailliage d'Evreux (1), possédées sans

mais encore Guillaume du Buisson, *écuyer*, et Philippe de Fontaines, sa femme, auxquels le Roi fit *don de leurs héritages* le 8 juillet 1419; ces héritages paraissaient être situés, d'après l'acte, dans le bailliage d'Evreux et les vicomtés d'Orbec et Conches (C. A., n° 188).

(1) Les actes de foi et hommage, les aveux rendus à Henri V par Guillaume et Nicolas du Buisson, par Jacques de Billeheust et par beaucoup d'autres gentilshommes normands, les expéditions de don de leurs terres, impliquaient reconnaissance de la suzeraineté du roi d'Angleterre; mais faut-il considérer ces actes comme une flétrissure pour ceux qui les faisaient ou qui en étaient l'objet ? Nous ne le pensons pas.

D'abord le sentiment de la nationalité française commençait à peine à se faire jour dans les rangs d'une société bouleversée par une série de guerres et de malheurs, et nous en avons la preuve dans la conduite des princes du sang royal de France, notamment des ducs de Bourgogne, favorisant le parti des Anglais chaque fois que leur intérêt personnel y était engagé.

Ensuite, pour bien apprécier la situation, il faut reporter sa pensée aux dernières années du règne de Charles VI, de ce malheureux prince infirme de corps et d'esprit, sous lequel la France, en proie aux guerres civiles et convoitée par un roi d'Angleterre habile et ambitieux, vit successivement détruire pour la troisième fois son armée à Azincourt, le vainqueur conquérir la

doute par suite des alliances des du Buisson dans la Haute-Normandie.

Le Titre Généalogique de 1500 nous apprend que ledit Nicolas du Buisson avait pour femme noble damoiselle PERRETTE MARESCOT, d'une famille d'origine chevaleresque, dont il eut :

1° CHARLES, auteur des suivants ;

2° GUILLEMETTE du Buisson, mariée à noble DENIS LE ROUX, écuyer, seigneur de Becdal et de Villettes, puis gouverneur de Louviers (C. A., n° 189) ; il en eut plusieurs enfants et mourut en 1446.

3° PERRETTE du Buisson, mariée à noble GUILLAUME BIOTTE, écuyer, sieur de l'Arche, conseiller du Roi et maître en la Chambre des Comptes de Normandie (C. A., n° 190). L'un et l'autre furent inhumés en l'église des Jacobins de Rouen, le mari en 1448, la femme après sa mort arrivée le 18 septembre 1449.

IXe DEGRÉ.

Noble homme CHARLES DU BUISSON, sieur du Buisson, etc., né vraisemblablement dans les premières années du XVe siècle, si tristes pour la France, est l'un de ceux de sa race en ligne directe sur lequel nous avons le moins de renseignements. Le Titre Généalogique de 1500, qui le qualifie *escuïer*, et établit qu'il était fils de Nicolas du Buisson, *escuïer*, et de Perrette Marescot, constate en outre son mariage avec damoiselle ROBERDE ONFROY, d'une famille an-

Normandie abandonnée à elle-même, l'héritier de la Couronne déshérité et le trône de saint Louis foulé par deux Lancastre. — Il faut savoir que, suivant les lois de la guerre en ce temps, les biens tant des seigneurs que des vassaux du pays ennemi appartenaient de droit aux conquérants, et que, s'ils consentaient parfois à *octroyer en don* aux vaincus les propres biens de ces derniers par une fiction politique qui donnait à l'abus de la victoire l'apparence d'un bienfait, ils n'agissaient ainsi que dans l'intérêt de la conservation de leurs conquêtes, et afin d'éviter un soulèvement général qu'aurait pu susciter l'excès même de mesures trop iniques.

Une partie de la Noblesse Normande, surtout celle qui avait des moyens d'existence dans d'autres provinces ou dont la guerre était l'unique but, abandonna la Normandie, après avoir été violemment dépossédée ; mais un certain nombre de gentilshommes, obligés de subsister d'une façon ou d'une autre, difficulté grande alors en raison de la disette générale, las de faire des courses et d'exercer le pillage sur leurs propres terres données à d'autres, de vivre de brigandage perpétuel aux dépens des Anglais par suite de l'absence de toute solde dans ce qui restait de l'armée française, consentirent, pour retenir quelques portions de leurs anciennes seigneuries, à en rendre aveu au roi d'Angleterre, qui était censé *leur en faire don*, tout en conservant une haine profonde et invétérée pour l'étranger, haine qui devait faire explosion plus tard et préparer la victoire de Formigny (1450) et l'expulsion définitive de l'envahisseur.

cienne, qu'il ne faut pas confondre avec les Onfroy anoblis à Caen par Henri IV, en 1594, en la personne d'Etienne, docteur en l'Université de cette ville.

De cette union sortit :

JEAN, qui suit, et qui eut pour contemporains, peut-être parents ou frères :

PHILIPPE du Buisson, écuyer, sieur des Belles-Noës, mentionné sur le Rôle des personnes notables de la paroisse de Bernières-sur-Mer, dressé en 1457, pour les droits du Roi, par Jean Le Briant, tabellion royal au bailliage de Caen, (C. A., n° 191);

ROBERT du Buisson, mentionné comme *franc-archer*, et comme maintenu dans sa noblesse le 25 février 1463, dans un des manuscrits cotés 749-759, concernant la Noblesse Normande, de la Bibliothèque de l'Arsenal, à Paris (C. A., n° 192).

Xe DEGRÉ.

Noble personne JEAN DU BUISSON, IIe du nom, écuyer, homme d'armes, sieur du Buisson, etc., et, après son second mariage, seigneur d'Iquelon-sur-Fourmetot, connu authentiquement comme fils et héritier des précédents par le Titre Généalogique de 1500, eut le bonheur de vivre à l'époque de l'expulsion des Anglais de France, sous le roi Charles VII, et d'assister à cette expulsion. Peut-être même prit-il une part active à la bataille de Formigny (15 avril 1450), qui releva l'honneur des armes Françaises et décida du sort de la Normandie, qu'elle arracha définitivement à l'envahisseur.

Le premier mariage de Jean du Buisson avec noble damoiselle CHARLOTTE DE VAUQUELIN (C. A., n° 195), d'une famille de la généralité de Caen et de l'élection de Falaise, semblait indiquer une tendance de sa part à revenir séjourner en Basse-Normandie, berceau des du Buisson; mais ce retour ne devait être fait d'une façon durable que par ses descendants. En effet, devenu veuf, il épousa en secondes noces, vers 1460 selon toute apparence, noble damoiselle ETIENNETTE DU FAVERIL (ailleurs du Favril ou de Favilly), fille de Jean du Faveril, écuyer, et de Marie Landry; cette dernière, fille elle-même de Gombert Landry, écuyer, seigneur d'Iquelon-sur-Fourmetot, élection de Pont-Audemer. Ce second mariage apporta à la maison du Buisson le fief seigneurial d'Iquelon, s'étendant sur *cinq* paroisses; c'est ce que nous apprend un Titre généalogique en original et sans date, dont l'écriture annonce les premières années du XVIIe siècle, qui reproduit en même temps la filiation des du Buisson, seigneurs d'Iquelon (C. A., n° 21), et surtout un acte de partage de 1493 (C. A., nos 2 et 3).

Dans un acte d'adjudication des droits de pacage de la forêt d'Évreux, en date du 1er octobre 1469 (C. A., n° 1), notre gentilhomme est qualifié *Ecuyer, sergent fieffé de la forêt d'Evreux*. Le dernier jour de l'année suivante, le 31 décembre 1470, il comparut à la *montre* des Nobles et noblement tenant ès bailliages de Caux et Gisors, dressée par messire Antoine d'Aubusson de Monteil, bailly de Caux (C. A., n° 182); le Rôle constate qu'il était armé d'une *Jague*, d'une *Sallade*, et d'une *Coustille* (1).

Jean du Buisson, seigneur d'Iquelon, vivait encore le 6 octobre 1493, jour où, de son vivant et après la mort de sa seconde femme, il fit entre les quatre fils qu'il avait eus de cette dernière, par actes passés à Bourneville devant les tabellions de la vicomté de Pont-Authou et Pont-Audemer, le partage des biens de la succession de ladite dame du Faveril, situés sur les paroisses de Manneville, Corneville, Colletot, Valletot et Fourmetot, sur celle de Triqueville, etc. (C. A., nos 2 et 3). Nous ignorons l'époque exacte de sa mort.

De son union avec Charlotte de Vauquelin, le sire du Buisson avait eu un fils :

JACQUES du Buisson, qui continue la filiation *en ligne directe*.

De sa seconde alliance avec Etiennette du Faveril, sont sortis quatre fils et une fille :

1° ROBERT, auteur de la filiation de la branche d'Iquelon, rapportée immédiatement ci-après ;

2° Noble et discrète personne NICOLE du Buisson, prêtre, maître-ès-Arts, curé de Cany (2). — Ce Nicole du Buisson est mentionné dans deux actes d'aveu du fief d'Iquelon, rendus l'un en 1484, l'autre le 25 décembre 1518, aveux qui se trouvent à Évreux, aux archives préfectorales de l'Eure (voir *suprà* : fief et domaine d'Iquelon).

3° Noble et discrète personne JACQUES du Buisson, prêtre, curé de Riville (3).

(1) JAGUE ou JAQUE : petite casaque de mailles que les chevaliers portaient autrefois, et qui garantissait même une partie des cuisses ; l'intérieur en était doublé de coton ou de soie, contrepointés entre deux étoffes légères ; elle s'appelait aussi *Haubert* ou *Haubergeon*.

SALLADE (*celada ;* casque) : large habillement de tête que portaient les chevau-légers ; il diffère du casque en ce qu'il n'a point de crête ; on l'a aussi surnommé *Bourguignotte*, et, pour les gens à pied, on l'appelle *Morion*.

COUSTILLE : épée plus longue que les épées ordinaires et tranchante depuis la garde jusqu'à la pointe, fort menue, et à trois faces ou pans. — On nommait *Coustillier* l'homme armé de la coustille.

(2) CANY : aujourd'hui chef-lieu de canton, arrondissement d'Yvetot (Seine-Inférieure).

(3) RIVILLE : aujourd'hui commune du canton de Valmont, arrondissement d'Yvetot (Seine-Inférieure).

4° JEAN du Buisson, écuyer, sieur du GRAND-VAL, en la paroisse de Triqueville, fief dont, aux termes du partage du 6 octobre 1493, il eut *toutes les appartenances et dépendances sans rien retenir ni excepter* (C. A., n° 3). Inquiété pour les tailles, en 1516, par les paroissiens de Neuville, et n'ayant pas eu d'abord gain de cause devant les Elus de Caudebec, il fut ensuite maintenu, sur appel, par arrêt de la Cour des Aides, du 18 février 1517, *comme ayant pris père en ligne de noblesse* (1).

Nous ne connaissons ni l'alliance ni les enfants de ce Jean du Buisson; mais il n'est guère douteux qu'il n'ait laissé postérité, puisque JACQUES du Buisson, écuyer, évidemment l'un de ses descendants, figure, comme possesseur du fief du Grand-Val, qui relevait du fief de Lannay, sur le Rôle dressé en 1540 par le bailly de Rouen ou son lieutenant en la vicomté de Pont-Authou et Pont-Audemer (voir Formeville, *Histoire de l'Évêché-Comté de Lisieux*, t. II, p. 377).

5° LOUISE du Buisson, sans alliance connue.

Branche du BUISSON d'IQUELON.

XIe DEGRÉ.

Noble ROBERT, IVe du nom, DU BUISSON, écuyer, seigneur d'Iquelon-sur-Fourmetot, fils issu du second lit de Jean et de dlle du Faveril, né sous le règne de Louis XI, vécut principalement du temps de Charles VIII (1483-1498), et peut-être de Louis XII (1498-1515); il épousa, selon le Titre Généalogique de 1600 précité, damoiselle MARGUERITE.

(1) L'arrêt porte ensuite : « Après avoir justifié qu'il était fils de Jean, « anobly par les Francs-Fiefs. » — Ceci peut paraître extraordinaire et l'on ne se rendrait pas bien compte de ce prétendu anoblissement par les Francs-Fiefs, si d'ailleurs la noblesse de nom et d'armes de ce Jean du Buisson n'était surabondamment prouvée par sa filiation et par ses armes indiquées sur le Titre Généalogique concernant les seigneurs d'Iquelon (C. A., n° 21). Il trouva probablement plus commode de justifier de l'ancienneté de sa possession de fiefs et de jouir du bénéfice de la Charte générale de Louis XI (1470), que d'établir, lui cadet de famille, sa noblesse de race. — Du reste, ce cas était bien loin d'être un cas isolé, et, si l'on en veut la preuve, il suffit d'ouvrir le *Traité de la Noblesse*, de Gilles-André de La Roque-la-Lontière, chap. XXXII, p. 125 et 126; on lit, en effet, dans cet auteur, qui est une autorité en pareille matière :
« Pour expliquer le Rôle qui contient les noms de ceux qui furent taxés « aux Francs-Fiefs, j'ai remarqué qu'il y en a quelques-uns *d'ancienne noblesse*, qui, ayant acquis des fiefs et arrière-fiefs, avaient trouvé à propos « d'être maintenus et confirmés en leur qualité, en vertu de la Charte générale (des Francs-Fiefs). Il y en a qui possédaient des fiefs à cour et usage, « d'autres seulement des rentes nobles et foncières. »

Malderée, de la noble famille des Malderée, sires de Cateville, en l'élection d'Arques. Son mariage eut lieu avant le 6 octobre 1493, jour où il prit part au partage fait par son père, encore vivant et veuf de nouveau, entre lui et ses frères; car sa femme est mentionnée dans l'acte de partage.

Mort avant l'année 1515, il laissait de son union trois fils, mentionnés tous dans le Titre Généalogique précité (C. A., n° 21) :

1° Guillaume, qui continue la filiation de la branche d'Iquelon ;
2° Noble et discrète personne Jacques du Buisson, prêtre, curé du Mesnil-David (1).
3° Noel du Buisson, écuyer, dont la postérité nous est inconnue.

XIIe DEGRÉ.

Noble GUILLAUME du Buisson, écuyer, seigneur d'Iquelon-sur-Fourmetot, après la mort de son père, prit alliance avec damoiselle Jeanne de Panneblen, fille de Joachim de Panneblen, écuyer, et de Jeanne de Monchy (C. A., n° 21).

En 1515, il reconstruisit ou contribua à rétablir, non loin d'Iquelon, sur un chemin allant rendre à Pont-Audemer, une chapelle pour les Lépreux, dite *chapelle du Chemin-Perrey*, placée sous l'invocation de saint Jacques et de saint Christophe. Cette chapelle existait dès le XIIIe siècle, et le *Pouillé* d'Eudes Rigaud nous apprend qu'à cette époque reculée, Jean Landry, chevalier (*miles*), en était le patron, et qu'elle valait douze livres. Le patronage de cette chapelle, malgré les prétentions de l'Hospice de Pont-Audemer, appartenait encore, au XVIIIe siècle, aux seigneurs d'Iquelon, qui, il est vrai, n'étaient plus depuis longtemps les du Buisson. C'est ce que constate un acte d'aveu de 1716, qui se trouve aux archives de la préfecture de l'Eure.

Un autre acte d'aveu déjà cité, qui se trouve également aux archives de l'Eure, celui du 25 décembre 1518, fut rendu, comme nous l'avons vu, par Nicole du Buisson prêtre, pour le fief d'Iquelon-sur-Fourmetot, mais c'était « tant en son nom qu'au nom de Guillaume du Buisson, « *écuyer*, *son neveu* (sic), dont ledit Guillaume tient la moitié « par parage. » Le même acte indique que la franche vavassorie du *Quemin-Perrey* (sic), à Fourmetot, relève de ce fief d'Iquelon, ainsi que le patronage de la chapelle de ce nom.

De l'union de Guillaume du Buisson et de Jeanne de Panneblen, sortirent un fils et deux filles :

1° François, qui suit;

(1) Le Mesnil-David : aujourd'hui hameau dépendant de la commune d'Illois, canton d'Aumale, arrondissement de Neufchâtel (Seine-Inférieure).

2° CHARLOTTE du Buisson, mariée à GERMAIN D'ANNEVAL, écuyer, sieur de Saint-Mery, dont postérité;

3° CATHERINE du Buisson, mariée à JEAN DE LIVET, écuyer, seigneur de Bourneville, dont postérité (C. A. n° 21). Cette alliance est mentionnée aussi dans la Recherche de la Noblesse faite par l'intendant de Rouen La Galissonnière (1666-1670).

XIIIe DEGRÉ.

Noble FRANÇOIS DU BUISSON, écuyer, seigneur d'Iquelon, contracta mariage avec noble damoiselle CLAUDE DE VILLIERS (C. A., n° 21); mais, soit par ses prodigalités, soit par les dépenses que put lui occasionner le service militaire dans l'arrière-ban, soit pour toute autre cause, il obéra gravement son patrimoine, selon toute apparence; car, après sa mort, arrivée avant l'année 1540, le fief seigneurial d'Iquelon fut aliéné, par décret, en septembre 1541, au profit de Claude d'Annebault, amiral de France, fils de Jean d'Annebault et de Marie Blosset, qui en rendit aveu en 1546 et mourut en 1552.

De son union, François du Buisson laissa un fils et une fille :

1° GUILLAUME II du Buisson, écuyer, encore qualifié seigneur d'Iquelon dans le Titre Généalogique de 1600, et possesseur de ce fief, « tenu du Roy par un quart de fief de haubert « valant 250 livres », d'après le Rôle dressé en 1540 par le bailly de Rouen ou son lieutenant en la vicomté de Pont-Authou et Pont-Audemer. Toutefois, suivant les présomptions, il était assez jeune lors de l'aliénation de ce fief. Sa postérité, s'il en eut, nous est inconnue.

2° CHARLOTTE du Buisson d'Iquelon; sans alliance établie.

—

SUITE DE LA FILIATION EN LIGNE DIRECTE.

XIe DEGRÉ.

Noble personne JACQUES DU BUISSON, écuyer, sieur du Buisson, etc., fils unique connu de Jean du Buisson, IIe du nom, et de Charlotte de Vauquelin, sa première femme, vécut principalement sous le règne de Louis XI (1461-1483), et aussi de Charles VIII (1483-1498).

Aucun document ne nous met sur la trace de la part qu'il put prendre aux affaires ou aux guerres de son temps; nous savons seulement, par le Titre Généalogique de 1500 (C. A., n° 195) qu'il avait épousé, plusieurs années avant 1483, noble damoiselle LOUISE des ESSARTS, d'une famille que nous supposons être de la généralité et de l'élection de Caen; et, de plus, qu'en cette même année 1483, il en avait postérité. Mais combien laissa-t-il d'enfants? Nous n'en connaissons qu'un seul nommé JEAN, qui continue la filiation de la ligne directe.

XII° DEGRÉ.

Noble homme et scientifique personne monsieur maître JEAN DU BUISSON, III° du nom (ou V°, si l'on compte les deux autres Jean des lignes collatérales), né vers la fin du XV° siècle, est le premier de la famille du Buisson que l'on trouve qualifié, un peu plus tard, dans les actes à partir de 1522, *sieur* ou *seigneur* DE COURSON; cette qualification, portée ensuite par son fils et son petit-fils, puis par les fils aînés de la famille pendant leur jeunesse, a fini, au XVIII° siècle, par ne plus être séparée du nom patronymique DU BUISSON, et appartient encore, de nos jours, à la seule branche peut-être existante des du Buisson qui nous occupent, en Normandie.

Le traité de mariage de Jean du Buisson, sieur de Courson, est mentionné, dès les premières lignes de la Maintenue de noblesse de 1704 (C. A., n° 88), comme passé à la date du 25 juin 1513, sans désignation toutefois du nom de sa femme; mais la première requête de Robert Hubert, présentée à l'intendant de Caen Foucault, le 6 mars 1697, dans l'intérêt de la noblesse de son pupille Pierre-Nicolas du Buisson de Cristot (C. A., n° 81), constate que Jean du Buisson épousa damoiselle JEANNE BOUET le 22 décembre 1517. S'agit-il ici de deux mariages subséquents? Nous aurions une tendance à supposer qu'il est question du même traité de mariage passé sous seing privé en 1513 et reconnu devant notaire seulement en 1517; mais nous n'avons aucune certitude à cet égard.

Quoi qu'il en soit, il nous paraît avéré que Jean du Buisson tenait son fief de Courson de son union avec Jeanne Bouët, dame dudit lieu, et que, de plus, cette dame, dont la famille, originaire de Caen, faisait partie de la haute bourgeoisie de cette ville, possédait à Cristot et dans les paroisses circonvoisines (1) des immeubles féodaux qu'elle transmit à ses descendants par son mari, qui se fixa dès lors définitivement à Caen.

Le 10 avril 1522, Jean du Buisson, qui s'était livré dans sa jeunesse aux études scientifiques, fut reçu docteur en médecine par la Faculté de Médecine de l'Université de

(1) On trouve, au XVII° siècle, cette famille Bouët plusieurs fois mentionnée sur les registres d'état civil de Cristot, et alliée à la famille Lamendey, qui était du même pays.

Caen, et obtint une chaire de professeur régent dans la même Faculté, qui lui avait conféré précédemment les grades de bachelier et de licencié ; c'est ce qui résulte d'une attestation en latin émanée de cette Faculté, le 24 mars 1583 (C. A., n° 14), et dans laquelle il est qualifié noble homme, sieur de Courson (*vir nobilis, magister Johannes du Buisson, dominus de Corsonio, post adeptos baccalaureatûs et licentiæ gradus in dictâ Facultate, ut moris est, doctoris insigna consecutus est die decimâ aprilis ante Pascha, anno Domini millesimo quingintesimo vigesimo secundo, ad exercendum publicæ professionnis et regentiæ, ut dicitur, munus admissus*, etc.). — On peut consulter utilement sur ce personnage les minutes des Rectories de l'Université de Caen, déposées aux archives du Calvados, liasse de l'année 1500 à l'année 1553, notamment page 109, où figure « *magister Johannes du Buysson* (sic) » à la date du 18 octobre 1522, parmi les professeurs docteurs en médecine, et à la page 119, où on lit sur son compte, dans le procès-verbal de la séance du 28 juin 1524 : « *Elegantissimus vir, dominus ac magister Johannes du Buysson, dominus temporalis de Courson, insignis medicinæ Facultatis doctor et eximius*, etc. (C. A., n°s 196, 197 et 198). » — Nous possédons, en outre, deux actes d'acquisitions de terres à Cristot, passés devant les tabellions de Thury, et reconnus devant le garde du scel des obligations de la vicomté de Falaise, en date des 21 septembre 1522 et 21 septembre 1525, au profit de « *noble homme Jean du Buisson, escuïer, sieur de Courson, docteur en médecine à Caen* » (C. A., n°s 4 et 5). — Dans le contrat de mariage de son fils, passé vingt ans après sa mort (C. A., n° 7), il est désigné « *deffuncte* « *scientifique personne maistre Jean du Buisson, escuïer, en son* « *vivant docteur régent en la Faculté de médecine de l'Univer-* « *sité de Caen.* »

C'est à ce personnage que s'arrêtent les preuves de noblesse faites par ses descendants à la fin du XVIIe et au début du XVIIIe siècle, quoiqu'il ne fût que le quatrième aïeul du prouvant de noblesse ; la raison en est bien simple ; en effet, d'après les ordonnances de Louis XIV, on ne demandait que de prouver sa noblesse antérieurement à l'année 1560, pour jouir des priviléges que conférait la qualité d'Ecuyer ; on jugea donc inutile de remonter plus haut que le commencement du XVIe siècle.

Jean du Buisson, sieur de Courson, mourut le 18 octobre 1531 (1), en la paroisse St-Pierre de Caen, où il fut

(1) Jean du Buisson avait un homonyme vivant vers la même époque et dans les mêmes parages, ainsi que l'établit un contrat notarié du 2 juin 1550

inhumé (C. A., n° 14), laissant, de son union avec Jeanne Bouët, un seul fils connu (1) et une fille :

1° Claude, qui continue la filiation en ligne directe.

2° Philippine du Buisson de Courson, qui devint, en 1540, la femme en secondes noces du célèbre historien de Caen, messire Charles de Bourgueville, écuyer, sieur de Bras, alors âgé de 36 ans, bientôt promu à la charge de Lieutenant particulier du bailly de Caen, et, en 1568, à celle de Lieutenant général du Roi en cette ville. — De cette union, qui fut très-féconde, naquirent *quatorze* enfants, dont sept fils et sept filles (C. A., n°s 199 et 200).

XIIIe DEGRÉ.

Noble homme et savante personne monsieur maître CLAUDE, Ier du nom, du Buisson, écuyer, sieur de Courson, etc., fils du précédent et de Jeanne Bouët, naquit en la paroisse St-Pierre de Caen, où résidait son père, dans la première période du XVIe siècle (de 1514 à 1520).

Encore fort jeune, en 1533, près de deux ans après la mort de Jean, nous voyons qu'il lui fut donné un tuteur au bailliage de Caen, le 31 juillet de cette même année (C. A., n° 81), pour veiller à ses intérêts, en raison de sa minorité.

Nous n'avons que peu de renseignements sur sa première jeunesse, mais on peut inférer avec certitude des

(C. A., n° 6), passé à Bayeux, où figure comme donnant quittance à Lambert Lescalley, receveur des Aides « Damoyselle Marie Toustain, veuve de feu « *noble homme* Jéhan du Buisson, en son vivant *sieur de Méautilz.* » Rien ne nous mettant sur la voie de son degré de parenté possible avec le sieur de Courson, nous avons cru devoir le passer sous silence dans cette généalogie authentique.

Les Toustain dont il s'agit ici sont, non pas les Toustain-Richebourg, de la généralité de Rouen, mais bien plutôt une famille de l'élection de Bayeux, anoblie en 1489, maintenue noble par l'intendant Chamillart, en 1666, dans les paroisses d'Épinay-sur-Odon et de Vienne, qui portait : *de gueules, à trois colonnes d'argent, 2 en chef et 1 en pointe, cette dernière chargée d'une colombe d'or aux ailes étendues.*

(1) Claude du Buisson, fils de Jean, sieur de Courson, avait comme contemporain messire Pierre du Buisson, écuyer, licencié-ès-lois, conseiller aux hauts jours du temporel et aumônes de Mgr le cardinal de Vendôme, archevêque de Rouen, lequel Pierre du Buisson dressa, le 14 novembre 1552, un procès-verbal des usurpations commises sur le domaine archiépiscopal sur la lisière de la forêt de Croixdalle, etc. (C. A., n° 201). Il avait également comme contemporain messire Marin du Buisson, commissaire extraordinaire des guerres, mentionné dans une quittance de ses gages, signée de lui, et datée de Metz, le 10 janvier 1553 (C. A., n° 8). Mais rien ne nous indiquant que ces personnes fussent les frères de Claude, qui ne vivait pas dans la même région, nous les mentionnons seulement pour mémoire. Peut-être appartenaient-ils à une autre branche de la famille des mêmes du Buisson, puisque nous possédons en original, dans notre cartulaire, une des pièces citées.

fonctions qu'il occupa dans la suite, qu'antérieurement à la date de son premier mariage, il se livrait avec goût, assiduité et succès à l'étude, si appréciée alors, du Droit civil et du Droit canon, en suivant les cours de la Faculté de Caen, où il obtint de bonne heure les grades de Bachelier et de Licencié en cette partie. Bien plus, il composa un ouvrage, écrit en latin et estimé en ce temps-là, intitulé *Les partitions du Droit* (1), dont la préface, signée de lui, est datée du 4 janvier 1547 ; la première édition en dut paraître vers cette époque, et la troisième, corrigée et augmentée, fut imprimée à Caen en 1586 ; ce livre, dont un exemplaire (3e édition) se trouve à la Bibliothèque de Rouen, contribua à le faire valoir comme jurisconsulte.

Au mois d'août 1551, messire Claude du Buisson prit alliance avec noble damoiselle CATHERINE LE MAISTRE d'ESCHAUFFOU, fille de noble homme Robert Le Maistre, et cousine-germaine d'un autre Robert Le Maistre, sieur d'Eschauffou, enquêteur pour le Roi à Caen, d'une famille de l'élection de Caen, sergenterie de Varaville, anoblie en 1470 par la Charte des Francs-Fiefs. — Dans le *Traité* de mariage, en date du 23 août 1551, reconnu en vicomté de Caen le 17 avril 1553, ledit Claude est qualifié « *escuïer*, « licentié en la Faculté des Droitz, bourgeois (2) et advocat

(1) Nous avons nous-même parcouru cet ouvrage à la Bibliothèque de Rouen, le 22 juillet 1872. C'est un livre coté E. 807, imprimé à Caen en 1586, format In-18, intitulé :

« *Claudii Buyssonii, Jurium doctoris ac comitis Partitiones*,
« *Quibus juris civilis brevis idea exprimitur.*
« Tertia Editio. D. E. N. V. O.
« Recognita ab auctore et aucta. »

Plus bas, un flambeau à sept branches, avec cet exergue : « *Lucernis* « *accensis fideliter ministro.* » — Cadomi, apud Petrum Candelarium, — 1586.

Une dédicace en vers : Ricardus Blondellus lectori, etc. 10 vers.

Une préface : « *Auctor ad Lectorem*, etc., terminée ainsi : *Vale. Cadomi*, « *4 januarii* 1547. »

Plus loin : « *Michaëlis Fanuti I. C. in Partitiones Juris V. C. Claudii* « *Buyssonii*, *cognitoris regii*, etc. *carmen.* » — Trente vers latins (distiques).

Plus loin encore : « *Partitiones, quibus Juris civilis brevis idea exprimitur*, « *auctore Claudio Buyssonio P. Cadomæo.* »

L'ouvrage est divisé en quatre livres et forme 80 pages, sans compter la préface.

(2) Il importe de ne pas confondre le *Bourgeois* ancien avec le *Bourgeois* d'aujourd'hui, pas plus qu'il ne faudrait confondre un capitaine du XVIe ou du XVIIe siècle avec un capitaine de l'an de grâce 1875 ; il n'y a aucune anologie. Le Bourgeois de l'ancien régime était un propriétaire de père en fils, n'ayant aucune marque de servitude ; il avait généralement la prétention fondée de ne pas être issu d'affranchis. Un gentilhomme pouvait avoir des droits de bourgeoisie dans une ville, par suite être élu maire, échevin ou vidame de la ville, sans que ce droit de bourgeoisie nuisît en rien à sa qualité d'homme

« à Caen, filz et hérittier de deffuncte scientiffique per-« sonne Mre Jean du Buisson, *escuïer*, en son vivant doc-« teur régent en la Faculté de médecine de l'Université « dudit lieu de Caen. » — Ce contrat de mariage est assez curieux ; nous en donnons des extraits, avec les noms des personnes assistantes, au Catalogue Analytique, n° 7.

N'ayant eu qu'un fils de cette union et devenu veuf quelques années après, le sire du Buisson de Courson épousa en secondes noces, damoiselle MARIE LE SUEUR, également d'une famille de bonne noblesse de l'élection de Caen, descendante par sa mère des Le Marchant de Caligny, sieur de St-Manvieu, du Rozel, d'Outre-Laize, etc.; elle lui apporta en dot, croyons-nous, le domaine de Gavrus, et lui donna plusieurs enfants, ainsi que nous le verrons ci-après, notamment par leurs contrats de mariage.

Travailleur infatigable, quoique resté étranger, autant qu'il le put, aux fatales dissensions religieuses de son temps, Claude, fidèle cependant à la cause catholique, devint d'abord Procureur pour le Roi (*cognitor regius*) en la cour de Casuistique de Caen, et il se qualifie lui-même ainsi dans une quittance qu'il donna, comme tuteur des enfants Rogier, le 15 mars 1554 (C. A., n° 9).

Reçu Docteur en l'un et l'autre Droit par la Faculté de Caen, et ainsi qualifié, avec le titre d'*Ecuyer*, dans de nombreux documents (C. A., n°s 10 à 16, et 202 à 210), notamment dans une sentence du bailliage de Caen, du 30 juin 1568 (C. A., n° 10), sentence qui nous le montre en outre possesseur et détenteur d'immeubles féodaux à Cristot, il avait fixé définitivement sa résidence en cette ville de Caen, où il devait finir sa vie. Devenu *fameux* (sic) dans la Jurisprudence (voir Masseville : *Histoire de Normandie*, et Huet : *Origines de Caen ;* C. A., n°s 202 et 203), son érudition le désigna à l'attention de ses contemporains et le fit choisir pour remplir la chaire de Professeur régent en l'Ecole des Droits de l'Université de Caen (1), charge qu'il exerçait déjà avant le com-

noble. C'est ce que prend soin d'indiquer Houard, dans son *Dictionnaire de la Coutume de Normandie*, à l'article *Noblesse*, t. III, p. 351 (Bibl. de Caen) ; comme confirmation de son avis, il cite un arrêt de l'Échiquier de Normandie, du mois d'avril 1478, où l'on voit Guillaume du Bosq appelé *bourgeois de Rouen*, quoiqu'il fût *écuyer*. — Le sieur de La Roque La Lontière, dans son *Traité de la Noblesse* (Paris : 1678), p. 283 et suiv., constate que, non-seulement la qualité de *Bourgeois* ne déroge pas à la Noblesse, mais que c'est un honneur même pour un Noble, même pour un grand feudataire, d'avoir *droit de bourgeoisie* dans telle ou telle ville ; il cite, à l'appui de son dire, de très-nombreux exemples depuis l'an 1211 ; on y lit notamment : « La qualité de « *Bourgeois* est si considérable que ceux des grandes maisons et les ecclésias-« tiques même ne l'ont pas dédaignée. »

(1) Quoique Claude du Buisson appartînt à la *Noblesse de nom et d'armes*,

mencement de l'année 1574 (C. A., n° 12).—En 1575 et 1576, il était doyen *(decanus)* des Professeurs de l'Ecole de Droit; pendant qu'à la même époque, son fils aîné, Tanneguy, était Recteur de l'Université (C. A., n°s 205 et 206), et les autres doyens des Ecoles de la même Université étaient les premiers à engager le dit Recteur à recourir, en tant qu'il en aurait besoin, aux conseils, à la sagesse et à la science connues de son père *(consilio doctissimi ac sapientissimi patris domini ac magistri Claudii du Buysson, juris utriusque doctoris)*.

Deux ans plus tard, dans une autre réunion de l'Université, Claude est qualifié sur le procès-verbal, en date du 1er octobre 1578 (C. A. n° 206), de savant émérite *(dominus ac magister Claudius Buyssonius, in omni scientiarum genere mirificè versatus, juris utriusque doctor, canonici decanus)*. Enfin, dans l'attestation déjà citée de la Faculté de Médecine, du 24 mars 1583 (C. A., n° 14), on l'appelle Noble, prieur de la Faculté des Droits, sieur de Courson, fils de Jean du Buisson *(nobilis magister Claudius du Buisson, juris utriusque doctor priorque Facultatis Jurium, dominus de Courson, etc.)*.

Le sire de Courson, si honoré et si considéré, comme on le voit, à cause de ses connaissances juridiques et qui, usant des prérogatives de ses charges, prenait le titre de *Comte* en 1586 dans la 3e édition de son livre, ainsi intitulé : « Claudii Buyssonii, jurium doctoris ac *comitis*, partitiones », eut, à la fin de sa carrière d'étranges démêlés avec ses collègues devant le lieutenant général du bailliage de Caen, Vauquelin de La Fresnaye, et les échevins de ladite ville, pour s'être ingéré de conférer à lui seul, le 28 mai 1587, la

il est bon de faire remarquer que la charge qu'il exerçait était encore un honneur précieux au XVIe siècle. En effet, les Professeurs docteurs en Droit jouissaient de la noblesse personnelle (*Requête des docteurs de la Faculté des Droits de l'Université de Caen aux commissaires de la Cour des Aides de Rouen, en* 1655). — Ils n'étaient pas sujets au droit de Franc-Fief (*Arrêt de la Chambre des Francs-Fiefs établie à Toulouse, le* 17 *septembre* 1698). — Après avoir servi vingt ans, ils jouissaient du titre de *Comte* (Idem; — de Baecker, *Noblesse Flamande de France*, p. 43). — Doctor efficitur *Comes* illustris, si legit per viginti annos (Bartole : *Cours de Droit;* lib. I, *De Dignitatibus*, cap. XII). — Enfin, le sieur de La Roque La Lontière, dans son *Traité de la Noblesse* (Paris : 1678), confirme aussi les privilèges spéciaux dont jouissaient les Professeurs de Droit, et cite à l'appui de son dire l'exemple de Jason Magnus, vivant sous le règne de Louis XII. On lit dans l'ouvrage précité, chap. XLII, p. 187 : « NOBLESSE COMITIVE. Les docteurs régents des « Facultés de Droit ont même un titre plus relevé que la qualité ordinaire de « *Chevaliers;* car, après avoir servi vingt ans, ils jouissent du titre de *Comte*, « suivant les ordonnances des empereurs Constantin, Théodose et Valentinien. »

« Nous pouvons ajouter qu'au XVIe siècle, on voyait continuellement les « Facultés de Droit fournir aux Parlements du royaume des magistrats de « mérite et que leurs professeurs portaient la *robe écarlate*, insigne commun « avec les Cours souveraines. »

dignité doctorale à son fils Anne du Buisson et à Jérôme Le Courtois, son parent, tous deux déjà licenciés en droit ; en outre, pour s'être mis privativement en possession du sceau des Facultés de Droit, afin de faciliter les promotions qu'il méditait ; l'instance lui fut naturellement défavorable (1). Il décéda en sa maison, située en la paroisse St-Pierre de Caen, rue du Mesnil-Torel, dans le courant de l'année 1589 ; c'est ce que nous établit le partage de sa succession, en date du 28 décembre de cette même année (C. A., nº 16), entre ses trois fils et sa seconde femme Marie Le Sueur, qui lui survécut du reste assez longtemps, puisqu'elle assistait au contrat de mariage de sa fille Marguerite, en 1614.

De son premier mariage, Claude ne laissa, ainsi que nous l'avons dit, qu'un fils unique :

Tanneguy du Buisson, écuyer, plus tard sieur de Rommarie ou plutôt du Roumois, fils de Catherine Le Maistre (C. A., nº 13), né à St-Pierre de Caen, vers 1552 ou 1553, et ayant perdu sa mère peu d'années après sa naissance. Adonné, sous la savante direction de son père, à l'étude des lois, comme lui, il devint, vers 1573, professeur en Droit civil en l'Université de Caen (voir Huet, *Origines de Caen*, C. A., nº 203). Il est ainsi qualifié avec le titre de Questeur de l'Académie (*Juris civilis publicus in Academiâ professor, quæstor Academiæ nominatus*), dans les *Rectories*, délibération du 5 juin 1575 (C. A., nº 205). Le 24 mars 1576, fort jeune encore (23 ou 24 ans), il fut nommé Recteur de l'Université (*vir ingenuus magister Tanygius du Buysson, rector, amplissimique foci prætoriani Cadomensis togatus*) ; mais il ne tarda pas à s'ennuyer de cette charge élevée, malgré les honneurs qui en étaient la conséquence, et s'en démit à la fin de cette même année (C. A., nº 203 et suiv.), lui préférant la position d'avocat près d'une Cour souveraine, près du Parlement de Normandie, à Rouen, où il devint un peu plus tard conseiller du Roi au siége général de la Table-de-Marbre (Amirauté et Eaux-et-Forêts).

Dans l'acte de partage de la succession de son père, en date du 28 décembre 1589 (C. A., nº 16), Tanneguy du Buisson, qui avait écrit cet acte de sa main, et auquel échut le premier lot, c'est-à-dire la terre de Cristot, avec extension sur Fontenay-le-Pesnel, la pièce des Choiles, avec colombier dessus, etc., est qualifié *escuïer, sieur de Rommarie* (sic), *advocat en la cour du Parlement de Rouen, conseiller en l'Admirauté du dit lieu ;* dans le contrat de mariage de sa sœur Marie, en date du 22 juin 1597 (C. A., nº 18), il est

(1) Voir au *Catalogue Analytique*, nºs 207, 208, 209 et 210, les extraits des registres de l'Hôtel-de-Ville de Caen et les observations de M. le professeur Cauvet, dans son ouvrage intitulé : *Le collége des Droits de l'ancienne Université de Caen.*

désigné *noble homme, conseiller du Roy au siége général de la Table-de-Marbre du Palais, à Rouen, et advocat en la court du Parlement, sieur du Roumoys.*

D'après un contrat d'amortissement du 15 octobre 1605 (C A., n° 22) il était décédé avant cette date, sans alliance et sans postérité selon toute apparence, et n'eut pas le temps, si nous en croyons Huet, *Origines de Caen* (C. A., n° 203), de publier ses *Commentaires sur la Coutume de Normandie.*

De son second mariage avec Marie Le Sueur, Claude du Buisson eut *deux* fils et *quatre* filles :

1° Pierre, qui continue la filiation en ligne directe ;

2° Anne, grand archidiacre du Vexin et conseiller au Parlement de Normandie, sur lequel nous donnons ci-après une notice spéciale ;

3° Marie ou Marye du Buisson, mariée avec « honneste homme « maître Guillaume Hubert, sieur du Mesnil », selon contrat de mariage du 22 janvier 1597 (C. A., n° 18), qui renferme de curieux détails sur la coffrée ou corbeille d'une damoiselle Normande à la fin du XVIe siècle ;

4° Gillonne du Buisson, mariée, selon contrat du 17 novembre 1605 (C. A., n° 23), avec « honneste homme Pierre « Fouchaut, fils de Charles Fouchaut, bourgeois de Brette- « ville-sur-Laize, et d'Isabeau Rémond. » — Parmi les signataires notables du contrat, se trouve le sire de Matignon (Jacques de Goyon-Thorigny), ami de la famille du Buisson ;

5° Catherine du Buisson, mariée en premières noces, selon contrat de mariage en date du 28 juin 1612 (C. A., n° 28), avec *noble homme* Antoine de Manneville, sieur de Monmirel. Ce traité de mariage, écrit en entier de la main de son frère Anne du Buisson, sieur de Laize, et où figure, entre autres signataires notables, à titre de cousin maternel, Jean Roger, sieur de Neuilly, conseiller au Parlement de Rouen, est un curieux spécimen de l'écriture des Parlements au commencement du XVIIe siècle ;

Mariée en secondes noces, ainsi qu'il résulte d'une mention faite le 31 mai 1619, en marge du contrat précité, et confirmée par La Chesnaye Des Bois, *Dictionnaire de la Noblesse*, avec Edouard de Beauvais, écuyer, sieur de Boscamin, prévôt d'Ailly, puis lieutenant du Roi à Vernon, dont une fille unique, Louise de Beauvais-Boscamin, qui épousa, en 1639, Charles de Bauquemare, écuyer, sieur de Verclives ;

6° Marguerite du Buisson, mariée, selon contrat du 21 mai 1614 (C. A., n° 28), avec « *noble homme* François de Balleroy, « sieur de La Carrière, fils de feu Hébert de Balleroy « écuyer, et de Colette Cauchard. » — Parmi les signataires notables sont à citer les Le Marchant, sieurs d'Outre-Laize, de St-Manvieu, etc., cousins de la mariée, présents aussi au contrat de mariage de ses sœurs.

Notice historique sur ANNE DU BUISSON.

Noble et discrète personne messire maître ANNE DU BUISSON, écuyer, sieur de Laize-la-Ville, et, vers la fin de sa vie, seigneur et patron de Cristot et de Brouay, fils puîné issu du second mariage de Claude du Buisson, écuyer, sieur de Courson, avec Marie Le Sueur, né à Caen de 1558 à 1560 environ, suivit aussi l'exemple de son père, en consacrant sa jeunesse à l'étude du Droit, et plus particulièrement peut-être du Droit canon. Son nom figure, avec la mention *nobilis*, parmi les noms des étudiants *(scholasticorum)* qui firent adhésion, pour l'année 1575, à l'autorité du Recteur de l'Université de Caen *(qui fidem suam Rectori Cadomensi præstiterunt)* (Voir C. A., nº 205).

Reçu licencié en l'un et l'autre Droit, auteur d'un ouvrage apprécié (C. A., nº 203), écrit en latin et intitulé : Les lieux communs du Droit *(Communes Jurium Sententiæ, cum objectionibus et solutionibus)*, imprimé à Caen en 1586 (1), il aspira, en 1587, comme nous l'avons vu plus haut, à la dignité de Docteur-ès-Droits, et fut reçu en cette qualité par son père, le 28 mai de cette même année; l'annulation de cette réception, pour vice de forme, ne fit pas méconnaître sa science du Droit et ne nuisit pas à sa fortune. Il s'occupa aussi activement de théologie, après être entré dans les Ordres comme ecclésiastique séculier, et, devenu prêtre, fut successivement maître d'*escolle* (de chapelle), et chanoine de la cathédrale de Bayeux, puis

(1) Cet ouvrage se trouve à la Bibliothèque de Rouen, dans une même reliure que celui de Claude et de Pierre du Buisson. Le livre est, ainsi que nous l'avons dit, coté E., 807. — En voici le titre :

« *Communes Jurium Sententiæ, cum objectionibus et solutionibus;*
« *Item utriusque Testamenti Sententiæ,*
« *Per Jo. Bellonum Tolosatem nuper emendatæ,*
« *Et tertiâ parte locupletatæ,*
« *Addito etiam numero legum et capitulorum*
« *Quæ ad probandas singulas sententias utantur,*
« *Annæ Buyssonii Cadomæi operâ et studio.* »

Dédicace : « *Ornatissimo viro Johanni Pontano, J. C., abbati Sanctæ* « *Trinitatis Cadomensis officiali, et collegii Clotheriani Academiæ Cadomensis* « *primatio, Annas Buyssonius S. D.* »

Plus loin : *Communes Jurium Sententiæ, secundum ordinem alphabeti.* »

L'ouvrage a 302 pages; il procède par propositions, objections et solutions; il contient les lieux communs, sentences et maximes du Droit.

chanoine, avant l'année 1595, de la cathédrale métropolitaine de Rouen.

Après avoir figuré, le 28 décembre 1589, dans l'acte de partage de la succession de son père, il fut pourvu, un peu plus tard, le 12 février 1595 (C. A., n° 212), de l'office de Conseiller-Clerc au Parlement de Normandie, charge devenue vacante par la résignation forcée qu'en dut faire le fougueux archidiacre Michel de Monchy (1). De plus, en vertu de lettres-patentes du roi Henri IV, datées de Lyon, le 7 septembre 1595, et enregistrées en la Cour des Comptes de Normandie le 11 décembre suivant (C. A., n° 212), ledit Anne du Buisson, « *nostre amé et féal conseiller-clerc* « *en nostre court de Parlement de la province de Normandie,* » qui n'avait été reçu en ladite charge et n'avait prêté le serment requis que le 22 (ailleurs le 29) mai 1595, obtint la faveur spéciale de toucher ses émoluments, non pas seulement depuis la date de sa réception, mais bien depuis celle de sa provision (12 février), « *nonobstant tous édictz, ordon-* « *nances et règlements faicz sur l'ordre et distribution de noz* « *finances, et lectres à ce contraires, auxquelles, pour ce* « *regard, nous avons derrogé et derrogeons.* » Cette nomination, mentionnée dans beaucoup de titres de famille et d'ouvrages imprimés, notamment dans l'*Histoire de la cathédrale de Rouen*, par le Père Pommeraye (C. A., n° 213), est constatée aussi dans la Liste générale manuscrite des Conseillers au Parlement de Normandie depuis 1499 (C. A., n° 211); ce manuscrit précieux de la Bibliothèque de Rouen contient aussi l'indication de l'écu du sire du Buisson : *d'azur, à trois roses d'or* (armes de dignité), *parti, d'argent, au canton de gueules* (armes de famille).

Bienfaiteur de ses sœurs, à la dot desquelles il contribua largement, désigné dans leurs contrats de mariage (C. A., n°s 18, 23, 26 et 28) comme *noble homme, sieur de Laize-la-Ville, conseiller du Roi en sa court du Parlement de Normandie, chanoine de l'église cathédrale de Notre-Dame de Rouen, maître d'escolle* (sic) *de la cathédrale de Bayeux*, etc., messire Anne est en outre qualifié, dans un arrêt de 1603, *membre de la Cour archiépiscopale de Rouen et promoteur de l'Officialité diocésaine.*

Le 9 octobre 1606, il fut reçu à la prébende que lui

(1) Michel de Monchy, nommé conseiller clerc au Parlement en 1570, et qui portait : *de gueules, à trois maillets d'or*, prit une part active dans les troubles de la Ligue, écrivit un libelle séditieux et diffamatoire contre Henri IV, et devait cependant redevenir le collègue d'Anne du Buisson en juillet 1603, en vertu de l'édit d'amnistie de Follembray (janvier 1596) et de lettres royales de jussion postérieures. (Voir Floquet : *Histoire du Parlement de Normandie*, in-8°, Rouen, 1841, t. IV, p. 9).

avait résignée Jérémie de La Place (C. A., n° 213), et, délégué par le Parlement (délibération du 7 janvier 1616), avec plusieurs de ses collègues, pour assister à l'entrée à Rouen de Mgr. François de Harlay, primat de Normandie, qui eut lieu le 11 janvier suivant, il fut nommé, le 13 juillet (ailleurs le 12 mars) de la même année 1616, *Vicaire général du diocèse*, par cet archevêque ; quelques mois après, des lettres-patentes du même, datées de Paris le 1er septembre, l'élevaient à la dignité d'*Archidiacre du Vexin Normand* (1), vacante par le décès d'Etienne Samson ; et, le 12 septembre, selon procès-verbal à cette date (C. A., n° 229), dans lequel il est qualifié *nobilis et circumspectus vir dominus ac magister Annas du Buisson*, *in supremo Normanniæ senatu consiliarius regius*, *et in ecclesiâ Rothomagensi canonicus præbendatus*, il se fit installer dans ses nouvelles fonctions; entre autres prérogatives, elles lui donnaient droit à un siége élevé au-dessus de ceux du Chapitre, à gauche du chœur de la Cathédrale. — Enfin, lorsque Louis XIII fit son entrée à Rouen, le 8 juillet 1620, il fut un des trois chanoines chargés par l'archevêque et le Chapitre d'aller offrir au monarque les hommages de la Compagnie (C. A., n° 231).

Dans cette même année 1620, le 19 février, messire Anne acquit de Jean Le Vavasseur, riche bourgeois de Caen, dont le père avait été anobli en 1610, une partie de la seigneurie de Cristot, avec les droits, dignités et fiefs nobles en dépendant; mais, comme cette seigneurie relevait aussi en partie du fief dominant du Mesnil-Patry, il se vit contraint, à la suite de longs démêlés avec messire Jean Le Fauconnier, écuyer, sieur du Mesnil-Patry, et sur le conseil de leurs amis communs, d'acquérir de ce dernier, par contrat passé le 7 décembre 1620 devant Lucas Le Page et Thomas Dubosq, tabellions royaux à Rouen, une prévôté-receveuse « avec « toutes les rentes sieuriales et tenures qui en dépendaient, « avec droit de patronage alternatif y annexé, et tout ce qui « estoit attribué à la dite prévôté-receveuse, qui s'étendoit « en la paroisse de Cristot et de Fontenay-le-Pesnel, avec « subrogation aux droits du dit Le Fauconnier pour faire « poursuite de tout ce qui étoit et pourroit être trouvé mou« vant de la dite prévôté-receveuse, etc. » — Le roi Louis XIII, par lettres-patentes datées de Paris au mois de février 1621 (C. A., n° 232), enregistrées, le 14 juin, en la cour des Aides de Normandie, et, le 29 octobre en la cour des Comptes,

(1) L'archidiaconné du Vexin Normand se composait des doyennés de Pormor ou Baudemont (40 paroisses), de Gamaches (43 paroisses), de Gisors (34 paroisses), et de Bray (25 paroisses).

« désirant subvenir au dit exposant, valida et autorisa le dit « contrat et le démembrement par icelui de ladite prévôté-« receveuse en toutes ses dépendances, avec le patronage, « et icelle créa et érigea en huitième de fief noble de hau-« bert à la dénomination de CRISTOT-COURSON, avec juridic-« tion, plaids et gages-pléges, etc., etc. » Et, bien que, par le contrat précité, le sieur Le Fauconnier se fût réservé le droit de présentation à la cure de Cristot pour la première vacance et pour une fois seulement, il fit encore un peu plus tard rétrocession de cette dernière réserve à messire du Buisson, par contrat du 13 mars 1628 (C. A., n° 68).

Comme nous l'avons dit ailleurs, nous considérons comme très-probable que ce fut Anne du Buisson qui acquit aussi à sa maison la terre seigneuriale de Brouay; car, bien que nous n'ayons pas de documents constatant cette acquisition, il est à remarquer que, dans un acte d'aveu rendu à ce même Anne, par l'intermédiaire de son neveu Claude, le 12 juillet 1628 (C. A., n° 39), on le qualifie « noble homme « messire maître Anne du Buisson, seigneur et patron de « Cristot *et de Brouay*, etc. »

Ce conseiller-clerc au Parlement de Normandie conserva ses hautes fonctions judiciaires et ecclésiastiques jusqu'à sa mort; il décéda en sa résidence à Rouen, le mardi 19 septembre 1628, vers 7 heures du matin (C. A., n° 234). Sur la demande de maître Yauvart, chanoine de la cathédrale, assisté de 24 personnes en deuil et agissant au nom de Pierre du Buisson, écuyer, sieur de Courson, frère du défunt, l'inhumation fut fixée au jeudi 21 septembre dans l'après-midi; et messieurs d'Hauterive, Pigny et Barbey, chanoines, furent chargés, par le Chapitre de la cathédrale, de désigner le lieu de sépulture du défunt en la chapelle Notre-Dame de l'église métropolitaine. Le corps fut, en effet, inhumé dans cette chapelle et repose par conséquent à côté des fastueux tombeaux des grands sénéchaux Louis et Pierre de Brezé-Maulevrier, et des tombeaux des deux cardinaux d'Amboise, des cardinaux Cambacérès, de Croy, etc. La cour du Parlement tint même à honneur de rendre un dernier et solennel hommage à l'un de ses plus doctes membres et assista en robes rouges à ses obsèques (C. A., n° 234).

Anne du Buisson avait laissé un testament qui fut lu au Chapitre et par lequel il instituait pour héritiers de tous ses biens son frère Pierre, sieur de Courson, et le fils de ce dernier, Claude (II), qui devint ainsi, un peu plus tard, seigneur et patron de Cristot et de Brouay.

XIV DEGRÉ.

Noble homme messire PIERRE, Ier du nom, DU BUISSON, écuyer, sieur de Courson, sieur du Buisson-St-Aulbin, de La Fontenelle-sur-Gavrus et autres lieux, fils aîné, issu du second mariage de Claude Ier du Buisson, écuyer, sieur de Courson, et de Marie Le Sueur, naquit à Caen et, selon toute apparence, de 1556 à 1560.

Après avoir, comme ses deux frères, fait des études sérieuses de la science du Droit sous la direction de son père, après avoir, comme son frère Anne, fait adhésion, en l'année 1575, à l'autorité du Recteur de l'Université de Caen, selon un procès-verbal dans lequel son frère et lui sont qualifiés *Nobiles* (C. A., n° 205), après avoir aussi, sur les instigations de son frère Tanneguy, composé un ouvrage de jurisprudence écrit en latin et assez estimé dans le temps (C. A., n°s 202 et 203), publié à Caen en 1586 seulement, avec ceux de son père et de son frère Anne, et intitulé : *Les Définitions du Droit* (1), Pierre prit l'épée (C. A., n° 203) et suivit pendant quelques années la carrière des armes; mais, en 1584, il accepta la charge de *Contrôleur ordinaire* (2) de la maison

(1) On trouve ce livre à la Bibliothèque de Rouen, volume coté E., 807 (Caen; in-18, 1586). Il est intitulé :

« DEFINITIONES JURIS UTRIUSQUE.

« Petrus Buyssonius, Claudii filius, collegit et in ordinem redegit.

« Cadomi; apud Petrum Candelarium, 1586. »

Dédicace : « Clarissimo viro Gaillardo de Cornac. I. V. D. Petrus Buyssonius S. D. »

Dès la troisième ligne de cette dédicace, l'auteur déclare qu'il a composé ce livre : « Tanigii Buyssonii, antecessoris Cadomæi, *fratris* mei, consilio impulsus. »

Seize vers à la louange de l'auteur, par Steph. Fanutus.

Ouvrage de 136 pages, terminé par des Additions *De Polititiâ* et par un *Index verborum juris utriusque definitorum.*

(2) Les Contrôleurs ordinaires de la maison d'un Souverain ou d'un Prince du sang royal étaient en quelque sorte des Maîtres d'Hôtel en second placés sous la direction d'un chef unique qui était le premier Maître d'Hôtel, le directeur général de toute l'administration intérieure du Palais.

On lit dans la *Cosmographie universelle*, par Munster et Belleforest (Paris : in-folio, 1575), article sur les Officiers de la maison et couronne de France, tome Ier, Ire partie, page 264 : « Quant aux Maîtres d'Hôtel, ils sont comme « les économes et bons ménagers de la maison du Roi, de la dépense de « laquelle il faut qu'ils aient connaissance et en oyent les comptes; ils portent « *un bâton de jonc marin, enchassé d'argent par les deux bouts*, et précèdent « les Gentilshommes qui servent le Roi; et n'est loisible à pas un sergent de « faire exploit d'ajournement vers quiconque que ce soit dedans la maison « du Roi sans licence expresse des Maîtres d'Hôtel qui sont en quartier et du « premier Maître qui est ordinaire. On dit que, le temps passé, ils avoient « charge de mettre taux aux vivres, etc. »

On voit un peu plus loin, dans le même ouvrage, que les Maîtres d'Hôtel de très-haut et très-puissant seigneur monseigneur Charles de Bourbon-Vendôme, cardinal archevêque de Rouen, primat de Normandie, premier prince du sang royal, frère d'Antoine de Bourbon, roi de Navarre, et de François de Bourbon-Vendôme, duc d'Enghien. Ce prince, qui fut un instant proclamé Roi par les Ligueurs sous le nom de Charles X, était par conséquent l'oncle du roi Henri IV. Les lettres-patentes par lesquelles il conférait cette distinction, avec les honneurs, prérogatives, franchises (1) et émolu-

et Contrôleurs avaient originairement sous leurs ordres au Moyen-Age le *Roi des Ribauds*, qui était chargé, avec quelques sergents, un prévôt et un geôlier, de la police du Palais.

(1) La charge de Contrôleur ordinaire de la maison d'un Souverain ou d'un Prince du Sang (charge dont jouissait encore pour la seconde fois Pierre du Buisson en 1605, ainsi que nous allons le voir plus loin), rendait commensal d'une maison royale et, à ce titre, conférait, entre autres *franchises*, l'exemption de toutes tailles pour ceux qui n'auraient pas déjà joui de cette exemption comme nobles de race. — On lit, en effet, dans l'article 125 de l'Ordonnance d'Orléans (janvier 1560), rendue par Charles IX, sur les doléances des États assemblés à Orléans :

« Nos officiers ou ceux de notre très honorée dame et mère, de nos très « chers frères et sœur, de notre très chère sœur la reine Marie (Stuart), et « de nos très chères tantes les duchesses de Ferrare et de Savoie, seront tenus « pour exempts s'ils sont couchez en l'estat de domestiques et ordinaires ser- « vant actuellement, et payés de gages appartenans à l'office, sans fraude, « et que le trésorier certifiera sous son seing. »

Voici la teneur de l'article 342 de l'Ordonnance de Blois, rendue par Henri III (mai 1579), concernant la Police générale du Royaume :

« Les officiers de nostre maison, et ceux de la Reine, notre très honorée « dame et mère, de nostre très chère et très amée compagne la Reine, de nos « très chers et très amez frères et sœur, le duc d'Anjou, roi et reine de « Navarre, de nos très chères et très amées belles-sœurs les reines d'Ecosse « et Ysabelle, douairière de France, ne seront exempts de la contribution de « nos tailles, s'ils ne sont pas couchez ès estats des domestiques et ordinaires, « aux gages pour le moins de 20 escus, et servans actuellement, dont les « trésoriers bailleront signification signée d'eux, et sans fraude, à peine de « s'en prendre à eux. »

Décision conforme dans l'article 5 de l'Ordonnance générale sur le fait des Tailles et Usurpations des Titres de Noblesse, rendue à Paris en mars 1583.

Des déclarations de Louis XIV et de Louis XV exemptent aussi de la contribution aux tailles les officiers commensaux de la maison du Roi, des maisons royales et de celles des Princes et Princesses du Sang.

Enfin, un arrêt du Conseil d'Etat du Roi, rendu à Versailles, sous Louis XVI, le 15 mai 1778, sur le rapport du sieur Moreau de Beaumont, le *Roi étant en son Conseil*, constate que, d'après les anciens Edits, Déclarations, Arrêts, etc., les officiers et commensaux *non nobles* des maisons royales avaient été dispensés depuis longtemps des tailles, corvées, tutelle, curatelle, logement des gens de guerre, etc., mais non pas du droit de Franc-Fief, parce que ce droit était domanial et non pas d'imposition ; en conséquence le même arrêt octroie aussi l'exemption du droit de Franc-Fief pour les commensaux de maison royale *non nobles*, par suite de l'honneur qu'ils ont d'appartenir à Sa Majesté et aux Princes et Princesses du Sang. — Suit la liste des commensaux dispensés, alors même qu'ils ne sont pas nobles, pourvu qu'ils

ments qui y étaient attachés, « *pour l'entière confiance qu'il* « *avoit en la personne de messire Pierre du Buisson et sa* « *suffisante prud'hommie, expédition et diligence* », datées de Gaillon, le 23 août 1584 (C. A., n° 15), avec la formule royale *Car tel est nostre plaisir*, sont une pièce rare et curieuse et portent la signature authentique du cardinal. — Avant d'entrer en fonctions, le nouveau contrôleur prêta serment entre les mains de M. de Catheville, maître d'hôtel de l'archevêque-prince, le 8 septembre 1584, en présence du sieur de Framboisier, contrôleur ordinaire, et autres officiers.

Le 28 décembre 1589, le sire de Courson figura dans l'acte de partage de la succession de son père et eut le second des « *Lhots baillez par damoyselle Marye Le Sueur, veuve de feu* « *Claude du Buisson, escuïer, docteur aux Droits, de la succes-* « *sion universelle du dict deffunct, à messires Tanneguy, Pierre* « *et Anne du Buisson, escuïers, enfants et hérittiers du dict.* » Ce second lot se composait d'une maison à St-Gilles de Caen et d'une terre située à Bougy, mais ne comprenant pas alors le domaine de Gavrus, qui se trouvait dans le troisième lot et ne devait lui revenir qu'un peu plus tard. L'acte de partage est intéressant ; en voir l'analyse et la reproduction partielle C. A., n° 16.

soient compris dans les états envoyés tous les ans à la cour des Aides, qu'ils servent réellement et actuellement, qu'ils ne fassent aucun acte dérogeant ou répugnant à leur qualité, et qu'ils n'exercent aucune charge, office, place ou emploi ayant fonction publique et serment en justice. Sont cités notamment les valets de chambre ordinaires, le contrôleur ordinaire de la bouche, les contrôleurs d'offices, etc., le premier médecin et le médecin ordinaire, etc., les intendants généraux et contrôleurs des menus plaisirs et affaires de la chambre du Roi, les gardes-du-Corps, chevau-légers, gendarmes de la Garde, officiers des Cent-Suisses, etc. — Les articles 2 et 3 de l'Arrêt sont ainsi conçus :

« Art. 2. — N'entend Sa Majesté comprendre dans le présent arrêt les « officiers et commensaux de sa maison ci-après désignés, qui, *devant être* « *tous de condition noble*, ont le droit, en cette qualité, de jouir personnelle- « ment de l'exemption du franc-fief, savoir : — Chambre du Roi : les premiers « valets de chambre ; — Maison du Roi : les maîtres d'hôtel ordinaires, les « contrôleurs généraux ; — Cabinet du Roi : les secrétaires de la Chambre, « du Cabinet et des commandements, les lecteurs de la Chambre, le conducteur « des ambassadeurs ; — Autres Officiers : les gentilshommes ordinaires, l'in- « tendant et contrôleur général des meûbles de la Couronne, les Écuyers de « S. M., les gouverneurs et sous-gouverneurs des pages des écuries ; — Equi- « pages de chasse : les commandants, lieutenants et gentilshommes de la « vénerie, de la louveterie et de la fauconnerie.

« Art. 3. — Les officiers et commensaux qui seront pourvus, dans les mai- « sons royales, et dans celles des Princes et des Princesses du Sang, de charges « de pareille nature que celles énoncées en l'article 1er du présent arrêt, « jouiront pareillement et aux mêmes conditions de l'exemption du droit de « franc-fief pour raison de leurs terres, fiefs et biens nobles. »

Trois ans après environ, par suite de ses relations avec les personnages importants de l'époque, Pierre fit un riche mariage en épousant, selon contrat passé devant Yves Cornu, notaire à Chartres, le 2 septembre 1592 (C. A., n° 17), honorable damoiselle ELISABETH (ou ISABELLE) BAUDOUYN, fille d'honorable homme Jean Baudouyn, varlet de chambre (chambellan) ordinaire du Roi (probablement Henri III, quoiqu'il fût mort en 1589), et de défunte dame Nicole Bédeau (1). — Furent présents, comme témoins, à la cérémonie : pour le sieur de Courson, noble homme messire maître Philippe de Vérigny, sieur d'Ecrammeville, conseiller au Grand Conseil du Roi, et noble homme messire Louis Hubault, trésorier de la maison du cardinal de Bourbon ; pour la damoiselle Baudouyn, noble homme maître François Jolly, avocat au Grand Conseil du Roi, et honorable homme maître Nicolas Porriquet, procureur audit Grand Conseil. — Il résulte du contrat de mariage de Pierre du Buisson, contrat où il est qualifié *noble homme, contrôleur de la maison du cardinal de Bourbon* (quoique ce dernier fût mort depuis plus de deux ans, le 9 mai 1590), qu'il possédait deux maisons à Caen, paroisse St-Pierre, une terre considérable à Gavrus, une autre à Bougy et des immeubles féodaux à Cristot.

Héritier en 1598, du chef de sa femme, des biens de sa belle-mère Nicolle Bédeau, le sieur de Courson obtint, à la date du 7 août même année, une sentence de la Prévôté de Paris (C. A., n° 19), au sujet de l'envoi en possession de ses biens ; dans cet acte, il est dénommé *Pierre du Buisson, écuyer, sieur du Buisson St-Aulbin, mari d'Ysabelle Baudouyn.* D'autres actes, notamment ceux du 23 décembre 1599 (C. A., n° 20), 15 septembre 1614 (C. A., n° 29), 17 juillet 1618 (C. A., n° 31), 12 juin 1620 (C. A., n° 33), 10 février 1626 (C. A., n° 36), et les contrats de mariage de ses sœurs le qualifient tous aussi du reste de *Noble homme* et d'*Ecuyer.*

D'après le traité de mariage de sa sœur Gillonne, en date du 17 novembre 1605 (C. A. n° 23), le sire du Buisson était alors attaché au service de la reine Marguerite de Valois (2),

(1) Jean Baudouyn (aliàs Baudouin) épousa en secondes noces, vers 1598 ou 1599, Marguerite Del Bos, d'une grande famille d'Auvergne, qui était de la famille maternelle du sous-préfet actuel de Dôle (Jura), Mr Pradelle. — Il mourut en 1625.

(2) Il s'agit ici de MARGUERITE DE FRANCE OU DE VALOIS, reine de Navarre (la reine Margot), fille d'Henri II et de Catherine de Médicis, née en 1552 et mariée en 1572, la veille de la St-Barthélemy, au prince de Béarn, depuis Henri IV. On sait que cette princesse fut confinée momentanément au château d'Usson, en Auvergne, à la suite d'aventures galantes, et, qu'après l'annulation de son mariage par le Pape en 1599, elle résidait à Paris, dans un palais séparé, où le roi fournissait à ses dépenses et lui rendait même encore visite.

la première femme d'Henri IV, et remplissait près de cette princesse les mêmes fonctions que près du feu cardinal de Bourbon, c'est-à-dire celles de *contrôleur ordinaire de sa maison*, avec jouissance par conséquent des priviléges et immunités attachés à cette charge (1). Il dut ainsi être à portée de voir de près tous les événements qui remplirent cette époque, et précédèrent ou suivirent l'avènement au trône de France du roi Vert-Galant.

Quelques années plus tard, il s'était retiré dans sa ville natale. Lorsqu'il fut procédé, le 7 mars 1612, jour des Cendres, en l'hôtel-de-ville de Caen, sous la présidence de Pierre Boutin, sieur de Victot, Villiers-le-Sec et Banville, bailli de Caen, en présence de Vauquelin de La Fresnaye, son lieutenant général, et autres, à l'élection triennale accoutumée de *six* gouverneurs échevins, dont trois pris dans la Noblesse du lieu et trois parmi les notables de la Bourgeoisie, il eut l'honneur d'être choisi pour *premier conseiller et gouverneur échevin* (2) *de ladite ville entre les membres de la*

C'est donc à Paris que messire Pierre du Buisson, sieur de Courson, fut, pendant quelques années, contrôleur ordinaire de sa maison.

Marguerite de Valois, fille, sœur ou femme de *cinq* rois qui portèrent successivement la couronne de France, mourut en 1615, laissant des *Mémoires* très-curieux sur les événements qui se sont passés de 1565 à 1587.

(1) Voir, note 1re de la page 134, nos observations sur les priviléges des commensaux et officiers des maisons royales ou des princes du Sang.

(2) ECHEVIN, en latin *Scabinus*, dérive aussi d'un vieux mot allemand *Scheben*, qui veut dire *juge, savant*. Marculfe, qui écrivait vers 660, fait le premier mention des Echevins comme assesseurs du Comte et de son viguier ou lieutenant dans le jugement des causes. Sous les Carlovingiens, on voit les Echevins rendre la justice dans les Plaids ou Assemblées publiques; ils sont alors élus par les notables des villes, confirmés par le Roi et soumis à l'inspection des commissaires royaux *(missi dominici)*. Alors l'Echevin était non-seulement un magistrat rendant la justice haute, moyenne et basse, mais encore un homme de guerre servant à la tête de ses clients, soit pour les services du Roi, soit pour celui de la ville. Ils avaient aussi des quarteniers ou lieutenants, dirigeant la milice bourgeoise en temps de paix.

A partir de la troisième race, les Echevins ne sont plus que des officiers de justice seigneuriale ou municipale; une partie même de leurs fonctions judiciaires passe dans les mains des baillis. Ils continuèrent cependant, comme officiers municipaux, de tenir de leur charge une importance réelle, puisqu'ils étaient les conseillers et assesseurs obligés du maire des grandes villes et du prévôt des marchands à Paris. On les qualifiait presque toujours *Gouverneurs-Echevins*.

Certaines villes avaient deux sortes d'Echevins: les Echevins nobles et les Echevins bourgeois non nobles. Caen, Rouen, Rennes, Orléans, Bordeaux, Avignon, Strasbourg, Lille, etc., sont dans ce cas; d'autres villes donnaient des exemptions nobles à leurs échevins, et les considéraient comme nobles pendant le temps seulement qu'ils exerçaient cette charge: Amiens, Clermont, Perpignan, etc., sont dans celui-ci. Enfin *douze* villes seulement avaient le privilége de conférer à leurs Echevins la noblesse héréditaire; parmi celles-ci,

Noblesse locale. Le procès-verbal de l'élection (C. A., n° 25) le qualifie de *noble homme*, *sieur de Courson.* Il exerça ces fonctions jusqu'au jour des Cendres 1615 ; dans cet intervalle, il fut souvent le délégué de la ville à Paris et à Rouen pour les intérêts municipaux, comme le prouvent tout d'abord les lettres échangées avec ses collègues et datées de Paris les 1er, 4, 6 et 8 septembre 1612 (C. A., nos 216 à 226), au sujet de la réception à faire au comte de Soissons (Charles de Bourbon-Condé). Le 22 décembre suivant, il était désigné par une délibération de l'*Hostel commun* de Caen (C. A., nos 214 et 215) pour aller soutenir à Paris les droits de la ville dans son procès avec les Elus, avec charge de passer par Rouen pour hâter la solution des procès de la même ville pendants devant la cour du Parlement ; une autre délibération, faisant suite à celle-là, datée du samedi 5 janvier 1613, nous apprend qu'il dut se mettre en route le lundi suivant 7 janvier, et qu'il lui fut délivré à cet effet la somme de 200 livres. On trouve aux archives de l'hôtel-de-ville ses lettres autographes écrites pendant ce voyage, notamment celles des 23 février, 5 et 8 mars 1613, cette dernière annonçant le gain du procès de la ville contre les Elus, et celles des 23 juin et 5 septembre 1613, au sujet du procès de la ville contre les héritiers de Mondreville (C. A., nos 216 à 226). Au commencement de l'année 1615, il était encore à Rouen pour les affaires de la ville, comme le prouve une lettre du 21 février même année, au sujet d'un privilége réclamé devant la cour des Aides par les bourgeois de Caen.

Pendant l'exercice de son échevinage, au mois d'août 1613, le sieur de Courson obtint de Louis XIII, alors enfant, sur la proposition de la Reine-Mère, régente du Royaume, des lettres-patentes datées de Paris, signées du Roi et contresignées de Marie de Médicis et du ministre Loménie (C. A., n° 27), qui lui concédaient l'autorisation de construire « *fuye et colombier* » en son fief de Gavrus mouvant de la Couronne « *en considération*, lit-on dans ce document précieux, *des bons* « *et agréables services que le dict Pierre du Buisson, escuyer,* « *sieur de Courson, et ses prédécesseurs ont rendus aux feus rois* « *Henri IIIe, d'heureuse mémoire, et Henri-le-Grand, nostre*

citons notamment Paris, Abbeville, Nantes, Angers, Poitiers, St-Jean-d'Angely, Toulouse, etc.

Mais si la charge d'Echevin ne conférait en France qu'exceptionnellement la noblesse héréditaire, elle jouissait partout d'une grand considération et était exercée presque généralement par un certain nombre des membres de la Noblesse. — Comme on le voit, nos conseillers municipaux actuels n'ont rien de commun avec les Echevins ; ces derniers étaient gens à bien rire s'ils avaient pu voir ce que l'on considère parfois aujourd'hui comme leurs successeurs.

« *très-honoré seigneur et père (que Dieu absolve), et lui donner* « *subject de les continuer envers Nous.* » Ce colombier a existé fort longtemps ; il était à 60 ou 80 mètres environ du château actuel, un peu sur la droite de la façade regardant Grainville, et n'a été démoli tout à fait qu'il y a peu d'années par M. le comte de Jumilhac, propriétaire actuel du domaine.

A la fin de l'année 1615, le 28 décembre, une quittance à cette date (C. A., n° 30) nous indique qu'il venait de payer la part de contribution à laquelle il avait été cotisé « *comme* « *Noble et noblement tenant pour les frais faits par le sieur* « *député de la Noblesse du bailliage de Caen aux Etats généraux* « *de France tenus à Paris en l'année* 1614 » (1). On sait que c'est à l'une des séances de ces Etats généraux que les députés de la Noblesse sollicitèrent et obtinrent du roi Louis XIII la création de l'office d'un *juge d'armes de France*, pour réprimer les usurpations des titres de noblesse et établir la filiation des familles nobles du Royaume.

Messire Pierre passa les dernières années de sa vie soit à Caen, en sa maison située à St-Pierre, rue du Mesnil-Torel, se consacrant à l'éducation de son fils Claude, soit à sa terre de Gavrus qu'il affectionnait. On le trouve mentionné pendant cette période dans des actes du 17 juillet 1618 (C. A., n° 31) ; du 12 juin 1620 (C. A., n° 33), duquel il résulte qu'il avait, ainsi que sa femme Isabelle Baudouyn (encore vivante alors, mais qui était décédée dès le 17 février 1624), donné sa procuration à Guillaume Baillon, bourgeois de Paris ; du 10 février 1626 (C. A., n° 36) ; enfin, du 1er juillet 1628 (C. A., n° 38), époque où il se trouvait à Paris, et où il s'occupait des intérêts de ses enfants, etc. — Il mourut à son manoir de Gavrus, près Evrecy, en février

(1) ETATS GÉNÉRAUX du 27 octobre 1614. — L'assemblée était composée de 494 députés : 163 pour le Clergé, 136 pour la Noblesse, 195 pour le Tiers-Etat. Présidents : pour le Clergé, le cardinal de Joyeuse ; pour la Noblesse, le baron de Sensey ; pour le Tiers-Etat, Miron, prévôt des marchands de Paris.

Convocation royale, la veille, 26 octobre, dans l'église des Augustins de Paris.

Après un discours du Roi, puis un discours de l'archevêque de Lyon, Mr Pont-de Saint-Pierre, au nom de la Noblesse, compara la Majesté Royale à la Divinité. Il prodigua des louanges outrées à Marie de Médicis, et termina son discours en exprimant l'espérance que les Etats remédieraient à plusieurs désordres, notamment en rendant à la Noblesse son ancien lustre : « à cette « Noblesse autrefois si relevée, dit-il, maintenant tant abaissée par quelques-« uns de l'Ordre inférieur, sous prétexte de quelques charges. Qu'ils appren-« nent, continue l'orateur, que, bien que nous soyons sujets d'un même Roi, « nous ne sommes néanmoins pas tous également traités ; ils verront tantôt la « différence qu'il y a d'eux à nous. Ils la verront et il s'en souviendront, s'il « leur plaît. C'est cette Noblesse, Sire, qui est toujours prête à exposer mille « vies pour le salut du Royaume, pour le salut de son Prince, etc., etc. »

1631, et fut inhumé le 17 du même mois en l'église de cette paroisse, chapelle de la Vierge (C. A., n° 246).

De son mariage avec Elisabeth ou Isabelle Baudouyn, il avait eu *six* enfants, savoir :

1° Claude, qui continue la filiation.

2° Jeanne du Buisson de Courson, baptisée en l'église St-Pierre de Caen, le 17 octobre 1598 (C. A., n° 277), et ainsi nommée par messire Pierre Roger, écuyer, sieur de Sorteval, et noble dame Jeanne Le Pelé de Vaubesnard, ses parrain et marraine. Cette jeune fille contracta une alliance des plus honorables pour la maison du Buisson, en épousant plus tard messire Guillaume Bourdon, écuyer, sieur de Préfossé, fils de Guillaume Bourdon, écuyer, sieur de Roquereuil, et de damoiselle Antoinette Ribault, de la même famille que les Bourdon de Gramont, et qui descendait directement, par sa mère, de Pierre du Lys, frère de l'immortelle héroïne Jeanne-d'Arc, dite la Pucelle d'Orléans (Voir Livre III ci-après, 2e partie, 14e article historique ; famille Bourdon. Voir aussi C. A., nos 38, 283 et 323).

3° Marie du Buisson, morte le 20 juin 1604 et inhumée dans l'église de Gavrus (C. A., n° 279).

4° Marguerite, née à Gavrus le 25 août 1602 (C. A., n° 278), ayant eu pour parrain Jean du Moutier, chanoine de la prébende de Monts, et pour marraines Marguerite et Gillonne du Buisson, ses tantes. Cette demoiselle figure encore comme marraine sur les registres de Gavrus le 9 mars 1632 et sur ceux de Cristot en 1632 et le 16 mars 1634 ; elle avait épousé, en 1627, messire Jean de Melun, écuyer, sieur de Longuemare, et était sa femme à la date du 1er juillet 1628 (C. A., n° 38). Cette alliance est mentionnée dans les Maintenues de l'intendant Chamillart (1666-1667), à l'article de Melun.

5° Pierre, baptisé à Gavrus le 23 septembre 1604, mort dans la même paroisse le 20 juillet 1608 (C. A., nos 280 et 281).

6° Thomas du Buisson, baptisé à Gavrus le 13 juillet 1608 (C. A., n° 282), et ainsi nommé par noble homme Thomas Le Brethon, écuyer, sieur de Gourney, et par damoiselle Lallongny, de Caen, ses parrain et marraine. Nous en perdons toute trace ; mais il était mort dans tous les cas avant 1624, puisque son frère Claude est mentionné comme *unique* enfant mâle dans son contrat de mariage.

XVe DEGRÉ.

Noble homme messire CLAUDE, IIe du nom, du Buisson, écuyer, sieur de La Fontenelle-sur-Gavrus, du Buisson-St-Aulbin, de Courson et autres lieux, plus tard seigneur et patron des paroisses de Cristot et de Brouay en l'élection de Caen, naquit à Caen et fut baptisé le 22 juin 1595 en l'église St-Pierre de cette ville ; d'après l'acte de baptême (C. A., n° 245), il eut pour parrains noble homme Jean Baudouyn, officier de la maison du Roi, son grand'père maternel, et noble homme Pierre de Vermont, fils de Mgr le Procureur général de la chambre des Comptes, à Paris ; sa marraine fut noble dame Marie Le Sueur, son aïeule paternelle. Son père, Pierre du Buisson, sieur de Courson, n'était pas, à cette époque, attaché au service de la reine Marguerite de Valois ; car l'acte le qualifie encore *contrôleur de la maison de feu monseigneur le cardinal de Bourbon*.

Quinze ou seize ans plus tard, après le retour et la fixation définitive de son père en Basse-Normandie, messire Claude suivit les cours de la Faculté de Droit de Caen (1) et, le 12 novembre 1616, il fut reçu en l'Université de cette ville licencié en droit civil et droit canon. On lit dans l'acte qui constate sa réception (C. A., n° 230), et dans lequel il est désigné *nobilis adolescens Claudius Buissonius, ex parrochiâ Sancti-Petri urbis Cadomensis*, qu'il avait été dispensé de tous frais d'examen grâce à la faveur de son oncle Anne du Buisson, conseiller au Parlement de Rouen.

D'après un contrat de mariage en date du 17 février 1624, Claude du Buisson, alors âgé de 29 ans environ, épousa damoiselle ANNE LAMENDEY, fille de feu honorable homme Robert Lamendey, sieur de Lebizey-sur-Cristot, de la riche bourgeoisie de Caen, et d'honorable dame Philippine Foubert ; la nouvelle mariée, qui, selon la tradition de famille, était d'une beauté très-remarquable, était alors déjà veuve de messire Anne Onfroy, écuyer, sieur de Buron et du Cardonnay, qu'elle avait épousé en l'église de Ranville le 12 mai 1616 et dont elle avait plusieurs enfants. Dans le traité de mariage en parchemin, analysé dans l'ordonnance de Maintenue de 1704 (C. A., n° 88), Claude est qualifié « *escuïer, sieur de La Fontenelle* (sur Gavrus), *seul fils et* « *présomptif héritier de noble homme Pierre du Buisson, sieur* « *de Courson, et de défunte damoiselle Elisabeth Baudouyn.* » Mais dans un acte notarié d'échange passé à Cheux le

(1) « Tandis que les professeurs des Facultés de Droit portaient la *robe* « *écarlate*, insigne d'honneur qui leur était commun avec les Cours souveraines, les écoliers avaient aussi leur costume propre, dans lequel figurait « la *zône* ou ceinture, destinée peut-être à supporter une écritoire, comme « cela se pratique dans certains pays de l'Orient. Réputés membres du corps « Universitaire, ils accompagnaient leurs maîtres dans les fêtes publiques et « autres occasions de ce genre. A l'entrée du roi François Ier à Caen, en 1532, « si nous en croyons l'historien de Bras, nous voyons *un grand nombre d'escoliers, en accoustremens scholastiques, suivant en bel ordre le Recteur et* « *les Docteurs des cinq Facultés, vestus eux-mêmes de leurs chapes doctorales* « *et magistrales, et precedez de douze bedeaux portant verge et masse* « *d'argent.* »

(CAUVET : Le Collége des Droits de l'ancienne Université de Caen.)

27 mars suivant (1624), il est déjà qualifié non-seulement d'*écuyer*, mais aussi de « *sieur de Cristot.* »

Comme délégué de son oncle, il reçut en son lieu et place, le 12 juillet 1628, un acte d'aveu et de foi et hommage rendu aux plaids et gages-pléges (1) de la seigneurie de Cristot, par un tenancier du nom de Louis Blaize à « *noble homme* « *messire maître Anne du Buisson, seigneur et patron de Cristot* « *et de Brouay, conseiller du Roi au Parlement de Rouen, en* « *raison de ses nobles fiefs, terres et seigneuries de Cristot et de* « *Brouay, qui furent d'Argouges* (C. A., n° 39). » Nous avons déjà vu ailleurs qu'il conduisit le deuil lors de l'inhumation de ce même oncle, à Rouen, le 21 septembre suivant, et se porta son héritier tant en son nom qu'au nom de son père. Un acte sous seing privé, du 22 mars 1631 (C. A., n° 236), nous indique sa renonciation au profit de discrète personne Pierre Fouchaut, prêtre pourvu de la prébende de l'archidiacre Anne du Buisson, à divers droits qui lui venaient de ce dernier et notamment au pain échu pendant l'année de l'annate.

Par Lettres royales (Louis XIII) de provision datées de Paris le 17 mars 1629, enregistrées en la Cour des Aides de Normandie le 30 mai suivant (C. A., n° 235), messire Claude fut pourvu, en remplacement de M. Panthaléon Vaussart, de l'office de *Conseiller du Roi et Procureur pour Sa Majesté en l'élection et grenier à sel de Caen.* Il porte cette qualification, non-seulement dans un Etat et déclaration de trois offices de contrôleur au grenier et magasin à sel de cette ville, dont le revenu appartenait à feu messire Anne Onfroy, premier mari d'Anne Lamendey, état dressé et remis au bailli de Caen, le 30 novembre 1629, par *noble homme Claude du Buisson, sieur de Cristot* (sic), tuteur des enfants en bas-âge dudit Anne Onfroy et de ladite Anne Lamendey (C. A., n° 40); mais encore dans un contrat d'échange du 8 novembre 1631 (C. A., n° 41), où il est désigné aussi *noble homme, seigneur et patron de Cristot et de Brouay.* Il serait trop long d'énumérer tous les actes notariés, analysés d'ailleurs au Catalogue analytique, où ces dernières qualifications lui sont données; contentons-

(1) Le mot GAGE-PLÉGE est un terme de Coutume et signifie *Assemblée de tous les vassaux d'un même fief pour reconnaître les rentes et obligations dont ils sont redevables.* — *Gager*, c'est s'engager à payer les rentes et redevances dues pour l'année suivante; si le vassal qui les devait ne résidait pas sur le fief, il était obligé de donner *Plége* (caution), qui y demeurait et qui s'obligeait à sa place, d'où le mot *Gage-Plége.*

Les Gages-Pléges étaient toujours tenus par le sénéchal de la seigneurie (Voir article 185 et suivants de la Coutume de Normandie; voir aussi Basnage, Trévoux, etc.).

nous de citer seulement une sentence du bailliage et siége présidial de Caen, du 24 novembre 1637, mentionnée dans l'Inventaire de Production de 1701, le désignant *écuyer, sieur des fiefs de Cristot*, LE BUISSON (sic) *et Brouay:* ce qui indique qu'un fief du Buisson près Caen, héritage de son père qualifié lui-même, en 1598, *sieur du Buisson-St-Aulbin*, lui avait été transmis par ce dernier après sa mort. — Depuis cette date de 1637, il n'est plus question d'un fief de ce nom dans aucun acte de famille.

Inquiété à la suite des Recherches sur les Francs-Fiefs et nouveaux acquêts en la province de Normandie, le sire de Cristot fut déchargé comme *Noble*, le 11 décembre 1637, d'une taxe faite sur ses fiefs de Cristot et de Brouay, par jugement des Commissaires royaux députés pour lesdites Recherches. — Ce jugement fut confirmé, le 3 octobre 1643, par ordonnance de messire Le Roy de La Potterie, intendant de la généralité de Caen (1). — Ces deux documents, dont le premier surtout aurait une importance *capitale*, puisqu'il constate, d'après la première requête de Robert Hubert, du 6 juillet 1694 (C. A., n° 81), la descendance *noble* de Claude, depuis Thomas du Buisson, *qui vivait au siècle quatorziesme*, sont malheureusement égarés, mais sont relatés et analysés non-seulement dans la pièce précitée, mais encore dans l'ordonnance de Maintenue de noblesse du 28 août 1704 (C. A., n° 88).

Après la mort de sa femme Anne Lamendey, décédée au manoir seigneurial de Cristot le 24 avril 1639, jour de Pâques (C. A., n° 247), et inhumée dans le chœur de l'église de Cristot, laissant postérité, comme nous allons le voir ci-après, Claude épousa en secondes noces, dès l'année 1640 et probablement en la paroisse St-Gatien du Pays-d'Auge, noble damoiselle FRANÇOISE DE POILVILLAIN, fille de noble homme Robert de Poilvillain, écuyer, sieur des Hauts-Champs, et de noble dame Marie de Nollent.

Cette seconde union, à laquelle étaient hostiles ses enfants du premier lit, lui causa, par la suite, quelques procès et quelques ennuis. Nous voyons que, dès la fin de cette même année 1640, le 27 octobre, il fut obligé de faire les lots et partages de la succession de sa première femme entre lui et ses propres enfants d'une part, et les enfants sortis du premier mariage d'Anne Lamendey, Jean et Robert Onfroy, et leurs sœurs, Marie et Elisabeth, d'autre

(1) Voir précédemment, même Livre, première Partie, chapitre 1er, § 2, *Origine noble de la maison normande des sires du Buisson* (p. 14 et 15), l'appréciation et les observations du sire de La Roque-la-Lontière, dans son *Traité de la Noblesse* (Paris: 1678), sur les Recherches des Francs-Fiefs à cette époque.

part, et de leur attribuer les biens qui leur revenaient dans la succession maternelle. En outre, depuis l'année 1654 jusqu'en l'année 1675, une série de procès s'engagea entre son fils aîné Pierre du Buisson et sa belle-mère, qui était séparée de biens d'avec son mari dès l'année 1647, et à laquelle ce dernier avait affecté en dot et douaire la plus grande partie des fiefs de Cristot et de Brouay.

Malgré ces soucis, le même seigneur, inquiété de nouveau au sujet des droits des Francs-Fiefs en 1656, obtint, à Rouen, le 2 septembre de cette même année, un jugement définitif de la Chambre Souveraine établie pour la recherche des Francs-Fiefs en Normandie, jugement portant décharge à son profit, en sa qualité d'*Écuyer*, d'une nouvelle taxe de Franc-Fief sur lui établie *à cause de ses fiefs de Cristot et de Courson* (sic). — Ce document est également analysé dans la Maintenue de 1704 (C. A., n° 88).

Nous avons dit ailleurs que Claude jouissait à Cristot et à Brouay du droit de basse justice; deux extraits des plaids (audiences) de ladite seigneurie, tenus au manoir seigneurial les 12 juillet 1647 et 4 juillet 1650, extraits mentionnés dans un arrêt du Grand Conseil de 1675 (C. A., n° 68), confirment ce fait et démontrent que cette justice se rendait en son nom; il recevait, en outre, assez exactement les aveux de ses tenanciers, comme le démontre aussi un acte de foi et hommage à lui rendu le 30 juin 1659 par Raoullin Guibard, bourgeois de Caen, aveu relaté également dans ce même arrêt.

Du reste, sur la fin de sa vie, Claude du Buisson paraît avoir fixé définitivement sa résidence en son manoir seigneurial de Cristot. Le 9 juin 1669, *mû de dévotion et désirant faire le salut de son âme*, il faisait présent au Trésor de ladite paroisse d'une pièce de terre importante nommée Le Ruffey, selon acte passé devant Thomas Durozier et Jean Caumont, tabellions à Cheux (C. A., n° 56), mais sous la réserve toutefois des devoirs de foi et hommage envers lui. Il figure aussi, soit comme parrain, soit comme assistant à la cérémonie, dans plusieurs actes de baptême ou de sépulture inscrits sur les registres de Cristot ès années 1676 et 1677; dans quelques-uns, il est qualifié *sieur du Hamel.*

Lors de la vacance de la cure de Cristot par suite de la mort de noble et discrète personne Jacques du Buisson, l'un de ses fils, inhumé dans l'église de la paroisse le 13 septembre 1673, il s'engagea, au sujet de la succession à cette cure, un grave procès entre *quatre* prétendants, dont l'un, Gabriel Soulais, était pourvu par le Roi, à cause du litige des droits de présentation; dont le second, Jean

Maillard, était pourvu par lettres de présentation de Pierre du Buisson, fils aîné de Claude, et de Pierre Le Fauconnier, sieur du Mesnil-Patry, en date des 26 novembre et 20 décembre 1673; dont le troisième, Jean Decaen, avait été pourvu par Claude lors du décès du précédent curé et n'avait pu être installé; enfin, dont le quatrième, Thomas Huet, venait d'être présenté par le même Claude et sa femme Françoise de Poilvillain, selon lettres du 14 novembre 1673. — Messire Claude, après avoir été reçu, sur sa demande, partie intervenante en l'instance portée devant le Grand Conseil du Roi, présenta un premier Mémoire explicatif à ses juges, à la fin de décembre 1674 (C. A., n° 61), puis un Inventaire de production daté du 1er février 1675 (C. A., n° 63); enfin une dernière requête explicative, en date du 9 mars 1675 (C. A., n° 65); il soutenait qu'à lui seul, chef de la famille, ayant la jouissance pleine et entière du fief de Cristot, même à l'exclusion de son fils, qui n'avait en nue-propriété que son tiers-coutumier, appartenait le droit de désignation à la cure en litige, en sa qualité de seigneur du lieu et de patron de l'église; il soutenait encore qu'en raison de l'acquisition entière du patronage de l'église de Cristot par son oncle Anne du Buisson, dont il était l'héritier unique, sa maison se trouvait seule investie du droit de présentation, et que, devant une justification aussi complète, on ne pouvait considérer cette question comme réellement sujette à litige et donnant lieu, par suite, à une présentation par le Roi, seigneur suzerain; il concluait au maintien de l'abbé Thomas Huet, désigné par lui le 14 novembre 1673 et installé le 24 du même mois en la possession de ladite cure. Vingt et une pièces de procédure attestent l'intérêt capital de cette instance, déjà engagée à l'occasion de la nomination du précédent curé et qui faillit être portée alors en appel au Parlement de Rouen. Le Grand Conseil du Roi, statuant souverainement les 22 et 29 mars 1675 (C. A., nos 67 et 68), reconnaît, de la façon la plus formelle, par ces deux arrêts, les droits de la maison du Buisson en général et de Claude du Buisson, seigneur et patron de Cristot, en particulier, à la désignation à la cure de St-André-de-Cristot; le même arrêt maintient Thomas Huet en la possession paisible de ladite cure.

Le sire de Cristot survécut quatre ans environ à cette reconnaissance éclatante d'un de ses droits seigneuriaux les plus importants. Par contrat du 10 mars 1679 (C. A., n° 69), sa femme Françoise de Poilvillain lui fit don, pour lui et ses enfants, sous réserve d'une rente viagère, de la plus grande partie des biens qui lui appartenaient en propre à Cristot et à

Audrieu. Peu de temps après, vers le mois de novembre ou de décembre de cette même année 1679 (1), il mourut à Cristot, à l'âge de plus de 85 ans, et fut inhumé dans le chœur de l'église, dont il était le patron (2).

Quoique Claude du Buisson eût hérité de biens considérables, ses dépenses, ses prodigalités, sa négligence et ses procès compromirent sa fortune de la façon la plus grave ; ce fut lui qui probablement aliéna le domaine du Buisson-St-Aulbin et le domaine de Gavrus, dont on ne trouve plus trace dans les actes postérieurs; aussi, malgré la donation qui lui avait été faite par sa seconde femme, ses enfants durent renoncer à sa succession (C. A., n° 70).

De son premier mariage avec Anne Lamendey, dame de Lébizey-sur-Cristot, Claude eut pour enfants :

1° Marguerite du Buisson, qui figure dans l'acte de lots et partages présenté par son père aux enfants Onfroy le 27 octobre 1640 (C. A., n° 239) et qui assistait au mariage célébré à Cristot, au mois d'octobre 1641, entre Jean de Vendes, écuyer, et Jeanne de Poilvillain; sans alliance connue.

2° et 3° Madeleine et Anne du Buisson, qui étaient religieuses au couvent des Bénédictines de Bayeux en 1659, ainsi qu'il résulte d'un contrat fait à leur profit par leurs frères le 17 mai, même année ; ce contrat est mentionné dans une pièce de procédure du 9 mars 1675 (C. A., n° 65).

4° Pierre du Buisson, qui continue la filiation.

5° Noble et discrète personne maître Jacques du Buisson, né vers 1629, ordonné prêtre, nommé curé de la paroisse de St-André-de-Cristot après la mort du précédent curé Jean Le Canu arrivée le 16 septembre 1659. Sa nomination par l'évêque de Bayeux, faite sur la présentation de son frère aîné Pierre, et malgré son père et sa belle-mère qui en avaient désigné un autre et qui prétendaient maintenir ce droit de présentation, n'eut pas lieu sans difficulté. Néanmoins, il fut maintenu dans sa cure par sentence du présidial de Caen du 3 juillet 1660, relatée dans l'arrêt du Grand Conseil de 1675 (C. A., n° 68), et son père, qui avait porté l'affaire en appel au Parlement de Rouen, se désista ensuite de cet appel en sa faveur. Comme son frère Pierre, il eut des démêlés avec sa belle-mère Françoise de Poilvillain et

(1) Les registres d'état civil manquent à Cristot de 1672 à 1680. Mais, Claude du Buisson étant encore mentionné dans un contrat du 20 septembre 1679 et l'acte de renonciation à sa succession étant du 2 janvier 1680, nous savons l'époque à peu près précise de sa mort.

(2) Claude du Buisson avait pour contemporains Gédéon et Jacques du Buisson, fils de François du Buisson et de dame Anne Ragot, qui furent maintenus dans leur noblesse le 15 janvier 1668, par ordonnance de M. de Marle, intendant de la généralité d'Alençon (C. A., n° 240) ; mais il n'est pas prouvé qu'il fût parent ou de la même famille que ces personnages, dont les armes n'ont d'analogie qu'avec les armes de dignité portées par Anne du Buisson, conseiller au Parlement.

passa un acte de transaction avec elle, au sujet d'un bail de la terre de Cristot, le 27 juillet 1661 (voir arrêt du Grand Conseil, de 1675 : C. A., n° 68). Il décéda à Cristot le 13 septembre 1673, ainsi que l'établit l'arrêt précité, et fut inhumé dans l'église.

6° PHILIPPINE, baptisée à Cristot le 27 janvier 1631 (C. A., n° 284), mariée plus tard avec N..... sieur du Hamel.

7° JEAN-BAPTISTE du Buisson, né à Cristot le 15 novembre 1635, baptisé en l'église dudit lieu le 15 décembre 1637 (C. A., n° 285). On ne trouve plus trace de ce Jean-Baptiste dans les actes postérieurs et tout nous fait supposer qu'il mourut dans son enfance ou tout au moins dans sa première jeunesse.

8° MARIE, née en 1636 et baptisée sans nom à cette date, ainsi nommée à Cristot le 23 avril 1638 (C. A., n° 286), figurant sur les registres, comme marraine, le 6 janvier 1657 et le 4 avril 1671 (C. A., n°s 341 et 342) ; morte sans alliance le 21 janvier 1694 et inhumée le 22 dans l'église de Cristot.

9° CLAUDE du Buisson, écuyer, mentionné dans l'acte de lots et partages, du 20-27 octobre 1640 (C. A, n° 239), mort aussi probablement dans son enfance.

De son second mariage avec Françoise de Poilvillain, Claude ne laissait qu'une seule fille :

MARIE du Buisson, née à Cristot le 10 avril 1641, baptisée le 26 du même mois et ainsi nommée le 16 mai suivant par noble dame Marie de Nollent, sa grand'mère maternelle, et par maître Jean Néel, procureur du Roi en l'élection de Caen (C. A., n° 287). Le 2 janvier 1658, à l'âge de 17 ans, elle épousa en l'église de Cristot messire GEORGES COUESPEL, sieur DU MESNIL, avocat au Parlement de Rouen (C. A., n° 288), dont elle eut trois fils et trois filles, et qui fut lui-même, après sa mort à l'âge de 52 ans, inhumé dans l'église de Cristot le 2 juin 1682.

XVIe DEGRÉ.

Noble homme messire PIERRE, IIe du nom, DU BUISSON, écuyer, sieur de Courson, seigneur et patron de Cristot et de Brouay, aîné des fils de Claude II et d'Anne Lamendey, sa première femme, naquit en l'année 1628, ainsi qu'il conste de son acte de sépulture, et très-probablement à Caen.

Les documents nous font défaut sur son enfance et sur sa première jeunesse ; il est à penser qu'après la mort de sa mère, arrivée le 24 avril 1639, il eut pour subrogé-tuteur, ainsi que ses frères mineurs, son oncle par alliance Guillaume Bourdon, écuyer, sieur de Préfossé ; c'est ce qui semble résulter de la sentence du présidial de Caen du 19 mars 1650, dont nous allons parler plus loin (C. A., n° 47). Ce qui est certain, c'est qu'il fut envoyé, ainsi que ses frères, en possession des biens de sa mère, selon acte de la Chancellerie de

Rouen du 17 août 1646. A la fin de cette même année 1646, il présentait aux créanciers de son père un projet de lots et partages mentionné dans l'arrêt du Grand Conseil de 1675 (C. A., n° 68), contenant distraction à son profit et à celui de ses frères du *Tiers-Coutumier* auquel ils avaient droit (1) ; dans les terres qui formaient ce tiers-coutumier, se trouvait le fief noble formant le haubert seigneurial de Cristot et conférant le droit de patronage (nomination à la cure). Ces lots furent ratifiés par sentence du bailliage et siége présidial de Caen, du 24 mars 1650, sentence confirmée elle-même, sur l'appel interjeté par Françoise de Poilvillain, leur belle-mère, selon arrêt du Parlement de Rouen du 3 mars 1653 (C. A., n° 68). Une nouvelle sentence du bailliage et siége présidial de Caen, du 13 juillet 1656, rendue aux assises d'Evrecy contre Françoise de Poilvillain (C. A., n° 52), est également conforme à ces précédentes décisions au sujet du tiers-coutumier.

Nous trouvons encore Pierre du Buisson, qualifié *Écuyer*, mentionné dans un acte de cession d'une rente annuelle sur ses fermages, en date du 2 septembre 1647 (C. A., n° 45), époque à laquelle il était encore mineur; puis, le 19 mars 1650, il obtenait une sentence du bailliage et siége présidial de Caen, portant entérinement des lettres de la Chancellerie de Rouen précitées, pour être relevé lui et ses frères, tous qualifiés *Écuyers*, d'un contrat d'échange passé le 4 janvier 1631 entre feu Pierre du Buisson, écuyer, sieur de Courson, leur aïeul, d'une part, et Claude du Buisson et Anne Lamendey, leurs père et mère, d'autre part, à la suite duquel contrat ledit Claude avait indûment vendu au sieur Jean de Maslon, le 10 avril 1644, trois pièces de terre dépendant du patrimoine de sa première femme défunte Anne Lamendey, et par conséquent du patrimoine de ses enfants (C. A., n° 47); enfin, par acte notarié du 30 octobre 1654 (C. A., n° 48), il rentrait en possession, par voie de rétrocession, de terres situées à Cristot et aliénées par son père au profit de Jacques Le Bas, sieur du Mollay, le 29 mai 1653. — De plus, un contrat du 18 juillet 1650, relaté dans l'arrêt du Grand Conseil de 1675 (C. A., n° 68), constate qu'il avait déjà reçu dès lors, en présence et du consentement de son père, la jouissance de certains droits inhérents à la seigneurie de Cristot, toujours en raison de la propriété de son tiers-coutumier, comprenant le *chefmois* dudit fief.

(1) Comme on le voit, par suite de la mauvaise administration de Claude II du Buisson de Cristot-Courson, ses fils furent réduits à invoquer le droit tutélaire donné aux enfants par la Coutume de Normandie, sous le nom de *Tiers-Coutumier*, pour les protéger contre les prodigalités des pères dissipateurs. Ce Tiers-Coutumier devint pour eux la ressource que la sage Coutume leur réserva à l'encontre des créanciers, pour les sauver de la détresse et leur permettre de ne pas déchoir.

Brouillé avec sa belle-mère Françoise de Poilvillain, il quitta la maison paternelle après avoir atteint sa majorité, et une série de procès surgirent de cette inimitié et se continuèrent au moins jusqu'en 1675, avec des alternatives réciproques de succès et de revers.

Nous trouvons notamment, sans compter les pièces déjà citées, un arrêt du Parlement de Rouen du 24 juillet 1654, rendu contre Pierre du Buisson, deux autres arrêts du Parlement, en date des 7 octobre 1654 et 10 juillet 1655, un acte de transaction judiciaire du 28 juillet 1661, un arrêt du Parlement du 17 mai 1669, relaté dans l'arrêt du Grand Conseil de 1675 (C. A., n° 68), dans lequel il est qualifié *fils aîné*, arrêt qui reconnaît que le fief de Lébizey-sur-Cristot, lui venant de sa mère Anne Lamendey, relevait directement de la Couronne sous la vicomté d'Evrecy, et condamne Françoise de Poilvillain aux frais de la saisie féodale dudit fief, indûment faite par elle; le 1er août 1671, un autre arrêt fort important du Parlement de Normandie, rendu sur les instances de Claude du Buisson et de Françoise de Poilvillain, sa femme, annule les décisions précédemment rendues sur le tiers-coutumier en faveur des enfants du premier lit de messire Claude et ordonne que, pour faire droit sur la distraction du tiers-coutumier et des dot et douaire de Françoise de Poilvillain, les parties se retireraient devant le juge de Caen, qui ferait liquidation des biens et dettes de Claude du Buisson lors de son premier mariage et des biens qu'il avait lors de son second; cet arrêt fut suivi d'une sentence du présidial de Caen du 19 octobre suivant, rendue en conséquence; enfin, le 1er février 1673, une autre sentence du présidial de Caen adjuge à Françoise de Poilvillain le treizième du prix d'un héritage dépendant de la seigneurie de Cristot et vendu par Pierre du Buisson.

Nous avons vu précédemment que Jacques du Buisson, frère de Pierre, avait été nommé curé de Cristot sur la présentation de son frère Pierre, qui prétendait à ce droit sous le prétexte qu'il était nu-propriétaire du fief seigneurial compris dans son tiers-coutumier; puis, qu'après la mort de son frère, en 1673, ce même Pierre avait présenté Jean Maillard à ladite cure et qu'il avait été débouté de ses prétentions par arrêt du Grand Conseil du Roi, du 29 mars 1675, rendu en faveur de son père. Pour soutenir tous ces procès, il avait été obligé de contracter des dettes nombreuses et onéreuses, et les voyages continuels qu'il faisait à Rouen augmentaient encore le délabrement de ses affaires; nous en avons la preuve dans une reconnaissance écrite de sa main, en date du 9 avril 1656, d'une dette de 232 livres contractée par lui envers Nicolas Huet, hôtellier à Rouen (C. A., nos 49 et 50); dans une constitution de rente, à la suite d'emprunt, qu'il faisait au profit de Jacques Hubert, le 6 février 1658; enfin, dans un acte de voyage au greffe des affirmations du Parlement de Normandie, en date du 9 juillet 1671 (relaté dans la Maintenue de 1704), où il est désigné *Ecuyer, sieur de Cristot.*

Après le décès de son père, arrivé, comme nous l'avons vu, dans les trois derniers mois de l'année 1679, le nouveau seigneur et patron de Cristot et de Brouay renonça, par acte passé au bailliage de Caen le 2 janvier 1680 (C. A., n° 70), à la succession de messire Claude, dont les affaires étaient fort dérangées, sauf toutefois, bien entendu, la réserve à son profit qu'il tenait de la Coutume de Normandie; c'est pourquoi il passait, le 26 mars 1681 (C. A., n° 71), un traité amiable au sujet des charges de ladite succession, avec son beau-frère messire Georges Couespel, sieur du Mesnil, l'époux de Marie du Buisson, fille issue du second lit de son père.

Le 19 septembre 1683, il rendait aveu au Roi du fief de Lébizey-sur-Cristot, qui était un « huitième de fief noble « de haubert, s'étendant en ladite paroisse, en celle de « Putot et autre circonvoisines, auquel il y a domaine fieffé « et non fieffé, hommes, hommages, reliefs, treiziesmes, « plaids et gages-pléges, et rentes seigneuriales, etc. » Cet acte, *scellé du cachet de ses armes* empreintes sur de la cire rouge *(d'argent, au canton de gueules, avec casque orné de lambrequins)*, et dans lequel il est qualifié *Escuïer, seigneur et patron de Cristot et de Brouay*, est conservé aux archives de la Seine-Inférieure (C. A., n° 241); nous avons la moulure en plâtre de ce cachet.

Messire Pierre avait épousé en premières noces une jeune femme du nom de MARIE ROGER ou ROGIER, dont il ne paraît pas avoir eu d'enfants et sur laquelle nous ne possédons d'autre document que son acte de sépulture (C. A., n° 248), qui constate sa mort à la date du 26 mars 1683, à l'âge de 28 ans, et son inhumation, le lendemain 27, dans le chœur de l'église de Cristot. Peu de mois après, un contrat de mariage en parchemin, du 25 novembre 1683, relaté dans la maintenue de 1704 (C. A., n° 88), et dans lequel il est aussi qualifié *Escuïer, seigneur et patron de Cristot et de Brouay*, nous apprend son second mariage avec noble damoiselle MARIE-ANNE DE MORANT-COURSEULLES, fille de Nicolas-Claude Morant, chevalier, baron de Courseulles, seigneur d'Eterville et autres lieux, et de noble dame Marie-Charlotte de Hacqueville (ou d'Acqueville); cette jeune femme, née à Courseulles le 19 août 1657, était alors âgée de 26 ans environ.

Deux ans et quelques mois plus tard, le 4 février 1686, il décédait en son manoir seigneurial de Cristot, devenu sa résidence habituelle, à l'âge de 58 ans, et fut, d'après son acte de sépulture (C. A., n° 250), inhumé le lendemain dans l'église par Thomas Huet, curé de la paroisse, en présence de nombreux amis et assistants.

Dépensier comme son père, ayant soutenu de nombreux procès, ayant continué ses traditions de libéralité, comme lui aussi il laissa un patrimoine des plus obérés; aussi, dès le 4 mars 1686, sa veuve Marie-Anne de Morant s'empressait de faire au siége présidial de Caen renonciation à la succession de son mari; en outre, nommée tutrice par les parents paternels et maternels du défunt, selon acte d'assemblée devant le lieutenant au bailliage de Caen du 23 septembre 1686, elle fut contrainte de demander au conseil de famille, le 15 novembre 1688, à aliéner quelques terres pour l'acquit des dettes passives de la succession de son mari.

La dite dame de Morant, après avoir été chargée, par lettres-patentes de Louis XIV, en date du 31 août 1694 (C. A., n° 75), de la *garde-noble* (1) de son fils mineur Pierre-Nicolas, mourut à Cristot, à l'âge de 38 ans environ, le 6 novembre 1695, et fut inhumée le lendemain 7 dans l'église de Cristot (C. A., n° 251), à côté de son époux. Le portrait de cette dame, peint à l'huile, est encore conservé avec soin au château des Planches-sur-Amblie par son descendant au 6e degré en ligne directe, M. Amédée du Buisson de Courson, chef actuel de la branche aînée de sa famille.

Nous avons dit plus haut que nous ne connaissions à Pierre du Buisson aucun enfant de son premier mariage; de son union avec Marie-Anne de Morant-Courseulles, il laissa deux fils:

1° Pierre-Nicolas du Buisson, né le 29 juin 1684, et qui continue la filiation.

2° Philippe, né à Cristot le 31 décembre 1685, baptisé en l'église le 7 janvier 1686 (C. A., n° 293), ayant eu pour parrain messire Philippe de Chaumontel, écuyer, seigneur d'Audrieu, et pour marraine Marie de Chaumontel. Il mourut à Cristot dans son enfance, âgé de 3 mois 15 jours, le 13 avril 1686.

XVIIe DEGRÉ.

Noble homme messire Pierre-NICOLAS du Buisson, chevalier, sieur de Courson, seigneur et patron de Cristot et

(1) Voir dans la Première Partie, pages 82 et 83, la note concernant le droit de *Garde-Noble* en Normandie.

d'abord de Brouay, fils aîné de Pierre II et d'Anne de Morant-Courseulles, naquit au manoir seigneurial de Cristot le 29 juin 1684 et fut baptisé en l'église de St-André-de-Cristot par Thomas Huet, curé de la paroisse, le 2 juillet suivant (C. A., nº 249); ses parrain et marraine furent Nicolas-Claude-Morant, chevalier, seigneur baron de Courseulles, son aïeul maternel, et noble dame Jeanne Fhiment.

Nous avons déjà vu qu'à la suite de la mort de son père arrivée deux ans environ après sa naissance, sa mère Marie-Anne de Morant fut désignée comme tutrice par le conseil de famille le 23 septembre 1686, et que la dite dame fut aussi commise à la *garde-noble* (1) et tutelle dudit Pierre-Nicolas du Buisson et à l'administration de ses biens par lettres-patentes de Louis XIV, du 31 août 1694 (C. A., nº 75); qu'enfin cette dame ne jouit de ce privilége que jusqu'au 7 novembre 1695, date de sa mort.

Anne de Morant-Courseulles fut remplacée dans la tutelle de son fils par un avocat de Caen dévoué à la famille et nommé Robert Hubert, qui, dès le 22 juin 1696, faisait passer bail judiciaire aux enchères, adjugé à un sieur Quesnel, de tous les héritages appartenant à son pupille dans la paroisse de Cristot (C. A., nº 76); il figure, en outre, en la même qualité de tuteur, dans un acte d'assemblée de famille et dans une sentence du bailliage et siége présidial de Caen, du 2 janvier 1698 (C. A., nº 78); cette sentence, dans laquelle sont relatés presque tous les parents du mineur, avait pour but l'autorisation donnée au tuteur de faire procéder à la vente de quelques-uns de ses immeubles.

A la suite d'une longue et intéressante requête présentée par Marie-Anne de Morant, agissant comme tutrice, en mars ou avril 1694, et de la production de titres justificatifs (C. A., nºˢ 79 et 80), messire Pierre-Nicolas avait été déchargé, comme *Noble*, le 6 juillet 1694, en la personne de sa mère, par les Commissaires généraux des Francs-Fiefs, d'une taxe sur lui établie à cause de ses fiefs de Cristot et de Brouay (voir l'ordonnance de 1704, C. A., nº 88).—Ayant été inquiété de nouveau en 1697, par le sieur Guérin, sous-traitant pour la recherche des faux Nobles en Normandie, représenté par le sieur Delalande, son premier directeur, selon exploit d'assignation du 8 février de cette même année, l'instance fut portée devant l'intendant de la généralité de Caen Foucault de Magny (2); c'est alors que, dans sa première requête en

(1) Voir, sur la *Garde-Noble*, le renvoi indiqué dans la note qui précède.

(2) Foucault (Nicolas-Joseph), né à Paris le 8 janvier 1643, et d'abord intendant à Poitiers, fut, de 1689 à 1706, intendant de la généralité de Caen, où il succéda à Armand-Jacques de Gourgues, marquis d'Aunay. Il résigna sa

date du 6 mars 1697, le tuteur Robert Hubert établissait que son pupille descendait de Thomas du Buisson, écuyer, qui vivait au XIVe siècle (C. A., n° 81). Néanmoins l'intendant Foucault, se basant sur ce que les titres probants réclamés par M. de Chamillart (1) dans son ordonnance de provision du 7 juillet 1673, n'avaient pas été produits, grâce à la négligence de Claude (II) du Buisson, aïeul du mineur, alors âgé de plus de 78 ans, condamna par forclusion ledit Pierre-Nicolas du Buisson de Cristot à 2,000 livres d'amende, aux 2 sols pour livre et aux dépens, comme usurpateur du titre de noblesse, avec défense de prendre à l'avenir ladite qualité, sous plus grandes peines.

Mais cette décision, qui porte la date du 29 juillet 1697, étant *insoutenable* (sic), amena un pourvoi en appel, fait au nom du mineur par son tuteur Robert Hubert, devant les **Commissaires généraux du Grand-Conseil du Roi**, délégués pour statuer en dernier ressort sur les usurpations prétendues de noblesse. Sur la présentation d'une longue requête explicative en date du 12 août 1700, suivie d'un inventaire détaillé des titres produits (C. A., n°s 84 et 85), après avoir pris connaissance des contredits de M[e] Le Noir, avocat du traitant, et après une sentence préparatoire, en date du 12 juin 1704, à laquelle il fut fait droit, sur le rapport favorable de messire Bignon, conseiller d'Etat, intendant des Finances, et sur le vu des conclusions conformes du Procureur général du Roi, lesdits Commissaires généraux, jugeant souverainement et prenant en considération les *cinquante-deux* titres anciens qui établissaient la noblesse d'origine de messire Pierre-Nicolas du Buisson, écuyer, sieur de Courson, seigneur et patron de Cristot et de Brouay, rendirent enfin leur ordonnance définitive, datée de Paris le 28 août 1704 (C. A., n° 88); le dispositif de cette ordonnance, *d'une importance capitale*, met à néant celle de l'intendant Foucault, relève le mineur des condamnations qu'elle contient, prescrit la restitution de l'amende, enfin *le maintient et garde, lui et ses successeurs, enfants et postérité nés et à naître, en la qualité de* ***Nobles*** *et d'****Ecuyers****, avec jouissance des honneurs, priviléges et exemptions dont jouissent les* ***Gentilshommes du royaume****, faisant défenses à toutes personnes de les y troubler tant et si lon-*

charge en faveur de son fils Nicolas-Joseph, marquis de Magny (village près Bayeux) et mourut le 17 février 1721. En 1695, il fit exécuter pour la première fois des fouilles au village de Vieux, afin d'explorer les antiquités gallo-romaines qui y étaient signalées.

(1) Chamillart (Guy) fut intendant de la généralité de Caen, où il succéda à du Gué, de 1666 à 1675; il présida à une recherche de Noblesse restée célèbre et eut pour successeur Philippe de Dreux.

guement qu'ils ne feront acte de dérogeance; en dernier lieu, décide qu'ils seront **inscrits au Catalogue des Nobles,** *qui sera arrêté au Conseil et envoyé dans les bailliages et élections du royaume.*

A l'âge de 19 ans, le sire de Cristot était entré dans l'armée en qualité d'*enseigne de la lieutenance-colonelle* dans le régiment d'infanterie commandé par messire Léon de Madaillan de Lesparre, comte de Lassay; le certificat militaire délivré par ce dernier le 25 octobre 1735 (C. A., nº 99) constate qu'il fit la campagne de 1704 en Bavière, où il fut fait prisonnier à la bataille d'Hochstett (13 août 1704, perdue par le maréchal de Tallart), *après y avoir donné des marques de valeur et de bonne conduite* (sic). Le même certificat ajoute qu'il resta près de *huit* ans prisonnier en Allemagne; mais c'est une erreur probable, ou du moins, s'il était prisonnier, dès l'année 1708 il ne l'était plus que sur parole, puisqu'il figure comme présent à plusieurs actes de baptême à Cristot en cette même année 1708, et que signification lui fut faite, le 27 octobre 1708 (C. A., nº 91), au nom du Procureur général du Roi en la Cour des Comptes, Aides et Finances de Normandie, d'avoir à rendre aveu à Sa Majesté pour le fief de Lébisey-sur-Cristot, relevant de la Couronne, à cause de la vicomté de Caen.

Vers l'an 1706 ou 1707, Pierre-Nicolas prit alliance dans une famille d'antique et illustre origine, dont plusieurs des membres avaient été ses chefs ou ses compagnons d'armes, en épousant très-haute et très-noble damoiselle MARIE-ANNE DE ZUR-LAUBEN DE FRIBOURG, fille du baron de Zur-Lauben de Fribourg, tenant à la vieille noblesse du St-Empire Germanique en Thuringe et en Alsace, et descendant des La Tour de Châtillon en Valais. Malheureusement, nous ne possédons pas le contrat de mariage, aujourd'hui égaré, et nous ignorons le lieu de France ou d'Allemagne où ce mariage fut célébré: la date très-approximative n'en est même connue que par le baptême à Cristot du premier enfant sorti de cette union; mais deux tableaux du temps, l'un représentant le baron de Zur-Lauben de Fribourg, père de la jeune épouse, l'autre la baronne sa femme, sont conservés encore aujourd'hui avec soin, parmi les portraits de famille, par le représentant actuel de la branche aînée des du Buisson de Courson-Cristot.

Nous trouvons fréquemment, dans les actes qui suivent son mariage, ainsi que dans les notes manuscrites qu'il écrivit sur un registre, dans les intervalles de ses campagnes (C. A., nº 109), la preuve que Pierre-Nicolas du Buisson s'occupait sans cesse de l'administration de ses biens; pour n'en citer que quelques-uns, par ordre de date, et sans parler des aliénations malheureuses du fief de Lébizey, vendu à Jean-Pierre Néel, le 4 octobre 1714, et de la seigneurie de Brouay, qui avait déjà eu lieu à cette époque, nous mentionnerons l'accord du 15 avril 1711, l'acte notarié du 7 juillet 1712 (C. A., n° 92), l'accord du 1er avril 1720, le contrat de fief de la pièce nommée *Les jardins Robin*, fait, le 1er août 1720, au profit de Claude Bourdon de Brouay, avec réserve du droit de chasse réciproque, la transaction du 1er avril 1721, la signification d'une sentence du Châtelet de Paris rendue le 13 août 1748 (C. A., n° 102), l'expédition d'une sentence du présidial de Caen rendue le 28 novembre 1753 (C. A., n° 112), qui imposait au sieur Seigle, curé de St-André-de-Cristot, l'obligation d'avoir un vicaire dans l'intérêt des paroissiens, etc., etc. De plus, il avait obtenu, le 21 août 1715, des lettres royales, signées à Versailles, enregistrées en la Cour des Comptes, Aides et Finances de Normandie, le 17 décembre 1715 (C. A., n° 95), qui lui donnaient main-levée de la garde-noble en laquelle il était tombé pendant sa minorité; cette formalité n'avait pas encore été remplie, bien qu'il fût devenu majeur depuis longtemps déjà (1).

Mais le sire de Cristot n'en continuait pas moins sa carrière militaire, et sa présence à l'armée, ainsi que son grade de *capitaine de la compagnie* dite *de Christot* (sic), dans le régiment de milice de la généralité de Caen, sous le commandement du colonel-chevalier de Laye, sont constatés dans le brevet militaire délivré à son fils le 11 janvier 1735 (C. A., n° 98). S'il est très-vraisemblable qu'il assista à la bataille de Dettingen (27 juin 1743) et à la fameuse bataille de Fontenoy (10-11 mai 1745), il résulte, d'une façon péremptoire, d'une lettre à lui adressée par le sieur Le Cointe, en août 1747 (C. A., n° 101), qu'il fit la campagne de Hollande sous le maréchal Maurice de Saxe, qu'il prit part aux victoires de Raucoux (11 octobre 1746) et de Lawfeld (2 juillet 1747), et qu'il était, en août 1747, à la prise du fort Sensubitte devant Berg-Op-Zoom, ce qui amena l'enlèvement de cette ville au mois de septembre suivant et contribua à la préparation du traité d'Aix-la-Chapelle, signé en 1748. — Aussi, en récompense de ses services, fut-il nommé *chevalier de l'Ordre royal et militaire de St-Louis*, selon la lettre d'avis, datée de Versailles, qui lui en fut

(1) La Coutume de Normandie, parlant du temps que dure la Garde-Noble, dit: « L'on sait que le duc de Normandie a, pour raison de la duché, la garde « de ceux qui sont en non âge, à tant qu'ils ayent vingt-un ans accomplis; les « mineurs doivent alors se pourvoir en la Chambre des Comptes pour être mis « hors de garde; autrement elle dure toujours. »

adressée, le 26 août 1748, par messire Marc-Pierre Voyer, comte d'Argenson, alors ministre de la Guerre; la suscription de cette lettre (C. A., n° 105) prouve, de plus, qu'il était alors *capitaine commandant* (chef de bataillon) *des grenadiers du bataillon de milice de Caen.* Une lettre royale du 17 février 1749 (C. A., n° 106) l'invitait à se faire recevoir, en ladite qualité de chevalier de St-Louis, par le sieur de La Villette, major du château de Caen et chevalier dudit Ordre. — Dans un brevet de lieutenant octroyé à son petit-fils le 1er avril 1754, il est encore qualifié *commandant du bataillon de milice de la généralité de Caen*, et trois ans et quelques mois plus tard, il devenait *pensionnaire du Roi*, en raison de ses services et de l'impossibilité où il était de les continuer. L'avis de cette pension de retraite de cinq cents livres, somme considérable pour le temps, lui fut transmis par lettre de messire René Voyer d'Argenson, marquis de Paulmy, ministre de la Guerre, le 30 décembre 1757 (C. A., n° 114); mais il n'en reçut le premier paiement qu'en 1761, bien qu'il eût alors 58 ans de services militaires, ainsi que l'établit une lettre du 31 mai de cette même année 1761 (C. A., n° 103).

Notre gentilhomme passa les dernières années d'une vie si occupée pour la défense de son pays dans son manoir seigneurial de Cristot. Comme patron de la paroisse, il avait placé dans l'église les armes primitives de sa maison (*d'argent, au canton de gueules*), écartelées avec d'autres que nous supposons être celles de Mgr Louis-François Néel de Tontuit-Cristot, évêque de Séez, auquel il avait cédé une partie de ses droits seigneuriaux. D'après une lettre du 17 août 1761 (C. A., n° 103), ces armes se trouvaient à deux endroits : sur un des vitraux du chœur, du côté de l'Epitre, et sur le tableau de l'autel, du côté de l'Evangile. Le tableau, apporté au château des Planches le 2 juillet 1868, est encore conservé par le représentant de la branche aînée de la famille du Buisson de Courson-Cristot.

Messire Pierre-Nicolas du Buisson mourut le 26 juillet 1764 et fut inhumé, le 27, dans le caveau de famille, en l'église de Cristot, par le curé de Tilly-sur-Seulles, assisté de plusieurs prêtres et curés des environs (voir l'acte de sépulture : C. A., n° 255). — Ici se placent deux observations : la première, qu'il avait pour contemporain et peut-être pour parent N... DU BUISSON, lieutenant-colonel du régiment d'infanterie allemande de Greder, signataire d'un certificat militaire, délivré à Douai le 18 janvier 1715 (C. A., n° 93); la seconde, qu'il avait eu, avant son mariage, un enfant naturel qui portait le nom de M. DE CHRISTOT, et qui obtint plus tard une position avantageuse à Lyon, dans les Finances, croit-on. Ce fils se montra toujours dévoué aux intérêts de sa famille et surtout de son père, avec lequel il fut en correspondance suivie jusqu'à la mort de ce dernier. A partir de cette époque, il ne rompit pas davantage avec sa famille, rendit des services à son neveu Dominique-Nicolas du Buisson de Courson, lorsque ce dernier fut obligé de s'expatrier en Suisse, à la suite d'un duel, et la teneur d'une lettre adressée, le 29 septembre 1774 (C. A., n° 103), à son frère légitime Guillaume-Nicolas du Buisson de Cristot, prouve qu'il tenait à conserver avec lui des relations affectueuses. Il eut un fils qui, comme son père, se nommait M. de Christot, et écrivait aussi à son cousin une lettre en date du 14 juillet 1791, cachetée en cire rouge, aux armes primitives des du Buisson (*d'argent, au canton de gueules*); sa postérité existe, croit-on, encore aujourd'hui.

Marie-Anne de Fribourg-Zur-Lauben survécut à son mari environ neuf ans et, après son décès, fut inhumée près de lui dans l'église de Cristot, le 11 novembre 1773, par discrète personne Pierre Langlois, curé de Loucelles, et autres prêtres (C. A., n° 256); elle était âgée de 88 ans 6 mois.

L'union de cette dernière avec Pierre-Nicolas du Buisson de Cristot-Courson donna naissance à trois enfants connus:

1° Nicolas-Pierre, né le 19 août 1708, baptisé en l'église de Cristot le 19 septembre suivant (C. A., n° 295), et ainsi nommé par Nicolas Morant, chevalier seigneur d'Eterville et par noble dame Marie de Chaumontel; mort le 26 octobre même année, à l'âge de deux mois, et inhumé le 27 dans l'église de Cristot;

2° Valentine, née en 1709, morte à l'âge d'un an, inhumée dans le chœur de l'église de Cristot, le 8 septembre 1710 (C. A., n° 296);

3° Guillaume-Nicolas du Buisson de Courson-Cristot, qui continue la filiation.

XVIIIe DEGRÉ.

Noble homme messire GUILLAUME-Nicolas du Buisson, chevalier, sieur de Courson, seigneur et patron de Cristot, seul enfant survivant des précédents, vint au jour au manoir seigneurial de Cristot le 29 juillet 1717 (C. A., n° 252), et fut baptisé en l'église dudit lieu deux jours après par l'abbé Thomas Huet, curé de la paroisse; il eut pour parrain Guillaume de Pont, écuyer, et pour marraine noble dame Agnès-Yves de Saint-Priest, épouse de messire Nicolas Morant d'Eterville.

Dès le 1er janvier 1734, à l'âge de moins de 17 ans, il était nommé, suivant commission royale signée à Versailles à cette date (C. A., n° 97), *lieutenant d'infanterie* en la compagnie du capitaine Beaulincourt de Marle, faisant partie du bataillon de M. Gérin de La Neuville, milice d'Artois; puis, l'année suivante, le 11 janvier 1735 (C. A., n° 98), il obtenait la faveur de revenir en la même qualité de lieutenant au lieu et place du sire de La Rivière, dans la compagnie *de Christot* (sic), commandée par son père et faisant partie du régiment de milice de Caen sous les ordres du colonel chevalier de Laye.

Trois ans et quelques mois plus tard, le 30 septembre 1738, le jeune lieutenant épousait en l'église St-Martin de Caen une riche héritière, noble damoiselle CATHERINE-LOUISE-HENRIETTE DES PLANCHES D'HÉROUVILLE, fille unique de messire Olivier des Planches, écuyer, sieur d'Hérouville, conseiller du Roi en l'élection de Caen, et de dame Catherine-Louise Harel (C. A., n° 253), d'une famille qui, quoique anoblie récemment (1699), appartenait à la haute et ancienne bourgeoisie de Caen.

Le mariage fut célébré par Me Philippe Boudin, prêtre, docteur en Sorbonne, recteur de l'Université de Caen et curé de ladite paroisse de St-Martin.

Malgré ce mariage avantageux, Guillaume-Nicolas resta dans l'armée et il paraît à peu près certain qu'accompagnant son père, il fit la guerre contre l'Autriche en Allemagne en 1741, 1742, 1743, etc., que par conséquent il put assister à la bataille de Dettingen (Bavière, 27 juin 1743); que, s'il se trouvait momentanément à Cristot en congé au mois de janvier 1745, époque où nous le voyons figurer comme parrain d'un enfant de Marie-Anne Lamendey (C. A., n° 356), il avait rejoint sa compagnie lors de la campagne des Flandres, où il était, avec son père, à la victoire de Fontenoy (11 mai 1745), et lors de la guerre de Hollande, où il put prendre part aux batailles de Raucoux (11 octobre 1746) et de Lawfeld (2 juillet 1747). Aussi, le 18 mai 1748, il était nommé, par brevet signé à Versailles, *capitaine-aide-major du bataillon gardes-côtes de Caen*, « Sa Majesté voulant choisir « *un officier capable* pour ladite place, sur les *bons témoignages* « qui lui ont été rendus en faveur du sieur de Courson, etc. « (C. A., n° 104). »

En 1749, après le décès de son beau-père Olivier des Planches d'Hérouville, décès survenu à St-Martin de Caen le 26 août de cette même année, le sire de Courson recueillait, du chef de sa femme, cet héritage et se trouva ainsi en possession d'une partie de la terre DES PLANCHES en la paroisse d'AMBLIE (1), et en outre d'une propriété importante

(1) Voir ci-dessus, p. 65 et suiv., ce que nous avons dit sur la terre DES PLANCHES et la paroisse d'AMBLIE.

située à Caen, paroisse St-Martin, sur l'emplacement actuel du cimetière dit *des Quatre-Nations* et lieux circonvoisins, à Bagatelle (voir l'inventaire de meubles du 25 septembre 1749, la sentence d'envoi en possession du 6 octobre 1749, l'acte notarié du 23 décembre 1751 : C. A., n°s 107 108 et 111). —Neuf ans plus tard, toujours du chef de sa femme, il héritait des biens d'un oncle de cette dernière, messire Urbain des Planches, sieur de Cloville, ancien avocat du Roi, puis conseiller de S. M. au bailliage et siége présidial de Caen, enfin subdélégué de l'Intendance et de la Généralité de ladite ville, décédé à St-Jean de Caen, sans laisser de postérité, le 17 février 1758. Un acte notarié du 11 mai 1750 nous démontre que ce parent possédait des terres à Amblie et à Pierrepont *en exemption de toute charge, fors foi, hommage, reliefs et treizièmes.*

Rien ne nous indique, bien que le fait soit possible, que le sire de Cristot-Courson ait pris part à la désastreuse guerre de Sept-Ans ; toutefois il eut, comme son père, l'honneur d'être *décoré de la croix de St-Louis* et, dans un acte notarié du 24 décembre 1762, ainsi que dans l'acte de lots et partages de sa succession (C. A., n°s 116 et 144), il est qualifié *chevalier, capitaine-général des milices gardes-côtes* (1) *de la capitainerie de Bernières-sur-Mer* (voir aussi la minute des observations présentées par lui au tribunal des maréchaux de France, au sujet de ses subordonnés, le 9 octobre 1774 : C. A., n° 124). Dans l'acte de mariage de son fils aîné Dominique-Nicolas, en date du 21 mai 1781, on lui donne la qualification de *lieutenant-colonel.* — De nombreux documents, notamment ceux des 13 janvier 1762, 23 juillet 1764, 27 octobre 1764, 20 octobre 1767, 12 décembre 1768, 6 novembre 1773, 24 novembre 1775, 27 avril et 6 mai 1776, etc. (C. A., n°s 115, 118, 121, 122, 129 et 132), prouvent qu'il s'occupait de l'administration des biens de sa femme situés à Cerisy-l'Abbaye, à St-Martin de Caen et surtout à Amblie ; d'après un procès-verbal d'arpentage, en date du 28 avril 1767 (C. A., n° 120), sa terre d'Amblie, dont la majeure partie était au hameau des Planches ou à Pierrepont, avait une contenance d'environ 11,415 perches de 24 pieds, ce qui représenterait aujourd'hui 69 hectares 38 ares 3 centiares, et encore cette contenance ne comprenait pas les biens territoriaux de messire Gabriel-Urbain des Planches, qui ne devaient revenir à sa famille qu'en 1810, en vertu du testament de ce dernier. — Du reste, il affectionnait

(1) Voir, sur l'Organisation des Milices Gardes-Côtes de 1684 à 1782, l'ouvrage de M. C. Hippeau, intitulé : *Gouvernement de Normandie* (Caen : 1863), tome I, 1re partie, depuis le commencement jusqu'à la page 163.

cette terre des Planches, où il résidait plus souvent qu'à Cristot ou à Caen, et on retrouve parfois son nom sur les registres d'état civil d'Amblie, notamment comme présent au mariage de Jean Fontaine et de Marie-Jeanne-Catherine-Françoise Duquesnay, le 24 juillet 1775.

Messire Guillaume-Nicolas du Buisson de Cristot-Courson n'assista pas en personne au mariage de son second fils Jean-Louis-Antoine, mariage célébré en l'église de La Graverie le 17 août 1778; il s'y fit remplacer, en vertu d'une procuration notariée passée à Creully, par messire Charles-François, chevalier de Morant, capitaine au régiment de la Reine, dragons, son parent. Puis, un an et deux mois plus tard, le 16 octobre 1779, notre lieutenant-colonel, ancien capitaine-général de la Côte, décéda à son manoir des Planches-sur-Amblie et fut inhumé, le lendemain, dans le cimetière d'Amblie (1), proche la Croix, côté du couchant, par Me Collet, curé de Lantheuil et doyen de Creully, en présence des curés et prêtres des environs (C. A., n° 257).

Après sa mort, on sonna pendant *quarante* jours son décès à Cristot, ainsi qu'on le faisait précédemment pour ses ancêtres, quoique son père, dans les dernières années de sa vie, eût cédé une partie de ses droits de seigneurie et patronage sur cette paroisse à la famille Néel de Tontuit. Il avait, du reste lui-même toujours conservé de bonnes relations avec cette famille, et même, en 1774, il baptisa à Cristot,

(1) Guillaume-Nicolas du Buisson de Courson dut être inhumé dans le cimetière d'Amblie et non pas dans l'église, comme ses prédécesseurs l'étaient à Cristot, par suite de la *Déclaration du Roi* (Louis XVI), concernant les Inhumations, déclaration donnée à Versailles le 10 mars 1777, et dont les deux premiers articles sont ainsi conçus :

« Art. 1er. — Nulle personne, ecclésiastique ou laïque, *de quels que qualité, état et dignité qu'elle puisse être,* à l'exception des archevêques, « évêques, curés, patrons des églises et hauts-justiciers, fondateurs des chapelles, ne pourra être enterrée dans les églises, même dans les chapelles publiques ou particulières, oratoires et généralement dans tous les lieux clos et « fermés où les Fidèles se réunissent pour la prière et la célébration des Saints « Mystères, et ce, *pour quelle que cause et sous quel que prétexte que ce soit.*

« Art. 2. — Les archevêques, évêques, curés, ainsi que les patrons hauts-« justiciers et fondateurs de chapelles exemptés dans le précédent article, ne « pourront jouir de ladite exemption, c'est à savoir, les archevêques et évêques que dans les églises de leur cathédrale, les curés dans les églises de « leur paroisse, les patrons hauts-justiciers dans l'église dont ils sont patrons ou « sur laquelle la haute justice leur appartient, les fondateurs de chapelles « dans les chapelles par eux fondées et à eux appartenant ; et ce, à condition « par eux, et non autrement, de faire construire dans lesdites églises ou chapelles, si fait n'a été, des caveaux pavés de grandes pierres, tant au fond « qu'à la superficie ; lesdits caveaux auront au moins 12 pieds carrés en dedans « d'œuvre ; et ne pourra l'inhumation y être faite qu'à 6 pieds de terre au-« dessous du sol intérieur, sous quelque prétexte que ce soit. » Etc.

En tout huit articles.

avec Mme de Tontuit (Julie-Aimée-Adélaïde de Venoix), une cloche qui se trouve encore aujourd'hui (1876) dans la tour de l'église de cette commune (1).

Le sire de Cristot (Guillaume-Nicolas), bien que possédant à un très-haut degré les principes de dignité et d'honneur qui font le vrai gentilhomme, avait aussi les défauts d'une partie de la Noblesse de son temps : il était impérieux, hautain, batailleur, fort dur pour ses enfants, fort jaloux de son autorité paternelle. L'aîné de ses fils, qui servait à Paris dans les chevau-légers, étant revenu en congé au logis paternel sans sa permission, le vieux gentilhomme, qui vit dans ce retour inattendu un acte attentatoire à son autorité, lui chercha querelle et voulut même, après boire, le contraindre à lui rendre raison par les armes ; son fils dut partir pendant la nuit pour se soustraire à une situation devenue intolérable.

Catherine-Louise-Henriette des Planches d'Hérouville ne survécut à son mari que quelques mois seulement ; elle mourut, en effet, en la paroisse St-Sauveur de Caen, le 5 mai 1780 (C. A., n° 258), et fut inhumée le lendemain dans le cimetière de cette paroisse, en présence de Gabriel-Pierre Marquier, chevalier, seigneur de Dampierre, ami de son mari, d'Henri Harel, chevalier de St-Louis, et autres. Un tableau, la représentant lors de son mariage, est conservé au château des Planches, au nombre des portraits de famille.

De son union avec Guillaume-Nicolas du Buisson de Courson-Cristot, union qui fut très-féconde, sortirent *dix* enfants, dont six moururent dans leur enfance. Ce sont :

1° PIERRE-LOUIS du Buisson de Courson-Cristot, né aux Planches-sur-Amblie le 12 novembre 1739, baptisé le 14 en l'église d'Amblie (C. A., n° 297); mort dans son enfance.

2° MARIE-ANNE-LOUISE, née aux Planches-sur-Amblie le 27 octobre 1740, baptisée le 31 (C. A., n° 298) ; morte à Amblie le 25 novembre 1743.

3° PIERRE-LOUIS-GUILLAUME, né aux Planches-sur-Amblie le 17 novembre 1741, baptisé le 18 (C. A., n° 299), et nommé par Guillaume de Pont, écuyer ; mort dans son enfance.

4° MARIE-GABRIELLE, née aux Planches-sur-Amblie le 21 octobre 1742, tenue le 23 sur les fonts de baptême par messire Urbain des Planches de Cloville et par Marie-Gabrielle Bourdon, dame de Brouay et de Fontenay-le-Pesnel (C. A., n° 300) ; sans alliance ; recevant, en 1780, une rente légitimaire de ses trois frères vivants ; morte en la paroisse St-Jean de Caen le 23 juin 1787, et inhumée, le surlendemain 25, dans le cimetière de l'église St-Jean (C. A., n° 314).

(1) Voir la copie de l'inscription gravée sur la cloche de l'église de Cristot, ci-dessus, chapitre II, *Fiefs et Seigneuries*, paroisse de Cristot, page 58.

5° Dominique-Nicolas, qui continue la filiation en ligne directe (voir ci-après).

6° Henriette-Angélique, née à Amblie le 9 novembre 1745, baptisée le 10, et nommée par noble Philippe de Tourville, ancien capitaine au régiment de Beauce, et par dame Angélique Brion, épouse de M. des Planches de Cloville (C. A., n° 301).

7° Jean-Louis-Antoine du Buisson de Courson-Cristot, dit le *chevalier de Courson*, né à St-Étienne de Caen le 20 octobre 1747, baptisé le lendemain par noble et discrète personne Jean-Charles des Planches, prêtre, vicaire et chapelain de St-Gilles de Caen, qui lui servit de parrain, et ayant eu pour marraine sa grand'tante Catherine des Planches, veuve alors de M. de Blouet de Than (C. A., n° 302); entré dans l'armée, devenu successivement officier de cavalerie, puis, croyons-nous, Garde-du-Corps du Roi (1); devenu possesseur de ce qui restait du domaine seigneurial de Cristot, à la suite du partage de la succession de son père, en date des 4-21 novembre 1780 (C. A., n° 144).

Le chevalier de Courson (Jean-Louis-Antoine) prit alliance en l'église de la Graverie, près Vire, le 17 août 1778 (C. A., n° 307), avec noble demoiselle Anne-Jeanne-Charlotte-Antoinette de Sarcilly, fille de feu messire Hervé-Augustin, sieur de La Renaudière, et de noble dame Jeanne-Charlotte-Antoinette Ruault; le mariage, où son père se fit remplacer par messire Charles-François de Morant, capitaine au régiment de la Reine, Dragons, fut célébré par son frère puîné Pierre-Louis-Guillaume. De cette union il n'eut que deux filles : la première, Adélaïde-Antoinette, née à Vire le 29 mai 1779, épousa, le 8 pluviôse an IX (28 janvier 1801), Louis-Jules-Auguste des Rotours, baron de Chaulieu, qui, d'abord sous-préfet de Cherbourg sous la Restauration, devait devenir préfet du Finistère, puis de la Loire; la seconde, Joséphine, née aussi à Vire le 4 janvier 1782, se maria, le 28 thermidor an IX (27 juillet 1801), avec Gabriel-François des Rotours de Chaulieu, frère du précédent, sous-préfet de Dreux (Eure-et-Loir) sous la Restauration. Ces deux dames ont donné naissance aux représentants actuels de la famille des Rotours de Chaulieu.

Jean-Louis-Antoine du Buisson de Courson survécut à son frère aîné Dominique-Nicolas, mort en 1793, et avec lequel, comme le prouvent ses lettres, il avait toujours conservé d'étroites et amicales relations; il fut nommé subrogé-tuteur de ses neveux, mineurs à la mort de leur père, passa la tourmente révolutionnaire sans être notablement inquiété, et décéda en sa maison, rue Égalité, à Vire, le 23 germinal an V (13 avril 1797).

(1) Nous avons pensé que peut-être c'était lui qui fut nommé *Maréchal des logis des Gardes-du-Corps*, compagnie de Nouailles, d'après Waroquier de Combles (C. A., n° 243); mais, comme il existe des homonymes du nom de Courson, ce fait n'est pas bien certain.

8° Autre Henriette-Angélique, née à St-Etienne de Caen le 23 septembre 1748, baptisée le lendemain (C. A., n° 303); morte à St-Martin de Caen et inhumée dans la chapelle de la Vierge, en l'église de la paroisse, le 5 septembre 1753 (C. A., n° 306).

9° Françoise-Julie, née à St-Martin de Caen le 30 mai 1751, baptisée le lendemain (C. A., n° 304), ayant eu pour marraine sa grand'tante Françoise de Morant, veuve de Charles-Henri Le Bourgeois, écuyer, seigneur de Crû, et pour parrain René-Léon de Cairon, écuyer, sieur de Barbières et autres lieux, chevalier de St-Louis.

10° Autre Pierre-Louis-Guillaume du Buisson de Courson-Cristot, né le 10 octobre 1752 à St-Martin de Caen et baptisé le lendemain (C. A., n° 305), entré dans les Ordres religieux, déjà diacre en 1776, reçu bachelier en Théologie et déclaré apte à être professeur de Philosophie et à obtenir un bénéfice ecclésiastique, par diplômes de l'Université de Caen, en date des 24 et 28 février 1776 (C. A., nos 126 à 128); ordonné prêtre; présenté à la cure importante de Port-en-Bessin par noble homme Charles-Nicolas de Morant, prêtre, chanoine et théologal de la cathédrale de Bayeux, patron de ce Bénéfice; ayant obtenu lettres de collation de l'évêque de Bayeux, en date du 9 septembre 1779, et installé dans sa cure le 11 octobre suivant (C. A., n° 134).

Noble et discrète personne l'abbé de Courson, curé de Port, célébra le mariage de ses deux frères aînés, rédigea l'acte de partage de la succession de son père, en date des 4-21 septembre 1780, et mourut à Port-en-Bessin le 28 septembre 1781, à la fleur de l'âge (29 ans); il fut inhumé le lendemain dans le cimetière de cette paroisse (1) par M. Denis Guéroult, doyen de Vaucelles et curé de Campigny (C. A., n° 309).

XIXe DEGRÉ.

Messire DOMINIQUE-Nicolas du Buisson de Cristot, écuyer, sieur de Courson, aîné des fils survivants de Guillaume-Nicolas et de Catherine-Louise-Henriette des Planches d'Hérouville, qualifié plus tard *bon gentilhomme* par le lieutenant des maréchaux de France au bailliage de Caen, naquit au manoir des Planches, paroisse d'Amblie, le 20 février 1744,

(1) Pendant une excursion faite à Port-en-Bessin le dimanche 12 octobre 1873, nous nous sommes rendu dans le cimetière, où nous avons retrouvé le tombeau de Pierre-Louis-Guillaume du Buisson de Courson. La lourde pierre tumulaire allongée qui le recouvre et sur laquelle sont gravés les ornements sacerdotaux, est encore intacte, mais à moitié enfouie par l'exhaussement du terrain; cependant, nous avons lu encore facilement l'inscription, en grattant un peu la mousse qui la recouvre. Le tombeau est placé sur la droite de la grande porte d'entrée de l'église, à deux mètres environ de la Croix, presque du côté du couchant. — L'église de Port n'est guère intéressante.

et fut tenu, le surlendemain 22, sur les fonts de baptême en l'église d'Amblie par messire Dominique Préda, écuyer, capitaine au régiment Royal-Italien, et par noble demoiselle Catherine-Madeleine de Gouville, ses parrain et marraine (C. A., n° 254).

Il suivit de bien bonne heure la carrière des armes à l'exemple de son père et de son aïeul; car, grâce probablement à la protection de ce dernier et à une faveur spéciale du Roi, il était nommé, par commission du 1er avril 1754 (C. A., n° 113), à l'âge de *dix* ans seulement, *lieutenant en la compagnie de Champvallon*, dans le bataillon de milice de la généralité de Caen, sous les ordres du capitaine commandant *de Christot* (sic : Pierre-Nicolas du Buisson), son grand-père.

Dominique-Nicolas était bien jeune encore en 1756, lorsqu'éclata la guerre dite de Sept-Ans (1), et peu apte à ce moment à supporter les fatigues de longues campagnes; aussi est-il probable que, s'il y prit part, ce ne fut que vers la fin; mais ce qui est certain, c'est qu'après avoir quitté la compagnie de Champvallon, il entra d'abord, comme *officier de cavalerie dans les chevau-légers de Sa Majesté*, et que c'est pendant qu'il était dans ce corps, qu'étant revenu aux Planches malgré la défense paternelle, il eut avec son père une altercation qui le força de reprendre dans la nuit le chemin de son régiment.

Plus tard, le 28 février 1772, d'après Waroquier de Combles (C. A., n° 242), il obtint la faveur d'entrer dans les *Gardes-du-Corps du Roi*, régiment de Beauveau, y servit plusieurs années et ne quitta cette situation qu'à la suite d'une affaire d'honneur, puis d'un duel qu'il eut avec un de ses supérieurs. C'est peut-être à cette occasion qu'un certificat militaire (C. A., n° 133), constatant que « *Dominique-Nicolas* « *du Buisson de Courson, ancien garde-du-Corps du Roi* », etc., était « *bon gentilhomme et d'une race très-ancienne* », contresigné par plusieurs gentilshommes de Normandie, lui fut délivré au château d'Anctoville (près Bayeux), le 24 octobre 1776, par messire Bernard-Hippolyte Toussaint de Venoix, chevalier d'Anctoville, chevalier de l'Ordre royal et militaire de St-Louis, lieutenant des Maréchaux de France au bailliage

(1) On sait que la guerre de Sept-Ans (1756-1763), si désastreuse pour la France, quoiqu'émaillée de succès et de revers, eut pour principal événement la sanglante défaite éprouvée par les Français à Rosbach, le 5 novembre 1757. Les 10-15 février 1763 fut signé le traité de Paris, par lequel Louis XV abandonnait à l'Angleterre, outre Minorque qu'il avait conquise, le Canada, la Nouvelle-Ecosse et plusieurs autres possessions coloniales, et ne recouvra ses possessions de l'Inde qu'à condition de les laisser sans fortifications et sans garnisons.

de Caen ; ce document précieux, signé par plusieurs gentilshommes, contresigné aussi par le secrétaire du lieutenant des maréchaux de France, porte en tête les armes de France et au bas, sur une empreinte en cire rouge, les armes du chevalier d'Anctoville.

Obligé de s'expatrier à la suite de ce duel et d'ailleurs en rapports difficiles avec son père, notre gentilhomme se retira momentanément en Suisse, après s'être arrêté à Lyon, où il reçut gracieux accueil de M. de Christot, fils naturel de son aïeul Pierre-Nicolas (son oncle par conséquent), qui avait une position élevée dans les Finances en cette ville et qui l'aida de ses conseils et même de sa bourse. — De retour en France après la mort de son père, il participa, le 21 novembre 1780, au partage de sa succession, fit choix le premier en qualité d'aîné, et eut notamment dans son lot les maisons et enclos et la terre des Planches-sur-Amblie, ainsi que les carrières d'Orival (C. A., n° 144). C'est dans les années qui suivirent qu'il jeta les fondements du château actuel des Planches.

Le 21 mai 1781, messire Dominique-Nicolas, qualifié ancien officier de cavalerie, épousa noble demoiselle MARIE-LOUISE-ELISABETH-GENEVIÈVE DE SCELLES DE PRÉVALLON, fille de messire Thomas de Scelles de Prévallon, ancien capitaine de grenadiers au régiment de Narbonne, chevalier de l'Ordre royal et militaire de St-Louis, seigneur de Maillot, et de noble dame Elisabeth de La Rivière-Romilly (C. A., n° 259). — Le mariage fut célébré à Ste-Croix-Grand-Tonne, en la chapelle du château de cette paroisse, par le jeune frère de l'époux, messire Pierre-Louis-Guillaume du Buisson de Courson, prêtre, bachelier en théologie, curé de Port-en-Bessin. — Quatre ans plus tard, le 20 juillet 1785, nous voyons que les deux nouveaux époux tenaient ensemble sur les fonts de baptême en l'église d'Amblie Jean-Casimir Fontaine, en présence de nobles et puissantes demoiselles (*sic*) Charlotte-Louise et Adélaïde-Félicité de Cairon d'Amblie (C. A., n° 359).

Cependant la Révolution approchait; le sire du Buisson, ainsi que son frère, le chevalier de Courson, et que la plupart des autres membres de la Noblesse de la généralité de Caen, avaient bien consenti spontanément, le 16 mars 1789, dans l'Assemblée générale de la Noblesse en l'abbaye de St-Etienne de Caen, et *afin de cimenter l'union entre les trois Ordres*, « à supporter l'impôt dans une par- « faite égalité, et chacun en proportion de sa fortune, « ne prétendant réserver que les droits sacrés de la pro- « priété et les distinctions nécessaires dans une Monarchie, « etc. » (voir les procès-verbaux des Assemblées de la Noblesse, en 1789, C. A., n° 244); mais il ne pouvait suivre d'un œil tranquille le déchaînement des passions révolutionnaires, qui allaient couvrir la France de sang et de ruines en renversant sa monarchie séculaire. Toutefois, grâce à l'affection qu'il avait su inspirer aux habitants de son voisinage, il put passer les premières années de la tourmente révolutionnaire sans être notablement inquiété, et, le 27 mai 1793, à 2 heures du matin, il décéda à sa terre des Planches-sur-Amblie, à la suite d'une fluxion de poitrine contractée dans un incendie qui ravagea une partie de la commune de Colombiers-sur-Seulles, incendie pendant lequel il s'était signalé par son courage, son sang-froid et son dévouement. — Par autorisation municipale d'Amblie, il fut inhumé près de son domicile dans le cimetière de Colombiers-sur-Seulles (C. A., n° 261).

Sa veuve lui survécut très-longtemps ; elle est un exemple de longévité, car elle est morte à Bayeux, chez sa fille, Mme de Patry, le 23 novembre 1852 seulement, sur le point d'accomplir sa 99e année (C. A., n° 269) ; elle était née le 2 janvier 1754. — Par acte passé devant Me Vautier, notaire à Bayeux, le 20 fructidor an XIII (17 septembre 1805), elle avait fait abandon de tous ses biens à ses enfants.

De son union avec Dominique-Nicolas du Buisson de Courson-Cristot, elle eut :

1° Justine du Buisson de Courson, née aux Planches-sur-Amblie le 8 juin 1782, baptisée le 10 en l'église d'Amblie (C. A., n° 311) ; décédée et inhumée dans le cimetière d'Amblie, proche la Croix, le 22 avril 1789, à l'âge de 6 ans 10 mois. Elle s'était noyée par accident dans la mare du petit bois du parc des Planches.

2° Ange-Casimir, qui continue la filiation en ligne directe (voir ci-après).

3° Marie-Henriette, née au manoir des Planches-sur-Amblie le 7 décembre 1785, baptisée le lendemain en l'église d'Amblie (C. A., n° 313), ayant eu pour parrain messire Henri Harel, chevalier de l'Ordre royal et militaire de St-Louis, et pour marraine noble dame Catherine-Henriette Pallas, épouse de ce dernier ; mariée à Amblie, le 14 fructidor an IX (1er septembre 1801 : C. A., n° 319), avec le chevalier Jean-Gabriel-Désiré Patry de Hérils, né à Soules (Manche) le 26 février 1780, d'une très-vieille et très-noble famille Normande, qui compte plusieurs chevaliers aux Croisades ; veuve de lui le 22 juillet 1840 ; morte elle-même à Bayeux, en son domicile, le 8 janvier 1867. — Elle avait eu trois enfants de son mariage : 1° Virginie de Patry, née à Bayeux le 1er messidor an X (20 juin 1802), sans alliance, encore existante aujourd'hui (1876) ; 2° Charles-Léon de Patry, né à Bayeux le 5 frimaire an XIII (26 novembre 1804), ancien contrôleur principal des Contributions Directes à Paris, sans alliance, encore existant ; 3° Louisa de Patry, née à Bayeux le 29 juin 1811, religieuse au couvent du Sacré-Cœur à Blon, près Vire, où elle est décédée vers l'an 1853.

4° Joséphine du Buisson de Courson, née aux Planches-sur-Amblie le 29 octobre 1788, baptisée le lendemain en l'église d'Amblie (C. A., n° 315); décédée à Bayeux le 5 fructidor an XII (23 août 1804), à l'âge de 15 ans 9 mois. Son corps fut rapporté et inhumé auprès de celui de son père, dans le cimetière de Colombiers-sur-Seulles.

XXe DEGRÉ.

Messire Ange-Casimir du Buisson de Courson-Cristot, seul fils des précédents, naquit au manoir des Planches-sur-Amblie le 16 septembre 1783 (C. A., n° 260) et fut tenu sur les fonts de baptême, le 18 du même mois, en l'église d'Amblie, par messire Thomas de Scelles de Prévallon, chevalier de St-Louis, seigneur du Maillot et en partie de Ste-Croix-Grand-Tonne, son aïeul maternel, et par dame Angélique Brion, veuve de messire Urbain des Planches de Cloville.

Orphelin de père à l'âge de 10 ans, il ne put suivre aucune carrière à cause de la Révolution ; à sa majorité, il dut consacrer ses loisirs à rétablir les affaires de sa famille, fort compromises surtout par la mauvaise gestion de sa mère et par les obligations que cette dernière avait contractées pour rendre service à l'aîné de ses frères.

Les 22-23 février 1808, à l'âge de 24 ans (C. A., n° 262), il s'allia, à St-Marcouf-du-Rochy (près Isigny, Calvados), avec noble demoiselle Justine-Aimée de Billeheust d'Argenton, fille de feu messire Thomas-François-Jacques de Billeheust, baron d'Argenton, ancien lieutenant-colonel à l'armée du prince de Condé, issu d'une ancienne et noble famille d'origine Irlandaise, et de dame Françoise-Louise Crespin du Neufbourg. — Le contrat de mariage des jeunes époux avait été passé devant Me Claude-Jean Vautier, notaire à Bayeux, et signé au château de St-Marcouf-du-Rochy le 28 janvier précédent.

Messire Casimir de Courson hérita, le 23 juillet 1810, en participation avec sa sœur Mme de Patry et ses cousines Mmes des Rotours de Chaulieu, de messire Gabriel-Urbain des Planches, ancien capitaine d'infanterie, chevalier de l'Ordre royal et militaire de St-Louis, cousin-germain de son aïeule Catherine-Louise-Henriette des Planches d'Hérouville, qui, par son testament authentique, en date du 14 avril 1808, avait légué ses biens aux héritiers de sa ligne paternelle ; le partage notarié de cette succession eut lieu le 19 juillet 1811. — Requis, en 1813, pour service obligé dans la Légion des Gardes Nationales du Calvados alors à Cherbourg, il fut contraint de se faire remplacer, ses affaires personnelles nécessitant absolument sa présence à Amblie ; mais, le 3 janvier 1814, il était nommé *lieutenant de la 1re compagnie de chasseurs de la 2e Cohorte ;* était autorisé, le 27 juillet suivant, d'après les ordres de S. A. R. le duc de Berry, à porter *la décoration de la Fleur de Lys ;* servit dans les *Gardes Royaux* de la 14e division militaire sous les ordres du duc d'Aumont, depuis le mois de mars jusqu'au mois d'août 1815 ; recevait, le 24 mars 1816, un avis, signé du maréchal de camp, marquis de Montmorency-Laval, lui faisant connaître que S. A. R. Madame la duchesse d'Angoulême, *sensible au dévoûment qu'il avait montré pour la cause royaliste*, l'autorisait à porter *la décoration du Lis, avec le ruban lilas ;* était nommé, par arrêté du préfet du Calvados, du 24 mars 1816, *capitaine-adjudant-major* de la Cohorte rurale du nord de l'arrondissement de Caen ; enfin, était, à la date des 24 février et 19 août 1818, *capitaine commandant de la Garde Nationale du canton de Creully.*

Après plusieurs tentatives infructueuses tentées en 1820 et 1821 pour obtenir un emploi convenable à son rang ou pour entrer dans l'Administration préfectorale, après avoir signé le premier, comme membre du Conseil municipal d'Amblie, une délibération de ce Conseil, en date du 3 avril 1821, aux termes de laquelle ledit Conseil, « *voulant donner un témoignage* « *authentique de son attachement et de son dévoûment parfait au* « *Roi et à son auguste famille, arrête à l'unanimité qu'une* « *somme proportionnelle aux ressources de la commune sera* « *offerte, au nom de cette dernière, à l'effet de coopérer à* « *l'acquisition du domaine de Chambord, pour en être fait* » *hommage, au nom de la France, à Mgr le duc de Bor*-« *deaux* », il prit part, en 1825, ainsi que son beau-frère Bon-Eugène de Billeheust, baron d'Argenton, capitaine-commandant au 9e régiment de Dragons, par suite de la confiscation, pendant la période révolutionnaire, des biens ayant appartenu à leur père et beau-père dans la Manche et le Calvados, à l'indemnité accordée aux Emigrés en vertu de la loi réparatrice du 27 avril 1825 (1).

(1) Extrait de la loi du 27 avril 1825 :
« Art. 1er. — Trente millions de rente, au capital d'un milliard, sont affectés « à l'indemnité due par l'Etat aux Français dont les biens-fonds, situés en « France ou qui faisaient partie du territoire de la France au 1er janvier « 1792, ont été confisqués et aliénés en exécution des lois sur les Emigrés, « les déportés et les condamnés révolutionnairement.
« Cette indemnité est définitive ; et, dans aucun cas, il ne pourra y être « affecté aucune somme excédant celle qui est portée au présent article.

. . . .

« Art. 7. — Seront admis à réclamer l'indemnité l'ancien propriétaire ou,

Ange-Casimir du Buisson de Courson servit encore de témoin à son beau-frère lors du mariage de ce dernier, conclu à la mairie de St-Vaast avec Mlle Adolphine de Thomas de Labarthe le 8 avril 1826; mais sa santé s'était altérée à la suite de soucis et de fatigues; aussi, quoique jeune encore, il mourut quatre ans plus tard, le 29 août 1830, à 11 heures du matin (C. A., n° 265), à sa terre des Planches, après une longue et douloureuse maladie, âgé seulement de 47 ans, et fut inhumé dans le cimetière d'Amblie, proche la Sacristie, côté de la Mer. Un cippe en marbre noir, avec une inscription et ses armoiries, recouvre ses restes et ceux de son fils aîné.

Sa veuve, Justine d'Argenton, bonne par excellence, d'une piété et d'une douceur exemplaires, après avoir été la tutrice de ses fils, lui a survécu jusqu'au 25 mars 1873 (voir ci-après, aux alliances, l'article Billeheust d'Argenton). Son corps a été rapporté et inhumé, le 28 mars, dans le cimetière d'Amblie, auprès de ceux de son mari et de son fils aîné; un cippe en marbre noir, avec inscription, est également placé sur son tombeau.

Du mariage de messire Casimir de Courson et de Mme Justine de Billeheust d'Argenton sont issus trois fils :

1° Adjutor-François-Louis du Buisson de Courson, né au château de St-Marcouf-du-Rochy, chez son aïeule maternelle, le 31 mars 1809; mort dans son enfance.
2° Louis-Eugène, auteur de la branche aînée des du Buisson de Courson actuels, qui suit immédiatement.
3° Jules-Aymar, auteur de la branche cadette actuelle, rapportée après son aînée.

Branche aînée.

—

XXIe DEGRÉ.

M. Louis-EUGÈNE du Buisson de Courson-Cristot, devenu l'aîné des fils de messire Casimir du Buisson de Courson et de Mme Justine d'Argenton par suite de la mort de son frère Adjutor, né au château des Planches-sur-Amblie le 28 juin 1810, tenu le lendemain sur les fonts de baptême en l'église

« à son défaut, les Français qui étaient appelés par la loi ou par sa volonté à « le représenter à l'époque de son décès, sans qu'on puisse leur opposer au- « cune incapacité résultant des lois révolutionnaires. »
Etc. ....

d'Amblie par son oncle maternel le baron d'Argenton et par son aïeule paternelle Mme de Prévallon de Courson, perdit son père, comme nous l'avons vu, à l'âge de 20 ans.

Devenu possesseur de la terre et du château des Planches après le partage de la succession paternelle avec son frère le 21 juin 1836, il avait épousé la veille (16-20 juin 1836 : C. A., nº 266), à Villiers-le-Sec, petite commune du Calvados, Mlle Louise-Adolphine du Merle, alors âgée de 19 ans, d'une des plus nobles familles de la vieille féodalité Normande, fille de messire Foulques-Jean-Louis du Merle, maire de Villiers-le-Sec, et de noble dame Victoire-Louise d'Auge; leur contrat de mariage avait été passé, le 3 mai précédent, devant Me Morice, notaire à Creully.

Il recueillit ainsi, après le 4 novembre 1854, date de la mort de son beau-père, et du chef de sa femme, la part qui revenait à cette dernière dans les successions paternelle et maternelle, et notamment la terre autrefois seigneuriale de

Bazenville (1). Mais, simple de goûts, n'ayant pas d'ambition, n'ayant jamais brigué aucune fonction publique, aimant l'agriculture, dont il s'occupait depuis sa jeunesse, il passa presque toute sa vie dans sa résidence des Planches, qu'il affectionnait. Il y est décédé, à la suite d'une maladie de cœur dont il souffrait depuis deux ans, le vendredi 13 décembre 1872, à 1 heure de l'après-midi, et a été inhumé le lundi suivant, 16 décembre, dans l'église d'Amblie et dans le caveau sépulcral de son père, au milieu d'une grande affluence de peuple.

Eugène de Courson, doué d'un caractère un peu vif peut-être, mais d'un cœur excellent, a montré dans tous les actes de sa vie, non-seulement la loyauté parfaite du gentilhomme, mais même la délicatesse la plus scrupuleuse; aussi jouissait-il de l'estime universelle. Ses dernières dispositions, datées du 1er septembre 1863, pleines d'affection respectueuse pour sa mère, de bienveillance pour sa femme et ses enfants, contiennent des conseils touchants à l'adresse de ceux-ci, témoignent de sentiments profondément religieux, et expriment plusieurs désirs qui ont été fidèlement exécutés.

Mme Eugène du Buisson de Courson (Adolphine du Merle) habite aujourd'hui (1876) alternativement Caen et le château des Planches, vivant en relations très-fréquentes avec ses deux enfants, qui sont :

1° Amédée-Casimir, qui continue la filiation.

2° Marie-Berthe du Buisson de Courson, née au château des Planches-sur-Amblie le 28 juin 1844; mariée à la mairie et en l'église d'Amblie, les 11-12 février 1867, avec M. René-Paul de Villiers de Hesloup, fils de M. Léon de Villiers, d'une ancienne famille de la généralité d'Alençon, et de Mme Louise-Calixte Quillel de Fontaine; de cette union sont sortis trois enfants, tous nés à Amblie : 1° Edith, née le 3 mai 1868; 2° René, le 7 septembre 1869; 3° Bathilde, le 26 novembre 1870. — M. et Mme Paul de Villiers résident ordinairement aujourd'hui à Villiers-le-Sec, dans une maison appartenant à Mme Eugène de Courson, leur mère et belle-mère.

XXIIe DEGRÉ.

M. AMÉDÉE-Casimir du Buisson de Courson-Cristot, chef actuel de la branche aînée, né au château de Villiers-le-Sec, chez son aïeul maternel, le 20 juin 1839, termina ses études

(1) L'acte de partage entre les enfants du Merle fut passé devant Me Le Moutier, notaire à Crépon, le 29 avril 1855.

dans les classes du Lycée de Caen, et après avoir obtenu à la suite d'examens et d'une thèse passés devant les Facultés des Lettres et de Droit de l'Université de cette ville, les trois diplômes de bachelier ès Lettres, et de bachelier, puis de licencié en Droit, datés des 17 avril 1858, 20 mai 1860 et 15 mai 1861, il embrassa la carrière administrative.

D'abord attaché au cabinet du préfet de l'Orne (M. de Matharel) par arrêté préfectoral du 15 février 1863, il a été nommé conseiller de Préfecture des Hautes-Pyrénées, à Tarbes, par décret impérial du 4 novembre 1865 (Moniteur du 5); puis, *au choix*, vice-président du Conseil (président en l'absence du Préfet), par décret impérial du 26 décembre 1868 (Moniteur du 31); enfin conseiller de Préfecture de l'Hérault, à Montpellier (1), par décret impérial du 15 septembre 1869 (Journal Officiel du 18).

Relevé de ses fonctions par décret du Gouvernement dit de la Défense Nationale (républicain), en date des 30 septembre-1er octobre 1870 (2), il revint en Normandie, entra volontai-

(1) Un journal de Tarbes, l'*Ère Impériale*, contenait à ce sujet, dans sa chronique locale et dans son numéro du 21 septembre 1869, la note suivante :

« M. DE COURSON (Amédée), vice-président du conseil de Préfecture des « Hautes-Pyrénées, est nommé, par décret en date du 15 septembre, con- « seiller de Préfecture de l'Hérault (2e classe), en remplacement de M. Teys- « sier, appelé au secrétariat général de la Préfecture du Jura.

« L'avancement de M. de Courson est justifié par les services administratifs « rendus au Conseil par ce fonctionnaire pendant son séjour dans les Hautes- « Pyrénées. Les regrets qu'il laisse à Tarbes sont partagés par tous ceux qui « ont pu apprécier *son caractère affable et courtois* et par les nombreux amis « qu'il avait su se créer dans notre ville. »

(2) Voici la copie de la lettre adressée précédemment par M. Amédée de Courson à M. Lisbonne, préfet républicain de l'Hérault, telle qu'elle a été reproduite par le journal le *Messager du Midi*, dans son numéro du samedi 8 octobre 1870 :

Montpellier, le 27 septembre 1870.

Monsieur le Préfet,

« J'ai appris hier soir par M. Le Bourdais, chef de division à la Préfecture, « que vous comptiez disposer sans délai de ma place de conseiller de Préfec- « ture du département de l'Hérault. Quoique vous n'ayez pas cru devoir « m'avertir vous-même, au préalable, de cette nouvelle détermination à mon « égard, je m'empresse, sans m'enquérir des motifs qui vous l'ont dictée, « de vous faire connaître mes intentions.

« J'ai toujours considéré mes fonctions comme une sorte de magistrature « administrative; quelles que fussent mes opinions et mes appréciations per- « sonnelles, je n'ai pas jugé à propos de me retirer au début du nouvel ordre « de choses, parce qu'il se qualifiait : *Gouvernement de la Défense Nationale*, « que, dans la crise formidable où se trouve la France, le devoir de tout fonc- « tionnaire me paraissait être de rester à son poste jusqu'à sa révocation, que « j'étais d'ailleurs chargé des opérations du recrutement et que vous aviez « bien voulu m'engager *vous-même* à ne pas surseoir à ces opérations, en « ajoutant qu'au milieu des circonstances graves du moment, le Gouverne- « ment faisait un loyal appel au concours de tous les hommes dévoués à leur « pays.

rement dans l'armée auxiliaire et, successivement officier de Mobilisés du Calvados et officier attaché à l'Etat-Major de la 3e division, 19e corps, de la 2e armée de la Loire (devenu, pendant l'armistice, le 17e corps de l'armée de Bretagne), il fut pris pour 1er aide-de-camp par le colonel de Gouyon de Beaucorps, faisant fonction de général de brigade, pendant la campagne 1870-1871, dans l'Eure, le Calvados et l'Orne (1).

Après avoir été chargé, après la signature du traité de paix, de porter à Laval, au général en chef de Colomb, les propositions dans la Légion d'Honneur pour les officiers de sa brigade, après s'être rendu de là à Bordeaux, puis à Paris, où il put voir les débuts de l'insurrection honteuse et sanglante du 18 mars (la Commune), il est rentré dans l'Administration et a été nommé sur sa demande, d'abord conseiller de Préfecture de la Manche, à St-Lo, par décret du Chef du Pouvoir Exécutif de la République Française (Thiers), du 17 avril 1871 (*Journal Officiel* du 18); puis sous-préfet de l'arrondissement de Valognes, par décret du Maréchal de France Président de la République (Mac-Mahon), du 9 décembre 1875 (*Journal Officiel* du 16).

Satisfait d'une résidence dans son propre pays et des

« J'ai la conscience de n'avoir manqué à aucun des devoirs que m'imposaient mes fonctions; la situation, un peu plus tendue à l'intérieur pour des causes que je n'ai pas à examiner ici, est plus grave que jamais à l'extérieur; dès lors, je me considère comme fonctionnaire, jusqu'au jour où je recevrai l'avis officiel de ma révocation, et je tiens essentiellement que le décret de nomination de mon successeur constate bien que je ne suis pas démissionnaire; mais que le nouveau Gouvernement, usant de ses pouvoirs à mon égard comme à l'égard de plusieurs autres honorables magistrats de Montpellier, *vraisemblablement dans l'intérêt de la défense nationale*, me relève lui-même de mes fonctions. »

« Veuillez agréer, etc.

« Amédée DE COURSON
« Conseiller de Préfecture de l'Hérault. »

(1) Voici la copie textuelle de la lettre autographe adressée spontanément par M. le colonel-général de Gouyon au Ministre de l'Intérieur :

« **2e Armée de la Loire.** « **3e Division (Saussier).**
« **19e Corps.** « **2e Brigade.**

« Caen, le 8 mars 1871.

« M. DE COURSON (Amédée) est un homme parfaitement distingué et capable de rendre à son pays les meilleurs services.

« Il a su s'improviser excellent officier à l'Etat-major de la brigade et a fait preuve, dans plusieurs circonstances, de courage et de détermination (Affaires Bourgtheroulde, Bourg-Achard, retraite après l'affaire de Château-Robert, etc.).

« J'ose recommander d'une façon toute particulière M. de Courson à la bienveillance de M. le Ministre de l'Intérieur, persuadé qu'il sera toujours à la hauteur de la mission qui lui sera confiée.

« *Le colonel commandant la deuxième brigade de la division Saussier*,
« Signé : DE GOUYON. »

relations agréables dont il est entouré dans les deux départements de la Manche et du Calvados, membre de la Société des Antiquaires de Normandie depuis le 6 janvier 1871, il aspire d'autant moins à quitter cette résidence, que le voisinage de Valognes lui permet de se rendre fréquemment et facilement à sa terre des Planches-sur-Amblie, à laquelle il prend intérêt; cette propriété patrimoniale lui est échue en partage dans les lots faits avec sa sœur, Mme de Villiers, le 12 janvier 1873, après la mort de leur père.

Branche cadette.

XXIe DEGRÉ.

M. Jules-AYMAR du Boisson de Courson, chef actuel de la branche cadette, né au château des Planches-sur-Amblie le 29 août 1812, et ainsi nommé par M. Louis-Jules-Auguste des Rotours, baron de Chaulieu, alors auditeur au Conseil d'Etat, son oncle à la mode de Bretagne, et par sa tante maternelle, Mme de Patry, suivit quelque temps en amateur, pendant sa jeunesse, les cours de la Faculté de Droit de Caen; mais bientôt attiré par son goût pour la carrière militaire, il se fit recevoir en 1830, l'année même de la mort de son père, à l'école militaire de St-Cyr, et ne renonça à cette carrière qu'il aimait que par suite des événements politiques de 1830 et de circonstances impérieuses et indépendantes de sa volonté.

Les 11-12 février 1838, il épousa à Bayeux Mlle Marie-Stéphanie-Gabrielle Le Roy de Dais, âgée alors de 22 ans 2 mois, fille de M. Gustave-Alexandre Le Roy de Dais, colonel d'infanterie, officier de la Légion d'Honneur, d'une bonne famille de noblesse du Cotentin, et de la feue dame Pauline-Rose d'Albignac, son épouse. Le mariage religieux fut célébré par Mgr Louis-François Robin, évêque de Bayeux, en la chapelle de l'évêché. La mort de sa femme, survenue à Bayeux, l'a rendu veuf le 18 juin 1874.

M. Aymar de Courson avait eu dans son lot la terre de St-Marcouf, lors du partage avec son frère des successions paternelle et maternelle; après avoir hérité, en vertu d'un testament, le 4 décembre 1848, de Mme Marie-Modeste de Baupte, veuve de messire Jacques-François de Scelles de Prévallon, sa grand'tante par alliance, et avoir pris possession à Bayeux, en 1849, de l'ancien hôtel des comtes de Toulouse, situé rue des Teinturiers et compris dans cette succession, il recueillit encore, en 1866, toujours en vertu d'un testament, l'héritage de sa cousine par alliance, Mme la comtesse de Percy (Julie de Cheux de Saint-Clair), veuve du comte Jean-Baptiste-Léonor de Percy.

Aujourd'hui (1876), M. A. de Courson réside habituellement au château de St-Clair, près Vire, qui lui vient de l'héritage de Mme de Percy; ce château, qui a le cachet d'une ancienne gentilhommière, situé dans un pays boisé et pittoresque, a été convenablement et d'une façon heureuse restauré par son nouveau propriétaire.

De l'union de M. Aymar de Courson et de Mlle Le Roy de Dais sont sortis :

1° Georges-Paul, qui continue la filiation de la branche cadette;
2° Marie du Buisson de Courson, née à Bayeux le 16 novembre 1840 ; entrée, en 1864, au couvent des Sœurs Bénédictines de Caen, et ayant pris le voile dans cette communauté en 1865 ; appelée en religion madame *Sainte-Thérèse de Jésus*.
3° Joseph-Roger, puîné, qui continue aussi la filiation de la branche cadette.

XXIIe DEGRÉ.

M. GEORGES-PAUL DU BUISSON DE COURSON, né à Bayeux le 4 août 1839, aspirant à l'École Navale en 1856, et ayant fait alors en cette qualité un voyage à Fernambouck (Brésil), est entré ensuite à l'Ecole militaire de St-Cyr en 1858.

Sorti sous-lieutenant d'infanterie le 1er octobre 1860, il a fait avec ce grade l'expédition du Mexique en 1863 et est entré à Puébla et à México avec les troupes françaises; nommé lieutenant, au Mexique, le 12 février 1864, et revenu ensuite en France, il a été nommé capitaine au 99e régiment d'infanterie de ligne au mois d'août 1870, après la déclaration de guerre

M. JOSEPH-ROGER DU BUISSON DE COURSON, né à Bayeux le 7 juin 1850, s'est engagé, après avoir terminé ses études, dans le régiment des Zouaves Pontificaux, à Rome, le 20 janvier 1869.

Revenu en France au début de la désastreuse guerre contre la Prusse et l'Allemagne (1870-1871), il est parti, comme engagé volontaire, dans un régiment de Cuirassiers, avec lequel il a fait toute la campagne à l'armée de la Loire, et assisté à diverses rencontres avec l'ennemi, notamment à la déplorable bataille du Mans, les 10, 11, 12 et 13 janvier 1871.

Promu alors successivement brigadier et maréchal-des-

à la Prusse, et a fait la désastreuse campagne du Rhin. Il a assisté ainsi, le 6 août 1870, à la bataille de Reichshoffen, où son régiment, compris dans le corps d'armée du général Félix Douay, fut décimé par la mitraille, et où il eut sa tunique déchirée par une balle au-dessous de son ceinturon. Revenu à Châlons avec l'armée du maréchal de Mac-Mahon, il était présent à la bataille de Beaumont (30 août), où sa conduite remarquée le fit proposer une première fois pour la Croix; présent encore à la bataille de Sédan (31 août-1er septembre), où il fut fait prisonnier fort honorablement sur le champ de bataille même, et interné à Magdebourg, puis à Hambourg.

Rentré en France après le traité de paix, qui nous coûtait cinq milliards et surtout la perte de deux provinces, il prit part au second siége de Paris contre la Commune Révolutionnaire, en qualité de capitaine au 14e régiment provisoire; c'est alors qu'il fut proposé une seconde fois pour la Croix par son colonel et son général de brigade, et qu'il ne dut qu'à une circonstance malheureuse (ordre mal compris de son général de division) de ne pas l'avoir obtenue à ce moment.

En avril 1873, il était, avec son grade de capitaine d'une compagnie du 135e régiment de ligne, au camp de Villeneuve-l'Etang, près Paris, et depuis lors, en avril 1874, il a donné sa démission pour rentrer dans la vie privée.

Le 22 août 1874, Georges de Courson s'est uni par alliance à une famille de Rouen des plus notables, en épousant ce jour-là, selon acte passé à la mairie de cette ville, Mlle Louise-Marie-Thérèse Gosset de La Rousserie, fille de M. Amédée G. de La R. et de Mme Louise-Mathilde de La Rocque; le mariage religieux fut célébré le même jour en l'église St-Patrice de Rouen par M. l'abbé de Beauchamp, cousin de l'époux.

Actuellement (1876), il habite ordinairement l'hôtel de Toulouse, à Bayeux, hôtel qui lui a été donné par son père.

logis, il a pris part, ainsi que son frère et en qualité de sous-officier au 4e régiment de Cuirassiers, au second siége de Paris contre la Commune révolutionnaire.

Après avoir été en garnison avec son régiment à Versailles et à Satory, il est entré avec son grade à l'Ecole de cavalerie de Saumur, et enfin, au mois d'août 1875, il est rentré dans la vie privée.

Il habite ordinairement aujourd'hui (1876) avec son père au château de St-Clair, près Vire.

ADDITIONS

PAR SUITE DE CHANGEMENTS SURVENUS EN COURS D'IMPRESSION.

Branche aînée.

Complément de l'article concernant M. AMÉDÉE-CASIMIR DU BUISSON DE COURSON-CRISTOT (Suite de la page 174).

Les déplorables élections du 20 février 1876 sont venues modifier la situation de M. *Amédée* DU BUISSON DE COURSON, trop agréable pour être de longue durée. Malgré la promesse formelle de maintien à Valognes, faite par M. Ricard, un instant ministre de l'Intérieur, enlevé par une mort prématurée, le sous-préfet de l'arrondissement de Valognes devait être, sous le ministère de M. de Marcère, successeur de M. Ricard, une des nombreuses victimes des modifications administratives imposées par la nouvelle politique du Gouvernement. En effet, par décret du Président de la République du 24 mai 1876 (*Journal Officiel* du 25), il était nommé sous-préfet de l'arrondissement de MURET (Haute-Garonne), en remplacement de M. Sabatié-Garat, démissionnaire.

Bien qu'elle ne fût pas une disgrâce au point de vue purement administratif, cette mutation, et surtout l'éloignement de la Normandie, de ses relations, de ses intérêts lui étaient d'autant plus pénibles, qu'à une autre époque, il avait sacrifié son avancement et son avenir au désir de rester dans son pays; aussi fut-il sur le point d'envoyer sa démission et ne s'est-il résigné à continuer sa carrière que sur les conseils et les instances de son beau-père. Au moins eut-il la consolation d'emporter les regrets de beaucoup d'amis dans l'arrondissement qu'on l'obligeait de quitter, regrets dont il a reçu de touchants témoignages (1).

Fort mécontent de son nouveau poste, il a fait les plus

(1) Extrait du *Journal de l'arrondissement de Valognes*, du 26 mai 1876 :
« M. de Courson, sous-préfet de Valognes, a été nommé sous-préfet de « Muret (Haute-Garonne), en remplacement de M. Sabatié-Garat, démission« naire. . . . .

« Nous exprimons à M. de Courson tous les regrets que nous cause son « déplacement. Et pourtant, à peine avons-nous eu le temps de le connaître. « Il n'y a pas, en effet, six mois qu'il est arrivé parmi nous et nous n'avons « jamais ouï exprimer sur son administration que des éloges.

« Nous croyons remplir un devoir en exprimant nos sympathies à l'homme « qui, en remplissant ses fonctions avec loyauté et modération, avait su se « concilier l'estime de tous. »

actives démarches au Ministère de l'Intérieur pour obtenir sa réintégration en Normandie, ou au moins dans la région du Nord-Ouest, et, et après un court séjour dans l'arrondissement de Muret, il était appelé par un nouveau décret du Président de la République, en date du 7 juillet 1876 (*Journal Officiel* du 15), à l'administration de l'arrondissement de QUIMPERLÉ (Finistère).

Cette nouvelle résidence, bien que située dans l'ancienne Cornouailles, une des parties les plus curieuses, les plus sauvages et les plus pittoresques de la vieille Armorique, est loin de lui donner satisfaction; la sous-préfecture est d'une importance secondaire, et la ville, dénuée de toutes ressources, est encore fort éloignée de Paris et de Caen. Il se résigne, toutefois, en attendant que les événements politiques et un régime plus stable lui permettent d'obtenir sa réintégration dans sa chère Normandie.

M. *Amédée* DE COURSON a épousé, pendant le cours de cette même année 1876, le mardi 14 mars, en la cathédrale St-Louis de Versailles, Mlle *Marie*-Joséphine-Céline HENNET DE BERNOVILLE, fille de M. Alexis Hennet de Bernoville, d'une bonne famille originaire des Flandres ou plus anciennement de la Lorraine Allemande, et de Mme Elvire Rolin; un nombreux cortége d'amis des deux époux, parmi lesquels les trois sénateurs de la Manche (MM. de Saint-Germain, comte Daru, d'Auxais), le député de l'arrondissement de Valognes (comte Le Marois), le préfet du département (M. Buchot) et plusieurs autres sénateurs, députés et préfets, assistaient à la cérémonie. Le mariage civil avait été contracté le même jour à la mairie de Versailles (C. A., n° 275, pages 308 et 309), et le contrat de mariage, rédigé par les

Nommé par décret du 24 mai (J. O. du 29) sous-préfet de l'arrond. de Morlaix (Finistère), notablement plus important.

Extrait d'un autre journal de la localité, le *Journal de Valognes*, du 1er juin 1876 :

« En publiant la liste des changements opérés dans notre département dans « le personnel de nos sous-préfets, nous avons le regret de voir figurer le « nom de M. de Courson, sous-préfet de Valognes.

« Depuis six mois à peine que cet honorable magistrat était parmi nous, « nos populations avaient appris à l'apprécier; elles le connaissaient à la « vérité de vieille date, mais les rapports faciles qu'elles avaient rencontrés « dans son administration avaient accru encore leurs sympathies à son égard.

« C'est donc une perte pour notre arrondissement où M. de Courson comp- « tait autant d'amis que d'administrés.

« Il y a quelques jours encore, M. de Courson manifestait le désir de « rester longtemps parmi nous, et c'est au moment où nous le considérions « comme un des nôtres que nous voyons figurer son nom à *l'Officiel*.

« Nous croyons être l'interprète de nos concitoyens en disant que « M. de Courson emporte leurs sympathies et leur estime et qu'ils conserve- « ront de lui un bon souvenir de son trop court séjour au milieu de nous. »

soins de Me Finol, notaire en la même ville, avait été signé la veille.

Dans les premiers jours du mois de juin 1876, en quittant Valognes, les jeunes époux se sont rendus au château des Planches, où les habitants des deux communes limitrophes d'Amblie et de Colombiers-sur-Seulles (Calvados) leur ont fait un cordial accueil (1), et ont prouvé à M. de Courson que, si ses ancêtres étaient depuis près de deux siècles les amis et les bienfaiteurs de leurs pères, ils continuaient avec lui d'un commun accord les bonnes, les sages traditions du passé, sans souci pour les folles utopies, les passions malsaines, les jalousies démagogiques de la triste époque actuelle.

Branche cadette.

Complément de l'article concernant M. JOSEPH-ROGER DU BUISSON DE COURSON

(Suite de la page 176, 2e colonne).

Pendant le cours de l'impression de cet ouvrage, et en cette même année 1876, un fait important s'est également produit dans l'existence de M. *Roger* DU BUISSON DE COURSON. En effet, il s'est uni par alliance à une famille dont « l'ori-

(1) On lit dans le *Moniteur du Calvados*, du 11 juin 1876 :

« AMBLIE. — Une touchante fête, dont nous aurions voulu parler plus tôt, « a eu lieu en cette commune dimanche dernier (4 juin), à l'occasion de « l'arrivée à sa propriété des Planches de M. le Sous-Préfet de Valognes, « nommé récemment aux mêmes fonctions à Muret.

« M. de Courson, qui laisse de si unanimes regrets dans l'arrondissement « qu'il administrait dans la Manche, est entré sur le territoire d'Amblie, vers « six heures du soir, accompagné de sa jeune épouse. La population des « communes d'Amblie et de Colombiers-sur-Seulles s'est rendue, avec les « sapeurs-pompiers, au-devant d'eux, pour leur souhaiter la bienvenue; puis le « cortége s'est dirigé vers le château.

« Arrivée sur le perron, la nouvelle mariée a reçu des mains de quatre « jeunes-filles des bouquets d'œuillets et six magnifiques volants de den- « telle; puis elle a été complimentée.

« M. de Courson a, en quelques paroles cordiales, remercié la popu- « lation de l'accueil sympathique qu'il recevait; puis une collation improvisée « a réuni toutes les personnes qui ont pris part à cette fête, que des « divertissements et des danses ont terminée.

« Avant-hier jeudi (8 juin), M. de Courson a convié à un banquet la « jeunesse des communes d'Amblie et de Colombiers, à laquelle il tenait à « donner une preuve de sa gratitude pour le gracieuse réception qui lui « avait été faite.

« La réunion a été pleine d'entrain et de gaîté. Après le repas, on a « beaucoup dansé et ri.

« Ces charmantes agapes, qui laisseront dans tous les cœurs un durable « souvenir, ont été closes par un superbe feu d'artifice. »

« gine féodale se perd dans la nuit des temps » (1), dont « le nom est consacré par des documents qui ont un véritable « intérêt historique, et cela depuis *près de sept cents ans* » (2), en épousant à la mairie de Mézières (canton de Cléry-sur-Loire, département du Loiret), le mardi 30 mai, et à l'église de la paroisse, le lendemain 31 mai 1876, « Mlle Jeanne-« *Marie*-Noël D'ORSANNE DE THIZAY, née à Orléans (Loiret) le « 25 décembre 1854, fille de M. Louis-Ferdinand, vicomte « d'Orsanne de Thisay, propriétaire, et de dame Hélène-« Marie-Noël Lockart, sa femme » (3).

Il résulte de l'acte que leur contrat de mariage avait été reçu le 30 mai, jour du mariage civil, par Me Regnault, notaire à Orléans.

Depuis son mariage, M. Roger de Courson a fixé sa résidence chez ses beaux-parents, au château de Mézières (4).

(1) Extrait d'un jugement du tribunal civil de Quimper : 1859.

(2) Extrait d'un jugement du tribunal civil de Bourges, en date du 17 juin 1859.

(3) Témoins de l'époux : M. Georges-Paul du Buisson de Courson, propriétaire, ancien capitaine d'infanterie, âgé de 37 ans, domicilié à Bayeux, son frère, et M. Edgard Gaultier de St-Bazile, propriétaire, âgé de 34 ans, domicilié à Bayeux, son ami.

Témoins de l'épouse : M. Arthur Colas des Francs, propriétaire, âgé de 46 ans, domicilié à Orléans, son oncle, et M. Edmond Raguenet de Saint-Albin, propriétaire, âgé de 54 ans, domicilié aussi à Orléans, son autre oncle.

(4) MÉZIÈRES : Commune de 647 hab., à 100 mètres d'altitude, canton et poste de Cléry-sur-Loire (4 kilom.), arrondissement d'Orléans (14 kilom.), département du Loiret. — Cette commune, qui est située à l'entrée de la Sologne, sur un affluent et près de l'Ardoux, possède un aqueduc gallo-romain. Son territoire a 2,669 hectares d'étendue.

Vº T, écuyer, seigneur d'Iquelon jusqu'en l'aliénation de ce fief; — alliance et

2º Charlotte du Buisson d'Iquelon.

1º 98, ime lant

3º Marguerite du Buisson, vivante encore en 1641; — mariée, en 1627, à Jean de Melun.

4º Marie du B., 5º Pierre du B., 6º Thomas du B., tous les trois morts dans leur enfance.

1º 4º 5º 6º 7º 8º 9º Deux autres fils et cinq filles.

DU 2e LIT.

Marie du Buisson, née en 1641; — mariée, le 2 janvier 1658, à messire Georges Couespel, sieur du Mesnil.

VIIº 1º ioblesse le 6 juillet 1694 et, par arrêt souverain, le 28 août noiselle Marie-Anne de Zur-Lauben de Fribourg, dont:

2º Philippe du B., né le 31 décembre 1685, mort dans son enfance.

XVIIIº 1º t, né en 1717, officier d'infanterie, capitaine général des milices gardes-côtes de la capitainerie — marié, le 30 septembre 1738, avec damoiselle Catherine-Louise-Henriette des Planches

XIXº 1º ievalier de Courson, Rotours de Chaulieu Mlle Anne-Jeanne-

4º Pierre-Louis-Guillaume du Buisson de Courson, né en 1752, prêtre, curé de Port-en-Bessin, mort le 28 septembre 1781.

5º 6º 7º 8º 9º 10º Deux autres fils et quatre autres filles morts dans leur enfance.

1º enriette du Buisson de Courson, née en 1785; — mariée, ptembre 1801, avec messire Jean-Gabriel-Désiré Patry, fils et deux filles.

4º Joséphine du Buisson de C., née en 1788; morte en 1804.

BRANCHE CADETTE.

1º -Aymar du Buisson de Courson, né le 29 août 1812, reçu à St-Cyr en 1830; — arié, le 12 février 1838, avec Mlle Gabrielle Le Roy de Dais, dont deux fils et une fille.

1º on de Courson, né d'infanterie, ayant Prusse (1870-71); — 874, avec Mlle Thé- Rousserie.

2º Marie du Buisson de Courson, religieuse, au couvent des Bénédictines de Caen, depuis 1865; nommée en religion sœur Sainte-Thérèse de Jésus.

3º Roger du Buisson de Courson, né en 1850, ancien zouave pontifical, ancien sous-officier de Cuirassiers; — marié, le 31 mai 1876, avec Mlle Marie d'Orsanne de Thizay.

ÉCU PRIMITIF.

ÉCU ACTUEL.

TABLEAU SYNOPTIQUE

DE LA FILIATION

DE LA MAISON NORMANDE DU BUISSON (BRANCHE DE COURSON-CRISTOT)

DEPUIS LA FIN DU XIIe ET LE XIIIe SIÈCLE

I° Richard du Buisson, chevalier et probablement banneret (*miles*), au siége de St-Jean-d'Acre en Palestine en 1191 ; — alliance inconnue.

II° 1° Osmond du Buisson, vivant en 1216, père de Robert, vivant en 1249-1252. — 2° Philippe du B., chevalier (*miles*), sieur du Buisson, de Fontaine-le-Pin, etc., mort à la VIIe Croisade, vers 1249 ou 1250 ; — alliance inconnue, dont :

III° Thomas du Buisson (1228) ; — 2° Lucas du Buisson (1249) ; — 3° Robert du Buisson, chevalier (*miles*), vivant en 1225, mort, comme son père, à la VIIe Croisade vers 1249-1250 ; — marié avec noble damoiselle Marguerite des Champs, dont :

IV° Jean du Buisson, chevalier (*miles*), sieur du Buisson, de Fontaine-le-Pin et autres lieux ; mineur à la mort de son père ; convoqué à Tours en 1272, après Pâques, avec les autres chevaliers du bailliage de Caen (*in armis et equis*) ; — marié avec noble damoiselle Anne Thorel, dont :

V° Bertrand du Buisson, chevalier, sieur du Buisson-St-Aubin, en la baillie de Caen ; présent au camp des Flandres, en 1301 et 1302, avec deux écuyers et *quatre armures de fer* ; — alliance inconnue, dont :

VI° 1° Thomas du Buisson, écuyer, avocat du Roi en l'Échiquier de Normandie, inhumé en l'église du prieuré de St-Lô de Rouen, en 1361 ; — marié avec noble damoiselle Marguerite des Portes, dont : — 2° Jean du B., écuyer, homme d'armes ; inhumé dans l'église du prieuré de St-Lô de Rouen, en 1385 ; — marié avec noble damoiselle Marie Mustel.

VII° Robert (II) du Buisson, noble homme, écuyer, vivant vers 1350 et 1360 ; guerroyant en Bretagne contre les Anglais, en 1377 ; — marié avec noble damoiselle Charlotte de Gouy, dont :

VIII° 1° Nicolas du Buisson, noble homme, écuyer, etc., vivant encore le 4 février et le 14 mars 1419, et même le 23 septembre 1420 ; — marié avec noble damoiselle Perrette Marescot, dont : — 2° Guillaume du Buisson, marié avec damoiselle Philippe de Fontaines. — 3° Eudeline du Buisson, qui était prieure de l'Hôtel-Dieu de Vernon le 20 juin 1414.

IX° 1° Charles du Buisson, noble homme, écuyer, etc., vivant au commencement du XVe siècle ; — marié avec damoiselle Roberde Onfroy, dont : — 2° Guillemette du B., mariée à Denis Le Roux, écuyer, sieur de Becdal et de Villettes ; morte en 1446. — 3° Perrette du B., mariée à noble Guillaume Biotte, sieur de l'Arche ; inhumée aux Jacobins de Rouen le 18 septembre 1449.

X° Jean (II) du Buisson, écuyer, homme d'armes lors de la bataille de Formigny le 15 avril 1450 ; sergent fieffé de la forêt d'Évreux en 1469, présent à la montre des Nobles du Caux en 1470, vivant encore en 1493 ; — marié en premières noces avec noble damoiselle Charlotte de Vauquelin, dont un fils ; — marié en secondes noces avec noble damoiselle Étiennette du Faveril, dame d'Iquelon, dont quatre fils et une fille.

XI° DU 1er LIT. Noble homme Jacques du Buisson, écuyer, vivant et père de famille en 1483 ; — marié avec noble damoiselle Louise des Essarts, dont :
DU 2e LIT. 1° Robert du B., écuyer, seigneur d'Iquelon-sur-Fourmetot ; — marié, avant le 6 octobre 1493, avec damoiselle Marguerite Malderée, dont : — 2° Nicole du B., prêtre, curé de Cany. — 3° Jacques du B., prêtre, curé de Rivifle. — 4° Jean du Buisson, sieur du Grand-Val, maintenu noble le 18 février 1517. — 5° Louise du Buisson.

XII° Noble et scientifique personne Jean (III) du Buisson, écuyer, sieur de Courson, docteur régent en l'Université de Caen, mort le 18 octobre 1531 ; — marié, le 22 décembre 1517, avec damoiselle Jeanne Bouët, que l'on croit dame de Courson, dont :
1° Guillaume du Buisson, écuyer, seigneur d'Iquelon, fondateur d'une chapelle en 1515 ; — marié avec damoiselle Jeanne de Pannebien, dont : — 2° Jacques du Buisson, prêtre, curé du Mesnil-David. — 3° Noël du Buisson, écuyer.

XIII° 1° Noble et savante personne Claude (Ier) du Buisson, sieur de Courson, docteur et prieur des Écoles de Droit de l'Université de Caen, qualifié *comes* (comte) en 1586 ; mort en 1589 ; — marié, en 1551, avec Catherine Le Maistre d'Échauffou, dont un fils ; — marié en secondes noces avec Marie Le Sueur, dont six enfants : — 2° Philippine du B. de C., mariée, en 1540, avec Charles de Bourgueville, écuyer, sieur de Bras (l'historien de Caen).
1° François du Buisson, écuyer, seigneur d'Iquelon, mort avant l'année 1540 ; — marié avec noble damoiselle Claude de Villiers, dont : — 2° Charlotte du Buisson, mariée à Germain d'Anneval, écuyer, sieur de Saint-Merry. — 3° Catherine du Buisson, mariée à Jean de Livet, écuyer, sieur de Bourneville.

XIV° DU 1er LIT. Tanneguy du Buisson, recteur de l'Université de Caen en 1576 ; conseiller à la Table de Marbre, à Rouen, etc.
DU 2e LIT. 1° Pierre du Buisson, écuyer, sieur de Courson, officier, puis contrôleur de deux maisons royales, 1er échevin de Caen, mort en 1631 ; — marié, en 1592, avec Élisabeth Baudouyn, dont : — 2° Anne du Buisson, prêtre, conseiller au Parlement de Rouen en 1595 ; archidiacre du Vexin ; vicaire général de l'archevêché de Rouen ; mort en 1628. — 3° 4° 5° 6° Quatre filles, alliées aux familles Hubert du Mesnil, Fouchaut, Manneville-Monmirel, Beauvais et Balleroy.
1° Guillaume (II) du Buisson, écuyer, seigneur d'Iquelon jusqu'en septembre 1541, date de l'aliénation de ce fief ; — alliance et postérité inconnues. — 2° Charlotte du Buisson d'Iquelon.

XV° 1° Claude (II) du Buisson, écuyer, seigneur et patron de Cristot et de Brouay, né à Caen en 1595, conseiller du Roi et procureur au grenier à sel en 1629, maintenu noble à la date des 11 décembre 1637, 3 octobre 1643, 2 septembre 1656 ; — marié, en 1624, avec Anne Lamendey, dont neuf enfants ; marié, en 1640, avec Françoise de Poilvillain, dont une fille. — 2° Jeanne du Buisson de Courson, née en 1598, mariée, vers 1623, avec messire Guillaume Hourdon, écuyer, sieur de Préfossé, descendant de la famille de Jeanne d'Arc. — 3° Marguerite du Buisson, vivante encore en 1641 ; — mariée, en 1627, à Jean de Melon. — 4° Marie du B., 5° Pierre du B., 6° Thomas du B., tous les trois morts dans leur enfance.

XVI° DU 1er LIT. 1° Pierre (II) du Buisson, écuyer, seigneur et patron de Cristot et de Brouay, né en 1628 ; — marié en premières noces avec Marie Roger, sans postérité ; — marié en secondes noces, le 25 novembre 1683, avec Marie-Anne de Morant-Courseulles, dont deux fils : — 2° Jacques du Buisson, prêtre, curé de Cristot, de 1659 à 1673. — 3° 4° 5° 6° 7° 8° 9° Deux autres fils et cinq filles.
DU 2e LIT. Marie du Buisson, née en 1641 ; — mariée, le 2 janvier 1658, à messire Georges Couespel, sieur du Mesnil.

XVII° 1° Noble homme Pierre-Nicolas du Buisson, écuyer, sieur de Courson, seigneur et patron de Cristot et de Brouay, né le 29 juin 1684, maintenu dans sa noblesse le 6 juillet 1694 et, par arrêt souverain, le 28 août 1704, capitaine général de la milice de la généralité de Caen et chevalier de St-Louis en 1748 ; mort en 1764 ; — marié, vers 1706 ou 1707, avec noble damoiselle Marie-Anne de Zur-Lauben de Fribourg, dont : — 2° Philippe du B., né le 31 décembre 1685, mort dans son enfance.

XVIII° 1° Nicolas-Pierre du Buisson, 2° Valentine du Buisson, tous les deux morts dans leur enfance. — 3° Noble homme Guillaume-Nicolas du Buisson, chevalier, sieur de Courson, seigneur et patron de Cristot, né en 1717, officier d'infanterie, capitaine général des milices gardes-côtes de la capitainerie de Bernières et chevalier de St-Louis en 1762, mort avec le grade de lieutenant-colonel en 1779 ; — marié, le 30 septembre 1738, avec damoiselle Catherine-Louise-Henriette des Planches d'Hérouville, dont dix enfants :

XIX° 1° Marie-Gabrielle du Buisson, née en 1742, morte sans alliance en 1787. — 2° Messire Dominique-Nicolas du Buisson de Courson-Cristot, écuyer, né en 1744, officier de chevau-légers, garde du corps du Roi, mort en 1793 ; — marié, le 21 mai 1781, avec noble damoiselle Geneviève de Scelles de Prévallon, dont trois filles et un fils : — 3° Messire Jean-Louis-Antoine du Buisson, chevalier de Courson, officier de cavalerie, aïeul de la famille des Rotours de Chaulieu actuelle ; — marié, le 17 août 1778, avec Mlle Anne-Jeanne-Charlotte-Antoinette de Sarcilly. — 4° Pierre-Louis-Guillaume du Buisson de Courson, né en 1752, prêtre, curé de Port-en-Bessin, mort le 28 septembre 1781. — 5° 6° 7° 8° 9° 10° Deux autres fils et quatre autres filles morts dans leur enfance.

XX° 1° Justine, née en 1782, morte dans son enfance. — 2° Ange-Casimir du Buisson de Courson-Cristot, écuyer, né en 1783, dévoué à la cause royaliste en 1814 et 1815 ; décoré de la Fleur de Lys ; mort en 1830 ; — marié, le 23 février 1808, avec Mlle Justine de Billeheust d'Argenton, dont trois enfants : — 3° Marie-Henriette du Buisson de Courson, née en 1785 ; — mariée, le 1er septembre 1801, avec messire Jean-Gabriel-Désiré Patry, dont un fils et deux filles. — 4° Joséphine du Buisson de C., née en 1788 ; morte en 1804.

XXI° BRANCHE AINÉE. 1° Adjutor du Buisson de Courson, né en 1809 ; mort dans son enfance. — 2° Louis-Eugène du Buisson de Courson-Cristot, né le 28 juin 1810, s'étant occupé d'agriculture ; mort le 13 décembre 1872 ; — marié, le 20 juin 1836, avec Mlle Adolphine du Merle, dont un fils et une fille :
BRANCHE CADETTE. 3° Jules-Aymar du Buisson de Courson, né le 29 août 1812, reçu à St-Cyr en 1830 ; — marié, le 12 février 1838, avec Mlle Gabrielle Le Roy de Dais, dont deux fils et une fille.

XXII° 1° Amédée-Casimir du Buisson de Courson-Cristot, né en 1839, licencié en droit, entré dans la carrière administrative, ayant fait, en qualité d'officier d'état-major (auxiliaire), une partie de la campagne 1870-71 ; actuellement (1876) sous-préfet de Quimperlé (Finistère) ; — marié à Versailles, le 14 mars 1876, avec Mlle Marie Hennet de Bernoville. — 2° Marie-Berthe du Buisson de Courson, née en 1844 ; mariée, le 12 février 1867, avec M. Paul de Villiers, dont un fils et deux filles.
1° Georges du Buisson de Courson, né en 1839, capitaine d'infanterie, ayant fait la campagne de Prusse (1870-71) ; — marié, le 22 août 1874, avec Mlle Thérèse Gosset de La Rousserie. — 2° Marie du Buisson de Courson, religieuse, au couvent des Bénédictines de Caen, depuis 1865 ; nommée en religion sœur Sainte-Thérèse de Jésus. — 3° Roger du Buisson de Courson, né en 1850, ancien zouave pontifical, ancien sous-officier de Cuirassiers ; — marié, le 31 mai 1876, avec Mlle Marie d'Orsanne de Thizay.

Caen, Imprimerie de F. LE BLANC-HARDEL.

LA FAMILLE

DU BUISSON DE COURSON-CRISTOT

DÉRIVÉE

Des maisons Carlovingienne et Capétienne de France par les Vermandois, Meulent, d'Auray, La Barberye et Billeheust d'Argenton.

FILIATION.

La filiation indiquée ci-après est établie : — **En ce qui concerne les Vermandois et les Meulent ou Meulan :** 1° par l'*Histoire généalogique de la maison d'Harcourt*, du sire Gilles-André de La Roque La Lontière (Paris, in-4°, 1762 ; Bibliothèque de Caen), tome Ier, livre Ier, Table généalogique de la filiation des Meulent ; puis chapitre x, origine et descendance des Vermandois, chapitres xi, xii et xiii ; livres II, III et IV en entier (de la page 49 inclusivement à la page 200 inclusivement) ; — 2° par l'*Histoire généalogique et chronologique de la maison royale de France, des Pairs et des Grands Officiers de la Couronne*, du Père Anselme, Augustin déchaussé (Paris, in-4°, 1746 ; 3e édition, Bibliothèque de Caen), article des Pairs de France, pages 403 à 412, généalogie des Meulent ; — 3° par l'*Art de vérifier les dates des faits historiques*, etc., ouvrage d'un religieux Bénédictin de la Congrégation de St-Maur, Dom Clément (Paris, in-8°, 1818, 4e édition, dite de St-Allais : 5 volumes ; Bibliothèque de Caen), tome III, seconde partie ; article Meulent (de la page 222 à la page 233 inclusivement) ; article Vermandois (de la page 237 à la page 251 inclusivement) ; — 4° par les *Généalogies historiques des Maisons Souveraines*, d'après Hubner et autres auteurs (Paris, in-8°, 1731), tome III (Maison de France), Tables généalogiques de la filiation des Vermandois, pages 136 et suivantes, 520 et suivantes ; — 5° par le manuscrit du chevalier Pitart, sieur de Saint-Jean du Corail (1690-1700 environ ; Bibliothèque de Mortain), intitulé *Nobiliaire du comté de Mortain* ; — **en ce qui concerne les d'Auray :** 1° par la

Généalogie de cette maison, présentée aux Elus de Mortain en 1540, et actuellement entre les mains de son chef le baron de St-Pois (St-Paër-le-Servain), marquis d'Auray ; — 2° par l'*Histoire généalogique de la maison d'Harcourt*, de La Roque, déjà citée, tome Ier, livre second, chapitre x ; pages 97 et 98 ; — 3° par des *Notes* sur la maison d'Auray, déposées aux archives de l'Empire, hôtel Soubise, à Paris ; — 4° par le *Nobiliaire* manuscrit de Pitart, déjà cité ; — **en ce qui concerne les La Barberye et les Billeheust d'Argenton** par une série de documents, contrats de mariage, actes d'état civil, etc., soit encore en notre possession, soit déposées par nous aux Archives départementales de la Manche, à St-Lo. — On peut aussi consulter utilement, sur les Meulent et d'Auray, les *Annales civiles, militaires et généalogiques du pays d'Avranches*, par l'abbé Desroches, curé d'Isigny (Caen, gr. in-8°, 1856), pages 310, 311, 312 et 313.

Nous devons d'ailleurs reconnaître que nous avons été mis sur la voie de ces faits patents et faciles à contrôler par les indications obligeantes de M. le comte Parrin de Sémainville, ancien magistrat, décédé, le 20 août 1872, au château de Carqueiranne, près Hyères (Var), l'auteur si judicieux du *Code de la Noblesse française*, qui descendait lui-même, en ligne maternelle, d'une Billeheust de la branche de St-Vigor et d'Argenton.

I°.

HENRI Ier, roi de France ; né, 1005 ; duc de Bourgogne, 1016 ; associé au trône et couronné roi, 1027 ; roi, 1031 ; mort, 1060 ;

Marié, en 1044, avec ANNE DE RUSSIE, fille de Georges Iaroslaw, grand duc de Russie, et petite-fille du Wladimir Ier et d'Anne, cette dernière fille de Romain-le-Jeune, empereur de Constantinople, dont :

II°.

HUGUES DE FRANCE, dit *le Grand*, troisième fils des précédents, l'un des chefs de la première Croisade, présent au siége et à la prise d'Antioche ; revenu en France, d'où il repartit pour la Terre-Sainte en 1102 ; mort de ses blessures en Cilicie le 18 octobre 1102 ;

Marié, vers 1069, avec ADÈLE ou ADÉLAÏDE DE VERMANDOIS, héritière, en 1080, des comtés de Vermandois, de Crespy et de Valois, fille d'Herbert IV (ou V), comte de Vermandois, *huitième descendant direct de* PÉPIN, *roi d'Italie, le second fils* de CHARLEMAGNE (1), et d'Adèle de Valois ; de cette union sortit Raoul Ier, dit *le Vaillant*, comte de Vermandois, Simon

(1) Voici, d'après les *Généalogies historiques des Maisons Souveraines*, de Hubner, et d'après l'*Art de vérifier les dates* des Bénédictins, tome III, 2e partie, l'indication sommaire de la filiation des premiers Vermandois, de la race Carlovingienne :

I° CHARLEMAGNE, né en 742 au château de Salzbourg (Bavière), roi de France, couronné en l'an 800 Empereur d'Occident, époux de la reine HILDEGARDE, dont trois fils, Charles mort sans enfants, Pépin qui suit, et Louis (le Débonnaire), qui lui succéda.

II° PÉPIN, second fils de l'Empereur, fait roi d'Italie en 781, à l'âge de cinq ans, mort le 8 juillet 810, laissant cinq fils, dont l'aîné, Bernard, lui succéda.

III° BERNARD, placé en 812 par son aïeul sur le trône de son père, roi d'Italie, révolté contre Louis-le-Débonnaire, qui le prit et lui fit arracher les yeux ; mort de ce supplice le 17 avril 818 ; alliance inconnue, dont notamment Pépin, qui suit.

IV° PÉPIN II, privé de son royaume par Louis-le-Débonnaire et ayant reçu en dédommagement une partie du Vermandois, c'est-à-dire les seigneuries de St-Quentin et de Péronne ; alliance inconnue, dont trois fils : Bernard, Herbert qui suit, et Pépin, tige des comtes de Valois.

V° HERBERT Ier, seigneur de Péronne et de St-Quentin, ayant suivi d'abord le parti de Charles-le-Simple contre Eudes, son compétiteur, ayant tué, en 896, Rodolphe, comte de Cambrai, et assassiné à son tour, en 902, par les gens de Baudouin II, comte de Flandre, frère de Rodolphe ;

Marié avec une fille de Robert-le-Fort, comte de Paris, dont un fils et deux filles.

VI° HERBERT II, comte de Vermandois, ayant combattu à Soissons en 923 et ayant suivi la cause de Raoul et de Hugues-le-Grand, comte de Paris, contre Charles-le-Simple ; mort en 943 et inhumé à St-Quentin ;

Marié à HILDEBRANTE, fille de Robert Ier, duc de France, et petite-fille de Robert-le-Fort, dont cinq fils et deux filles, notamment Herbert, comte de Troye et de Meaux, dit parfois Herbert III, et

VII° ALBERT Ier, comte de VERMANDOIS, dit *le Pieux*, attaché d'abord à Louis d'Outre-Mer, puis ayant fait sa paix avec Hugues Capet ; mort le 9 septembre 987 (ailleurs 988) ;

Marié avec GERBERGE, fille de Giselbert, duc de Lorraine, et de Gerberge de Saxe (selon d'autres, fille du roi Louis d'Outre-Mer), dont quatre fils et une fille, notamment Herbert qui suit, Lindulphe, évêque de Noyon, et Guy, tige des comtes de Soissons.

VIII° HERBERT III (ou IV), comte de VERMANDOIS, mort le 29 août de l'an 1000 (ailleurs 1015) ;

Marié à HERMENGARDE, dont deux fils, Albert et Othon.

IX° ALBERT II, comte de VERMANDOIS, que la chronique de Baudry de Noyon qualifie de médisant, bouffon, parjure et débauché, mort vers 1021, sans enfants d'EMMA ou EDMÉE, sa femme, qui vivait veuve encore en 1035.

OTHON, devenu comte de VERMANDOIS par suite de la mort de son frère ; mort le 25 mai 1045 ;—marié avec PAVIE, dont Herbert qui suit, Eudes, tige des seigneurs de Ham, et Pierre, dont on ne sait que le nom.

Nota. — D'après les *Généalogies historiques des Maisons Souveraines*, Herbert, Eudes et Pierre seraient fils d'Albert II ; nous avons suivi ici la version de l'*Art de vérifier les dates*, des Bénédictins ; les faits sont mieux précisés, appuyés sur les chroniques du temps, et cette version nous paraît plus authentique.

X° HERBERT IV (ou V), comte de VERMANDOIS, recevant, en 1047, dans

de Vermandois, évêque de Noyon, Henri de Vermandois-Chaumont, et quatre filles, dont la suivante :

III°.

Élisabeth de Vermandois ;

Mariée en premières noces, en 1096, à Robert, dit *le Prud'homme*, comte de Meulent ou Meulan (1), déjà veuf de Godechilde de Conches, ayant fait ses premières armes à la conquête d'Angleterre en 1066, mort à Préaux le 5 juin 1118, l'une des illustrations de la maison de Meulent. Robert était encore seigneur de Beaumont-le-Roger, de Pont-Audemer et de Brionne, comte de Leicester, en Angleterre, et avait la même origine que les d'Harcourt. D'Elisabeth de Vermandois, qui épousa, après sa mort, Guillaume de Varennes, comte de Surrey, il laissa quatre fils : Waleran, qui suit ; Robert, comte de Leicester, son frère jumeau ; Hugues, comte de Bedfort, et Dreux, sire de Boisemont.

IV°.

Waleran ou Galéran, comte de Meulent ou Meulan, seigneur de Beaumont-le-Roger, de Brionne, etc., né en 1104 ; ayant conspiré, en 1123, contre Henri Ier, roi d'Angleterre, duc de Normandie ; nommé comte de Winchester par Etienne de Blois, neveu du roi ; passé plus tard dans le parti de l'impératrice Mathilde ; ayant eu encore des démélés avec le roi d'Angleterre Henri II, en 1161 ; mort au mois d'avril 1166 ;

Marié, en premières noces, avec Bienne d'Angleterre, et, en deuxièmes noces, avec Agnès de Montfort, fille d'Amauri III, comte de Montfort-l'Amauri, qui lui apporta en dot les terres de Rochefort et de Gournay-sur-Marne, dont six fils (Robert, qui suit ; Amauri, tige des seigneurs de

son château de St-Quentin, le roi Henri Ier, assistant, en 1059, au sacre du roi Philippe Ier, mort en 1080 ;

Marié avec Hildebrante ou Adèle de Valois, qui recueillit, en 1077, le comté de Valois, succession de son frère Simon de Valois, fille de Raoul II, comte de Crespy et de Valois, dont Eudes de Vermandois, dit l'*Insensé*, tige des anciens seigneurs de St-Simon, et Adèle ou Adélaïde de Vermandois, épouse d'Hugues de France.

Armes des Vermandois de la race Carlovingienne : *Echiqueté d'or et de gueules.*

Armes des Vermandois de la race Capétienne : *Echiqueté d'or et de gueules, au chef d'azur, chargé de trois fleurs de lys d'or.*

(1) D'après le Père Anselme (*Grands Officiers de la Couronne*), les comtes de Meulent portaient : *Ecartelé : au 1er et 4e échiqueté d'or et de gueules* (qui est Vermandois) ; *au 2e et 3e de sable, au lion d'argent, à queue fourchée.*

Gournay ; Roger, tige des vicomtes d'Evreux ; Waleran, seigneur de Montfort ; Etienne et Hugues) et trois filles.

V°.

Robert II (4e du nom parmi les comtes de Meulent), né en 1141, comte de Meulent, sire de Beaumont-le-Roger, etc., ayant établi une commune à Meulan en 1189, connétable en Sicile dès 1167, ayant suivi le parti du roi d'Angleterre, Jean-sans-Terre, et ayant perdu, par suite, ses apanages de France, confisqués par Philippe-Auguste ; mort du 16 août au 20 septembre 1204, d'après l'*Art de vérifier les dates*, des Bénédictins ;

Marié, vers 1163, avec Mathilde de Cornouailles, fille de Regnaud, comte de Cornouailles, et d'une fille naturelle d'Henri Ier d'Angleterre, nommée dans des chartes de son mari en 1163, 1172 et enfin 1179, lors du mariage de leur fils aîné, dont six fils et une fille : Waleran, comte de Worchester ; Pierre, qui suit ; Henri, seigneur de Sahus ; Amaury, seigneur de Roissy ; Guillaume, seigneur du Vey ; Onfroy ; enfin Jeanne, dame d'Elbeuf (Père Anselme).

VI°

Pierre de Meulent, héritier de droit du comté de Meulan, mais ne l'ayant jamais possédé par suite de sa confiscation et de sa réunion irrévocable à la couronne de France ; ayant toutefois abandonné, en 1202, le parti du roi d'Angleterre ; ayant livré l'année suivante au roi de France son château de Beaumont-le-Roger ;

Marié, vers 1203, avec Eustachée du Molay-Bacon, fille de Guillaume Bacon, seigneur du Molay, dont Raoul, qui suit, et Jean, seigneur de La Plaigne, chanoine de la cathédrale de Rouen.

VII°

Raoul de Meulent, seigneur de Beaumont-le-Roger, de Brionne, puis de Courseulles, confirmé dans la possession des domaines de Courseulles et de Bernières-sur-Mer, en échange de Beaumont-le-Roger, par une charte de St-Louis, datée du mois d'août de l'an 1255 et reproduite dans le XVIe volume (année 1852) des *Mémoires de la Société des Antiquaires de Normandie*, pages 96 et 97, n° 536 ; astreint par ce fief à un service de deux chevaliers ;

Marié en premières noces à Blanche de Ferrières, fille de Jean, baron de Ferrières et d'Alix d'Harcourt, dame de Bourtheroulde ; marié en seconde noces, vers 1245, avec

JEANNE PAISNEL, fille de Foulques Paisnel, baron de Hambie, et d'Agnès de Cantelou, dont Raoul, qui suit, Guy, seigneur du Theil, et Jean, chanoine du St-Sépulcre de Caen.

VIII°

RAOUL II DE MEULENT, seigneur de Courseulles, de Bernières, etc., présent à la bataille de Mons-en-Puelle, le 18 août 1304, sous Philippe le Bel;

Marié, vers 1326, avec AGNÈS DE THIBOUVILLE, dame de Fontaine-la-Sorel, dont Raoul, qui suit, et Guillaume, seigneur de Fontaine-la-Sorel.

IX°

RAOUL III DE MEULENT, sire et baron de Courseulles, conseiller et chambellan du roi, vivant encore ès années 1383, 1387 et 1388, d'après les registres de la Chambre des Comptes; inhumé à l'abbaye d'Ardennes, dont il était le bienfaiteur, avec cette épitaphe : *Miles, dominus de Courseulles ;*

Marié, vers 1378, avec TIPHAINE (Etiennette) DE HUSSON, dame de Ducey et de Charencey, veuve de Guy de Laval, dit Brumor, et fille de Fraslin de Husson, chevalier, et de Clémence du Guesclin, la sœur du connétable Bertrand du Guesclin, dont quatre fils (Louis, seigneur de St-Célerin-Légère; Guy, seigneur de Lyon; Thomas, prêtre; Jean, qui suit) et une fille, Jeanne, dame du Molay-Bacon, mariée trois fois.

X°

JEAN DE MEULENT, chevalier, seigneur du Quesnay, du Mesnil-Patry, puis de Courseulles, après la mort de son frère Thomas, prêtre; décédé en 1414;

Marié avec MARGUERITE LE SERVAIN, baronne de ST-PAER, près Mortain (St-Pois), fille unique et héritière de messire Robert Le Servain, chevalier, baron de St-Paër, et de Béatrix de La Chaize, dont Thomas, qui suit, Jean, seigneur du Quesnay, Isabeau, et Jeanne; cette dernière épousa en troisièmes noces le sire de La Luzerne.

XI°

THOMAS DE MEULENT, dernier mâle de sa race, baron de St-Paër-le-Servain, de Courseulles, etc., mort avant le 20 mai 1459;

Marié, en premières noces, avec Béatrix d'Yvoy, dame d'Yvoy en Lingreville, dont Jeanne qui suit; marié, en secondes noces, avec Jeanne d'Avaugour, dont sortit une fille unique, Perrine de Meulent, héritière, par partages avec sa sœur, de la baronnie de Courseulles, femme de Guillaume de Rosenivinen, seigneur de Champarin et de l'Estagerie, premier échanson du Roi, maître des Eaux et Forêts de France, Brie et Champagne, de l'ancienne maison des Rosenivinen, de Bretagne.

XII°.

Jeanne de Meulent, héritière, en vertu du contrat de lots fait avec sa sœur Perrine le 20 mai 1459, de la baronnie de St-Paër et des fiefs de La Rochelle, Bernières, Bellefontaine, Montigny, etc.;

Mariée, vers 1448 ou 1449, avec Jean d'Auray (1), chevalier, chambellan du Roi, fils de Jean d'Auray, grand veneur du duc de Bretagne, et d'Anne de Quibriac; mentionnée, au terme de Pâques 1463, dans un procès pendant avec sa sœur à l'Echiquier de Normandie, ainsi que son mari, qui rendit aveu de la baronnie de St-Paër, du chef de sa femme, en 1474. Il vivait encore en 1485. Un seul fils connu continue la filiation.

XIII°.

Jean II d'Auray, baron de St-Paër-le-Servain, après la mort de son père et de sa mère, émancipé dès le 10 mai 1459, devant le bailly de Mortain, par son père, qui lui fit don, à cette occasion, de 100 écus d'or;

Marié, le 21 novembre 1487, selon accords et traité de mariage à cette date, passés devant maître Bourgeois, tabellion en la cour de Sonnoys (?), avec Marguerite d'Aché, fille de feu Jean d'Aché, sieur du lieu, allié aux maisons de Bailleul, d'Harcourt, de Vassy, etc.; dont Lancelot et:

XIV°.

Jacques d'Auray, baron de St-Paër, seigneur de Montjoye, etc., frère *aîné* de Lancelot d'Auray, seigneur de La Tourelle, qui produisirent ensemble leur généalogie

(1) Les d'Auray, grande et vieille famille originaire de Bretagne, maintenus nobles en Normandie par Monfault (1463), par d'Aligre (1635), par Chamillart (1666), dont les barons de St-Paër ou St-Pois furent créés, en 1700, par lettres-patentes de Louis XIV, *marquis* d'Auray; portent: *Lozangé d'or et d'azur*.

devant les Elus de Mortain, en 1540, et prouvèrent leur antique noblesse; mentionné dans un acte d'aveu du 1er février 1519, rendu au comte de Mortain, pour la baronnie de St-Paër;

Marié, selon contrat passé au Bournonnel, le 12 mai 1519, avec BÉATRICE DE VAULOGER (1), veuve de noble homme Guillaume de Champagnet et fille de noble homme Jean de Vauloger, sieur du lieu et de la Champagne, dont plusieurs enfants, notamment :

XVe.

BEUVES D'AURAY, écuyer, chevalier de l'Ordre du Roi et gentilhomme ordinaire de la Chambre, baron de St-Paër ou St-Pois, seigneur de Beaumesnil, du Moustier, des Abbayes, de Montjoye, etc., mentionné dans des actes d'aveu de la baronnie de St-Paër, en 1576 et en 1583 ;

Marié, à la date du 8 août 1574, d'après la maintenue de Chamillart (1666), avec JEANNE (ailleurs MARIE) DU MESNILDOT, fille de noble homme Michel du Mesnildot, sieur du lieu, de Mirville, de Maronville, etc., et de damoiselle N... de Croixmare, et devenu par suite seigneur du Mesnildot et de Gouey, ou autrement de la *Grande Paneterie de Normandie*, dont il fit l'aveu, à cause de sa femme, en qualité de Grand-Panetier, le 28 septembre 1596; dont quatre fils, notamment Georges, auteur de la branche directe actuelle des barons de St-Pois, marquis d'Auray, marié en 1621, à Madeleine de La Luzerne, et Odet qui suit.

XVIe.

ODET D'AURAY, écuyer, sieur des Abbayes, quatrième fils des précédents, mentionné dès le 19 avril 1610, dans une sentence rendue aux assises de Mortain, au sujet de partages avec ses frères, et dans divers actes et sentences des 20 novembre 1618, 24 novembre 1628, 17 juillet 1629, etc., décédé antérieurement au contrat de mariage de sa fille, en 1673 ;

Marié, vers 1630 environ, avec noble damoiselle LÉONORE TESSON DE LA MANCELLIÈRE, fille de noble homme Etienne Tesson, seigneur de La Vieuville et du Mesnil-Bœufs, et de dame Renée de Pontault, dont : 1° Charles, sieur des

(1) D'après l'*Histoire de la maison d'Harcourt*, de La Roque, et d'après le *Nobiliaire* manuscrit de Pitart (1690-1700), Béatrice de Vauloger aurait été la femme de Jean II d'Auray, et aurait eu pour fils Jacques, marié à Marguerite d'Aché. Il nous a paru, après examen, qu'il y avait là une interversion qui constituait une erreur.

Abbayes, demeurant à Coulouvray, qui épousa en secondes noces, vers 1672, Anne-Marie de Billeheust; 2° et 3° Nicolas et Beuves, demeurant en la paroisse de La Chaize-Baudouin, et maintenus nobles, ainsi que leur frère aîné, par l'intendant Chamillart, en 1666; 5° une fille qui suit :

XVII°

Noble damoiselle LÉONORE D'AURAY, dont les anciens registres d'état civil de St-Vigor-des-Monts contiennent l'acte d'inhumation dans l'église de cette paroisse en 1719 ;

Mariée selon contrat du 20 février 1673, passé au manoir seigneurial de La Mancellière, reconnu à Montigny, devant les notaires de Mortain, le 24 mai 1674, contrat donné par nous aux Archives de la Manche, avec messire JACQUES DE LA BARBERYE, écuyer, seigneur d'Amalix et de La Barberye, en la paroisse de Reffuveille, fils de Joachim Gaultier de La Barberye, seigneur du lieu, et de damoiselle Jacqueline Avenel, dont une fille unique :

XVIII°

ANNE-JACQUELINE DE LA BARBERYE, héritière des précédents ;

Mariée à Reffuveille, selon son contrat de mariage, en novembre 1701, et, selon l'acte de célébration, en mars 1702, avec haut et puissant seigneur HENRI DE BILLEHEUST, seigneur D'ARGENTON, seigneur et patron haut justicier de St-Vigor-des-Monts, etc., ancien capitaine et aide-major de dragons, dont trois filles mariées, un fils mort dans son enfance et un autre fils qui suit et qui devint le chef de la branche d'Argenton, et même de la maison de Billeheust.

XIX°

JEAN-FRANÇOIS DE BILLEHEUST, écuyer, seigneur haut justicier et baron D'ARGENTON, de St-Vigor-des-Monts et autres lieux ;

Marié à Vire, en l'église Notre-Dame, le 22 février 1727 (acte de mariage), avec ANNE-BERTRANDE DU HAMEL, fille de Me Charles du Hamel, sieur de Boisradier, conseiller du Roi au bailliage et vicomté de Vire, et de Marie Turgis, dont deux filles mariées, Charles, chef de la branche aînée éteinte en ligne masculine en sa personne en 1768, et Thomas-François-Jacques qui suit :

XX°

Messire THOMAS-FRANÇOIS-JACQUES DE BILLEHEUST, baron haut

justicier D'ARGENTON, né en 1740, commandant de chasseurs au régiment du Maine, chevalier de l'Ordre royal et militaire de St-Louis, mort en émigration à Constance-en-Souabe, le 9 novembre 1798, avec le grade de lieutenant-colonel ;

Marié en deuxièmes noces, à St-Marcouf-du-Rochy, le 12 août 1783 (acte de mariage), avec LOUISE-FRANÇOISE CRESPIN DU NEUFBOURG, fille de messire Bon-François, seigneur et patron de Lépiney-Tesson, St-Marcouf-du-Rochy et autres lieux, et de Charlotte-Françoise du Châtel, dont : BON-EUGÈNE DE BILLEHEUST, baron D'ARGENTON, ancien capitaine de chasseurs et de dragons, chevalier de St-Louis et de la Légion d'Honneur, mort le 28 août 1863, et, par son mariage, contracté en 1826 avec Mlle ADOLPHINE DE THOMAS DE LABARTHE, père et aïeul des représentants actuels de la maison de Billeheust; 2° une fille qui suit :

XXIe.

JUSTINE-AIMÉE DE BILLEHEUST D'ARGENTON, née à Vire le 30 novembre 1785, décédée à Bayeux le 25 mars 1873 ;

Mariée à St-Marcouf-du-Rochy, le 23 février 1808, avec messire ANGE-CASIMIR DU BUISSON DE COURSON-CRISTOT, et, par ce mariage, mère et grand'mère des représentants actuels de la maison du Buisson de Courson (XXIIe et XXIIIe degrés depuis Henri Ier, roi de France, et XXXIe et XXXIIe degrés depuis Charlemagne).

FIN DU LIVRE PREMIER.

RECHERCHES NOBILIAIRES

LIVRE SECOND

CATALOGUE ANALYTIQUE

DES DOCUMENTS

CONCERNANT LA MAISON

DU BUISSON

ET TOUT SPÉCIALEMENT

LES BRANCHES D'IQUELON ET DE COURSON-CRISTOT

« ...Quò antiquior est nobilitas, eò quoque major. »

(PLINE.)

« ...L'histoire de la Noblesse se rattache sur plus d'un point à « celle de la France; ses états de service ont été constatés par des « dignités, des honneurs, qui en furent de tout temps le prix, la « récompense. »

(*Chartrier Français*, année 1867; Introduction.)

« ...Le premier titre d'un Prince, ou même d'un Roi, est d'être « Gentilhomme. »

(*Réponse au Mémoire sur les rangs et honneurs de Cour.* Paris, in-fol., 1771, page 4.)

PREMIÈRE PARTIE.

DOCUMENTS HISTORIQUES ET PALÉOGRAPHIQUES

ORIGINAUX OU COPIES ANCIENNES D'ORIGINAUX

LE TOUT ANTÉRIEUR A 1789.

NOTA. — Les qualifications de toute nature qui se trouvent dans les actes ont été scrupuleusement conservées telles que le texte les donne ; il n'y a d'ajouté, à titre de renseignement, que les mots placés entre parenthèse.

Les qualifications nobiliaires applicables spécialement à la maison du Buisson de Courson-Cristot sont imprimées en caractères italiques.

N° 1. — 1er *octobre* 1469. — Adjudication pour une année des droits de pacage dans la forêt d'Evreux, passée par le lieutenant du grand maître des Eaux et Forêts, en présence de divers fonctionnaires et notamment de Jean du Buisson, écuyer (*Parchemin*).

Voici les passages les plus saillants de ce document, qui n'est pas mentionné dans la Maintenue de 1704 :

« L'an de grâce mil CCCC soixante-neuf, le dimanche premier jour d'oc-
« tobre, à Arnières, devant nous, Auber Le Duc, lieutenant commis de
« hault et puissant seigneur Loys de Laval, seigneur de Chastillon et de
« Frénodour, grand maistre enquesteur et général reffórmateur des Eaux-
« et-Forests du royaume de France, à faire le passement et adjudicacion du
« pasnage et pousson de la forest d'Evreux, accoustumé estre baillé et passé,
« chacun an, au dit lieu d'Arnières, etc., etc........

« Et par l'advis et délibéracion de Jéhan Perret, dit Penne-Bras, verdier
« du dit lieu d'Evreux ; Jéhan Anquetin, procureur du Roy, nostre seigneur,
« sur le faict des dites Eaux-et-Forests ; Guillaume Sébire, lieutenant-général
« du vicomte du dit lieu d'Evreux; JÉHAN DU BUISSON, *escuïer*, sergent fieffé,
« et aultres sergents de la forest, tous illec assistans, les dicts pasnage et

« pousson pour ceste présente année furent par nous passez et adjugez en la « manière accouslumée au dict Jéhan Le Conte, franc-archier, comme au « plus offrant et derrain enchérisseur, à icelle somme de IIII xx IX (89) livres « tournois à rendre et payer au Roy, nostre d. seigneur, à la recepte ordi- « naire de la vicomté du d. Evreux, aux termes et ainsy qu'il a esté usé le « temps passé.

« Sy donnons en mandement au vicomte du d. Evreux, ou son lieutenant, « etc....... — (Formule exécutoire).

« Donné au dict lieu d'Arnières, soubs le scel dont nous usons au d. office « de lieutenant, les an et jours dessus dits. »

Signé. *Le Duc* ; avec un paraphe.

Nos 2 et 3. — 6 *octobre* 1493. — Minutes de deux actes notariés, contenant les lots et partages des successions de Jean du Buisson, écuyer, seigneur d'Iquelon-sur-Fourmetot, et de sa défunte femme Etiennette du Faveril. Ces partages sont faits entre leurs quatre fils, avec réserve d'usufruit au profit du père, pendant sa vie (*Parchemin*).

Ces actes, dans lesquels il existe malheureusement une lacune au sujet du second et du troisième lot, nous indiquent que le premier lot comprenait le fief seigneurial d'Iquelon, avec ses dépendances, et le quatrième lot, le domaine du Grandval-sur-Triqueville. Ils ne sont pas mentionnés dans la Maintenue de 1704 ; mais, comme ils fournissent un spécimen curieux de la rédaction des tabellions à cette époque reculée, nous en reproduisons en grande partie la teneur :

« A tous ceulx qui ces présentes Lettres verront ou orront Jéhan de Fré- « ville, garde du scel des obligations de la vicomté de Pont-Autou et Pont- « Audemer, salut. — Sçavoir faisons que par devant Jéhan Harel et Jéhan « Le Barbier, tabellions jurez de la dicte vicomté au siége de Bourneville « pour le Roy, nostre syre, furent présents *maistre* NICOLLE DU BUISSON, « prestre, curé de Cany ; ROBERT DU BUISSON, *escuïer* ; *maistre* JACQUES DU « BUISSON, prestre, curé de Riville ; et JÉHAN DU BUISSON, *escuïer*, tous « enfants de JÉHAN DU BUISSON, *escuïer*, *seigneur* D'ICQUELON, *et de déffuncte* « *damoyselle* ESTIENNETTE DU FAVERIL, sa femme, en son vivant *dame* d'IC- « QUELON, lesquels, de leur bonne volonté et sans aucune contraincte, « cougnurent et confessèrent avoir fait lots et partages entre eulx, tant de la « succession qui leur peult escheoir après le trespas de leur dict père, que « de la succession qui leur est escheue par le trespas de leur deffuncte mère, « du consentement du d. père, de la manière qui en suit. — Et fut prins et « choisy par le d. maistre Nicolle, en la d. succession, le premier lot ; par « les d. Robert et maistre Jacques du Buisson ensemble, le second et tiers « lot ; par quoy, au dict Jéhan, comme puisné et par non choyx, demeura « le quart lot.

« Desquels lots et partages la déclaration du premier lot en suit :

« Qui aura le premier lot, il aura toutes les rentes, deubs et debvoirs « seigneuriaulx du d. fief, terre et seigneurye d'ICQUELON, et si aura les bois « et pastures de VALLETOT, assis ès paroisses de Manneville, Corneville, « Colletot, Valletot et Fourmetot, en tant que le d. père en porte par lot à « ses d. enfants, avecques toutes les rentes, deubs, et devoirs seigneuriaulx « deubs à cause des d. bois et pastures.

« Item, avec ce il aura, etc.......

Enumération d'un certain nombre de rentes sans importance.

« .... en charge que jouyra le d. du Buisson père, sa vie durant, de la « revenue de ce présent lot, comme il faict à présent, et ne pourra le d. père, « par le temps advenir, vendre, transporter ou engager aucune chose de sa « revenue, et pareillement ne pourra vendre aucunement la despouille des « bois de Valletot.

« Et s'il estait ainsy que le d. maistre Nicolle allast de vie à trespas, la « retenue contenue en ce d. lot reviendrait à son frère Robert, en tant que ce « qui est du fief d'Icquelon, et les bois et pastures, du consentement du d. « Jéhan, son frère puisné ; et après le trespas du d. maistre Nicolle, les « rentes routurières déclarées en son lot reviendront au d. Jehan, puisné, du « consentement de tous ses frères. — Et s'il estait ainsy que le d. Robert « allast de vie à trespas au devant du d. son père, le d. son père, le d. maistre « Nicolle, le d. maistre Jacques, le d. Jéhan et les enfans du d. Robert « seraient tenus de faire du douaire avec la damoyselle femme du d. Robert « (Marguerite Malderée). — Et si le d. père allait de vie à trespas au devant « du d. Robert, les enfans du d. Robert feraient le tout du d. douaire avec « la d. damoyselle et femme.

« Desquels lots et partages la déclaration du quart (quatrième) lot ensuit :

« Qui aura le quart lot, il aura les fief, terre et seigneurye du GRAND VAL, « assis en la paroisse de Triqueville, avec toutes ses appartenances et dépen- « dances, sans rien retenir ni excepter, et si aura toutes les terres aultres que « du d. fief qui sont aux d. père et enfans en la d. paroisse ; duquel lot le d. « père jouyra sa vie durant, comme il faict à present.

« Et s'il estait ainsy que le d. Robert passât de vie à trèspas au devant du « d. son père, le d. son père, le d. maistre Nicolle, le d. maistre Jacques, « le d. Jéhan et les enfans du d. Robert seraient tenus faire du douaire avec la « damoyselle femme du d. Robert par commun. — Et si le d. père allait de « vie à trespas au devant du d. Robert, les enfants du d. Robert seraient tenus « du tout du d. douaire avec la dicte damoyselle et femme.

« Chose est demeurée à partir, et sera portée, quand voudra, à congnois- « sance, comme du présent.

« Desquels lots et partages, ainsy qu'ils se sont faicts, les dictes partyes « se tiendront à contens et bien assignez par devant les d. tabellions, et ce « promettant, tant pour eulx que pour leurs hoirs, tenir et avoir agréable à « tousjours, sans jamais aller ni faire venir à l'encontre en aucune manière, « sur l'obligation de tous leurs biens et ceulx de leurs hoirs, meubles et « héritages présens et advenir, à prendre et vendre par justice partout où ils « seront trouvés, et rendre et payer l'un à l'autre tous coûts, dommages, « despens qui, en difficulté de ce, seraient faicts, dont le porteur de ces « Lettres sera cru par son serment, sans aultre preuve faire au regard de « justice.

« En tesmoing de ce, nous, à la requeste des dicts tabellions, avons mis « à ces Lettres le scel des obligations.

« Ce fut faict et passé l'an de grâce mil CCCC quatre-vingt-treize, le « sixiesme jour d'octobre. — Présents Guillaume Orenge et Philippe de Cos- « tentin, tesmoings. »

Signé : *Harel; Le Barbier*; avec chacun un paraphe.

N° 4. — 21 septembre 1522. — Minute d'un acte notarié d'acquisition de terre à Cristot, passé au profit de noble homme Jean du Buisson, sieur de Courson. Cet acte (*parchemin*) est ainsi conçu :

« A tous ceulx qui ces présentes Lettres verront, Pierre Baudouin, escuïer, « garde du scel aux obligations de la vicomté de Fallaize, salut. — Sçavoir « faisons que par devant Mes Pierre Foucher et Raoul Berthelot, tabellions « pour le Roy, nostre sire, au siége de Thury, fut présent en sa personne

« Thibault Renouf, demeurant à Cristot, qui, de sa bonne volonté, pour luy « et pour ses hoirs, recongneut et confessa avoir vendu, quitté et délaissé, « affin d'héritage, à *noble homme* Jéhan du Buisson, *sieur* de Courson, doc-« teur en médecine à Caen, à ce présent, et aux siens hoirs, c'est à sçavoir : « — Trois quartiers de terre ou environ, assis à Cristot, en Valle, jouxte le « d. sieur acquéreur, d'un costé, et le dit vendeur, d'autre, bute sur la rue « Satin et d'autre sur le d. sieur du Buisson, tenus du fief du Vey, et subjects « en une poulle et dix œufs de rente. — Et fut la dicte vente faite par vingt-« deux livres tournois de principal et dix souls de vin, présentement payés « par le d. acquéreur en monnoye ayant cours, francs et en aultre, ès mains « du d. vendeur ; et d'autant que la terre est chargée en chennevière, le dict « vendeur la recueillera. — Donct et en soult, les dictes parties furent con-« tentes par devant les d. tabellions. — Quant à ce tenir, garder et enthéri-« gner, et tous coûts et dommages rendre et restituer, le dict Renouf en « obligea à la garantie tous ses biens et héritages et ceulx de ses hoirs, à « prendre et vendre sans procès. — En tesmoing de quoy ces Lettres furent « scellées du scel, sauf aultruy droict.

« Ce fut faict et passé à Thury, les foires St-Mathieu au d. lieu séantes, le « vingt-et-unyesme jour du moys de septembre l'an mil cinq cents vingt-deulx. « Présens Jéhan Renouf et Abel Duval, tesmoings, à ce requis et appellés. »

Signé : *P. Foucher ; R. Berthelot* ; avec chacun un paraphe.

N° 5. — 21 septembre 1525. — Minute (*parchemin*) d'un autre acte notarié d'acquisition de terre à Cristot, passé au profit du même Jean du Buisson, écuyer, sieur de Courson, dont voici la teneur :

« A tous ceux qui ces Lettres verront Pierre Baudouin, escuïer, garde du « scel aux obligations de la vicomté de Fallaize, salut. — Sçavoir faisons que « par devant Raoult Berthelot et mestre (*sic*) Pierre Fouchier, clers, tabel-« lions pour le Roy au siége de Thury, fut présent Jéhan Grichevon, de la « paroisse de Cristot, lequel recongnut avoir vendu, afin d'héritage, à Jéhan « du Buisson, *escuïer*, docteur en médecine, présent, et à ses hoirs, c'est à « sçavoir : une vergée et demie de terre assise au d. lieu de Cristot, en la « delle de la Marette, jouxte les prestres et clercs du d. lieu, d'une part, et « Gilles d'Estriac, d'autre, bute sur le terroir de Fontenay ; la vente faicte « par le prix de trente-cinq livres tournois payés, comptez par le d. sieur au « d. vendeur, et dont il fut content, par devant les d. tabellions. Et quand « à ce tenir, garder et enthérigner, le dit vendeur en obligea tous ses biens « et ceux de ses hoirs à vendre par justice sans procès. En tesmoing de quoy « ces lettres sont scellées du d. scel, sauf aultry droict.

« Ce fut faict et passé à Thury, les foires St-Mathieu du d. lieu séantes, le « vingt-et-unyesme jour de septembre l'an mil V. C. vingt-cinq. Présens « Guillaume Paquet et Jehan Duval, tesmoings, à ce requis et appellés. »

Signé : *P. Foucher ; R. Berthelot* ; avec chacun un paraphe.

N° 6. — 2 juin 1550. — Quittance notariée, donnée au receveur des aides à Bayeux, par damoiselle Marie Toustain, veuve de noble homme Jean du Buisson, sieur de Méautilz (*Parchemin*).

Voici la teneur de ce document, qui n'est pas mentionné dens la Maintenue de 1704 :

« Fut présente *dammoiselle* Marye Toustain, veufve de feu *noble homme* « Jéhan du Buisson, sieur en son vivant de Méautilz, laquelle confessa avoir « eu et reçeu comptant de noble homme Lambert Lescalley, recepveur des

« aides et tailles à Bayeux, la somme de vingt-sept livres tournois, pour « l'arrérage de semblable somme qu'elle disoyt avoir droict d'avoir et prendre « par chacun an, à cause de son dict deffunct mary, sur la recepte des aides « du dict Bayeux. — Et est pour l'année finye le derrain jour de décembre « derrain passé. — De laquelle somme de vingt-sept livres elle quicta et pro- « mist faire tenir quictes envers tous, etc. le Roy, nostre dict seigneur, « icelluy Lescalley, recepveur, et tous autres qu'il appartiendra ; sur l'obli- « gation etc.....

« Faict devant les tabellions de Bayeux le second jour de juing l'an mil « V. C. cinquante ; tesmoingts maistres Nicolle du Hamel, escuïer, et Nicolas « de Beauvoyer, à ce présens près la maison de la dicte veufve.

Signé : *Sauvegrain; Guillebert;* avec chacun un paraphe.

N° 7. — 23 août 1551 : 17 avril 1553. — Reconnaissance faite en 1553 du traité de mariage, en date du 23 août 1551, de messire Claude (Ier) du Buisson, écuyer, sieur de Courson, et de dame Catherine Le Maistre d'Echauffou, sa première femme (*Parchemin*).

« Devant nous Charles Le Fournier, escuïer, lieutenant-général de monsieur « le vicomte de Caen, le lundy dix-septiesme jour d'april, après Pasques, « l'an mil cinq cens cinquante-trois, *nobles hommes* Mre Robert Le Maistre, « sieur d'Echauffou, enquesteur en ceste ville, Jean et Jean Le Maistre, « frères, filz et hérittiers de deffunct Robert Le Maistre, en son vivant escuïer, « et Mre Claude du Buisson, Licencié aux Droicts, tous présens en jugement, « ont recongnu, à sçavoir : le dict enquesteur, le second signe apposé au traitté « de mariage cy-attaché, etc., etc. . . . .

« Duquel traitté cy-attaché la teneur en suit :

« Affin que le mariage intervienne à faire, par le consentement des parentz « et amis, entre Mre Claude du Buisson, *escuïer*, licencié en la Faculté des « Droicts, bourgeois et advocat à Caen, filz et héritier de deffuncte *scientif-* « *fique personne M*re Jean du Buisson, *escuïer*, en son vivant docteur régent « en la Faculté de médecine en l'Université du d. lieu de Caen, d'une part, « et *damoiselle* Catherine Le Maistre, fille de *noble homme* Robert Le « Maistre, d'autre part, parfaict et accomply en fasce de Saincte-Eglize, il a « esté donné, promis et accordé par le d. Le Maistre, pour don héréditál, à « la d. damoiselle et à ses hoirs, la somme etc., etc. . . . .

« En oultre la vesture *selon la qualité de ladicte fille* (sic).

« Du nombre de laquelle somme de cinq cents livres noble homme Mre Ro- « bert Le Maistre, sieur d'Eschauffou, enquesteur pour le Roy au d. Caen, « cousin-germain de la d. fille, en faveur du d. mariage, a promis payer au « d. du Buisson la somme de cent livres, et à l'acquit et eschange du d. « Robert, son oncle, et par an, et le d. du Buisson promet prendre à femme « et espouze la d. damoiselle, et la douairer selon droict et coustume.

« Faict en présence de noble homme Jean de La Vallette, seigneur de Trois- « monts, honorable homme François Roger, sieur de Lyon (Lion-sur-Mer), « Jean Le Maistre, escuïer, le jeune, frère de la dicte damoiselle, honneste « homme Mre Jean de Bailleul, escuïer, advocat au d. Caen, frère *en lay* de « la d. damoiselle, Robert Roger, et plusieurs autres, aujourd'hui, vingt- « troisième jour d'aoust mil cinq cens cinquante un. — Signé : *du Buysson;* « *Le Maistre; Robert Le Maistre; Le Maistre;* avec leurs paraphes.

« Dont la présente a esté délivrée à maistre Claude (II) du Buisson, *escuïer,* « *sieur* de Cristot, par moy soubsigné, garde des registres de la dicte année, « ainsi qu'il a esté ordonné par sentence de monsieur le Vicomte de Caen, « du douze janvier mil six cens quarante et un. »

Signé : *Maheult;* avec un paraphe.

N° 8. — 10 janvier 1553. — Quittance émanée de Marin du Buisson, commissaire extraordinaire des guerres (*Parchemin*).

13

Cette pièce, non mentionnée dans la maintenue de 1704, est ainsi conçue :

« Nous, Marin du Buisson, *commissaire extraordinaire des guerres*, con-
« fessons avoir eu et reçu de maistre Raoul Moreau, conseiller du Roy et
« trésorier de l'extraordinaire de ses guerres, la somme de quarante livres
« tournoiz à nous ordonnée par le Roy, nostre syre, pour nostre taxation
« d'avoir faict partie des monstres et revues des gens de guerre, après estant
« en service ès ville de Metz et Marsault (Marsal) pendant le mois de dé-
« cembre desjà passé, etc......

« En tesmoing de ce, nous avons signé la présente de nostre main *et faict sceller du scel de nos armes.* A Metz, le dixiesme jour de janvier, l'an mil cinq cens cinquante-trois. »

Signé : *M. du Buisson.*

Le sceau armorié, placé sur queue de parchemin, est malheureusement détruit.

N° 9. — 15 mars 1554. — Quittance donnée par Claude (Ier) du Buisson, procureur du Roi en la cour de Casuistique de Caen, en qualité de tuteur des enfants Rogier, à Robert Guyard, receveur des aides en l'élection de Caen (*Parchemin*).

Voici la teneur de ce document, qui n'est pas mentionné dans la Maintenue de 1704 :

« Je, Claude du Buysson, licentié en chacun droit, *procureur pour le Roi*
« *en la court de Casuistique de Caen*, confesse avoir reçeu, au nom et
« comme tuteur des enffans soubsaage de deffunct maistre Jéhan Rogier, en
« son vivant bourgeois de Caen et docteur régent en la Faculté de médecine,
« de maistre Robert Guyard, recepveur des aydes pour le Roy, nostre dict
« seigneur, en l'ellection du dict Caen, la somme de six livres quinze soulz
« tournois, faisant moyctié de treize livres dix souls tournois de rente, que
« le dict deffunct avait droict d'avoir et prendre, chacun an, sur la recepte
« des d. aydes. — Et est pour une année commençant le premier jour de
« janvier l'an mil V. C. cinquante et troys, et finissant le derrain jour de
« décembre derrain passé. — De laquelle somme de six livres quinze soulz,
« pour la dicte moyctié d'année, je quicte le Roy, nostre dict seigneur, le
« dict recepveur et tous aultres.

« En tesmoing de quoy je signe la présente, le quinziesme jour de mars
« l'an mil cinq cents cinquante et quatre. »

Signé : *Du Buysson ;* avec un paraphe.

N 10. — 30 juin 1568. — Sentence du bailliage de Caen, rendue par Mre Charles de Bourgueville, écuyer, licencié aux Droits, conseiller du Roi et lieutenant de M. le bailly de Caen, entre Richard Lamendey, fils et héritier de Martin Lamendey, sieur de Lébizey en la paroisse de Cristot, et *maître* Claude du Buisson, *écuyer*, docteur aux Droits.

Ce dernier était actionné en paiement, au profit du sieur Lamendey, des arrérages d'une rente de quinze boisseaux de froment, mesure de Cristot, à laquelle il était tenu comme possesseur et détenteur d'immeubles féodaux au d. lieu de Cristot. Ces immeubles lui venaient de Cardin Le Bourgeois, auquel ils avaient été fieffés, à fin d'héritage, par Simon Bouët, selon le contrat passé devant le tabellion de Cheux, le 20 septembre 1462, à la charge de payer les quinze boisseaux de froment au sieur de Lébizey.

La sentence déclare, dans son dispositif, que le sieur du Buisson est tenu aux mêmes obligations (*Parchemin*).

N° 10 *bis.* — **1er décembre 1569.** — Sentence de la vicomté de Caen, rendue par Guillaume Embin, bachelier ès-lois, exerçant dans cette juridiction à la place du vicomte, sur le réquisition de *maître* Claude du Buisson, *écuyer*, docteur aux Droicts, contre un particulier nommé Paullet.

Par cette sentence, sur les conclusions du demandeur, il est fait défense audit Paullet de rien mettre ni ensemencer sur certaines pièces de terre y déterminées, dont le sieur du Buisson entend prendre possession comme héritages lui appartenant (*Parchemin*).

N° 11. — 2 janvier 1573. — Sentence du bailliage de Caen, rendue par Jean Vauquelin, écuyer, conseiller du Roi, etc., entre noble homme Louis de Vassy, sieur de La Forêt et du Mesnil-Patry, et maistre Claude du Buisson, *écuyer*, docteur aux Droits.

Le premier avait fait saisir les biens du nommé Anatole Planchon, pour obtenir le paiement de 23 boisseaux de froment, mesure de Cristot, et de divers arrérages de rentes ; le second revendiquait, parmi les choses saisies, du bétail à lui vendu précédemment par ledit Planchon, vente constatée par acte passé devant les tabellions de Caen le 11 juin 1571.

La sentence fait droit à la réclamation du sieur du Buisson, sauf au sieur de La Forêt à se payer sur les autres biens du sieur Planchon (*Parchemin*).

N° 12. — 28 avril 1574. — Bail notarié, par lequel Gilles (ou Guillaume) Angot reconnaît tenir, à titre de ferme, de maistre Claude du Buisson, *écuyer*, *sieur de* Courson, docteur régent en l'Ecole des Droits de l'Université de Caen, diverses pièces de terre, toutes situées en la paroisse de Cristot et mentionnées dans l'acte (*Parchemin*).

N° 13. — 15 septembre 1574 : 13 février 1585. — Sentence de la vicomté de Caen, rendue le 13 février 1585, par Jean de La Court, écuyer, sieur du Buisson, vicomte de Caen, ladite sentence donnant acte à *noble homme*, *maître* Claude du Buisson, docteur aux Droits, de la reconnaissance, faite par le tuteur des enfants mineurs de Jean Le Baillif, de sa propre signature apposée au bas d'un contrat en papier, du 15 septembre 1574.

Ce contrat, relaté en entier, est un acte de retrait lignager par lequel maître Claude du Buisson, *écuyer*, docteur-régent et prieur des Ecoles de Droit de l'Université de Caen (*sic*), retire par droit de clameur une rente de 10 livres vendue au sieur Le Baillif par Tanneguy du Buisson, *écuyer*, licencié en Droit civil et Droit canon. Cette rente devait être prise sur messire Claude, qui avait reçu l'amortissement de pareille rente de noble homme Jean Le Maistre, sieur d'Echauffou, frère de la feue damoiselle Catherine Le Maistre, femme en premières noces de messire Claude et mère dudit Tanneguy (*Parchemin*).

N° 14. — 24 mars 1583. — Attestation en latin (*parchemin*), émanée de la Faculté de médecine de l'Université de Caen, dont la teneur suit :

« Universis præsentes litteras inspecturis, Nos decanus et doctores medicinæ « celeberrimæ Universitatis Cadomensis testamur, in cartâ ejusde Facultatis « et archivo illius Facultatis deprompta scriptum esse, quod *vir nobilis ma-* « *gister* Joannes du Buisson, *dominus* de Corsonio, post adeptos baccalau-

« reatûs et licentiæ gradus in dictâ Facultate, ut moris est, doctoris insignia « consecutus est die decimâ aprilis ante Paschâ, anno domini millesimo quin- « gentesimo vigesimo secundo, ad exercendum publicæ professionis et regentiæ, « ut dicitur, munus admissus, et quod obiit anno Domini millesimo quingin- « tesimo trigesimo primo, die festi sancti Lucæ, decimo octavo mensis octo- « bris, ut fusiùs scriptum est in dicto martyrologio. — Ex quâ desumi scribique « petiit *nobilis magister* CLAUDIUS DU BUISSON, juris utriusque doctor priorque « Facultatis jurium, *dominus* DE COURSON, ejus filius, ut cuique antiquiori « civi Cadomensi notum est.

« Actum et datum Cadomi die vigesimâ quartâ martis, anno Domini mille- « simo quingintesimo octogesimo tertio. »

Suivent cinq signatures, dont une seule lisible (*de Cahaignes*) et un sceau brisé sur queue de parchemin.

N° 15. — 23 août 1584. — Brevet de Contrôleur ordinaire de sa maison, signé au château de Gaillon, et concédé à messire Pierre du Buisson, par très-haut et très-puissant seigneur Monseigneur Charles de Bourbon-Vendôme (Charles X de la Ligue), cardinal de la Sainte-Eglise, archevêque de Rouen, primat de Normandie (*Parchemin*).

Voici la teneur textuelle et complète de ce document, qui porte la signature authentique du cardinal et qui n'est pas mentionné dans la Maintenue de 1704 :

« CHARLES, CARDINAL DE BOURBON, ARCHEVESQUE DE ROUEN, PRIMAT DE « NORMANDIE, à tous ceulx qui ces présentes Lettres verront, Salut. Sçavoir « faisons que, pour l'entière confiance que nous avons en la personne de « messire PIERRE DU BUISSON, et en sa suffisante prud'homie, expédition et « diligence, Iceluy, pour ces causes et aultres à ce nous mouvant, avons « retenu et retenons en l'estat de *Controlleur ordinaire de nostre maison*, pour « en iceluy estat doresnavant nous servir, tenir et exercer, et en jouir et user aux « honneurs, auctorités, prérogatives, franchises, libertés, droicts, prouffficts, « revenus et esmoluments, et aux gaiges de deux cents livres tournois, pareils « que ont les aultres Controlleurs ordinaires en notre dicte maison, et aultre « estat appartenant et à continuer tant qu'il nous plaira.

« Sy donnons en mandement au premier de nos amés et féaux maistres « d'hôtel ordinaires, sur ce requis, que, prins et reçeu du dict du Buisson « le serment en tel cas requis, iceluy reçoive, mette et institue en l'exercice « et possession du dict estat de Controlleur ordinaire de nostre dicte maison, « et d'iceluy ensemble des dicts honneurs, auctorités, prérogatives, fran- « chises, libertés, gaiges, droicts, prouffficts et esmoluments accoutumés, et « faire, souffrir, laisser jouir plainement et paisiblement, sans lui donner « aucun empeschement. Mandons en outre à nostre amé et féal trésorier et « receveur général de nos finances, Me Louis Hubault, et autre à venir, que « doresnavant, à commencer du premier jour de janvier passé, ils ayent à « payer, bailler et déliver comptant au d. du Buisson les d. gages de deux « cents livres tournois ainsi qu'aux autres Controlleurs de nostre maison. Et « rapportant par nostre d. trésorier copie de ces présentes, dûment collation- « née à l'original pour une fois seulement, avec quittance du d. du Buisson, « sur ce suffisante pour chacun an, Nous voullons les d. gages, en ce que « payement baillé aura esté à l'occasion d'iceulx, estre passés et alloués en la « dépense et mise de ses comptes en chacune année et rabattus de la recepte « d'iceulx par nos amés et féaux les auditeurs d'iceulx, auxquels nous man- « dons ainsi le faire sans aucune difficulté.

« CAR TEL EST NOSTRE PLAISIR.

« Donné à Gaillon, le vingt-troisiesme jour d'aoust mil cinq cent quatre-vingt-quatre. »

Signé : C. CARDINAL DE BOURBON.

Par Monseigneur :

Signé : *Lemercier ;* avec un paraphe.

Suivait, sur queue de parchemin, le sceau du cardinal, probablement aux armes de France et malheureusement brisé aujourd'hui. Sur le repli du brevet est écrit :

« Le dict du Buisson a fait et presté le serment du d. office de Controlleur « ès mains de Mre de Catheville, maistre d'hostel de Monseigneur, en pré- « sence du sieur de Framboisier, controlleur ordinaire, et de divers officiers, « le bureau tenant, le huictiesme jour de septembre mil cinq cent quatre- « vingt-quatre. »

Signé : *Denis ;* avec un paraphe.

N° 16. — 28 décembre 1589 :..... 1640 : 6 juillet 1656 — Expédition notariée, délivrée le 6 juillet 1656, de l'acte de partage, en date du 28 décembre 1589, de la succession de Claude (Ier) du Buisson, *écuyer*, sieur de Courson.

Cette expédition reproduit le texte des « Lots baillez par *damoyselle* « MARYE LE SUEUR, veuve de *feu* Mre CLAUDE DU BUISSON, *escuïer*, « docteur aux Droits, de la succession universelle du d. deffunct, à « à Mrs TANNEGUY, PIERRE et ANNE DU BUISSON, *escuïers*, enfants et « héritiers du d. deffunct, aux charges de droit, afin que par « iceux du Buisson soit procédé à la choisie de deux lots du nombre « de trois, le dernier lot demeurant par non choix à la d. Le « Sueur. »

Il en résulte que Claude (Ier) du Buisson, sieur de Courson, possédait de nombreux immeubles à Cristot, à Bougy, à Gavrus, à St-Pierre et St-Gilles de Caen, etc.

Dans le premier lot, domaine de Cristot, se trouvaient notamment une maison manable, granges, jardin et entretenant, et diverses pièces de terre situées dans les delles de la Perrelle, du Sentier, de la Haute-Rouchette, de l'Epine, de la Marre-Varin, des Ifs, des Mollents, des Courtes-Pierres, des *Sept-Vergées*, à *Fontenay-le-Pesnel*, la pièce des *Choiles, avec colombier dessus*, etc., etc.

Dans le deuxième lot se trouvait une maison située à St-Gilles de Caen, la pièce *Néelle*, située à Bougy et contenant treize acres, etc., etc.

Dans le troisième lot se trouvait la terre de Gavrus, se composant de plusieurs pièces de terre situées dans les delles de l'Arbre, de l'Arbret, du Buisson-le-Prêtre, du Fossé, du Gibet, de la Bulaine, du Roquère, etc., les pièces de l'Acre-Cordelle et de *La Fontenelle*.

Le premier lot fut alors choisi par Tanneguy du Buisson, le second par Pierre et le troisième échut par non choix à Marie Le Sueur, pour faire reversion, après elle, à son fils puîné, Anne du Buisson, qui, en attendant, se contentait d'une rente proportionnelle à lui faite par ses frères. Mais de grandes modifications furent apportées aux possessions de chacun par des événements et des actes ultérieurs.

Cet acte de partage, fait originairement sous seing privé, fut reconnu par témoins, devant notaire, en 1640, à la requête de Claude (II), petit-fils du précédent. Voici du reste la teneur de cette reconnaissance et de la partie finale de ce document de 18 pages (*Papier*) :

« Aujourd'hui,..... jour de..... mil six cent quarante, devant le d. Lesueur, « tabellion à Evrecy, sont comparus Pierre Poisson, marchand-libraire, de- « meurant à Caen, âgé de soixante ans ou viron, L. Lesueur, ci-devant « tabellion, âgé de soixante ans, Pierre Mourière, demeurant à Gavrus, âgé

« soixante ans ou viron, Marin Le Cornu, de la paroisse de Cristot, âgé de « quatre-vingts ans ou viron, Michel Le Cerf l'aîné, âgé de soixante-six ans « ou viron, Me Gilles Duval, prestre, demeurant au d. lieu (de Cristot), « âgé de soixante-seize ans ou viron, lesquels, à l'instance de Claude (II) « du Buisson, *escuïer*, seigneur et patron de Cristot et de Brouay, présent « en personne, lequel nous a exhibé un formulaire de lhots et partages, « faits soubz signature privée, ci-devant transcrits, baillez par *damoiselle* « Marie Le Sueur, veuve de deffunct Mre Claude (Ier) du Buisson, vivant *escuïer*, « sieur de Courson, pour estre choisis par Mre Tanneguy du Buisson, *escuïer*, « vivant sieur de Rommarie (*sic*), advocat en la cour du Parlement (de « Rouen), conseiller à l'Admirauté du d. lieu, Pierre du Buisson, *escuïer*, « vivant sieur de Courson, Mr Mre Anne du Buisson, aussy vivant conseiller « du Roy en la Cour du Parlement, à Rouen, lesquels lhots les d. Poisson, « Lesueur, Mourière, ont dit estre escripts de la main de Mre Tanneguy « du Buisson, et le signe et paraphe y apposé estre son fait et signe, et, à la « choisie d'iceux lots, le premier en ordre estre celuy de Mre Tanneguy; le « d. sieur Le Cornu et le d. sieur Duval, prestre, ont déclaré congnaistre « les faits et signes tant de la damoiselle Marie Le Sueur que des d. sieurs « Pierre et Anne du Buisson, et le premier en ordre estre celuy de la damoi- « selle Marie Le Sueur, et la déclaration pareille baillée à la choisie d'iceux; « le deuxiesme en ordre estre celuy des d. Tanneguy et Pierre du Buisson, « et le dernier estre du d. Mre Anne du Buisson; ce qu'ils ont dit bien « sçavoir et congnoistre, les uns pour avoir esté domestiques des d. sieurs « et damoiselle, les autres leurs fermiers et familiers aimés, et les avoir vu « signer de pareils signes.

« De laquelle recongnaissance, ainsi faite par les d. Poisson, Le Sueur, « Mourière, Le Cornu, Le Cerf et Duval, nous avons délivré la présente au « d. sieur de Cristot, pour luy valloir ce qu'il appartiendra.

« Collation faite sur la d. minute de lhots en papier, dont la coppie est « cy-dessus escripte par moy, Jacques Le Sueur, fils de deffunct Thomas Le « Sueur, vivant tabellion à Evrecy, mon père, gardée des registres d'iceluy; « la présente dellivrée à Claude du Buisson, *escuïer*, sieur de Cristot, suivant « la sentence donnée entre nous le jour d'hier en vicomté de Caen, pour luy « valloir ce qu'il appartiendra, aujourd'hui sixiesme jour de juillet mil six « cent cinquante-six.

« Le tout en la présente de moy, nothaire royal, soubsigné, ce jour et an « que dessus; l'original demeure ez mains du dit Le Sueur soubsigné. »

Signé : *Le Sueur; Fauvel;* avec chacun un paraphe.

No 17. — 2 septembre 1592. — Contrat de mariage, à cette date, de Pierre (Ier) du Buisson, *écuyer*, sieur de Courson (*Parchemin*).

« Par devant Yves Cornu, notaire royal en la ville, bailliage et siége pré- « sidial de Chartres, furent présents en leurs personnes *noble homme* Pierre « du Buisson (sieur de Courson), controlleur ordinaire de la maison de mon- « seigneur le cardinal de Bourbon, demeurant à Caen, estant à présent en « cette ville de Chartres, d'une part; et *honorable fille* Elyzabeth Baudouyn, « fille d'honorable homme Jean Baudouyn (1), varlet de chambre ordinaire « du Roy, et de deffuncte honorable femme Nicolle Bedeau, estant à present « au dict Chartres, d'autre part;

« Lesquelles parties, de l'advis, bon voulloir et consentement, le sieur du « Buisson, de noble homme monsieur maistre Philippe de Vérigny, sieur

(1) Ce Jean Baudouyn ou Baudouin fut, trois ans plus tard environ, le parrain de son petit-fils Claude II du Buisson de Courson-Cristot; dans l'acte de baptême, en date du 22 juin 1595, il est qualifié *noble homme, Officier de la maison du Roi* (Voir ci-après, aux actes d'état civil).

« d'Ecrammeville, conseiller du Roy en son Grand Conseil, et de noble « homme maistre Louys Hubault, trésorier de la maison de monseigneur le « Cardinal de Bourbon, et la dicte Elizabeth, du dict Jean Baudouyn, son « père, aussi present, qui a auctorisé et auctorise icelle Elisabeth, sa fille, « pour faire et passer les accords et conventyons de mariage qui en suivent; « et encore, de l'advis et consentement de noble homme maitre François Jolly, « advocat au Grand Conseil du Roy, et honorable homme maistre Nicollas « Porriquet, procureur au dict Grand Conseil, honorable homme Mathurin « Ferré, orfebvre du Roy, amis du dict Baudouyn, convinrent et confessèrent « avoir volontairement faict et font entre eux de bonne foy les accords et « traicté de mariage, don douaires, conventions, promesses et obligations qui « en suivent, pour raison de mariage, lequel, moyennant la grâce de Dieu, « sera accomply entre le dict du Buisson et la dicte Elisabeth Baudouyn, « ainsi qu'il en suit : c'est à sçavoir que le d. Baudouyn, père de la d. future « espouze, promet donner et bailler la dicte Elysabeth Baudouyn, sa fille, à ce « présente et acceptant, par nom et loy de mariage, au dict du Buisson, « aussy ce acceptant et qui promet prendre la dicte Baudouyn pour sa femme « et espouze, et en solemniser le mariage en fasce de nostre mère Saincte « Eglize le plus tôt que commodément sera pourveu et advisé entre eulx, etc.

. . . .

Pages 9 et 10. « Au cas qu'il fut choisy et opté par la dicte future espouze, « iceluy futur espoux a promis garantir et assigner spécialement sur une « maison assise en la paroisse St-Pierre de Caen, jouxte Thomas Giraud d'un « côté, et d'un bout la ruelle du Mesnil-Thorel; enfin sur une autre maison « assyse sur les Quais, partie en la dicte paroisse St-Pierre et l'autre en la « paroisse St-Gilles; enfin, sur quarante accres de terre assis au village de « Bougy et ses environs; en sus, sur quarante-huit accres de terre assis en la « paroisse de Gavreulx (Gavrus); en sus, sur trente-deux livres à prendre sur « un nommé Jean Bouet, de la paroisse de Cristot, etc., etc. . . . . .

. . . .

Pages 11 et 12. « Car aussy le tout a esté dict, convenu et expressément « accordé entre les dictes partyes, nonobstant toutes coustumes et loix à ce « contraires et auxquelles, par l'effect du présent contract, les dicts futurs « espoux ont expressément dérogé et spéciallement à la Coustume de Nor- « mandye. Promettant les dictes partyes par leur foy et serment, de leur « corps non jamais aller ni venir contre le contenu en ces présentes ; ainsy « l'avoir pour agréable, ferme et stable à toujours, sans y contrevenir en « aucune sorte ni manière que ce soit ou puisse être, etc. . . . . . .

. . . .

Page 13. « Faict en présence de Laurent Buhourc, serviteur du dict sieur « du Buisson, et Jean Petit, serviteur du dict Baudouyn, tesmoings, qui ont « signé en la minute avec les dictes partyes contractantes et autres cy-dessus « nommées, avant midy, chez le dict Baudouyn, le mercredy, deuxiesme « jour de septembre, l'an mil cinq cent quatre-vingt-douze. »

Signé : *Cornu;* avec un paraphe.

N° 18. — 22 janvier 1597; 27 octobre 1603. — Expédition notariée du contrat de mariage de Marie du Buisson, dressé le 22 janvier 1597, complété le 17 mars 1600, reconnu et passé devant notaires, le 27 octobre 1603 (*Papier*). En voici des fragments :

« En faisant et traictant le mariage qui, au plaisir de Dieu, sera faict et « accomply en face de Saincte Eglize catholique, apostolique et romaine, « entre *honneste homme* Mre GUILLAUME HUBERT, SIEUR DU MESNIL, d'une « part, et *damoiselle* MARYE DU BUISSON, fille de deffunct *noble homme* M^re^ « CLAUDE DU BUISSON (SIEUR DE COURSON), en son vivant docteur et prieur des « Escolles des Droicts de l'Université de Caen, et de *damoiselle* Marye Le « Sueur, ses père et mère, il a esté promis, donné et accordé, etc.

A la page 2 du contrat sont cités, comme donataires, les frères de la future :

« Et par *nobles hommes* Pierre du Buisson, *sieur du lieu (sic)*, et *maistre* « Anne du Buisson, conseiller du Roy en sa court du Parlement, chanoine de « l'église cathédrale de Rouen, sieur de Laize, pour eux et establissant pour « *noble homme maistre* Tanneguy du Buisson, conseiller du Roy au siége gé- « néral de la Table de Marbre du Palais, à Rouen, et advocat en la dicte « Court, sieur du Roumoys, la somme de vingt escus sols de rente, etc., etc.

Aux pages 3 et 5, on trouve de curieux détails sur la coffrée ou corbeille d'une damoiselle normande au XVIe siècle :

« Deux coffres à bahuctz (bahut : lourd coffre de chêne sculpté, bombé en « dessus, orné de clous dorés et de maroquin ou de cuir de Cordoue) ; ung « ciel de tappysserie rehaussé de soye, accompagné de rideaux pareils et « convenables. Et la dicte Le Sueur mère a, de sa part, promis donner à sa « dicte fille un lict garny de plumes, traversain et oreillers, et deux caste- « longues (couvertures de laine surfines), et du linge à sa vollonté. . . . . « deux robes de taffestas (étoffe de soie verte ou drap de soie au XVIe siècle). « ung costillon de damaz (étoffe de soie à fleurs), un costillon de taffestas, « avec le linge, etc. . . . .

« Faict en présence de nobles hommes Me Jean Roger, conseiller du Roy « en sa court de Parlement à Rouen ; Jacques Richard, sieur de Bracqueville, « conseiller du Roy en sa court des Aydes de Normandye ; Jean Roger, sieur « de Cormiers, advocat au siége présidial de Caen, tous parents de la dicte « fille, etc. . . . .

« Faict le vingt-deux jour de janvier mil cinq cent quatre-vingt-dix-sept. . . . .

« Ce fut faict et passé et ainsy recongnu devant Nicolas Roger et Richard « Martin, tabellions royaux au dict Caen, le lundy, avant midy, vingt-sept « jour d'octobre mil six cent trois. Présents maistre Nicollas Le Sueur, « escuïer, demeurant à Gavrus, et Ollivier N... du dict Caen. »

N° 19. — *7 août* 1598. — Sentence de la Prévôté de Paris, rendue par Jacques d'Aulmont, chevalier, baron de Chappes, seigneur de Duy et Paltrau, conseiller du Roy, gentilhomme ordinaire de la Chambre et garde de la Prévôté de Paris.

Cette sentence, scellée du sceau de la Prévôté de Paris, par les soins de François Myron, sieur du Tremblay, lieutenant civil de la ville de Paris, porte entérinement de Lettres royales du 23 juin 1598, aux termes desquelles, et pour les causes y contenues, Pierre (Ier) du Buisson, *écuyer*, sieur *du Buisson St-Aulbin (sic)*, et Ysabelle Baudouyn, sa femme, étaient autorisés à n'accepter que sous bénéfice d'inventaire les biens composant la succession de la feue dame Nicolle Bedeau, en son vivant femme de Jean Baudouyn et mère de ladite Ysabelle (ou Elisabeth) Baudouyn.

Il résulte de cette pièce que Nicolle Bedeau avait fait un testament ; qu'un inventaire de ses biens fut dressé après son décès, par devant Jean et Martin Mahieu, notaires au Châtelet, le 23 juillet 1598, et que Gilles Baudouyn, demeurant rue des Cinq-Diamants, paroisse St-Jacques-la-Boucherie (probablement le frère d'Ysabelle), s'était constitué caution du contenu audit inventaire *(Parchemin)*. Le sceau brisé.

N° 20. — 23 *décembre* 1599. — Acte notarié, passé devant Abel Robin et Gilles Picquerel, tabellions royaux à Cheux, reconnu devant Pierre de Bernières, écuyer, conseiller du Roi et garde des obligations de la vicomté de Caen, ledit acte contenant vente faite en faveur de *noble homme* Pierre du Buisson, *sieur du lieu (sic)*, par le nommé Jean Boüet, des biens provenant de la succession de Jacques Boüet, son père, moyennant le prix de 25 écus sols en principal. — Le contrat porte quittance de ladite somme *(Parchemin)*.

Cette pièce n'est pas mentionnée dans la Maintenue de 1704.

N° 21. — *Vers 1600 environ.* — Ancien titre généalogique sans date, qui, d'après l'écriture, a dû être dressé vers l'an 1600, et qui contient, avec les preuves de noblesse et d'armoiries, la filiation de la branche des du Buisson, *écuyers*, seigneurs d'Iquelon-sur-Fourmetot, élection de Pont-Audemer, jusqu'à leur extinction en ligne masculine à la fin du XVIe siècle (*Papier*).

Ce titre généalogique a été enregistré à Rouen le 7 août 1866. En voici la reproduction :

« L'escu du Buisson est : *d'argent, au canton de gueules.*

« Cimier et tenantz : *Lévriers d'argent, accolés de gueules.*

« Jean du Buisson, escuyer, espousa damoiselle Estiennette du Faveril, « fille de Jean du Faveril, escuïer, et de Marie Landry, fille de Gonbert Lan- « dry, escuïer, seigneur d'Iquelon.

« Robert du Buisson, « escuïer, seigneur « d'Iquelon, es- « pousa Marguerite « Malderée.	Nicolle du Buisson, prestre, curé de Cany.	Jacques du Buisson, prestre, curé de Riville.	Jean du Buisson, escuïer.	Louyse du Buisson.

« Guillaume du Buisson, escuïer, « sieur d'Iquelon, espousa Jeanne « de Panneblen, fille de Joachim « de Panneblen, escuïer, et de « Jeanne de Monchy.	Jacques du Buisson, curé du Mesnil-David.	Noël du Buisson, escuïer.

« François du Buisson, escuyer, « sieur d'Yquelon, espousa Claude « de Villiers.	Charlotte du Buisson espousa Germain d'Annenal, escuïer, seigneur de St-Méry, autres disent St-Mardy.	Catherine du Buisson espousa Jean de Livet, escuïer, seigneur de Borneville (Bourneville).
« Guillaume du Buisson, « second du nom, es- « cuïer, seigneur d'Ique- « lon. — Charlotte du Buisson.	Claude d'Anneval espousa Madelaine Porché, fille de Laurent Porché, escuïer, et de damoiselle Charlotte Martel.	Louyse de Lyvet espousa Pierre de St-Pierre, escuïer, seigneur de Marolles.
		Isabeau de St-Pierre.

« Mre Thomas du Buisson, docteur en droit et advocat en la cour de « Parlement de Rouen (Echiquier), décéda l'an 1371 (1361) et gist en l'église « du prieuré de Sainct-Lô, à Rouen, et avec luy est inhumé Jean du Buisson, « escuïer. »

N° 22. — 15 octobre 1605. — Acte notarié passé devant Richard Martin et Mathieu de La Londe, tabellions royaux à Caen, reconnu devant Pierre de Bernières, écuyer, conseiller du Roi, garde héréditał des sceaux et obligations de la vicomté de Caen, par lequel le corps de l'Université de cette ville, représenté par ses principaux membres, reconnaît avoir reçu de *maître* ANNE DU BUISSON, *écuyer*, conseiller du Roi en sa cour du Parlement, à Rouen, héritier de *feu* TANNEGUY DU BUISSON, *écuyer*, son frère, et remplacé en son absence par PIERRE DU BUISSON, *écuyer*, sieur DE COURSON, son autre frère, stipulant en son nom, la somme de 150 livres tournois, pour l'amortissement d'une rente de 15 livres, à laquelle s'était obligé, par contrat du 16 juillet 1586, *noble homme et scientifique personne maître* CLAUDE DU BUISSON, docteur en droit civil et droit canon, père dudit Tanneguy, envers le sieur Richard, docteur et administrateur des revenus de ladite Université.

Sont cités comme membres de l'Université : Nobles hommes maître Claude Collin, dit du Poignon recteur; Jacques du Buisson, docteur-doyen de la Faculté de Théologie; Michel Le Boucher, docteur-doyen de la Faculté du droit canon; Jean de Guernon, docteur représentant le doyen de Droit civil; Jacques de Cahaignes, docteur-doyen de la Faculté de médecine; Jacques Le Maistre, licencié ès-lois, principal du collége du Bois et doyen de la Faculté des arts (*Parchemin*).

N° 23. — 17 novembre 1605 : 19 juin 1634. — Sentence du bailliage et siége présidial de Caen, prononcée, le 19 juin 1634, par Guillaume Rouxel, écuyer, sieur de Janville, conseiller du Roi au bailliage et siége présidial de cette ville, et rendant exécutoire, à la requête de damoiselle Gillonne du Buisson, devenue veuve, contre Claude II du Buisson, *écuyer*, sieur de Cristot (son neveu), *conseiller et procureur du Roi en l'élection de Caen* (sic), le traité de mariage de ladite damoiselle, qui est relaté en son entier (*Parchemin*). Voici des fragments de ce contrat :

« En faisant et traictant le mariage qui, au plaisir de Dieu, sera fait et « accomply en la fasce de sainte Esglize appostolique et romaine entre « *honneste homme* PIERRE FOUCHAUT, fils de Charles Fouchaut, bourgeois de « Bretteville-sur-Laize, et de Isabeau Rémond, ses père et mère, d'une part. « et *damoiselle* GILLONNE DU BUISSON, fille de deffunt *noble homme* Mre CLAUDE « DU BUISSON, en son vivant SIEUR DE CORSON, docteur et prieur des Escoles « des Droits en l'Université de Caen, et de damoiselle Marie Le Sueur, ses « père et mère, d'autre part, ont esté accordés les pactions et conventions « qui ensuivent, etc.........

Pages 3 et 4. « Et de la part de *nobles hommes* PIERRE DU BUISSON, sieur DE « CORSON, *contrôleur ordinaire de la maison de la* REYNE MARGUERITTE (de « Valois), et maistre ANNE DU BUISSON, SIEUR DE LAIZE, conseiller du Roy en sa « court du Parlement de Normandie, chanoine de l'églize cathédralle de Nostre-« Dame de Rouen, maistre d'escolle (de chapelle) de l'églize cathédralle de « Baïeux, frères de la d. Gillonne du Buisson, a esté promis et accordé au « d. Pierre Fouchaut, en considération du futur mariage, la somme de « cinq cents escus, etc., etc.........

Pages 6 et 7. « A ce présent Me Jacques Fouchaut, conseiller pour le Roy « en l'ellection de Falaize, frère du d. Pierre, lequel a pris pour agréable les « conditions ci-dessus mentionnées, etc.........

« Fait ce dix-septiesme jour de novembre, l'an mil six cent cinq, en pré-« sence de nobles hommes Pierre Le Marchant, sieur du Rozel, conseiller « du Roy et trésorier général de France en la généralité de Caen; Mre Gas-« pard Le Marchant, sieur d'Oultre-Laize, conseiller du Roy et advocat « général du Roy en sa cour des Aydes, à Rouen; Mre Pierre Le Marchant, « sieur de St-Manvieu, conseiller secrétaire du Roy, maison et couronne de « France, cousins maternels de la dite damoiselle Gillonne; noble homme « Mre Jean Roger, sieur de Neuilly, conseiller du Roy en sa cour de Parle-« ment, à Rouen, cousin maternel; Mre David Le Roy, receveur des tailles « en l'élection de Falaize; Géoffroy Daumesnil; qui ont signé au présent avec « les d. mariés.

« Signé : *Fouchaut; Gillonne; de Matignon* (Jacques de Goyon, sire); « *Le Marchant; Le Marchant; Roger; Le Marchant; du Buisson; du* « *Buisson; Le Roy; Fouchaut; Fouchaut;* chacun un paraphe. »

Le même contrat mentionne reçu, à la date du 1er juin 1606, d'une première somme versée par *noble et discrète personne* maître Anne du Buisson, sieur de Laize, conseiller au Parlement de Normandie.

N° 24. — 4 juillet 1608. — Acte notarié, passé devant Philippe Le Mercier et Pierre Le Danois, tabellions royaux au siége de Vaucelles de Caen, reconnu devant le Garde du scel des obligations de la vicomté de St-Sylvain de La Thun, d'après lequel honorable homme François Dubois, maréchal des logis, écuyer de la Reine, demeurant à Caen, reconnaît avoir vendu et transporté, à fin d'héritage, à noble homme maître Cyprien de Cahaignes, conseiller du roi en l'élection de Caen, trente livres tournois de rente à prendre le 27 mars de chaque année sur l'obligation de *damoiselle* Marie Le Sueur, veuve de feu *noble homme* Claude du Buisson (sieur de Courson), docteur aux Droits en l'Université de Caen, de *nobles hommes* Anne du Buisson, son fils, conseiller au Parlement de Rouen, et maître Jean Roger, avocat au siége présidial de Caen.

Cette obligation avait été constituée par ces trois derniers au profit de damoiselle Anne de Cahaignes, veuve de feu noble homme Denis Pelloquin, sieur de Bernières, conseiller-secrétaire du Roi, maison et couronne de France, et la dite Anne l'avait rétrocédée, le 16 mars 1606, au sieur François Dubois *(Parchemin)*.

N° 25. — 7 mars 1612. — Copie collationnée du procès-verbal d'élection, en date du 7 mars 1612, de six gouverneurs-échevins de la ville de Caen, dont trois gentilshommes et trois bourgeois (*Papier*).

« Ellection des Eschevins de la ville de Caen.
« *Choix de trois gentilshommes et de trois bourgeois.*
« *Pierre du Buisson est esleu le premier.*

« Du mercredy, jour des Sainctes-Cendres, septiesme de mars mil six cent « douze, devant messieurs de Victot, bailly de Caen, maire de la d. ville, et « de La Fresnaye, son lieutenant général, présence de messieurs Blondel, « lieutenant, Malherbe et Hallot, advocats procureurs pour le Roy au d. Caen, « Boscain et Le Boucher, commissaires examinateurs en la vicomté de Caen, « Bouvet, Vautier, Le Bas, Le Coq, Bonnel et Mauger, gouverneurs eschevins « de la d. ville, Dupont, receveur, et Beaulard, greffier :

« Assemblée et convention généralle a esté faicte des officiers du Roy, bour« geois et habitants de la ville et faubourgs du d. Caen, convoqués tant à cry « public, après le son de la trompette, que par semonces particulières, « faictes tant par le sergeant en l'hostel commun de ville que par les ser« geants royaux, chacun selon leur quartier et département, en vertu du « mandement à eux adressé du dimanche dernier, affin de procéder à l'*ellec« tion de six gouverneurs eschevins*, d'un receveur des deniers communs et « patrimoniaux, de deux administrateurs du bien et terrain de la maison Dieu « du d. Caen, et d'un administrateur du bien et revenu de la léproserie de « Beaulieu, maisons despendantes des corps et communautés des bourgeois et « habitants de la ville de Caen ; estant le temps de la dernière ellection ex« piré, et ainsy qu'il est accoustumé de faire de trois ans en trois ans au dict « jour, suivant les priviléges des bourgeois et habitants.

« En laquelle assemblée, après que les gens du Roy parlant par de La « Serre, advocat du dict sire, a exhorté les assistants à procéder à l'ellection « des personnes qu'il convient eslire et nommer respectivement pour les « charges cy-dessus déclarées, en toute sincérité, sans y apporter aucune « considération particulière, mais seulement ayant esgard au bien et utilité « publique, et faire choix entre seize ou dix-sept personnes qui leur ont esté « nommées et proposées, tous gentz capables de ces charges, ceux qu'ils con« gnoisteraient en plus convenables gentz aimant le service du Roy, la paix et « le repos des habitants ;

« Après laquelle remonstrance et exhortation, nous avons prins les advis et « suffrages des assistants nommés en la feuille cy-attachée, par l'advis des- « quels, en la pluralité, nous avons consenti et arresté l'ellection faicte des « personnes qui en suivent :

« *Pour les six jurats gouverneurs eschevins, auxquels leur ordre a été « baillé tel :*

« *Nobles hommes :* { PIERRE DU BUISSON, SIEUR DE COURSON.
Gilles Besnard, sieur de Vauville.
Jean Hue, sieur de Lairondel.

« *Mes* { Jean Mauger, continué.
Jean Lescuyer.
Nicollas Le Hulle.

« *Pour receveur :*

« M. Marin Dupont, continué aux gaiges de cinq cents livres, comme en « dernière année.

« *Pour administrateurs de l'Hostel-Dieu :*

« Jacques Semblin, pour faire les deux premiers ans.

« Jean Perrier, pour la troisième et dernière année.

« *Pour administrateur de la Léproserie :*

« M. Girard du Quesné.

« Laquelle ellection a esté approuvée par un consentement général de tout « le peuple illec assemblé, ne s'estant présenté aucune personne qui ait « voulu contredire, veu que c'était l'advis de la pluralité.

« Au moyen de quoy, nous avons solenellement faict prester le serment « aux six gouverneurs eschevins tel qu'il est contenu au chartrier de la ville, « après leur en avoir esté faict lecture, et aussy à Dupont, receveur, Semblin « et Perrier, de bien et fidellement se contenir en leurs charges.

« Et quant à Girard du Quesné, administrateur pour la Léproserie, du « présent absent de ce pays, il sera adverti, estant de retour, de comparoir « par devant nous, en l'hostel commun de la ville, pour prester le serment à « ce requis faict comme dessus.

Signé : *Boutin ; Vauquelin ;* avec chacun un paraphe.

Collation faicte sur le registre par moy soubzsigné, à présent greffier de l'Hostel-de-Ville, *à la requeste du d. sieur de Courson*, pour luy valloir ce qu'il appartiendra.

Signature illisible, avec un paraphe.

N° 26. — 28 juin–18 juillet 1612 : 31 mai 1619. — Original du traité de mariage de Catherine du Buisson, écrit en entier à Rouen, de la main d'Anne du Buisson, sieur de Laize, frère de la jeune fiancée, le 28 juin 1612, et portant quittance d'obligation, avec reconnaissance de signatures, le 18 juillet suivant (*Papier*). — En voici un fragment :

« En faisant et traictant le mariage qui, au plaisir de Dieu, sera faict et « cellébré en fasce de Saincte-Eglize, entre *noble homme* ANTHOINE DE MANNE- « VILLE, SIEUR DE MONMIREL, d'une part, et *damoiselle* CATHERINE DU BUISSON, « fille de deffunct *noble homme* CLAUDE DU BUISSON, SIEUR DE COURSON, et de « damoiselle Marie Le Sueur, veuve du dict deffunct, ses père et mère, « d'aultre, a esté accordé par *noble homme* et discrette personne maistre ANNE « DU BUISSON, SIEUR DE LAIZE, conseiller du Roy au Parlement de Rouen, « chanoine de l'église cathédralle de Nostre-Dame de Rouen, frère de la d. « damoiselle, la somme de cinq mille francs, du nombre de laquelle somme « le d. sieur de Monmirel a dès à présent constitué et constitue sur tous ses « biens la somme de mille escus réduits à trois mille francs, qu'il offre en dot « de la d. damoiselle, etc., etc. . . . .

« . . . .
« . . . . la d. damoiselle Catherine du Buisson a renoncé et renonce à « telle part et portion qu'elle pourrait prétendre de succession de ses d. père « et mère, comme aussy et pareillement elle est deschargée de toutes debtes « à cause de la d. succession.

« Faict ce vingt-huictiesme jour de juin mil six cent douze. Présent noble « homme Jean Roger, sieur de Neuilly, conseiller du Roy au Parlement de « Rouen, cousin de la d. damoiselle Catherine du Buisson. »

Signé : *du Buisson : de Manneville ; Catherine du Buisson ; Roger;* avec autant de paraphes.

En marge de la première feuille de cet acte est écrite, à la date du 31 mai 1619, la mention suivante, constatant le second mariage de Catherine du Buisson :

« L'acquit et affranchissement du principal et arrérages de cent livres de « rente, restant de dot de la d. damoiselle Catherine du Buisson, a esté faict « ès mains d'EDOUARD DE BEAUVAIS, *escuyer*, SIEUR DE BOSCAMIN, *ayant épousé « en secondes nopces icelle damoiselle* CATHERINE DU BUISSON, en précédent « veuve du feu sieur de Manneville, lesquelles cent livres de rente le d. sieur « de Boscamin a remplacé et remplace sur tous ses biens et héritages présents « et advenir, selon qu'il est expliqué ailleurs et déclaré en la quittance du « dit, passée devant les tabellions royaux, à Rouen, soubsignés, ce dernier « jour de mai mil six cent dix-neuf; vertu de la quelle le présent endos est « faict en forme. »

Signé : *Décaumont ; Roisson ;* avec chacun un paraphe.

N° 27. — Août 1613. — Lettres patentes de Louis XIII, signées du Roi mineur et de sa mère Marie de Médicis, régente du royaume, et contresignées du ministre Loménie de Brienne. Autorisation de construire un colombier à pied dans son domaine de Gavrus *(Parchemin) :*

« LOUIS, PAR LA GRACE DE DIEU ROY DE FRANCE ET DE NAVARRE, à tous « présents et à venir, SALUT. — *Notre cher et bien aimé* PIERRE DU BUISSON, « *écuyer*, SIEUR DE COURSON, nous a fait remonstrer qu'il possède en propriété « mesurée, au lieu de GAVRUE, plus de soixante accres de terre entre lesquels « y a un dellage enclos d'eaux et fossés contenant environ vingt accres de « terre, tant en pré, bois et jardin, qu'en terre labourable, dont partie est « tenue en mouvance de Nous, à cause de nos fiefs de Gavrue, estant le dict « lieu en bon et convenable pays et très-propre pour y faire construire *Fuye « et Collombier*, sans incommodité au voisinage, Nous suppliant très-humble- « ment, pour la décoration du dict lieu, proffit et augmentation d'iceluy, « lui en donner et octroyer la permission, et sur ce, luy impartir nos Lettres « nécessaires : SCAVOIR FAISONS que voullant favorablement traicter le dict « suppliant *en considération des bons et agréables services que luy et ses pré- « décesseurs ont rendus aux feus roys Henrg IIIme, d'heureuse mémoire, et « Henry-le-Grand, nostre très-honoré seigneur et père (que Dieu absolve), et « luy donner subject de les continuer envers Nous,* A ICELUY, POUR CES CAUSES, « Nous, par l'advis et prudent conseil de la Reyne régente, nostre très-honorée « dame et mère, avons, de nostre grâce spécialle, pleine puissance et aucto- « rité royale, donné et octroyé, donnons et octroyons par les présentes, « signées de nostre main, congé et permission de faire construire, bâtir et « édifier en son lieu de Gavrue un colombier et fuye aux lieux plus propres « que bon lui semblera, de telle façon et qualité qu'il verra lui estre conve-

« nable, pour la décoration, proffit et augmentation de son lieu de Gavrue, « sans qu'en ce faisant aucune chose lui soit ou puisse estre demandée par « nos officiers, en aucune sorte ni manière que ce soit ou puisse estre, pourveu « que le d. lieu soit mouvant de Nous et qu'au sieur du Buisson appartienne « la quantité de terre cy-dessus déclarée ou autre à suffire selon la coustume « des lieux.

« SY DONNONS EN MANDEMENT à nostre bailly de Caen, son lieutenant ou « l'un des conseillers du dict siège, ces présentes faire lire et régner et de leur « contenu faire jouir et user le d. Pierre du Buisson, ses successeurs ou « ayant-cause, sans permettre ni souffrir qu'il y soit contrevenu, cessant et « faisant cesser tous les empeschements qui pourraient être mis ou donnés « à la construction du d. collombier, entretenance et jouissance d'iceluy.

« CAR TEL EST NOSTRE PLAISIR, nonobstant clameur et haro et autres nor- « mandes prises à partie, et Lettres à ce contraires, sauf en autres choses « nostre droit et de l'autruy. — Et affin que ce soit chose ferme, stable et à « toujours, Nous avons faict mettre nostre scel à ces présentes.

« Donné à Paris, au mois d'août, l'an de grâce mil six cens treize et de « nostre règne le quatrième. »

Signé : LOUIS (Signature authentique).

Plus bas est écrit :

Pour le Roy, la Reyne régente, sa mère, présente :

Signé : *M.* (Marie de Médicis).

Plus bas encore :

Signé : LOMÉNIE (Le ministre Loménie, des Loménie de Brienne).

Au bas de ces Lettres-patentes était apposé le grand sceau royal sur lacs de soie rouge et verte ; ces lacs de soie seuls sont conservés; le sceau est aujourd'hui malheureusement brisé.

N° 28. — 21 mai-21 août 1614 : 30 septembre-6 octobre 1615. — Expédition notariée du contrat de mariage de Marguerite du Buisson, dressé le 21 mai 1614, ratifié et complété le 21 août suivant, reconnu devant les tabellions de Caen, les 30 septembre-6 octobre 1615 (*Papier*). En voici un fragment :

« Au traicté de mariage qui, au plaisir de Dieu, sera faict et cellébré en « face de Saincte-Eglize catholique, apostolique et romaine, entre *noble* « *homme* FRANÇOIS DE BALLEROY, SIEUR DE LA CARRIÈRE, filz et héritier en sa « partye de deffunct Hébert de Balleroy, escuïer, et de Collette Cauchard, ses « père et mère, d'une part, et *damoiselle* MARGUERITTE DU BUISSON, fille « puisnée de *deffunct noble homme* CLAUDE DU BUISSON, vivant SIEUR DE COUR- « SON et docteur aux Droictz en l'Université de Caen, et de damoiselle Marye « Le Sueur, ses père et mère, d'autre part, ont esté faictz et arrestez, en « faveur du futur mariage, les accords qui ensuivent. C'est à sçavoir que le « dit sieur de La Carrière a promis espouser et prendre à femme la dicte da- « moiselle du Buisson, à laquelle, etc. . . . .

Suivent les conventions du mariage :

« . . . . . Et de la part de la dicte fille, en la présence et du consente- « ment de la dicte damoiselle sa mère, et de *nobles hommes* Pierre du Buisson, « sieur de Courson, premier conseiller et eschevin de l'hostel commun de la « ville de Caen, et Mre Anne du Buisson, sieur de Laize, conseiller du Roy « en sa cour de Parlement de Normandye, à Rouen, frères de la dicte fille, a « esté, par semblable, promis espouser le d. de Balleroy, auquel a esté par les « sieurs du Buisson, frères, promis donner une robbe de taffestas et ung

« costillon de damaz à l'usage de la d. fille, et, pour la veille des espousailles, « la somme de sept cents livres tournois, etc. . . . .
« . . . . . . clause que Mre François Quentin, nepveu dudict de Balleroy, « tant en son nom que stipulant pour Mre François de Balleroy, escuïer, « prestre, curé du Fresne, frère du d. sieur de La Carrière, à la charge de « lui faire ratifier et avoir pour agréable approuvée, s'est obligé garantir, etc. . . . . . .

« Faict aujourd'huy, vingt et ung jour de may mil six cent quatorze, en « présence de nobles hommes Mr Gaspard Le Marchant, sieur d'Outrelaize, « conseiller du Roy et son advocat général en sa Cour des Aydes de Nor- « mandye; Pierre Le Marchant, sieur de Saint-Manvieu, trésorier de France « au bureau des Finances à Caen; Jacques Blondel, sieur de Baudre, lieute- « nant au bailliage et siége présidial au d. Caen; Pierre Roger, sieur de « Sorteval, parents de la dicte damoiselle.

« Signé : *de Balleroy; Margueritte du Buisson; Marye Le Sueur; du* « *Buisson; du Buisson; Le Marchant; Le Marchant; de Balleroy; Blondel;* « *Roger; Quentin;* tous chacun ung paraphe. »

Aux pages 6, 7 et 8 se trouve relatée la reconnaissance de ce contrat devant notaires, le 30 septembre 1615 « par *noble homme* « *Monsieur maistre* Anne du Buisson, sieur de Laize, conseiller du « Roy en sa cour du Parlement de Normandye, à Rouen, et nobles « hommes François de Balleroy, sieur de La Carrière, et maistre « François de Balleroy, prestre, curé de La Bazoque, son frère »; et le 6 octobre 1615 « par Mre Pierre du Buisson, *escuïer,* sieur de « Courson. »

No 29. — 15 *septembre* 1614. — Acte notarié, passé devant Nicolas Rocquier et Gilles Pottier, tabellions royaux à Caen, reconnu devant Pierre de Bernières, écuyer, conseiller du Roi et garde héréditaI des sceaux et obligations de la vicomté de Caen, par lequel noble homme maître Cyprien de Cahaignes, conseiller du Roi en l'élection de Caen, reconnaît avoir reçu comptant de *noble homme* PIERRE DU BUISSON, SIEUR DE COURSON, l'un des gouverneurs de la ville de Caen, la somme de 300 livres tournois, pour l'amortissement de la somme de 30 livres tournois de rente, en quoi *damoiselle* Marie Le Sueur, mère du dit sieur du Buisson, et *nobles hommes* Monsieur maître ANNE DU BUISSON, conseiller du Roi en sa cour du Parlement de Rouen, et maître Jean Roger, avocat au siége présidial de Caen, s'étaient conjointement obligés envers damoiselle Anne de Cahaignes, veuve de feu noble homme Denis Pelloquin, sieur de Bernières, par contrat notarié du 27 mars 1602.

Cette rente avait été cédée, le 16 mars 1606, à François Dubois, qui l'avait à son tour rétrocédée au sieur Cyprien de Cahaignes, le 4 juillet 1608 (*Parchemin*).

No 30. — 28 *décembre* 1615. — Quittance de sa cotisation, comme Noble, pour la subvention du député de la Noblesse du bailliage de Caen aux Etats généraux, donnée à Pierre (Ier) du Buisson, *écuyer*, sieur de Courson (*Papier*). — En voici la teneur :

« Reçu de PIERRE DU BUISSON, *escuïer*, *sieur* DE COURSON, la somme d « soixante sols tournois, en quoy il a esté cottisé, à la taxe qui faite a est « sur les *Nobles* et *Noblement tenans*, pour les frais faits par le sieur déput

« de la Noblesse du bailliage de Caen aux Estats généraux de France, tenus « à Paris en l'année mil six cent quatorze, avec la somme de dix sols tour- « nois pour les frais de la levée qui a esté taxée sur les dits Nobles et No- « blement tenans.

« Faict par moy, conseiller du Roy et receveur ordinaire au dit baillage « de Caen, ce vingt-huitième jour de décembre mil six cent et quinze. »

Signé : *Picard*, avec un paraphe.

N° 31. — 17 *juillet* 1618. — Sommation à comparaître devant le bailly de Caen ou son lieutenant, adressée à Cardine Thomesuy, et faite par Guillaume Paillentest, huisssier au bailliage de Caen, à la requête de *noble homme* PIERRE DU BUISSON (sieur de Courson).

Ce dernier voulait amortir une rente de 20 livres hypothéquée sur ses biens au profit de Guillaume Thiénot et de Cardine Thomesuy, sa femme, rente à laquelle s'était obligé feu messire CLAUDE (Ier) DU BUISSON, *écuyer*, père du requérant, envers Michel Poussin, tuteur de ladite Thomesuy, sa sœur (*Papier*).

N° 32. — 2 *juin* 1619. — Acte notarié, passé devant Romain Moisson et Nicolas Caumont, tabellions royaux à Rouen, reconnu devant le garde du scel des obligations de la vicomté de Rouen, par lequel noble homme M. GUILLAUME HUBERT, sieur du Mesnil, demeurant à Falaise, époux de *damoiselle* MARIE DU BUISSON (de Courson), déclare avoir reçu de *noble homme* messire ANNE DU BUISSON, sieur de Laize, conseiller du Roi en la Cour du Parlement de Rouen, la somme de 800 livres, pour l'amortissement de 80 livres tournois de rente annuelle faisant partie de la dot de ladite damoiselle, et stipulée dans son traité de mariage reconnu devant notaires le 7 (27) octobre 1603 (*Parchemin*).

Cette pièce n'est pas mentionnée dans la Maintenue de 1704.

N° 33. — 12 *juin* 1620. — Acte notarié passé à Paris, par lequel honorable homme Pierre Regnault, apothicaire, bourgeois de cette ville, donne à Guillaume Baillon aussi bourgeois de Paris, procureur fondé de messire PIERRE DU BUISSON, *écuyer*, sieur de COURSON, et d'Isabelle Baudouyn, femme de ce dernier, quittance de la somme de 1,300 livres tournois à lui due par le sieur de Courson, pour prêt d'argent, selon obligation notariée du 23 juin 1618.

Le sieur Baillon avait été condamné, par sentence du Châtelet de Paris du 3 juin précédent, et sauf son recours contre le sieur de Courson, à payer cette somme et celle de 10 livres tournois pour les frais, comme détenteur d'une maison située à Paris, rue de la Vieille-Monnaye, appartenant à la damoiselle Baudouyn, et sur laquelle maison ladite somme avait été hypothéquée (*Papier*).

N° 34. — 12-21 *février* 1625 : 17 *octobre* 1646. — Copie collationnée, délivrée le 17 octobre 1646, à la requête de Pierre (II) du Buisson de Cristot, d'un jugement rendu par les commissaires des Francs-Fiefs le 14 février 1625, et signifié le 21 du même mois (*Papier*).

Voici le texte de ce jugement, qui n'est pas mentionné dans la Maintenue de 1704 :

« Les Commissaires ordonnés par le Roy pour la liquidation des droits de « Francs-Fiefs et nouveaux acquests en la province de Normandie :

« Sur la requeste à Nous présentée par *noble homme* M. Anne du Buisson, « conseiller du Roy au Parlement de Normandie, remonstrant qu'il est pro- « priétaire du fief de Lébizey en la paroisse de Cristot, vicomté de Caen, « lequel il aurait acquis au mois de juillet dernier de Claude du Buisson, « *escuyer*, qui le possédait au droit d'Anne Lamendey, sa femme, en précé- « dent veuve de M. Anne Onfroy, sieur de Buron, procureur du Roy au « siége présidial de Caen, lequel estait de qualité noble, estant décédé au « commencement de l'année 1624, lequel fief aurait esté taxé à la somme de « cent cinquante livres pour les droits des Francs-Fiefs, combien que led. fief « ne soit de valleur de plus de trente sols en revenu ; ainsi est réquérant et « suppliant descharge d'icelle taxe depuis la jouissance dud. Onfroy, et veu « le peu de valleur d'iceluy fief, que le prorata de la jouissance par Lamendey « feust modéré à soixante sols, attendu qu'en l'an mil cinq cent soixante- « treize, le mesme fief n'aurait esté taxé qu'à six livres pour la jouissance « de vingt-cinq années ;

« Veu un contrat devant tabellions de Moyon le cinq febvrier 1469, conte- « nant que led. fief de Lébizey aurait esté vendu le prix de cinquante sols de « de rente ;

« Acte au bailliage de Caen le 2 juillet 1545, d'adjudication par dé- « crept faite dud. fief à Guille Malherbe, par le prix de cinquante livres ;

« Lettres d'annoblissement concédées par le Roy à Paris, au mois de sep- « tembre 1594, à Estienne Onfroy, docteur en la Faculté de médecine de « l'Université de Caen, vérifiées en la Chambre des Comptes le 20 fé- « vrier 1595, et en la Cour des Aydes, le 28 novembre ensuivant ;

« Quittance de Jacques de La Croix, commis à la recepte des droits des « Francs-Fiefs, du 26 mars 1567, du payement à luy fait de la somme de six « livres six sols, pour la taxe dud. fief de Lébizey ;

« Contrat devant les tabellions de la vicomté de Caen au siége de Cheux, « le 3 janvier dernier, de l'eschange fait par le suppliant de quatorze vergées « de terre contre led. fief ;

« Conclusions du Procureur général du Roy, et son consentement ;

« Nous avons renvoyé le suppliant sans jour ni terme et sans payer finance « depuis la jouissance dud. Me Anne Onfroy, et pour le précédent, avons « modéré le prorata à soixante sols ; ordonné que le receveur de la Commis- « sion demeurera quitte du surplus en ses comptes, et que la présente sera « registrée sur l'estat à luy dellivré, et est recours adjugé aud. suppliant « de la dite somme de soixante sols sur les héritages dud. Lamendey par « toutes voyes deubes et raisonnables.

« Donné à Rouen le quatorze jour de febvrier mil six cent vingt-cinq.

« Par les sieurs Commissaires,

Signé : *Hullard* ; avec un paraphe.

N° 35. — 14 novembre 1625. — Transaction mettant fin à deux procès entre les sieurs Robert et Guillaume Angot, d'une part, et *noble homme* Claude (II) du Buisson, sieur de Cristot, ayant épousé damoiselle Anne Lamendey, fille et héritière de feu Robert Lamendey, sieur de Lébizey, et le sieur Eustache Onfroy, contrôleur au magasin à sel de Caen, d'autre part, au sujet des arrérages de 40 livres de rente constituée en don de mariage (*Papier*).

Cette pièce n'est pas mentionnée dans la Maintenue de 1704.

N° 36. — 10 février 1626. — Minute d'une transaction, mettant fin à un procès au sujet de 20 livres de rente, entre Cardine

Thomesuy, veuve de feu Guillaume Thiénot, ayant renoncé à la succession de son mari, et *noble homme* messire PIERRE DU BUISSON, sieur du *lieu (sic)*, fils et héritier en partie de feu *noble homme* Me CLAUDE (Ier) DU BUISSON, sieur de COURSON, docteur aux Droits (*Papier*).

Cette affaire traînait en longueur depuis le 26 novembre 1624, et il résulte de l'acte qu'à cette époque *noble personne* Monsieur maître ANNE DU BUISSON, sieur de Laize, conseiller du Roi en sa Cour du Parlement de Rouen, également fils et héritier de feu messire Claude du Buisson, sieur de Courson, était intervenu dans l'instance.

No 37. — 26 juin 1628. — Acte notarié passé devant Pierre Labbey et Thomas Durozier, tabellions à Cheux, reconnu devant Thomas Morant, chevalier, seigneur et baron du Mesnil-Garnier, conseiller du Roi en ses Conseils d'Etat et privé, grand trésorier de ses Ordres, et garde héréditai des sceaux et obligations de la vicomté de Caen. Cet acte est un contrat de vente, de la part de CLAUDE (II) DU BUISSON, *écuyer*, sieur de Cristot, et de *damoiselle* Anne Lamendey, sa femme, au profit de Pierre d'Estriac, écuyer. sieur de Blagny, d'une maison située à Caen, devant la croix du Bourg-Labbey, et cédée moyennant la somme de 3,600 livres tournois ou 257 livres de rente (*Parchemin*).

No 38. — 1er juillet 1628.— Sommation adressée par Millet, sergent à verge au Châtelet de Paris, au sieur Etienne Le Blanc, écuyer, sieur de Beaulieu, héritier de feu Louis de Prouville, écuyer, sieur de Harpoulieu, de payer les arrérages de trois années d'une rente de 50 livres, et d'en passer un titre nouvel ; ladite sommation faite à la requête de PIERRE (Ier) DU BUISSON, *écuyer*, sieur de COURSON, muni d'une procuration notariée et agissant au nom de CLAUDE DU BUISSON, *écuyer*, sieur de CRISTOT, son fils, demeurant à Caen, et de ses filles *damoiselles* Jeanne et Marguerite du Buisson : la première, femme de Guillaume BOURDON, *écuyer*, sieur de Préfossé; la seconde, femme de Jean DE MELUN, *écuyer*, sieur de Longuemare, héritières avec ledit sieur de Cristot, leur frère, chacune en leur partie, de la *feue damoiselle* Elisabeth Beaudouyn, leur mère.

Il résulte de l'acte que ledit Pierre du Buisson, écuyer, sieur de Courson, était alors à Paris, et qu'il avait élu domicile, ainsi que ses enfants, en cette ville, « chez Mathurin Guillier, marchand bour-« geois de Paris, demeurant sur le pont St-Michel, où pend pour « enseigne l'image St-Louis. » (*Papier*).

Cette pièce n'est pas mentionnée dans la Maintenue de 1704.

No 39. — 12 juillet 1628. — Minute de procès-verbal d'un acte de foi et hommage rendu à noble homme Anne du Buisson, et reçu en son nom par Claude, son neveu.

Voici un fragment de cette pièce (*papier*), qui n'est pas mentionnée dans la Maintenue de 1704 :

« De *noble homme messire maistre* ANNE DU BUISSON, seigneur et patron de « Cristot et de Brouay, conseiller du Roy au Parlement de Rouen,

« Blaize, Louis, hérittier à cause de sa femme, fille et hérittière de « deffuncte Marie Lamendey, sa mère, confesse et advoue *tenir par foy* « *et hommage*, à cause de ses *nobles fiefs*, terres et seigneuries de Cristot et « de Brouay, qui furent d'Argouge, les hérittages qui ensuivent, etc... »

Suit une énumération de terres et d'immeubles féodaux situés dans les paroisses de Cristot, de Brouay et d'Audrieu. La minute se termine ainsi :

« A cause desquels hérittages je suis tenu envers mon dict seigneur à foy « et hommage, reliefs de fief, dismes, aides coustumiers, obéissance de court « et usages, et autres dubs et devoirs seigneuriaux, ainsy que les autres « hommes et tenantz d'icelle seigneurie.

« Ainsi baillé et advoué pour bon et véritable aux plaids et gages-pléges « de la dicte seigneurie tenus par nous Gilles de La Mothe, licentié aux loix, « advocat à Caen, seneschal d'icelle seigneurie, le mercredy, douziesme jour « de juillet mil six cent vingt-huict ; présence de Pierre Labbey, tabellion « à Caen, prins pour greffier et adjoint ; qui a esté reçu par Claude du « Buisson, *escuyer*, neuveu du sieur de Cristot-Brouay. »

La même pièce contient l'indication d'un autre aveu rendu le 8 juin 1626 et qui se terminait ainsi :

« Ainsy baillé et advoué par led. Le Gomier pour bon et véritable, et con- « fesse être subject, à cause des héritages cy-dessus, à foy et hommage, relief « et treizième, droit de prévosté à la dite sieurie, à son rang et degré, par « devant Jean Hucher, tabellion royal en la sergenterie de Cheux ; présence « de Pierre Labbey et Lancelot Grégeois et autres. Reçeu, sauf à reprocher, « par Claude du Buisson, *escuyer*, neveu dud. sieur de Cristot et de Brouay, « aujourd'hui huictiesme jour de juin MDCXXVI. »

N° 40. — 30 novembre 1629. — Etat et déclaration de trois offices de Contrôleur au grenier et magasin à sel de Caen, dont le revenu appartenait précédemment à feu maître Eustache Onfroy, et était retourné par héritage aux enfants d'Anne Onfroy, son parent.

Cet état, dressé le 30 novembre 1629, par *noble homme* messire Claude (II) du Buisson, sieur de Cristot, conseiller et procureur du Roi en l'élection et grenier à sel de Caen (*sic*), dont il porte la signature autographe, fut remis à la même date par ce dernier au greffe du bailliage de Caen, en sa qualité de tuteur actionnaire des enfants en bas âge de feu Anne Onfroy, écuyer, sieur de Buron, et d'Anne Lamendey, sa femme (que ledit Claude du Buisson avait épousée en secondes noces le 17 février 1624), et en exécution de l'arrêté du Parlement de Rouen du 21 novembre précédent, rendu entre lui et Marie Onfroy, femme de Jean Le Maistre, sieur de Camilly (*Papier*).

Cette pièce n'est pas mentionnée dans la Maintenue de 1704.

N° 41. — 8 novembre 1631. — Acte notarié passé devant Thomas Durozier et Pierre Labbey, tabellions royaux à Cheux, reconnu devant Thomas Morant, seigneur et baron du Mesnil-Garnier, conseiller du Roi en ses Conseils d'Etat et privé, etc., et garde du scel des obligations de la vicomté de Caen, par lequel *noble homme* maître Claude du Buisson, sieur et patron de Cristot et de Brouay, conseiller du Roi, procureur pour Sa Majesté en l'élection et magasin à sel de Caen, reconnaît avoir baillé par loyal échange, à fin d'héritage, à Pierre Roger, écuyer, sieur de Sorteval, absent, et à Isaac Roger, écuyer, sieur de Tesson, son fils, présent et se portant fort pour son père, deux pièces de terre situées en la paroisse de Putot, contre deux autres pièces de terre situées en la paroisse de Brouay, le tout sans soulte ni retour. — Témoins présents : Nobles hommes Jean et N... de La Varignon, sieurs de Languerey et de Putot (*Parchemin*).

N° 42. — 6 février 1633. — Acte notarié, passé devant Noël Le Sueur et Pierre Labbey, tabellions à Cheux, reconnu devant Thomas Morant, seigneur et baron du Mesnil-Garnier, conseiller du Roi, trésorier de son Epargne, et garde des sceaux et obligations de la vicomté de Caen, par lequel *noble homme* messire CLAUDE DU BUISSON, sieur et patron de Cristot et de Brouay, pour lui et se portant fort pour *damoiselle* Anne Lamendey, sa femme, reconnaît avoir baillé par échange, à fin d'héritage et sans soulte ni retour, au sieur Jean Lamendey, sieur des Pallières, bourgeois de Caen, trois vergées de terre situées à Cristot, delle de l'abbey (*sic*), contre deux acres de pré situés également à Cristot, delle du val de Cristot (*Parchemin*).

N° 43. — 1er décembre 1640. — Acte notarié, passé devant Pierre Labbey et Jean Caumont, tabellions royaux (Cheux), portant vente à fin d'héritage par Charles du Vernay, écuyer, au profit de CLAUDE DU BUISSON, *écuyer*, sieur de Cristot et de Brouay, de diverses pièces de terre situées en la paroisse de Cristot.

Il est fait mention dans l'acte du sieur de Chaumontel, écuyer, et de monsieur maître ANNE DU BUISSON, conseiller au Parlement de Rouen, oncle dudit sieur de Cristot (*Parchemin*).

N° 44. — 6 juillet 1641. — Acte notarié, passé devant Thomas Durozier et Jean Caumont, tabellions royaux à Cheux, reconnu devant Thomas Morant, chevalier, seigneur et baron du Mesnil-Garnier, etc., et garde héréditai des sceaux et obligations de la vicomté de Caen, par lequel CLAUDE DU BUISSON, *écuyer*, seigneur et patron de Cristot et de Brouay, baille à titre de fief au nommé Gilles Cécille, diverses pièces de terre situées en la paroisse de Cristot, moyennant l'obligation de Foi et Hommage, rente déterminée, et plusieurs autres conditions (*Parchemin*).

N° 45. — 2 septembre 1647 : 18 juin 1663. — Copie collationnée, faite le 18 juin 1663, d'un acte notarié en date du 2 septembre 1647, par lequel PIERRE (II) DU BUISSON, *écuyer*, fils mineur de CLAUDE (II) DU BUISSON, *écuyer*, sieur de Cristot, dûment autorisé, cède et transporte au sieur Guillaume Hunot, bourgeois de Caen, la somme de 250 livres à prendre au prochain terme de Noël sur les fermages dus audit Pierre par André Le Cornu, de la paroisse de Cristot (*Papier*).

Cette pièce n'est pas mentionnée dans la Maintenue de 1704.

N° 46. — 24 *mars* 1649. — Quittance notariée de la somme de 300 livres, passée à St-Germain-en-Laye et donnée par Charles du Buisson, gendarme (garde du corps) du Roi, alors en résidence en cette ville, à Claude-Nicolas-Joannes de Cassel, écuyer, conseiller et trésorier de l'Epargne du Roi.

Cette somme était allouée au sieur du Buisson pour les frais et dépens d'un voyage fait par lui de Vitry-le-Français à St-Germain-en-Laye pour affaires concernant le service de Sa Majesté.

Cette pièce n'est pas mentionnée dans la Maintenue de 1704.

N° 47. — 19 *mars* 1650. — Sentence du bailliage et siége présidial de Caen, rendue le 19 mars 1650 par Jacques Pennier, écuyer, sieur d'Angerville, conseiller du Roi audit bailliage et siége présidial, sur la requête et en faveur de Pierre (II) du Buisson, *écuyer*, sieur de Cristot, agissant tant en son nom qu'au nom de ses frères mineurs, contre le sieur de Maslon, à l'effet d'obtenir entérinement de Lettres de la Chancellerie de Rouen, du 17 août 1646, pour être relevé d'un contrat d'échange passé le 4 janvier 1631 entre feu Pierre du Buisson, *écuyer*, sieur de Courson, son ayeul, d'une part, et Claude du Buisson, *écuyer*, sieur de Cristot, et damoiselle Anne Lamendey, ses père et mère, d'autre part.

Il résulte de ce document : 1° qu'après action en paiement exercée par le sieur de Thon contre Claude (II) du Buisson de Cristot, ce dernier aurait indûment vendu, le 10 avril 1644, au sieur Jean de Maslon, bourgeois de Caen, trois pièces de terres situées l'une à Fontenay et les deux autres à Cristot, ayant fait l'objet du contrat d'échange et étant du patrimoine propre de la damoiselle Anne Lamendey, mère de Pierre et de ses frères, ainsi qu'il est prouvé par les lots faits le 5 octobre 1587 entre damoiselle Jeanne Le Bas, veuve de feu Richard Lamendey, et Robert, Jean et Pierre Lamendey, ses enfants, et en outre par un contrat notarié d'acquisition fait le 18 avril 1590 par ledit Robert Lamendey ; 2° que Jean de Maslon se serait rendu acquéreur de ces trois pièces sur la déclaration inexacte à lui faite par Bernard Chazot, écuyer, receveur général des finances à Caen, qui les considérait comme propriété du sieur Claude du Buisson, *écuyer*, vendeur.

Le dispositif de la sentence ordonne l'entérinement des Lettres de relèvement obtenues par Pierre du Buisson, l'annulation du contrat d'échange du 30 janvier 1631, la remise en possession de Pierre du Buisson et de ses frères, avec attribution des fermages perçus depuis la signification, etc.

Sont encore mentionnés dans la pièce Guillaume Bourdon, écuyer, sieur de Préfossé, tuteur (et oncle) des frères mineurs de Pierre du Buisson, et Gilles Darbonnet, conseiller du Roi et auditeur en la Chambre des Comptes (*Parchemin*).

N° 48. — 30 *octobre* 1654. — Acte notarié, passé devant Guillaume De Laporte et Jean Chrestien, tabellions royaux à Caen, reconnu devant Thomas Morant, chevalier, seigneur et baron du Mesnil-Garnier, conseiller du Roi en ses conseils, maître ordinaire de son hôtel et garde héréditai des obligations de la vicomté de Caen et Evrecy ; rétrocession de six acres trois quarts de terre situés à

Cristot, faite par Jacques Le Bas, sieur du Mollay, avocat et bourgeois de Caen, à PIERRE (II) DU BUISSON, *écuyer*, moyennant la somme de 500 livres tournois et l'obligation de prendre à sa charge la suite d'un procès pendant en bailliage et vicomté de Caen. — Cette terre provenait des biens ayant appartenu à Claude (II) du Buisson, père du dit Pierre, et avait été acquise par le sieur du Mollay, d'après acte d'adjudication devant le vicomte de Caen, le 29 mai 1653. — Dans ce contrat sont nommés notamment les sieurs JACQUES DU BUISSON, *écuyer* (frère de Pierre), et Claude d'Estriac, écuyer, sieur de Blagny (*Parchemin*).

Cette pièce n'est pas mentionnée dans la Maintenue de 1704.

N° 49. — 9 avril 1656. — Reconnaissance autographe, faite par PIERRE (II) DU BUISSON, *écuyer*, sieur de Christot (*sic*), d'une dette de 232 livres 6 sols envers Nicolas Huet, hôtellier à Rouen (*Papier*).

N° 50. — 26 juin 1656. — Enregistrement, fait par les conseillers du Roi tenant les requêtes au Palais, à Rouen, de l'obligation de 232 livres 6 sols, contractée par Pierre du Buisson, *écuyer*, sieur de Christot, envers Nicolas Huet, hôtellier en la paroisse St-Jean de Rouen. Formule exécutoire (*Parchemin*).

Ces deux pièces ne sont pas mentionnées dans la Maintenue de 1704.

N° 51. — 5 juillet 1656. — Sentence de la vicomté de Caen, rendue par Jacques Le Bourgeois, écuyer, sieur de La Varende, conseiller du Roi, lieutenant général de M. le vicomte de Caen, en faveur de CLAUDE DU BUISSON, *écuyer*, sieur de CRISTOT, héritier à la fois de feu PIERRE DU BUISSON, *écuyer*, sieur de COURSON, son père, et de feu *noble homme* ANNE DU BUISSON, seigneur desdites sieuries, son oncle, contre Jacques Le Sueur, fils de Thomas Le Sueur, tabellion à Evrecy, à l'effet de contraindre ledit Jacques Le Sueur à délivrer à messire Claude du Buisson, requérant, une copie des lots faits le 28 décembre 1589, entre damoiselle Marie Le Sueur, veuve de feu Claude (Ier) du Buisson, *écuyer*, sieur de Courson, docteur en Droit en l'Université de Caen, aïeul dudit sieur de Cristot, d'une part, et Tanneguy, Pierre et Anne du Buisson *écuyers*, d'autre part (*Parchemin*).

N° 52. — 13 juillet 1656. — Sentence confirmative, rendue aux assises d'Evrecy, par Charles de Malherbe, écuyer, sieur du Bouillon, lieutenant général au bailliage et siége présidial de Caen, sur l'appel interjeté par damoiselle Françoise de Poilvillain, femme séparée de biens de CLAUDE (II) DU BUISSON, *écuyer*, sieur de Cristot, d'une sentence de la vicomté d'Evrecy qui avait adjugé à PIERRE (II) DU BUISSON, *écuyer*, et à ses frères, sortis tous d'un premier mariage (Anne Lamendey), le tiers coutumier des biens de messire Claude, dans lequel tiers se trouvaient les fiefs de Cristot (*Parchemin*).

N° 53. — 20 mars 1662. — Sentence du bailliage et siége présidial de Caen, rendue par Nicolas Dumoustier, écuyer, sieur de

La Motte, conseiller du Roi et lieutenant général audit bailliage, condamnant Pierre du Buisson, *écuyer*, sieur de Cristot, au paiement de cinq années d'arrérages de 100 livres de rente envers maître Gilles Darbonnet, conseiller du Roi, auditeur en la Chambre des Comptes de Normandie. — Le sieur de Cristot s'était engagé à cette rente envers le sieur Darbonnet par contrat passé à Caen, le 25 mars 1650 (*Parchemin*).

Cette pièce n'est pas mentionnée dans la Maintenue de 1704.

N° 54. — 27 *décembre* 1662. — Acte notarié, reconnu devant Thomas Morant, garde héréditai des sceaux et obligations de la vicomté de Caen, par lequel N..., sieur du Hamel, baille, à titre de fief, une pièce de terre située en la paroisse de Cristot, moyennant une rente déterminée.

Cet acte fut passé à Putot, en présence notamment de PIERRE DU BUISSON, *écuyer*, sieur de Cristot, frère dudit sieur bailleur. La terre donnée en fief confrontait à la propriété du sieur Charles de Chaumontel (*Parchemin*).

Cette pièce n'est pas mentionnée dans la Maintenue de 1704.

N° 55. — 7 *février* 1664. — Acte notarié, passé le 7 février 1664, devant Thomas Durozier, tabellion royal, à Creully, et Jean Caumont, tabellion royal, à Villers, pour le siége de Vendes, reconnu devant Thomas Morant, chevalier, seigneur baron du Mesnil-Garnier, conseiller du Roi, garde héréditai du scel des obligations de la vicomté de Caen et Evrecy, ledit acte apportant diverses modifications à un autre contrat notarié, en date du 6 février 1658, par lequel PIERRE (II) DU BUISSON, *écuyer*, sieur de Cristot, Jean et Henri Le Chevalier, écuyers, et Gabriel Lamendey, bourgeois de Caen, avaient constitué une rente de 50 livres, au capital de 700 livres, au profit de Jacques Hubert, bourgeois de Caen (*Parchemin*).

Cette pièce n'est pas mentionnée dans la Maintenue de 1704.

N° 56. — 9 *juin* 1669. — Acte notarié de donation religieuse (*parchemin*) fait par Claude (II) du Buisson au trésor de la paroisse de Cristot et ainsi conçu :

« A TOUS CEUX QUI CES LETTRES VERRONT, MESSIRE THOMAS MORANT, chevalier, « seigneur et baron du Mesnil-Garnier, conseiller du Roy en ses Conseils « d'Estat et privé, maistre des Requestes ordinaires de son hostel, grand tré- « sorier de ses ordres et garde héréditai du scel des obligations de la vicomté « de Caen et Évrecy, SALLUT. — SCAVOIR FAISONS que par devant Thomas Du- « rozier et Jean Caumont, son adjoint, tabellions royaux en la sergenterie de « Cheux, fut présent CLAUDE DU BUISSON, *escuïer*, SEIGNEUR ET PATRON DE « CRISTOT ET DE BROUAY, lequel, *mu de dévotion et désirant faire le sallut* « *de son âme*, a donné et concédé, pour luy et ses hoirs, au trésor de la ditte « paroisse de Cristot, pour augmenter le bien d'iceluy, et pour en jouir à « perpétuité pour certaines causes, acte l'obligeant : c'est à sçavoir : une « pièce de terre assize en la ditte paroisse de Cristot, nommée LE RUFFEY, « etc., etc. Se réservant seulement devers lui foy et hommage, etc. . . . . « En tesmoing de ce, ces Lettres furent scellées « du dit scel, sauf autruy droit. Ce fut fait et passé à Cristot, le dimanche,

« neufviesme jour de juin mil six cens soixante et neuf. Présents Jean Picou « et Bunouf, demeurant au dit lieu, tesmoins, lesquels ont signé avec nous à « la minute du présent. »

Signé : *Durozier*, *Caumont* ; avec chacun un paraphe.

Cette pièce n'est pas mentionnée dans la Maintenue de 1704.

N° 57. — 4 juin 1674. — Sentence du bailliage et siége présidial de Caen, rendue par Laurens de Thon, écuyer, sieur du Quesne, conseiller du Roi audit siége, ordonnant, sur la requête de CLAUDE DU BUISSON, *écuyer*, sieur et patron de Cristot et de Brouay, le renvoi à deux mois devant le grand Conseil, de Pierre Le Fauconnier, écuyer, sieur du Mesnil-Patry, et de maître Jean Maillard, prêtre obitier en l'église St-Etienne de Caen, pour y faire valoir leurs prétentions au sujet de la cure de Cristot.

Dans ce document, il est fait mention que Jean Le Fauconnier, écuyer, sieur du Mesnil-Patry et de Feuguerolles, aïeul de Pierre Le Fauconnier, avait renoncé, par contrat du 13 mars 1628, au profit de *monsieur maître* ANNE DU BUISSON, conseiller du Roi au Parlement de Normandie, à son droit de patronage alternatif à Cristot (*Parchemin*).

Cette pièce n'est pas mentionnée dans la Maintenue de 1704.

N° 58. — 27 septembre 1674. — Acte de défaut de comparution de Pierre Le Fauconnier, écuyer, sieur du Mesnil-Patry, devant la Grand Conseil, ledit acte délivré à Claude du Buisson, *écuyer*, seigneur et patron de Cristot et de Brouay (*Parchemin*).

Cette pièce n'est pas mentionnée dans la Maintenue de 1704.

N° 59. — 19 novembre 1674. — Arrêt du Grand Conseil ordonnant, sur le vu de l'assignation régulière de Pierre Le Fauconnier, écuyer, sieur du Mesnil-Patry, et du défaut obtenu contre lui, la rétention de la cause pendante entre lui et Claude du Buisson, *écuyer*, seigneur et patron de Cristot et de Brouay, au sujet du droit de présentation à la cure de Cristot, et la réassignation des parties à deux mois à courir du jour de la signification dudit arrêt (*Parchemin*).

Cette pièce n'est pas mentionnée dans la Maintenue de 1704.

N° 60. — 22 décembre 1674. — Requête de Claude du Buisson, *écuyer*, seigneur et patron de Cristot et de Brouay, adressée au Grand Conseil, et tendant à obtenir d'être reçu partie intervenante dans l'instance engagée entre les quatre prêtres prétendant à la cure de Cristot, nommés Maillard, Soulais, Huet et Decaen, et d'être, en tant que besoin, même à l'exclusion de son fils Pierre, maintenu dans son droit *exclusif* de présentation à la cure de St-André de Cristot.

Cet acte, qui n'est pas mentionné dans la Maintenue de 1704, constate que ce procès avait déjà été soulevé à l'occasion de la nomination du précédent curé, Jacques du Buisson, l'un des fils de messire Claude (*Papier*).

N° 61. — Fin de décembre 1674. — Mémoire explicatif

adressé au Grand Conseil par CLAUDE DU BUISSON, *écuyer*, seigneur et patron de Christot (*sic*), à l'appui de la requête par laquelle il sollicitait la faveur d'être reçu partie intervenante dans l'instance engagée au sujet de la cure de Cristot, ledit mémoire tendant à prouver l'intérêt de l'impétrant à être maintenu dans le droit, possession et jouissance de présentation à ladite cure.

Il est allégué dans ce mémoire que la nomination à la cure de Cristot est une dépendance de la seigneurie du lieu, dont au moins la jouissance appartient à Claude du Buisson et à sa femme, Françoise de Poilvillain; que si, après la mort du curé Jean Canu, arrivée en 1659, Jacques du Buisson, fils de l'exposant, présenté par son frère aîné Pierre, obtint ladite cure en vertu d'une sentence du siége présidial de Caen, du 3 juillet 1660, il y eut appel de cette sentence au Parlement de Rouen, et que la discontinuation de l'instance n'eut lieu que par considération de la personne de Jacques du Buisson; que, d'après la Coutume de Normandie, la présentation aux bénéfices est un avantage appartenant à l'usufruitier; qu'en outre, il n'y a pas réellement dans l'espèce de *Litige de droits de présentation* pouvant donner lieu à une présentation par le Roi, ainsi qu'il résulte de l'interprétation de la Coutume de Normandie, de l'opinion des jurisconsultes, et de la jurisprudence du Grand Conseil à l'occasion de la cure de Viessoix (*Papier*).

Ce mémoire n'est pas mentionné dans la Maintenue de 1704.

N° 62. — 7 janvier; 1er février; 8 mars 1675. — Pièce provenant du dossier de Jean Maillard, l'un des prêtres prétendant à la cure de Cristot, ladite pièce relatant notamment : 1° une procuration donnée à Jean Maillard, le 7 janvier 1675, par PIERRE DU BUISSON, *écuyer*, seigneur et patron de Cristot et de Brouay, à l'effet de soutenir au Grand Conseil, contre son père, ses prétendus droits personnels de présentation à la cure de Cristot; 2° un extrait collationné, délivré le 1er février 1675, des registres du Chapitre de la cathédrale de Rouen, signé Bizet, greffier et notaire du Chapitre, reproduisant le *procès-verbal, en date des 19-21 septembre 1628, de la mort et de l'ouverture du testament d'*ANNE DU BUISSON, *seigneur et patron de Cristot et de Brouay, conseiller au Parlement de Normandie;* 3° le texte de la requête de Jean Maillard au Grand Conseil, à l'appui de ses prétentions à la cure de Cristot, ladite requête datée du 8 mars 1675 (*Papier*).

Cette pièce n'est pas mentionnée dans la Maintenue de 1704.

N° 63. — 1er février 1675. — Inventaire de production adressé au Grand Conseil par CLAUDE DU BUISSON, *écuyer*, seigneur et patron de Cristot et de Brouay, après l'arrêt qui le recevait partie intervenante dans l'instance engagée au sujet de la cure de Cristot.

Cet inventaire, qui énumère vingt pièces environ, depuis le 19 février 1620 jusqu'au 4 janvier 1675, avait pour but d'établir comment la maison du Buisson se trouvait en possession du droit de nommer à la cure en litige par suite de cession faite, en 1620, à Anne du Buisson, conseiller au Parlement de Normandie, et comment messire Claude était seul investi, avec sa seconde femme, Françoise de Poilvillain, même à l'exclusion de Pierre du Buisson,

son fils aîné du premier lit, du droit de présentation et de nomination à la cure de St-André de Cristot (*Papier*).

Quelques-unes des pièces citées ont un véritable intérêt, mais sont de nouveau analysées dans l'arrêt du Grand Conseil, du 29 mars 1675. Cet inventaire n'est pas mentionné dans la Maintenue de 1704.

N° 64. — 13 *février* 1675. — Nouvel acte de défaut de comparution devant le Grand Conseil de Pierre Le Fauconnier, écuyer, sieur du Mesnil-Patry, ledit acte délivré à Claude du Buisson, *écuyer*, seigneur et patron de Cristot et de Brouay (*Parchemin*).

Cette pièce n'est pas mentionnée dans la maintenue de 1704.

N° 65. — 9 *mars* 1675. — Nouvelle requête de Claude du Buisson, *écuyer*, seigneur et patron de Cristot et de Brouay, adressée au Grand Conseil au sujet de son droit de présentation à la cure de Cristot.

Par cette pièce, qui est un second inventaire de production, l'impétrant s'applique à démontrer que Pierre Le Fauconnier n'a aucun droit de nomination à la cure en litige, attendu que son aïeul Jean avait fait remise à Anne du Buisson, par contrat du 13 mars 1628, de son alternative de patronage; que son fils aîné, Pierre du Buisson, n'a pas plus de droit à cette nomination, puisqu'il résulte des contrats cités que ledit Pierre n'a nullement la jouissance des fiefs de Cristot et qu'il a, dans certains contrats, reconnu lui-même le droit de patronage de son père; qu'enfin, dans tous les cas, l'abbé Maillard devrait être exclu par son caractère violent et son ignorance (*Papier*).

Ce document, dont il n'est pas question dans la Maintenue de 1704, mentionne un contrat de vente et de cession, en date du 19 juin 1659, faite par Pierre et Jacques du Buisson à leurs sœurs Madeleine et Anne, religieuses au couvent des Bénédictines de Bayeux, pour la part à laquelle elles pourraient prétendre dans la succession d'Anne Lamendey, leur mère.

N° 66. — 22 *mars* 1675. — Arrêt du Grand Conseil, qui fait droit, sur le vu des pièces produites, et notamment des contrats des 7 décembre 1620 et 13 mars 1628, à une partie des requêtes de Claude du Buisson, *écuyer*, seigneur et patron de Cristot et de Brouay, en déboutant Pierre Le Fauconnier, écuyer, seigneur du Mesnil-Patry, de ses prétentions au droit de présentation à la cure de Cristot, en déclarant nulle et non avenue la nomination faite par lui de l'abbé Maillard, et en le condamnant aux dépens (*Parchemin*).

Cette pièce n'est pas mentionnée dans la Maintenue de 1704.

N° 67. — 22 *mars* 1675. — Troisième et dernière requête, adressée au Grand Conseil par Claude du Buisson, *écuyer*, seigneur et patron de Cristot et de Brouay, au sujet du droit de présentation à la cure de Cristot.

Cette requête relate en partie les allégations des deux précédentes. Après l'exposé des motifs sur lesquels il appuie ses prétentions au droit personnel de présentation à la cure en question à l'exclusion de son fils aîné Pierre, motifs dont le principal est tiré de l'usufruit de la seigneurie de Cristot qui lui appartient, messire Claude conclut à ce qu'il plaise au Grand Conseil rejeter les prétentions tant de l'abbé Maillard que de l'abbé Soulais, attendu, pour ce dernier, qu'il n'y a pas *Litige de cure* dans le sens légal du mot, pouvant donner lieu à une nomination par le Roi (*Papier*).

Cette pièce n'est pas mentionnée dans la Maintenue de 1704.

N° 68. — 29 mars 1675. — Arrêt du Grand Conseil, rendu à Paris au sujet de la cure de Cristot. Cet arrêt reconnaît dans son dispositif les droits de patronage de la maison du Buisson en général et de Claude du Buisson en particulier, à l'exclusion de son fils (*Parchemin*).

Dans l'extrait suivant de ce document de 35 pages, qui n'est pas mentionné dans la Maintenue de 1704, nous avons reproduit, parmi les très-nombreuses pièces visées, les plus intéressantes pour la maison du Buisson de Cristot-Courson :

« LOUIS, PAR LA GRACE DE DIEU ROY DE FRANCE ET DE NAVARRE, à tous ceux « qui ces présentes Lettres verront, SALUT. Sçavoir faisons, comme par Arrest « cejourd'hui donné en nostre Grand Conseil,

« Entre nostre bien aimé Gabriel Soulais, prestre, maistre-ès-arts de l'Uni- « versité de Paris, pourveu par Nous de la cure de Saint-André-de-Cristot, « diocèze de Bayeux, demandeur, suivant la commission de nostre dict Con- « seil, du vingt-huict febvrier mil six cent soixante-quatorze, et exploit d'assi- « gnation, du quatorze mars au dit an, contrôlé à Caen ce même jour, afin « qu'il soit dit qu'il sera maintenu et gardé en la possession et jouissance de « la dicte cure, honneurs, fruicts, revenus et esmoluments, et restitution de « fruicts, dommages-intérêts et despens, d'une part ;

« Et Jean Maillard, aussy prestre, licentié-aux-Droits, notaire apostolique « du diocèze de Bayeux ;

« Et Thomas Huet, aussy prestre, tous aussy pourveus de la dicte cure, « défendeurs, d'aultre part ;

« Et entre Jean Decaen, prestre, curé d'Ectot-lès-Baons, aussy pourveu de « la dicte cure, demandeur, en requeste du sept novembre mil six cent « soixante-quatorze, à ce qu'il soit reçeu partye intervenante en la dicte « instance de complainte et que, faisant droit sur son intervention, il soit « maintenu et gardé en la possession et jouissance d'icelle cure, avec restitu- « tion de fruicts, dommages-intérêts et despens, d'une part et les dicts Soulais, « Maillard et Huet, défendeurs, d'autre : . . . .

. . . . « Et entre CLAUDE DU BUISSON, *escuyer*, se préten- « dant SEIGNEUR ET PATRON DE CRISTOT ET DE BROUAY, demandeur, en re- « queste du vingt-deux décembre mil six cent soixante-quatorze, à ce qu'il « soit reçeu partie intervenante en la dicte instance, et que, faisant droict « sur son intervention, il soit, en tant que besoing, maintenu dans le droict, « possession et jouissance en quels il est *de présenter à la dicte cure de* « *Cristot*, et, en cas de contestation, les insistants contre soient condamnés à « tous les despens et dommages-intérêts, d'une part, et les dicts Soulais, « Maillard, Decaen et Huet, défendeurs, d'autre ; . . . .

« . . . .

« VEU PAR NOSTRE DICT CONSEIL les dictes demandes et requestes des par- « ties et leurs deffences, les arrests et réglements de nostre Conseil intervenu « sur icelles, du quatorze décembre mil six cent soixante quatorze, des quatre « et vingt-huict janvier mil huit cent soixante-quinze et des quatre et neuf « mars au dict an ; les escriptures et productions respectivement faictes par « les dictes parties en conséquence, contenant leurs moyens, inductions et « pièces, et entre autres,

« *De la part du dict Soulais* : . . . .

« Arrest de nostre Parlement de Normandie, entre Françoise de Poilvillain, « femme civilement séparée de biens d'avec le dict Claude du Buisson, d'une « part, et Pierre du Buisson, fils aisné du dict Claude, par lequel la dicte « de Poilvillain est condamnée aux frais de la saisie féodale du fief de Lébizey, « dépendant de Nous, et aux dépens envers le dict Pierre du Buisson, du « dix-sept mai mil six cent soixante-neuf ; . . . .

« *De la part du dict Maillard* : . . . .

« Extraict mortuaire de Jacques du Buisson, dernier curé de la dicte cure, « du treize septembre mil six cent soixante-treize ;

« Lettres de présentation du dict Maillard à la dicte cure, vacante par le décès du dict Jacques du Buisson, faict par Pierre du Buisson, sauf son « droict de variation, du vingt-six novembre mil six cent soixante-treize ;

« Autres lettres de présentation du dict Maillard à la dicte cure par le « sieur Le Fauconnier (Pierre), du vingt décembre mil six cent soixante-« treize ; . . . .

« Sentence de maintenue de Jacques du Buisson en la cure de Sainct-« André-de-Cristot, rendue contradictoirement entre François Barré (prêtre), « Claude du Buisson et sa femme, d'une part, et les dicts Jacques et Pierre « du Buisson, d'autre part, du trois juillet mil six cent soixante, au présidial de « Caen ;

« Contract de vente faicte par le dict Le Fauconnier (Jean), à Mre Anne « du Buisson, conseiller en nostre dict Parlement, du fief de Cristot-Courson « en verge de prévosté, circonstances et dépendances, à la réserve de la pré-« sentation à la première vacance de la dicte cure pour une fois seulement, « avec clauses et conditions y contenues, du sept septembre (décembre) mil « six cent vingt ;

« Acte contenant les lots présentés par Pierre du Buisson, en mil six cent « quarante-six, aux créanciers de Claude du Buisson, son père, aux fins de « distraction du tiers Coustumier. Et la sentence confirmative du tout faict des « dicts lots, scavoir, des deux premiers par les créanciers et du troisième laissé « au dict Pierre du Buisson pour lui et pour ses frères, dans lequel tiers lot sont « les fiefs de Cristot dont dépend le patronage de la dicte cure, du vingt-« quatre mars mil six cent cinquante ;

« Arrest de nostre Parlement de Normandye, confirmatif de lad. sentence sur « l'appel de la dicte de Poilvillain, du trois mars mil sil cent cinquante-trois ;

« Extraict d'un contract du dix-huit juillet mil six cent cinquante, portant « reçeu par Pierre du Buisson, présent et consentant Claude, son père, de « certains droits seigneuriaux deulz à la dicte seigneurye de Cristot ; . . .
. . . .

« *De la part du dict Decaen* : . . . .

« Coppie signifiée d'une commission obtenue en nostre Parlement de Rouen « par le dict Pierre du Buisson, en qualité de patron de la dicte cure et héri-« tier de Jacques du Buisson, vivant curé d'icelle, son frère, pour faire assi-« gner ledict Decaen au dict Parlement en constitution d'un nouveau procureur « sur la dicte cause d'appel, des quinze et dix-neuf janvier mil six cent « soixante-quatorze ; . . . .
« . . . .

« *De la part de Claude du Buisson* : . . . .

« Les expéditions des contract et transaction par lesquels Jean Le Vavas-« seur, bourgeois de Caen, et le dict sieur Le Fauconnier (Jean) auraient « vendu à Monsieur Anne du Buisson, conseiller en nostre Parlement, les « dicts fiefs de Cristot, des dix-neuf febvrier et sept septembre (décembre) « mil six cent vingt, avec clauses et conditions y contenues ;

« Deux extraicts des registres des plaids de la seigneurye de Cristot, tenus

« soubz le nom de Claude du Buisson, à cause de la damoiselle Françoise de « Poilvillain, sa femme, des douze juillet mil six cent quarante-sept et quatre « juillet mil six cent cinquante-huict ;

« Bail à ferme de la seigneurye de Cristot, faict par la dicte de Poilvillain « à Charles Pigeon pour six ans, moyennant la redevance de deux mille livres « par an, du vingt-huict octobre mil six cent soixante ;

« Accord ou transaction passée entre la dicte de Poilvillain et Jacques du « Buisson pour luy et ses frères, par laquelle, pour terminer procès entre « eux, Jacques du Buisson entre autres choses consent la subsistance du dict « bail au proffit de la dicte de Poilvillain, sa belle-mère, du vingt-sept juillet « mil six cent soixante-un ;

« Arrest de la Chambre des Comptes de Rouen, sur la requeste de la dicte « de Poilvillain, par lequel mainlevée luy est faicte de la saisie féodalle des « fiefs de Cristot, comme ne relevant pas de Nous, du quatre aoust mil six « cent soixante-un ;

« Acte judiciaire des requestes du pallais de nostre Parlement de Nor- « mandye, du vingt-huict febvrier mil six cent cinquante-trois, par lequel « Pierre du Buisson indemnise la dicte de Poilvillain et promet l'indemniser, « si tant est qu'il soit porté aucun préjudice aux droits de dot et douaire « d'icelle par le dict arrest de mil six cent cinquante-trois, lequel debvait lors « intervenir ;

« Contract de rétrocession faict par le dict sieur Le Fauconnier (Jean) à « Monsieur Anne du Buisson, conseiller en nostre dict Parlement, de la dicte « présentation qu'il s'était réservée à la première vacance de la d. cure de « Cristot, du treize mars mil six cent vingt-huict ;

« Acte de foy et hommage par Raollin Guibard, bourgeois de Caen, rendu « à Claude du Buisson, pour raison de plusieurs fonds possédés par luy en la « dicte seigneurye de Cristot, du trente juin mil six cent cinquante-neuf;

« Arrest de nostre Parlement de Normandye rendu entre le d. Claude du « Buisson, appelant de la dicte sentence qui confirme le choix et distraction « du tiers coustumier au proffit de Pierre du Buisson et de ses frères, et la d. « de Poilvillain, sa femme, appelant d'autre sentence, d'une part, et le d. « Pierre du Buisson et autres, d'autre part, par lequel arrest les d. sentences « sont mises au néant et entre autres choses est ordonné que pour faire droict « aux partyes pour la distraction du tiers coustumier appartenant aux « enfants du dict Claude du Buisson et pour la distraction du dot et douaire « de la dicte de Poilvillain, les partyes se retireraient par devant le juge de « Caen, par devant lequel liquidation serait faicte des biens et debtes de « Claude du Buisson, lors de son premier mariage et des biens qu'il avait lors « de son second, (ledit arrêt à la date) du premier aoust mil six cent « soixante-onze ;

« Sentence du juge de Caen, contradictoirement rendue entre ladicte de « Poilvillain, d'une part, et Pierre du Buisson, d'autre part, par laquelle le « treizième est adjugé à la d. de Poilvillain sur un héritage vendu, dépendant « de la seigneurie de Cristot, avec despens, du premier febvrier mil six cent « soixante-treize ;

« *De la part du dict Thomas Huet :* . . . .

« Lettres de présentation du dict Huet à la dicte cure par le dict Claude « du Buisson et la dicte de Poilvillain, sa femme, du quatorze novembre « mil six cent soixante-treize ; etc., etc. . . . .

. . . .

« Acte de distribution de l'instance à Mre de Fortia, conseiller en nostre « dict Conseil, du mois de décembre mil six cent soixante-quatorze, et de « redistribution d'icelle à Mre Milon, aussy conseiller en nostre dict Conseil, « du mois de mars mil six cent soixante-quinze ;

Conclusions de nostre procureur général, et TOUT CONSIDÉRÉ :

ICELUY NOSTRE DICT GRAND CONSEIL, FAISANT DROICT SUR L'INTER-

« VENTION DE CLAUDE DU BUISSON, a maintenu et gardé, maintient et garde « Thomas Huet en la possession et jouissance de la cure de St-André-de- « Cristot, fruicts, proffits, revenus et esmoluments d'icelle; *ordonne que* « *Claude du Buisson présentera à la dicte cure, tant qu'il jouira des dicts* « *fiefs de Cristot*.— Ce faisant, sur le surplus des instances, a mis et met les « parties hors de cour et procès, et *a condamné* les dicts Soulais, Maillard et « Decaen aux despens envers Huet, et les dicts Maillard et Soulais *aux* « *despens envers Claude du Buisson* (seigneur et patron de Cristot).

« SY DONNONS EN MANDEMENT au premier des huissiers de nostre dict Grand « Conseil, ou autre nostre huissier ou sergent sur ce requis, sur la requeste « des dicts, le présent Arrêt il mettra à deue et entière exécution de poinct en « poinct, selon sa forme et teneur, nonobstant oppositions ou appellations « quelconques, pour lesquelles, sans préjudice d'icelles, ne voulons estre « différé et oultre-faire; — pour l'entière exécution des présentes, tous « exploicts et significations, commandements, contrainctes et autres actes de « justice requis nécessaires ordonnons pouvoir, sans pour ce demander plaids « ni paroles, et nonobstant clameur et haro, chartes normandes et autres « choses à ce contraires.

« Donné en nostre dict Grand Conseil, à Paris, le vingt-neufviesme jour « de mars l'an de grâce mil six cent soixante-quinze, et de nostre règne le « XXXIIe. »

Signé : LOUIS.

Par le Roy, un des gens de son Grand Conseil:

Signé : GERBIN ; avec un paraphe.

N° 69. — 10 mars 1679. — Acte notarié, passé devant Jacques Caumont et Nicolas Barbey, tabellions royaux (Cheux), reconnu devant Thomas Morant, chevalier, seigneur et baron du Mesnil-Garnier, conseiller du Roi, maître des requêtes ordinaire de son hôtel, et garde héréditai des sceaux et obligations de la vicomté de Caen et Evrecy; contrat de cession ou de vente de plusieurs pièces de terre, situées à Audrieu et à Cristot et désignées dans l'acte, fait au profit de son mari par damoiselle FRANÇOISE DE POILVILLAIN femme *civilement séparée de biens* de CLAUDE DU BUISSON, *écuyer*, seigneur et patron de Christot (*sic*) et de Brouay, dûment autorisé en justice, ladite vente consentie moyennant la somme de 1800 livres tournois, ou une pension annuelle de 100 livres jusqu'au paiement du capital (*Parchemin*).

Cette pièce n'est pas mentionnée dans la Maintenue de 1704.

N° 79. — 2 janvier 1680. — Acte de renonciation (*parchemin*) de Pierre (II) du Buisson, *écuyer*, sieur de Cristot, à la succession de son père. En voici la teneur :

« *Extrait du greffe du bailliage de Caen ce qui en suit :*

« Devant nous Nicolas du Moustier, escuïer, sieur de La Motte, conseiller « du Roy, lieutenant général au bailliage et siége présidial de Caen, le « mardy, deuxiesme jour de janvier mil six cent quatre-vingts, PIERRE DU « BUISSON, *escuïer*, SIEUR DE CHRISTOT (*sic*), présent en jugement, assisté de « Geoffroy, son procureur, lequel a déclaré qu'il a renoncé et renonce à la « succession de *feu* CLAUDE (II) DU BUISSON, *escuïer*, SIEUR DE CHRISTOT, son « père, affirmant n'en avoir rien recueilli et n'est son intention d'en rien re- « cueillir, sauf son droit de tiers coustumier et remplacements dotaux ; et a « signé. Dont acte fait comme dessus. »

Signé : *Dauge ;* avec un paraphe.

N° 71. — 26 mars 1681. — Minute d'un acte sous signature privée, passé entre Pierre du Buisson, *écuyer*, sieur de Cristot, fils de *feu* Claude du Buisson, *écuyer*, sieur de Cristot, d'une part, et maître Georges Couespel, sieur du Mesnil, avocat au Parlement de Rouen, époux de damoiselle Marie du Buisson, fille (du second lit) de feu messire Claude du Buisson et de feue Françoise de Poilvillain, d'autre part. — Cet acte, qui constate que Pierre du Buisson et Georges Couespel avaient l'un et l'autre renoncé à la succession de leur père et beau-père, est un partage provisoire et un règlement de compte au sujet des dettes de ladite succession, et spécialement de celles provenant du *premier mariage de Claude du Buisson avec damoiselle Anne Lamendey, mère dudit Pierre*. Les principaux créanciers sont désignés dans cette pièce, qui porte les signatures de Pierre du Buisson et de Georges Couespel (*Papier*).

Cette pièce n'est pas mentionnée dans la Maintenue de 1704.

N°s 72-73. — 29 juin–2 juillet 1684. — Deux extraits légalisés des registres des baptêmes de la paroisse de Cristot, délivrés l'un le premier août 1707, l'autre le 21 juin 1715, contenant l'acte baptistaire, en date du 2 juillet 1684, avec indication de la naissance, le 29 juin précédent, de Pierre-Nicolas du Buisson, fils de Pierre du Buisson, *écuyer*, seigneur et patron de Cristot et de Brouay, et de *noble dame* Marie-Anne de Morant. — Légalisation de la signature de l'abbé Huet, curé de Cristot, sur le premier extrait par Jacques Gohier de Jumilly, écuyer, conseiller du Roi, lieutenant particulier, civil et criminel au présidial de Caen ; sur le second extrait par Nicolas Dumoustier, écuyer, seigneur de Coutranville, conseiller du Roi, lieutenant au bailliage et siége présidial de Caen (*Papier*).

Voir ci-après, à l'état civil, la teneur de cet acte.

N° 74. — 12 juin 1686. — Sentence du bailliage et siége présidial de Caen, rendue par Jacques Gohier, écuyer, conseiller du Roi, maison et couronne de France, lieutenant particulier, etc., sur la requête et en faveur de dom Jean de Mabrey, prêtre, ancien religieux chantre de l'abbaye de St-Etienne de Caen, au sujet des dîmes auxquelles il avait droit dans la paroisse de Cristot, contre *noble dame* Anne de Morant, veuve et héritière de feu Pierre du Buisson, *écuyer*, sieur de Cristot, par suite de la négligence apportée par ladite dame à faire nommer un tuteur à ses enfants (*Parchemin*).

Cette pièce n'est pas mentionnée dans la Maintenue de 1704.

N° 75. — 31 août 1694. — Copie collationnée (*papier*), faite en la Cour des Comptes, Aides et Finances de Normandie, de Lettres royales (Louis XIV) de Garde-Noble :

« LOUIS, par la grace de Dieu roy de France et de Navarre, à nos amés « et féaux les gens de nos Comptes à Rouen, présidents, trésoriers généraux « de France au bureau de nos Finances estably à Caen, bailly de Caen ou « son lieutenant, et à tous autres nos justiciers et officiers qu'il appartiendra, « Salut. — Voulant pourvoir à la Garde Noble, gouvernement et adminis- « tration des personne et biens du fils mineur (Pierre-Nicolas du Buisson) du « feu sieur Pierre du Buisson, *escuyer*, seigneur et patron de Cristot et de

« Brouay, et de dame Marie Anne de Morant, sa veuve, faisant profession « de la religion catholique, apostolique et romaine, Nous avons estimé ne « pouvoir faire un meilleur choix que la d. dame de Morant, bien informé « qu'elle a toute la probité suffisante et bonne conduite qui peut être dé- « sirée pour s'acquitter dignement de tout ce qui concerne la dite garde « et commission, que d'ailleurs l'affection naturelle qu'elle doit avoir pour le « bien et avantage de son fils la portera toujours plus que tout autre à « veiller à la conservation de ses intérêts et bonne éducation. — Pour ces « causes et autres a ce nous mouvant, avons de notre grâce spécialle, « pleine puissance et authorité royale, accordé, donné et octroyé, accor- « dons, donnons et octroyons par ces présentes, signées de notre main, à « la dite dame de Morant la Garde-Noble du fils mineur du d. deffunt et « d'elle, à Nous appartenant par les droits de notre Couronne et du duché « de Normandie, pour icelle administrer, régir et gouverner en la personne « du d. mineur les biens d'iceluy pendant sa minorité, suivant les règles et « coutumes du pays, à la charge de le nourrir et entretenir, élever et faire « instruire dans les exercices *convenables à sa naissance et condition*, « jusques à l'âge de majorité, poursuivre, soutenir et défendre ses droits et « actions, acquitter les dettes, entretenir ses terres, maisons, domaines et « héritages en bon et suffisant estat, satisfaire aux charges et redevances « d'iceux, et d'en rendre compte au profit du d. mineur lors de la décharge « de la d. Garde-Noble, ainsy qu'il est accoutumé; pourvoir aux offices dépen- « dant de ses d. terres et fiefs, vacation advenant par résignation ou autre- « ment; Nous réservant néanmoins la nomination, présentation et autres « provisions des cures et bénéfices estant du patronage des terres et fiefs « dépendant de la d. Garde-Noble et généralement faire tout ce qui est du « devoir d'icelle, et que feraient nos officiers, s'ils en avaient nos ordres et « nos commandements, sans que la d. dame de Morant soit tenue de nous « payer aucune finance, de laquelle, à quelque somme qu'elle se puisse « monter, Nous lui avons fait et faisons don et remise par ces présentes. — « Sy vous mandons et ordonnons que de leur contenu vous fassiez jouir et « user la d. dame de Morant pleinement et paisiblement, etc., etc. (formule « exécutoire).

« Car tel est notre plaisir.

« Donné à Versailles le trente-et-unième jour d'aoust, l'an de grâce mil « six cent quatre-vingt-quatorze et de notre règne le cinquante-deuxiesme.

« Signé : LOUIS.

« *Par le Roy :*

« Signé : Phélippeaux ; avec un paraphe.

« Collationné sur l'original par nous, greffier en chef de la Cour des « Comptes, Aides et Finances de Normandie, soussigné. »

Signé : *Deson ;* avec un paraphe.

N° 76. — 8, 15, 22 juin 1696. — Bail à ferme judiciaire passé au bailliage et siége présidial de Caen, comprenant diverses maisons et propriétés énumérées dans l'acte et situées à Cristot, Brouay et Audrieu, appartenant à Pierre-Nicolas du Buisson *écuyer*, fils mineur de *feu* Pierre (II) du Buisson, *écuyer*, sieur de Cristot.

Après la préparation de l'inventaire des héritages à mettre en ferme par le tuteur Robert Hubert, ces héritages furent en bloc mis aux enchères de fermage les 8, 15 et 22 juin 1696 successivement, et enfin adjugés à cette dernière date, moyennant 1000 livres par an, au sieur Hippolyte Quesnel, de la paroisse de Cristot, devant Nicolas Dumoustier, écuyer, sieur de Lamotte, conseiller du Roi,

lieutenant général au bailliage et siége présidial de Caen (*Parchemin*).
Cette pièce n'est pas mentionnée dans la Maintenue de 1704.

N° 77. — 26 septembre 1696. — Consultation des avocats consulaires de PIERRE-NICOLAS DU BUISSON, fils mineur de feu PIERRE DU BUISSON, *écuyer*, sieur de CRISTOT, par laquelle lesdits avocats reconnaissent l'utilité de retirer de chez maître Passerat, avocat à Paris, des pièces importantes appartenant au mineur, notamment des titres et un *arrêt de maintenue de noblesse* (sic), ainsi que les Lettres de Garde-Noble royale en laquelle le mineur était tombé à cause de son fief de Lébizey, relevant du Roy. — Les avocats estiment qu'à cet effet le principal tuteur, Robert Hubert, avocat au siége présidial de Caen, doit faire le voyage de Paris (*Papier*).
Cette pièce n'est pas mentionnée dans la Maintenue de 1704.

N° 78. — 2 janvier 1698. — Sentence du bailliage et siége présidial de Caen, rendue le 2 janvier 1698 par Nicolas Dumoustier, écuyer, sieur de Lamotte, etc., lieutenant général au bailliage et siége présidial de cette ville, en conformité de la délibération, en date du même jour, intervenue dans l'assemblée des parents paternels et maternels du fils mineur (Pierre-Nicolas du Buisson) du défunt seigneur de CRISTOT-BUISSON (Pierre II) et de dame Marie-Anne de Morant, à l'effet d'autoriser Robert Hubert, avocat à Caen, tuteur du d. mineur, à aliéner plusieurs immeubles de son pupille pour l'amortissement de certaines rentes.

Ce document relate le nom des parents du mineur présents ou convoqués, la désignation des immeubles à aliéner, les charges afférentes à ces immeubles, et constate que des offres écrites d'acquisition, sous certaines conditions acceptées par le tuteur, avaient été faites le 2 novembre 1697 par Philippe de Chaumontel, écuyer, sieur d'Audrieu, avocat au bailliage et siége présidial de Caen, par Jean-Pierre Néel, avocat en la Cour (Parlement), et par Jean Le Chanoine; ces trois personnages sont en dernier lieu déclarés adjudicataires, chacun pour une partie déterminée.

Les noms des parents de Pierre-Nicolas du Buisson de Cristot, présents ou convoqués pour la délibération et énoncés dans la sentence, sont les suivants: Georges et Jean Couespel, frères, représentés par Thomas Bourdon, écuyer, sieur des Jumeaux; Pierre Bourdon, écuyer, sieur de Préfossé; Claude Bourdon, écuyer, sieur de Gramont, conseiller du Roi au siége présidial de Caen (*ces trois derniers oncles, à la mode de Bretagne, du mineur*); François Bonnet, sieur de La Roullière; messire Nicolas-Claude Morant, chevalier, seigneur de Courseulles (*grand-père*); messire Nicolas-Claude Morant, seigneur d'Eterville (*oncle*); messire Charles-Thomas Morant, seigneur de Rupierre (*oncle à la mode de Bretagne*); messire Bernard Morant, seigneur de Rupierre (*cousin issu de germains*); messire Charles-Thomas Morant, chevalier de Rupierre (*cousin issu de germains*); enfin messire Nicolas Puchot, seigneur des Alleurs, conseiller au Parlement de Rouen (*Parchemin*).
Cette pièce n'est pas mentionnée dans la Maintenue de 1704.

N° 79-80. — *Sans date (mars ou avril 1694).* — Requête présentée par noble dame Marie-Anne de Morant, pour obtenir, en faveur de Pierre-Nicolas du Buisson, écuyer, son fils mineur, noble d'ancienne extraction, décharge de la taxe des Francs-Fiefs établie à tort sur ses fiefs de Cristot et de Brouay, et inventaire de la septième liasse (sur *huit*: les sept autres inventaires sont égarés) des pièces produites pour justifier de la noblesse du d. mineur (*Papier*).

Ces deux documents ne sont pas mentionnés dans la Maintenue de 1704, mais seulement l'ordonnance de décharge prononcée en conséquence le 6 juillet 1694.

Voici les passages les plus importants de cette longue et intéressante requête de dix pages de grand format et de l'inventaire y joint :

« *A Monseigneur Foucault, chevalier, conseiller du Roy en ses Conseils,*
« *maistre des requestes ordinaires de son hostel, Intendant de justice,*
« *police et finances en la généralité de Caen:*

« Supplie humblement *dame* MARIE-ANNE DE MORANT, veuve de PIERRE DU « BUISSON, vivant *escuyer*, sieur de CRISTOT, à la succession duquel elle a « renoncé, mère et tutrice de Pierre-Nicolas du Buisson, *escuyer*, son fils « mineur ;

« Et vous remonstre que, par exploit de Jubel, huissier, du 26e jour de « février dernier, Me Jean Fumée, chargé par Sa Majesté du recouvrement « des taxes faites sur les Roturiers et non Nobles pour les fiefs et biens « nobles par eux possédés, à la poursuite de Me Guillaume Gasq, son direc- « teur en cette généralité de Caen, a fait signifier à la suppliante un extrait « du Rolle des d. taxes faites au Conseil, lequel extrait contient que CLAUDE « DU BUISSON ou ses représentants, propriétaires et jouissant du fief, terre et « seigneurye de Cristot d'Argouge, scis en la paroisse de Cristot, auroit esté « taxé à la somme de 3,000 livres, avec commandement à la suppliante, « comme représentant le d. Claude du Buisson, sieur de Cristot, de payer « la d. somme de 3,000 livres, avec les deux sols pour livre ;

Inexactitude de l'assiette de la taxe et son exagération.

« . . . . Mais s'en s'arrêter à examiner la « qualité des d. héritages ni l'excès de la d. taxe, la suppliante soutient, « sous le bon plaisir du Roy et de vous, Monseigneur, qu'elle et son fils mi- « neur en doivent être *entièrement deschargés, comme personnes nobles*, non « sujettes à la d. taxe, suivant l'intention de sa Majesté ;

« Et pour le justifier, la suppliante remonstre que feu CLAUDE DU BUISSON, « sieur de CRISTOT, ayeul du d. mineur, avoit mis et produit au greffe de feu « M. Chamillart, intendant en ceste généralité de Caen, lors de la recherche « qui fut faite des usurpateurs de noblesse en exécution de la déclaration du « Roy, du mois de juin 1664, *un inventaire de généalogie* et des pièces en « quatre liasses qui sont induites et dattées dans le d. inventaire signé du d. « Claude du Buisson, en date du mois de novembre 1666 pour justifier « *qu'il est noble d'ancienne extraction*, et pour être employé dans le Cata- « logue des véritables Nobles, qui seroit fait par mon d. sieur Chamillart, « intendant.

« Le sac de laquelle production avoit esté reçu par le nommé Petit, gref- « fier ou l'un des secrétaires de mon d. sieur Chamillart, qui en avoit « chargé de sa main le registre du d. greffe; sur lequel inventaire et « pièces produites il y avoit eu un jugement interlocutoire rendu par feu mon « d. sieur Chamillart, intendant, par lequel il avoit ordonné que le d. « Claude du Buisson, sieur de Cristot, justifieroit plus amplement.

« Suivant quoy il avoit esté fait une seconde production au d. greffe pour

« satisfaire au d. jugement, et *justifier plus amplement de sa noblesse et de* « *celle de ses prédécesseurs*, *suivant son inventaire de généalogie*, et néan- « moins pour ce que la première production et son inventaire ne s'estoient « point retrouvés dans le greffe, mais seulement le sac de la seconde produc- « tion, feu mon d. sieur Chamillart n'avoit voulu donner aucun jugement « définitif sur la qualité de *Noble* du d. Claude du Buisson, sieur de Cristot, « comme aussy il ne l'avoit pas déclaré usurpateur ni condamné à aucune « amende, s'estant contenté de laisser les choses en cet estat indécises, à « cause de la perte arrivée en son greffe du d. inventaire de généalogie et de « la première production du d. Claude du Buisson, sieur de Cristot.

« Et estant arrivé qu'en l'année 1672 ou 1673, il avoit esté compris, à « cause de son d. fief noble, dans la taxe des Francs-Fiefs, laquelle taxe luy « avoit esté signiffiée avec commandement de la payer, *comme s'il n'avoit pas* « *esté personne noble*, il avoit présenté sa requête à mon d. sieur Chamillart, « qui estoit encore lors intendant en ceste généralité de Caen, pour estre « deschargé de la d. taxe, *à cause de sa d. qualité de Noble, dont il estoit* « *en bonne et valable possession*, et suivant laquelle il avait toujours esté « deschargé des taxes précédentes faites pour les droits des Francs-Fiefs. .

Impossibilité de retrouver au greffe de M. de Chamillart la première production ; par suite, impossibilité de prononcer la décharge demandée. Assignation devant l'intendant en dommages-intérêts du sieur Petit, alors avocat à Lisieux, qui ne comparaît pas. Lettre du sieur Mahieu, secrétaire de M. de Chamillart, au sieur Petit, l'invitant à comparaître à bref délai, sous menace de contrainte par corps, et nouvelle assignation au d. sieur Petit, à Lisieux, . . . « avec interpellation de satisfaire incessamment, conformément aux « termes de la d. lettre et ordonnance de mon d. sieur Chamillart, et pro- « testation en cas de refus de se pourvoir contre le d. Petit par toutes voyes « deues et raisonnables, pour des interêts, dommages et despens, suivant les « fins de la d. requeste, comme la suppliante justifie par l'original de la d. « requeste du 28 avril 1673, au bas de laquelle est l'ordonnance de feu mon- « d. sieur Chamillart, et par les deux originaux des deux exploits et de la d. « lettre missive que la suppliante a trouvé dans ses papiers demeurés du « décès du d. Pierre du Buisson, *escuyer*, sieur de Cristot, son mary, fils du « d. Claude du Buisson, sieur de Cristot, avec le d. inventaire de généa- « logie et les pièces des d. quatre liasses y esnoncées, et autres pièces qui « sont aussy *justificatives de la d. noblesse.*

« N'ayant pu, la suppliante, en avoir aucune autre instruction, sinon que « le d. feu sieur son mary luy avoit dit que le d. sieur Petit avoit enfin re- « trouvé à Lisieux le d. inventaire et la première production du d. feu Claude « du Buisson, sieur de Cristot, lequel inventaire et pièces de la première « production il avoit remises aux mains du d. feu Claude du Buisson, sieur de « Cristot, après que le traitant l'eut contraint par la saisie et exécution de ses « biens à payer partie de la d. taxe, et le d. feu sieur de Cristot avoit esté « obligé de reprendre les pièces de sa seconde production qui estoient au « greffe de mon d. sieur Chamillart, sans que la suppliante en eut pu rien « apprendre davantage, le d. feu Claude du Buisson, le d. Coispel (*sic*), son « gendre, et le mary de la suppliante estant tous décédés. . . . . .

Mariage en secondes noces de Claude du Buisson avec Françoise de Poilvillain. Hostilité et persécutions du père et de la belle-mère contre les enfants du premier lit ; nombreux procès avec eux.

. . . « Mais pour avoir esté les enfants du premier mariage ainsy « persécutés, maltraités et chassés de la maison paternelle par le d. feu sieur « de Cristot, leur père, et par leur belle-mère, et pour le d. Claude avoir eu « luy-même le malheur, pendant tous ces désordres qui estoient dans la famille, « d'avoir esté contraint de payer une partie de la d. taxe des Francs-Fiefs « faite sur luy en l'année 1672 et 1673, à cause de la perte qui avoit esté

« faite de sa d. première production dans le greffe de feu mon dit sieur Chamillart, la suppliante et son fils mineur ne doivent pas perdre *leurs droits et privilèges de noblesse*, ny estre assujettis à payer à présent la d. taxe qui leur est demandée à la requeste de maître Jean Fumée; mais au contraire la suppliante soutient, sous le bon plaisir du Roy et de vous, Monseigneur, qu'elle et son fils mineur en doivent être *entièrement deschargés comme personnes nobles*, suivant l'intention de sa Majesté, puisqu'ils ont recouvré le d. inventaire de généalogie, *avec leurs titres de noblesse* induits et datés dans le d. inventaire en quatre liasses, que la suppliante représente et produit conformément au d. inventaire.

« Par laquelle production il est justifié valablement de la *noblesse* de feu Claude du Buisson, sieur de Cristot, ayeul du d. mineur, et qui estoit fils de Pierre du Buisson, *escuyer*, sieur de Courson, le d. Pierre fils de Claude du Buisson, *escuyer*, sieur de Courson, le d. Claude fils de Jean du Buisson, *escuyer*, aussy sieur de Courson, qui estoit fils (*erreur : lire descendant*) de Thomas du Buisson, *escuyer*, comme cela est expliqué et justifié par le d. inventaire et les d. quatre liasses y jointes.

« Et la suppliante produit aussy dans une cinquiesme liasse la requeste qui avoit esté présentée à mon d. sieur Chamillart par le d. feu Claude du Buisson, sieur de Cristot, le 28 avril 1673, au bas de laquelle est l'ordonnance de feu mon d. sieur Chamillart, etc., etc. . . . . .

« Mais elle produit encore d'abondant trois autres liasses de plusieurs titres et pièces : l'une cotée pour sixième liasse composée de quatorze pièces ; l'autre cotée pour septiesme liasse composée de dix-sept pièces ; et la huitiesme et dernière composée de . . . pièces ; par les pièces desquels trois liasses et par les inventaires qui sont joints et attachés à chacune d'icelles, la suppliante justifie encore plus amplement comme le d. Claude du Buisson, sieur de Cristot, ayeul du d. mineur et ses prédécesseurs estoient *personnes nobles*, *qui estoient en bonne et valable possession de leur noblesse*, et le d. Claude du Buisson, sieur de Cristot avoit toujours continué à en jouir et à prendre la qualité de *Noble* et d'*Escuyer* jusqu'à son décès ; et les d. enfants sortis de son premier mariage avoient aussy continué à *jouir des droits et privilèges de leur noblesse*, et le d. mineur fils de la suppliante, héritier du d. Pierre du Buisson, *escuyer*, sieur de Cristot, son père ; dans les pièces de laquelle dernière liasse on voit non-seulement leur descente et *qualité de personnes nobles*, mais aussy quelques actes et pièces des grands procès que les enfants du d. premier mariage du d. Claude du Buisson, sieur de Cristot, avoient eu à soutenir contre le d. Claude du Buisson, leur père, et la d. damoiselle de Poilvillain, leur belle-mère, qui avoient fait tout ce qu'ils avoient pu pour ruiner les d. enfants du premier mariage, auxquels la d. damoiselle de Poilvillain et le d. Coispel, son gendre, n'avoient laissé que les pièces qu'ils avoient voulu après le décès du d. Claude du Buisson, sieur de Cristot, et retenu ou supprimé les autres comme bon leur avoit semblé ; et néanmoins il en est resté encore très-suffisamment pour *justifier la d. noblesse de son fils mineur, de son mary et de leurs prédécesseurs.*

« A ces causes, Monseigneur, il vous plaise recevoir la suppliante opposante à la signification et demande qui lui a esté faite de la d. taxe, et en descharger la suppliante et son d. fils mineur, *comme personnes nobles*, et vous ferez justice. »

« Inventaire des pièces de la *septiesme* liasse de la dame de Cristot (Anne de Morant), qui est composée de dix-sept pièces pour ayder à justifier la noblesse de son fils mineur et de ses prédécesseurs.

« La première est un contrat passé devant les tabellions de Cheux, etc...

Cet Inventaire comprend d'abord neuf actes notariés passés à Cheux ou à Caen (31 décembre 1624 ; 21 février 1627 ; 20 juillet

1628; 29 février 1629; 30 mars 1629; 1er août 1672; 25 janvier 1634; 10 décembre 1640) et quatre sentences, dont deux en vicomté et deux au bailliage de Caen (13 juin 1643; 28 février 1644; 7 mars 1644; 2 juillet 1644), où Claude du Buisson, seigneur et patron de Cristot et de Brouay, est mentionné avec les qualifications de *noble homme* et d'*écuyer*, ainsi que Pierre du Buisson, sieur de Courson, son père et Anne du Buisson, conseiller au Parlement de Rouen, son oncle. Ledit inventaire se termine ainsi :

« La quatorziesme (pièce) est un jugement rendu le 11me jour de décem-« bre 1637 par Messieurs les Commissaires députez par le Roy pour les « Francs-Fiefs et nouveaux acquests en la province de Normandie, par le-« quel, sur la requête à eux présentée par le d. Claude du Buisson, *escuyer*, « sieur de Cristot, *après avoir veu les titres justificatifs de sa noblesse*, ils « avoient, du consentement de M. le Procureur général du Roy en la Com-« mission, deschargé le d. Claude du Buisson, *escuyer*, sieur de Cristot, de « la taxe qui avoit esté faite sur luy pour le droit des Francs-Fiefs et nou-« veaux acquests, et main levée lui fut accordée de la saisie de ses fiefs qui « avoit esté faite pour le paiement de la d. taxe;

« La quinziesme est une autre pareille descharge jugée au bénéfice du d. « Claude du Buisson, *escuyer*, sieur de Cristot, le 13 octobre 1643, *à cause* « *de sa noblesse d'ancienne extraction*, par M. de La Potterie, conseiller du « Roy en ses Conseils, intendant de justice, police et finances au départe-« ment de la généralité de Caen, commissaire député pour l'exécution de la « déclaration de Sa Majesté du mois de novembre 1641;

« La seiziesme est une requeste présentée à Messieurs de la Chambre Sou-« veraine députez par le Roy sur le fait des Francs-Fiefs et nouveaux « acquests en la province de Normandie, par le d. Claude du Buisson, « *escuyer*, sieur de Cristot, stipulé par damoiselle Françoise de Poilvillain, sa « femme, de luy civilement séparée de biens, à ce qu'il plust aux dits sei-« gneurs Commissaires ordonner que le d. sieur de Cristot auroit main levée « de la saisie de ses biens, qui avoit esté faite pendant que Me Urbain « Ménant, chargé du recouvrement des taxes pour les Francs-Fiefs et nou-« veaux acquests, estoit saisy de ses pièces, et luy accorder surséance jusqu'à « la première séance de la Chambre après la Trinité, qu'il feroit diligence de « faire mettre les conclusions du Procureur général du Roy à sa requeste, « et cependant faire défenses d'exécuter; au bas de laquelle requeste est l'or-« donnance de la Chambre du 30 may 1656, portant que le sieur de Cristot « feroit diligences par devers M. le Procureur général du Roy pour faire « mettre ses conclusions à la requeste du d. sieur de Cristot dans la quin-« zaine; pendant lequel temps sursis à toutes exécutions et saisies; — ensuite « est la signification faite par exploit, du dernier may 1656, de la d. « requeste et ordonnance à Me Pierre Potat, commis du d. Urbain Ménant, « à ce qu'il n'en prétende cause d'ignorance;

« La dix-septiesme est une coppie de la descharge que le d. sieur de « Cristot avoit obtenue en la d. Chambre Souveraine establie par le Roy pour « la recherche des droits des Francs-Fiefs et nouveaux acquests, à Rouen, le « deux septembre au d. an 1656, sur la requeste cy-dessus, *après avoir veu* « *les titres de noblesse y attachés*, la contestation du dit commis et les con-« clusions de M. le Procureur général du Roy; — la dite copie collationnée à « l'original en parchemin qui fut représenté par le d. feu sieur de Cristot et « luy fut rendu, après la collation faite, par Le Haguais, premier huissier au « bailliage de Caen, le 22 may 1660, lequel original la d. dame de Cristot « n'a pu trouver parmi les papiers demeurez du décès du d. sieur de Cristot, « son beau-père, ny du décès de son d. mary; mais elle soutient qu'il y a « choses suffisantes par toutes les autres pièces, et en tous cas elle en pour-

« roit encore délivrer un extrait au greffe de la Commission, s'il en estoit « besoin, comme non. »

Nota. — A la suite de la présentation de la requête qui précède et des huit inventaires de production, et pièces qui l'accompagnaient, intervint une nouvelle ordonnance des Commissaires généraux députés par le Roi sur le fait des Francs-Fiefs et nouveaux acquêts en Normandie, en date du 6 juillet 1694, par laquelle la d. dame de Morant, veuve de Pierre du Buisson, *écuyer*, en son vivant seigneur et patron de Cristot et de Brouay, mère et tutrice de Pierre-Nicolas du Buisson, *écuyer*, son fils mineur, fut déchargée de la taxe sur elle établie pour raison des seigneuries nobles de Cristot et de Brouay.

Cette ordonnance est relatée dans plusieurs documents ci-après et notamment dans la Maintenue de noblesse émanée du Grand Conseil du Roi le 28 août 1704. Malheureusement le texte en a été égaré et nous ne savons ce qu'à pu devenir ce document, qui aurait un réel intérêt.

N° 81. — 6 mars 1697. — Première requête du tuteur de messire Pierre-Nicolas du Buisson de Cristot-Courson, à l'effet de faire reconnaître la noblesse d'extraction de son pupille, inquiété par les Traitants des Finances (*Papier*).

« *A monseigneur Foucault, chevalier, seigneur marquis de Magny, conseiller « du Roy en ses Conseils, maistre des Requestes ordinaire de son hôtel, « Intendant de justice, police, finances et guerres en la généralité de « Caen.*

« Supplie humblement Robert Hubert, advocat à Caen, tuteur de Pierre-« Nicolas du Buisson, *escuyer*, seigneur et patron de Cristot et de Brouay, « et vous remonstre que, *quoique la noblesse du d. mineur soit de race « antienne de plusieurs siècles*, il ne laisse pas d'être inquiété comme un « usurpateur, suivant l'exploit d'assignation donnée par devant vous, Mon-« seigneur, requeste de Me Guérin, sous-traittant, représenté par le sieur « De La Lande Gasq, son premier directeur, le 8 février dernier. Le règle-« ment général du 22 juin 1664 fixe la preuve de noblesse par titre antérieur à « 1560 et, en Normandie, quatre dégrez de filiation ont suppléé de titre. « Pour donc faire voir abondamment la *justification de la noble extraction « du d. mineur*, le d. tuteur représentera seulement des preuves des deux « derniers siècles et six dégrez de filiation veus, examinés et passés : 1° par « Messieurs les Commissaires de la taxe des Francs-Fiefs, le 11 décembre 1637 ; « 2° par Monseigneur de La Potterie, intendant en cette généralité, le 3 oc-« tobre 1643 ; 3° par la Chambre Souveraine, le 2 septembre 1656 ; 4° et ré-« cemment par Messieurs les Commissaires généraux pour les Francs-Fiefs, le « 6 juillet 1694 ; lesquels jugements ôtent tout lieu de contester la qualité « du d. mineur. Le premier desquels fait foy de la noblesse de Thomas du « Buisson, *escuyer*, qui vivait au siècle 1400 (quatorzième), dont le descen-« dant Jean du Buisson, *escuyer*, espousa Jeanne Bouet le 22 décembre 1517, « et, mort en 1531, laissa Claude du Buisson, *escuyer*, son fils, mineur, auquel « fut establi tuteur au bailliage de Caen le dernier juillet 1533, suivant qu'il « est référé au commencement du veu des pièces du d. acte de 1637 (1).

(1) Les quatre documents cités ci-dessus, *qui sont du reste mentionnés également dans la Maintenue de 1704*, ont une très-grande importance pour la maison du Buisson, surtout le premier, comme on vient de le voir. Malheureusement ces pièces

Suit l'énumération des pièces filiatives et des titres de noblesse ; cette énumération très-complétée est reproduite dans la Maintenue de 1704. La requête se termine ainsi :

« Il est establi que de Thomas du Buisson, *escuyer* (ancêtre), sortit Jean, « lequel, marié avec damoiselle Bouët, eut Claude pour fils, duquel, marié « à la damoiselle Le Sueur, sortit Pierre, marié à la damoiselle Baudouin, « dont sortit Claude, marié à la damoiselle Lamendey, qui eut pour fils Pierre « et autres, duquel, marié à la damoiselle Morant, est sorti Pierre-Nicolas, « dont le d. tuteur soutient qu'il n'y a pas lieu de contester la qualité de « NOBLE du d. mineur, et demande au d. nom d'estre deschargé de la taxe et « poursuite, en conséquence de la déclaration du Roy, du 4 septembre 1696, « conformément aux ordonnances et règlements, et vous ferez justice.

« Fait et présenté le 6 mars 1697. »

Signé : *Hubert* ; avec un paraphe.

N° 82. — 17 juin, 9, 22, 29 juillet, 4 août 1697.—Signification faite le 4 août 1697 par Jacques Blouet, huissier en l'hôtel de la Monnaie de Caen, à Robert Hubert, tuteur de Pierre-Nicolas du Buisson, de l'ordonnance du sieur Foucault (Nicolas-Joseph), intendant de la généralité de Caen, ladite ordonnance rendue le 29 juillet 1697 contre la noblesse du sieur du Buisson de Cristot.

Cette pièce contient : 1° la réponse, en date du 17 juin 1697, de Jean Guérin, bourgeois de Paris, sous-traitant de la recherche de la Noblesse en Normandie, à la première requête de Robert Hubert; 2° la seconde requête de Robert Hubert présentée le 9 juillet 1697 à l'appui de sa requête primitive; 3° le contredit, à la même date, du sieur de Lalande, directeur de la recherche de la Noblesse en Normandie; 4° les dernières observations de Robert Hubert, en date du 22 juillet 1697; 5° la teneur complète de l'Ordonnance de l'intendant Foucault, en date du 29 juillet 1697 (1); 6° le texte de l'arrêt du Conseil d'Etat du Roi, du 26 février 1697, contenant règlement sur les formes à suivre pour la reconnaissance des titres de noblesse (*Papier*).

On lit dans la seconde requête de Robert Hubert du 9 juillet 1697:

sont égarées et les plus actives recherches faites aux archives de Caen et de Rouen, avec le concours obligeant de MM. les archivistes Châtel et de Robillard de Beaurepaire, n'ont pu nous en faire découvrir la trace. Cette lacune est d'autant plus regrettable qu'elle achèverait d'établir *péremptoirement* la filiation depuis Thomas du Buisson, *écuyer*, avocat du Roi en l'Échiquier de Normandie, inhumé à St-Lô de Rouen en 1361, d'après dom Farin et les vieux titres généalogiques des XVe et XVIe siècles.

(1) Voici le texte de cette ordonnance:

« Vu la présente requête, celle présentée par Pierre-Nicolas du Buisson, etc., etc.

NOUS, — faute par Claude du Buisson d'avoir satisfait à l'ordonnance de Monsieur de « Chamillart, du 7e juillet 1673, en ce qu'elle ordonne que le d. Claude du Buisson « rapportera dans le mois la minutte du traité de mariage de Jean du Buisson, son « bisayeul, du 25 juin 1513, et que le Traitant a rapporté plusieurs contrats par extrait « et advœux rendus par Claude du Buisson, premier du nom, des années 1554, « 1555 et 1564, dans lesquels il ne prenoit pas la qualité d'ESCUÏER, — avons le dit « Pierre-Nicolas du Buisson déclaré usurpateur du titre de noblesse, et en conséquence « condamné en deux mille livres d'amende, sans indemnité attendu la minorité « du d. du Buisson, ensemble aux deux sols pour livre des dites sommes et en trente « livres de dépens; au payement desquelles sommes il sera contraint comme pour les « affaires de Sa Majesté; luy faisons défense de prendre à l'advenir la qualité « d'Escuïer ; ordonnons qu'il sera rayé du catalogue des Nobles et imposé au Roolle « des tailles et autres impositions, au prochain département, dans la paroisse de sa « résidence, à la descharge des habitants d'icelle.

« Fait à Caen, le 29 juillet 1697. »

Signé : FOUCAULT.

« . . . . . Le sieur commis dit que la noblesse du d. mineur n'a « pas esté employée dans la précédente Recherche ; il est facile d'en justifier « la cause, qui est que la production des pièces d'icelle fut égarée aux mains « du sieur Le Petit, secrétaire de M. de Chamillart lors de la Recherche, ce « dont le registre des productions fait foy ; aussy il ne paroist pas qu'il y « ait eu aucune condamnation pendant les précédentes Recherches, quoique « les ancestres du sieur mineur ayent toujours possédé la d. qualité (de « noblesse) dans leurs contrats de mariage et actes les plus authentiques ; « et ce fut cet égarement des pièces produites lors de la dernière Recherche « qui donna lieu à l'ordonnance de provision de 1673, suivant que la mère « du d. sieur mineur l'a déjà justifié devant vous, Monseigneur, lorsqu'elle « fut inquiétée pour la dernière taxe des Francs-Fiefs, par la requeste pré- « sentée à Monseigneur de Chamillart le 28 avril 1673 et diligences y jointes, « sur lesquelles pièces est intervenue la descharge absolue et définitive, re- « présentée avec les titres sur lesquels elle est appuyée ; après quoy l'on ne « doit pas inquiéter le d. mineur sur le même fait si bien estably par les « pièces produites que le sieur commis n'en peut contredire aucune, et s'est « réduit à dire que la qualité de la famille du d. sieur mineur a esté *usurpée* « *à la faveur d'une chaire de docteur en Droit* de Claude du Buisson, « premier du nom, *comme si une chaire de Droit attribuoit le droit d'user de* « *lad. qualité et donnoit aucun titre de noblesse, s'il n'y avoit pas esté autorisé* « *d'ailleurs*, etc. . . . .

« Cette omission ne pourrait pas avoir pour effet de supprimer la noblesse, « établie d'ailleurs par tant de pièces authentiques et contrats de mariage, dont « aucun n'a pu être contesté et ne le devroit être après avoir passé par tant « d'examens et Recherches produites avec iceux, et après avoir vu la nomi- « nation du père du d. Claude (II) à l'estat de *premier Eschevin* de cette « ville, ce qui n'eût esté s'il n'avoit pas esté *véritable Gentilhomme et re-* « *connu publiquement d'un chacun de noble extraction*, etc. »

On lit dans les dernières observations de Robert Hubert du 22 juillet 1697 :

« . . . . . Quatrièmement, le sieur commis dit que l'on voit dans « les antiennes Ordonnances de nos Rois que les docteurs des Universités « avoient la liberté de prendre la qualité de *Noble ;* le tuteur, qui a lu pour « cet effet, la conférence des Ordonnances, au chapitre *des Universités* et au « chapitre *de la Noblesse*, ainsi que les compilateurs des Ordonnances, *n'en a* « *trouvé aucune*, et demande que le sieur commis, qui avance ces Ordon- « nances, en justifie, avant d'en induire que, parce que le d. Claude premier « possédoit la qualité d'*Escuyer*, c'estait à cause qu'il estoit *docteur* et que « c'est ce qui doit faire présumer usurpation à la famille du d. sieur mineur ; « car autrement l'invention de ces Ordonnances et cette supposition ne peuvent « servir qu'à faire voir la subtilité de l'esprit du sieur commis et ne peut « donner atteinte à la noblesse du d. sieur mineur, que l'on a justifié au-delà « de JEAN et THOMAS, père et l'un des ayeux du d. Claude premier, etc. »

N° 83. — *Environ février 1700.* — Requête de Robert Hubert, tuteur de Pierre-Nicolas du Buisson, adressée à Monseigneur de Caumartin, conseiller d'Etat ordinaire, intendant des Finances, à l'effet d'obtenir que son pupille, en faveur de sa minorité et par suite du paiement d'une partie de la somme à laquelle l'avait condamné l'intendant Foucault par son ordonnance du 29 juillet 1697, soit autorisé d'ors et déjà, sans achever le paiement intégral, à interjeter appel au Grand Conseil de l'ordonnance en question et à y faire valoir ses titres de noblesse (*Papier*).

N° 84. — 12 août 1700. Requête en appel de Robert Hubert au sujet de la noblesse de son pupille.

« *A Nosseigneurs les Commissaires généraux* (du Grand Conseil) *députez par le Roy pour la recherche des faux Nobles.*

Nosseigneurs,

« Robert Hubert, avocat à Caen, tuteur de Pierre-Nicolas du Buisson, « *escuyer*, seigneur et patron de Cristot, vous remonstre très-humblement « que le mineur ayant esté assigné par devant Monsieur Foucault, intendant « de la généralité de Caen, à requeste de Jean Guérin, sous-traitant de la « recherche des faux Nobles en la d. généralité, pour se voir condamner « comme usurpateur du titre de noblesse, etc......., le suppliant y a produit « les titres nécessaires pour *justifier pleinement de la possession de noblesse en « laquelle les ancestres de ce mineur ont vécu bien auparavant l'année mil cinq « cent soixante*, et de sa filiation. — Ces titres sont dans la meilleure forme « que titres puissent être et hors de toute suspicion. Il y en a même « d'essentiels, comme contrats de mariage et autres actes de famille sur « chaque degré de filiation, autant qu'on peut en désirer pour preuve « parfaite.

« Cependant, sans y avoir égard, Monsieur Foucault, par son ordonnance « du vingt-neuf juillet mil six cent quatre-vingt-dix-sept, a déclaré le d. « Pierre-Nicolas du Buisson usurpateur du titre de noblesse, etc....... Mais « cette ordonnance étant *insoutenable*, le dit Pierre-Nicolas du Buisson est « obligé d'interjeter appel, et c'est en quoy le suppliant espère vous faire « voir, Nosseigneurs, qu'il est très-bien fondé. Les moyens sont également « naturels et pressants.

« Ce mineur appelant tire son origine de parents qui jouissoient de la qua- « lité de Noble homme et de celle d'Escuyer *dès le commencement du pénul- « tième siècle;* le suppliant en auroit pu rapporter des preuves s'il en avoit « esté besoin; mais comme les règles de la précédente Recherche n'assujet- « tissent point à remonter si haut, ny à prouver une possession de noblesse « plus ancienne que l'année 1560, il s'est retranché à produire le titre anté- « rieur à cette époque le plus prochain qu'il a trouvé dans les papiers de « l'appelant, qui est de l'année mil cinq cent cinquante-un, etc. »

Suivent les preuves de filiation, avec analyse succincte des pièces produites sur chaque degré depuis Jean du Buisson (sieur de Courson), quatrième aïeul du mineur, le résumé des observations du traitant, puis la réfutation péremptoire des objections, notamment de celles tirées de la production par le traitant de huit pièces sans importance sérieuse. — On lit dans la réfutation des objections, p. 10 et 11, 13 et 14 :

« A l'égard de l'ordonnance de feu Monsieur de Chamillart, du septiesme « juillet mil six cent soixante-treize, sur laquelle a roulé la seconde objection « du traitant, il y a bien des raisons qui devoient déterminer Monsieur Fou- « cault à ne pas s'y arrester : 1° elle concerne uniquement les droits des « Francs-Fiefs. Or, les jugements rendus en cette matière au proffit des Nobles « n'étant point regardés comme décisions dans la présente Recherche de « Noblesse, il est de justice de n'avoir pas plus d'égards à ceux qui se « trouvent rendus contre eux sur la même matière des Francs-Fiefs ; 2° quand « même ces sortes de jugements feraient quelque conséquence en recherche de « Noblesse, il est constant que celuy-cy n'en pourroit faire aucun contre « l'appelant, puisqu'il n'est que *provisoire*, que les provisions ne font jamais « que tenir le droit des parties en estat, quelqu'exécution qui s'en soit en-

« suivie ; que l'exécution d'un pareil jugement ne peut jamais être que « provisoire, l'effet ne pouvant être d'une autre nature que la cause, etc. »

. . . .

« Ce qui forme la troisiesme objection du traitant, c'est que Claude du « Buisson, premier du nom, n'a pas pris la qualité d'*Escuyer* ni celle de « *Noble homme* avant qu'il fût reçu à la chaire de *Docteur-régent en l'Ecole de* « *Droit;* et c'est en quoy le d. traitant a bien voulu s'abuser, puisque le « premier titre de la production du suppliant, c'est-à-dire le contrat du « premier mariage de ce Claude, qui est du vingt-trois aoust mil cinq cent « cinquante-un, fait foy du contraire. Le suppliant a observé que, dans ce « contrat, le dit Claude est simplement qualifié *Licencié en Droit et avocat* « *à Caen*, ce qui fait voir qu'il n'avoit pas encore ladite chaire de *Docteur-* « *régent ;* cependant il y prend le titre d'*Escuyer*, et le donne de même à feu « Jean, son père. Il n'en faut pas davantage pour détruire la dite objection « et *prouver que ce n'est point de la dite chaire de Docteur-régent qu'il* « *tient sa noblesse.* Ainsy, qu'il y ayt des anciennes Ordonnances par les- « quelles il soit permis aux docteurs occupant de pareilles places de prendre « la qualité de *Noble*, comme le traitant l'a avancé sans en citer aucune, ou « qu'il n'y en ayt point, c'est chose également indifférente à la question, « etc. »

En terminant ce mémoire de *vingt* pages, Robert Hubert conclut à ce que l'ordonnance de l'intendant de la généralité de Caen du 29 juillet 1697, soit mise à néant dans sa forme et dans ses effets, et à ce que Pierre-Nicolas du Buisson, *écuyer*, seigneur et patron de Cristot, son pupille soit maintenu et gardé en la possession de sa noblesse héréditaire, avec inscription au Catalogue des Nobles de Normandie et jouissance des honneurs, priviléges et immunités attribués aux autres Gentilshommes du Royaume (*Papier*).

N° 85. — Environ 1701. — Inventaire de production de quarante-cinq titres ou pièces présentées aux Commissaires généraux du Grand Conseil par Robert Hubert, avocat à Caen, à l'appui de la *noblesse* de Pierre-Nicolas du Buisson, *écuyer*, seigneur et patron de Cristot, son pupille, ledit inventaire portant en outre la signature de maître Passerat, avocat ès Conseils du Roi.

Les documents indiqués, dans lesquels les ancêtres du mineur et le mineur lui-même ont la qualification de *Nobles hommes* et d'*Ecuyers*, presque tous mentionnés d'ailleurs, avec addition d'un certain nombre d'autres plus anciens, dans la Maintenue de noblesse du 28 août 1704, qui est reproduite ci-après, sont classés par cinq degrés de filiation seulement, tout en établissant la noblesse du sixième degré, et peuvent se résumer ainsi : — Six traités de mariage : 1° de Claude (Ier) du Buisson, sieur de Courson, avec Catherine Le Maistre; 2° de Marie du Buisson ; 3° de Catherine du Buisson; 4° de Marguerite du Buisson ; 5° de Claude (II) du Buisson, avec Anne Lamendey ; 6° de Pierre (II) du Buisson, seigneur et patron de Cristot et de Brouay (*sic*), avec Marie-Anne de Morant. — Onze sentences émanées soit du bailliage et siége présidial, soit de la vicomté de Caen ; — treize actes notariés, contenant ventes, échanges, transactions, quittances, etc. ; — une sentence de la prévôté de Paris ; — un procès-verbal d'élection des gouverneurs-échevins de Caen ; — des Lettres patentes de Louis XIII autorisant la construction d'un colombier ; — Une quittance de contribution aux frais faits par le député de la Noblesse du bailliage de Caen aux Etats-généraux en 1614 ; — une sommation à comparaître adressée au nom de Pierre (Ier) du Buisson ; — quatre jugements ou ordonnances des Commissaires généraux pour les Francs-Fiefs, du sieur Le Roy de La Potterie, intendant en la généralité de Caen et de la Chambre Souveraine, en date des 11 décembre 1637, 3 octobre 1643, 2 septembre 1656 et 6 juillet 1694 ; — un acte de voyage au Parlement de Rouen ; — deux actes de renonciation de succession ; — un extrait baptistaire ; — enfin deux actes d'assemblée de famille (*Papier*).

N° 86. — 16 *janvier* 1704. — Observations présentées, en opposition aux requêtes de Robert Hubert, par maître Le Noir le jeune, avocat de François Ferrand, subrogé à Charles de La Cour de Beauval pour la continuation de la recherche de la Noblesse, les dites observations se résumant ainsi : Le traité de mariage antérieur à 1560, qui a été produit, est une copie collationnée et non un original ; le partage du 28 décembre 1589 entre Marie Le Sueur et ses enfants n'est aussi qu'une copie collationnée ; le traité de mariage de Pierre (Ier) du Buisson, prétendu bisaïeul du mineur, le dit traité en date du 2 septembre 1592, ne fait pas mention des père et mère de ce Pierre du Buisson (*Papier*).

N° 87. — 12-23 *juin* 1704. — Ordonnance préparatoire des Commissaires Généraux du Grand Conseil, rendue le 12 juin 1704 sur le rapport du sieur Bignon, conseiller d'Etat ordinaire, intendant des Finances, et signifiée le 23 juin suivant, aux termes de laquelle Robert Hubert, tuteur de Pierre-Nicolas du Buisson, seigneur et patron de Cristot, est mis en demeure de prouver par titres de famille, dans le délai de deux mois, que Pierre (Ier) du Buisson, sieur de Courson, était fils de Claude (Ier) du Buisson, marié d'abord avec Catherine Le Maistre et ensuite avec Marie Le Sueur, à défaut de quoi il serait statué ce que de droit (*Papier*).

N° 88. — 28 *août* 1704. — Copie collationnée, et délivrée sur timbre de l'époque au greffe du Conseil d'Etat, d'un arrêt de MAINTENUE DE NOBLESSE, rendu à Paris, le 28 août 1704, par les Commissaires Généraux du Grand Conseil du Roi, en faveur de PIERRE-NICOLAS DU BUISSON, *écuyer*, sieur de COURSON, seigneur et patron de CRISTOT, mineur d'ans, sur l'appel interjeté par Robert Hubert, son tuteur, de l'ordonnance de l'intendant de la généralité de Caen.

Ce volumineux arrêt (16 pages in-4°), rendu contradictoirement avec le sieur François Ferrand, traitant et subrogé au sieur de La Cour de Beauval pour la recherche des faux Nobles de la province de Normandie, sur le rapport de messire Bignon, conseiller d'Etat ordinaire, intendant des Finances, et sur les conclusions conformes du procureur général du Roi, mentionne *cinquante-deux titres de noblesse* depuis l'an 1522 seulement, annule l'ordonnance de l'intendant Foucault et maintient le mineur en la possession de sa noblesse héréditaire (*Parchemin*).

Ce document ayant une importance capitale pour la maison du Buisson de Courson-Cristot, nous avons jugé nécessaire de le·

reproduire *textuellement* et *intégralement*, en indiquant quelles sont les trop nombreuses pièces aujourd'hui égarées :

« LES COMMISSAIRES GÉNÉRAUX DU CONSEIL, DÉPUTÉZ PAR LE ROY « POUR L'EXÉCUTION DE SES DÉCLARATIONS DES 4 SEPTEMBRE 1696, 30 MAY « 1702 ET 30 JANVIER 1703, ET ARRESTS DU CONSEIL RENDUS EN CONSÉQUENCE « CONTRE LES USURPATEURS DU TITRE DE NOBLESSE :

« VEU copie de l'Ordonnance du sieur Foucault, intendant en la généralité « de Caen, rendu le vingt-neuf juillet mil six cent quatre-vingt-dix-sept, par « laquelle, faute par CLAUDE DU BUISSON d'avoir satisfait à l'Ordonnance de « provision du sieur Chamillart, du 7 juillet mil six cent soixante-treize, en « ce qu'elle ordonne qu'il rapportera dans le mois la minutte du traitté de « mariage de JEAN DU BUISSON, son bisayeul, du vingt-cinq juin mil cinq « cent treize, et attendu qu'il a été rapporté plusieurs contrats par extrait, « et advœux rendus par CLAUDE DU BUISSON, premier du nom, des années mil « cinq cent cinquante-quatre, mil cinq cent cinquante-cinq et mil cinq cent « soixante-quatre, dans lesquelles il ne prenait pas la qualité d'ESCUÏER, a « condamné PIERRE-NICOLAS DU BUISSON en l'amende de deux mille livres, « pour avoir pris et usurpé la qualité d'*Escuïer*, aux deux sols pour livre et « aux despens, avec deffences de prendre à l'advenir la ditte qualité, sous « plus grandes peines ;

« VEU aussy la requeste à Nous présentée par Robert Hubert, avocat à Caen, « tuteur de PIERRE-NICOLAS DU BUISSON, *Escuïer*, SEIGNEUR ET PATRON DE « CRISTOT, tendante à ce que, pour les causes et raisons y contenues, il « nous plaise recevoir le d. Pierre-Nicolas du Buisson, appelant de la ditte « Ordonnance du sieur Foucault, du d. jour vingt-neuf juillet mil six cent « quatre-vingt-dix-sept ; — Luy donner acte de ce que, pour griefs et « moyens d'appel, il employe le contenu en la dite requeste et en son inven- « taire de production ; — Faisant droit sur son apélation, sans avoir égard « à la ditte Ordonnance, qui sera mise à néant, décharger l'appelant de la « demande du traitant ; — Le maintenir et garder en la possession de sa « noblesse héréditaire ; — Ordonner qu'il sera inscrit au Catalogue des Nobles « de la province de Normandie, et qu'il jouira des privilèges, honneurs et « exemptions dont jouissent les véritables Gentilshommes du Royaume, avec « deffences à touttes personnes de l'y troubler ; — En conséquence, que les « deniers qui se trouveront avoir esté consignéz par luy et ses fermiers ès « mains du traittant ou de ses preposés luy seront restituéz, à ce faire con- « traints par touttes voyes ; — Luy faire main-levée de ses fermages et autres « choses sur luy saisies à la requeste du traittant, avec despens tant de la « première instance que de celle d'appel, dommages et intérests ; — la ditte « requeste signée Hubert au d. nom, et Passerat, avocat ès conseils du Roy, « au bas de laquelle est l'Ordonnance du sieur Bignon, du douze aoust mil « sept cens, de soit communiquée, et la signification d'icelle, faite le qua- « torze du d. mois et an à maistre Le Noir le jeune, avocat du traittant ;

« Autre requeste du d. Hubert, au dit nom de tuteur de Pierre-Nicolas du « Buisson, tendant à ce que, pour les causes et raisons y contenues, il nous « plaise, attendu les pièces par luy rapportées, luy adjuger les conclusions « qu'il a prises dans la requeste du douze aoust mil sept cens, la ditte requeste « signée Hubert au d. nom et du d. Passerat, au bas de laquelle est l'ordon- « nance du sieur Bignon, du vingt-sept may mil sept cent deux, portant les « pièces procurées et communiquées à Charles de La Cour de Beauval et « montrées au Procureur Général de la Commission, et la signification d'icelle « faite le même jour audit maistre Le Noir le jeune ;

« Trois récépisséz, des vingt-trois septembre 1697, trois janvier 1699 « et quinze janvier 1700, signés *de St-Vallier*, *Oury* et *de La Lande*, com- « mis du dit de Beauval, montant ensemble à la somme de 885 livres « 15 sols, et les deux sols pour livres, payée par Hippolyte Quesnel, fermier

« du dit Pierre-Nicolas du Buisson, à-compte sur celle de 2230 livres, à « quoy il a esté condamné par la d. Ordonnance du sieur Foucault, du « 29 juillet 1697;

« VEU LES TITRES DE NOBLESSE A NOUS REPRÉSENTEZ PAR LE D. HU- « BERT, AU D. NOM DE TUTEUR DE PIERRE-NICOLAS DU BUISSON, SÇAVOIR :

« Deux contrats d'acquisition faite par JEAN DU BUISSON, le premier du « vingt-un septembre mil cinq cent vingt-deux, par lequel il est qualifié « *Noble homme, sieur de Courson*, docteur en médecine à Caen, et le deu- « ziesme du vingt-un septembre mil cinq cent vingt-cinq, où il est qualifié « *Escuïer*, docteur en médecine, des héritages scis dans la parroisse de « Cristot. »

« Traitté, sous signature privée, du mariage de Mre CLAUDE DU BUISSON, « *Escuïer*, licentié en la Faculté des Droits, avocat à Caen, fils et héritier de « deffunt maistre Jean du Buisson, *Escuïer*, en son vivant docteur régent en « la Faculté de Médecine de l'Université de Caen, avec damoiselle Catherine « Le Maistre, en datte du vingt-trois aoust mil cinq cent cinquante-un, et la « reconnaissance du dit traitté par devant le vicomte de Caen, le dix-sept « avril mil cinq cent cinquante-trois ;

« Trois sentences, rendues au bailliage de Caen les dernier juin mil cinq « cent soixante-huit, premier décembre mil cinq cent soixante-neuf et deux « janvier mil cinq cent soixante-treize, dans lesquelles Claude du Buisson est « qualifié *Escuïer, sieur de Courson*, docteur-ès-Droits ;

« Bail d'héritages, fait par le d. Claude du Buisson, *Escuïer*, sieur de « Courson, docteur-régent-ès-Droits, à Gilles Angot, des choses y mentionnées, « le vingt-huit avril mil cinq cent soixante-quatorze;

« Une attestation du corps de la Faculté de Médecine, donnée le vingt- « quatre mars mil cinq cent quatre-vingt-trois à *Noble homme* Claude du « Buisson, sieur de Courson, docteur et professeur en Droit, filz de Jean du « Buisson, sieur de Courson, portant que le dit Jean du Buisson (*nobilis vir* « *magister Joannes du Buisson, dominus de Corsonio*) avoit obtenu par les « degréz une chaire de professeur régent en la même Faculté, et qu'il mourut « en l'année mil cinq cent trente-un;

« Une expédition du partage, du vingt-huit décembre mil cinq cent quatre- « vingt-neuf, des biens du d. Claude du Buisson, *Escuïer*, docteur aux « Droits, sous signature privée, entre Marie Le Sueur, sa veuve, et Tanne- « guy, Pierre et Anne du Buisson, enfants du d. deffunt, par lequel il « paraist que le deuziesme lot est escheu à Pierre du Buisson ;

« Sentence de la vicomté de Caen, du cinq juillet mil six cent cinquante- « six, portant injonction au nottaire saisy de l'original du dit partage d'en « délivrer une expédition ;

« Contrat de mariage en parchemin, du deux septembre mil cinq cent « quatre-vingt-douze, de *Noble homme* PIERRE DU BUISSON, controlleur ordi- « naire de la maison du sieur cardinal de Bourbon, avec damoiselle Isabelle « Baudouin, par lequel il a affecté et assigné le remplacement de la dot « de la d. Baudouin, sa femme, sur les maisons et héritages contenus en son « lot, suivant le partage du vingt-huit décembre mil cinq cent quatre-vingt- « neuf;

« Copie collationnée du traitté de mariage, du vingt-deux janvier mil cinq « cent quatre-vingt-dix-sept, de *damoiselle* Marie du Buisson, fille de deffunt « *noble homme* Mre Claude du Buisson, en son vivant docteur et prieur des « Escolles de Droit de l'Université de Caen, et de damoiselle Marie Le Sueur, « ses père et mère, avec Mre Guillaume Hubert, dans lequel PIERRE et ANNE « DU BUISSON, tant pour eux que pour TANNEGUY DU BUISSON, tous qualifiez « *Nobles hommes*, ont fait partie de la dot de la d. Marie du Buisson, leur « sœur ;

« Sentence du Chastelet (Prévôté) de Paris, du sept aoust mil cinq cent « quatre-vingt-dix-huit, dans laquelle le d. Pierre du Buisson est qualifié « *Escuïer*, mary d'Élisabeth Baudouin ;

« Contrat d'amortissement de quinze livres de rente, fait le quinze octobre « mil six cent cinq, par Anne du Buisson, *Escuïer*, héritier de Tanneguy du « Buisson, *Escuïer*, son frère, et stipulé par Pierre du Buisson, *Escuïer*, son « autre frère, tous hérittiers de feu *Noble homme* Claude du Buisson, docteur « en l'Université de Caen, leur père;

« Transport de trente livres de rente, fait le quatre juillet mil six cent huit « par François Dubois à Cyprien de Cahaignes, sur damoiselle Marie Le « Sueur, veuve de *Noble homme* Claude du Buisson, vivant docteur aux « Droits en l'Université de Caen, ensemble sur *Noble homme* Anne du Buisson, « son fils, conseiller du Roy au Parlement de Rouen, et autres;

« Extrait des délibérations de l'Hostel commun de Caen, du sept mars « mil six cent douze, contenant l'élection de *Noble homme* Pierre du Buisson, « sieur de Courson, pour premier gouverneur-échevin de la ditte ville;

« Grosse en papier du contrat de mariage, du vingt-huit juin mil six cent « douze, de *damoiselle* Catherine du Buisson, fille de deffunt *Noble homme* « Claude du Buisson, sieur de Courson, et de damoiselle Marie Le Sueur, « ses père et mère, dans lequel trattié de mariage *Noble* Anne du Buisson, « conseiller au Parlement de Rouen, est qualifié frère de la ditte Catherine « du Buisson;

« Permission accordée par Sa Majesté, au mois d'août mil six cent treize, à « Pierre du Buisson, de faire construire un colombier dans le lieu de Gavrue, « dans laquelle il est qualifié *Escuïer, sieur de Courson;*

« Contrat d'amortissement de trente livres de rente, fait le quinze septembre « mil six cent quatorze, par *Noble homme* Pierre du Buisson, sieur de Cour- « son, l'un des gouverneurs de la ville de Caen, dans lequel il est fait men- « tion que Marie Le Sueur estoit sa mère, et que *Noble homme messire* « *maistre* Anne du Buisson, conseiller du Roy au Parlement de Rouen, estoit « obligé à la ditte rente;

« Copie collationnée du contrat de mariage, du six octobre mil six cent quinze, « de *damoiselle* Marguerite du Buisson, fille puisnée de deffunt *Noble homme* « Claude du Buisson, vivant sieur de Courson et docteur aux Droits en « l'Université de Caen, et de damoiselle Marie Le Sueur, dans laquelle « Pierre du Buisson, sieur de Courson, premier conseiller et eschevin de « l'Hostel commun de la ville de Caen, et Anne du Buisson, conseiller du Roy « en sa cour du Parlement de Normandie, sont qualifiez *Nobles hommes* et « frères de la ditte Marguerite du Buisson;

« Quittance de la somme de trois livres, payée le vingt-huit décembre mil « six cent quinze par le dit Pierre du Buisson, *Escuïer*, sieur de Courson, « pour sa contribution comme *Noble et noblement tenant* aux frais faits par « les deputéz de la Noblesse du bailliage de Caen aux Estats Généraux tenus « à Paris (en 1614);

« Sommation faite le dix-sept juillet mil six cent dix-huit, à la requeste « de *Noble homme* Pierre du Buisson à un particulier y dénommé, dans « laquelle feu Claude du Buisson, père du d. Pierre, est qualifié *Escuïer;*

« Quittance de la somme de trois cents livres payée le douze juin mil six « cent vingt par Guillaume Baillon, en l'acquit de *Noble homme* Pierre du « Buisson, *Escuïer*, sieur de Courson;

« Dix contrats d'échange, quittances, sentences des bailliage et vicomté de « Caen, passés depuis le vingt juillet mil six cent vingt-huit jusques et « compris le deux juillet mil six cent quarante-quatre, dans lesquels CLAUDE « DU BUISSON, *second du nom*, est qualifié *Noble homme, Escuïer, sieur de* « *Cristot*. (Six de ces documents sont égarés.)

« Contrat de mariage en parchemin, passé le dix-sept février mil six cent « vingt-quatre, entre Claude du Buisson, *Escuïer*, sieur de La Fontenelle, seul « fils et présomptif héritier de *Noble homme messire* Pierre du Buisson, sieur « de Courson et de deffunte damoiselle Élisabeth Baudouin, ses père et mère, d'une part, et damoiselle Anne Lamendey, d'autre. (Pièce égarée.)

« Transaction, passée le dix février mil six cent vingt-six, entre Cardine

« Thonesuy, veuve de Guillaume Thiénot, et *Noble homme messire* Pierre du « Buisson, dans laquelle le d. Pierre du Buisson est qualifié *Escuïer*, hérittier « en partie de deffunt *Noble homme M*[re] Claude du Buisson, docteur aux « Droits, son père, et Anne du Buisson, conseiller au Parlement de Rouen, y « est aussy dit hérittier ;

« Jugement des sieurs Commissaires députez pour les Francs-fiefs et nou« veaux acquests en Normandie, du onze décembre mil six cent trente-sept, « qui décharge Claude du Buisson, sieur et patron de Cristot et de Brouay, « *comme Noble*, d'une taxe sur lui faite a cause de ses fiefs de Cristot « et de Brouay. (Pièce égarée.)

« Ordonnance du sieur de La Potterie, lors intendant en la généralité « de Caen, du trois octobre mil six cent quarante-trois, qui décharge le « dit Claude du Buisson, *comme Noble*, d'une taxe a cause des d. fiefs. « (Pièce égarée.)

« Sentence du présidial de Caen, du dix-neuf mars mil six cent cinquante, « portant entérinement de Lettres obtenues par *Escuïer* Pierre (II) du « Buisson, tant pour luy que pour ses frères mineurs, enfants de Claude « du Buisson, *Escuïer*, sieur de Cristot, et de damoiselle Anne Lamendey, « pour estre relevéz d'un contrat d'eschange fait entre Pierre du Buisson, « *Escuïer*, sieur de Courson, leur ayeul, d'une part, et les d. Claude du « Buisson et Anne Lamendey, leurs père et mère, d'autre ;

« Autre sentence dudit présidial de Caen, du treize juillet mil six cent « cinquante-six, par la quelle il paroist que Pierre du Buisson, second du « nom, *Escuïer*, sieur de Cristot, estoit fils de Claude du Buisson, *Escuïer*, « sieur de Cristot, et que Françoise de Poilvillain estoit femme (en secondes « noces) dudit Claude ;

« Jugement de la Chambre Souveraine, establie pour la recherche des « Francs-fiefs en Normandie, du deux septembre mil six cent cinquante-« six, par lequel Claude du Buisson, *Escuïer*, sieur des fiefs de Cristot « et de Courson, a esté déchargé d'une taxe a cause des d. fiefs. (Pièce « égarée.)

« Acte d'affirmation de voyage et Sentence du bailliage du Caen, des « neuf juillet et dix-neuf octobre mil six cent soixante-onze; dans la pre« mière pièce, Pierre du Buisson est qualifié *Escuïer, sieur de Cristot*, et la « seconde est rendue entre Françoise de Poilvillain, femme séparée de biens « de Claude du Buisson, *Escuïer*, sieur de Cristot, d'une part, et le d. « Pierre du Buisson et ses frères, *Escuïers*, d'autre. (Pièces égarées.)

« Contrat de cession, du vingt septembre mil six cent soixante-dix-neuf, « entre Claude du Buisson, *Escuïer*, seigneur et patron de Cristot et de « Brouay, et Georges Couespel, des terres y mentionnées. (Pièce égarée.)

« Renonciation faite le deuxiesme janvier mil six cent quatre-vingts, par « Pierre du Buisson, tant pour lui que pour ses frères, *Escuïers*, à la suc« cession de Claude du Buisson, *Escuïer*, sieur de Cristot, son père ;

« Quittance, passée le vingt mars mil six cent quatre-vingt devant nottaires, « à Caen, dans laquelle Pierre du Buisson est qualifié *Escuïer*, seigneur et « patron de Cristot, fils et non hérittier de Claude du Buisson, vivant aussy « *Escuïer*, seigneur et patron du d. Cristot. (Pièce égarée.)

« Contrat de mariage en parchemin, du vingt-cinquiesme novembre mil « six cent quatre-vingt-trois, entre Pierre du Buisson, *Escuïer*, seigneur et « patron de Cristot et de Brouay, d'une part, et damoiselle Marie-Anne de « Morant, d'autre. (Pièce égarée.)

« Acte de renonciation, faite au présidial de Caen le quatre mars mil six « cent quatre vingt-six par la d. Marie-Anne de Morant, à la succession du d. « Pierre du Buisson, *Escuïer*, seigneur et patron de Cristot, son mary, après « son déceds arrivé le 4 février précédent. (Pièce égarée.)

« Extrait baptistaire, du vingt-neuf juin mil six cent quatre vingt-quatre, « de Pierre-Nicolas, fils légitime de Pierre du Buisson, *Escuïer*, seigneur et « patron de Cristot et de Brouay, et de noble dame Marie-Anne de Morant

« ses père et mère, délivré le quatre décembre mil six cent quatre-vingt-treize, « par le curé de la paroisse de Cristot, diocèse de Bayeux, et légalisé le « même jour par le Lieutenant-général à Caen ;

« Acte d'assemblée, fait devant le Lieutenant-général au bailliage de Caen, « le vingt-trois septembre mil six cent quatre-vingt-six, par lequel MARIE-« ANNE DE MORANT, veuve de deffunt PIERRE DU BUISSON, vivant *Escuïer*, « seigneur de Cristot et patron dudit lieu, a esté éleüe tutrice au d. PIERRE-« NICOLAS DU BUISSON, son fils, de l'advis des parents tant paternels que « maternels du d. mineur. (Pièce égarée.)

« Acte, en date du quinze novembre mil six cent quatre-vingt-huit, par « lequel il est permis à la d. Marie-Anne Morant de vendre quelques terres « pour acquitter les debtes passives de la succession de deffunt PIERRE DU « BUISSON, vivant *Escuïer*, seigneur et patron de Cristot, son mary. (Pièce « égarée.)

« ORDONNANCE DES SIEURS COMMISSAIRES GÉNÉRAUX DÉPUTEZ PAR LE ROY SUR « LE FAIT DES FRANCS-FIEFS, DU SIX JUILLET MIL SIX CENT QUATRE-VINGT-« QUATORZE, PAR LAQUELLE LA D. MARIE-ANNE DE MORANT, VEUVE DE PIERRE « DU BUISSON, *Escuïer*, SEIGNEUR ET PATRON DE CRISTOT ET DE BROUAY, « MÈRE ET TUTRICE DE PIERRE-NICOLAS DU BUISSON, *Escuïer*, A ESTÉ DÉCHARGÉE « DE LA TAXE SUR ELLE FAITE POUR RAISON DES TERRES ET SEIGNEURIES DE « CRISTOT ET DE BROUAY. (Pièce égarée.)

« VEU AUSSY NOSTRE ORDONNANCE du douze juin mil sept cent quatre, par « laquelle, avant faire droit, avons ordonné que dans deux mois du jour de « la signiffication qui seroit faite de la présente à Robert Hubert, tuteur de « Pierre-Nicolas du Buisson, il justiffieroit par titres de famille que PIERRE DU « BUISSON, sieur de COURSON, est fils de CLAUDE DU BUISSON, qui avoit « épousé en premières noces Catherine Le Maistre et en secondes noces Marie « Le Sueur, sinon, et à faute de ce faire dans le dit temps et iceluy passé, « il seroit par Nous ordonné ce qu'il appartiendroit, signiffiée le vingt-trois « du d. mois et an au dit maistre Passerat;

« VEU LA REQUESTE à Nous présentée par ledit Hubert, tuteur du d. Pierre-« Nicolas du Buisson, tendante à ce que, pour les causes et raisons y conte-« nues, il nous plaise donner acte au d. supliant de ce qu'en exécution de « nostre Ordonnance du douze juin mil sept cent quatre, signiffiée le vingt-« trois du mesme mois, et pour y satisfaire, il rapporte la pièce cy-après « esnoncée ; — ce faisant, recevoir la d. pièce aux inductions que le supliant « en a tiré dans la ditte requeste, et en conséquence luy adjuger, au nom « qu'il agit, les fins et conclusions qu'il a cy-devant prises en l'instance, la d. « requeste signée Passerat, avocat, au bas de laquelle est l'ordonnance du d. « sieur Bignon, du dix-huit aoust mil sept cent quatre, portant réception de « la d. pièce et la signiffication d'icelle faite le mesme jour au d. maistre Le « Noir le jeune ;

« Veu aussy la ditte pièce, qui est un Acte de retrait lignager, du quinze « septembre mil cinq cent soixante-quatorze, reconnu en justice le treize « février mil cinq cent quatre-vingt-cinq, portant que *Noble homme* CLAUDE « DU BUISSON, docteur régent et prieur de l'Escolle des Droits de l'Université « de Caen, retire, par droits de clameur, une partie de dix livres de rente « que TANNEGUY DU BUISSON auroit vendue à prendre sur le d. Claude, à « cause que ce Claude auroit reçeu l'amortissement de pareille partie de « rente de noble homme Jean Le Maistre, sieur d'Echauffou, frère de « deffunte damoiselle Catherine Le Maistre, en son vivant femme du dit « Claude et mère du dit Tanneguy ;

« Dire de François Ferrand, subrogé au dit de Beauval à la recherche des « faux Nobles en la province de Normandie, servant de réponse et contredits « aux requestes et pièces du sieur du Buisson, signiffié le seize janvier mil « sept cent quatre au dit maistre Passerat;

« Autre dire du dit Ferrand, par lequel il soutient que, faute par l'ap-« pelant d'avoir rapporté la preuve ordonnée par nostre dit jugement du

« douze juin mil sept cent quatre, ses conclusions luy doivent être adjugées « avec despens, signiffié le vingt-deux aoust mil sept cent quatre au d. maistre « Passerat;

« VEU L'ARREST DU CONSEIL D'ÉTAT DU ROY, du premier juillet mil sept « cent quatre, par lequel Sa Majesté a ordonné que La Cour de Beauval et « ses sous-traittants ne pourront estre poursuivis pour le payement des « sommes dont il aura esté fait recepte dans le compte de clerc à maistre « arresté le vingt-sept may dernier, et en conséquence que tous les porteurs « de récépisséz du d. La Cour de Beauval et de ses sous-traittants pour « sommes par eux consignées afin d'être reçeus appellant des jugements « contre eux rendus, et dont la restitution leur doit estre faite en consé- « quence d'arrests du Conseil ou de nos jugements, seront tenus de se « retirer par devant Sa Majesté pour estre pourveu à leur remboursement, « qui sera fait au Trésor royal en assignations sur le traitté de Ferrand, en « rapportant par eux au d. Trésor royal les dits récépisséz, copie collationnée « des arrests du Conseil ou Ordonnances par Nous rendues, qui auront « ordonné les dites restitutions, et extraits du compte de clerc à maistre « rendu au Conseil par ledit La Cour de Beauval, dans lequel il aura esté « fait recepte des dites sommes; et rapportant par le garde du d. Trésor « royal les pièces cy-devant esnoncées, les dites sommes seront passées dans « son compte en vertu du présent arrest;

« VEU les conclusions du sieur Procureur général du Roy en la Commis- « sion;

« OUY le rapport du sieur Bignon, conseiller d'État, intendant des « Finances, l'un de Nous, et TOUT CONSIDÉRÉ :

« NOUS, COMMISSAIRES GÉNÉRAUX SUSDITS,

« EN VERTU DES POUVOIRS A NOUS DONNÉS PAR LE ROY,

« Sans avoir égard à l'Ordonnance du sieur Foucault, du vingt-neuf juillet « mil six cent quatre-vingt-dix-sept, AVONS DÉCHARGÉ ET DÉCHARGEONS LE DIT « PIERRE-NICOLAS DU BUISSON des condamnations portées par icelle : — CE « FAISANT, LE MAINTENONS ET GARDONS, SES SUCCESSEURS, ENFANTS ET « POSTÉRITÉ NAIS ET A NAISTRE, EN LA QUALITÉ DE NOBLES ET D'ESCUIERS: « — ORDONNONS QU'ILS JOUIRONT DES HONNEURS, PRIVILÉGES ET EXEMPTIONS DONT « JOUISSENT LES GENTILSHOMMES DU ROYAUME, avec deffences à toutes personnes « de les y troubler tant et si longuement qu'ils ne feront acte de dérogeance: « — ET POUR CET EFFET, QU'ILS SERONT INSCRITS AU CATALOGUE DES NOBLES « qui sera arresté au Conseil et envoyé dans les bailliages et élections du « Royaume, en conséquence de l'arrest du Conseil du vingt-deux mars mil « six cent soixante-six : — Luy faisons main-levée des saisies et exécutions « faites tant sur luy que sur ses fermiers, pour raison de la condamnation « portée par l'Ordonnance du dit sieur Foucault : — A la représentation des « choses saisies et exécutées seront les gardiens contraints, comme déposi- « taires, ce faisant déchargez : — Ordonnons que les sommes que le dit « Pierre-Nicolas du Buisson et ses fermiers auront payé au d. de La Cour de « Beauval et ses sous-traittants, sur la ditte condamnation, dont il a esté fait « recepte dans le compte qu'il a rendu de clerc à maistre arresté le vingt- « sept may mil sept cent quatre, luy seront rendues et restituées, conformé- « ment à l'arrest du Conseil du dit jour premier juillet mil sept cent quatre.

« Fait en l'assemblée des sieurs Commissaires Généraux, tenue à Paris le « vingt-huitiesme jour d'aoust, l'an de grâce mil sept cent quatre.

« *Collationné.* »

Suit une signature illisible avec un paraphe.

« Le cinquiesme septembre mil sept cent quatre, Signiffié et baillé copie « au dit Le Noir le jeune, avocat de partie adverse, en son domicile à Paris « parlant à son clerc, par nous huissier ordinaire du Grand Conseil. »

Signé : *Macé*, avec un paraphe.

N° 89. — 30 décembre 1702. — Quittance de la somme de trois cents livres pour l'année courante, donnée et signée par Mathurin du Buisson, contrôleur de la maison de Monseigneur le duc de Longueville, agissant au nom et comme fondé de procuration de Jean Picou, ci-devant serviteur du feu duc et auquel Son Altesse Sérénissime Madame la duchesse de Nemours, veuve du duc de Longueville, avait octroyé une pension annuelle.

A la même pièce se trouve jointe la procuration en latin de Jean Picou, passée chez les notaires de Crémone le 3 novembre précédent et légalisée le lendemain en langue italienne dans la même ville (*Papier*).

N° 90. — 14-21 juillet 1707. — Mise en bannie au rabais et par folle enchère, aux dépens des héritiers Bouet, d'une partie de la terre de Cristot (appartenant à Pierre-Nicolas du Buisson, seigneur dudit lieu).

A la suite de cette bannie, qui eut lieu successivement les 14 et 21 juillet 1707 aux plaids de Villers, tenus par Pierre Larcher, écuyer, conseiller du Roi, lieutenant général en la vicomté d'Evrecy, l'adjudication définitive pour trois ans des immeubles en question fut passée au profit de Nicolas Le Cornu, moyennant la somme annuelle de mille livres et sous les conditions contenues et précisées dans l'acte (*Parchemin*).

N° 91. — 27 octobre 1708. — Signification adressée par Pierre Auvray, huissier royal en la Cour des Comptes, Aides et Finances de Rouen, à messire Nicolas (Pierre-Nicolas) du Buisson, *écuyer*, propriétaire des fief, terres et seigneurie de Lébizey, relevant du Roi, à cause de sa vicomté de Caen, et situés en la paroisse de Cristot, à l'effet d'avoir à faire sans délai acte de Foi et Hommage, Aveu et Dénombrement dudit fief envers Sa Majesté, sous peine de la saisie féodale de ce fief de Lébizey dans les trois mois du jour de la signification (*Papier*).

N° 92. — 7 juillet 1712. — Acte notarié, passé à St-Vaast devant Robert Caumont, notaire royal (Cheux), et reconnu en vicomté de Caen, par lequel Pierre-Nicolas du Buisson, *écuyer*, seigneur et patron de Cristot, contracte l'engagement de payer, dans le délai de deux ans, à Jean-Baptiste Allain, écuyer, sieur de La Bertinière, la somme de deux cents livres (*Papier*).

N° 93. — 18 janvier 1715. — Certificat militaire, signé *Du Buisson*, lieutenant-colonel du régiment d'infanterie allemande de Greder, et donné à Douai, le 18 janvier 1715, au nommé Jean Duchaîne, sergent dans une compagnie dudit régiment, pour son entrée, à la suite de 42 ans de services, à l'Hôtel royal des Invalides (*Papier*).

N° 94. — 21 août 1715. — Lettres-patentes, signées à Versailles par Louis XIV, dix jours avant sa mort, scellées du grand sceau royal, et portant main-levée de Garde-Noble en faveur de Pierre-Nicolas du Buisson.

La teneur de ces Lettrès-Patentes n'ayant pas été donnée dans le *Mémoire historique*, il ne nous a pas paru sans intérêt de la reproduire textuellement :

« LOUIS, PAR LA GRACE DE DIEU ROY DE FRANCE ET DE NAVARRE, à nos « amez et féaux conseillers les gens tenant notre cour des Comptes, Aydes « et Finances à Rouen, présidents, trésoriers de France et généraux de nos « Finances à Caen, bailly du dit lieu ou son lieutenant, et tous officiers qu'il « appartiendra, SALUT. *Notre cher et bien aimé* PIERRE-NICOLAS DU BUISSON, « *escuyer*, fils de deffunt PIERRE DU BUISSON, *Escuyer*, SIEUR ET PATRON DE « CRISTOT ET DE BROUAY et de dame MARIE-ANNE DE MORANT, ses père et « mère, nous a fait remonstrer qu'estant demeuré mineur et en bas âge par le « déceds de son d. père, Nous avions commis la Garde-Noble de sa personne « et biens à la dite dame Morant, sa mère, par nos Lettres du trente-un aoust « mil six cent quatre-vingt-quatorze, dont elle aurait jouy jusqu'à présent; « que l'exposant ayant atteint l'âge requis par la coutume de Normandie pour « administrer les revenus de ses biens, il doit entrer dans la jouissance « d'iceux à luy délaissés par son père, ce qu'il ne peut faire sans avoir nos « Lettres de relevée de la dite Garde-Noble, Nous suppliant très-humblement « de les lui accorder : — A CES CAUSES, voulant favorablement traiter l'expo« sant, Nous vous mandons et ordonnons par ces présentes, signées de notre « main, que s'il vous appert que le d. Pierre-Nicolas du Buisson ayt atteint « l'âge requis par la coutume et soit capable de régir et gouverner ses biens « et revenus, en ce cas, ouy sur ce notre Procureur général, vous ayez à lui « bailler et laisser l'entière disposition des dits biens, pour en jouir et user « ainsy que nos autres sujets, luy faisant main-levée de la dite Garde-Noble « pour ce qui le concerne, et des saisies, si aucunes ont été faites à la re« queste de notre Procureur général en notre Cour, pour raison de nos droits « et fruits de la dite Garde-Noble escheus depuis la majorité du dit du Buisson, « desquels droits et fruits à Nous dus et non payés au receveur de notre do« maine et des amendes non payées, si aucunes y a au jour des présentes, « *Nous faisons don et remise à l'exposant comme si ces présentes avoient été* « *expédiées à l'instant de sa majorité*, voulant que le receveur de notre « domaine en demeure quitte et déchargé partout où il appartiendra, déchar« geant la d. dame, sa mère, de l'administration des dits biens, à la charge « d'en rendre compte à l'exposant suivant la coutume, contraignant à ce « faire, souffrir et obliger tous ceux qu'il appartiendra, nonobstant opposition « ou appellations quelconques et sans préjudice d'icelles, nonobstant clameur « de haro, charte normande ou Lettres à ce contraires.

« CAR TEL EST NOTRE PLAISIR.

« Donné à Versailles le vingt-uniesme jour d'aoust, l'an de grâce mil sept « cent quinze et de notre règne le soixante-treizième. »

Signé : LOUIS. (Signature authentique.)

« *Par le Roy :*

Signé : PHÉLIPPEAUX ; avec un paraphe.

Sur le côté droit et au bas des Lettres se trouve la mention suivante :

« Registrées ès registres de la Cour des Comptes, Aydes et Finances de « Normandie, ce consentant le Procureur général du Roy, pour être exé« cutées suivant leur forme et teneur.

« Fait le dix-septième décembre mil sept cent quinze. »

Signé : *Deson ;* avec un paraphe.

Au bas également du côté droit se trouve, sur queue de parchemin, le grand sceau de cire jaune aux armes de France et à l'effigie du Roi (*Parchemin*).

N° 94 *bis*. — **17 décembre 1715.** — Copie collationnée de l'enregistrement en la Cour des Comptes, Aides et Finances de Normandie des Lettres royales ci-dessus reproduites (*Papier*).

« VEU PAR LA COUR DES COMPTES, AYDES ET FINANCES DE NORMANDIE, au « bureau des Comptes, les Lettres patentes données le vingt-et-uniesme jour « d'aoust dernier par lesquelles Sa Majesté mande à sa dite Cour que, sy luy « appert que PIERRE-NICOLAS DU BUISSON, *escuyer*, SIEUR ET PATRON DE CRISTOT « ET DE BROUAY, tombé en Garde-Noble par le DÉCEDS DE PIERRE DU BUISSON, « *escuyer*, SEIGNEUR DES DITS LIEUX, SON PÈRE, dont Sa Majesté auroit fait « don à Marie-Anne de Morant, sa mère, par Lettres-patentes du 31 aoust « 1694, ait atteint l'âge de sa majorité et soit capable de gérer et gouverner « ses biens et revenus; en ce cas, ouy sur ce son Procureur général, elle ait « à luy en bailler et laisser l'entière disposition et luy faire main-levée des « saisies, fruits, amendes, si aucunes sont dues à cause de la dite Garde-« Noble ; — coppie collationnée des d. Lettres de don de Garde-Noble et « extrait baptistaire du d. du Buisson, du 29 juin 1684, attachés sous le « contre-scel des d. Lettres; — requeste présentée à la d. cour, tant par le d. « du Buisson que par Jean-Pierre Néel, advocat au Parlement, ayant acquis « d'iceluy du Buisson le fief de Lébizey, par contrat du quatre octobre mil « sept cent quatorze, aux fins de l'enregistrement des d. Lettres ; — arrest « rendu sur la d. requeste, qui y ordonne la communication au Procureur du « Roy ; — conclusions de l'Advocat général pour le d. Procureur général ;— « ouy le rapport du sieur Vauchelle, conseiller commissaire, et TOUT CONSI-« DÉRÉ :

« LA COUR a ordonné et ordonne les dites Lettres de main-levée de « Garde-Noble être enregistrées sur les registres d'icelle, pour être exécutées « en leur forme et teneur.

« Fait à Rouen ce dix-septiesme jour de décembre mil sept cent quinze. »

« Extrait collationné des registres de la dite Cour. »

Signé : *Deson ;* avec un paraphe.

N° 95. — 29-31 juillet 1717 : 28 janvier 1749. — Extrait des registres des baptêmes de la paroisse de Cristot, délivré le 28 janvier 1749 par l'abbé Louis Seigle, curé de Cristot, relatant l'acte baptistaire, en date du 31 juillet 1717, avec indication de la naissance le 29 du même mois, de GUILLAUME-NICOLAS DU BUISSON, fils de PIERRE-NICOLAS DU BUISSON, *écuyer*, seigneur et patron de CRISTOT, et de noble dame Marie-Anne de (Zur-Lauben) Fribourg (*Papier*).

Voir la teneur de cet acte ci-après, à l'état civil.

N° 96. — 17 avril 1725. — Copie collationnée et signification d'une sentence du bailliage et siége présidial de Caen, qui déclare mal fondée l'action, par voie de clameur, intentée par le sieur DE CRISTOT (Pierre-Nicolas du Buisson) aux sieurs Huet, au sujet d'une pièce de terre située en la paroisse de Cristot, vendue par *noble dame* Marie-Anne de Morant, mère dudit seigneur de Cristot, et acquise par Charles Huet, en adjudication passée au bailliage de Caen le 7 février 1689.

La même sentence, dont la première feuille est égarée, maintient les sieurs Huet en la propriété et paisible possession de ladite pièce de terre. On y voit en outre que Pierre-Nicolas du Buisson avait renoncé à la succession de sa mère, Marie-Anne de Morant, le 7 avril 1708 (*Papier*).

N° 97. — 1er *janvier* 1734. — Commission de lieutenant dans le bataillon de milice d'Artois, accordée à Guillaume-Nicolas du Buisson de Cristot-Courson, âgé alors de dix-sept ans (*Papier*).

« CAPITAINE BEAULINCOURT DE MARLE,—Ayant donné à DU BUISSON DE CRISTOT « (Guillaume-Nicolas) la charge de LIEUTENANT en la compagnie que vous « commandez, dans le bataillon de milice de Gérin de La Neuville, de ma « province d'Artois, JE vous écris cette lettre pour vous dire que vous ayez à « le recevoir et à le faire reconnaître en la dite charge de tous ceux et ainsi « qu'il appartiendra. — Et la présente n'étant pour autre fin, je prie Dieu « qu'il vous ait en sa sainte garde.

« Ecrit à Versailles le premier janvier, l'an de grâce mil sept cent trente- « quatre. »

Signé : LOUIS. (Louis XV.)

N° 98. — 11 *janvier* 1735. — Autre commission de lieutenant octroyée au même dans la compagnie de Cristot, commandée par son père (*Papier*).

« MONSIEUR LE CHEVALIER DE LAYE.—Ayant donné à CRISTOT FILS (Guillaume- « Nicolas du Buisson) la charge de LIEUTENANT en la compagnie de Cristot, « dans le régiment de milice de ma généralité de Caen que vous commandez, « vacant par le changement de La Rivière à une autre lieutenance, JE vous « écris cette lettre pour vous dire que vous ayez à le recevoir, etc. (Même « formule que la précédente.)

« Ecrit à Versailles le 11 janvier 1735. »

Signé : LOUIS. (Louis XV.)

N° 99. — 25 *octobre* 1735. — Certificat militaire constatant que Pierre-Nicolas du Buisson, sieur de Cristot-Courson, se distingua en Bavière en l'année 1704, dans le corps d'armée du maréchal de Tallart (*Papier*).

« NOUS, LÉON DE MADAILLAN DE LESPARE, COMTE DE LASSAY, certifions que « le sieur DE CHRISTOT (sic), *gentilhomme de Normandie*, est entré, après la « campagne de 1703, dans le régiment d'infanterie que nous commandions « alors, en qualité d'ENSEIGNE DE LA LIEUTENANCE-COLONNELLE, qu'il fit la cam- « pagne de 1704 en Bavière, où il fut fait prisonnier à la bataille d'Hochstett, « *après y avoir donné des marques de valeur et de bonne conduitte* (sic), et « qu'en conséquence il est resté près de huit ans prisonnier en Allemagne.— « En foy de quoy nous lui avons délivré le présent pour lui servir ce que de « raison.

« Fait à Fontainebleau, ce vingt-cinq octobre mil sept cent trente-cinq. »

Signé : *Lassay*.

Sur cette pièce importante se trouve l'empreinte en cire rouge, assez bien conservée, des armes de ce colonel.

N° 100. — 12-14 *novembre* 1739 : 21-23 *octobre* 1740 : 21-22 *février* 1744 : 23 *octobre* 1750. — Trois extraits des registres des baptêmes de la paroisse d'Amblie, délivrés sur la même feuille le 23 octobre 1750 par l'abbé Blin, curé d'Amblie, relatant les actes baptistaires, avec indication de naissance, aux dates ci-dessus énoncées, de Pierre-Louis, de Marie-Gabrielle et de Dominique-Nicolas DU BUISSON, tous enfants de *noble homme* GUILLAUME-NICOLAS DU BUISSON, *écuyer*, sieur DE COURSON DE CRISTOT, et de *noble dame* Catherine-Louise-Henriette des Planches (*Papier*).

Voir ci-après, à l'analyse des actes de l'état civil.

N° 101. — 26 août 1747. — Lettre du sieur Le Cointe, avocat, à PIERRE-NICOLAS DU BUISSON, *écuyer*, seigneur de Cristot, capitaine d'infanterie, adressée à ce dernier à Hulst, dans la Flandre Hollandaise. — Dette de 2,000 livres à la succession de la dame Catherine Jumeau, qui avait épousé en secondes noces le sieur de Marchebourg. — Mention, dans la lettre, de la prise du fort de Sensubitte, dans le marquisat de Berg-op-Zoom (*Papier*).

N° 102. — 22 novembre 1747 : 13 août–19 octobre 1748. — Signification, en date du 19 octobre 1748, d'une sentence du Châtelet de Paris du 13 août précédent, faite à *messire* PIERRE NICOLAS DU BUISSON, *chevalier* (sic), seigneur et patron de Cristot, capitaine d'infanterie.

Cette sentence était rendue dans l'instance intentée le 22 novembre 1747 à noble dame Marie-Anne de Fribourg (Zur-Lauben), femme dudit seigneur de Cristot, comme héritière et détentrice d'une partie des biens du feu sieur de Marchebourg, par les enfants du premier lit de Catherine Jumeau, et à l'occasion de la succession de cette dernière. Cette Catherine Jumeau, d'après ce qu'il ressort de l'acte, avait épousé en premières noces Jean-Baptiste-Vincent Lucot, et en secondes noces, le sieur de Marchebourg (*Papier*).

N° 103. — De 1748 à 1774. — Liasse de quatorze lettres écrites depuis le 25 mai 1748 jusqu'au 29 décembre 1774, émanées toutes de M. N..... DE CHRISTOT, fils naturel de messire PIERRE-NICOLAS DU BUISSON, *écuyer*, seigneur et patron de Christot (sic), lequel fils avait obtenu à Lyon une position avantageuse dans les Finances, croit-on (*Papier*).

Toutes ces lettres, datées de Paris ou de Lyon, témoignent d'une profonde affection filiale et, de plus, d'un sérieux dévoûment de cet enfant naturel aux intérêts de sa famille. Dans la lettre n° 2 (4 septembre 1759), il s'occupe, *comme fils de noble*, des moyens d'échapper à la taille et, à cet effet, s'informe auprès de son père si la date de sa naissance a précédé ou suivi le mariage de ce dernier. Dans la lettre n° 6 (22 février 1761), il engage son père à ne pas négliger *son insertion dans le Nobiliaire de Normandie*, alors en cours de publication à Paris. Dans la lettre n° 7 (31 mars 1761), il informe son père des démarches par lui faites pour obtenir le paiement de sa pension de retraite militaire *concédée à la suite de 58 ans de services*, et due depuis le 30 décembre 1757. Dans la lettre n° 8 (11 juillet 1761) il raconte les démarches faites par lui dans le même but auprès du Contrôleur général, de M. de Boullongne et de M. Soufflot, contrôleur des bâtiments du Roi; on y li

ce curieux passage : « *Vous ne seriez pas étonné que mes démar-*
« *ches n'aient pas eu un effet plus prompt, si vous connaissiez*
« *comme moi la lenteur, pour ne pas dire l'indifférence, avec*
« *laquelle les affaires sont menées dans ce pays, et principalement*
« *chez les Ministres, dont la plus part des premiers commis ne*
« *s'occupent que de leur parure, de leurs maîtresses et de leurs*
« *plaisirs, tandis que de bons citoyens, qui ont tout fait pour*
« *l'Etat, croquent le marmot* (sic) *dans des antichambres et*
« *essuient la poussière avec leur triste habit noir.* » Dans la lettre n° 9, écrite à Madame de Christot, née de Fribourg-Zur-Lauben, il traite, entre autres choses, de l'insertion d'une notice, basée sur titres, dans le Nobiliaire de Normandie en publication, et on y lit notamment cette phrase, qui n'est pas dénuée d'intérêt de famille :
« *J'ai déjà chargé un graveur de blasonner les armes en couleurs,*
« *telles qu'elles sont sur le vitrau qui éclaire le chœur de votre église*
« (Cristot) *du coté de l'Epître et au coin du tableau de l'autel du côté*
« *de l'Evangile, pour être ces mêmes armes placées dans le Nobi-*
« *liaire dont il s'agit.* » Les lettres classées sous les n°s 10, 11 et 12 (20 août, 1er et 12 septembre 1761) ont trait notamment à la pension militaire de son père et à l'insertion d'une notice dans le Nobiliaire de Normandie. La lettre n° 13 (22 septembre 1761) annonce le renvoi des titres de noblesse de la famille, entre autres, du contrat de mariage de son père et de Mlle de Zur-Lauben de Fribourg, et contient notamment son appréciation peu flatteuse sur l'auteur du Nobiliaire. Dans la lettre n° 14, datée de Lyon le 29 décembre 1774, et adressée, à l'occasion du jour de l'an, à son frère légitime, M. de Courson (Guillaume-Nicolas du Buisson de Christot), il se plaint du long silence gardé par ce dernier, exprime l'espoir de la continuation de relations affectueuses, et écrit cette phrase caractéristique : « *Je vous la demande* (votre amitié) *non au nom du sang*
« *qui coule dans mes veines, parce que j'ai lieu de présumer qu'il*
« *ne vous est pas agréable, mais comme un étranger qui vous*
« *chérit et qui voudroit à tout prix trouver l'occasion de vous*
« *marquer son parfait attachement.* »

N° 104. — 18 mai 1748. — Brevet de capitaine-aide-major dans le bataillon garde-côte de Caen, accordé à Guillaume-Nicolas du Buisson de Cristot-Courson (*Papier*).

« AUJOURD'HUI dix-huit du mois de may mil sept-cent quarante-huit, LE
« ROY étant à Versailles, Sa Majesté ayant jugé à propos de faire assembler
« sur la côte, pendant la campagne de la présente année, divers bataillons
« tirés des milices gardes-côtes, et voulant nommer un *officier capable* pour
« la place de capitaine ayde-major du bataillon garde-côte de Caen, en sa
« province de Normandie, sur les bons témoignages qui ont été rendus en
« faveur du SIEUR DE COURSON (Guillaume-Nicolas du Buisson), elle l'a
« nommé et commis, nomme et commet pour CAPITAINE AYDE-MAJOR DU D.
« BATAILLON GARDE-CÔTE DE CAEN, pour la campagne de la présente année, et
« aux appointements, autoritez, prérogatives accordez par les états que Sa
« Majesté a fait régler à cet effet. Mande Sa Majesté au Sr de Moncan, maré-
« chal de camp de ses armées, commandant général en sa province de Nor-
« mandie, de faire reconnaître le dit sieur de Courson en la dite qualité de
« capitaine ayde-major du bataillon garde-côte de Caen et, pour témoignage
« de sa volonté, Sa Majesté m'a commandé de lui expédier le présent Brevet

« qu'Elle a voulu signer de sa main et être contresigné par moy, son « conseiller secrétaire d'Etat et de ses commandements et finances. »

Signé : LOUIS.

Contresigné : PHÉLIPPEAUX.

N° 105. — 26 août 1748. — Lettre d'avis de messire Marc-Pierre Voyer, comte d'Argenson, alors ministre de la Guerre, à Pierre-Nicolas du Buisson de Cristot, pour lui annoncer sa nomination de Chevalier de St-Louis (*Papier*).

« A Versailles, le 26 aoust 1748.

« Le Roy, ayant bien voulu, Monsieur, sur le compte que je luy ay rendu « de vos services, vous accorder une place de chevalier dans l'Ordre de « St-Louis, je vous en donne avis avec plaisir et suis, Monsieur, votre très-« affectionné serviteur. »

Signé : *M. P. V. d'Argenson.*

Sur le repli de la lettre est écrit :

« A Monsieur DE CHRISTOT, capitaine commandant des grenadiers du ba-« taillon de Caen. »

N° 106. — 17 février 1749. — Lettre royale pour la réception en la dignité de *Chevalier de St-Louis*, adressée à messire Pierre-Nicolas du Buisson, seigneur de Cristot (*Papier*).

« MONSIEUR DE CHRISTOT, la satisfaction que j'ay de vos services m'ayant « convié à vous associer à l'Ordre militaire de St-Louis, je vous écris cette « lettre pour vous dire que j'ay commis le sieur de La Villette, major du « château de ma ville de Caen et chevalier du dit Ordre, pour en mon nom « vous recevoir et admettre à la dignité de *Chevalier de St-Louis*, et mon « intention est que vous vous adressiez à luy pour prester en ses mains le ser-« ment que vous êtes tenu de faire en la d. qualité de chevalier du d. Ordre « et recevoir de luy L'ACCOLADE ET LA CROIX, que vous devez doresnavant « porter sur l'estomac, *attachée d'un petit ruban couleur de feu*, voulant « qu'après cette réception faite, vous teniez rang entre les autres chevaliers « du d. Ordre et jouissiez des honneurs qui y sont attachés. — Et la pré-« sente n'estant pour autre fin, je prie Dieu qu'il vous ait, Monsieur de « Christot, en sa sainte garde.

« Ecrit à Versailles le dix-sept février mil sept cent quarante-neuf. »

Signé : LOUIS. (Louis XV.)

Contresigné : M. P. VOYER D'ARGENSON.

N° 107. — 25 septembre 1749. — Inventaire de meubles se trouvant dans une maison de campagne située à Amblie, et faisant partie de la succession de feu Olivier des Planches, sieur d'Hérouville, conseiller doyen élu en l'élection de Caen.

Cet inventaire, sans grand intérêt, fut dressé le 25 septembre 1749 par Paul Le François, notaire royal à Creully, à la requête de GUILLAUME-NICOLAS DU BUISSON, *écuyer*, sieur de Courson (de Cristot), gendre du défunt par suite de son mariage avec *noble dame* Catherine-Louise-Henriette des Planches, et qui demeurait alors à Caen, paroisse St-Etienne (*Papier*).

No 108. — 6 octobre 1749. — Sentence rendue le 6 octobre 1749 aux Assises mercuriales du bailliage de Caen par François-Gabriel-Aimé Dumoustier, chevalier, seigneur et patron de Canchy, conseiller du Roi et lieutenant général au bailliage et siége présidial de Caen, portant envoi en possession sous bénéfice d'inventaire, conformément aux Lettres de la Chancellerie de Rouen du 6 septembre précédent, de la succession de feu maître Olivier des Planches d'Hérouville, conseiller du Roi, élu en l'élection de Caen, en faveur de GUILLAUME-NICOLAS DU BUISSON, *écuyer*, sieur de Courson, gendre du défunt (*Parchemin*).

No 109. — Sans date : 1750-1764. — Notes manuscrites de messire PIERRE-NICOLAS DU BUISSON. Ces notes, qui ne portent pas de date, écrites évidemment cependant de 1750 à 1764, contiennent divers renseignements utiles dont voici l'analyse :

1° Accord sous-seing privé, en date du 1er avril 1720, portant résolution d'un contrat de 1714, ledit accord fait entre Claude Bourdon, écuyer, fils et héritier de feu Claude Bourdon, écuyer, sieur de Gruchy, et Jean-Pierre Néel (de Tontuy), avocat en la Cour et Pierre-Nicolas du Buisson, *écuyer*, seigneur et patron de Christot (*sic*);

2° Contrat de fief de la pièce nommée *Les jardins Robin* et située à Cristot, fait, le 1er août 1720 par Claude Bourdon, écuyer, seigneur et patron de Brouay (1), à Pierre-Nicolas du Buisson, *écuyer*, seigneur et patron de Christot. Il fut convenu que ladite pièce de terre releverait des fiefs de Cristot, et que le seigneur de Brouay et le seigneur de Christot auraient réciproquement le droit de chasse sur leurs terres;

3° Nouvel accord sous-seing privé, en date du 21 août 1621, entre Claude Bourdon, écuyer, sieur de Brouay, et Pierre-Nicolas du Buisson, *écuyer*, seigneur et patron de Christot, au sujet des conventions du 1er avril 1720;

4° Copie de transaction, en date du 1er avril 1721, mettant fin au procès pendant à la Cour entre Pierre-Nicolas du Buisson, *écuyer*, seigneur et patron de Christot, Claude Bourdon, écuyer, sieur de Brouay, fils et héritier de feu Claude Bourdon, écuyer, seigneur de Gruchy, et Jean-Pierre Néel, avocat en la Cour, ladite transaction portant résolution d'un contrat du 14 octobre 1714 et signée à Rouen en présence de MM. de Micy, Hubert et du Mesnil-Costé, conseillers au Parlement;

5° Liasse de contrats et procédures remis par M. de Chaumontel, de la paroisse d'Audrieu, à M. de Christot, après amortissement de rente;

6° Liasse de papiers concernant la succession d'Anne Lamendey, dans lesquels se trouve notamment une copie des lots faits le 27 octobre 1640 entre Claude (II) du Buisson, *écuyer*, d'une part et Jean

(1) Ce Claude Bourdon était l'un des descendants de Guillaume Bourdon, écuyer, sieur de Préfossé, et de Jeanne du Buisson de Courson, sœur de Claude II du Buisson, mariés en 1623 ou 1624; il est vraisemblable que c'est par suite de cette alliance que le fief de Brouay passa au XVIIIe siècle de la famille du Buisson dans la famille Bourdon.

et Robert Onfroy, pour eux et leurs sœurs, enfants du premier lit d'Anne Lamendey, d'autre part, avec un supplément auxdits lots, du 11 mai 1641 ;

7° Contrat d'échange, en date de février 1638, entre Claude (II) du Buisson et un nommé Morant, ledit contrat indiquant la largeur d'un chemin ;

8° Contrat de vente, en date du 18 novembre 1711, d'une pièce de terre située à Christot, ledit contrat fait par Jean-Baptiste-Charles Allain, écuyer, sieur de La Bertinière, de la paroisse de St-Vaast, en faveur de Pierre-Nicolas du Buisson, *écuyer*, seigneur et patron de Christot ;

9° Reconnaissance notariée, en date du 7 juillet 1712, d'une dette de 200 livres, faite par Pierre-Nicolas du Buisson, *écuyer*, seigneur et patron de Christot, envers Jean-Baptiste Allain, écuyer, sieur de La Bertinière, ladite pièce portant sur l'endos acquit de pareille somme ;

10° Autre obligation de 410 livres envers le sieur de La Bertinière et autres, en date du 25 mai 1716, mentionnant sur l'endos acquit de pareille somme ;

11° Contrat de 50 livres de rente, en date du 19 avril 1684 (au profit de Pierre du Buisson), reconnu valable le 26 février 1704 par Nicolas Morant, seigneur d'Eterville, fils aîné de Nicolas-Claude Morant, seigneur d'Éterville ;

12° Accord, en date du 15 avril 1711, entre Pierre-Nicolas du Buisson, sieur de Christot, et Jean Couespel, sieur du Mesnil, stipulant pour lui, ainsi que pour les enfants de Georges Couespel et pour Thomas Couespel, ses frères, au sujet de 100 livres de rente dues aux héritiers de la feue dame de Ste-Croix ;

13° Quittance de 40 livres, donnée le 28 décembre 1716 au sieur de Christot pour Thomas Couespel ;

14° Contrat de fief de Christot-Courson (*sic*), daté de Rouen le 7 décembre 1620, fait par Jean Le Fauconnier, écuyer, seigneur du Mesnil-Patry, au profit de Monsieur Anne du Buisson, conseiller du Roi au Parlement de Normandie ; ledit contrat et les Lettres d'érection, données par Louis XIII au mois de février 1621, furent enregistrés au Parlement de Rouen le 14 juin suivant ;

15° Sentence du bailliage et siége présidial de Caen, en date du 27 septembre 1698, condamnant le sieur Thomas Huet, curé de Christot, à faire dire une basse messe le dimanche, et désignant le sieur Le Tellier comme prêtre obitier de la paroisse ;

16° Liasse de papiers concernant l'obligation pour le curé de Christot d'avoir un vicaire ; mention de l'inscription de faux faite en 1689 par les sieurs Néel, Le Chanoine et Gost contre les registres tenus par le sieur Huet, curé de Cristot;

17° Transaction, en date du 26 mai 1720, entre M. de Pienne et les héritiers Morant (Marie-Anne de Morant, décédée; Valentine de Morant, femme du sieur de Cairon-La-Pigacière ; Françoise de Morant, femme de Charles-Henri Le Bourgeois, seigneur de Crû ; Nicolas-Claude de Morant, leur frère), au sujet de 31,008 livres 10 sols dus à ces derniers ; Pierre-Nicolas du Buisson avait une reprise à exercer sur cette somme du chef de sa mère Marie-Anne ;

18° Mention de l'acquisition du fief du Vernay, faite le 6 mars

1621 devant les notaires de Caen par Anne du Buisson, conseiller ecclésiastique (*sic*);

19° Enumération, avec dates, de diverses améliorations réalisées dans sa propriété par Pierre-Nicolas du Buisson, *écuyer*, seigneur et patron de Christot (*Papier*).

N° 110. — 11 *mai* 1750. — Acte notarié, passé devant François Le Danois et Jean-Jacques Besnard, notaires à Caen, le 11 mai 1750, publié par notaire à Amblie le 21 juin suivant, portant vente à fin d'héritage et moyennant mille livres en principal, de plusieurs immeubles situés en la paroisse d'Amblie, relevant pour partie des fiefs de Pierrepont et pour partie des fiefs du Roi, à cause de sa vicomté de Caen, lesdits immeubles *en exemption de toute charge*, *fors foi*, *hommage*, *reliefs et treizièmes*; cette vente était consentie par Mre Urbain des Planches de Closville, conseiller honoraire du Roi, ancien avocat de Sa Majesté au bailliage et siége présidial de Caen, au profit de messire Guillaume-Nicolas du Buisson, *écuyer*, sieur de Courson, demeurant à Caen, paroisse St-Martin (*Parchemin*).

N° 111. — 23 *décembre* 1751. — Acte notarié, passé devant les mêmes notaires, portant constitution de 100 livres de rente amortissable de la part de Guillaume-Nicolas du Bisson (Buisson), *écuyer*, sieur de Courson, au profit du sieur Augustin-Charles-Antoine Laude, bourgeois de Caen, à la suite d'un prêt d'argent de 2,000 livres, destiné aux améliorations à exécuter à la propriété dudit sieur de Courson, située en la paroisse St-Martin de Caen, et faisant partie de la succession de feu M. des Planches d'Hérouville (Olivier), son beau-père. — Le même acte mentionne en marge l'amortissement de cette rente le 9 novembre 1765 (*Parchemin*).

N° 112. — 28 *novembre*-17 *décembre* 1753. — Expédition et signification, en date du 17 décembre 1753, d'une sentence du bailliage et siége présidial de Caen, du 28 novembre précédent (*Parchemin*). — Voici un fragment de cette pièce :

« Devant nous, François-Gabriel-Aimé Dumoustier, chevalier, seigneur et « patron de Canchy, conseiller du Roy, lieutenant général au bailliage et siége « présidial de Caen, le mercredy vingt-huit novembre mil sept cent cinquante- « trois;

« Entre PIERRE-NICOLAS DU BUISSON, *escuyer*, SEIGNEUR ET PATRON DE « CHRISTOT, CHEVALIER DE L'ORDRE ROYAL ET MILITAIRE DE ST-LOUIS, COM- « MANDANT DU BATAILLON DE CAEN; dame Marguerite Ruel, etc., etc. . .

« Contre maistre LOUIS SEIGLE, curé de la paroisse de Christot....., aux « fins de faire condamner le dit Seigle à avoir un *vicaire* résidant dans la « dite paroisse pour dire la Messe les fêtes et dimanches et remplir les « autres fonctions de vicaire, veu que, dans tous les temps, il y en eut « un dans la dite paroisse, le tout avec despens, etc. . . . .

Pages 7 et 8. Dispositif. « NOUS AVONS, de l'advis du Conseil, ordonné que « le d. sieur Seigle sera tenu d'avoir un vicaire résidant dans la paroisse de « Christot et dont il payera l'honoraire, l'avons condamné aux despens « envers le sieur de Christot et joints jusqu'au jour de son obéissance, or- « donné pareillement que le d. sieur Seigle sera tenu de dénommer au sieur « de Christot six paroissiens qui entreront dans le chœur, festes et dimanches,

« pendant le service divin, pour chanter, etc... les despens adjugés au dit « sieur du Buisson taxés à la somme de trente livres, non compris les droits « réservés au proffit du Roy et le sceau. — SY DONNONS EN MANDEMENT, « etc., etc. »

N° 113. — 1er avril 1754. — Brevet de lieutenant octroyé à messire Dominique-Nicolas du Buisson de Christot-Courson, sur la proposition de son grand-père (*Papier*).

« CAPITAINE CHRISTOT (Pierre-Nicolas du Buisson de), — Ayant donné à « DOMINIQUE-NICOLAS DU BUISSON DE COURSON la charge de LIEUTENANT en la « compagnie de Champvallon, dans le bataillon de milice de ma généralité « de Caen, vacante par le changement de LE DANOIS à la lieutenance des gre- « nadiers postiches du d. bataillon, je vous écris cette lettre, etc., etc. . .

« Ecrit à Versailles le premier avril mil sept cent cinquante-quatre. »

Signé : LOUIS ; avec le sceau royal.

Contresigné : M. P. VOYER D'ARGENSON.

Au dos du brevet est écrit :

« Au capitaine CHRISTOT, commandant du bataillon de milice de ma géné- « ralité de Caen. »

N° 114. — 30 décembre 1757. — Lettre probablement autographe de René Voyer d'Argenson, marquis de Paulmy, alors ministre de la Guerre, donnant avis à messire Pierre-Nicolas du Buisson de Christot du don royal d'une pension militaire annuelle de 500 livres (*Papier*). — Cette lettre est ainsi conçue :

A Versailles, le 30 décembre 1757.

« LE ROY ayant bien voulu, Monsieur, sur le compte que je luy ay rendu « de vos services et de l'impossibilité où vous êtes de les continuer, vous « accorder une pension de retraite de cinq cents livres sur le Trésor royal, « je vous en donne avis et suis, Monsieur, votre très-dévoué serviteur. »

Signé : *R. de Paulmy.*

Au bas de la lettre est écrit :

« Au sieur DE CHRISTOT, commandant le bataillon de milice de Caen. »

N° 115. — 13 janvier 1762. — Acte notarié, en date du 13 janvier 1762, passé devant Paul Le François, notaire royal à Creully, publié à Amblie le 17 du même mois, portant vente, à fin d'héritage et moyennant 6,000 livres en principal, de plusieurs pièces de terre situées en la paroisse d'Amblie, exemptes de toutes charges, fors les droits seigneuriaux; cette vente était consentie par GUILLAUME-NICOLAS DU BUISSON, *écuyer*, sieur de COURSON, mari de *noble dame* Catherine-Louise-Henriette des Planches, fille et héritière de feu Olivier des Planches, sieur d'Hérouville, au profit de Charles, de François-Louis et de Jacques Durand, frères.

En marge de la page 5 se trouve mentionné l'acquit du treizième (droit seigneurial) du présent contrat, acquit donné le 17 septembre 1762 et signé *de Coupesarte* (Le Prévost de Coupesarte, seigneur d'Amblie) (*Parchemin*).

N° 116. — 24 décembre 1762. — Acte notarié, passé devant le même notaire, portant rétrocession des pièces de terre situées à Amblie et vendues par le contrat du 13 janvier 1762, ladite rétrocession faite par Charles et François-Louis Durand, frères et héritiers de Jacques Durand, en conséquence de la clameur lignagère à eux signifiée à la requête de Guillaume-Nicolas du Buisson, *chevalier*, seigneur de Courson, capitaine général de la capitainerie de Bernières (sur Mer), demeurant en la ville de Caen, paroisse St-Martin, et tuteur naturel et légitime de ses *nobles* enfants mineurs (*Parchemin*).

N° 117. — 23 juillet 1764. — Assignation donnée par Urbain Debayeux, huissier à Caen, à *dame* Catherine-Louise-Henriette de Planches, demeurant à Caen, paroisse de Vaucelles, au couvent des Religieuses de l'Hôtel-Dieu, fille et unique héritière de feu Olivier des Planches, sieur d'Hérouville, et épouse de *messire* Guillaume-Nicolas du Buisson, *écuyer*, sieur de Courson, pour avoir à « comparoir » à huitaine au procès pendant entre maître Jean-Marie de La Fontaine, prêtre, titulaire de la chapelle de Notre-Dame-des-Champs, sise paroisse St-Martin de Caen, et ledit G.-N. du Buisson, écuyer sieur de Courson, au sujet de l'aliénation prétendue indûment faite, par les prédécesseurs du sieur de La Fontaine au profit d'Olivier des Planches, sieur d'Hérouville, d'une pièce de terre de dix vergées située paroisse St-Martin et dépendant des biens et revenus de ladite chapelle.

Dans l'acte d'assignation sont relatés en entier :

1° L'acte de fief, à fin d'héritage, d'une demi-acre de terre passé devant notaire à Caen, le 30 août 1729, par noble personne Jean-François de Malon, clerc tonsuré du diocèse de Lisieux, chapelain titulaire de la chapelle de N.-D.-des-Champs, au profit d'Olivier des Planches, sieur d'Hérouville, conseiller du Roi en l'élection de Caen, demeurant paroisse Notre-Dame ;

2° Un autre acte de fief de deux acres de terre environ, passé devant notaires à Caen, le 2 avril 1742, et signé aussi par le marquis de Blangy, patron présentateur de la chapelle, entre noble personne Evariste-Gabriel-Pierre Le Neuf de Sourdeval, seigneur de St-Victor, chapelain de la chapelle des Champs, et ledit Olivier des Planches, sieur d'Hérouville ;

3° Les Lettres de Loi apparentes, en date du 26 mai 1764, délivrées à la chancellerie du Parlement de Normandie, annulant les contrats de fiefs du 30 août 1729 et 2 avril 1742, et relevant de leurs effets ledit chapelain sieur de La Fontaine ;

4° La requête adressée par le sieur de La Fontaine au lieutenant-général du bailliage de Caen, en date des 23-25 juin 1764, à l'effet d'entérinement des Lettres de Loi apparentes qu'ils avait obtenues (*Papier*).

N° 118. — 27 octobre 1764. — Acte notarié, passé devant maître Paul Le François, notaire à Creully, portant vente de 300 livres de rente à prendre sur messire Jacques Le Prévost, chevalier, seigneur et patron de Coupesarte et autres lieux, ladite vente consentie par Guillaume-Nicolas du Buisson, *écuyer*, sieur de Courson seigneur de Cristot, ayant épousé *noble dame* Catherine-Louise des

Planches, héritière en sa partie d'Urbain des Planches, sieur de Cloville, etc., au profit de Pierre Aveline, de la paroisse du Fresne (*Papier*).

N° 119. — 2 mai 1765. — Acte notarié, passé devant maîtres François Le Danois et Guillaume Fontaine, notaires royaux à Caen, portant transaction et accord entre le sieur Jean-Marie de La Fontaine, prêtre, chapelain titulaire de la chapelle de Notre-Dame-des-Champs, sise paroisse St-Julien de Caen, d'une part; et *noble dame* Catherine-Louise des Planches d'Hérouville, épouse de *messire* Guillaume-Nicolas du Buisson, *écuyer*, sieur de Christot, demeurant à Caen, en la communauté de l'Hôtel-Dieu, paroisse St-Michel de Vaucelles, d'autre part.

Par ce contrat passé en présence de haut et puissant seigneur Maximilien-Marie-Pierre Le Vicomte, marquis de Blangy, patron présentateur de la chapelle, le sieur de La Fontaine confirmait et ratifiait les contrats de fiefs des 30 août 1729 et 2 avril 1742, faits par ses prédécesseurs, et en échange la dame de Courson (*sic*), dûment autorisée, s'engageait à lui fournir une rente annuelle de 100 boisseaux de froment au lieu et place de la rente de 130 livres stipulée précédemment (*Parchemin*).

N° 120. — 28 avril 1767. — Procès-verbal d'arpentage à cette date des héritages situés en la paroisse d'Amblie et en grande partie au hameau des Planches, appartenant à Monsieur DE CRISTOT (Guillaume-Nicolas du Buisson), *écuyer*, seigneur dudit lieu.

Ce procès-verbal, dressé et certifié par Jean Gilles, arpenteur, de la paroisse du Fresne, constate, quoiqu'il soit incomplet, que les propriétés du sieur de Cristot-Courson qui y sont énumérées (et qui provenaient pour la plupart de son mariage avec damoiselle Catherine-Louise-Henriette des Planches d'Hérouville) formaient en totalité une contenance d'environ 11.415 perches de 24 pieds, c'est-à-dire, en mesure moderne, de 69 hectares 38 ares 3 centiares (*Papier*).

NOTA. — L'hectare se compose de 164 perches et demie de 24 pieds; la perche est une ancienne mesure de la plaine de Caen.

N° 121. — 20 octobre 1767. — Acte notarié, passé devant Guillaume Fontaine et François Le Danois, notaires à Caen, portant reconnaissance par GUILLAUME-NICOLAS DU BUISSON, *écuyer*, sieur de COURSON, ayant épousé *damoiselle* Catherine-Louise-Henriette des Planches, demeurant actuellement en la paroisse de Christot, et par damoiselle Catherine Aubert, d'une transaction mettant fin à un procès et passée entre eux le 4 juillet 1750, au sujet de la constitution d'une rente de 125 livres qui aurait été souscrite au profit de ladite Aubert par le sieur d'Hérouville des Planches (Olivier), conseiller du Roi élu en l'élection de Caen, beau-père du sieur de Courson (*Parchemin*).

N° 122. — 19 décembre 1768. — Attestation faite devant Dudouet-Duval et Fauvel, notaires royaux, signée de Philippe Dudouet, notaire apostolique à Caen, de Jean-Jacques Bénard, notaire royal à Caen, et de plusieurs bourgeois de cette ville, légalisée à la même date par Jean-Pierre-Nicolas-Aimé Dumoustier de Canchy, prêtre-archidiacre et chanoine de Bayeux, conseiller au Parlement de Rouen et lieutenant-général au bailliage et siége présidial de Caen, ladite attestation constatant que les sus-nommés « ont parfaitement connu feu Monsieur Olivier des Planches, sieur d'Hé« rouville, en son vivant conseiller du Roy en l'élection dudit Caen, « et qu'il n'a laissé *pour sa seule et unique héritière* que *noble* « *dame* CATHERINE-LOUISE DES PLANCHES D'HÉROUVILLE, femme de « messire GUILLAUME-NICOLAS DU BUISSON, *écuyer,* sieur de CHRISTOT « (Courson) » *(Papier).*

N° 123. — 6 novembre 1773. — Transaction sous seing privé entre Monseigneur l'évêque de Bayeux, représenté par Robert Le Paulmier, son fermier, et messire Guillaume-Nicolas du Buisson, *écuyer*, seigneur de Christot, appelé en garantie par Gabriel Fontaine dans un procès pendant au bailliage de Thorigny, au sujet de redevances féodales dues à l'évêque pour une ferme située à Cerisy-l'Abbaye et aliénée par le sieur de Christot (*Papier*).

N° 124. — 2 octobre 1774. — Minute des observations écrites présentées au tribunal des maréchaux de France par messire GUILLAUME-NICOLAS DU BUISSON, *chevalier,* seigneur de Christot, capitaine-général des milices gardes-côtes de la capitainerie de Bernières, au sujet d'un de ses subordonnés (*Papier*).

N° 125. — 24 novembre 1775. — Bail à ferme sous seing privé passé à Caen entre messire Guillaume-Nicolas du Buisson, *écuyer,* sieur de Christot (Courson), et le nommé Jean Fontaine, de la paroisse d'Amblie; ce bail, qui comprend une énumération d'immeubles et de pièces de terre situés en ladite paroisse d'Amblie, est accordé pour neuf années au preneur par le sieur de Christot, moyennant le prix annuel de 1,550 livres, 200 bottes de sainfoin, 3 sacs d'avoine, 20 livres de sucre et 12 chapons gras (*Papier*).

N° 126, 127 et 128. — 22-28 février 1776. — Trois diplômes ou attestations en latin, émanés de l'Université de Caen, et concernant PIERRE-LOUIS-GUILLAUME DU BUISSON DE COURSON. On peut les résumer ainsi: — 1° Diplôme daté du 24 février 1776, scellé du sceau de la Faculté des Arts Libéraux de l'Université, et signé du doyen et des membres de ladite Faculté, faisant connaître l'obtention du grade de professeur de philosophie par Pierre-Louis-Guillaume du Buisson de Courson, diacre (fils de Guillaume-Nicolas); — 2° Attestation du Recteur et de l'Université de Caen, datée du 28 février 1776, scellée du grand sceau et délivrée à maître Pierre-Louis-Guillaume du Buisson de Courson, diacre, pour constater qu'il s'est livré pendant cinq ans à l'étude des sciences supérieures, philosophie et théologie; — 3° Attestation à la même date, du même Recteur et de la même Université, scellée également du grand sceau, et délivrée à maître Pierre-Louis-Guillaume du Buisson de Courson, diacre, né à Caen et âgé de 23 ans, et de plus bachelier en théologie, à l'effet de faire savoir, en tant que besoin, aux hauts dignitaires du Clergé de France, que ledit sieur de Courson réunit toutes les conditions d'aptitude requises pour obtenir un Bénéfice ecclésiastique (*Parchemin*).

Les trois sceaux conservés sont renfermés dans des capsules de fer-blanc.

N° 129. — 27 avril 1776. — Récépissé de la somme de 150 livres, délivré par le receveur général de la baronnie de Boisdelles (près Cerisy-l'Abbaye), à M. de Christot de Courson, *écuyer* (Guillaume-Nicolas du Buisson), à la suite de la transaction intervenue entre ce dernier et l'évêque de Bayeux (*Papier*).

N° 130. — 1776 environ. — Mémoire des terres situées à Amblie et appartenant à M. du Buisson, *écuyer*, sieur de Christot (Guillaume-Nicolas), dont la tenure est réclamée par l'abbaye de Fécamp.

Ce mémoire, en double exemplaire, dont le premier fut transmis avec lettre explicative au sieur de Christot par M. des Planches (probablement Gabriel-Urbain), porte indication de 38 pièces de terre, dont la tenure de plusieurs était réclamée en outre et à la fois par M. de Cairon de la Varende, seigneur d'Amblie, et par M. de La Haye de Bazenville, seigneur de Coulombiers-sur-Seulles. — Le second exemplaire porte en marge, au sujet du droit de tenure, quelques notes utiles (*Papier*).

N° 131. — 1776 environ. — Minute d'aveu rendu à l'abbaye de Fécamp par divers propriétaires d'Amblie, pour la vavassorie Regnaud-Regnard, située sur le territoire de cette paroisse et dépendante de la baronnie d'Argences.

Les propriétaires ayant rendu aveu sont : 1° messire Guillaume-Nicolas du Buisson, *écuyer*, sieur de Christot, héritier, à cause de la dame son épouse, de Me Urbain des Planches, sieur de Closville, ce dernier fils de Gabriel des Planches, qui représentait par acquêt Antoine Regnard ; 2° Pierre Benoît, François Nicolle, Pierre et Jean Le Febvre ; 3° Jacques Bertrand et Pierre Benoît ; 4° Les enfants de Gilles Le Febvre ; 5° messire Jean-François de Cairon, écuyer, sieur de la Varende, représentant, par acquêt du 11 septembre 1767, messire Pierre-Charles Le Vicomte, écuyer, sieur de Villy, mari d'une damoiselle Le Prévost de Coupesarte, sœur et héritière de messire Jacques Le Prévost de Coupesarte ; 6° le sieur Clément ; 7° Guillaume Daubert, bourgeois de Caen (*Papier*).

N° 132. — 6 mai 1776. — Minute d'acte de Foi et Hommage rendu au seigneur d'Amblie et de Pierrepont, pour les terres relevant desdites seigneuries, par messire Guillaume-Nicolas du Buisson, *écuyer*, sieur de Christot, au droit de *noble dame* Catherine-Louise-Henriette des Planches, son épouse, comme fille et unique héritière de Monsieur Olivier des Planches, écuyer, sieur d'Hérouville, lequel représentait Me Gabriel des Planches, écuyer, sieur des Londes, son père (*Papier*).

Curieux détails, à la fin, sur la composition de la rente seigneuriale due au seigneur d'Amblie (*Papier*).

N° 133. — 24 octobre 1776. — Certificat militaire constatant la *très-ancienne noblesse* de Dominique-Nicolas du Buisson de Courson *(Papier)*.

En tête de ce document figurent les armes de France, et au bas, sur une empreinte en cire rouge, les armes du chevalier d'Anctoville. En voici la teneur :

« BERNARD-HYPPOLITE TOUSSAINT DE VENOIX, CHEVALIER D'ANCTOVILLE, « ancien capitaine du régiment de Berry, chevalier de l'Ordre royal et « militaire de St-Louis, lieutenant de nos seigneurs les Maréchaux de France « au bailliage de Caen, ET LES GENTILSHOMMES SOUSSIGNÉS :

« ATTESTONS à tous qu'il appartiendra que DOMINIQUE-NICOLAS DU « BUISSON DE COURSON, *ancien Garde-du-Corps du Roy*, fils de GUILLAUME-« NICOLAS DU BUISSON DE COURSON, *écuyer*, SEIGNEUR DE CRISTOT, comman-« dant les milices de la capitainerie de Bernières, et de *dame* Catherine-« Louise-Henriette des Planches, est *bon Gentilhomme et d'une race très-« ancienne*, ce que nous attestons véritable, et en foy de quoy nous avons « signé le présent, ainsi que les gentilshommes soussignez, et fait contresigner « par notre secrétaire.

« Donné en notre château d'Anctoville, le vingt-quatre d'octobre mil sept « cent soixante-seize. »

(Cinq signatures). — Signé : *Foucher de Béneauville ; Gilles de Calmesnil; de Longueval ; le chevalier de Chichebouville; Venoix, chevalier d'Anctoville.*

« PAR LE LIEUTENANT :

« Contresigné : *Dast*, avec un paraphe.

N° 134. — 11 octobre 1779. — Procès-verbal d'installation de *noble homme* PIERRE-LOUIS-GUILLAUME DU BUISSON DE COURSON, prêtre du diocèse de Bayeux, en la cure de Port-en-Bessin, ledit procès-verbal dressé par Claude-Jean Vautier, notaire apostolique à Bayeux, en présence de messire LUC (Guillaume)-NICOLAS DU BUISSON DE COURSON, père du jeune prêtre, et de plusieurs autres témoins *(Parchemin)*.

L'acte constate que le nouveau curé avait été présenté à la cure par noble homme Charles-Nicolas de Morant, prêtre, chanoine et théologal de l'église cathédrale de Bayeux, patron de ce Bénéfice, et qu'il avait obtenu de l'évêque de Bayeux des Lettres de collation le 9 septembre précédent. Comme curieux détails sur les cérémonies de la prise de possession, on lit notamment :

« Libre entrée dans l'église par la grande et principale porte d'icelle, tou-« ché ladite porte, prise d'eau bénite, prière faite devant le maître-autel, « baisé icelui, ouverture du tabernacle, touché les vases sacrés et le Missel, « chanté le *Veni Creator*, touché le pupitre, séance à la place rectorale, « monté en la chaire où l'on annonce la parole divine, séance au confes-« sionnal, touché les fonts baptismaux, sonné les cloches, chanté le *Te « Deum*, etc. »

N°s 135 à 143. — Du 15 juin au 15 septembre 1780. — Neuf pièces de procédure, au sujet de la réclamation formulée par « *noble « demoiselle* MARIE-GABRIELLE DU BUISSON DE COURSON, fille majeure, « créancière légitimaire en la succession de *défunt* messire GUIL-« LAUME-NICOLAS DU BUISSON DE COURSON, *chevalier* seigneur et

« patron de Cristot, commandant de la capitainerie de Bernières « (décédé le 16 octobre 1779), et de défunte *noble dame* Catherine-« Louise des Planches, son épouse (décédée le 5 mai 1780) », contre messire DOMINIQUE-NICOLAS DU BUISSON DE COURSON, *écuyer*, ancien garde du Corps du Roi, et ses deux autres frères, au sujet de la révision du partage des effets mobiliers provenant de ladite succession et de la liquidation de sa légitime.

Il résulte de ces pièces que Marie-Gabrielle du Buisson de Courson prodigua ses soins à sa mère pendant sa dernière maladie et que celle-ci lui donna en propre tous ses effets de toilette.

Il en résulte encore que des rapports de parenté continuaient à exister entre la maison du Buisson de Courson-Cristot et les familles des Planches, de Morant, Harel, Bourdon de Verson, etc. *(Papier).*

N° 144. — 4-21 novembre 1780. — Lots et partages de la succession immobilière de messire Guillaume-Nicolas du Buisson de Cristot-Courson et de sa femme *(Papier).*

« Cy sont trois lots et partages des successions immobilières de *Messire* « GUILLAUME-NICOLAS DU BUISSON, *chevalier*, seigneur et patron de CHRISTOT « (*sic*), capitaine-général des milices gardes-côtes de la capitainerie de Ber-« nières (sur Mer), et de *noble dame* CATHERINE-LOUISE DES PLANCHES « D'HÉROUVILLE, que présente à *Messires* DOMINIQUE-NICOLAS DU BUISSON DE « COURSON et JEAN-LOUIS-ANTOINE DU BUISSON, CHEVALIER DE COURSON, officiers « de cavalerie, *noble et discrète personne* PIERRE-LOUIS-GUILLAUME DU BUISSON « DE COURSON, prêtre, bachelier en théologie, curé de Port-en-Bessin, leur « frère puîné, pour par eux choisir chacun un des dits lots, et l'autre rester, « par non choix au dit puîné, etc. »

Enumération des lots : dans le premier se trouve la terre de Cristot ; dans le second la terre des Planches-sur-Amblie, avec les carrières d'Orival ; le troisième se compose de rentes et de divers morceaux de terre.

Dispositif, page 10 :

« Aujourd'hui, vingt-un septembre mil sept cent quatre-vingts, etc. . . . «

« « Et de suite procédant à la choisie d'iceux lots, messire Dominique-Nicolas « du Buisson de Courson, aîné, a déclaré prendre et choisir le deuxième lot ; « messire Jean-Louis-Antoine du Buisson, chevalier de Courson, a déclaré « prendre et choisir le premier lot ; au moyen de quoy le troisième lot est « demeuré, par non choix, à messire Pierre-Louis-Guillaume du Buisson de « Courson, prêtre, puîné ; ce qu'ils ont signé après lecture.

« Fait et arrêté aux jour et an susdits. »

Signé : *du Buisson de Courson ; du Buisson, chevalier de Courson ; du Buisson de Courson*, prêtre.

N° 145. — 20 novembre 1780. — Bail à ferme sous seing privé, signé aux Planches, à la date ci-dessus, passé entre *messire* DOMINIQUE-NICOLAS DU BUISSON, *écuyer*, sieur de COURSON, bailleur, et le nommé François Nicolle de la paroisse d'Amblie, preneur, consenti pour sept années, moyennant une somme annuelle de 600 livres et diverses obligations *(Papier).*

N° 146. — 28 décembre 1780. — Quittance notariée de la

somme de 37 livres 7 sols de rente, payée par *Messieurs* DE COURSON au sieur Jean Le Tellier, mandataire du sieur Philippe Blin, de la paroisse de Bernières-sur-Mer *(Papier)*.

N° 147. — 6 *mars* 1781. — Bail à ferme sous seing privé, signé aux Planches, passé entre *messire* DOMINIQUE-NICOLAS DU BUISSON, *écuyer*, sieur de COURSON, bailleur, et le nommé Jean Fontaine, de la paroisse d'Amblie, preneur, consenti pour six années, moyennant la somme annuelle de 1,600 livres en argent et diverses obligations *(Papier)*.

N° 148 à 151. — 17-21 *juin* 1781. — Quatre baux passés devant notaire à Etréham, les trois premiers : le 17 juin, le quatrième le 21 du même mois, comprenant plusieurs pièces de terre affermées à divers particuliers y dénommés, par discrète personne *messire* PIERRE-LOUIS-GUILLAUME DU BUISSON DE COURSON, prêtre, curé de la paroisse de Port-en-Bessin *(Parchemin)*.

N° 152. — 19 *janvier* 1782. — Acte notarié, passé devant Jean-François Le Lièvre, notaire à Creully, portant vente de diverses pièces de terre situées à Amblie, delle du Fond-de-Raye, de la part de *messire* DOMINIQUE-NICOLAS DU BUISSON DE COURSON, demeurant en son château situé à Amblie, hameau des Planches *(sic)*, au profit de maître François Le Fort, prêtre et chanoine, demeurant à Amblie *(Papier)*.

N° 153. — 30 *janvier*-13 *mars* 1782. — Lots et partages « de la succession immobilière de *noble et discrète personne* PIERRE-« LOUIS-GUILLAUME DU BUISSON DE COURSON, prêtre, bachelier en « théologie, curé de Port-en-Bessin, que présente à *messire* DOMI-« NIQUE-NICOLAS DU BUISSON DE COURSON, ancien officier de cavalerie, « *messire* JEAN-LOUIS-ANTOINE DU BUISSON, CHEVALIER DE COURSON, « son frère puîné, pour par lui être choisi un desdits lots, et l'autre « rester par non choix audit puîné. »

Ces lots, consistant en rentes diverses et en terres situées à Amblie, furent acceptés et signés par les deux frères le 13 mars; Dominique-Nicolas choisit le premier lot *(Papier)*.

N° 154. — 13-16-20 *décembre* 1782. — Requête adressée au lieutenant-général du bailliage et siége présidial de Caen par *messire* DOMINIQUE-NICOLAS DU BUISSON, *écuyer*, sieur de COURSON, ancien officier de cavalerie, pour assigner en débat de tenure, au sujet du pré nommé le *Jardin-Pavie*, les Religieuses de l'abbaye de Fécamp, d'une part, et messire Alexandre-Jean Boula de Mareuil, chevalier, ancien avocat-général en la Cour des Aides, conseiller d'honneur en la même Cour, seigneur et patron de Coulombiers-sur-Seulles, d'autre part.

Octroi de cette requête, signé : *Le Bourguignon-Duperré-Delisle.*

Acte d'assignation, en date des 16 et 20 décembre, aux deux parties intéressées *(Papier)*.

NOTA. — Il résulte de l'acte d'assignation que le sieur de Mareuil avait épousé noble dame Antoinette-Marguerite-Josèphe de La Haye de Bazenville, dame de Coulombiers-sur-Seulles, fille et héritière de messire Marc-Antoine de La Haye de Bazenville. C'est donc par ce mariage que la terre de Coulombiers ou Colombiers est passée dans les mains de la famille Boula de Mareuil.

N° 155. — 4 avril 1783. — Acte notarié, passé aux Planches devant Jean-François Le Lièvre, notaire à Creully, portant vente d'une pièce de terre située à Amblie, nommée *Le Cardonnet*, et d'une autre pièce située près du presbytère de Pierrepont, nommée *le Jardin d'Hérouville*, ladite vente consentie, moyennant la somme totale de 6,066 fr., par *messire* DOMINIQUE-NICOLAS DU BUISSON DE COURSON, ancien officier de cavalerie, au profit de maître François Le Fort, prêtre, d'Antoine Décussy, son beau-frère, et de Gilles Décussy, demeurant, le premier, à Amblie et les deux autres, à Lantheuil.

L'acte constate que la pièce du Cardonnet, bornée au midi par M. le chevalier de Courson, relevait par foi et hommage pour partie de M. de Cairon de la Varende, seigneur d'Amblie, et pour partie des Religieux de Fécamp (*Papier*).

N° 156. — 29 janvier 1785. — Bail à ferme sous seing privé, passé entre *messire* DOMINIQUE-NICOLAS DU BUISSON DE COURSON, bailleur, et le nommé Pierre Tubœuf, de la paroisse d'Amblie, consenti pour six années, moyennant la somme annuelle de 1,300 livres et diverses obligations (*Papier*).

N° 157. — 23 avril 1787. — Acte notarié, passé devant Ruel, notaire à Caen, portant constitution d'une rente viagère de 100 livres en échange de la somme de 1,800 livres, de la part de *messire* DOMINIQUE-NICOLAS DU BUISSON DE COURSON, *écuyer*, ancien officier de cavalerie, au profit de Catherine Moullin, veuve Duquesney, et de Catherine-Angélique Fontaine, sa petite-fille (*Parchemin*).

N° 158. — 25 septembre 1787. — Résiliation de bail consentie par Jean Fontaine à *Monsieur* DE COURSON (*sic*), le 25 septembre 1787, et passation à la même date d'un nouveau bail sous seing privé entre *messire* DOMINIQUE-NICOLAS DU BUISSON DE COURSON, bailleur, et Dominique-Augustin Jeanne, dit Valence, preneur, ledit bail consenti pour neuf années moyennant la somme annuelle de 1,750 livres et diverses autres obligations (*Papier*).

Analyse très-sommaire, faite le 12 novembre 1874, de quelques documents se trouvant à Bayeux au domicile de M. Ch. Desnoyers, propriétaire à Cristot.

N° 159. — 11 mai 1599. — Accord et transaction entre honorable homme Jean Le Vavasseur, sieur et patron de Cristot et de

Brouay, et Pierre d'Estriac, écuyer, sieur d'Aigneaux et de Blasgny (*Papier*).

N° 160. — 28 *mars* 1605. — Sentence émanée de Guillaume Vauquelin, lieutenant-général au bailliage de Caen, entre Jean Le Vavasseur, sieur et patron de Cristot, et Jean de Verney, écuyer, sieur de La Rivière, sur un débat de tenure concernant les héritages de Gilles Lamendey (*Papier*).

N° 161. — 17 *novembre* 1605. — Autre sentence entre ledit Jean Le Vavasseur, sieur et patron de Cristot, à cause de son fief d'Argouges, et Jean de Verney, écuyer (*Papier*).

N° 162. — 16 *février* 1626. — Acte notarié passé à Caen, par lequel Philippe Bouet, commis au bureau des Finances à Caen, donne en échange, contre d'autres immeubles, à *noble homme* CLAUDE DU BUISSON, sieur de LA FONTENELLE, pour lui et damoiselle Anne Lamendey, sa femme, une pièce de terre située à Cristot, en la delle de la Mare-Varin (*Parchemin*).

N° 163. — 23 *avril* 1626. — Acte notarié passé à Cheux, portant vente par Daniel Germain, bourgeois de Caen, à *noble homme* CLAUDE DU BUISSON, sieur de CRISTOT, d'une vergée de terre située en Val-de-Cristot, relevant des fiefs dudit lieu appartenant à *noble homme* M. Me ANNE DU BUISSON, sieur et patron de Cristot et de Brouay, conseiller du Roi en sa Cour du Parlement de Normandie (*Papier*).

N° 164. — 20 *juillet* 1631. — Acte notarié portant transport de 50 livres de rente de la part de *noble homme* M. CLAUDE DU BUISSON, sieur et patron de CRISTOT et de BROUAY, conseiller et procureur du Roi en l'élection et grenier à sel de Caen, demeurant audit Caen, paroisse St-Pierre, fils de défunt *noble homme* PIERRE DU BUISSON, vivant sieur de COURSON, et de damoiselle Elisabeth Beaudouyn, au profit de Me Robert Angot, commissaire à faire les montres des prévôts et baillis de Normandie (*Papier*).

N° 165. — *Sans date : vers* 1640-1645. — Notes extraites des lots et partages des biens de la succession de feue *damoiselle* Anne Lamendey, mère du sieur DU BUISSON DE CRISTOT (Pierre II) (*Papier*).

N° 166. — 3 *novembre* 1666. — Acte notarié contenant fief par Jean Mahieu, procureur au Parlement de Normandie, au profit de Philippe de Gastebled, écuyer, de la paroisse d'Audrieu, de deux pièces de terre situées à Cristot, en la delle du Pré-Mesnil (*Papier*).

N° 167. — *juillet* 1671. — Requête adressée au Parlement de Rouen par PIERRE DU BUISSON, *écuyer*, sieur de CHRISTOT (*sic*), pour lui et ses frères, intimés, contre CLAUDE DU BUISSON, *écuyer*, sieur de CHRISTOT, leur père, et damoiselle Françoise de Poilvillain, sa seconde femme, leur belle-mère (*Papier*).

N° 168. — *1er août 1671.* — Arrêt du Parlement de Rouen, rendu entre damoiselle Françoise de Poilvillain, femme civilement séparée de biens de CLAUDE DU BUISSON, *écuyer*, sieur de CRISTOT, d'une part, et PIERRE DU BUISSON, *écuyer*, et ses frères, d'autre part (*Parchemin*).

N° 169. — *12 septembre 1679.* — Acte notarié passé à Cheux, portant vente de la pièce des Hauts-Quesneaux, de la part de CLAUDE DU BUISSON, *écuyer*, seigneur et patron de Cristot et de Brouay, au profit de damoiselle Françoise de Poilvillain, sa seconde femme (*Parchemin*).

N° 170. — *23 juin 1696.* — Procès-verbal d'estimation du revenu et arpentage de la terre de Cristot, faits par Pierre Deschamps, expert, assisté de Jean Maduel, greffier, à la requête de Robert Hubert, avocat à Caen, tuteur de PIERRE-NICOLAS DU BUISSON, *écuyer*, seigneur et patron de CRISTOT (*Papier*).

Analyse sommaire d'un document dont copie nous a été transmise le 6 octobre 1875 par M. Pradelle, sous-préfet de Dôle (Jura), devenu, depuis lors, préfet de la Charente.

N° 170 *bis*. — *11 novembre 1645.* — Supplique adressée au juge royal de la vicomté de Carlat au siége de Vic (sur-Cère : Auvergne), par Me Jehan Boyssonnade et damoiselle Marguerite del Bos, sa femme, de la ville de Montsalvy en Haute-Auvergne, et ordonnance de signification de cette supplique à noble Antoine del Bos, sieur du Cassan, habitant la ville de Paris, et frère de ladite Marguerite, aux fins du paiement de 300 livres léguées à ladite Marguerite par sa tante, la feue damoiselle Marguerite del Bos, en son vivant femme, en premières noces, du feu sieur JEHAN BEAUDOUYN, et, en secondes noces, de noble Antoine de La Vayssière.

Il résulte de cet acte que ledit Jehan Beaudouyn décéda en 1625, et que PIERRE (Ier) DU BUISSON (sieur de Courson), *son gendre* (*sic :* comme ayant épousé Elisabeth Beaudouyn, fille dudit Jean et de Nicolle Bédeau, sa première femme), lui était redevable de diverses rentes, notamment de 240 livres à prendre sur ce que lui devait le couvent des Religieuses de Notre-Dame-du-Calvaire, situé à St-Germain-des-Prés.

SECONDE PARTIE.

BIBLIOTHÈQUES, ARCHIVES ET MANUSCRITS PUBLICS.

EXTRAITS ANALYSÉS OU REPRODUITS D'APRÈS COPIES RÉCENTES D'ORIGINAUX ANTÉRIEURS A 1789.

NOTA. — Toutes les qualifications, nobiliaires ou autres, sont scrupuleusement conservées, comme précédemment.

N° 171. — *Années 1180 à 1210.* — Extraits des Grands Rôles de l'Echiquier de Normandie (XIIe et XIIIe siècles), publiés à Caen en 1846, par les soins de M. Léchaudé d'Anisy, dans le XVe volume des *Mémoires de la Société des Antiquaires de Normandie* :

« MAGNI ROTULI SCACCARII NORMANNIÆ SUB REGIBUS ANGLIÆ.
« *Anno Verbi incarnati M. C. L. XXX, apud Cadomum, factus est Rotulus iste.* »

Page 15, colonne 2, année 1180, comptes de Richard Giffart pour le bailliage d'Exmes :

« WILLELMUS DE BUISSON reddit compotum de 30 solidis pro eodem (pro « vino supervendito). In thesauro 15 sol. et debet 15 sol. »

« *Magnus Rotulus scaccarii Normanniæ de anno ab incarnatione Domini « M. C. X. C. V, Willelmo filio Radulphi senescallo, regnante rege Ricardo* « (Richard Cœur-de-Lion) : »

Page 59, colonne 1re, année 1195, comptes de Guillaume Poignart pour la prévôté de Caen :

« De WILLELMO DE BUISSON, 20 sol. »

Page 60, colonne 1re, année 1195, comptes de Guillaume Poignart pour la prévôté de Caen :

« De ERNALDO BUISSON 22 den. pro simili (pro redditu).

Page 65, colonne 2, année 1195, comptes de Raoul Labbé, recette d'Argentan :

« RICARDUS DU BUISSON reddit compotum de 1 marco pro eodem (pro « plegio Ricardi de Argenciis). In thesauro dimidius marcus et debet dimi- « dium marcum. »

Page 83, colonne 1re, année 1195, comptes de Gillebert Malesmains pour le bailliage de Falaise :

« AGNÈS DE BUISSON debet 3 solidos pro eodem (pro difforcio). »

Page 85, colonne 2, année 1195, recette des forêts du Cotentin :

« Robertus Tregoz reddit compotum de misericordiis, finibus et promissis, « scilicet :..... De MATHEO DE BUISSON 2 sol. pro eodem (pro concordia). »

« SCACCARIUM NORMANNIÆ SUB REGIBUS FRANCIÆ. »
(Manuscrit de Rosny, fin du XIIIe siècle).

Page 61 : vers 1206-1210 :

« *De firmitate villæ Ebroicensis.*
« Recognitio facta inter dominum Regem et episcopum Ebroicensem super « missione de firmitate villæ per istos juratos, scilicet ; Ricardus de Argen- « ciis,......... GUILLEBERTUS DU BUISSON,......... etc. »

N° 172. — *Année 1191.* — Charte en latin, sur parchemin, déposée aux archives départementales de la Manche, à St-Lo, et passée en l'an 1191 en Palestine, au camp de Richard Cœur-de-Lion, roi d'Angleterre et duc de Normandie.
En voici la teneur :

« Omnibus Christianis præsentibus pariter et futuris notum sit quod ego « Willelmus de Ducto (*Guillaume du Duit*), alterius Willelmi filius, me « teneo obligatum et recognosco pro viginti libris andegavensium (d'Anjou) « *Nicolao de Vivers*, seniori, et volo quod hæredes mei, si in patriam jubente « Deo non redirem, prædicto Nicolao vel heredibus suis prædictis viginti « libras reddant et persolvant.
« Actum apud Joppe (St-Jean d'Acre), in exercitu domini Regis, et « sigillo meo munitum, præsentibus et Audientibus RICARDO DE DUMO (*Richard « du Buisson*), Sampsone Heremita, Willelmo des Rostors (*Guillaume des « Rotours*), Guario Bosq filio (*Guérin du Bosq fils*), Nicolao de Curmelis « (*Nicolas de Cormeilles*), qui et mecum præsentem paginam ad majorum « certitudinem sigillârunt. »

N° 173. — *XIe, XIIe et XIIIe siècles.* — Extrait de l'ouvrage intitulé : « **Les Conquestes et trophées des Normands- « Français aux royaumes de Naples et de Sicile, « aux duchés de Calabre, d'Antioche, de Galilée, « et autres principautés de l'Italie et d'Orient,** » par messire Gabriel du Moulin, curé de Maneval (Rouen ; gr. in-8° ; 1558).

A la fin de l'ouvrage, page 473, on lit :

« *Catalogue de plusieurs antiques familles illustres, recueilly de plusieurs* « *manuscrits, entre autres de M. Bigot, seigneur du Sommeuil, conseiller en* « *la Cour des Aydes de Normandie.* »

Parmi un certain nombre de noms :

« Mathieu du Buisson, *escuyer*, sieur de Sotteville.
« Guillebert du Buisson, *escuyer*.
« Guillaume du Merle, sieur du lieu et du fief Bastard de Bures, etc., etc.

N° **174**. — ***Année* 1216**. — Extrait du **Recueil des jugements de l'Echiquier de Normandie au XIIIe siècle (1207-1290)**, publié par M. Léopold Delisle (Paris, Imprimerie Impériale; 1864), page 51, n° 201 de l'ouvrage :

« *Anno Domini M. C. C. XVI, sunt hæc judicia apud Falesiam in scac-* « *cario Paschæ, coram domino Galterio* (Gaultier), *camerario*, *W. de* « *Capellâ* (Guillaume de La Chapelle), *et multis aliis.* »

Aveu (*recordamentum*) aux assises de Falaise, entre l'abbé de St-André, d'une part, et Guillaume de Boucey (*W. de Bouceio*), clerc, d'autre part, où ledit Guillaume recouvra, par jugement rendu aux assises, la saisie du droit de patronage de l'église de Joué (*de Joceio*), à cause de feu Girard de Boucey, son frère, droit que lui contestait ledit abbé.

Témoins entendus dans l'enquête : 1° Pierre du Teilleul (*de Teilleio*); 2° Robert de Pierrefitte (*de Petra Ficta*) ; 3° *W.* Bonjon ; 4° Guérin des Loges (*de Logis*) ; 5° Herbert *de Ceris* ; 6° Osmond du Buisson (*Osmundus du Buisson*); 7° M. de Vax ; 8° Guillaume de Culey (*de Culeio*) ; 9° Robert Le Bœuf (*Bos*); 10° Nicolas d'Avesnes (*de Avenis*).

N° **175**. — ***Année* 1230**. — Charte en latin, sur parchemin, déposée aux archives départementales de l'Orne, à Alençon, et passée en l'an 1230 par Philippe du Buisson, chevalier, ladite charte confirmative de la donation de la dîme d'un fief situé à Maltot, près Caen, au profit de l'abbaye de Belle-Etoile, en la vicomté de Mortain. Le sceau du donataire, qui se trouvait au bas de la charte et qui portait l'empreinte de ses armes, est malheureusement détruit.

Voici la teneur de cette charte, d'après une copie légalisée, sur timbre, délivrée le 13 janvier 1869 :

« Notum sit omnibus præsentibus et futuris quod ego Philippus du Buisson, « *miles*, pro salute animæ meæ, et pro animâ uxoris meæ, et pro animabus « liberorum et antecessorum meorum, concessi et præsenti cartâ confirmavi « abbatiæ Sanctæ-Mariæ de Bellâ-Stellâ, et canonicis ibidem Deo servien- « tibus, decimam quam Willelmus de Maltot, miles, dedit prædictæ abbatiæ, « scilicet : sectam gerbam in toto feodo meo de Maltot, pro quâ prædictus « Willelmus reddebat mihi annuatim duos capones et unum turonensem ad « Natale et duos denarios et X. L. ova ad Pascha, quæ omnia eleemosynavi « prænotatæ abbatiæ, salvo denario et retento mihi et hæredibus meis unius « acræ terræ et dimidiæ, quam dictus Willelmus tenebat de me cum prædictâ « decimâ.

« Pretereà dedi prædictæ abbatiæ totum reditum quem mihi reddebant « Johannes de Maltot et participes sui, pro decimâ quam idem Johannes « tenebat de me apud Maltot, scilicet : duos capones ad Natale et X. L. ova « ad Pascha, salvo denario et retento mihi et hæredibus meis et cum acrâ « unâ et dimidiæ vergatæ terræ quam dictus Johannes tenebat de me cum « prædictâ decimâ.

« Hæc omnia prædicta quietavi præfatæ abbatiæ ab omnibus ad me et ad « hæredes meos pertinentibus, salvâ justiciâ meâ in dictis decimis et hære- « dum meorum qui poterunt manere in eâ.

« Quod ut ratum et stabile permaneat, præsenti scripto et *sigillo meo* con- « firmavi.

« Actum anno gratiæ millesimo ducentesimo trigesimo. »

Nos 176 à 180. — Extraits du « **Cartulaire Normand, « de Philippe-Auguste, Louis VIII, S. Louis et Phi- « lippe le Hardi,** » publié par M. Léopold Delisle dans le tome XVIe des *Mémoires de la Société des Antiquaires de Normandie* (Caen, imp. Hardel ; 1852) ; 2e partie.

No 176. — ***septembre 1248*** (S. Louis). — Rapport en latin, après enquête, adressé à la reine Blanche (*excellentissimæ dominæ suæ Blanchæ, Dei gratiâ Franciæ reginæ*), par Jean de Meulent (*de Mellento*), bailly de Verneuil, sur la question de savoir si le port « *de Curtavalle* » était situé dans le bailliage de Pont-Audemer ou dans celui de Caux. Il résulte de l'enquête que ce port est situé dans le bailliage de Pont-Audemer et « *quod jus et domi-* « *nium dicti portûs* » appartient à l'abbaye de Jumiéges. Sont rapportés dans ce sens les témoignages d'un grand nombre de chevaliers et d'écuyers, notamment de Thomas de Dumo (*Thomas du Buisson*).

Reproduction extraite du cartulaire de Jumiéges, déposé aux archives de la Seine-Inférieure, pages 79 et 80, no 476 du *Cartulaire Normand.*

No 177. — ***Année 1249*** (St-Louis). — Enquête faite en 1249 au sujet des usurpations que messire Simon de Normanville et ses héritiers avaient faites dans la paroisse de Normanville, en dehors du don fait par Monseigneur le Roi au même Simon et à ses héritiers. Déposition fort longue de Simon de Villiers, chevalier (*Simon de Villaribus miles*). — Lucas de Dumo (*du Buisson*), miles (*chevalier*), « juratus dicit idem per omnia quod dictus Simon. »

Pages 80 et 81, no 481 du *Cartulaire Normand.*

No 178. — ***Sans date : entre 1249 et 1252*** (St-Louis). — Enquête importante pour la maison du Buisson (Archives nationales, manuscrit 8408, 2. 2, B ; fo XVIIxxIV. R. et Vo), reproduite aux pages 81 et 82, no 482 du *Cartulaire Normand*, et dont voici la teneur intégrale :

« Inquisitio facta de mandato dominæ Reginæ (la reine Blanche) apud « Falesiam, per Stephanum de Portâ, militem, bailivum Rothomagi, utrum « Philippus de Buisson, quondam *miles*, tenebat aliquid in capite de ducatu « Normanniæ, vel non, præsentibus abbate Sancti-Ebrulsi (de St-Evroult) et « priore Vallis Dei, de ordine Chartrousie, quondam abbate Sancti-Ebrulsi,

« decano Sancti-Sepulcri Cadomensis; Symone Cornuto et Adam Harano « (Harenc) militibus, castellanis Falesiæ et Cadomi.

« Isti quorum nomina subsequuntur juraverunt : Guillelmus de Rupetrâ, « miles ; Rogerus de Rupetrâ, miles ; Robertus de Alliaco (d'Ailly), miles; « Guillelmus de Prunelaio (de Pruneley), miles ; Guillelmus de Pelevillâ, « miles; Robertus de Plantâ, miles ; *magister* ROBERTUS DE BUISSON, *filius* « OSMUNDI ; Nicolaus Dumbrie, presbyter, Robertus dictus Miles; Ricardus « de Lisores; Bartholomeus Escaucion; Guillelmus dictus Parvus; dominus « de Fontaneio (de Fontaine), miles; Hugo de Mesnillo, miles; Symon « Cornutus, miles, castellanus Falesiæ ; Johannes de Montgommeri; Tostanus « Bazire, qui est de feodo; Henricus Cortocie (Le Courtois, peut-être de « Courcy) ; Tostanus Henrici ; Radulphus Le Mercier ; Sampson de Vico (du « Chemin); Hugo Felart ; Robertus-li-Envoisiez; Hugo Sole; Rogerus de Plantâ; « Radulphus Terrici (Thierry) ; Injoranus de Petrâ-Fictâ (de Pierrefite).

« Guillelmus (de Rupetrâ), primus testis, deposuit quod aliquando vidit « quod PHILIPPUS DE BUSSON, *miles quondam, pater* ROBERTI DE BUISSON, « *militis, qui ambo decesserunt in itinere Sanctæ-Terræ, et qui* ROBERTUS « *dimisit hæredes parvulos*, non habebat terram quam teneret de ducatu ; « et habebat *quemdam annatum* (frère aîné), videlicet OSMUNDUM DE BUISSON, « *militem*, qui Osmundus tenebat quamdam terram sitam apud *Fontes-les-* « *Pins* (Fontaine-le-Pin) de ducatu, ratione cujus erat domini Regis. Posteà « idem OSMUNDUS, *paupertate compulsus*, venit ad dictum PHILIPPUM, *post-* « *natum suum*, et vindidit ei feodum quod tenebat apud Fontes-les-Pins de « ducatu ; et quando baillivus patriæ audivit dictam vendicionem, noluit « eam sufferre; imò cepit illam terram in manu domini Regis, dicens quod « sic dominus Rex posset indè perdere custodiam suam, et dictam terram « noluit reddere. Interim dicti OSMUNDUS et PHILIPPUS (fratres) venerunt « coram domino Rege et narraverunt dictam vendicionem. Et ibi dimisit dic- « tus Osmundus dicto Philippo dictum feodum et antenacionem ejus apud « Cadomum; et tunc dominus Rex indè *dictum* PHILIPPUM *in hominem recepit* « et eidem reddidit dictam terram cum pertinenciis et antenacione, et sic « tenuit posteà per totum cursum vitæ suæ, *quia dictus* ROBERTUS DU BUISSON « *nunquam habuit terram ratione patris sui, ipso vivente.* — Requisitus quo- « modo hæc sciebat, dicit quod hæc vidit et audivit dici à dictis Philippo et « Roberto quod, si aliquem ipsorum mori contingeret, tota terra illorum « esset in custodiâ domini Regis, nisi haberent hæredes in ætate de quo- « cumque tenerent, eò quod dictam terram de Fontibus tenerent de ducatu.

« Omnes alii dixerunt idem per omnia de usu et auditu quod idem Guil- « lelmus, excepto Symone Cornuto, qui deposuit quod illa audierat a multis. « Adjecit etiam Robertus de Alliaco, miles, quod ille baillivus qui cepit « terram illam in manu domini Regis fuit Johannes de Vineis. Guillelmus « autem de Prunelaio, miles, adjecit quod ipse vidit et scivit quod *dictus* « OSMUNDUS *fecit hommagium domino Regi Ludovico de terrâ illâ*, quam « tenebat de ducatu, ad sex boisellos avenæ de bernagio, *quam terram* « *posteà vendidit dicto* PHILIPPO *coram domino Rege*, pro centum libris « turonensium. — RADULPHUS DE ACEIO (Raoul d'Assis), qui ultimus deposuit, « *dixit quod fuit armiger dicti* PHILIPPI (DU BUISSON) *in Terra-Sancta, et* « *erat quando fuit mortuus*, et plures solvit ille duos boissellos avenæ pro « bernagio de dicto feodo ; et adjecit quod, *mortuo illo* PHILIPPO, ROBERTUS, « *filius ejus, qui post paululum obiit*, voluit ire ad dominum Regem, « causâ faciendi eidem hommagium de dicto feodo, sed pre maximâ infir- « mitate non potuit et sic obiit. »

N° 179. — *Vers 1250 ou 1255 environ* (St-Louis). — Enquête faite entre le Roi et les héritiers de *feu* Raoul de Mauvoisin, chevalier, seigneur de St-André en la baillie de Gisors ou de Verneuil, au sujet des droits de juridiction appartenant soit au Roi, soit au sus-dit seigneur. — Parmi les témoins entendus « BARTHO-« LOMEUS DE DUMO, *miles* (Barthelemy du Buisson, chevalier). »

Original au *Trésor de Chartes*, carton J., 1033, pièce n° 14; reproduction aux pages 84 et 85, n° 493 du *Cartulaire Normand.*

N° 180. — 20 juin 1414 (Charles VI). — Acte d'aveu rendu au Roi par EUDELLINE DU BYSSON (*sic*), *humble prieuse* (supérieure) *de l'Hôtel-Dieu de Vernon*, bailliage de Gisors, pour le fief de L'Espinay et autres.

Extrait des Archives Nationales, registre P. 307, n° II° LXXIX; reproduction aux pages 123 et 124, n° 643 du *Cartulaire Normand.*

N° 181. — *Année 1272.* — Anciens Rôles des Bans et Arrière-Bans :

« *Nomina armigerum citatarum de Castellani a Paciaci ad quindenam* « *Paschæ, apud Turonas* (Tours) : *anno* 1272.

Entre autres noms : « JOHANNES DE DUMO (Jean du Buisson). »

« *Nomina militum et aliorum baillivicæ Cadomensis qui submoniti sunt* « *quod item sint Turonis* (à Tours) *hac instanti quindenâ post Pascha in* « *armis et equis, pro servitio domini Regis* (Philippe-le-Hardi) *faciendo.*

« In vice comitatu Falesiæ :

Entre autres noms : « JOHANNES DE DUMO (Jean du Buisson). »

Extrait du *Traité du Ban et Arrière-Ban* de Gilles-André de La Roque-la-Lontière (Rouen; gr. in-8°; 1761; Bibl. de Caen); p. 69 et 70, 82 et 83.

N° 182. — 31 *décembre* 1470. — Autre extrait du *Traité du Ban et Arrière-Ban* de La Roque, p. 121 et 122 :

« *Monstre des Nobles et tenant noblement ès bailliages de Caux et Gisors,* « etc., *reçue par nous Anthoine d'Aubusson, chevalier, seigneur de Monteil,* « *conseiller et chamberlan du Roy, nostre sire, et son bailly de Caux et* « *commissaire d'iceluy, faicte en ceste partie le lundy, derrain jour de* « *décembre, l'an de grâce mil* CCCC *soixante-dix et autres jours ensuivans :*

« La Comté d'Aumalle (*sic*), en la d. vicomté de Neufchastel : Creue de « la derraine (dernière) monstre et de celle du présent :

Entre autres noms : « Au lieu de Pierre Le Vasseur, à présent deffunt, se « présenta JEHAN DU BUISSON, armé de jaques, une sallade; pour ce, ung « coustillier. »

N° 183. — *Années* 1301 *et* 1302. — Extrait ancien des *Olim* de la Cour des Comptes de Rouen (1707). Reproduction d'un *Rôle* de 42 chevaliers ou écuyers Normands dressé en 1301 et 1302 au camp des Flandres, sous le règne du roi Philippe IV le Bel.

Copie légalisée, délivrée le 30 décembre 1871, dont la teneur suit :

« *Roolle des chevaliers et hômes d'armes de Normandie qui feurent au* « *camp et host des Flandres en l'an* M. CCC *ung et deulx, avec le Roy* « *de France, nostre Syre; dressé par maistre Guillaume Le Chantre,* « *escuïer, sieur de Milly et thrésorier général de l'extraordinaire des* « *Guerres, et messire Bertrand-Gaston de Saudras, chevalier, seigneur de* « *Herlanger, commissaire général des guerres ; s'en suit :*

« 1° Gauthier de La Houssaye, chevalier ;
« 2° Nicole de Beaumont, escudier (*sic*) ;
« 3° Mychel de La Houssaye, escudier ;
« 4° Rogier de La Houssaye, escudier ;
« 5° Robert de La Houssaye, escudier, sieur de Esturqueray ;
« 6° Gérard de Cocquerel, chevalier, porte-guidon, sieur de Rozay ;
« 7° Bertrand de Marescot, chevalier, sieur de Morienne, bailly d'Aumasle ;
« 8° Enguerran Le Guesdon, baillye de Rouen ;
« 9° Ricard Busquet, porte-guidon, de la baillie de Caulx, avec six escudiers et huit armures de fer ; taxé 200 livres tournoises ;
« 10° Robert de Rotz, chevalier, porte-guidon de la baillie de Caen ;
« 11° Esmangard des Hayes, chevalier, sieur de Hébertot, vicomté de Pont-l'Evesque ;
« 12° Osbert de Marescot, chevalier, sieur de Foniguy, baillie d'Aumasle ;
« 13° Guillaume de Bray, chevalier, porte-guidon, sieur de Canteloup-le-Bocage, avec six escudiers et huit armures de fer ;
« 14° Robert d'Hugleville, sieur de Malesmains ;
« 15° Gosselin de Tanquerel, sieur du Vaux-Roux (?), baillie de Rouen, porte-guidon ;
« 16° Hellyon d'Orival, baillie de Caux ;
« 17° Gérard de Marescot, vicomte et grand bailly des chastel et comté d'Aumasle ;
« 18° Richard Prével, chevalier, baillie de Caux ;
« 19° Odoart Assore, escudier, baillie de Rouen ;
« 20° Raoulin Guiot, sieur du Mesnil-Guiot, baillie de Rouen ;
« 21° Anselme de Marescot, sieur de Montfreuille sur B..... ;
« 22° Olivier Achard, sieur du Bourg, baillie de Pont-Audemer ;
« 23° Guérin du Four ;
« 24° Nicole d'Argentan ;
« 25° Anthoyne de Mauduict, porte-guidon, avec quatre escudiers et six armures de fer ;
« 26° Hugues Le Carbonnier, sieur de La Carbonnerye ;
« 27° Raymond de Vauquelin, baillie de Falaise ;
« 28° Bertrand du Buisson, *chevalier, sieur* de Sainct-Aulbin ; deux escudiers, quatre armures de fer et 125 livres tournoises ; *baillie de Caen ;*
« 29° Roderic des Hayes, chevalier porte-guidon, sieur de Tarquesne ;
« 30° Guillaume de Flavigny, chevalier ;
« 31° Taurin de Flavigny, escudier ;
« 32° Charles de Flavigny, escudier, tous trois baillie de Caen ;
« 33° Marcel de Mal-Hortye (*sic*), chevalier et porte-guidon ; quatre escudiers et quatre armures de fer ;
« 34° Gontran de Mal-Hortye, sieur de St-Paul sur Pont-Audemer ;
« 35° Raoul de Grente, chevalier, sieur de Grentemesnil ; baillie de Coutances ; et dix escudiers de sa suite ;
« 36° Mathan de Brossart, escudier, de la vicomté de Caulx ;
« 37° Bertrand de Guerin, escudier ;
« 38° Martin de Gohier, chevalier guidon ;
« 39° Philippe de Chambray, chevalier ;
« 40° Robert de Beaunay ; vicomté de Caen ;
« 41° Aymeric de Rocquigny ; baillie de Caulx ;
« 42° Robert Costé, sieur de Sauvie, chevalier guidon.

« Dressé en duples escriptures au camp et host des Flandres en l'an susdict. »

Signé : *Chantre de Milly* ; et au dessoubz : *de Saudras.*

N° 184. — *Mars* 1326. — Commission en latin donnée par Guillaume de Durfort, archevêque de Rouen, à Jean du Buisson et Guillaume de Ry, chanoines, pour procéder, à la suite d'une protestation, à une requête au sujet d'une chapelle à St-Eloi de Rouen (Archives préfectorales de la Seine-Inférieure). — Extrait :

« Guillelmus, miseratione divinâ Rothomagensis archiepiscopus, *venerabi-*
« *libus et discretis viris* Johanni de Dumo (du Buisson) et Guillelmo de Rivo,
« nostræ Rothomagensis aulæ canonicis, salutem in Domino, etc. . . . . . .
« . . . .
« Datum in castro nostro de Gaillone, die martis post festum Nativitatis
« Domini, anno millesimo CCC vicesimo sexto. »

N° 185. — *Années* 1361-1385. — Dans l'*Histoire de la ville de Rouen*, par Dom Farin, prieur de Veules (Rouen, 1668 ; 3 volumes in-18, Bibl. de Caen), tome III, chapitre intitulé : *Catalogue des Monastères et Communautés religieuses de Rouen ; — Prieuré de St-Lo*, à la page 175, on lit :

« **Sépultures principales du prieuré de St-Lo (de Rouen);**
« **Dans le chœur :**

« Cy gist M. Thomas du Buisson, docteur en Droit et advocat en la Cour de
« l'Echiquier de Rouen, qui décéda l'an 1361, et avec lui gist Jean du Buisson,
« *escuier*, son frère, qui décéda l'an 1385. »

N° 186. — 16 *décembre* 1377.—Mandement du roi Charles V, dont l'original se trouve à la Bibliothèque Nationale, cabinet des Titres, première série, dossier Buisson. En voici la teneur relevée par nous le 24 mai 1875 :

« Charles, par la grâce de Dieu roy de France, à nos amés et féaulx les
« généraulx conseillers sur les aydes ordonnés pour le fait de la guerre, salut
« et dilection. Nous vous mandons que la somme de deux cens francs d'or,
« que y donnez avons et donnons par ces présentes de certaine science et
« grâce espéciale à *nostre amé et féal* Robert du Buisson, *chevalier, pour les*
« *bons et agréables services qu'ils nous a faitz en nos présentes guerres ès*
« *parties de Bretaingne*, en la compagnie de nostre amé et féal cousin le sire
« de Cliczon, vous luy faites bailler et dellivrer, conformément au présent
« mandement, par François Chantepie, général receveur à Paris des dits
« aides. Et par rapportant les présentes et quittance baillée, somme de
« II^c^ francs soit allouée au compte du d. François en descharge par nos
« amés et féaulx gens de nos Comptes à Paris, nonobstant ordonnances,
« mandements et défenses à ce contraires.
« Donné à Paris, le XVIe jour de décembre l'an de grâce M, CCC, L, XXVII
« et de nostre règne le XIVe.

« Par le Roy ;
« Signé : Tabari. »

Quittance de la somme est donnée au nom dudit Robert du Buisson le lendemain jeudi 17 décembre 1377.

Ce document est analysé dans les *Mandements et actes divers de Charles V* (1364-1380), recueillis dans les collections de la Bibl. Nationale, publiés ou résumés par M. L. Delisle (Paris ; in-4°, Imp. Nat. 1874) ; p. 774, n° 1549.

N° 187. — 30 *août* 1418. — Extrait de la collection Bréquigny (Normandie), publiée dans le 23e volume des *Mémoires de la Société des Antiquaires de Normandie.*

Documents émanés d'Henri V, roi d'Angleterre, en l'année 1418 ; volume III (43e volume de la collection générale), n° 223 :

Norman. Patent. Membr. 7. C. 292.

Capitulation de l'abbaye de Ste-Catherine, près de Rouen. « C'ensuit le « Traité et appointement dit, fait, promis et accordé le pénultiesme jour du moys « d'auguste en l'an mil CCCC. XVIIIe, par entre Edward, comte de Mor- « taigne, Thomas, comte de Salisbury, et Henri, sire de Fitz-Hugh, ad ce « commis par le très excellent Roy de France et d'Engleterre et seigneur « d'Irland, nostre souverain seigneur, de l'une part, et d'autre part Johan « Noblet, escuyer, lieutenant à messire Guy Bouteiller, capitaine de l'abbaye « et forteresse de Ste-Katerine près de Rouen, JOHAN DU BUISSON et Pierre « de Graville, *escuyers*, de la garnison du dit lieu, pour et en nom de tous « les aultres gens à present esteanz dedans la dite abbaie et forteresse par la « fourme et manère que s'ensuit :..... »

Suivent les conventions de la capitulation, entre autres celle en vertu de laquelle seront baillés et délivrés « *VI gentilshommes des* « *plus notables de ladite garnison en hostaiges, c'est assavoir;* « GILLIAM DU BUISSON, Johan de Nolyns, Lowis de Frankeville, « Johan de Frémont, Gilliam Le Roy et Colin Le Sort. » Ces gentilshommes devaient être rendus à la liberté après l'exécution loyale des clauses de la capitulation.

No 188. — Ier Mars-8 juillet 1419. — Extrait du *Registre des dons, confiscations, maintenues et autres actes faits dans le duché de Normandie par Henri V, roi d'Angleterre*, publié par Ch. Vautier (Paris. In-18; 1828), d'après d'anciens registres originaux de 1418-1419 et 1591 :

Page 149 : « Le 1er mars 1419, délai jusqu'à Pâques à NICOLAS DU « BUISSON, *escuïer*, de ses terres, dont hommage le 4 février l'an 7 du règne, « et aveu le 23 septembre 1420; mandé au bailly et vicomte d'Evreux le « laisser jouir. »

Page 108 : « Le 8 juillet 1419, expédition de don de ses héritages pour « GUILLAUME DU BUISSON, *escuïer*, et PHILIPPE DE FONTAINES, sa femme ; « mandé aux bailly d'Evreux, vicomtes d'Orbec et Conches les laisser jouir. »

No 189. — Année 1446. — Extrait du *Dictionnaire de la Noblesse*, de La Chesnaye-Desbois (XVIIIe siècle). A l'article LE ROUX :

« DENIS LE ROUX, seigneur de Becdal et de Villettes, possédant des biens « au bailliage de Gisors, fut gouverneur de Louviers, et mourut en 1446, « laissant de GUILLEMETTE DU BUISSON, son épouse, plusieurs enfants. »

No 190. — Années 1448-1449. — Extrait des manuscrits Bigot, fonds Martainville, Bibl. de Rouen. — Recueil d'anciennes inscriptions tumulaires ; église et cloître du couvent des Jacobins de Rouen :

« GUILLAUME BIOTTE, escuïer, sieur de l'Arche en la vicomté d'Avranches, « conseiller du Roy et maistre en la Chambre des Comptes, mort en 1448,

« gist aux Jacobins de Rouen, avec damoiselle PERRETTE DU BUISSON, sa « femme, morte le 18 septembre 1449. »

N° 191. — *Année 1457.* — Rôles des Notables de Bernières.

Copie légalisée, délivrée à Caudebec le 31 août 1872, dont la teneur suit :

« DESNOMBREMENT des personnes notables de la paroisse de Bernières-lèz-« Caen, dressé par maistre Jehan Le Briant, tabellion royal, en cet an 1457, « pour les droictz du Roy; sçavoir :

« Périer de Montville ;
« Nicolas de Billy ;
« Regnault Le Flament ;
« Jehan Le Jeune, escuyer ;
« Philippe de Gron ;
« Martin de Gron ;
« Jehan de La Cauchie ;
« Jehan de Rotz, chevalier ;
« Laurent des Noës ;
« Pierre des Aux Beaulx (*sic*) :
« Robert Doysnel ;
« PHILIPPE DU BUISSON, *escuyer*, sieur « des Belles-Noës ;
« Hugues Busquet, sieur de La Gail-« larde.

Scellé. — Signé : J^hn LE BRIANT.

N° 192. — *25 février 1463.* — Extrait des manuscrits cotés 749-759 de la Bibl. le l'Arsenal (Paris), concernant la Noblesse Normande.

Fragment de la Recherche de la Noblesse de Raymond Monfault en 1463, dans les élections de Caux, Arques, Caudebec, Rouen, Gisors, etc., Recherche qui fut égarée pour la Haute-Normandie et dont on ne trouve presque plus de traces.

Copie légalisée, délivrée le 31 août 1872.

« Morand d'Auremesnil ;
« Jehan Le Manchon, à Hugleville ;
« Nicolas de Beausacq, vicomté d'Ar-« ques ;
« Robert Ansart ;
« N... du Mont, sieur de Bostaquet ;
« Robinet Le Verdier, franc-archer « noble, vicomté d'Arques ;
« Jean de Lombard, sieur d'Hugle-« ville ;
« Odet de Guesdon, sieur de Mont-« myrel-sur-Tostes ;
« Vincent de Caulx, paroisse de « Tostes ;
« César de Gallie, sieur de Bretz « (peut-être Bray) ;
« ROBERT DU BUISSON, sieur de... sur « Neville-en-Caulx, franc-archer dû « Roy ;
« Richard Le Bailly, sieur de Ribœuf, « escuïer ;
« N... de Bertheaume, sieur de Cham-« ville ;
« Robert Belhomme ;
« Gérard Cocquerel, sieur du Rozay, « franc-archer du Roy ;
« Guillaume de Bourbel, sieur « d'Aussy ;
« Philippes Busquet, sieur du fief de « Montpinçon ;
« Jehan Dyel, sieur de Vauderocques.

Collationné sur l'original par nous commissaire du Roy, nostre Syre, le vingt-cinquiesme jour de febvrier l'an 1463.

Signé : *R. Monfault* ; et au-dessous : *Le Forestier*, greffier.

N° 193. — *7 octobre 1481.* — Extrait du manuscrit coté Y, 59, de la Bibliothèque de Rouen, et intitulé : *Armorial général de Normandie*, dressé par M. Thouroude de la Haulle, conseiller-secrétaire du Roy (XVIIIe siècle) :

Bailliage et vicomté de Caen.

« Nicolas Licqart, sieur du Buisson, inquiété par les paroissiens du « Buisson, obtint arrest le septiesme d'octobre mil quatre cent quatre-vingt- « ung, par lequel il fut dict qu'il estait *né et extrait de ancienne lignée*, à « cause de ses possessions, et oultre, qu'il estait tenant du fief du Buisson, « lors des Francs-fiefs;

« Partant, qu'il sera maintenu et rayé du Roolle, avec despens. »

N° 194. — 18 *février* 1517. — Extrait du même manuscrit coté Y, 59, de la même Bibl. de Rouen; même Armorial :

Vicomté de Caudebec.

« Jehan du Buisson, appelant des Eslus de Caudebec, inquiété par les « paroissiens de Neufville, obtint arrest contre eux et le Procureur général le « dix-huit febvrier mil cinq cents dix-sept, par lequel il fut dict *avoir prins « père en ligne de noblesse* après avoir justifié qu'il estait fils de Jean, anobly « par les Francs-fiefs.

« Partant qu'il sera maintenu. »

N° 195. — *Année* 1500. — Pièce ancienne, faisant partie d'une liasse héraldique insérée dans le manuscrit coté Y, 120, intitulé : *Recherches de Normandie*, page 296, fonds de la Bibliothèque de Rouen.

Copie légalisée, délivrée sur timbre les 10-13 mai 1868, dont la teneur suit :

« Preuves de 1500.

« du BUISSON.

« **Election de Caen.**

« *D'argent, au franc-quartier de « gueules.*

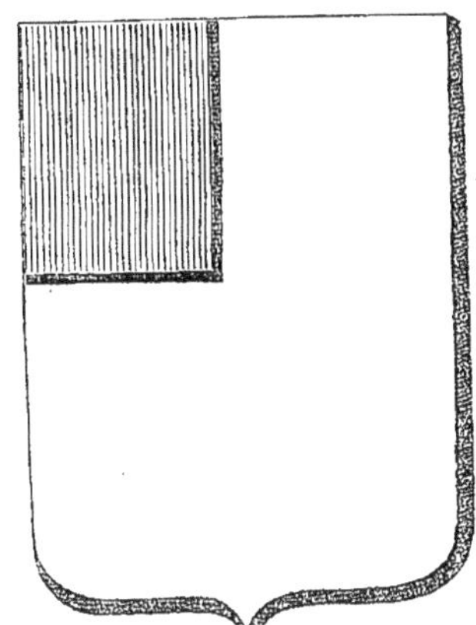

« Robert, dict du Buisson, *escuïer*, espousa N.....
« Robert II, vivât 1225 ═ Marguerite des Champs.
« Jéhan Ier. . . . . . ═ Anne Thorel.

« Maistre Thomas du Buisson, « escuïer, advocat en l'Eschiquier:
═ « Marguerite des Portes.
« De cujus ═ 1361.

« Jean du Buisson, escuïer (son « frère):
═ « Marie Mustel.

« Robert III du Buisson, escuïer:
═ « Charlotte de Gouy.

« Nicolas du Buisson, escuïer:
═ « Perrette Marescot.

« Charles du Buisson, escuïer:
═ « Roberde Onfroy.

« Jehan II du Buisson, escuïer:
═ « Charlotte de Vauquelin.

« Jacques du Buisson, en 1483:
═ « Louise des Essarts;
« *Dont postérité* (sic) (1).

Nos 196, 197, 198. — *Années 1522, 1524 et 1527.* — Extraits des archives de la préfecture du Calvados, tirés des anciens registres de l'Université de Caen: n° 34, série D; minutes des Rectories, livre comprenant la période de 1500 à 1553.

Folio 108, v°: 10 octobre 1522:

« Rectoria Magistri Castelani Le Cordier, in theologiâ licentiati, Baiocen« sis diocesis, primarii collegii vulgo nuncupati Bouët in hac famatissimâ « Universitate Cadomensi.

« Anno Domini millesimo quingentesimo vicesimo secundo, die veneris « decimâ mensis octobris, Universitas Cadomensis, loco et horâ consuetis, « super tribus articulis, *primò* super juramentis regentium prestandis et reci« piendis; *secundò* super nonnullis honorem, et utilitatem dictæ Universitatis « tangentibus; et *tertiò* super supplicationibus et injuriis, fuit solemniter et « debitè congregata. Quo ad primum articulum, juxtà statutorum tenorem, « ut moris est, singuli regentes tunc præsentes jurata prestiterunt solita, « receptique fuerunt singuli ad regentiam juxtà eorumdem facultates et « qualitates; quorum nomina et cognomina sequuntur:

« *Et primo in Facultate Theologiæ, reverendi Magistri nostri sacræ « Theologiæ professores:*

« Magister noster Guillelmus du Quesnay, ejusdem Facultatis decanus.
« Magister noster Robertus Falaise.

. . . .

(1) Par suite d'une erreur regrettable dans la copie qui nous avait été transmise et qui portait: *Sans postérité*, nous avions ainsi reproduit ce document dans un précédent ouvrage; ce qui nous avait conduit à commettre nous-même une grave erreur dans la filiation des du Buisson jusqu'à nos jours; depuis lors, nous avons vérifié personnellement le texte original à Rouen, le 22 juillet 1872, et nous avons pu nous convaincre qu'il y a bien et très-lisiblement écrit: « *Dont postérité* », ce qui coïncide bien mieux d'ailleurs avec nos autres documents.

« *In Facultate Legum et Decretorum :*

« Dominus Joannes Gaudin.
« Dominus Stephanus Patrys.

. . . .

« *In Facultate Medicinæ :*

« Magister Franciscus Calix.
« Magister Natalis Estienne.
« Magister Romanus Leonardus.
« Magister Joannes du Bysson Courson (avec renvoi rectificatif en « marge, de la même époque, du Buysson).

. . . .

28 juin 1524.

« Rectoria Magistri Reginaldi Mariani, in jure canonico licentiati, princi-« palis dominus collegii de Marâ, alias de Boscho, in hac Universitate fundati, « capellani Sancti-Georgii de Boscho-Halley, sive de Nemoribus, Baiocensis « diocesis.

« Anno millesimo quingintesimo vicesimo quarto, die vigesimâ octavâ « mensis junii, in vigiliâ beatorum apostolorum Petri et Pauli, alma Cado-« mensis Universitas, horâ et loco solitis, jussu et mandato Rectoris sui, « super tribus articulis decenter et honnestè, ut moris est, congregata fuit, « etc. . . . . »

Parmi les membres de l'Université présents et qui intervinrent dans la délibération se trouvait « *Elegantissimus vir dominus ac* « *magister* Johannes du Bisson (avec un renvoi rectificatif de la « même époque, en marge : du Buysson), *dominus temporalis* de « Courson, *insignis Medicinæ Facultatis doctor eximius*, etc., etc. »

Ce même Jean du Buisson est fréquemment cité dans les délibérations de l'Université jusqu'au 18 octobre 1531, date de sa mort; notamment, dans une délibération du 10 octobre 1527, étant recteur maître Jean Auvrey, du diocèse de Coutances, se trouve indiquée la présence de « Johannes du Buysson, *in hac Facultate Medecinæ* « *doctor*. »

N° 199. — Année 1540. — On lit dans les *Origines de la ville de Caen*, par Huet (2e édition in-12. Rouen; 1706; Bibl. de Caen), page 346, à l'article sur messire Charles de Bourgueville, sieur de Bras, l'historien de Caen :

« En l'an 1540, Bourgueville épousa en secondes noces Philippine du « Buisson, qui le dédommagea amplement de la stérilité de son premier « mariage en lui donnant sept fils et sept filles, etc. »

Note de l'abbé Delarue sur Philippine du Buisson :

« Cette Philippine du Buisson était de la famille des du Buisson qui por-« tent aujourd'hui le nom de Courson. »

N° 200. — Années 1540 et 1623. — Dans la *Notice historique et généalogique sur la famille Picquot de Magny*, par L. du

Feugray (Caen; imp. Buhour; 1852), on trouve à la page 107, note 3 :

1° Mention de l'alliance de la famille du Buisson de Courson avec celle de Bourgueville, en 1540, en les personnes de CHARLES DE BOURGUEVILLE, sieur DE BRAS, et de PHILIPPINE DU BUISSON DE COURSON;

2° Mention d'une alliance *indirecte* de la famille du Buisson de Courson avec celle de Jeanne d'Arc, en raison du mariage contracté vers 1623 ou 1624, entre JEANNE DU BUISSON, fille de Pierre (Ier) du Buisson, écuyer, sieur de Courson, et GUILLAUME BOURDON, *écuyer*, sieur DE PRÉFOSSÉ, qui descendait par les femmes de Pierre du Lys, frère de l'héroïne d'Orléans.

N° 201. — 14 novembre 1552. — Procès-verbal des usurpations et entreprises faites sur le domaine archiépiscopal de Rouen aux bords de la forêt de Croixdalle et d'Alihermont, dressé par Pierre du Buisson, escuïer, etc.

Voici un fragment de cet acte, faisant partie des archives préfectorales de la Seine-Inférieure et qui ne contient aucun renseignement personnel à ce Pierre du Buisson :

« A tous ceulx qui ces présentes Lettres verront ou orront, PIERRE DU « BUISSON, *escuyer*, licentié-ès-loix, conseiller aux hauts jours du temporel « et aumoynes de Monseigneur révérendissime et illustrissime cardinal de « Vendosme, archevesque de Rouen, commissaire du Roy et du dit sieur en « ceste partye, etc. »

N° 202. — *Années* 1570-1586. — On lit dans l'*Histoire sommaire de Normandie*, par Masseville (Rouen; 1698); tome VIe, livre XIX, chapitre v, intitulé : *Etat des auteurs de Normandie au XVIe siècle*, page 61 ; Bibl. de Caen :

« CLAUDE DU BUISSON, professeur en Droit de l'Université de Caen, et ses « deux fils, se rendirent *fameux* dans la Jurisprudence. Le père donna au « public Les *Partitions du Droit*, et les fils mirent au jour Les *Lieux Com-* « *muns* et Les *Définitions du Droit*. Ils vivaient l'an 1570. »

N° 203. — *Années* 1570-1586-1595-1612. On lit dans les *Origines de la ville de Caen*, par Huet (2e édition in-12. Rouen; 1706; Bibl. de Caen); chapitre XXIV, pages 340 et 341 :

En marge : « Claude du Buisson, père; Tanneguy, Pierre et Anne, ses « fils.

« L'étude de la Jurisprudence a illustré CLAUDE DU BUISSON, professeur en « Droit dans l'Université de Caen et avocat au Bailliage; et ses trois fils « TANNEGUY, PIERRE et ANNE. Le père a donné des marques publiques de « son érudition dans son livre des *Partitions du Droit*. — TANNEGUY, *l'aîné* « de ses enfants, fut, comme lui, professeur en Droit dans la même Univer- « sité. Il en fut *Recteur*. Il s'ennuya de cet employ et lui préféra celui « d'avocat au Parlement de Rouen; mais la mort l'en retira en peu de temps « et l'empêcha de mettre au jour ses *Commentaires sur la Coutume de Nor-* « *mandie*. — ANNE, professeur, comme son père et comme son frère, dans « la même Faculté, prit un plus haut vol et, quittant cette position, se fit « conseiller au Parlement de Rouen. Le public reçut agréablement ses *Lieux* « *Communs du Droit*. — Quoique PIERRE *eût pris l'épée*, quoiqu'il eût été

« maître-d'hôtel du cardinal de Bourbon, oncle de Henri IV, et ensuite « premier Echevin de Caen, cela ne l'empêcha pas de cultiver la science des « Loix qui lui était familière, et de composer les *Définitions du Droit.* — « Le livre de M. de Bras des *Antiquitez de Normandie* est approuvé par JEAN « ou JACQUES DU BUISSON. Je ne sais s'il était parent des Jurisconsultes. »

N° 204. — *Années* 1570-1586-1595-1612. — On lit dans la Biographie Normande, par Théodore Le Breton (Rouen, Le Brument; in-8°; 1857; Bibl. de Caen); tome Ier page 474 :

« DU BUISSON (Claude) : savant jurisconsulte, né au diocèse de Bayeux « dans le seizième siècle, devint professeur de droit à l'Université de Caen et « publia un ouvrage de jurisprudence intitulé : *Les Partitions du Droit.* Ses « fils TANNEGUY, PIERRE et ANNE se livraient aussi à l'étude des Lois.

« ANNE, après avoir, comme son aîné, succédé à son père dans sa chaire « de professeur, fut reçu, en 1595, conseiller au Parlement de Rouen, et « PIERRE devint (en 1612) premier Echevin de la ville de Caen.

« Ils ont écrit tous les trois sur la jurisprudence des ouvrages assez estimés.

« Voir les *Origines de Caen*, par Huet, et l'*Histoire de Normandie*, par « Masseville, tome VI. »

N° 205 et 206. — *Années* 1575-1576-1578. — Extraits des manuscrits en parchemin, déposés aux ARCHIVES PRÉFECTORALES DU CALVADOS et intitulés : *Rectoriæ Cadomensis Universitatis*, volume comprenant la période écoulée entre 1568 et 1578 :

« *Breves commentarii eorum quæ gesta sunt in Universitate Cadomensi :* « *anno* 1575 (Recteur : Jean de Cahaignes, qui portait : *de gueules, à trois* « *épées d'argent en pal, la pointe en haut, au chef d'argent, chargé de trois* « *roses de gueules*).

« ..... CLAUDIO BUYSSONIO, *decano Jurium* (mentionné encore en 1576), « Jacobo Buyssonio, prodecano Theologiæ ; Johanne Onfroy, prodecano « Medicinæ ; et Johanne du Pont, prodecano Artium, per Adrianum Dubosq, « bedellum nostrum, convocatis..... etc. »

Même année 1575, le 5 des calendes de juin, mention de TANNEGUY DU BUISSON (magister Tangius Buyssonius, juris civilis publicus in Academiâ professor, quæstor Academiæ nominatus), chargé par la Faculté d'un rapport sur un ouvrage de Droit.

« *Nomina scholasticorum qui jurejurando fidem suam Rectori Cadomensi* « *obstruxerunt*, *anno Domini millesimo quingintesimo septuagesimo quinto :*

Entre un grand nombre de noms :

« PETRUS DU BUISSON }
« ANNAS DU BUISSON } *nob.* (sic ; c'est-à-dire *viri nobiles*).

« Jacobus du Buisson }
« Johannes du Buisson } (Nota. Etrangers à la famille).

A la suite du même ouvrage, chargé d'enluminures :

« Historica hypomnemata eorum quæ in Universitate Cadomensi acta « sunt, dum *Dictatoris munere* (charge de Recteur) fungebatur vir inge- « nuus magister TANIGIUS DU BUISSON, Cadomæus, Juris utriusque prolyta

« publicis in scholis, Juris Civilis ejusdem Universitatis ordinarius professor, « à vicesimâ quartâ martis usque ad primam diem octobris, anno 1576. »

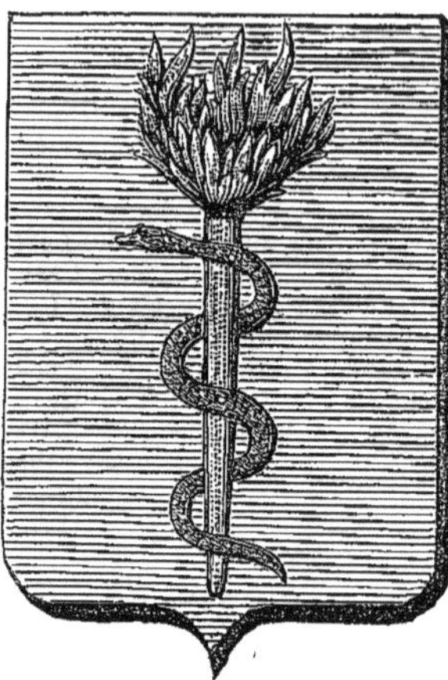

Suit la narration (1). Page enluminée ; D. B. fréquemment entrelacés ou entrecroisés. — Pour en-tête, armes de dignité peintes, entourées des palmes de l'Université et allusives à la fonction : *d'azur, à une torche allumée d'or, entourée d'un serpent de sinople.* — Au bas de tous les actes se trouve la signature authentique : *du Buysson.*

Continuant nos investigations, nous trouvons un peu plus loin, à la date du 22 décembre 1576, cette mention :

« Magister Tanygius du Buysson « (*sic*), rector amplissimique foci prætoriani Cadomensis togatus. »

Enfin, à la date du 1er octobre 1578 :

« Dominus ac magister Claudius Buissonius, in omni scientiarum genere « mirificè versatus, juris utriusque doctor, Canonici (juris) decanus. »

N° 207, 208 et 209. — 28-29 *mai*; 1er *juin* 1587. — Extraits des archives de l'Hôtel-de-Ville de Caen. Registres.

Registre 50 (Université), du 31 octobre 1580 au 3 juin 1637.

Folio 68. — Assignation donnée, le 28 mai 1587, par Richard, premier huissier au siége présidial de Caen, à la requête de Messieurs les gens du Roi au bailliage de Caen, à *scientifiques* personnes Me Claude du Buisson, *escuyer*, sieur de Courson, Jéhan Le Paon, noble et vénérable personne Me Jéhan du Moncel, Pierre de Coullomp (*sic*), Henri Le Neuf et Me Guillaume Brusse, docteurs-aux-Droits en l'Université de Caen, pour comparaître le lendemain, à 10 heures du matin, en l'Hôtel-de-Ville, au sujet des affaires de

(1) Dans cette narration se trouve le passage suivant :

« Benedictione Rectorum exaltatur civitas (*Proverbes*, XI). »

« Anno Domini millesimo quingintesimo septuagesimo sexto, die decimâ quartâ « mensis aprilis, in comitiis per Adrianum, bedellum nostrum, indictis, petiit « dominus Rector à dominis decanis præsentibus ut eidem opem ferre instructionemque dare dignarentur, eorum consilium requirens, ut eo fretus, in suo munere « versari possit. Supplicavit prætereà ut a convivii illius magnifici legibus consuetu-« dinis jampridem defuncti apparatu solveretur. Quibus sic in medium adductis, « iidem decani dixerunt quantum ad consilium ipsum dominum Rectorem consilio « *doctissimi ac sapientissimi patris domini ac Magistri* Claudii du Buysson « *juris utriusque doctoris*, adjuvari posse, et cum illo opem polliciti sunt, instruc-« tionem ex regestis commentariorum desumendam esse, illumque a convivio libera-« verunt. »

l'Université. — Réponse de Claude du Buisson : il déclare qu'il ne se rendra pas à la convocation, parce qu'il méconnaît la juridiction des officiers de la Maison Commune sur les questions concernant l'Université et qu'il ne reconnaît comme compétente en cette matière que la juridiction du Roi en son Conseil et de la Cour du Parlement de Normandie.

Folio 69. — Sentence rendue en l'Hôtel-de-Ville de Caen par Jean Vauquelin, écuyer, sieur de La Fresnaye, licencié aux lois, conseiller du Roi, lieutenant-général de M. le Bailly de Caen, commissaire du Roi et de la Cour départi, en présence de nobles hommes Grégoire de La Serre, avocat pour le Roi audit Caen, François Malherbe, sieur de Digny, Nicolas Le Pelletier, écuyer, sieur de La Fosse, Pierre Désobeaux, Jacques Dumoustier et Olivier Le Révérend, gouverneurs-échevins de la ville ; ladite sentence prescrivant d'inviter ledit Claude du Buisson à réintégrer les sceaux de l'Université dans l'*arche commune* (*sic*), à peine d'emprisonnement, en cas de refus, et défendant de délivrer des lettres de réception à ANNE DU BUISSON et à Jérôme Le Courtois, reçus docteurs aux Droits par ledit Claude sans l'observation des formalités indiquées par les règlements.

Folio 75. — Procès-verbal de comparution, le lundi 1er juin 1587, devant Jean Vauquelin, écuyer, sieur de La Fresnaye, de noble homme Pierre de Villy, l'un des conseillers du Roi au siége présidial de Caen, et de la déclaration de ce dernier constatant que Me Claude du Buisson lui a remis les sceaux de la Faculté des Droits, qui ont été réintégrés dans l'arche à ce destinée, en présence des autres docteurs de l'Université, après quoi il l'a fait relaxer, suivant les termes de la sentence rendue le 29 mai précédent.

N° 210. — 28-29 *mai* : 1er *juin* 1587. — Extrait de l'ouvrage intitulé : *Le Collége des Droits de l'ancienne Université de Caen*, par Jules Cauvet, publié dans le 22e volume des *Mémoires de la Société des Antiquaires de Normandie.*

Pages 515 et 516 du XXIIe vol. des *Mémoires :* — « Les règlements, « d'accord avec l'usage, exigeaient beaucoup de solennité pour la réception « des nouveaux docteurs. Après un certain nombre de leçons d'apparat, faites « en présence du Corps universitaire entier, le candidat devait soutenir des « thèses qu'il faisait afficher huit jours à l'avance, afin de ménager à ceux « qui voudraient entrer dans la lice les moyens d'argumenter contre lui. « Ajoutons que de nombreuses convocations étaient adressées en son nom par « les bédeaux des Facultés de Droit aux officiers de l'Hôtel-de-Ville, ainsi qu'à « tous les fonctionnaires de l'Ordre judiciaire.

« Quel ne fut pas dès lors l'étonnement de chacun, lorsque, dans la jour- « née du 29 [28] mai [1587], on apprit que, le matin de ce jour, CLAUDE « DU BUISSON, *doyen du droit civil*, s'était ingéré de conférer à lui seul la « dignité doctorale à son fils ANNE DU BUISSON et à Jérôme Le Courtois, son « parent, tous les deux licenciés en Droit, aspirant au professorat ? Aucune « des formalités accoutumées n'avait été gardée dans cette réception, opérée à « l'insu du Recteur et sans l'aveu des professeurs de Droit, témoins obligés « d'une promotion aussi honorable. Il n'y avait pas eu de soutien de thèses, et « tout s'était borné à quelques discours vagues, prononcés à la hâte devant « un certain nombre d'écoliers, sur les devoirs imposés aux Docteurs et sur « la dignité de la science du Droit.

« Les professeurs ayant protesté dès le soir même devant le lieutenant- « général du bailliage, en même temps maire de la ville et commissaire

« réformateur de l'Université, ce magistrat ouvrit une enquête dont les
« registres municipaux nous donnent le contenu. Les mêmes registres nous
« font connaître cette particularité singulière que le sieur du Buisson père,
« s'étant mis privativement en possession du sceau des Facultés de Droit dans
« le but de faciliter les promotions qu'il méditait, il fallut le faire emprisonner
« durant quelques heures, à la requête du procureur du Roi, pour l'amener
« à réintégrer ledit sceau dans l'*arche commune des Facultés*, sise alors au
« couvent des Cordeliers.

« Le résultat de cette procédure pleine de scandale fut, comme on devait
« s'y attendre, l'annulation de la réception des deux docteurs. Pourtant cette
« annulation définitive souffrit de longs délais, les sieurs du Buisson et Le
« Courtois s'étant portés appelants devant le Parlement contre la décision
« des officiers municipaux qui leur était contraire. Du reste, l'échec qu'il
« venait de subir ne nuisit pas à la fortune d'Anne du Buisson. Huet nous
« atteste qu'il devint plus tard conseiller au Parlement de Normandie. Il le
« signale même par erreur comme ayant été pendant quelque temps profes-
« seur dans notre école de Droit. »

N° 211. — 29 mai 1595 : 21 septembre 1628. — Extrait d'un manuscrit de la Bibliothèque de Rouen, coté Y, 74, contenant la désignation successive des conseillers au Parlement, et intitulé :

« *Liste générale de Messieurs du Parlement de Normandie, depuis l'insti-*
« *tution faite par le Roy Louis XII au mois d'avril 1499.*

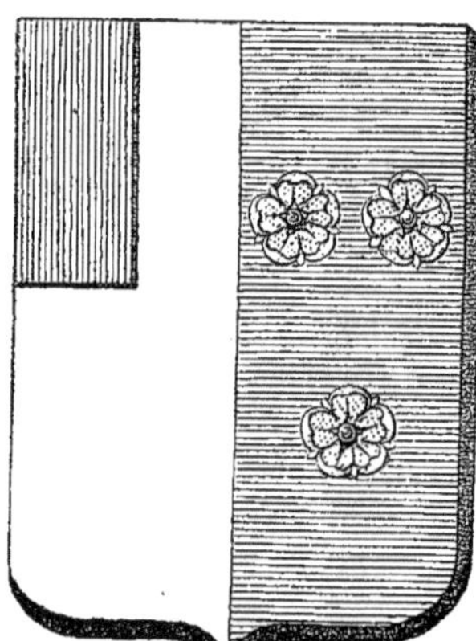

« CONSEILLERS.

« 29 *may* 1595. — Monsieur ANNE
« DU BUISSON, clerc, au lieu de Monsieur
« Michel de Monchy.

« Inhumé à Nostre-Dame de Rouen,
« le 21 septembre 1628.

« Estait grand-vicaire de Monsei-
« gneur l'Archevêque.

« (Portait) : *d'azur, à trois roses*
« *d'or, party* (au 1er) *d'argent, au*
« *canton de gueules.* »

Ce document est très-important pour la maison du Buisson de Courson-Cristot, dont il relate *authentiquement* les armes ; toutefois l'écusson est indiqué *parti*, au lieu d'être *écartelé*, comme de nos jours.

N° 212. — 7 septembre : 11 décembre 1595. — Extrait des *Registres Mémoriaux* de la Chambre des Comptes de Normandie, déposés à Rouen, aux Archives de la Seine-Inférieure.

Registre 12, année 1595 ; folio 311 ; B. 14.

« *Lettres patentes* (d'Henri IV) *obtenues par* Me ANNE DU BUISSON, *con-*
« *seiller à la Court* (sic), *pour estre paié de ses gaiges du jour de sa pro-*
« *vision.*

« HENRY, par la grâce de Dieu Roy de France et de Navarre, à noz amez

« et féaulx les gens de nos comptes, présidens et trésoriers généraulx de France « en Normandie establiz à Rouen, Salut. — *Nostre amé et féal conseiller en « nostre court de Parlement de la province*, Me Anne du Buisson, nous a « faict dire et remonstrer que, dès le XIIe jour de février dernier passé, nous « l'aurions pourveu du dict estat et office par la résignation de Me Michel de « Monchy, et que, pour aucunes considérations et empeschemens qui luy « seroient survenus, il n'auroit pu se faire recevoir et instituer au serment « du d. office en nostre Court que le XXIXe de may en ensuivant aussy « dernier passé, et d'autant que pourriez faire difficulté, vous genz de nos d. « comptes, de passer et allouer au compte, et vous dits président et trésoriers « généraux, de bailler ou laisser fonds au receveur et paieur des gaiges des « officiers de nostre dite Court et faire païer au d. exposant ses gaiges ordi- « naires appartenant à son dit office de *conseiller-clerc* à commencer du jour « de sa dicte provision à celui de sa dicte réception s'il n'avait sur ce nos « lettres de déclaration. — Et désirant qu'il en soit paîé, — Vous mandons et « très-expressément enjoignons, et à chacun de vous en tant qu'à vous ap- « partient, faire paîer au dict du Buisson les d. gaiges, iceux passer et « allouer en la despence des comptes du d. receveur et paieur, et ce à com- « mencer du jour et dabte de sa d. provision du XIIe de février à celluy de « sa dite réception XXIXe de may ensuivant et derniers passéz; desquels « gaiges, à quelque somme qu'ils se puissent monter, Nous lui avons, en « tant que besoing est ou seroit, faict et faisons don par ces présentes, « pour ce signées de nostre main. — *Car tel est nostre plaisir*, nonobstant « tous éédictz, ordonnances et réglemens faicz sur l'ordre et distribution de « noz finances, et lettres à ce contraires, auxquelles, pour ce regard, nous « avons derrogé et dérogeons.

« Donné à Lyon le VIIe jour de septembre, l'an de grâce mil Vc IIIIxx « quinze, et de nostre règne le septiesme.

« HENRY.

« Par le Roy en son Conseil :

« Signé : *Fayet.* »

Lesdites Lettres scellées, sur simple queue de parchemin du grand scel de cire jaune, ont été, à la requête du conseiller Anne du Buisson, vérifiées et entérinées en la Chambre des Comptes de Normandie le 11 décembre de cette même année 1595.

No 213. — *9 octobre 1606: septembre 1616: septembre 168.* — Extrait de l'*Histoire de la Cathédrale de Rouen*, par le Père Pommeraye, religieux de St-Ouen (Rouen. Petit in-4o; 1686).

On lit à la page 314 :

« Anne du Buisson, prêtre du diocèse de Coutances (*erreur :* lire Bayeux), « licencié en l'un et l'autre Droit, conseiller au Parlement de Rouen, ayant « été reçeu, le 9 octobre 1606, à la prébende que lui avait résignée Hiérémie « de La Place, se fit pourvoir (le 1er septembre 1616) de l'archidiaconné de « Vexin Normand, qui vaquait par le décès d'Etienne Samson, et, le 12 sep- « tembre 1616, en prit possession personnelle. — Il mourut le 19 septembre « 1628. »

No 214 et 215. — *22 décembre 1612: 5 janvier 1613.* — Extraits des *Délibérations de l'Hostel commun de la ville de Caen*, lesdits extraits délivrés et légalisés le 26 avril 1870.

Registre 44, folio 111, au verso, on lit :

« Du samedy XXII décembre 1612, ont assisté :

MM. Bénard,
Mauger, } eschevins.
Le Hulle,
Baucher, procureur-syndic.

« M. le Procureur-syndic a apporté des lettres à lui adressantes (*sic*) et à « Messieurs de la Ville par M. Rémon, par lesquelles il déclare qu'il est « besoing aller en Court (*sic*) pour la vuide du procèz de MM. les Esleuz.

« Icelles mises en délibération, il a esté arresté que Mr DU BUISSON (Pierre), « *premier eschevin*, fera voyage à Paris pour le d. procez, et passera par « Rouen pour advancer le vuide de ceux qui y sont pendants, et que, estant « à Parys, il escryra, afin que à la vuide y aillent M. le Président et quel- « qu'un de la Compaignye. »

Même registre, folio 114 :

« Du samedy Ve janvier 1613, ont assisté :

MM. Vauquelin, lieutenant général ;
Bénard,
Mauger,
Lescuïer, } eschevins.
Le Hulle,
Dupont, receveur.
Boscain, greffier.

« Il a esté arresté que Mr DU BUISSON (Pierre) partyra lundy pour aller à « Rouen et Parys pour les procez, et lui sera dellivré II C livres, et qu'il « mandera lorsqu'il sera temps aller et gratifier M. le Rapporteur. »

No 216 à 226. — De 1612 à 1615. — Correspondance au sujet des affaires municipales de Caen, concernant *messire* PIERRE (Ier) DU BUISSON, *écuyer*, sieur de COURSON, élu premier gouverneur-échevin noble de la ville le 7 mars 1612.

Liasse de lettres déposées aux Archives de l'Hôtel-de-Ville de Caen, dont l'analyse peut se résumer ainsi :

1° *1er septembre 1612.* — Lettre des Gouverneurs-Echevins de Caen, adressée à leur collègue, M. du Buisson, à Paris, et l'invitant à s'informer de quelle façon Monseigneur le comte de Soissons (Charles de Bourbon-Condé) désire être reçu à Caen ;

2° *4 septembre 1612.* — Lettre en réponse de Pierre du Buisson. Le comte de Soissons désire *qu'on lui fasse entrée* ;

3° *6 septembre 1612.* — Autre lettre de P. du Buisson, d'après laquelle le comte de Soissons désirerait que la ville ne se mît point en frais ;

4° *8 septembre 1612.* — Troisième lettre de P. du Buisson sur le même sujet, invitant les Echevins à ne pas se hâter de faire des frais pour la réception du comte de Soissons, *d'autant plus que l'on connaît les inconstances de la Cour* (sic) ;

5° *23 février 1613.* — Lettre par laquelle MM. Vauquelin (de La Fresnaye), lieutenant du maire de Caen, du Buisson et Lescuyer, gouverneurs-échevins, tous les trois députés en Cour de Parlement, à Rouen, pour les affaires de leur ville, mandent qu'on leur envoie les pièces relatives au prêt de 4,000 écus, fait jadis au duc de Montpensier, gouverneur de Normandie ;

6° *5 mars 1613.* — Lettre de P. du Buisson réclamant différentes pièces contre les Trésoriers de France, à l'effet d'obtenir qu'il leur soit fait défense d'inquiéter la ville de Caen pour les deniers d'Octroi et ceux de l'Université ;

7° *8 mars 1613.* — Lettre de messire Pierre du Buisson, confirmative d'une lettre de messire Vauquelin de La Fresnaye datée du jour précédent, annonçant le gain du procès soutenu par la ville de Caen contre les Elus ;

8° *21 mars 1613.* — Autre lettre de P. du Buisson, annonçant que l'arrêt est signé et qu'il a été remis aux délégués de la ville ;

9° *23 juin 1613.* — Lettre de Pierre du Buisson, dans laquelle il est question des intérêts des 1,100 écus dus à M. de Mondreville. Un passage semble faire allusion aux mauvais rapports des Echevins et des conseillers du Roi au Siége présidial ; le syndic des créanciers ayant, paraît-il, démandé que le différend fût soumis aux juges du présidial, M. du Buisson ajoute : « *Si cela est, nous sommes jugés* » ; et il propose aux Echevins d'entrer en arrangement avec le syndic ;

10° *5 septembre 1613.* — Lettre de P. du Buisson, de laquelle il résulte que la ville de Caen avait perdu son procès contre les créanciers de Mondreville ;

11° *21 février 1615.* — Lettre de Pierre du Buisson, annonçant que la question de la vérification du privilége possédé par les bourgeois de la ville de Caen, de labourer leurs héritages situés dans la campagne environnante sans y être soumis à la taille, n'a pu être résolue, à cause de la maladie du premier président de la Cour des Aides.

N° 227. — 13 juillet 1613. — Extrait des Archives municipales de Caen, dûment certifié conforme et légalisé les 12-24 juin 1869, contenant :

1° Requête présentée « à Messieurs les maire et gouverneurs-« échevins de la ville de Caen » par « *noble homme* ANNE DU BUIS-« SON, sieur DE LAIZE-LA-VILLE (*sic*), conseiller du Roy, nostre syre, « en la Court du Parlement de Normandie », tandant à obtenir, moyennant une rente au patrimonial de la ville, la concession en fief d'une portion de terre située entre les murailles de la ville, vers la basse rue du Valgueux et la rue du Mesnil-Torel, paroisse St-Pierre ;

2° Concession en fief du terrain en question, moyennant une rente de *cinq* sols, octroyée par délibération du même jour et signée :

Vauquelin (lieutenant-général) ; *de La Serre* (avocat du Roi) ; *Malerbe* (procureur du Roi) ; *P. du Buisson*, *Bénard*, *Mauger*, *Le Hulle* (échevins) ; *Baucher* (procureur-syndic).

N° 228. — De 1616 à 1628. — Extrait des *Inventaires sommaires des Archives départementales de la Seine-Inférieure*, rédigés sous la savante direction de M. de Robillard de Beaurepaire, archiviste. — Archives de l'archevêché de Rouen. Introduction au IIe volume :

« Du Buisson (Anne) du diocèse de Bayeux, conseiller du Roi au Parle-
« ment de Normandie, licencié en l'un et l'autre Droit, chanoine à Rouen,
« archidiacre du Vexin Normand ; — *vicaire général* de l'archevêque le
« 13 juillet 1616 jusqu'au 19 septembre 1628, date de sa mort.

Anne du Buisson est, du reste, souvent cité dans ces inventaires.

N° 229. — 1er-12 septembre 1616. — Acte d'installation, le 12 septembre 1616, de noble homme Anne du Buisson, conseiller au Parlement de Normandie, dans les fonctions et la dignité d'Archidiacre du Vexin Normand, auxquelles il avait été nommé le 1er septembre même année.

Extrait des archives de la Seine-Inférieure. — Fonds du Chapitre de la Cathédrale de Rouen.

Expédition légalisée, collationnée par l'archiviste, certifiée conforme par le Secrétaire-général de la Préfecture le 29 juillet 1872, dont la teneur suit :

« *Du lundy, XIIe jour de septembre* 1616 ; *capitulants MM. Boivin, haut-*
« *doyen ; Canivet, trésorier ; Behote, grand archidiacre*, etc. »

« Anno Domini millesimo sexcentesimo decimo sexto, die verò duodecimâ
« mensis septembris, in Capitulo insignis ecclesiæ Rothomagensis, dominis
« decano et canonicis circà horam nonam matutinam ibidem capitulariter
« congregatis, comparuit *nobilis et circumspectus vir dominus ac magister*
« Annas du Buisson, *in supremo Normanniæ Senatu consiliarius regius, et*
« *in dictâ ecclesiâ canonicus præbendatus*, qui *Litteras patentes* reverendis-
« simi in Christo patris et domini domini Francisci de Harlay, miseratione
« divinâ et Sanctæ Sedis Apostolicæ gratiâ Rhothomagensis archiepiscopi,
« Normanniæ primatis, *datas Parisiis die primâ præsentium mensis et anni*,
« continentes *provisionem et collationem archidiaconatûs Vulgassini Nor-*
« *manniæ*, quem in eâdem ecclesiâ obtinebat nobilis idem et circumspectus
« vir dominus ac magister Stephanus Samson, dùm viveret archidiaconus
« Vulgassini Normanniæ et canoninus dictæ ecclesiæ, nunc per ipsius obitum
« vacantis, exhibuit, et in vim dictorum pontificiorum codicillorum ad dic-
« tum Archidiaconatum recipi et admitti instanter requisivit. — Quâ requisi-
« tione auditâ, nobilis et discretus vir magister Bartholomæus Laligney, in
« dictâ ecclesiâ canonicus, virtute cujusdam litteræ missivæ in papirio ad se
« per nobilem item et discretum virum magistrum Ludovicum Samson, præ-
« fatæ ecclesiæ canonicum et subcantorem, atque jus ad dictum Archidiaco-
« natum habere prætendentem scriptæ, protestatus est receptionem dicti
« domini du Buisson ad dictum Archidiaconatum nullum præjudicium
« allaturam dicto domino Ludovico Samson, in cujus favorem resignationem
« dicti Archidiaconatûs, per præfatum dominum Stephanum Samson factam,
« in curiâ Romanâ admissam fuisse asserebat. — Quibus quidem visis, lectis
« et auditis litteris dicti reverendissimi domini Archiepiscopi, iidem domini
« capitulantes eidem domino Laligney, nomine quo suprà, actum de suâ
« protestatione concesserunt, prout de jure valituram, *concluseruntque dic-*
« *tum dominum* du Buisson *ad dictum Archidiaconatum receptum iri*, et ob
« illius merita et ergà Capitulum grata officia et obsequia multis abhinc

« annis ab eo præstita solutione jurium Capitulo, à dignitatibus suâ in « receptione solitorum, in argumentum grati animi, statuerunt absolvi et « liberari; sic que confestim, professâ ab illo fide catholicâ juxta formam in « Concilio provinciali præscriptam præstitisque juramentis assuetis in libro « Evangeliorum ob hoc sibi tradito descriptis, nobilis et circumspectus vir « dominus ac magister Henricus Boyvin, dictæ ecclesiæ decanus et canonicus, « tunc in Capitulo præsidens, *eumdem dominum* du Buisson *in corporalem, « realem et actualem possessionem dicti Archidiaconatûs juriumque et perti- « nentiorum illius universorum posuit et induxit* per dicti libri Evangeliorum « pro spiritualitate et duorum panum pro temporalitate tactum; et deindè « *illum installavit in altis sedibus sinistri lateris chori dictæ ecclesiæ, in « cathedrâ dicto Archidiaconatui speculiariter assignatâ, et in superioribus « subselliis Capituli*, servatis solemnitatibus assuetis, præsentibus ibidem « magistris Mathæo Champion et Nicolao Deshayes, in dictâ ecclesiâ capel- « lanis, et Joanne de Canvilâ, dicti Capituli nuntio, pluribusque aliis testi- « bus et prædictis. »

N° 230. — 12 novembre 1616. — Archives préfectorales du Calvados. Extrait, légalisé le 21 septembre 1867, du *Registre des Réceptions des Licenciés de la Faculté de Droit canon et civil de l'Université de Caen*, commençant le 13 mars 1613 et finissant le 6 mai 1637 :

« Du 12 novembre mil six cents seize :

« *Nobilis adolescens* Claudius Buissonius (Claude II du Buisson, plus tard « seigneur de Cristot), ex parrochiâ Sancti-Petri urbis Cadomensis, diocesis « Baiocensis, respundit de l. Vlt. de part., coram doctis dominis Guernonio « rectore, Itano Bucherio et Rutano. »

En marge est écrit :

« Gratis, in favorem de du Buisson (Anne), consiliarii Regis in curiâ « Rotomagensi. »

N° 231. — 8 juillet 1620. — Extrait de l'*Histoire politique et religieuse de l'église métropolitaine de Rouen*, par L. Fallue (Rouen ; 1851) ; tome IV, pages 56 et 57 :

« On sut, le 8 juillet 1620, que le Roi (Louis XIII) s'approchait de « Rouen . . . .

« Le Chapitre fit immédiatement parer l'église et pria l'archevêque de « recevoir le monarque à son arrivée. Ces dispositions furent sans résultat ; « Louis XIII passa devant la Cathédrale sans y entrer et se rendit tout droit « à St-Ouen. MM. de Hallé, du Buisson (Anne) et Le Febvre de Flicourt « eurent mission d'aller lui offrir les hommages de la Compagnie..... »

N° 232. — Février-14 juin-29 octobre 1621. — Extrait des *Registres Mémoriaux de la Chambre des Comptes de Normandie*, déposés aux Archives préfectorales de la Seine-Inférieure, à Rouen (Année 1621 ; volume 39, folio 156).

Première érection de la seigneurie de Cristot en huitième de fief noble de Haubert, à la dénomination de Cristot-Courson, faite par Lettres-patentes de Louis XIII, du mois de février 1621, au profit de messire Anne du Buisson, conseiller au Parlement de Normandie, frère de Pierre Ier du Buisson, écuyer, sieur de Courson.

Ces Lettres-patentes furent enregistrées au Parlement le 14 juin et en la Chambre des Comptes le 29 octobre 1621.

Expédition légalisée, collationnée par l'archiviste, M. R. de Beaurepaire, certifiée conforme le 16 mars 1869 par le secrétaire-général de la préfecture de la Seine-Inférieure, dont la teneur suit :

« LOUIS, PAR LA GRACE DE DIEU, ROY DE FRANCE ET DE NAVARRE, à tous « présents et à venir, SALUT. Notre amé et féal CONSEILLER EN NOTRE COURT « DE PARLEMENT DE NORMANDYE, *messire* ANNE DU BUISSON, SEIGNEUR ET « PATRON DE CRISTOT ET DE BROUAY, nous a fait remonstrer qu'estant survenu « plusieurs procès en teneures entre luy et JEAN LE FAUCONNIER, escuïer, « SIEUR DU MESNIL-PATRY, soubs notre chastellenie de Caen, leurs amis com- « muns n'auroient peu trouver aultre moien de leur en obster le subjet que « par la voie de transaction, et que l'un deux feust accommodé par l'autre « de ce qu'ils pouvoient avoir de mesle, en telle sorte qu'il auroit esté con- « traint et conseillé prendre d'icellui Le Fauconnier une prévosté-recepveuse « et membre de son dict fief du Mesnil-Patry, qui s'estendoit en la dicte pa- « roisse de Cristot, où sont les autres biens et fiefs du dit exposant et aux « environs, et en laquelle le dit Le Fauconnier ne prétendroit aucunes « teneures, rentes et redebvances seigneurialles qu'en conséquence de sa « dicte prévosté, et auroient pour cet effect passé entre eux devant les tabel- « lions de Rouen, le VIIe jour de décembre XVI^c^ XX, le contrat cy-attaché « soubs le contre-scel de ces présentes, par lequel le dit Le Fauconnier a « quitté et vendu au dict exposant la dicte prévosté-recepveuse avec touttes « les rentes sieurialles et teneures qui en deppendent, avec droit de patron- « nage alternatif y annexé, comme faisant partie de la glébe et fief du dict « Mesnil-Patry, et tout ce qui est attribué à la dicte prévosté-recepveuse qui « s'estend en la dicte paroisse de Cristot et celle de Fontenay-le-Pesnel, dont a « esté déclaré les droits possédez à cause d'icelle prévosté spécifiez par le dit con- « trat, avec subrogation en outre aux droits du dit Le Fauconnier, pour « faire poursuitte de tout ce qui est et pourra estre trouvé mouvant de la « dicte prévosté-recepveuse, moyennant les prix et conditions y référez ; « entre lesquelles le dit exposant est demeuré chargé et tenu, soubs notre « bon plaisir, obtenir Lettres de démembrement et faire ériger la dicte pré- « vosté en un fief, avec l'annexe et attribution de la dicte alternatifve de « patronnage, qui portera la dénomination de CRISTOT-COURSON, à tenir et « relever en arrière-fief du dict fief du Mesnil-Patry par foy et hommage- « reliefs et XIIImes, suivant la Coustume de Normandye, en quoy les vas- « saux seront mesme beaucoup soullagez, n'estans à l'advenir poursuivis sus « les différends des dictes teneures, ny à comparence de pleds et gages-pléges « hors leur paroisse, joint que de tout temps y a toujours eu un prévost- « recepveur particulier pour la dicte prévosté distingue des autres de la dicte « seigneurie du Mesnil-Patry. — A ces causes, et que le dict exposant a plu- « sieurs terres tenues de la dicte prévosté-recepveuse et espère en réunir par « puissance de fief à l'advenir, il nous a requis nos Lettres, affin que le dict « contrat soit vallidé et approuvé et qu'il nous pleust, auctorisant le dict « démembrement par mesme moien, ériger la dicte prévosté en un huictième « de FIEF NOBLE DE HAUBERT, à court, usage et service de prévosté, jurisdi- « cion, pleds, gage-pléges sur les hommes et tenans d'icelle, avec droit de « colombier, et tous autres droits à fief noble attribuez par la Coustume de « notre province de Normandye, avec le droit de patronnage alternatif, lequel « fief relevera du dict fief et seigneurie du Mesnil-Patry.

« A CES CAUSES, desirans subvenir au dit exposant, après avoir faict veoir « en notre Conseil le dit contract, de l'advis d'iceluy et de notre grâce spé- « cialle, avons par ces présentes vallidé et auctorisé, vallidons et auctorisons « le dict contract et le démembrement fait par iceluy de la dicte prévosté- « recepveuse en toutes ses dépendances, avec le dit patronnage alternatif, et

« icelle créé et érigé, créons et érigeons en un huictième de Fief noble de « haubert, à la dénomination de CRISTOT-COURSON, avec juridicion « basse, pleds et gage-pléges sur les hommes et vassaux qui en relèvent et « leurs héritages, droit de prévosté, de colombier, et toutes autres droitures « à fief noble attribuées par la dicte Coustume de Normandie, joint l'annexe « et attribution à icelle de la dicte alternative du dict patronnage, et lequel « fief sera tenu et mouvant de la dicte seigneurie du Mesnil-Patry et comme « fief séparé d'icelle.

« Sy donnons en mandement à nos amez et féaux conseillers, les gens « tenans notre court de Parlement à Rouen, Chambre des Comptes au dict « lieu, et à tous nos officiers ainsy qu'il appartiendra que nos présentes « Lettres ils vérifient et facent enregistrer le dict contenu en icelles, faire « jouir et user le dict exposant, ses hoirs et ayans cause plainement et pai- « siblement.

« Car tel est notre plaisir.

« Donné à Paris, au mois de febvrier, l'an de grâce mil six cens vingt et « ung, et de notre règne le onziesme.

« Signé : LOUIS.

« Sur le reply est écrit :

« Par le Roy :

« Signé : Pottier.

« Les dictes Lettres, scellées en lacs de soye rouge et verte du grand scel de « cire verte, portent sur le reply :

« Registrées ès registres de la Court, ouy et consentant le procureur « général du Roy, pour du contenu jouir par l'impétrant selon leur forme et « teneur.

« A Rouen, en Parlement, le XIIIIe jour de juing XVIc vingt et ung.

« Signé : *De Boislévesque.*

« VEU PAR LA CHAMBRE DES COMPTES les Lettres patentes du Roy, « en forme de charte, données à Paris au mois de febvrier dernier, par « lesquelles le dict seigneur a auctorisé et vallidé le contract de vente fait à « messire Anne du Buisson, son conseiller en la court de Parlement de Rouen, « seigneur et patron de Cristot et de Brouay, par Jean Le Fauconnier, « seigneur de Mesnil-Patry, passé devant les tabellions de Rouen le VIIe de « décembre dernier, de la prévosté-recepveuse du dict lieu de Cristot, dep- « pendant du dict fief du Mesnil-Patry, et le démembrement fait par le dict « contrat de la dicte prévosté en toutes ses deppendances, avec le patronnage « alternatif, et icelle prévosté, créé et érigé en un huictième de fief noble de « haubert à la dénomination de Cristot-Courson, avec juridicion basse, « pleds et gage-pléges sur les hommes et vassaux qui en relèvent et leurs « héritages, droit de prévosté, colombier et toutes autres droitures à fief « noble attribuées par la Coustume de Normandye, joint l'annexe et attri- « bution à icelle de la dicte alternatifve du dict patronnage, et lequel fief « sera tenu et mouvant de la dicte seigneurie du Mesnil-Patry, et comme fief « séparé d'icelle : — Arrest de la dicte court de Parlement de Rouen, de véri- « fication des dictes Lettres, du XIIIIe de juing dernier; — Commission de « la dicte Chambre, du XIe de septembre aussy dernier, adressante à l'un « des conseillers-maistres ordinaires en icelle trouvé sur les lieux et, pour « son absence, au bailly de Caen ou son lieutenant pour, appelé le substitut « du procureur général du Roy, et après lecture et publication faite des dictes « Lettres patentes à jour de dimanche, yssue des grandes messes paroissiales « des églises circonvoisines, bourgs et marchez proches des lieux où sont « situés les dicts fiefs, informer de la commodité ou incommodité que pou- « voit apporter au Roy et au public la dicte érection de fief pour, la dicte

« information faicte et raportée en la dicte Chambre, estre par icelle ordonné « qu'il appartiendroit : — Procès-verbaux de Georges Le Bas, sergent royal « au bailliage et vicomté de Caen, sergenterie d'Ennebaut, Noël Hétic, sergent « royal en la sergenterie de Cheux, et François Durant, sergent royal à « Evrecy, de la lecture et publication par eux faicte des dites Lettres patentes, « yssue des messes paroissiales de Brouay, Cristot et Mesnil-Patry, Audrieu « et Fontenay-le-Pesnel, bourgs et marchez de Cheux et Evrecy, iceux « tenans et en leurs plains cours les XXVI-XXVIIIe et dernier du dict mois « de septembre et IIIe d'octobre dernier : — Information faite en exécution « de la dite commission par messire Jacques Blondel, lieutenant particulier « au bailliage de Caen, les II, III et V[es] du dict mois d'octobre, appelé le « substitut du dict procureur général en la dicte vicomté de Caen : — Requeste « présentée à la dicte Chambre par le dict du Buisson, afin de vérification des « dictes Lettres : — Conclusions du procureur général du Roy, ET TOUT « CONSIDÉRÉ :

« LA CHAMBRE a ordonné et ordonne que les dictes Lettres patentes du « mois de febvrier dernier seront registrées ès registres d'icelle, pour en « jouir par l'impétrant selon leur forme et teneur.

« Faict le vingt-neufviesme jour d'octobre, l'an mil six cens vingt et ung. »

En marge est écrit :

« *Confirmation du contract faict entre le sieur du Buisson, conseiller en* « *la Court, et Jehan Le Fauconnier, seigneur du Mesnil-Patry, de démem-* « *brement de la prévosté de Cristot, dépendant du dict fief de Mesnil-Patry,* « *et érection de la dicte prévosté en ung huictième de* FIEF NOBLE DE HAUBERT, « *qui sera appelé le fief de* CRISTOT-COURSON, *et à icelluy annexé le patron-* « *nage alternatif.* »

N° 233. — 27 mars 1624. — Acte notarié passé devant les tabellions de Cheux (et conservé aujourd'hui dans les minutes du notariat), portant échange d'immeubles situés à Cristot entre Claude (II) du Buisson, *écuyer*, sieur de Cristot (*sic*), et un nommé Charles Le Cerf le jeune.

Annalyse faite à Cheux le 7 juillet 1874.

N° 234. — 19-20-21 septembre 1628. — Décès et testament d'Anne du Buisson, conseiller au Parlement de Normandie, archidiacre du Vexin, etc. Son inhumation dans la chapelle de la Vierge de la cathédrale de Rouen.

Extrait des archives de la Seine-Inférieure. — Fonds du Chapitre; 71e registre capitulaire ; 1626-1631.

Expédition légalisée, collationnée par l'archiviste, délivrée par le secrétaire-général de la préfecture le 29 juillet 1872, dont la teneur suit :

« Du mardy, dix-neufviesme jour de septembre 1628 ; capitulants MM. Godart, trésorier; Behotte, grand archidiacre; Marc, de Hauteryve, Vendenger l'aisné, Séquart, Marette, Béranger, Vendenger le jeune, Barbey, « Martin, Dutot, Briffault, Delaplace, Delamarre et Aubourg :

« Monsieur Vendenger l'aisné a fait entendre que le nepveu (Claude II) « de *feu Monsieur maistre* ANNE DU BUISSON, *vivant prestre, conseiller du* « *Roy en son Parlement de Rouen, chanoine et archidiacre en ceste église* « *cathédrale*, l'avoit prié de donner advis au Chapitre que le dict sieur « défunct, son oncle, *seroit décédé ce matin*, viron les sept heures, *ayant* « *fait testament escrit et signé de sa main*, lequel testament le d. sieur

« Vendenger a présenté sur le bureau, et que le dict sieur nepveu offroit de « signer déclaration comme il accepte, au nom de son père, frère du d. « sieur défunct, la succession d'iceluy et se porte son héritier; — sur quoy, « lecture faicte du dict testament, il a esté ordonné que M. de Hauteryve, « maistre des testats et intestats, se transportera en la maison du dict sieur « défunct, assisté du messager du Chapitre, pour y faire faire inventaire « des biens meubles d'iceluy sieur défunct, ou faire signer au d. sieur nepveu « la d. déclaration et comme il se submet de faire accomplir le dict testament, « lequel lui a esté rendu. »

« Du mercredy, XXe jour de septembre 1628, s'est présenté Michel « Yauvart, petit chanoine en ceste église, assisté de vingt-quatre hommes « revestus de deuil, lequel, *au nom du frère de feu Monsieur maistre* ANNE « DU BUISSON, *vivant conseiller du Roy*, etc., etc., a prié la compagnie « d'avoir pour agréable que l'inhumation du corps du d. sieur défunct fût « faicte *demain* de relevée en la dicte église cathédrale et d'y assister; — « sur quoy délibéré, il a esté ordonné que la dicte inhumation sera faite « demain en ceste église cathédrale, aprèz Complies, messieurs de Haute- « ryve, Pigny et Barbey, pour l'absence de Messieurs les intendants de la « Fabrique, priez de désigner *lieu de sépulture au corps du dict sieur défunct* « *en la chapelle de Nostre-Dame.*

« Monsieur de Hauteryve a referé que, suivant l'ordonnance d'aujourd'hui, « en qualité de maistre des testats et intestats du Chapitre, il s'étoit trans- « porté en la maison de feu monsieur du Buisson pour y faire faire inven- « taire des biens meubles du d. sieur défunct, où s'estant présenté CLAUDE « DU BUISSON, *escuïer, fils et présomptif héritier du frère du dict sieur* « *défunct*, lequel sieur Claude avoit déclaré que son dict père se portoit héri- « tier d'iceluy sieur défunt, s'estant submis de faire ratifier la dicte déclara- « tion par son père toutefois et quantes, et de faire faire la vendue des d. « biens meubles par l'huissier et messager du Chapitre, au cas qu'ils fissent « vendue publique; — au moyen de quoy luy sieur de Hauteryve avoit laissé « les dicts meubles au d. sieur Claude et n'en avoit fait faire inventaire. »

« Du jeudy, vingt-uniesme jour de septembre 1628; — il a esté ordonné « que le service sera advancé de relevée de demi-heure, *à cause de l'inhuma-* « *tion de feu Monsieur l'archidiacre* DU BUISSON, *à laquelle la Cour du* « *Parlement assistera.* »

N° 235. — 17 mars : 30 mai 1629. — Extrait des *Registres Mémoriaux de la Cour des Aides* de Normandie, déposés aux archives préfectorales de la Seine-Inférieure, à Rouen.—Mémorial B., années 1628-1630, folios 213, 214 et 215 :

Lettres royales de provision de M. CLAUDE DU BUISSON, *écuyer*, en l'office de *Conseiller et Procureur pour le Roi en l'élection et grenier à sel de Caen*, charge exercée précédemment par M. Panthaléon Vaussart, lesdites Lettres données à Paris le 17 mars 1629, la 19e année du règne (de Louis XIII).

Reçu ledit Claude audit office après enregistrement des Lettres royales en la Cour des Aides de Normandie, enregistrement fait le 30 mai 1629.

Payé au fisc : pour la résignation de l'office faite en sa faveur par M. P. Vaussart et pour l'envoi en possession : 250 livres ; pour le droit de marc d'or : 67 livres 10 sols (Récépissés des 12 et 14 mars 1629).

N° 236. — 22 mars : 1er mai 1631. — Renonciation faite par Claude (II) du Buisson, au profit du chanoine Pierre Fouchaut, de divers droits provenant de la succession de son oncle Anne du Buisson.

Extrait des archives de la Seine-Inférieure. — Fonds du Chapitre de la cathédrale de Rouen : Testaments.

Expédition légalisée, collationnée par l'archiviste, délivrée par le secrétaire général de la préfecture le 29 juillet 1872, dont la teneur suit :

« Je, CLAUDE DU BUISSON, *escuïer*, *sieur de* CHRISTOT, héritier de feu « *Monsieur maistre* ANNE DU BUISSON, *mon oncle*, vivant conseiller au Parle- « ment de Rouen, chanoine et archidiacre de l'église Nostre-Dame de Rouen, « *par le décèz de feu* PIERRE DU BUISSON, *escuier*, *sieur de* COURSON, *mon* « *père*, céde, quitte, consentz et accorde que *noble et discrepte personne* « maistre PIERRE FOUCHAUT, prestre, soit à present pourveu de la prébende « que possédoit le dict défunct sieur du Buisson, suivant la résignation qu'il « en a faicte en faveur du d. sieur Fouchaut ; consentz que le d. sieur Fou- « chaut recueille le pain escheu pendant l'année de l'annatte, renonçant de « ne rien y prétendre ni demander pendant la dicte année de l'annatte tou- « chant le d. pain.

« Fait le vingt-deuxiesme jour de mars mil six centz trente-un. »

Signé : *C. du Buisson.*

« Je soussigné, PIERRE FOUCHAUT, *chanoine de l'églize cathédrale de Rouen*, « renonce à toutes les choses que je pourrois prétendre vers Messieurs du « Chapitre depuis ma réception à la prébende jusques à la sentence de « recréance par moi obtenue, par moyen de la délivrance du pain qu'ils « m'ont accordé et que j'ai gagné durant la dicte annatte.

« Fait ce premier jour de may mil six cent trente-un. »

Signé : *P. Fouchaut.*

N° 237 et 238. — 10 *avril* 1639. — 1er *janvier* 1645. — Deux extraits des anciens *Registres paroissiaux de la paroisse de Brouay*, contenant la mention des contrats et actes notariés ayant trait au terroir de ladite paroisse, *audiencés* (inscripts) sur lesdits registres, à l'issue des messes paroissiales, par l'abbé Bobéhier, curé dudit lieu :

1° Audience (inscription), à la date du 10 avril 1639, sur la requête de *messire* CLAUDE DU BUISSON, *écuyer*, sieur de CRISTOT, d'un acte notarié passé à Caen, devant Mathieu de La Londe et Jean Chrétien, tabellions royaux, le mercredi 25 janvier 1634, entre led. sieur de Cristot et Jean Garnier, sieur de La Mare, conseiller et élu pour le Roi à Caen. Aux termes de ce contrat, il était dit que, faute par le sieur de La Mare de faire en six ans le remboursement d'une rente de 100 livres tournois, le sieur de Cristot aurait l'entière possession et jouissance d'une pièce de terre nommée *La Vallée*, *relevant des fiefs d'*ARGOUGES appartenant audit sieur de Cristot ;

2° Autre audience, à la date du 1er janvier 1645, d'un acte notarié passé devant Mathieu de La Londe et Michel Le Sueur, tabellions à Caen, le 22 décembre 1644, contenant vente faite à Gilles Blache par NICOLAS LAMENDEY, bourgeois de Caen, de plusieurs pièces de terre et héritages situés aux paroisses de Cristot et de Brouay, et « *relevant des fiefs d'*ARGOUGES *appartenant au sieur* « DE CRISTOT-BUISSON (*sic*). »

N° 239. — 20-27 octobre 1640. — Extrait des minutes du notariat de Cheux (Calvados), relevé le 7 juillet 1874, chez M. Lefrançois, notaire actuel.

Acte de lots et partages dressé après la mort de noble dame Anne Lamendey, femme de Claude (II) du Buisson, écuyer, seigneur et patron de Cristot et de Brouay.

« Cy sont trois lhots et partages des maisons, terres, rentes et revenus « demeurés des biens de deffunte *damoiselle* ANNE LAMENDEY, en son vivant « femme et espouze de CLAUDE DU BUISSON, *escuïer*, sieur de CRISTOT, tuteur « légitime et naturel de ses enfants, qu'il baille à Jean et Robert Onfroy, « escuïers, pour eulx et leurs sœurs, iceux Onfroy aisnés en la succession « d'icelle damoiselle leur mère, pour par eulx choisir l'un d'iceulx lhots, et « les deux aultres demeurer, par non choix, au sieur de Cristot, en la dite « qualité, à la réservation de son douaire et de l'advance qui lui a esté faite « par la dite feue damoiselle, par son traité de mariage (du 17 février 1624), « le tout suivant la coustume, etc..... »

L'acte constate que tous les biens, terres et héritages énumérés sont tenus et mouvants des fiefs de Cristot.

« Du samedy, vingt-septiesme jour d'octobre mil six cents quarante, en la « paroisse de Cristot, devant Jean Caumont et Pierre Labbey, tabellions « royaux à Cheux ;

« Se sont comparus le dit CLAUDE DU BUYSSON (*sic*), *escuïer*, sieur de Cristot, « tuteur légitime et naturel de PIERRE, JACQUES, JEAN-BAPTISTE et CLAUDE DU « BUYSSON, *escuïers*, ses enfants, pour eulx, et *damoiselles* MARGUERITE-« MAGDELAINE, MARYE et ANNE DU BUYSSON, leurs sœurs, héritiers en leur « partye de la dite deffunte *damoiselle* ANNE LAMENDEY, leur mère, d'une « part, et Jean et Robert Onfroy, escuïers, par eulx et damoiselles Marye « et Elisabeth Onfroy, leurs sœurs, enfants du premier mariage de la d. « damoiselle Anne Lamendey, aisnés en la dite succession, etc....... »

Robert Onfroy, encore mineur, était assisté de Charles de Cheux, écuyer, et de Robert Angot, sieur de La Drovinière, commissaire des guerres en Normandie, à ce commis et désignés par les parents et amis dudit Robert Onfroy.

Le premier et le deuxième lot sont demeurés, par non choix, au sieur de Cristot, tant pour lui que pour ses enfants.

L'acte porte les signatures suivantes, avec des paraphes :

Du Buisson; — *Jean Onfroy;* — *Robert Onfroy;* — une signature illisible; — *Ch. de Cheulx;* — *R. Angot;* — *P. Labbey;* — *J. Caumont.*

N° 240. — 15 janvier 1668. — Extrait d'un manuscrit in-folio de la Bibliothèque de Rouen, coté Y, 62, provenant de l'abbaye de Fécamp et de M. Hervé Boissel, prieur de St-Ouen, intitulé :

« RECHERCHE DE LA NOBLESSE DE LA GÉNÉRALITÉ D'ALENÇON, *faite par M. Hec-« tor de Marle, intendant, en 1666 et années suivantes.* »

Page 207, n° 4, on lit :

« DU BUISSON :

« GÉDÉON du Buisson, sieur de La Lizondière, pour lui, ainsi que pour « ANNE RAGOT, sa mère, et JACQUES du Buisson, son frère ; — paroisse de « St-Anthoine de Sommaire ; — Election de Verneuil ;

« Anciens nobles ;
« Maintenus le 15 janvier 1668 ;
« Portent : *de sable, à trois quintefeuilles d'or.* »

N° 241. — 19 septembre 1683. — Extrait des Archives départementales de la Seine-Inférieure, à Rouen.

Acte d'aveu du fief de Lébizey, rendu au Roi par Pierre II du Buisson de Cristot-Courson.

Copie collationnée par l'archiviste, certifiée conforme par le secrétaire-général de la préfecture de la Seine-Inférieure le 11 avril 1870, dont la teneur suit :

« Du Roy, nostre souverain seigneur, Je PIERRE DU BUISSON, *escuïer, seigneur et patron* DE CRISTOT *et* DE BROUAY, advoue et confesse tenir par « foy et hommage de mon dit seigneur, soubs la vicomté d'Evrécy, *un huictième de fief noble de haubert*, nommé le fief de LÉBIZEY, assis en la « dite paroisse de Cristot, s'estendant en la dite paroisse et celle de Putot, « et autres circonvoisines, *auquel il y a domaine fieffé et non fieffé, hommes, hommages, reliefs, traiziesmes, plaids et gages-plèges, et rentes seigneuriales;* et le domaine non fieffé consistant en un entretenant, cour et « jardins, sur lequel il y a quelques maisons et masures, le tout contenant « environ trois acres, qui jouxtent d'un côté la rue de Glatigny, et d'autre « côté les héritiers de Mre JEAN NÉEL, vivant escuïer, procureur pour Sa « Majesté en l'élection de Caen, butte d'un bout sur la rue du Ruffey et « d'autre bout sur la rue de la Mare du Hamel et les héritiers de Gilles « Blascher, chacun en partie ; — lequel fief m'appartient comme faisant partie « de mon tiers coustumier sur les biens immeubles de *feu* CLAUDE DU BUISSON, « vivant *escuïer, seigneur et patron* DE CRISTOT *et* DE BROUAY, *mon père.*

« A cause duquel fief de Lébizey je confesse être subject envers le Roy, « mon dit seigneur, à reliefs, traiziesmes et autres debvoirs seigneuriaux, « suivant la Coustume de cette Province, me réservant d'augmenter ou de « diminuer le présent adveu lorsqu'il viendra à ma cognoissance.

« En foy de quoy j'ai signé le présent *et apposé à iceluy le cachet de mes armes*, ce dix-neufviesme jour de septembre mil six cent quatre-vingt-trois. »

Signé : *P. du Buisson ;* avec un paraphe.

A côté de la signature se trouve un *cachet armorié en cire rouge;* l'empreinte (*d'argent, au canton de gueules, avec casque à cinq grilles orné de lambrequins argent et gueules*) est fort bien conservée et fort nette. Nous l'avons moulée en plâtre lors de notre visite aux archives de la Seine-Inférieure, à Rouen, le 22 juillet 1872.

N° 242 et 243. — 28 février 1772 : 25 mars 1777. — Exrait du *Tableau historique de la Noblesse militaire*, par Waroquier de Combles (Paris : 1784). On lit notamment dans cet ouvrage :

« DU BUISSON (Dominique-Nicolas), garde du Corps au régiment de Beau« veau : 28 février 1772. »

« DE COURSON, maréchal des logis des gardes du corps, compagnie de « Nouailles : 25 mars 1777. »

N° 244. — 16-17 mars 1789. — Extrait du Procès-verbal

de l'Assemblée générale de la Noblesse du grand bailliage de Caen, (comprenant les Gentilshommes des bailliages secondaires de Bayeux, Falaise, Thorigny, Vire, etc.), réunie en l'abbaye de St-Etienne de Caen, tel que ledit Procès-verbal existe aux Archives Nationales, B, III, 40, pages 153, 163, 307-324 et 339.

On y voit notamment que « L'Ordre de la Noblesse du bailliage « de Caen, pour cimenter l'union entre les Ordres, a délibéré et « arrêté de supporter l'impôt dans une parfaite égalité et chacun « dans la proportion de sa fortune, ne prétendant se réserver que « les droits sacrés de la propriété et les distinctions nécessaires dans « une Monarchie, s'en rapportant absolument aux Etats-Généraux « pour régler les immunités et priviléges à conserver indispensa-« blement à la Noblesse. »

Parmi les noms des nombreux Gentilshommes signataires, on trouve notamment les suivants :

. . . .

« du Buisson de Courson (Dominique-Nicolas);
« du Buisson de Courson (Jean-Louis-Antoine);
« de Billeheust d'Argenton (Thomas-François-Jacques);
« Patry de Villiers (Louis-Yves);
« de Malherbe;
« de Scelles de Prévallon (Thomas);
« Bourdon de Verson (Pierre-Exupère-Auguste);
« d'Auge de Tournebu-Bazenville (Jacques-François);
« le comte d'Albignac (Pierre-Lévy);
« des Rotours de Chaulieu (Jacques-Augustin);
« de Brunville-Poussy;
« Le Sueur des Fresnes;
« de Percy (Jean-François);
« de Couespel;
« le marquis de Morant;
« de La Mariouze, baron de Montbray (Jean-Hervé);
« Marquier de Dampierre (Gabriel);
« Le Forestier de Vendœuvre;
« Le Forestier, comte d'Osseville;
« Cairon de Cairon. »

. . . .

Etc., etc.

TROISIÈME PARTIE.

ACTES D'ÉTAT CIVIL

Extraits des Registres tant anciens que nouveaux.

Analyse ou copies.

NOTA. — Une des grandes difficultés que l'on éprouve en établissant les généalogies provient du peu de soin avec lequel les actes de baptême et sépulture, et plus tard les actes de mariage, ont été tenus par MM. les curés, surtout dans les campagnes. Du reste, une ordonnance de François Ier, en date du mois d'août 1539, est la première mesure par laquelle ils furent contraints de tenir dans leurs paroisses des registres des baptêmes et des sépultures ; mais en réalité les actes les plus anciens dont on trouve trace dans certaines paroisses privilégiées remontent seulement à 1580. Une autre ordonnance de Louis XIV, datée du mois d'avril 1667, leur enjoignit de constater aussi, par des actes, la célébration des mariages. Par une troisième ordonnance du 9 avril 1736, Louis XV acheva de compléter la réglementation de cette matière. Enfin la Révolution de 1789 établit les régistres d'état civil tels qu'ils existent aujourd'hui.

Lorsqu'il y a deux dates indiquées, la première s'applique à la naissance, au décès ou au mariage civil ; la seconde, au baptême, à la sépulture ou au mariage religieux.

CHAPITRE Ier.

FILIATION DES REPRÉSENTANTS ACTUELS EN LIGNE MASCULINE DU MOIS DE JUIN 1595 AU MOIS D'AVRIL 1876.

—

N° 245. — 22 juin 1595. — Acte de baptême, en l'église St-Pierre de Caen, de Claude (II) du Buisson de Courson, plus tard seigneur et patron de Cristot et de Brouay.

Expédition légalisée, délivrée le 11 juin 1869, dont la teneur suit :

« Le jeudy, XXII de juing mil cinq cent quatre-vingt-quinze, a esté baptisé CLAUDE BAUDOUYN DU BUISSON, filz de *noble homme* PIERRE DU BUISSON, « controlleur de la maison de feu monseigneur le cardinal de Bourbon, et « de *damoyselle* ELISABETH BAUDOUYN, et n. (nommé) par *noble homme* Jean « Baudouyn, officier de la maison du Roi, père de la dite Elisabeth, et noble « homme Pierre de Vermont, filz de noble homme monseigneur le Procureur « général de la Chambre des Comptes, à Parys, et par *madamoyselle* MARIE « LE SUEUR, veuve de feu Mre CLAUDE DU BUISSON, *escuyer*, SIEUR DE COURSON, « en son vivant prieur et docteur de l'Escholle aux Droits de l'Université de « Caen, ses parrin et marrine. »

NOTA. — Nous n'avons pu trouver l'acte de mariage de Claude II du Buisson, alors qualifié *sieur de La Fontenelle*, avec Anne Lamendey; toutefois ce mariage eut lieu au mois de février 1624, puisque son contrat de mariage est du 17 de ce même mois, ainsi qu'il est établi dans l'ordonnance de Maintenue du 28 août 1704.

N° 246. — 17 février 1631. — Acte de sépulture, en l'église de Gavrus, de Pierre Ier du Buisson, écuyer, sieur de Courson, possesseur de divers fiefs et de la terre seigneuriale dudit lieu de Gavrus. Cet acte est ainsi conçu :

« Le lundy, dix-septiesme jour de febvrier mil six cent trente-ung, *noble* « *homme* PIERRE DU BISSON (*sic*), sieur DE COURSON, trespassa, et fut enterré « en la Chapelle (de la Vierge). »

N° 247. — 24 avril 1639. — Acte de décès, au manoir seigneurial de Cristot, de noble damoiselle Anne Lamendey, première femme de Claude II du Buisson de Cristot-Courson, et mère de Pierre II du Buisson de Cristot, l'aîné de ses fils.

Expédition légalisée, délivrée le 7 mai 1869 :

« Le vingt-quatriesme jour d'avril mil six cent trente-neuf, décéda *noble* « *damoiselle* ANNE LAMENDEY, femme de *noble homme* CLAUDE DU BUISSON,

« SEIGNEUR ET PATRON DE CRISTOT ET DE BROUAY, ayant reçu les saints sacre-
« ments de nostre mère Saincte-Eglise.
« Requiescat in pace.
« Or le dit jour estait la feste de la grande Pasques. »

Signé : *G. Duval*, prestre de Christot.

NOTA. — Nous n'avons pas l'acte constatant le second mariage de messire Claude II du Buisson de Cristot avec noble Françoise de Poilvillain ; nous savons seulement d'une façon indiscutable que ce mariage eut lieu en 1640 dans une paroisse que nous ignorons, puisque nous trouvons sur les registres de Cristot l'acte de baptême, en date du 26 avril, d'une fille née de Claude du Buisson et de Françoise de Poilvillain le 10 avril 1641.

Nous n'avons pas non plus les actes de sépulture de Claude II du Buisson et de Françoise de Poilvillain, par suite d'une lacune dans les registres de Cristot de 1672 à 1680, lacune dont il faut excepter les années 1676 et 1677, qui se trouvent au greffe du tribunal civil de Caen ; mais nous savons aussi pertinemment qu'ils sont décédés l'un et l'autre en 1679, d'abord par l'acte de donation, en date du 10 mars même année, faite par Françoise de Poilvillain à son mari, ensuite par la renonciation, en date du 2 janvier 1680, de Pierre II du Buisson de Cristot à la succession de Claude, son père, décédé.

N° 248. — 26-27 *mars* 1683. — Acte de sépulture, dans le chœur de l'église de Cristot, de Marie Roger, première femme de Pierre II du Buisson de Cristot-Courson. Cette dame n'est connue que par cet acte ; on ignore la date et le lieu de son mariage, et il ne paraît pas vraisemblable qu'elle ait laissé postérité.

« *Damoiselle* MARIE ROGIER (*sic*), femme de PIERRE DU BUISSON, *escuyer*,
« SEIGNEUR DE CHRISTOT, âgée de vingt-huit ans viron, est décédée le vingt-six
« mars mil six cent quatre-vingt-trois, et son corps a esté inhumé, le vingt-
« septiesme du dit mois et an, dans le chœur de l'église de Christot, par moi
« Thomas Huet, prestre, curé du dit lieu, assisté de Me Guillaume Le
« Tellier, Me Guillaume-François Le Vavasseur, prestre, curé d'Audrieu,
« d'André de Vernay, et de Jacques de Hottot, écuyers, de Me Jacques Le
« Chanoine, de Me Michel Roger, et autres. »

Signé : *Huet* ; *Letellier*.

N° 249. — 29 *juin* : 2 *juillet* 1684. — Acte de baptême, en l'église de Cristot, de Pierre-Nicolas du Buisson, fils de Pierre II du Buisson de Cristot-Courson et de noble dame Marie-Anne de Morant, sa seconde femme. Nous ignorons la paroisse où fut célébré ce mariage vers le mois de septembre 1683.

Expédition légalisée, délivrée le 28 novembre 1867 :

« Un fils, né le vingt-neufviesme juin mil six cent quatre-vingt-quatre, du
« légitime mariage de PIERRE DU BUISSON, *escuyer*, SEIGNEUR ET PATRON DE
« CRISTOT ET DE BROUAY, et de *noble dame* MARIE-ANNE DE MORANT, a esté
« baptisé en l'église de Cristot, le deuxiesme juillet du dit an, par moi
« Thomas Huet, prestre, curé de la dite paroisse, et nommé PIERRE-NICOLAS,
« par noble dame Jeanne Fhiment, assistée de messire Nicolas-Claude Morant,
« chevalier, seigneur et baron de Courseulles ; présence de maistre Guillaume

« Le Tellier, prestre, Georges et Jean Couespel, et plusieurs autres témoins;
« présence aussi du dict Pierre du Buisson, père. »

Signé : *Morant de Courseulles ; Jeanne Fhiment ; P. du Buisson ; Morant d'Esterville ; J. Couespel ; Le Tellier ; Huet.*

N° 250. — 4-5 *février* 1686. — Acte de sépulture, dans le chœur de l'église de Cristot, de Pierre II du Buisson, seigneur et patron de Cristot et de Brouay, père du précédent.

Expédition légalisée, délivrée le 28 novembre 1867 :

« Pierre du Buisson, *escuyer*, seigneur et patron de Cristot et de Brouay, « âgé de cinquante-huit ans viron, est décédé le quatriesme jour de febvrier « mil six cent quatre-vingt-six, et son corps a esté inhumé dans l'église de « Cristot, le cinquiesme du dit mois et an, par moi Thomas Huet, prestre, « curé de la dite paroisse ; présence de maistre Guillaume Le Tellier, prestre, « André de Vernay, escuyer, Thomas Morand (*sic*), escuyer, seigneur « d'Esterville, Jacques Allain, escuyer, seigneur de La Bertinière, Thomas « Le Tellier, Pierre Bouët, et plusieurs autres témoins. »

« Signé : *Huet.*

N° 251. — 6-7 *novembre* 1695. — Acte de sépulture, dans le chœur de l'église de Cristot, de noble dame Marie-Anne de Morant, veuve du précédent et mère de Pierre-Nicolas du Buisson.

Expédition légalisée, délivrée le 7 mai 1869 :

« Le lundy, septiesme jour de novembre mil six cent quatre-vingt-quinze, « *noble dame* Marie-Anne de Morant, veuve de Pierre du Buisson, vivant « *escuyer*, seigneur et patron de Christot et de Brouay, âgée de trente- « sept ans viron, décédée le six du dit mois et an, après avoir reçu les « sacrements de l'Eglise, a esté inhumée dans l'églize du dit lieu de Christot « par moi Thomas Huet, prestre, curé de la dite paroisse, en présence de « maistre Guillaume Le Tellier, prestre, obitier en la dite église, Thomas « Le Tellier, Philippe de La Motte, Pierre Le François, et plusieurs autres. »

Signé : *Huet*, curé de Christot (*sic*).

N° 252. — 29-31 *juillet* 1717. — Acte de baptême, en l'église de Cristot, de Guillaume-Nicolas du Buisson de Cristot-Courson, fils de Pierre-Nicolas du Buisson, écuyer, seigneur et patron de Cristot, et de noble Marie-Anne de Fribourg-Zur-Lauben. Nous ignorons la date précise et le lieu où fut contracté ce mariage ; nous considérons cependant comme probable qu'il fut célébré vers les années 1706 ou 1707, puisque leur premier enfant est né le 19 août 1708.

Expédition légalisée, délivrée le 28 novembre 1867 :

« Le dernier jour de juillet mil sept cent dix-sept, un fils, né le vingt-neuf « du mariage de *messire* Pierre-Nicolas du Buisson, *escuyer*, seigneur et « patron de Cristot, et de *noble dame* Marie-Anne de Fribourg (Zur- « Lauben), a esté baptisé en l'église du dit lieu de Cristot par moi Thomas « Huet, prestre, curé de la dite paroisse, et nommé Guillaume-Nicolas, par « Guillaume de Pont, escuyer, assisté de noble dame Agnès-Yves de St- « Priest, épouse de messire Nicolas de Morant, escuyer, seigneur et patron « d'Esterville, lesquels ont signé avec nous. »

Signé : *Agnès-Yves de St-Priest ; Morant ; de Pont ; D. Duquesney ; Huet.*

N° 253. — 30 septembre 1738. — Acte de mariage en l'église St-Martin de Caen, de Guillaume-Nicolas du Buisson de Courson-Cristot et de damoiselle Catherine-Louise-Henriette des Planches d'Hérouville.

Expédition légalisée, délivrée le 11 juin 1869 :

« L'an de grâce mil sept cent trente-huit, le mardy trente septembre, après « la publication du premier et dernier bancq fait dimanche dernier dans cette « église (St-Martin), et en celle de Christot le mesme jour, suivant l'attes- « tation du sieur Seigle, curé de Christot, du futur mariage d'entre Guil- « laume-Nicolas du Buisson, *escuyer*, sieur de Courson, fils de Pierre- « Nicolas du Buisson, *escuyer*, seigneur et patron de Christot, et de « *noble dame* Marie-Anne de Fribourg (Zur-Lauben), ses père et mère, « d'une part, de la dite paroisse de Christot;

Et *damoiselle* Catherine-Louise-Henriette des Planches, fille d'Olivier des « Planches, escuyer, sieur d'Hérouville, conseiller du Roy en l'élection de « Caen, et de dame Catherine-Louise Harel, ses père et mère, d'autre part, « de notre dite paroisse, faits sans aucune opposition; après avoir obtenu « dispense des deux autres de M. l'official de Caen le jour d'hier, dûment « scellée et signée, et une autre dispense de M. l'official de Bayeux le mesme « jour, signée Moussard et insinuée le mesme jour à Bayeux, moi Philippe « Boudin, prestre, docteur en Sorbonne, recteur de l'Université de Caen et « curé de cette paroisse, les fiançailles préalablement faites, après avoir « interrogé le dit sieur Guillaume-Nicolas du Buisson et la dite damoiselle « Catherine-Louise-Henriette d'Hérouville, je les ay solemnellement conjoint « en mariage par paroles de présent, ensuite ay célébré la sainte messe et leur « ay donné la bénediction nuptiale selon la forme, les cérémonies de la « Sainte Eglize catholique, apostholique et romaine dûment observées, pré- « sence du sieur Pierre-Nicolas du Buisson, *escuyer*, de noble dame Marie- « Anne de Fribourg, père et mère du dit Guillaume-Nicolas du Buisson, du « sieur Olivier des Planches, père de la dite damoiselle Catherine-Louise- « Henriette des Planches, de damoiselle Catherine Noël de La Houssaye, « lesquels ont signé; de Thomas Foucques et du sieur Georges de Lorme, « lesquels ont signé. »

Signé : *du Buisson de Courson; Catherine des Planches; du Buisson de Christot; de Fribourg de Christot; Noël de La Houssaye; G. de Lorme; des Planches d'Hérouville; Thomas Foucques; P. Boudin.*

N° 254. — 20-22 février 1744. — Acte de baptême, en l'église d'Amblie, de Dominique-Nicolas du Buisson de Courson-Cristot, *aîné des fils survivants* de Guillaume-Nicolas et de Catherine-Louise-Henriette des Planches.

Expédition légalisée, délivrée le 1er octobre 1867 :

« Le samedi, vingt-deux février mil sept cent quarante-quatre, j'ai, prêtre « soussigné, par la permission et du consentement de M. le curé, baptisé un « fils, né du vingt du même mois, du légitime mariage de Guillaume-Nicolas « du Buisson, *escuyer*, sieur de Courson de Cristot, et de *dame* Catherine- « Louise-Henriette des Planches, ses père et mère, lequel a esté nommé « Dominique-Nicolas par Dominique Préda, écuyer, capitaine au régiment « Royal Italien, et par noble damoiselle Catherine-Magdeleine de Gouville, « parrain et marraine; présence de Guillaume Noury, Michel Porée et « autres. »

Signé : *Préda; de Gouville; M. Porée; G. Noury; M. Vauquelin; M. Noël.*

N° 255. — 26-27 juillet 1764. — Acte de sépulture, dans l'intérieur de l'église de Cristot, du corps de noble homme Pierre-Nicolas du Buisson de Cristot-Courson, aïeul du précédent.

Expédition légalisée, délivrée le 28 novembre 1867 :

« Ce vingt-sept juillet mil sept cent soixante-quatre, a esté inhumé dans « l'église de cette paroisse le corps de *noble homme messire* PIERRE-NICOLAS DU « BUISSON, SEIGNEUR ET PATRON DE CHRISTOT, *ancien commandant du bataillon « de milice de Caen, chevalier de l'Ordre royal et militaire de St-Louis*, âgé « de soixante dix-neuf ans viron, décédé d'hier; laquelle inhumation a esté « faite par M. le curé de Tilly, présence de MM. Brisset, curé de St-Martin, « Cochon de la Rivière, curé de Juvigny, Le Vavasseur, curé d'Audrieu, Le « Harivel, curé du Mesnil-Patry, Le Coutour, curé de Christot, et autres. »

Signé : *J. Brisset; Le Vavasseur; Le Harivel; Langlois.*

N° 256. — 11 novembre 1773. — Acte de sépulture, dans l'intérieur de l'église de Cristot, du corps de noble dame Marie-Anne de Fribourg (Zur-Lauben), veuve du précédent.

Expédition légalisée, délivrée le 28 novembre 1867 :

« Le onziesme jour de novembre mil sept cent soixante-treize, a esté inhu-« mé dans cette église (Cristot) le corps de *noble dame* MARIE-ANNE DE « FRIBOURG (ZUR-LAUBEN), veuve de *messire* PIERRE-NICOLAS DU BUISSON, « SEIGNEUR ET PATRON DE CHRISTOT, âgée de quatre-vingt-huit ans six mois, « munie des sacrements de l'Eglise. La dite inhumation faite par discrète « personne maistre Pierre Langlois, curé de Loucelles, présence de MM. Le « Vavasseur et Malandrin, curés d'Audrieu, Le Harivel, curé du Mesnil-« Patry, Jehanne, curé de Brouay, Le Coutour, curé de Christot, et autres « qui ont signé. »

Signé : *Le Vavasseur; Jehanne; Marc*, curé de Fontenay, *Malandrin; Dangereux*, prêtre; *Le Coutour; Langevin*, vicaire de Christot; *Viel; Langlois.*

N° 257. — 16-17 novembre 1779. — Acte de sépulture, dans le cimetière d'Amblie, du corps de noble homme Guillaume-Nicolas du Buisson de Courson, seigneur de Cristot, fils des deux précédents.

Expédition légalisée, délivrée le 1er octobre 1867 :

« Ce dimanche, dix-sept octobre mil sept cent soixante-dix-neuf, le corps de « *noble homme* GUILLAUME-NICOLAS DU BUISSON DE COURSON, SEIGNEUR DE « CHRISTOT, *ancien capitaine-général de la Côte*, décédé d'hier dans la nuit, « muni de l'absolution, a esté inhumé dans le cimetière de ce lieu (Amblie), « proche la Croix, costé du couchant, par M. Collet, curé de Lantheuil et « doyen de Creully, après les vespres, en présence de Messieurs les curés de « Banville, Reviers, Fontaine, Than, et plusieurs autres soussignés. »

Signé : *Collet*, curé de Lantheuil; *Colleville*, curé de Reviers; *Frémanger*, curé de Than; *Le Monnier*, curé d'Amblie; *Le Court.*

N° 258. — 5-6 mai 1780. — Acte de sépulture, dans le cimetière de la paroisse St-Sauveur de Caen, de noble dame Catherine-Louise-Henriette des Planches d'Hérouville, veuve du précédent :

Aujourd'hui samedi, sixième jour de mai mil sept cent quatre-vingts, le « corps de *noble dame* CATHERINE-LOUISE DES PLANCHES, veuve de *messire* « GUILLAUME-NICOLAS DU BUISSON, SEIGNEUR DE CHRISTOT, *capitaine général « des milices gardes-côtes de la capitainerie de Bernières*, âgée de soixante-

« huit ans, munie des sacrements de pénitence, d'eucharistie et d'extrême-« onction, décédée du jour d'hier, a esté inhumée dans le cimetière de cette « paroisse (St-Sauveur) par nous Jacques Lenteigne, prêtre, docteur en « Théologie, ancien recteur de l'Université de cette ville (Caen) et curé de « cette paroisse; présence de messires Gabriel-Pierre Marquier, chevalier, « seigneur de Dampierre, Henry Harel, chevalier de St-Louis, et autres « témoins soussignés. »

Signé : *de Dampierre; Harel; Guéroult; Lentaigne*, curé de St-Sauveur.

Expédition légalisée, délivrée le 24 septembre 1874.

N° 259. — 21 mai 1781. — Acte de mariage en la chapelle du château de Ste-Croix-Grand'Tonne, près de Bretteville-l'Orgueilleuse, de messire Dominique-Nicolas du Buisson de Courson, fils du précédent et de noble demoiselle Marie-Louise-Elisabeth-Geneviève de Scelles de Prévallon.

Expédition légalisée, délivrée le 6 mai 1868 :

« Aujourd'hui mardi, vingt-et-unième jour de mai mil sept cent quatre-« vingt-un, après la publication d'un ban du futur mariage entre *messire* « DOMINIQUE-NICOLAS DU BUISSON DE COURSON, *ancien officier de cavalerie*, fils « majeur de feu *messire* GUILLAUME-NICOLAS DU BUISSON DE CHRISTOT, *ancien « lieutenant-colonel d'infanterie*, et de feu *noble dame* CATHERINE-LOUISE DES « PLANCHES D'HÉROUVILLE, ses père et mère, d'une part, de la paroisse d'Am-« blie, et *noble demoiselle* MARIE-LOUISE-ELISABETH-GENEVIÈVE DE SCELLES DE « PRÉVALON (*sic*), fille de messire Thomas de Scelles de Prévalon, chevalier « de l'Ordre royal et militaire de St-Louis, seigneur de Maillot, et de noble « dame Elisabeth de La Rivière, ses père et mère, d'autre part, de la pa-« roisse de Ste-Croix-Grand-Thonne, publication faite le vingt-sept avril de la « présente année, sans opposition ni empeschement, au prône des messes « paroissiales d'Amblie et de Ste-Croix-Grand-Thonne, les parties ayant « obtenu dispense des deux autres bans de Monseigneur l'évêque de Bayeux, « ladite dispense en date du 28 avril de la présente année, signée Pradelle, « vicaire général du diocèse, et Le Moussu, vice-secrétaire, registrée au « greffe des insinuations et contrôles ecclésiastiques, signé Paysant;

« Je soussigné PIERRE-LOUIS-GUILLAUME DU BUISSON DE COURSON, frère du futur « époux, prêtre, bachelier en théologie et curé de la paroisse de Port-en-Bessin, « après la célébration des fiançailles ayant immédiatement précédé le mariage « par permission de mon dit seigneur évêque, ai reçu, en présence et du « consentement de maître Jean-Louis Désaunès, curé de la dite paroisse de « Ste-Croix-Grand-Thonne, *en la chapelle du château du dit lieu, leur mu-« tuel consentement de mariage*, célébré la sainte Messe, *et leur ai donné la « benédiction nuptiale* selon les cérémonies de l'Eglise, en présence de messire « Thomas de Prévalon et de son consentement, et de noble dame Elisabeth de « La Rivière, père et mère de la dite épouse, de messire Gabriel des « Planches, chevalier de l'Ordre royal et militaire de St-Louis, d'Armande « Le Métaër des Planches, de Catherine d'Arclais, de Jacques-François, « chevalier de Prévalon, frère de la dite épouse, de Jean-Louis-Antoine, « chevalier de Courson, frère de l'époux, d'Armande Léonard, de Marie-« Elisabeth, sœur de la dite épouse, et de maître Jean de Than, curé de « Creully, parents et amis qui ont signé. »

« Signé : *de Scelles de Prévalon; du Buisson de Courson; de La « Rivière-Prévalon; de Scelles de Prévalon; du Buisson, cheva-« lier de Courson; Le Métaër des Planches; d'Arclais; Armande « Léonard; de Than*, curé de Creully; *Marie-Elisabeth de « Scelles de Prévalon; H. Désaunès*, curé de Ste-Croix; *de « Courson*, curé de Port-en-Bessin.

N° 260. — 16-18 *septembre* 1783. — Acte de baptême, en l'église d'Amblie, d'Ange-Casimir du Buisson de Courson, fils aîné des précédents.

Expédition légalisée, délivrée le 1er octobre 1867 :

« Le dix-huit septembre mil sept cent quatre-vingt-trois, a été par moi « Pierre Jamet, prêtre, vicaire de la paroisse de Colombiers-sur-Seulles, du « consentement et à la prière de Monsieur Le Monnier, curé d'Amblie, « représenté par M. Lefort, son vicaire soussigné, baptisé un fils, né le seize « de ce mois du légitime mariage de *messire* DOMINIQUE-NICOLAS DU BUISSON, « SIEUR DE COURSON, *ancien officier de cavalerie*, et de *noble dame* MARIE-« LOUISE-ELISABETH-GENEVIÈVE DE SCELLES DE PRÉVALON, son épouse, de la « paroisse d'Amblie, hameau des Planches ; lequel a été nommé ANGE-« CASIMIR par dame Angélique Brion, veuve de messire Urbain des « Planches de Cloville, de la dite paroisse d'Amblie, assistée de messire « Thomas de Scelles de Prévalon, chevalier de l'Ordre royal et militaire de « St-Louis, seigneur de Maillot et de Ste-Croix-Grand-Tonne, parrain et « marraine. Témoins, avec moi, demoiselle Marie-Jeanne-Charlotte des « Planches et messire François de Bancs, chevalier de l'Ordre royal et mili-« taire de St-Louis, soussignés, le père absent. »

Signé : *de Scelles de Prévalon; Angélique Brion; de Cloville des Planches ; de Bancs; Lefort*, prêtre ; *Jamet*, prêtre.

N° 261. — 27 *mai* 1793. — Acte de décès à sa terre des Planches et inhumation à Colombiers-sur-Seulles de Dominique-Nicolas du Buisson de Courson, père du précédent.

Expédition légalisée, délivrée le 1er octobre 1867 :

« Aujourd'hui vingt-sept de mai mil sept cent quatre-vingt-treize, l'an « deuxième de la République Française, devant nous Jacques Cauvin, offi-« cier public, membre du conseil général de la commune d'Amblie, départe-« ment du Calvados, élu pour recevoir les actes et constater les naissances, « mariages et décès des citoyens, sont comparus en la maison commune « Charles Varin, domestique, premier témoin, âgé de trente ans, domicilié « chez *le citoyen* DE COURSON ; deuxième témoin, François St-Martin, domes-« tique dans la demeure du domicilié dans la dite municipalité d'Amblie, « âgé de vingt-quatre ans, lesquels deux témoins nous ont déclaré que *le* « *citoyen* DU BUISSON DOMINIQUE-NICOLAS est mort le jour du vingt-sept du « présent mois, à deux heures du matin, en son domicile, au hameau des « Planches dépendant de la paroisse d'Amblie. — D'après cette déclaration, « je me suis transporté sur le champ au lieu du domicile, je me suis assuré « du décès du dit DOMINIQUE-NICOLAS DU BUISSON, et j'en ai dressé le présent « acte que le dit Varin et le sus-dit St-Martin ont signé avec moi. — Fait en « la maison commune.

« Et comme la municipalité de la paroisse a donné permis que le dit feu « DOMINIQUE-NICOLAS DU BUISSON soit inhumé à Colombiers-sur-Seulles, proche « son domicile, le dit jour et an que dessus.

« Et le dit Varin a déclaré ne savoir signer et a fait sa marque. Ce dit « jour et an ci-dessus. »

Signé : *François St-Martin ; J. Cauvin*, officier public. — Suit la marque de Ch. Varin.

No 262. — 22 *février* 1808. — Acte de mariage, dressé à la mairie de la commune de St-Marcouf-du-Rochy, près Isigny, par Pierre Lepottey, maire, entre « *Monsieur* ANGE-CASIMIR DU BUISSON « DE COURSON, âgé de vingt-quatre ans trois mois, né à Amblie, dé-« partement du Calvados, le 16 du mois de septembre 1783, pro-

« fession vivant de son bien, demeurant à Amblie, département du « Calvados, fils majeur de feu *Monsieur* DOMINIQUE-NICOLAS DU BUISSON DE COURSON, demeurant à Amblie, département du Calvados, « et de *dame* MARIE-LOUISE-ELISABETH-GENEVIÈVE DE SCELLES DE PRÉVALLON, son épouse;

« Et *demoiselle* JUSTINE-AIMÉE DE BILLEHEUST D'ARGENTON, âgée de « vingt-deux ans deux mois, née à Vire, département du Calvados, « le 30 du mois de novembre 1785, demeurant à St-Marcouf, département du Calvados, fille majeure de feu Monsieur Thomas-« François-Jacques de Billeheust, demeurant à Vire, département « du Calvados, et de dame Françoise-Louise Crespin du Neufbourg, « demeurant au château de St-Marcouf. »

Présents et signataires, outre les deux époux et la dame d'Argenton mère: 1° Charles Bauquet de Grandval, chanoine, vicaire-général de la cathédrale de Bayeux; 2° Jean-Gabriel-Désiré Patry, beau-frère de l'époux; 3° François-Gabriel-Alexis Bauquet de Mauny; 4° Pierre Le Maître.

Expédition légalisée, délivrée le 17 mai 1869.

N° 263. — 28-29 *juin* 1810. — Acte de naissance, dressé à la mairie d'Amblie, de LOUIS-EUGÈNE DU BUISSON DE COURSON, fils aîné de Ange-Casimir du Buisson de Courson, et de Justine-Aimée de Billeheust d'Argenton, son épouse (*Branche aînée*).

Acte de baptême du même, en date du 29 juin 1810. Parrain, Bon-Eugène de Billeheust, baron d'Argenton, oncle maternel, représenté par Jean-Gabriel-Désiré Patry; marraine, Marie-Louise-Elisabeth-Geneviève de Prévallon de Courson, grand'mère de l'enfant.

N° 264. — 29 *août* 1812. — Acte de naissance, dressé à la mairie d'Amblie, de JULES-AYMARD (*sic*) DU BUISSON DE COURSON, frère du précédent (*Branche cadette*).

Acte de baptême du même, en date du 13 septembre 1812. Parrain, le baron Louis-Jules-Auguste des Rotours de Chaulieu, auditeur au Conseil d'Etat, représenté par Gabriel-François des Rotours de Chaulieu, son frère, président du canton de Bény-Bocage; marraine Madame de Patry de Courson, tante de l'enfant.

N° 265. — 29-30 *août* 1830. — Acte de décès, dressé à la mairie d'Amblie, de messire Ange-Casimir du Buisson de Courson, père des deux précédents.

Expédition légalisée, délivrée le 26 septembre 1867:

« Du trentième jour d'août l'an mil huit cent trente, acte de décès de « *messire* DU BUISSON DE COURSON ANGE-CASIMIR, décédé le jour d'hier, à onze « heures du matin, âgé de quarante-six ans onze mois, né à Amblie, pro-« priétaire vivant de son bien, marié à *dame* DE BILLEHEUST D'ARGENTON « JUSTINE-AIMÉE, fils de feu *messire* DU BUISSON DE COURSON DOMINIQUE-« NICOLAS, et de *dame* DE SCELLES DE PRÉVALLON MARIE-LOUISE-ELISABETH-« GENEVIÈVE, son épouse.

« Sur la déclaration à moi faite par le sieur Docagne Nicolas, demeurant « à Amblie, qui a dit connaître le défunt, et par le sieur Le Sueur Pierre-« Gilles, demeurant à Amblie, domestique, qui a dit connaître aussi le « défunt.

« Signé : *Docagne; Pierre Le Sueur.*

« Constaté, suivant la Loi, par moi Ambroise-Victor de Cairon, maire de « la commune d'Amblie, faisant les fonctions d'officier public de l'état civil, « soussigné. »

Signé : *Victor de Cairon.*

N° 266. — 16-20 juin 1836. — Acte de mariage, dressé à la mairie de Villiers-le-Sec (près Creully) par F. Dobiche, adjoint au maire, rectifié, quant à l'orthographe du nom du Buisson, qui doit être écrit en deux mots, par jugement du tribunal civil de Bayeux du 28 juillet 1871, entre « *Monsieur* DU BUISSON DE COURSON EUGÈNE-« LOUIS, âgé de vingt-six ans, né à Amblie le 28 juin 1810, fils ma-« jeur de feu *Monsieur* DU BUISSON DE COURSON ANGE-CASIMIR et de « *dame* DE BILLEHEUST D'ARGENTON JUSTINE-AIMÉE;

« Et *Mademoiselle* DU MERLE LOUISE-ADOLPHINE, âgée de dix-neuf « ans, née à Villiers-le-Sec le 25 avril 1817, fille mineure de Mon-« sieur Foulques-Jean-Louis du Merle et de dame d'Auge Victoire-« Louise, habitants de cette commune, etc. »

Signé : *E. du Buisson de Courson; A. du Merle; F. du Merle; Télesphore du Merle; d'Auge du Merle; de Billeheust de Courson; Aymar de Courson; Chrisostôme Patry; Adélaïde Patry; Caroline Patry; Senée, née Guérin; Théresa Hettier; Zénaide du Merle; F. Dobiche,* adjoint.

Expédition légalisée, délivrée le 12 août 1871.

Le mariage religieux des mêmes a été célébré en l'église de Villiers-le-Sec, à la date du 20 juin 1836.

N° 267. — 11-12 février 1838. — Acte de mariage, dressé à la mairie de Bayeux par Victor Faucon de La Londe, maire de ladite ville, entre « *Monsieur* JULES-AYMARD (*sic*) DU BUISSON DE COURSON, « propriétaire domicilié en la commune d'Amblie, né en ladite com-« mune le 29 août 1812, fils majeur de feu *Monsieur* ANGE-CASIMIR « DU BUISSON DE COURSON, et de *Madame* JUSTINE-AIMÉE DE BILLE-« HEUST D'ARGENTON, sa veuve, etc.;

« Et *Mademoiselle* MARIE-STÉPHANIE-GABRIELLE LE ROY DE DAIS, « domiciliée avec son père en cette ville, rue St-Nicolas, née en la « ville de Bayeux le 18 décembre 1815, fille majeure de Monsieur « Gustave-Alexandre Le Roy de Dais, colonel d'infanterie, officier de « la Légion-d'Honneur, et de feu dame Pauline-Rose d'Albignac, « son épouse, etc.

Témoins de l'épouse : Bernardin-Louis, marquis de Bellefont, son cousin, et Ernest Le Roy du Campgrain, son cousin-germain; témoins de l'époux : Bon-Eugène de Billeheust, baron d'Argenton, chevalier de St-Louis et de la Légion-d'Honneur, ancien capitaine de cavalerie, son oncle, et Louis-Eugène du Buisson de Courson, son frère.

Signé : *G. Le Roy de Dais; A. du Buisson de Courson; Le Roy de Dais; de Billeheust de Courson; marquis B. de Bellefont; E. Le Roy du Campgrain; baron d'Argenton; E. de Courson; Molandé, née d'Albignac; Patry, née du Buisson de Courson; baronne d'Argenton, née de Labarthe; A. de Courson, née du Merle; Faucon de La Londe.*

Expédition légalisée, délivrée le 10 janvier 1870.

Le mariage religieux des mêmes a été célébré par Monseigneur Louis-François Robin, évêque de Bayeux, en la chapelle de l'évêché, le 12 février 1838.

NOTA. — De ce mariage sont nés trois enfants, qui forment aujourd'hui la branche cadette des du Buisson de Courson, et dont on trouverait les trois actes de naissance en la mairie de Bayeux; ces trois enfants sont: GEORGES-Paul (4-5 août 1839); MARIE (16 novembre 1840); Joseph-ROGER (7 juin 1850).

Nos 268 et 269. — *20-21 juin 1839.* — Acte de naissance, dressé à la mairie de Villiers-le-Sec, rectifié, quant à l'orthographe du nom du Buisson (qui doit être écrit en deux mots, par jugement du tribunal civil de Bayeux du 28 juillet 1871), de DU BUISSON DE COURSON AMÉDÉE-CASIMIR, fils de DU BUISSON DE COURSON LOUIS-EUGÈNE et de DU MERLE LOUISE-ADOLPHINE, son épouse, demeurant en la paroisse d'Amblie (*Branche aînée*).

Expédition légalisée, délivrée au greffe du tribunal de Bayeux le 12 août 1871.

Acte de baptême du même, en date du 21 juin 1839. Parrain, Foulques-Jean-Louis du Merle, son aïeul maternel; marraine, dame Justine-Aimée de Billeheust d'Argenton, son aïeule paternelle.

No 270. — *23-24 octobre 1852.* — Acte de décès, dressé à la mairie de Bayeux, de (la bisaïeule du précédent) *Madame* MARIE-LOUISE-ELISABETH-GENEVIÈVE DE SCELLES DE PRÉVALLON, veuve de *Monsieur* DOMINIQUE-NICOLAS DU BUISSON DE COURSON, fille de feu Monsieur Thomas de Scelles de Prévallon et de la feue dame Elisabeth de La Rivière-Romilly, décédée chez Mme de Patry, sa fille, à l'âge de quatre-vingt-dix-huit ans neuf mois.

Expédition légalisée, délivrée le 17 mai 1869.

No 271. — *13-14 décembre 1872.* — Acte de décès, dressé à la mairie d'Amblie, de *Monsieur* DU BUISSON DE COURSON EUGÈNE-LOUIS, âgé de soixante-deux ans six mois, époux de *dame* DU MERLE LOUISE-ADOLPHINE, et fils de feu *Monsieur* du Buisson de Courson Ange-Casimir, et de *Madame* de Billeheust d'Argenton Justine-Aimée, décédé *en son château des Planches, en cette commune* (sic), le 13 décembre, à une heure et demie de l'après-midi.

Signé : *Pavie* ; *Vautier*; *A. de Cairon*, maire.

Expédition légalisée, délivrée le 24 janvier 1873.

No 272. — *25-26 mars 1873.* — Acte de décès, dressé à la mairie de Bayeux, de « *madame* JUSTINE-AIMÉE DE BILLEHEUST D'ARGENTON, veuve de M. ANGE-CASIMIR DU BUISSON DE COURSON (et mère « du précédent), née à Vire, âgée de quatre-vingt-sept ans trois mois « vingt-cinq jours, fille de feu Thomas-François-Jacques de Billeheust d'Argenton et de feu dame Françoise-Louise Crespin du « Neufbourg, décédée hier, à trois heures du soir, en son domicile, « à Bayeux, rue Larcher. »

Signé : *L. de Patry* ; *A. de Courson* ; *Pain*, adjoint.

NOTA. — Cette dame a été inhumée auprès de son fils et de son mari, dans le cimetière d'Amblie, le 28 mars 1873.

N° 273. — 18-20 juin 1874. — Acte de décès, dressé à la mairie de Bayeux, de Mme Marie-Stéphanie-Gabrielle Le Roy de Dais, femme de M. Jules-Aymar du Buisson de Courson, née à Bayeux le 18 décembre 1815, âgée de cinquante-huit ans six mois.

Signé : *L. de Patry; E. Gauthier de St-Basile; Pain*, adjoint.

N° 274. — 22 août 1874. — Acte de mariage, dressé à l'Hôtel-de-Ville de Rouen, par M. Nion, adjoint au maire de Rouen, entre « *le sieur* Georges-Paul du Buisson de Courson, propriétaire, ancien « capitaine au 135e de ligne, demeurant à Bayeux (Calvados) depuis « quatre mois, et auparavant au Camp de Châlons, commune de « Mourmelon (Marne), né en ladite ville de Bayeux le 4 août 1839, « fils majeur de Jules-Aymard (*sic*) du Buisson de Courson, propriétaire, domicilié en la même ville, et à présent consentant à ce mariage, et de Marie-Stéphanie Gabrielle Le Roy de Dais, décédée « au même lieu le 18 juin dernier, d'une part;

« Et *demoiselle* Louise-Marie-Thérèse Gosset de La Rousserie, « sans profession, demeurant chez ses père et mère, à Rouen, rue « du Moulinet, n° 7, née à Ouville-l'Abbaye, arrondissement « d'Yvetot (Seine-Inférieure), le 28 septembre 1844, fille majeure « de Amédée Gosset de La Rousserie et de Louise-Mathilde de La « Rocque, propriétaires, à présent consentant à son mariage, d'autre « part, etc. »

Signé au registre : *Thérèse de La Rousserie ; G. de Courson; A. de Courson; Mde de La Rousserie; A. de La Rousserie; A. Le Picard; L. de Patry; A. de Chef-d'Hostel; R. de Courson; Nion*, adjoint.

Expédition légalisée délivrée le 21 septembre 1874.

NOTA. — Le mariage religieux des mêmes a été célébré le même jour en l'église St-Patrice de Rouen.

N° 275. — 14 mars 1876. — Acte de mariage, à la mairie de Versailles, entre M. Amédée du Buisson de Courson et Mlle Marie Hennet de Bernoville. En voici la teneur :

« Du mardi 14 mars 1876, à onze heures du matin, Acte de mariage de « Amédée-Casimir du Buisson de Courson, *Sous-Préfet* à Valognes (Manche), « y demeurant, et avant à St-Lô, même département, né en la commune « de Villiers-le-Sec (Calvados) le 20 juin 1839, fils majeur de Eugène-« Louis du Buisson de Courson, *décédé*, et de Louise-Adolphine du Merle, « sa veuve, propriétaire, demeurant à Amblie (Cavados), ici présente et « consentant ;

« Et Marie-Joséphine-Céline Hennet de Bernoville, sans profession, « demeurant avec ses père et mère à Versailles, rue de l'Orangerie, n° 26, « née en cette ville le 25 juin 1850, fille majeure de Alexis-Armand-« Martial Hennet de Bernoville, propriétaire, et de Marie-Elisabeth-Elvire « Rolin, son épouse, tous deux ici présents et consentant.

« Lesquels futurs époux, la mère du futur et les père et mère de la future, « de ce interpellés, ont à l'instant déclaré qu'il a été fait un contrat de mariage entre lesdits futurs, et ils nous ont représenté un certificat « délivré hier par Me Finot, notaire à Versailles, constatant que ledit « contrat a été passé devant lui le même jour et qu'il en a gardé minute.

« Nous, adjoint au maire de Versailles;

« Vu : 1° les actes de naissance des futurs; 2° l'acte de décès du père « du futur; 3° les publications, etc........, avons reçu la déclaration de « AMÉDÉE-Casimir DU BUISSON DE COURSON *qu'il prend pour épouse* MARIE-« Joséphine-Céline HENNET DE BERNOVILLE; et, de la part de celle-ci, *qu'elle « prend pour époux* ledit du Buisson de Courson; — En conséquence, nous « avons déclaré, au nom de la Loi, *qu'ils sont unis en mariage.*

« Tout ce que dessus fait en présence de Jules-Aymar du Buisson de « Courson, propriétaire, âgé de 63 ans, demeurant au château de St-Clair, « près Vire (Calvados), oncle de l'époux; de Charles-Léopold-Albert Hettier, « propriétaire, docteur en droit, âgé de 35 ans, demeurant à Caen (Calvados), « ami de l'époux; de André-Marie-Constant-Ernest Hébert, ancien Député « et questeur au Corps Législatif, commandeur de la Légion-d'Honneur, « âgé de 64 ans, demeurant à Chauny (Aisne), et de Jules-Ferdinand « Hennet de Bernoville, propriétaire, âgé de 53 ans, demeurant à Paris, « rue du Faubourg-Poissonnière, n° 98, tous deux oncles de l'épouse; — « lesquels ont signé avec les époux, la mère de l'époux, les père et mère « de l'épouse, et Nous Hunebelle Edouard-Adolphe, remplissant les fonctions « d'officier public de l'état civil, après lecture dudit acte de mariage, qui « a eu lieu publiquement en cette mairie les jour et an susdits. »

Expédition sur timbre délivrée le 14 mars 1876.

N° 276. — 14 *mars* 1876. — Acte de célébration, le mardi 14 mars, à midi, en l'église cathédrale St-Louis de Versailles, par M. le chanoine Bourgeois, archiprêtre, curé de ladite cathédrale, du mariage religieux (rite catholique) de M. AMÉDÉE-Casimir DU BUISSON DE COURSON, sous-préfet de Valognes (Manche), et de Mlle MARIE-Joséphine-Céline HENNET DE BERNOVILLE, etc.

Certificat délivré par M. E. Barbé, premier vicaire de la cathédrale St-Louis de Versailles, le 29 avril 1876.

CHAPITRE II.

FILIATION DE COLLATÉRAUX DEPUIS L'AN 1598.

N° 277. — 17 *octobre* 1598. — Acte de baptême, en l'église de St-Pierre de Caen, de Jeanne du Buisson de Courson, mariée, vers 1623, avec Guillaume Bourdon, écuyer, sieur de Préfossé, descendant par les femmes de Pierre du Lys, le frère de Jeanne d'Arc. — Ledit acte est ainsi conçu :

« Le samedy XVIIe jour du d. mois (d'octobre 1598), a esté baptisée « JÉHANNE DU BUISSON, fille de *noble homme* Mre PIERRE (Ier) DU BUISSON,

« *sieur du lieu*, et de *damoyselle* Elysabeth (Baudouyn), sa femme, et n. « (nommée) Jéhanne par madamoyselle Jéhanne Le Pelet (*sic*), femme de « monsieur de Vaubesnard; présence de Mre Pierre Roger, écuyer, sieur « de Sorteval, et de Gillonne du Buisson (tante de l'enfant), ses parrin et « marrine. »

Sans signature.

Expédition légalisée, délivrée le 24 janvier 1873.

No 278. — 25 août 1602. — Acte de baptême, en l'église de Gavrus de Marguerite du Bisson *(sic)*, fille de *noble homme* Pierre (Ier) du Buisson, sieur de Courson, et de damoiselle Elisabeth Baudouyn. Parrain, Jean du Moutier, chanoine de la prébende de Montz ; marraine, Marguerite du Buisson, tante de l'enfant, représentée par Gillonne du Buisson, son autre tante.

No 279. — 20 juin 1604. — Acte de sépulture, en l'église de Gavrus, de Marie du Bisson *(sic)*, sœur aînée de la précédente.

No 280. — 23 septembre 1604. — Acte de baptême, en l'église de Gavrus, de Pierre du Bisson *(sic)*, frère des trois précédentes. Parrain, *noble homme* Anne du Bisson *(sic)*, conseiller au Parlement de Rouen, représenté par noble homme Pierre Lallongny, de Grainville.

No 281. — 20 juillet 1608. — Acte de sépulture du même dans l'intérieur de l'église de Gavrus.

No 282. — 13 juillet 1608. — Acte de baptême, en l'église de Gavrus, de Thomas du Bisson *(sic)*, frère des quatre précédentes. Parrain, noble homme Thomas Le Brethon, écuyer, sieur de Gourney ; marraine, damoiselle Lallongny, de Caen.

No 283. — 13 janvier 1625. — Acte de baptême, en l'église St-Pierre de Caen, de Pierre Bourdon, l'un des fils de Guillaume Bourdon et de Jeanne du Buisson de Courson.

Expédition légalisée, délivrée le 11 juin 1869, dont la teneur suit :

« Le 13me jour de janvier mil six cent vingt-cinq, a esté baptisé Pierre, « fils de Guillaume Bourdon, *écuyer*, sieur de Préfossé, et de *damoyselle* « Jéhanne du Buisson, son espouze, et nommé par *noble homme* Pierre « du Buisson, sieur de Courson (son aïeul maternel), assisté de damoyselle « Anne Bourdon, femme de M. l'enquesteur Bouchel. »

No 284. — 27 janvier 1631. — Acte de baptême, en l'église de Cristot, de Philippine du Buisson, fille de *noble personne* Claude du Buisson, seigneur de Christot (*sic*), et de *damoyselle* Anne Lamendey. Parrain, Jean Lamendey, sieur de La Pallière ; marraine, Philippine, fille de feu Guillaume Bouët.

No 285. — 15 novembre 1635 : 15 décembre 1637. — Acte de baptême, en l'église de Cristot, le 15 décembre 1637, de Jean-

Baptisté du Buisson, né le 15 novembre 1635, fils de *noble personne* Claude du Buisson, seigneur de Christot, et de *damoyselle* Anne Lamendey. Parrain, honneste homme Jean-Baptiste La Motte, sieur de Juvigny, receveur des tailles à Caen; marraine, Marie Caval, veuve du sieur de La Pallière.

N° 286. — ..... 1636 : 23 *avril* 1638. — Acte de baptême, en l'église de Cristot, de Marie du Buisson, née et baptisée sans nom en 1636, nommée le jeudi 23 avril 1638, fille de *noble personne* Claude du Buisson, seigneur et patron de Cristot et de Brouay, et d'Anne Lamendey, sa femme. Parrain, Jean Lamendey, sieur de La Pallière; marraine, Philippine, femme de Monsieur de Basly.

N° 287. — 10-26 *avril*-16 *mai* 1641. — Acte de baptême, en l'église de Cristot, le 26 avril 1641, de Marie (seconde du nom) du Buisson, fille de *noble personne* Claude du Buisson, seigneur et patron de Cristot et de Brouay, et de *noble damoiselle* Françoise de Poilvillain (sa seconde femme); cet enfant, née le 10 avril, fut nommée le 16 mai suivant seulement par noble dame Marie de Nollent, veuve de Monsieur de Poilvillain, sieur des Hauts-Champs (*sic*), de la paroisse de St-Gatien du Pays-d'Auge, assistée de Monsieur maître (*sic*) Jean Néel, procureur du Roi en l'élection de Caen.

N° 288. — 2 *janvier* 1658. — Acte de mariage: en l'église de Cristot, de Georges Couespel, sieur du Mesnil, et de Marie du Buisson (née en 1641).

Expédition légalisée, délivrée le 7 mai 1869.

« Le mercredy, deuxiesme jour de janvier mil six cent cinquante-huit, « furent espousez Mre Georges Couespel, sieur du Mesnil, advocat en la « Court du Parlement de Rouen, et *damoyselle* Marie du Buisson, fille « de Claude du Buisson, *escuïer*, seigneur de Christot, et de *damoyselle* « Françoise de Poilvillain, ses père et mère, par maistre Jean Le Canu, « prestre, curé du d. lieu, en présence du d. seigneur de Christot et de « la d. damoyselle de Poilvillain. »

Sans signature.

N° 289. — 5 *juin*-4 *novembre* 1660. — Acte de baptême de François Couespel, fils des précédents, ainsi conçu :

« L'an de grâce 1660, le jeudy quatriesme jour de novembre au d. an, « un fils pour Georges Couespel, sieur du Mesnil, advocat au Parlement, « et *damoyselle* Marie du Buisson, fille de Claude du Buisson, *escuïer*, « seigneur et patron de Christot, et de *damoyselle* Françoise de Poilvil- « lain, lequel a esté baptisé le 5 de juin dernier par permission de « M. Helge, grand-vicaire de Bayeux, a esté nommé François-Giroye « par messire François Clérel, sieur de Rampan, conseiller du Roy en « sa Court du Parlement de Rouen, en présence de damoyselle Marie « de Nolent (*sic*). »

N° 290. — 10 *février* 1665 : 18 *avril* 1666. — Acte de baptême, en l'église de Cristot, de Marie-Madeleine Couëspel, sœur du précédent. Parrain, François de Nollent, escuïer, sieur de

Maillot ; marraine, noble dame Marie-Madeleine Artur, femme de messire François de Nollent, seigneur et châtelain d'Hébertot.

N° 291. — 22-23 *septembre* 1676. — Acte de sépulture à Cristot de MARGUERITE COUESPEL, *âgée de huit ans,* fille de Georges Couespel et de Marie du Buisson ; présence de CLAUDE DU BUISSON, *escuïer*, sieur de Cristot, son grand-père maternel (1).

N° 292. — 21-23 *octobre* 1677. — Acte de baptême, en l'église de Cristot, de MARIE COUESPEL, fille de Georges Couespel et de Marie du Buisson. Parrain, Jacques Couespel ; marraine, *damoiselle* MARIE DU BUISSON, tante de l'enfant (2).

N° 293. — 31 *décembre* 1685-7 *janvier* 1686. — Acte de baptême, en l'église de Cristot, le 7 janvier 1686, de PHILIPPE DU BUISSON, second fils de PIERRE (II) DU BUISSON, *écuyer*, seigneur et patron de CRISTOT et de BROUAY, et de *noble dame* MARIE-ANNE MORAND (*sic*). Parrain, Philippe de Chaumontel, écuyer, seigneur d'Audrieu ; marraine, noble dame Marie de Chaumontel. — Ce fils mourut dans son enfance le 13 avril 1686.

N° 294. — 21-22 *janvier* 1694. — Acte de sépulture dans l'église de Cristot de *damoiselle* MARIE DU BUISSON, âgée de soixante ans environ, décédée le 21, après avoir reçu les sacrements de l'Eglise.

N° 295. — 19 *août*-19 *septembre* 1708 : 26-27 *octobre* 1708. — Actes de baptême, puis de sépulture, à Cristot, de Nicolas-Pierre du Buisson, fils aîné de Pierre-Nicolas du Buisson et de Marie-Anne de Zur-Lauben de Fribourg, sa femme :

« Le 19e jour de septembre 1708, un fils, né le 19 d'août dernier du « mariage de PIERRE-NICOLAS DU BUISSON, *escuïer*, seigneur et patron de « CRISTOT et de BROUAY, et de *noble dame* MARIE-ANNE DE FRIBOURG, a « esté baptisé en l'église de Cristot par moi Thomas Huet, prêtre, curé de « ladite paroisse, et nommé NICOLAS-PIERRE par messire Nicolas Morant, « chevalier, seigneur et patron d'Eterville, assisté de noble dame Marie « de Chaumontel, lesquels ont signé avec moi. »

Signé : *Morant d'Esterville ; Marie de Chaumontel ; Huet.*

« NICOLAS-PIERRE DU BUISSON, *escuïer*, âgé de deux mois, décédé le « 26 octobre, a esté inhumé, le 27 du d. mois et an, dans l'église de « Cristot, par moi curé de ladite paroisse, présence de Charles Le Cornu, « Louis Le Tellier et autres. »

Signé : *Le Tellier ; L. Le Tellier ; Pierre Sosson ; Huet.*

N° 296. — 8 *septembre* 1710. — Acte de sépulture à Cristot de Valentine du Buisson, sœur du précédent :

(1) Extrait du greffe du tribunal civil de Caen, où se trouvent les années 1676 et 1677 ; les registres de la commune de Cristot offrent une lacune de 1672 à 1680.
(2) *Idem.*

« Valentine du Buisson, âgée d'un an, a esté inhumée dans le chœur « de l'église de Cristot, le huitiesme jour de septembre mil sept cent dix, « par moi prêtre, curé de la dite paroisse; présence de Me Guillaume « Le Tellier, prêtre obitier, Charles Le Cornu, Louis Le Tellier et plu« sieurs autres. »

« Signé : *Le Tellier; Le Tellier; Huet.*

N° 297. — 12-14 *novembre* 1739. — Acte de baptême, en l'église d'Amblie, de Pierre-Louis du Buisson de Courson, né le 12 du même mois (mort dans son enfance), fils aîné de *noble homme* Guillaume-Nicolas du Buisson, *écuyer*, sieur de Courson de Cristot, et de *noble dame* Catherine-Louise-Henriette des Planches.

Expédition légalisée, délivrée le 1er octobre 1867.

N° 298. — 27-31 *octobre* 1740. — Acte de baptême, en l'église d'Amblie, de Marie-Anne-Louise du Buisson, fille de *noble homme* Guillaume-Nicolas du Buisson, sieur de Courson de Cristot, et de *dame* Catherine-Louise-Henriette des Planches. Parrain : messire Olivier des Planches, sieur d'Hérouville, son aïeul maternel ; marraine : noble dame Marie-Anne de Fribourg de Cristot, son aïeule paternelle.

Cette fille décéda à Amblie le 25 novembre 1743.

Expédition légalisée, délivrée le 1er octobre 1867.

N° 299. — 17-18 *septembre* 1741. — Acte de baptême, en l'église d'Amblie, de Pierre-Louis-Guillaume du Buisson (mort dans son enfance), fils de *noble homme* Guillaume-Nicolas du Buisson de Courson, sieur de Cristot, et de *dame* Catherine-Louise-Henriette des Planches; ainsi nommé par Guillaume du Pont, écuyer, représentant Louise Harel d'Hérouville, parrain et marraine.

Expédition légalisée, délivrée le 1er octobre 1867.

N° 300. — 21-23 *octobre* 1742. —Acte de baptême, en l'église d'Amblie, de Marie-Gabrielle du Buisson de Courson-Cristot, sœur des trois précédents. Parrain : Monsieur des Planches de Cloville, son grand-oncle ; marraine : Marie-Gabrielle Bourdon, dame de Brouay et de Fontenay-le-Pesnel.

Expédition légalisée, délivrée le 1er octobre 1867.

N° 301. — 9-10 *novembre* 1745.—Acte de baptême, en l'église d'Amblie, de Henriette-Angélique du Buisson de Courson-Cristot, sœur des quatre précédents. Parrain : noble personne Gabriel-Philippe de Tourville, ancien capitaine au régiment de Beauce ; marraine : dame Angélique Brion, épouse de M. de Cloville. — Cette fille mourut dans son enfance.

Expédition légalisée, délivrée le 1er octobre 1867.

N° 302. — 20-21 *octobre* 1747. — Acte de baptême, en l'église St-Etienne de Caen, de Jean-Louis-Antoine du Buisson de Courson, aïeul de la famille des Rotours de Chaulieu actuelle :

« L'an mil sept cent quarante-sept, le samedi vingt-unième jour d'octobre, « a esté baptisé par moi Jean-Charles des Planches, prêtre, vicaire et

« chapelain infondé de l'église paroissiale de St-Gilles de Caen, en présence « et du consentement de M. Vicaire, docteur et ancien professeur royal de « théologie, curé de cette paroisse de St-Etienne de la même ville, un fils, « né d'hier, sur les cinq heures et demie du matin, du légitime mariage « de *messire* GUILLAUME-NICOLAS DU BUISSON, *écuyer*, sieur de COURSON, « *ayde-major du régiment des Gardes-Côtes*, et de *dame* CATHERINE-LOUISE-« HENRIETTE DES PLANCHES D'HÉROUVILLE, son espouse, de cette paroisse, « lequel enfant a esté nommé JEAN-LOUIS-ANTOINE par moi Jean-Charles des « Planches, son parrain, et par madame Catherine des Planches, veuve « de messire Blouet de Than, sa marraine, de la paroisse de St-Pierre de « Caen, laquelle a signé avec moi. »

Signé : *Catherine des Planches ; Blouet ; des Planches*, prêtre ; *Vicaire*, curé de St-Etienne de Caen.

Expédition légalisée, délivrée le 24 septembre 1874.

N° 303. — 23-24 *septembre* 1748. — Acte de baptême, en l'église St-Etienne de Caen, de HENRIETTE-ANGÉLIQUE (deuxième du nom) DU BUISSON DE COURSON-CRISTOT, sœur des six précédents.

N° 304. — 30-31 *mai* 1751. — Acte de baptême, en l'église St-Martin de Caen, de FRANÇOISE-JULIE DU BUISSON DE COURSON, fille de *noble personne* GUILLAUME-NICOLAS DU BUISSON DE COURSON DE CHRISTOT (*sic*), *écuyer*, seigneur et patron de CHRISTOT, et de *noble dame* CATHERINE-LOUISE-HENRIETTE DES PLANCHES. Parrain : Monsieur René-Léon de Cairon, écuyer, seigneur de Barbières, Bonbonneville et Vimont, chevalier de l'Ordre royal et militaire de St-Louis; marraine : noble dame Françoise de Morant, veuve de Charles-Henry Le Bourgeois, écuyer, seigneur de Crû.

Expédition légalisée, délivrée le 11 juin 1869.

N° 305. — 10-11 *octobre* 1752. — Acte de baptême, en l'église St-Martin de Caen, de PIERRE-LOUIS-GUILLAUME DU BUISSON DE COURSON, frère des huit précédents, plus tard curé de Port-en-Bessin.

N° 306. — 5 *septembre* 1753. — Acte de sépulture, dans la nef de la chapelle de la Ste-Vierge de l'église St-Martin de Caen, de *damoiselle* HENRIETTE-ANGÉLIQUE DU BUISSON DE COURSON, morte à l'âge de 5 ans.

N° 307. — 17 *août* 1778. —Acte de mariage, en l'église de La Graverie, près Vire, de Jean-Louis-Antoine du Buisson, chevalier de Courson, et de noble demoiselle Anne-Jeanne-Charlotte-Antoinette de Sarcilly.

Expédition légalisée, délivrée le 6 avril 1868.

« Le lundi, dix-septième jour d'août mil sept cent soixante-dix-huit, « après la publication d'un ban, avec déclaration d'obtenir dispense des « deux autres, du futur mariage entre *messire* JEAN-LOUIS-ANTOINE DU « BUISSON, chevalier de COURSON, fils majeur de *messire* GUILLAUME-NICOLAS « DU BUISSON, sieur de CHRISTOT, et de *noble dame* CATHERINE-LOUISE-HEN-« RIETTE DES PLANCHES D'HÉROUVILLE, ses père et mère, d'une part, de la « paroisse d'Amblie, et résidant en la paroisse St-Etienne de Caen ;

« Et entre *noble demoiselle* ANNE-JEANNE-CHARLOTTE-ANTOINETTE DE SAR-

« CILLY, fille de feu messire Hervé-Augustin de Sarcilly, sieur de La Renaudière, et de noble dame Jeanne-Charlotte-Antoinette Ruault, ses père et mère, d'autre part, de cette paroisse (La Graverie), la susdite demoiselle de Sarcilly, âgée d'environ vingt-et-un ans, et ne s'étant trouvé aucun empêchement ni opposition; vu les attestations de publications de ban faites tant dans les paroisses de St-Etienne de Caen et d'Amblie, délivrées par le sieur Guynel, vicaire de St-Etienne, et par le sieur Le Monnier, curé d'Amblie, que dans cette paroisse, et la dispense des deux autres bans accordée par M. Deaunier, official de Caen, en date de l'onzième jour d'août de la présente année, signée, scellée et insinuée à Bayeux du douzième jour d'août, ci-attachée avec ces attestations de ban, la célébration des fiançailles faites du jour précédent;

« Nous, soussigné GUILLAUME DU BUISSON DE COURSON, prêtre, bachelier en théologie, ayant interrogé les susdits futurs, avons reçu leur mutuel consentement de mariage, du consentement du sieur Louis Le Normand, curé de cette paroisse, et leur avons donné la bénédiction nuptiale suivant les cérémonies prescrites par notre mère la Sainte-Eglise, en présence et du consentement de messire Charles-François, chevalier de Morant, capitaine au régiment de la Reine, Dragons, porteur d'une procuration de messire Guillaume-Nicolas du Buisson, sieur de Christot, père du susdit futur époux, passée devant les notaires de Creully, en date du douzième jour d'août de la présente année, lequel a signé; de noble dame Jeanne-Charlotte-Antoinette Ruault de Sarcilly, mère de la dite épouse; de messire Jean-Jacques-François-Charles Gaultier de Carville, lieutenant de nosseigneurs les Maréchaux de France; de maître Antoine-Gaspard Gaultier, accolyte; de Nicolas Vasnier, custos de cette paroisse, et autres parents et amis soussignés. »

Signé : *Anne-Jeanne-Charlotte-Antoinette de Sarcilly ; Jean-Louis-Antoine du Buisson de Courson; Jeanne-Charlotte-Antoinette Ruault de Sarcilly; Charles-François, chevalier de Morant; Jean-Jacques Gaultier de Carville; Antoine-Gaspard Gaultier; N. Vasnier; Jean Auvray; Marie Duché; Le Maître; Ruault; de Courson, prêtre.*

N° 308. — 29-30 mai 1779. — Acte de baptême, en l'église de Vire, d'Adélaïde-Antoinette du Buisson de Courson (plus tard baronne de Chaulieu) :

« Le trente may mil sept cent soixante-dix-neuf, par nous soussigné PIERRE-LOUIS-GUILLAUME DU BUISSON, prêtre, bachelier en Théologie, a esté baptisée UNE FILLE, née d'hier, du légitime mariage de JEAN-LOUIS-ANTOINE DU BUISSON, *écuyer*, sieur de COURSON, ancien officier de cavalerie, et de *noble dame* ANNE-JEANNE-CHARLOTTE-ANTOINETTE DE SARCILLY, son épouse, et nommée ADÉLAÏDE-ANTOINETTE par noble dame Jeanne-Charlotte-Antoinette Ruault de Sarcilly, aïeule maternelle de l'enfant, assistée de nous susdit prêtre, oncle paternel du d. enfant, soussigné. »

Signé : *Ruault de Sarcilly ; P. L. G. du Buisson de Courson.*

N° 309. — 28-29 septembre 1781. — Acte de sépulture, dans le cimetière de Port-en-Bessin, de Pierre-Louis-Guillaume du Buisson de Courson, oncle de la précédente :

« Aujourd'huy samedi, vingt-neuvième jour de septembre mil sept cent quatre-vingt-un, a été inhumé dans le cimetière de cette paroisse (Port-en-Bessin) le corps de *noble et discrète personne* PIERRE-LOUIS-GUILLAUME DU

« Buisson de Courson, prêtre, bachelier en Théologie, et curé de ce lieu, âgé « d'environ vingt-neuf ans, décédé d'hier, muni de tous les Sacrements de « l'Eglise, par M. Denis Guéroult, curé de Vaucelles et doyen de Campigny; « présence de témoins soussignés. »

Signé : *D. Guéroult*, curé de Vaucelles, doyen ; *Villiers*, curé de Maisons; *Vautier*, desservant de Port.

N° 310. — 4-6 *janvier* 1782. — Acte de baptême, en l'église de Vire, de Joséphine du Buisson de Courson (plus tard baronne des Rotours) :

« Le six janvier mil sept cent quatre-vingt-deux, par nous soussigné « vicaire de Vire, a esté baptisée *une fille*, née du quatre du d. mois, du « légitime mariage de *messire* Jean-Louis-Antoine du Buisson, sieur de « Courson, ancien officier de cavalerie, et de *noble dame* Anne-Jeanne-« Charlotte-Antoinette de Sarcilly, son épouse, et nommée Joséphine « par *noble dame* Marie-Louise-Elisabeth-Geneviève de Scelles de Prévallon, « assistée de *messire* Dominique-Nicolas du Buisson, sieur de Courson, « ancien officier d'infanterie, représenté par la susdite dame de Scelles de « Prévallon. »

Signé : *de Scelles de Prévallon ; Roger*, vicaire de Vire.

N° 311 et 312. — 8-10 *juin* 1782 : 22 *avril* 1789. — Acte de baptême, en l'église d'Amblie, de Justine du Buisson de Courson, fille de *messire* Dominique-Nicolas du Buisson de Courson et de *noble dame* Marie-Louise-Elisabeth-Geneviève de Scelles de Prévallon. Parrain : Jean-Louis-Antoine du Buisson, écuyer, sieur de Courson, son oncle ; marraine : noble dame de Scelles de Prévallon (Elisabeth de La Rivière), son aïeule.

Acte d'inhumation, faite le 22 avril 1789, de la même Justine, dans le cimetière d'Amblie, *proche la Croix*.

N° 313. — 7-8 *décembre* 1785. — Acte de baptême, en l'église d'Amblie, de Marie-Henriette du Buisson de Courson (plus tard Mme de Patry) :

« Le huit décembre mil sept cent quatre-vingt-cinq, a été par nous « Lefort, prêtre, du consentement de monsieur le curé soussigné, baptisé « *une fille*, née d'hier, du légitime mariage de *messire* Dominique-Nicolas « du Buisson, sieur de Courson, ancien officier de cavalerie, et de *noble dame* « Marie-Louise-Elisabeth-Geneviève de Scelles de Prévallon, son épouse, « laquelle a été nommée Marie-Henriette par noble dame Catherine-Henriette « Pallas, assistée de messire Henri Harel, chevalier de l'Ordre royal et « militaire de St-Louis, de la paroisse St-Etienne de Caen, son époux, « parrain et marraine.

« Avec nous soussigné, témoins : »

Signé : *Pallas Harel ; Harel ; Le Lantier ; Lefort*, prêtre ; *Le Monnier*, curé d'Amblie.

N° 314. — 23-25 *juin* 1787. — Acte de sépulture dans le cimetière de l'église St-Jean de Caen, de *noble demoiselle* Marie-Gabrielle du Buisson de Courson, âgée d'environ 45 ans, décédée le 23 juin, en la paroisse St-Jean de Caen, munie des saints sacrements.

N° 315. — 29-30 octobre 1788. — Acte de baptême, en l'église d'Amblie, de Joséphine du Buisson de Courson, sœur des deux précédentes, fille de *messire* Dominique-Nicolas du Buisson de Courson, ancien officier de cavalerie, et de noble dame Marie-Louise-Elisabeth-Geneviève de Scelles de Prévallon. Parrain : Ange-Casimir du B. de C., son frère ; marraine : Justine du B. de C., sa sœur.

N° 316. — 23 germinal an V (13 avril 1797). — Acte de décès, dressé à la mairie de Vire, de Jean-Louis-Antoine du Buisson de Courson, âgé de quarante-huit ans, époux d'Anne-Jeanne-Charlotte-Antoinette de Sarcilly, mort en son domicile, rue Egalité, à Vire.

Expédition légalisée, délivrée le 6 avril 1868.

N° 317. — 8 pluviôse an IX (28 janvier 1801). — Acte de mariage, à la mairie de Vire, « de Louis-Jules-Auguste des « Rotours de Chaulieu, âgé de dix-neuf ans révolus, né à St-Martin « de Chaulieu, département de la Manche, le 8 avril 1781, vivant « de son bien, domicilié à Vire, département du Calvados, fils « mineur de *feu* Jacques-Augustin des Rotours de Chaulieu, et de « *feue* Louise-Félicité Fortin de Marcenne, ses père et mère, d'une « part ;

« Et de Adélaïde-Antoinette du Buisson de Courson, âgée de « 21 ans, née à Vire le 29 mai 1779, domiciliée en la commune de « La Graverie, arrondissement de Vire, fille majeure de *feu* Jean-« Louis-Antoine du Buisson de Courson et d'Anne-Jeanne-Charlotte-« Antoinette de Sarcilly, vivante de son bien, domiciliée en la « susdite commune de La Graverie, ses père et mère, d'autre part. »

Signé : *Jules des Rotours de Chaulieu; Antoinette du Buisson; L.-R. Dubourg d'Isigny; Frédéric de Labbey; Auguste Marquier de Dampierre; Auguste Gaudin de Vilaine; de Sarcilly du Buisson; J.-T.-G. Duboscq de La Roberdière*, maire de Vire ; *Pichon*, secrétaire.

NOTA. Adélaïde-Antoinette du Buisson de Courson, baronne de Chaulieu, décéda, en mars 1818, à Cherbourg, où son mari était alors sous-préfet.

N° 318. — 28 thermidor an IX (27 juillet 1801). — Acte de mariage, à la mairie de La Graverie, « de Gabriel-François « des Rotours de Chaulieu, âgé de 19 ans, né en la commune de « St-Sauveur de Chaulieu, arrondissement de Mortain, département « de la Manche, le 2 août 1782, vivant de son bien, domicilié en « la commune de St-Martin de Chaulieu, arrondissement de Mortain « (Manche), fils mineur de *feu* Jacques-Augustin des Rotours de « Chaulieu et de *feue* Louise-Félicité Fortin de Marcenne, ses père « et mère d'une part ;

« Et de Joséphine du Buisson de Courson, âgée de 19 ans 7 mois, « domiciliée en la commune de La Graverie, arrondissement de « Vire, département du Calvados, née à Vire le 6 janvier 1782, « fille mineure de *feu* Jean-Louis-Antoine du Buisson de Courson

« et d'Anne-Jeanne-Charlotte-Antoinette de Sarcilly, vivant de son « bien, domiciliée en la commune de La Graverie, d'autre part. »

Signé : *G.-F. des Rotours de Chaulieu* ; *Joséphine du Buisson* ; *de Sarcilly du Buisson* ; *Ruault de Sarcilly* ; *G.-F. Vaufleury de St-Cyr* ; *Eugénie Vaufleury de Gaudin* ; *J. des Rotours* ; *F.-C. de Labbey de St-Denis* ; *A. Antoinette du Buisson de Chaulieu* ; *Jules des Rotours de Chaulieu* ; *Delpon* ; *Alexandre des Rotours* ; *Esnault* ; *Augustin des Rotours* ; *Vasnier*, maire de La Graverie.

NOTA. — Joséphine du Buisson de Courson, baronne des Rotours, est morte à La Graverie le 24 août 1860, précédant de trois ans son mari dans la tombe.

N° 319. — 14 *fructidor an IX (1er septembre 1801)*. — Acte de mariage, à la mairie d'Amblie, entre « *le citoyen* Jean-Gabriel-« Désiré Patry, âgé de 21 ans, né à Soules, département de la « Manche, le 26 février 1780, demeurant commune de Bayeux, « section de l'Egalité, département du Calvados, fils de *feu* Jean-« François Patry et de Henriette-Geneviève-Gabrielle Mauger, ses « père et mère, de ladite commune de Bayeux, d'une part ;

« Et *la citoyenne* Marie-Henriette du Buisson de Courson, âgée « de 15 ans, née à Amblie le 7 décembre 1785, fille mineure de *feu* « Dominique-Nicolas du Buisson de Courson et de Marie-Louise-« Elisabeth-Geneviève de Scelles de Prévallon, demeurant en « ladite commune d'Amblie, d'autre part. »

Signé : *Désiré Patry* ; *Marie-Henriette du Buisson de Courson* ; *Louis Lefèvre* ; *Prévallon, veuve de Courson* ; *J. Bellin* ; *de Baudre* ; *Joséphine du Buisson de Courson* ; *Mauger-Patry* ; *Mauger* ; *C. du Buisson de Courson* ; *A. Godefroy* ; *Jacques Bertrand*, maire d'Amblie.

NOTA. — Marie-Henriette du Buisson de Courson (Mme de Patry), devenue veuve le 22 juillet 1840, est décédée à Bayeux le 8 janvier 1867. L'acte de décès se trouve sur les registres de l'état civil de Bayeux à la date du même mois.

N° 320. — 5-6 *fructidor an XII (23-24 août 1804)*. — Acte de décès, dressé à la mairie de Bayeux, de Joséphine du Buisson de Courson (mentionnée ci-dessus n° 315), morte en son domicile, rue des Augustins, âgée de quinze ans neuf mois.

Expédition légalisée, délivrée le 22 pluviose an XIII (12 février 1805).

NOTA. — Le corps de cette demoiselle fut rapporté et inhumé à Colombiers-sur-Seulles.

N° 321. — 28 *juin-30 juillet* 1844. — Acte de naissance, dressé à la mairie d'Amblie le 28 juin, de Marie-Berthe du Buisson de Courson, fille de du Buisson de Courson Louis-Eugène, et de du Merle Louise-Adolphine, son épouse, demeurant en la paroisse d'Amblie (*branche aînée*).

Acte de baptême de la même, en date du 30 juillet 1844. Parrain : Bon-Eugène de Billeheust, baron d'Argenton ; marraine : Victoire-Louise d'Auge, épouse de *Monsieur du Merle* (sic).

N° 322. — 11-12 *février* 1867. — Acte de mariage, dressé à la mairie d'Amblie (Calvados) par Gustave Youf, maire, entre « *Monsieur* RENÉ-PAUL DE VILLIERS, âgé de trente-quatre ans, né à « Alençon le 24 décembre 1832, fils majeur de Monsieur René-Léon « de Villiers et de dame Louise-Calixte Quillel de Fontaine ;

« Et *demoiselle* MARIE-BERTHE DU BUISSON DE COURSON, âgée de « vingt-deux ans, née à Amblie, etc., fille majeure de *Monsieur* « LOUIS-EUGÈNE DU BUISSON DE COURSON et de *dame* LOUISE-ADOLPHINE « DU MERLE, son épouse, demeurant ensemble à Amblie, etc. »

Témoins de l'époux : MM. Georges de Villiers, son frère, et Wilfrid de Courseulles, son cousin ; témoins de l'épouse ; MM. Aymar du Buisson de Courson, son oncle, et Amédée du Buisson de Courson, conseiller de préfecture des Hautes-Pyrénées, son frère.

Signé : *P. de Villiers ; Berthe de Courson ; L. de Villiers ; L. C. Quillel de Villiers ; E. de Courson ; A. du Merle de Courson ; G. de Villiers ; W. de Courseulles* ; *J. A. de Courson* ; *Amédée de Courson* ; *G. Youf*, maire.

Acte du mariage religieux des mêmes en l'église d'Amblie, à la date du 12 février, c'est-à-dire le lendemain.

NOTA. — De ce mariage sont sortis un fils et deux filles dans l'ordre suivant : — 1° Marie-EDITH-Louise de Villiers, née au château des Planches, commune d'Amblie, le 3 mai 1868 ; — 2° Louis-Raoul-RENÉ, né en la même commune le 7 septembre 1869 ; — 3° Marie-Louise-Augustine-BATHILDE, née en la même commune le 26 novembre 1870 (Voir les registres d'état civil d'Amblie).

CHAPITRE III.

ACTES D'ÉTAT CIVIL DIVERS INTÉRESSANT INDIRECTEMENT LA FAMILLE.

N°s 323 à 325. — *Années* 1602, 1620, 1632. — Trois actes d'état civil se trouvant sur les registres de Gavrus et constatant que demoiselle JEANNE DU BUISSON DE COURSON (fille de Pierre et d'Elisabeth Baudouin) fut marraine d'un enfant baptisé à Gavrus le 19 septembre 1602 ; que PIERRE DU BUISSON, *écuyer*, sieur de COURSON (son père), fut parrain d'un enfant du nom de Pierre Le Sueur, le 16 février 1620 ; enfin que damoiselle MARGUERITE DU

Buisson fut marraine à son tour d'un enfant baptisé à Gavrus le 9 mars 1632.

N° 326. — 7 mars 1629. — Acte de baptême, en l'église de St-Pierre de Caen, d'un fils né de Gaspard-Robert Angot, sieur de La Drouinière, etc., et de Marguerite de Trihan. Parrain : Gaspard Blondel, sieur de Baudre ; marraine : damoiselle Anne Lamendey, femme de *noble homme* Claude du Buisson, sieur de Christot, conseiller et procureur du Roi en l'élection et grenier à sel de Caen (*sic*).

Nos 327 à 329. — Années 1632, 1634 et 1641. — Trois actes d'état civil se trouvant sur les registres de Cristot et constatant que *damoiselle* Marguerite du Buisson fut marraine de deux enfants baptisés en cette paroisse en 1632 et le 16 mars 1634 ; constatant encore que Marguerite du Buisson assistait, le 25 octobre 1641, au mariage de Jean de Vendes, écuyer, avec damoiselle Jeanne de Poilvillain.

N° 330. — 14-21 octobre 1635. — Baptême, en l'église de Brouay, d'un fils né du mariage de Jacques Turgot, écuyer, sieur de Loucelles, et de Anne Le Vavasseur, nommé Claude par *noble homme* maître Claude du Buisson, sieur de Cristot et de Brouay, procureur du Roi en l'élection de Caen, assisté de damoiselle Marie Le Vavasseur, tante de l'enfant.

N° 331. — 13 mars 1636. — Baptême à Cristot d'un enfant auquel servit de parrain Pierre (II), fils de *noble homme* Claude du Buisson, sieur de Cristot, assisté de demoiselle Anne, fille de Charles du Verney, écuyer.

Nos 332 à 339. — Années 1636, 1641, 1642, 1643, 1663, 1676 et 1677. — Huit actes d'état civil se trouvant sur les registres de Cristot, soit à Cristot, soit au greffe du tribunal de Caen, et constatant que *noble homme* Claude du Buisson, *écuyer*, seigneur et patron de Cristot et de Brouay (ailleurs sieur du Hamel), fut parrain, le 11 avril 1636, avec demoiselle Marie Onfroy, fille d'Anne Onfroy, écuyer, sieur de Buron ; puis le 20 septembre 1642, encore le 20 mars 1663 ; et enfin le 24 janvier 1677 ; qu'il assistait, le 25 octobre 1641, au mariage de Jean de Vendes, écuyer, et de Jeanne de Poilvillain ; le 27 septembre 1643, lui et sa femme, au baptême de François de Vendes ; le 23 juillet 1676, à l'inhumation de Marguerite de Vendes ; enfin, le 27 janvier 1677, à l'inhumation de Jacques-Louis d'Estriac, écuyer, sieur de Blagny.

N° 340. — 29 janvier 1640. — Acte de baptême sur les registres de Cristot, constatant la naissance d'une enfant naturelle de *noble homme* Claude du Buisson, sieur et patron de Cristot et de Brouay, et de Jacqueline Cicile, ladite fille nommée Anne.

Nos 341 et 342. — Années 1657 et 1671. — Deux actes

d'état civil se trouvant sur les registres de Cristot et constatant que *damoiselle* MARIE DU BUISSON (fille de Claude II) fut marraine d'une enfant baptisée le 6 janvier 1657, puis, avec l'assistance de Pierre Néel, avocat au présidial de Caen, d'un autre enfant baptisé le 4 avril 1671.

N° 343. — 24 *avril* 1664. — Baptême, en l'église de Cristot, en présence de Charles Patry, curé de Maisoncelles, d'une fille née de Claude d'Estriac, écuyer, sieur de Blagny, et de MADELEINE PATRY, sa femme.

N° 344. — 10 *avril* 1665. — Acte de sépulture, dans l'intérieur de l'église de Cristot, de *noble dame* MARIE DE NOLENT, veuve de feu ROBERT DE POILVILLAIN, écuyer, sieur des Hauts-Champs, ladite dame âgée de quatre-vingt-dix ans (probablement la mère de Françoise de Poilvillain).

N°s 345 et 346. — *Années* 1665 *et* 1667. — Deux actes d'état civil se trouvant sur les registres de Cristot, constatant que maître JACQUES DU BUISSON, prêtre, curé de Cristot, servit de parrain, le 1er janvier 1665, à Gilles Lamendey, fils de Gabriel Lamendey, sieur de La Pallière, et de Renée Tostain, et, le 24 février 1667, avec l'assistance d'Anne Néel, à Anne Le Gouix.

N° 347. — 1er-2 *juin* 1682. — Acte de sépulture de Me GEORGES COUESPEL, avocat au Parlement de Rouen, âgé d'environ cinquante-deux ans, inhumé le 2 dans l'église de Cristot par dom Guillaume-Siméon du Verney, prêtre, prieur de St-Laurent, en présence, notamment, de PIERRE DU BUISSON, *écuyer*, seigneur et patron de CRISTOT et de BROUAY, de Georges et Jean Couespel, enfants du défunt, et de plusieurs autres gentilshommes.

N° 348. 19 *mars* 1686. — Baptême, en l'église de Cristot, de Pierre-Louis Le Tellier. Marraine : *noble dame* MARIE-ANNE DE MORANT, veuve de *feu* PIERRE DU BUISSON, *écuyer*, seigneur et patron de CRISTOT et de BROUAY, assistée de M. Louis Néel, bourgeois de Caen.

N° 349. — 27-29 *février* 1708. — Acte de baptême ainsi conçu :

« Le vingt-neuf de février 1708, un fils, né le 27 du mariage de Charles
« Le Cornu et d'Anne Billet, a esté baptisé en l'église de Cristot par moi
« curé du d. lieu, et nommé Pierre-Nicolas par *noble dame* MARIE-ANNE DE
« FRIBOURG, assistée de PIERRE-NICOLAS DU BUISSON, *escuyer*, seigneur et
« patron de CRISTOT et de BROUAY, son mari, lesquels ont signé avec moi. »

Signé : *du Buisson de Cristot* ; *Marie-Anne de Fribourg* (caractères allemands) ; *Huet*.

N°s 350 à 352. — *Années* 1712, 1723 *et* 1737. — Trois actes d'état civil se trouvant sur les registres de Cristot, constatant que *messire* PIERRE-NICOLAS DU BUISSON, *écuyer*, seigneur et patron de CRISTOT, servit de parrain, le 30 juin 1712, à l'enfant de Jacques Bouët et de Claude Le Cat, et, le 19 février 1737, avec l'assistance de noble dame Marie-Madeleine Radulphe, épouse de messire Pierre-Léonor de Séran, baron d'Audrieu, à un enfant nommé Pierre-Nicolas Le Cornu; que de plus il était présent, le 11 janvier 1723, au mariage de Jean-François de Cairon, écuyer, fils de feu Philippe-François de Cairon, sieur de la Pigacière, et d'Anne Le Vaillant, avec Marie-Anne de Morant, fille de messire Pierre-Armand Morant, écuyer, seigneur et patron d'Eterville, et de noble dame Marie-Anne de Tilly.

N° 353. — 25 décembre 1732. — Baptême, en l'église de Cristot, de Nicolas Naude, auquel servit de parrain *messire* GUILLAUME-NICOLAS DU BUISSON, *écuyer*, sieur DE COURSON (*sic*), assisté de damoiselle Marie-Anne-Françoise de Gouville.

N° 354. — 5 février 1733. — Acte du mariage, en l'église de Cristot, d'André Langevin; présente et signataire *noble dame* MARIE-ANNE DE FRIBOURG DE CRISTOT, épouse de *messire* PIERRE-NICOLAS DU BUISSON, *écuyer*, seigneur et patron dudit lieu de CRISTOT.

N° 355. — 3 décembre 1744. — Acte de baptême, en l'église de Cristot, de Marie-Anne Lamendey, à laquelle servit de marraine *noble dame* MARIE-ANNE DE FRIBOURG, épouse de *messire* PIERRE-NICOLAS DU BUISSON, *écuyer*, etc., assistée de messire Jean-Pierre Néel, seigneur de Tontuit, Fiquefleur, La Pommeraye, Bonnœuil, Genneville, conseiller du Roi en sa Cour des Comptes, Aides et Finances de Normandie.

N° 356. — 7-8 janvier 1745. — Acte d'un baptême fait en l'église de Cristot.

Expédition légalisée, délivrée le 12 décembre 1807, ainsi conçue :

« Le huitiesme jour de janvier mil sept cent quarante-cinq, a esté par « moi Louis Seigle, curé de Cristot, baptisé un fils, né du jour d'hier du « mariage de Marin Le Cornu et de Marie-Anne Lamendey, nommé Guillaume-Marin-Cyprien par *messire* GUILLAUME-NICOLAS DU BUISSON, seigneur « de COURSON, fils de *messire* PIERRE-NICOLAS DU BUISSON, seigneur et patron « de CRISTOT et autres lieux, assisté de noble dame Marie-Anne-Catherine « Picquot, épouse de messire Jean-Pierre Néel, seigneur et patron de Toutuit, « Ficquefleur, La Pommeraye, Bonnœuil, Genneville, St-Christophe et « autres lieux, conseiller du Roi en sa Cour des Comptes, Aides et Finances « de Normandie, ses parrain et marraine, lesquels ont signé. »

Signé : *Marie-Anne-Catherine de Picquot ; de Courson ; L. Seigle.*

N° 357. — 3 mai 1749. — Acte de mariage à Cristot de Marin Le Tellier, soldat de la milice de Caen, ledit mariage contracté avec la permission de M. le chevalier du Rozel, capitaine dans le bataillon de Caen, et de M. DE CHRISTOT (Pierre-Nicolas du Buisson), capitaine de grenadiers, tenant la place de commandant dudit bataillon.

N° 358. — 24 juillet 1775. — Acte de mariage, à Amblie, de Jean Fontaine et de Marie-Jeanne-Catherine-Françoise Duquesnay.

— Présence de M. de Baudre, écuyer, sieur de Marceley, chevalier de St-Louis, de M. DU BUISSON DE CHRISTOT (*sic*), *écuyer*, capitaine-général de la capitainerie de Bernières-sur-Mer, de M. Me PIERRE-LOUIS-GUILLAUME DE COURSON, diacre, etc.

N° 359. — **20 juillet 1785.** — Acte de baptême, en l'église d'Amblie, de Jean-Casimir Fontaine.—Parrain : *messire* DOMINIQUE-NICOLAS DU BUISSON, sieur de COURSON, ancien officier de cavalerie ; marraine : *noble dame* Marie-Louise-Élisabeth-Geneviève de Scelles de Prévallon, son épouse ; présence de *nobles et puissantes demoiselles* (sic) Charlotte-Louise et Adélaïde-Félicité de Cairon d'Amblie, filles de messire Jean-François de Cairon de La Varende, seigneur et patron d'Amblie.

CHAPITRE IV.

RECTIFICATION D'ACTES D'ÉTAT CIVIL.

N° 360. — **28 juillet 1871.** — Jugement de rectification prononcé par le Tribunal civil de Bayeux, dans sa séance du 28 juillet 1871, au sujet du nom patronymique DU BUISSON, ledit jugement s'appliquant à divers actes d'état civil de la commune de Villiers-le-Sec, *et autres s'y rapportant.*

Voici la teneur textuelle de l'expédition délivrée au greffe du Tribunal civil de Bayeux :

RÉPUBLIQUE FRANÇAISE.

« AU NOM DU PEUPLE FRANÇAIS,

« Aujourd'hui vingt-huit juillet mil huit cent soixante-onze ;

« Le Tribunal civil de Bayeux, composé de MM. Trébutien, président ; « de Gourmont, juge ; Lerouge, juge suppléant pour l'empêchement de « MM. les juges et juges suppléants avant lui ; de Vauquelin de La Brosse, « procureur de la République, et Gaugain, commis-greffier, a rendu le « jugement suivant :

« Vu la requête présentée le 22 juillet 1871 par MM. du Buisson de « Courson (Louis-Eugène et Amédée-Casimir) et par Mme de Villiers, née « du Buisson de Courson, et les pièces à l'appui ;

« Ouï M. Lerouge, juge suppléant, en son rapport ;

« M. le Procureur de la République entendu en ses conclusions ;

« Attendu que de l'examen des pièces produites il résulte que les ancêtres « des exposants portent *depuis plus de trois siècles au moins* le nom de « DU BUISSON, *sieurs* DE COURSON ;

« Que le nom patronymique de cette famille est donc bien DU BUISSON *en* « *deux mots*, et *non pas* DUBUISSON, en un seul mot ;

« Que c'est à tort par conséquent si, dans un acte de mariage et un « acte de naissance dressés à la mairie de Villiers-le-Sec (arrondissement

« de Bayeux : Calvados) les 16 juin 1836 et 21 juin 1839, le nom du Buisson « a été écrit en un seul mot (Dubuisson) et non pas en deux mots;

« Qu'il y a donc lieu de faire droit à la demande de MM. du Buisson « de Courson (père et fils) et de Mme de Villiers;

« Vu les articles 49, 99 et 101 du Code Civil, 855, 856 et 857 du Code de « procédure ;

« Par ces motifs,

« Le Tribunal, après en avoir délibéré conformément à la Loi,

« Ordonne que *le nom* du Buisson *sera rectifié et écrit en deux mots* dans « les actes de mariage et de naissance sus-datés, *et autres s'y rapportant* « (du Buisson), et *non pas* Dubuisson en un seul mot ;

« Dit que mention du présent jugement sera faite en marge des registres « d'état civil, tant au greffe du tribunal de Bayeux qu'à la mairie de Villiers- « le-Sec.

« Ainsi jugé en audience publique du Tribunal civil de Bayeux les jour, « mois et an susdits. »

En marge de la minute est écrit :

« Enregistré à Bayeux le 9 août 1871, folio 182, C^e 3. Signé : *Viot.*

« En conséquence, la République mande et ordonne à tous huissiers sur ce « requis de mettre le présent jugement à exécution, aux Procureurs généraux « et aux Commissaires du Gouvernement près les Tribunaux de première « Instance d'y tenir la main, à tous officiers et commandants de la force pu- « blique d'y prêter main forte lorsqu'ils en seront légalement requis.

« En foi de quoi le présent jugement a été signé par le président et par « le greffier du Tribunal.

« Expédition délivrée à l'instance des sieurs du Buisson de Courson père et « fils et de la dame de Villiers, née du Buisson de Courson, ayant pour « avoué maître Jaquet. »

Signature illisible, avec un paraphe.

LIVRE TROISIÈME.

FAMILLES ALLIÉES

A LA

MAISON DU BUISSON

(BRANCHES D'IQUELON ET DE COURSON-CRISTOT).

« ... Nobilitatem eam tueor, eam orno, quæ virtus dicitur « generis, quæ, majoribus veluti per gradus ad nos delata, et avos « et proavos in memoriam revocat. »

(PLINE.)

« ... Nobilitas quam à patre simul et à matre acceperunt liberi « splendidior, illustrior, luculentior et clarior............ Viri nobilitas « ex uxoris nobilitate quodammodo illustratur. »

(TIRAQUEAU : *De Nobilitate*, caput XVIII, nos 26 et 41.)

« ... La noblesse d'origine vient du père ou de la mère ou des « deux ensemble....... Il est vrai que, quand la noblesse paternelle « et la maternelle sont unies, une famille en est beaucoup plus « illustre. C'est alors que les armes du père et de la mère se doi- « vent joindre, etc..... »

(LA ROQUE : *Traité de la Noblesse* (Paris : 1678), chap. XV.)

PREMIÈRE PARTIE.

ALLIANCES EN LIGNE DIRECTE.

I° DES CHAMPS.

Troisième degré de filiation.

ROBERT DU BUISSON ; MARGUERITE DES CHAMPS : *première partie du XIIIe siècle.* — Il existait, dès le XIIIe siècle, en la généralité de Rouen, *deux* familles nobles du nom de DES CHAMPS ou DESCHAMPS. De la première était ROBERT des Champs, sieur de Tourville, maire et capitaine de Rouen ; élu en 1381 pour l'année suivante, il n'exerça que jusqu'à Pâques, parce qu'alors le roi Charles VI supprima la mairie, à cause des émotions populaires. Ce Robert des Champs avait épousé THOMASSE DE MONDÉTOUR, dont il eut deux fils : Gilles et Robert. — GILLES, docteur en Théologie, grand maître du Collége de Navarre, chanoine de Rouen, premier aumônier et confesseur du Roi, nommé d'abord à l'évêché de Senlis, fut sacré évêque de Coutances, le 27 septembre 1408, par l'archevêque de Rouen, Louis d'Harcourt. Elevé au cardinalat vers 1411, il mourut le 5 mars 1413 et fut inhumé dans la cathédrale de Rouen. Son tombeau a été brisé par les Protestants en 1562 ; mais son épitaphe a été conservée. — On trouve encore dans la même famille un NICOLAS des Champs, sieur de La Lande, greffier en chef au Parlement de Rouen en 1627. — GUILLAUME des Champs, écuyer, sieur du Mesnil-Richard, conseiller au Présidial de Caen, ainsi que PIERRE, son frère, et NICOLAS, son cousin, ont été maintenus par l'intendant La Galissonnière, le 19 mars 1669, en l'élection de Gisors. Armes, d'après l'armorial des évêques de Coutances, d'après Farin et tous les historiens normands : *d'argent, à la bande d'azur, chargée de trois toupins d'or.*

La seconde famille de ce nom, originaire de l'élection de Montivilliers, s'est divisée en un grand nombre de branches, toutes éteintes de nos jours, à l'exception de la branche de Boishébert. Il existe une généalogie de cette famille, établie d'après les documents fournis pour les preuves de François-Adrien des Champs de Boishébert, reçu Page du Roi en sa petite Ecurie en 1762. Elle commence à ROBIN ou ROBERT des

Champs, écuyer, seigneur d'Esnitot, de Cabourg, etc., lequel obtint, le 28 juillet 1437, des lettres du roi Charles VII, par lesquelles ce monarque lui fit don, jusqu'à la valeur de 500 livres tournois, de tous les biens qui appartenaient à Jean Marcef et Simon de La Mothe, bourgeois de Rouen, sur lesquels ils avaient été confisqués parce qu'ils avaient suivi le parti des Anglais. Il fut Lieutenant pour le Roi au gouvernement de Montivilliers, sous Jacques de Brézé et le comte de Maulévrier, ainsi qu'il appert d'un acte du 20 août 1465, où il est aussi question de JEAN, son fils aîné, issu de son mariage contracté, en 1437, avec PERRETTE DE CABOURG ; ce Jean est l'auteur de la branche aînée, maintenue en 1667 par l'intendant La Galissonnière et aujourd'hui éteinte. On lit, sur ces deux personnages, dans la *Monstre* (revue) *générale* des Nobles des bailliages de Caux et Gisors faite, au nom du roi Louis XI, par messire Antoine d'Aubusson de Monteil, grand bailly de Caux, le 31 décembre 1470 et jours suivants :

« *En la vicomté de Montivilliers* : pour ROBERT DES CHAMPS, « homme ancien (vieux) et débille (*sic*), se présenta JÉHAN DES « CHAMPS, son fils, armé de brigandine, sallade, arc et trousse; pour « ce, un archer. »

Robert eut, en outre, deux autres fils : ADAM, procureur du Roi en la vicomté de Montivilliers, auteur des seigneurs de Grengues, puis de Boishébert et de Costecoste, et ROBERT, qui acheta le fief noble d'Escures le 3 décembre 1509.

ALLIANCES : — dans la branche mère ; avec les de Cabourg, de Plainbleu, de La Mare, Eudes, Guérin, etc.; — dans la branche de Grengues, et de Boishébert ; avec les d'Escrépintot, de La Mare, Le Pongeur, Le Grand, de Bailleul, de Bennetot, Le Bouteiller, Asselin, Clouet de Rucquemare, de Pelletot Bretel, etc.; — dans la branche de Costecoste, puis de Boishébert et des comtes de Raffetot, seule existante aujourd'hui, issue au VIe degré de la précédente ; avec les de Bain, Boullaye, de Quiros de Coquereaumont, Auber de Beuzeville, Dupont d'Englesqueville, Tardieu de Maleyssie, Chauvin d'Offranville, Thorel de Bonneval, Quesnel, de La Rüe, Le Bègue de Germiny (1), de Piperay, de Mire, du Val d'Angoville, etc.

CHARGES ET DIGNITÉS : deux lieutenants royaux en l'élection

(1) Marie-Anne-Joséphine des Champs de Boishébert et Adrienne-Joséphine-Victoire, sa sœur, filles de François-Adrien des Champs de Boishébert, page du Roi en sa petite Ecurie, puis capitaine au régiment Royal-étranger, et de Gabrielle Chauvin d'Offranville, épousèrent : la première, en 1798, Henri le Bègue, comte de Germiny, Pair de France, chevalier de Malte, officier de la Légion d'honneur, mort en 1843 ; la seconde, en 1801, Raoul le Bègue, comte de Germiny, frère du précédent, ancien capitaine de cavalerie et chevalier de St-Louis.

de Montivilliers, deux procureurs du Roi en ladite élection un gentilhomme ordinaire de la Chambre du Roi, un commandeur de Dampmartin (grand prieuré de Normandie), un commandant de la ville de Québec au Canada, un page du Roi en sa petite Ecurie, des officiers de divers grades, plusieurs chevaliers de St-Louis, des membres du Conseil général de la Seine-Inférieure, etc.

Quoiqu'à travers les siècles il soit à peu près impossible de préciser à laquelle des deux familles appartenait Marguerite des Champs, nous inclinerions à croire qu'elle était plutôt de la dernière, sur laquelle on lit dans la *Recherche de la Noblesse de la généralité de Rouen*, par Barin de La Galissonnière, intendant en ladite généralité (1666-1670) :

« Des Champs. — Charles des Champs, écuyer, sieur d'Esnitot, et « Vincent des Champs, aussi écuyer (tous deux de la branche « aînée, éteinte aujourd'hui), demeurant paroisse du Manoir, élec- « tion de Montivilliers, se sont présentés, le 5 janvier 1667, comme « *nobles d'ancienne race et d'extraction* ; — maintenus le 12 août « 1667.

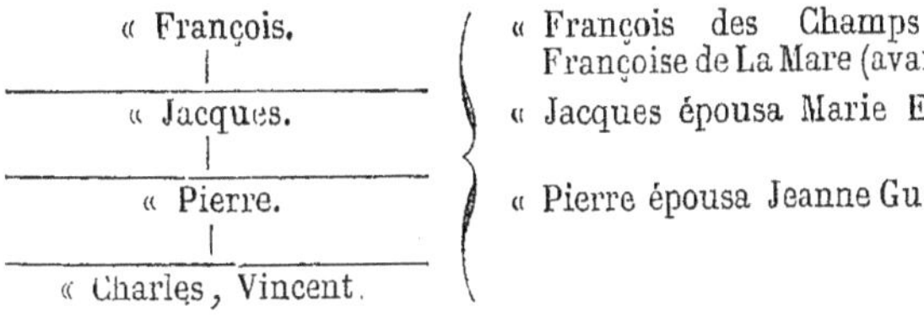

« François des Champs épousa Françoise de La Mare (avant 1555) ;
« Jacques épousa Marie Eudes ;
« Pierre épousa Jeanne Guérin.

« Portent : *d'argent, à trois perroquets de sinople, becqués et « onglés de gueules.* »

II THOREL.

Quatrième degré de filiation.

JEAN Ier DU BUISSON ; ANNE THOREL : *seconde partie du XIIIe siècle.* — On trouve, en 1667-1668, *trois* familles nobles du nom de THOREL, en la généralité de Rouen.

L'une fut anoblie en 1543 et 1550 en les personnes de Jean Thorel, sieur de Hénouard, clerc, archidiacre du Grand-Caux, conseiller au Parlement de Normandie, et d'autre Jean Thorel, sieur de Gramonville et de La Haye-Gonor, probablement frère du précédent. Armes : *d'azur à cinq cotices d'or, au chef de gueules, chargé d'un taureau d'or.*

Une autre est celle des Thorel-Castillon, seigneurs de la Montagne, du Manoir, etc., élection de Montivilliers, dont les armes, gravées dans l'armorial de Chevillard, sont : *d'azur, au taureau issant d'or à dextre, au lion de même à senestre, le tout sur une terrasse* d'argent, *au chef de gueules, chargé de trois molettes d'éperon d'or.*

Anne Thorel ne pouvait appartenir, d'après la date même où elle vivait, qu'à la troisième famille, d'origine plus haute et plus ancienne, maintenue noble à la date des 5 janvier-6 février 1667, et de laquelle descendaient peut-être messires Thorel de Bonneval et Thorel de St-Martin, qui comparurent aux Assemblées de la Noblesse du grand bailliage de Rouen le 21 mars 1789 (Voir Archives Nationales, registre B, III, 131).

On lit sur cette dernière famille dans la *Recherche de la Noblesse de la généralité de Rouen*, par Barin de La Galissonnière, intendant en ladite généralité (1666-1670) :

« Thorel. — Jacques Thorel, écuyer, sieur du Hestré, demeurant « en la paroisse d'Auzouville-l'Esneval, élection de Rouen ; main- « tenu le 5 janvier-6 février 1667.

Filiation	
« Guillaume.	« Guillaume Thorel épousa dlle Florence Parent ;
« Charles.	« Charles épousa dlle Marie des Landes ;
« Nicolas, Guillaume.	« Nicolas épousa dlle Madeleine Renard ;
« Jacques, Joseph.	« Jacques, fils Nicolas, épousa dlle Catherine de Gouberville ;
	« Guillaume épousa dlle Madeleine d'Ammerval ;
	« Joseph, fils Guillaume, épousa dlle Charlotte Martin.

« Portent : *d'azur, au chevron d'or, accompagné de trois têtes « de taureau d'or, deux en chef et une en pointe.* »

IIIe DES PORTES.

Sixième degré de filiation.

Thomas du Buisson (*avocat du Roi en l'Echiquier*) ; Marguerite des Portes : *première partie du XIVe siècle.* — Nous sommes, il faut bien le reconnaître, un peu embarrassés en ce qui concerne la famille des Portes, alliée aux du Buisson, comme l'établit le titre généalogique formant les preuves de 1500 (C, A., n° 195). En effet, si nous compulsons les *Recherches de la Noblesse* faites en Normandie, en 1666-1670, par les intendants des généralités de Caen, de Rouen et d'Alençon, Chamillart, La Galissonnière et de Marle, nous ne trouvons qu'une seule famille des Portes maintenue par l'intendant de Marle (Alençon), en l'élection de Lisieux, le 3 octobre 1667; elle portait: *d'azur, à la croix alésée d'or, accompagnée en chef, à senestre, de deux annelets d'or, et en pointe, dans chaque canton, d'un annelet aussi d'or.* Mais Marguerite des Portes, femme de Thomas du Buisson, avocat du Roi en l'Echiquier de Normandie, ne pouvait descendre de cette famille, qui n'avait été anoblie qu'en 1594 seulement. Le *Grand Dictionnaire historique* de Moréri (In-f°, 1594) consacre bien un article à PHILIPPE DES PORTES, de Chartres, abbé de Tiron, de Vaux, de Cernay, etc., chanoine de la Ste-Chapelle, qui suivit en Pologne Henri de Valois, duc d'Anjou (depuis Henri III), eut beaucoup de part aux bonnes grâces de ce monarque, se retira en Normandie après sa mort, et se rallia des premiers à Henri IV; il y est question aussi de JOACHIM DES PORTES, frère du précédent et auteur d'une *Vie de Charles IX;* mais nous ne sommes pas bien fixés sur les ancêtres de ces deux personnages, qui ont peut-être valu l'anoblissement à la famille des Portes précitée. Une autre famille des Portes de St-Père, originaire de Bretagne entre Fougères et Antrain, et établie depuis plusieurs siècles dans la province du Maine, avait pour auteur Geoffroy des Portes, vivant en 1324, et Guillaume des Portes, mentionné dans un document émané de Pierre, comte d'Alençon, en date du 26 avril 1392. Elle s'est éteinte à la fin du siècle dernier dans les maisons de Cumont, de La Poëze et du Prat. Elle portait: *d'azur, à trois fusées d'or, posées en fasce l'une sur l'autre.*

Toutefois, dans l'état des choses, il nous paraît présumable que Marguerite des Portes était plutôt de la famille d'un certain EUDES ou ODON DES PORTES, mentionné dans les Grands Rôles de l'Echiquier de Normandie, page 203 (1); en l'absence d'indications plus précises (2), que d'Hozier même ne nous fournit pas dans une notice spéciale, bien que ce nom

(1) Grands Rôles de l'Echiquier de Normandie: « ODO DE PORTIS reddit « compotum de I marca pro eodem (pro plegio Ricardi, filii Landrici), « M. R. S. C. N. »

(2) Un aveu rendu au duc de Guise en 1542 nous apprend qu'il existait un fief *des Portes* en la paroisse de Routot. — Il existait encore un fief et une vavassorie du nom de *des Portes* en la paroisse de Fourmetot, élection de Pont-Audemer; cette vavassorie était tenue en 1540 par noble homme Jean

de des Portes se retrouve assez souvent mentionné comme alliance dans son *Armorial*, nous serions enclins à penser, sans toutefois rien oser affirmer, qu'il s'agit d'une famille noble de Rouen, éteinte, selon toute apparence, au XVIIe siècle, mais qui a compté des échevins à Caudebec au XVIe, et dont les armes (parlantes) étaient : *d'azur, à trois portaulx* (portails) *ouverts d'argent, maçonnés de sable.*

IV° DE GOUY.

Septième degré de filiation.

ROBERT III DU BUISSON; CHARLOTTE DE GOUY; *vers* 1350 *environ.* — Ce nom de GOUY, GOUIX ou GOUYE a été porté par quatre familles nobles en Normandie (1). Celle qui nous concerne, selon toute apparence, et à laquelle peut-être pouvait appartenir LOUIS, marquis DE GOUY, lieutenant général des armées du Roi et du gouvernement de l'Isle-de-France, seigneur de Liencourt, etc., qui comparut, en 1789, aux

d'Elbœuf, et, au XVIIe siècle, par Pierre Lambert, sieur des Portes, bailli d'Annebault; elle était, comme on le voit, dans la même paroisse que le fief d'Iquelon, possédé par une branche des du Buisson dans la seconde partie du XVe et au XVIe siècle.

(1) Une de ces familles nobles est celle des DE GOUY D'ARCY, de vieille noblesse chevaleresque, mais qui n'étaient pas Français au XIVe siècle. En effet, ils sont originaires du Brabant, s'établirent d'abord en Artois, puis, à la fin du XVIe siècle, en Beauvoisis, et n'ont eu que par suite d'une alliance au milieu du XVIIIe siècle une terre dans le Vexin français (Marines, près Pontoise), terre qu'ils possèdent encore. Ils portent : *Écartelé : au 1er et 4e d'argent, à l'aigle éployée de sable, armée et couronnée de gueules ; au 2e et 3e de gueules, à la bande d'or.*

Une autre famille DE GOUYE (*sic*) existait en l'élection de Bayeux au XVIIe siècle ; elle portait : *d'argent, au chevron de gueules, accompagné de trois lionceaux couronnés de sable, armés et lampassés de gueules.* Mais elle fut anoblie en 1578 seulement, et par suite ne saurait nous concerner.

Une troisième, dont les armes (*Parti d'or et d'azur, à trois fleurs de lys de gueules, celle à senestre cousue, celle en pointe brochant sur le parti*) sont gravées dans l'armorial de Chevillard, est originaire de l'élection de Pont-Audemer ; mais sa noblesse fut fortement contestée devant l'intendant La Galissonnière, à cause d'un arrêt de la Cour des Aides de Normandie du 19 décembre 1657, rendu contre Philippe de Gouy, et cet intendant renvoya Alexandre de Gouy, se disant écuyer, sieur de Montgiron, conseiller du Roi, lieutenant général civil et criminel en l'élection de Pont-Audemer, se pourvoir devant le Grand Conseil. Il est vrai de dire qu'Antoine de Gouy, sieur de Montgiron, descendant d'Alexandre, obtint des Lettres de maintenue de noblesse et d'anoblissement, en tant que besoin serait, le 24 mai 1700,

Assemblées de la Noblesse du grand bailliage de Chaumont-en-Vexin, est originaire de l'élection de Pont-l'Evêque et a été maintenue dans sa noblesse, en 1669, par messire Barin de La Galissonnière, intendant de la généralité de Rouen. Nous sommes, en outre, très-portés à croire que *le seigneur* DE GOUY, mentionné sur la liste des compagnons de Guillaume-le-Conquérant en 1066, publiée en Angleterre par Holingshead, et ROBERT DE GOUY, mentionné sur le Rôle des chevaliers de Normandie qui se distinguèrent dans les armées du roi de France Philippe-Auguste, étaient les auteurs ou les ancêtres de cette maison.

On lit dans la *Recherche de la Noblesse* de l'intendant La Galissonnière (1666-1670) :

« DE GOUIX ou GOUY. — Nicolas de Gouy, écuyer, sieur de Haguchon (ailleurs Haguelon), demeurant en la paroisse du Mesnil-Eudes, élection de Pont-l'Evêque, dont les ancêtres sont employés dans Montfaut en 1463, et, depuis, ès élus de Lisieux en 1540 ; maintenu le 8 mai 1669.

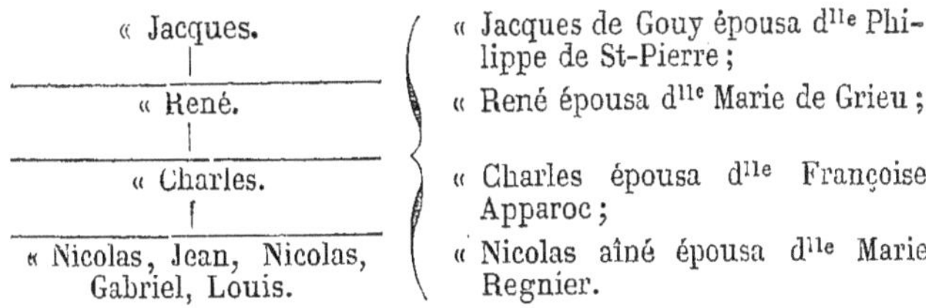
« Jacques.
« René.
« Charles.
« Nicolas, Jean, Nicolas, Gabriel, Louis.

« Jacques de Gouy épousa d^lle^ Philippe de St-Pierre ;
« René épousa d^lle^ Marie de Grieu ;
« Charles épousa d^lle^ Françoise Apparoc ;
« Nicolas aîné épousa d^lle^ Marie Regnier.

Portent : *d'azur, vairé d'argent sans nombre.*

V° MARESCOT.

Huitième degré de filiation.

NICOLAS DU BUISSON ; PERRETTE MARESCOT ; *vers* 1380 *environ.* — Une famille noble du nom de MARESCOT a joui, dans la province de Normandie, d'une certaine illustration depuis le XVIe siècle, et s'est continuée jusqu'à nos jours ; elle est issue des MARESCOTTI d'Italie, qui font remonter leur origine jusqu'à Othon-le-Grand (né en 912, roi de Germanie en 936, roi d'Italie en 961, Empereur en 962, mort en 973). Cette descendance étrangère est établie : 1° par les lettres de confirmation de noblesse accordées à PIERRE DE MARESCOT, seigneur de LIZORES, au mois de février 1697 ; 2° par un extrait du registre du Conseil d'Etat, en date du 13 août 1718, où il est expliqué que les lettres accordées à PIERRE DE MARESCOT en 1697 n'étaient nullement des Lettres d'anoblissement, mais bien des Lettres de confirmation de son ancienne noblesse, comme descendant de la maison Italienne.

Une des branches de cette maison, qui vint se fixer à Paris vers le XV° siècle, est éteinte. La branche de Normandie avait, croit-on, pour premier auteur RENAULT DE MARESCOT, écuyer, vivant en 1570, qui avait pour fils PIERRE DE MARESCOT, marié à GILLETTE LE CHEVALIER, dame de LIZORES, au diocèse de Lisieux. A cette branche appartenait MICHEL DE MARESCOT, sieur du Mesnil-Durand, nommé conseiller au Parlement de Rouen en 1629, et PIERRE DE MARESCOT, fourrier de la Reine-mère, maintenu noble à Lizores en l'élection de Lisieux, par M. de Marle, intendant de la généralité d'Alençon, en 1666 ou 1667. — Messire N... DE MARESCOT DE LIZORES, ainsi que messire N... DE MARESCOT DU BUAT, comparurent aux Assemblées de la Noblesse du bailliage d'Orbec, dépendant du grand bailliage d'Evreux, le 16 mars 1789 (Archives nationales : B. III, 64, pages 64, 136 et 187).

Le marquis JEAN-BAPTISTE-FRANÇOIS-HENRI-ALFRED DE MARESCOT DE LIZORES, né le 10 mai 1808, demeurant au Mesle-sur-Sarthe (Orne), marié le 2 septembre 1834, à Mlle GUÉAN DE GRAVELLE DE REVERSEAUX, a eu notamment pour fils Georges-Hyacinthe de Marescot, né le 12 mai 1844, qui a épousé, le 2 juin 1873, Mlle Gabrielle d'Auxais, fille de M. Jules d'Auxais, député de la Manche à l'Assemblée Nationale, aujourd'hui sénateur. Le marquis de Marescot est le frère de la comtesse de Tertu et de Mme de Graveron.

Armes : *fascé de gueules et d'argent* (ailleurs *d'or*) *de six pièces, à la panthère d'or, tachetée de sable, brochant ; au chef d'or, chargé d'une aigle éployée de sable* (d'Hozier).

Perrette Marescot appartenait-elle à cette maison ? Rien n'est moins certain. En effet, il est peu vraisemblable que les Marescot dont nous venons de parler, quoique d'origine chevaleresque, fussent Français, et surtout Normands, à la fin du XIV° siècle. Dès lors, il s'agit probablement d'une autre famille Normande du nom de MARESCOT, aujourd'hui éteinte, et cette présomption est rendue plus forte encore par le document reproduit au Catalogue Analytique sous le n° 183. Nous avons vu précédemment que ce document, extrait des *Olim* de la Cour des Comptes de Rouen, en 1707, est un *Rôles des Chevaliers et Hommes d'armes de Normandie, qui furent au camp de Flandres, en* 1301 *et* 1302, *avec le roi Philippe-le-Bel*, ledit rôle dressé par messire Guillaume Le Chantre, écuyer, seigneur de Milly, trésorier des Guerres, et messire Bertrand-Gaston de Saudras, chevalier, seigneur de Herlanger, commissaire général des Guerres; que ce rôle comprend 33 noms de chevaliers parmi lesquels prennent rang :

1° BERTRAND DE MARESCOT, chevalier, sieur de Morienne, baillie d'Aumale ;

2° OSBERT DE MARESCOT, chevalier, sieur de Fomguy, baillie d'Aumale ;

3° GÉRARD DE MARESCOT, chevalier, vicomte et grand bailly des châtel et vicomté d'Aumale ;

4° ANSELME DE MARESCOT, sieur de Montfreuille, ou Montfreville, sur ....., baillie de Pont-Audemer.

Si nous remontons encore de quarante ans en arrière, nous voyons qu'une GEOFFROY MARESCOT vendit, en 1267, aux Religieux de l'abbaye du Bec, une vigne située à St-Aubin-sur-Gaillon ; « *vinea de Creon, in valle Davin, in parrochiâ Sancti-Albini* » (*Mémoires de M. Auguste Le Prévost*, tome III, page 83).

Il nous paraît très-présumable que c'est parmi ces chevaliers qu'il faut chercher l'aïeul de la dame du Buisson.

Mais quel était l'écu de ces Marescot de vieille souche Normande ? Nous l'ignorons, tout en considérant comme possible que ce fût celui qui est gravé dans l'armorial de Chevillard (XVIIIe siècle) et qui était, paraît-il, celui d'un Marescot, sieur d'Ussy, de la généralité d'Alençon, élection d'Argentan, maintenu noble le 3 février 1667 : *d'azur, au chevron d'or, accompagné de trois coqs contournés de même* (1).

VI° ONFROY.

Neuvième degré de filiation.

CHARLES DE BUISSON ; ROBERDE ONFROY ; 1415 *environ*. — Dans les *Recherches de Noblesse* faites en 1666-1670 dans les généralités de Rouen, de Caen et d'Alençon, on ne trouve le nom de ONFROY mentionné que dans celle de Chamillart, intendant de la généralité de Caen ; mais ce nom se rapporte à deux familles, anoblies toutes les deux, l'une en 1594 (Etienne

(1) Un certain NICOLAS-FRANÇOIS DE MARESCOT DE NOLLENT, nommé Conseiller au Parlement de Rouen en 1768, portait, d'après le Catalogue et Armorial du Parlement de Normandie, de M. Steph. de Nerval : *d'azur, à trois coqs d'argent, 2 et 1.*

Onfroy : *d'azur, à la bande d'or*, l'autre un peu antérieurement, en 1543 (*d'argent, au chevron de gueules, accompagné de trois trèfles de sinople*).

Il est hors de doute que Roberde Onfroy, qui vivait bien auparavant, ne pouvait appartenir à ces deux familles, et qu'il faut en chercher une troisième. On en trouve trace dans un manuscrit du XVIIIe siècle, qui est un peu plus complet que l'Armorial de Chevillard, qui appartenait, en 1841, à M. le comte de Béranger, et dont une copie existe aux Archives de la Manche ; on y lit :

« ONFROY : écuyer, du comté d'Eu, généralité de Rouen : *d'ar-* « *gent, au lion d'or, au soleil levant de même.* »

Cet écu, métal sur métal, est contraire aux règles héraldiques. Cependant La Chesnaye-Desbois, dans son *Dictionnaire de la Noblesse* (Paris, 1776), tome XI, p. 80, consacre à cette troisième maison, la seule qui puisse nous concerner, l'article suivant :

« ONFROY ou HONFROY : terre noble et fief de haubert dans le « comté d'Eu, qui a donné son nom à une ancienne famille de la « Haute-Normandie.

« Dès l'an 1094, un seigneur du nom d'ONFROY, fils de RODOLPHE, « avec un autre seigneur, nommé Cany, et d'autres preux cheva- « liers Normands, entreprit le voyage de Terre-Sainte et, passant « par l'Italie, il signala sa valeur au siége de Salerne.

« Pendant le cours de la 1re Croisade, ONFROY DE SURAUMONT, fils « du précédent, s'empara, à la tête de 30 Normands, de Thoron, « le plus fort château de la Palestine du côté de Nazareth, dont lui « et ses descendants prirent le surnom en 1150.

« Onfroy, dit Thoron, fils de celui qui avait emporté d'assaut « cette citadelle, commanda l'arrière-garde de l'armée qui défendit « Antioche contre le Sultan. Devenu connétable de Jérusalem, il « reprit Alexandrie ; mais mécontent d'Amaury, roi de Jérusalem, « il se retira, avec son fils, dans la Basse-Arménie, où il mourut « en 1167.

« ONFROY, IIIe du nom, dit THORON, ne fut pas plus heureux que « son père et que le connétable, son ayeul. Après la mort d'Amaury, « il épousa, en 1174, sa fille cadette, nommée ISABEAU MÉLISSANTE, « laquelle n'avait alors que neuf ans ; mais, dans la suite, Philippe « de Dreux, évêque de Beauvais, qui se distingua à cette Croisade, « cassa ce mariage. Onfroy de Thoron, indigné de voir sa femme « épouser successivement le marquis de Montferrat et le comte de « Champagne, retourna en France pour y réclamer ses droits. Ce ne « fut qu'après sa mort et celle de Mélissante que les Pairs du « Royaume, assemblés à Melun, rendirent, en 1227, un notable « arrêt par lequel les enfants que Mélissante avait eus de ses second « et troisième mariages furent déclarés *bâtards*.

« ONFROY, dit BOUCARD (ou Boricard), fils de Thoron et de d^elle^ de « Boucard, était trop jeune alors pour profiter de cet arrêt. Il se

« qualifie de *porte-oriflamme* dans un dénombrement de son fief « de Boucard, rendu à la comté-pairie d'Eu, le 7 décembre 1235. « Il n'eut point de postérité et laissa un frère, dont un des descen- « dants, le dernier du nom de Thoron, fut chargé, en 1343 envi- « ron, par Philippe de Valois, d'une négociation importante chez « les Suisses ; il y mourut et laissa un fils, à qui son mérite dans « la guerre fit donner le nom de LUTIN, qu'on lit sur son épitaphe, « en l'année 1402, en l'église de Puisenval, au comté d'Eu.

« En 1425, naquit ONFROY TAUPIN, petit-fils d'ENGUERRAND, écuyer, « seigneur d'ONFROY, PUISENVAL au comté d'Eu, et VERCHOTS-en-Bou- « lonnais, lequel épousa à Londres, en 1459, BETHSI ROPÈRE, fille « aînée de Guillaume Ropère, docteur luthérien, et petite-fille par « sa mère du célèbre Thomas Morus. Il était né, en 1425, dans « ses terres de Normandie, et mourut en Angleterre, où il avait été « fait prisonnier, laissant une fille et un fils, duquel fils est issu « GUILLAUME ONFROY TAUPIN, marié à Londres en 1559. De ce « mariage vinrent plusieurs enfants mâles, qui changèrent tous de « nom en Angleterre dans les troubles de religion. La branche « cadette y existe encore (1776).

« NICOLAS ONFROY, chef de la branche aînée, est mort à son châ- « teau de Verchots-en-Boulonnais, et s'appelait DE LA BARRE, nom « que ses enfants et petits-enfants ont presque tous porté depuis. Il « a laissé *quatre* enfants, tous nés en France, savoir :

« 1° N... Onfroy, mort *frère convers* à la Trappe, en odeur de « sainteté (Voir le IIe volume de la *Vie des Pères de la Trappe*, « article ONFROY) ;

« 2° Jean, curé des Ifs, en Normandie ;

« 3° Nicolas, qui suit ;

« 4° Françoise, femme de N... de Chamilly.

« NICOLAS (II) ONFROY, dit DE LA BARRE, écuyer, officier de cava- « lerie, s'est marié, en la ville d'Eu, avec CLAUDE DE VILLY. De ce « mariage sont nés Nicolas (III) de La Barre, écuyer, seigneur « d'Onfroy, Françoise de La Barre, et plusieurs autres enfants.

« Il y a un Onfroy qui demeure actuellement (1776) à St-Domin- « gue, quartier de l'*Isle-à-Vaches*, qui est de cette famille, laquelle « porte pour armes : *d'argent, à un lion rampant, au soleil* « *levant d'or.* »

VIIe DE VAUQUELIN.

Dixième degré de filiation.

JEAN (II) DU BUISSON ; CHARLOTTE DE VAUQUELIN (1er lit) ; *vers la moitié du XVe siècle.* — Nous avons vu ailleurs (C. A., n° 183) un certain RAYMOND DE VAUQUELIN, *de la baillie de Falaise*, compagnon d'armes de Bertrand du Buisson, figurer sur le Rôle des chevaliers Normands qui furent au camp des Flandres en 1301 et 1302, sous Philippe le Bel ; mais sur les *Recherches de Noblesse* faites en 1666 et années suivantes dans les généralités de Caen et d'Alençon, on trouve en Basse-Normandie deux familles nobles du nom de Vauquelin : l'une en l'élection de Falaise, l'autre en l'élection de Lisieux, portant des armoiries différentes ; ont-elles la même origine ? Le fait nous paraît contestable, quoiqu'elles le prétendent l'une et l'autre.

En ce qui concerne la famille de l'élection de Lisieux maintenue noble le 6 septembre 1666, on lit simplement cette mention dans la Recherche de M. de Marle, intendant de la généralité d'Alençon :

« Louis de Vauquelin, sieur des Chênes ; — ancien noble ; — pa-
« roisse de Meules. »

Un descendant de ce Louis de Vauquelin, N... Vauquelin des Chesnes, comparut aux Assemblées de la Noblesse du grand bailliage d'Evreux le 16 mars 1789, et figure sur les Procès-verbaux parmi les Nobles du bailliage d'Orbec. D'après le *Nobiliaire de Normandie*, de de Magny, le baron N... de Vauquelin qui habite le château d'Ailly, près Falaise, serait de cette famille. Armes telles qu'elles sont gravées dans l'armorial de Chevillard : *d'azur, au chevron d'argent, accompagné de trois croissants, celui en pointe surmonté d'une molette d'éperon, le tout d'argent.*

Charlotte de Vauquelin appartenait-elle à cette famille ? Les probabilités nous paraîtraient plutôt en faveur de celle qui va suivre, en raison des charges de judicature exercées par elle à Rouen et à Caen, et qui devaient mieux la mettre en rapport avec la maison du Buisson.

La seconde famille de Vauquelin, de l'élection de Falaise, est mentionnée à la fois par Roissy, Chamillart et de Marle. On lit dans la *Recherche de la Noblesse* faite par Roissy et autres commissaires royaux, ès années 1598-1599 :

« **12 juin 1599.** — JEAN VAUQUELIN, sieur de La Fresnaye et
« des Yvetaux, président au présidial de Caen, fils JEAN, fils NICOLAS,

(1) Ce fait d'un anoblissement n'est pas accepté par La Chesnaye-Desbois. En effet, on lit dans le *Dictionnaire de la Noblesse*, de cet auteur, à l'article Le Marchant :

« PIERRE-PAUL LE MARCHANT DE CALIGNY, seigneur de Luc, Langrune,
« Crépon, etc., capitaine d'infanterie, chevalier de St-Louis, puis comman-
« dant des gardes-côtes, avait épousé d[elle] JEANNE-ELISABETH-HENRIETTE VAU-
« QUELIN DE NÉCY, fille de Louis-François-Gabriel Vauquelin, chevalier,
« seigneur de Nécy et de Marie-Anne-Angélique du Touchet de Moulineaux.
« Cette dame était issue par son père de la noble et ancienne maison de
« Vauquelin en Normandie, en faveur de laquelle trois marquisats ont été
« érigés par nos rois en cette province, savoir : les marquisats d'Hermanville,

« fils Jean, *anobly par charte des Francs-fiefs de l'an 1462* (1),
« demeurant à Caen, ayant pour fils Nicolas, lieutenant général du
« bailly de Caen, Charles (ailleurs Pierre), abbé commendataire à
« St-Pierre-sur-Dives, et Guillaume; Guillaume et Nicolas, mi-
« neurs, sieurs de Meheudin et de Nécy, fils Jérôme, qui était
« cousin de Jean, demeurant à Falaise; François, oncle des susdits,
« demeurant à Bazoches et St-André de Briouze, *chevalier de*
« *l'ordre du Roy*, et fils Guillaume, sieur de Sacy, vivant avocat
« du Roy au Parlement de Normandie, demeurant au d. Bazoches;
« Veu leurs titres, jouiront (du privilége de noblesse).

On lit dans la *Recherche de la Noblesse*, faite par Guy Chamillart, intendant de la généralité de Caen (1666-1668) :

« Vauquelin. *Famille anoblie aux Francs-fiefs.* Hercule Vau-
« quelin, seigneur des Yveteaux et de La Fresnaye-au-Sauvage,
« marquis d'Hermanville ; maintenu. — Caen.

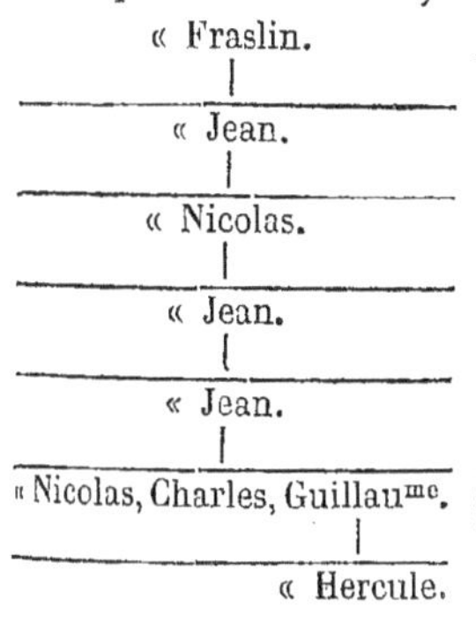

« Nicolas épousa d^elle^ Marguerite Jehan.

« Jean, son fils, épousa d^elle^ Barbe du Bois-Lichausse, en 1531.

« Jean (III) épousa d^elle^ Anne de Bourgueville, en 1559.

« Guillaume fils Jean épousa d^elle^ Maria du Quesnay, en 1599.

« Hercule épousa d^elle^ Madelaine d'Aiguillon, en 1635. »

Enfin on lit dans la *Recherche de la Noblesse* faite par Hector de Marle, intendant de la généralité d'Alençon (1666-1668) :

« Vauquelin. — Election de Falaise.

« François de Vauquelin, sieur du lieu ; autre François, sieur de
« Sacy ; Charles, baron de Bazoches ; — anciens nobles ; — paroisse
« de Bazoches (en Houlme).

« Louis de Vauquelin, sieur de Nécy, lieutenant général ; —
« ancien noble ; — paroisse de Falaise.

« Jacques de Vauquelin, sieur de La Fresnaye, et Nicolas, sieur
« de Sacy ; — anciens nobles ; — paroisse de La Forêt-au-Sauvage.

« Jean de Vauquelin, sieur de Sacy ; — ancien noble ; — paroisse
« de Sacy. »

« des Yveteaux et de Vrigny ; et cela en considération de services rendus à
« l'Etat et *de la noblesse ancienne et illustre de cette maison, dont plusieurs,*
« selon le *Dictionnaire* de Moréri, édition de 1759, t. X, p. 497, *portaient*
« *les titres de Prince et de Sire avant Guillaume-le-Bâtard, duc de Norman-*
« *die, avec lequel quelques-uns de ce nom passèrent en Angleterre*, etc.

Nous compléterons cet article par des notes puisées dans les *Origines de Caen* par Huet (In-12; Rouen, 1706), chapitre XIV, pages 354 à 357. On y voit que Jean (III) Vauquelin de La Fresnaye, né à La Fresnaye, près Falaise, en 1535, après avoir été avocat au bailliage de Caen, devint lieutenant-général à Caen par la démission de Charles de Bourgueville de Bras, son beau-père, et qu'il était un poète assez distingué ; qu'enfin il laissa trois fils.

Nicolas l'aîné, poète plus distingué encore que son père, lui succéda d'abord dans sa charge de lieutenant-général, puis, avec l'appui du vieux maréchal d'Estrées, devint successivement précepteur du duc de Vendôme, fils de la belle Gabrielle, puis du Dauphin, depuis Louis XIII. Il mourut à Varède, près Germiny, évêché de Meaux, le 9 mars 1649. — Pierre (ou Charles, d'après Roissy), le second, fut abbé à St-Pierre-sur-Dives. — Guillaume, le troisième, succéda à son frère Nicolas dans la charge de lieutenant-général à Caen, eut avec lui de très-vifs démêlés, et laissa pour fils Hercule de Vauquelin, marquis d'Hermanville, d'abord maître des requêtes, puis conseiller au Grand Conseil, enfin Intendant du Languedoc. Des lettres-patentes, lui octroyant le titre de *Marquis*, lui furent données à Paris en 1651.

Il serait trop long d'énumérer toutes les charges remplies par des membres de cette famille. Nous nous contenterons de rappeler ici que Jérome et Claude Vauquelin, sieurs de Meheudin, après avoir été nommés conseillers au Parlement de Rouen en 1582 et en 1610, y devinrent avocats-généraux, le premier en 1586, le second en 1612, et que précédemment Guillaume Vauquelin, sieur de Sacy, avait déjà été nommé avocat-général en 1573.

Enfin nous terminerons en mentionnant René de Vauquelin, chevalier, marquis de Vrigny, seigneur de La Fresnaye-au-Sauvage, St-Malo et autres lieux, ancien capitaine de cavalerie, *chevalier de St-Louis* et *grand bailly d'épée d'Alençon*, qui figure le premier sur les Procès-verbaux des assemblées de la Noblesse du grand bailliage d'Alençon en 1789.

Armes, d'après la maintenue de l'intendant Chamillart et l'armorial de Chevillard: *d'azur, au sautoir engrêlé d'argent, cantonné de quatre croissants d'or.*

VIII° DU FAVERIL.

Dixième degré de filiation.

JEAN (II) DU BUISSON ; ETIENNETTE DU FAVERIL, DAME D'IQUELON (2° lit); *vers* 1460 *environ.* — Cette famille noble DU FAVERIL, dont le nom est aussi écrit *du Favril* et même *du Favilly*, originaire, selon toute apparence, de l'ancienne paroisse de ce nom (1), située à six lieues environ de Pont-Audemer, était éteinte peut-être dès le XVI° siècle, mais vraisemblablement au XVII°; car on n'en trouve aucune trace dans les *Recherches de la Noblesse* faites en 1666-1670 par les intendants des généralités de Rouen, de Caen et d'Alençon, et le sire Droulin du Faveril, du bailliage de Pont-Audemer, qui comparut aux Assemblées de la Noblesse du grand bailliage de Rouen en 1789, pouvait être seigneur de la paroisse, mais n'appartenait pas évidemment à la famille primitive de ce nom.

Voici les seuls renseignements que nous avons pu recueillir sur les du Faveril. — Noble demoiselle Etiennette du Faveril (ou Favilly), qui épousa, vers 1460, Jean du Buisson, écuyer, devenu veuf d'un premier mariage avec une Vauquelin, et qui apporta par suite à la maison du Buisson le domaine seigneurial d'Iquelon-sur-Fourmetot, élection de Pont-Audemer, était fille, d'après les indications que nous fournit le Titre généalogique de 1600 (C. A., n° 21), de noble homme Jean du Faveril, écuyer, et de noble dame

(1) LE FAVERIL ou plutôt LE FAVRIL est aujourd'hui une commune de moins de 500 habitants, située dans le canton de Thiberville, arrondissement de Bernay (Eure).

On lit dans les *Mémoires et Notes* de M. Auguste Le Prévost, publiées par M. Léopold Delisle et Louis Passy (In-8°: Evreux; 1864), tome II, pages 78 et 79 :

« LE FAVRIL : Eglise sous le patronage de Ste-Geneviève. Présentateur le « seigneur du lieu. » . . . .

Voir les Grands Rôles de l'Echiquier de Normandie : « ..... et de XIII « solidis de terrâ de Favril..... » (Stapleton, M. R., page 85. Id. pages 247 « et 316).

« Robertus de Faveril reddit compotum de centum solidis pro simili (de « redemptione Regis). — (*Ibid.*, p. 248).

En 1320, Colin de Heudreville tenait du Roi un quart de fief situé au Faveril. — Jean de Heudreville présentait alors à l'église de cette paroisse (Assiette du comté de Beaumont, f° 41).

En 1390, il y avait dans la forêt de Touques une sergenterie dite du Faveril.

Marie Landry (1), dame d'Iquelon-sur-Fourmetot, du chef de son père ; en effet Marie Landry était issue elle-même de Gombert Landry, écuyer, en son vivant seigneur d'Iquelon. Quant à Jean du Faveril, il avait pour ancêtre, selon toute apparence, un Robert du Faveril, chevalier (*miles*), qui vivait au XIVe siècle, du temps des rois Jean-le-Bon et Charles V.

La dame du Buisson d'Iquelon (Etiennette du Faveril), qui était morte avant le 6 octobre 1493, date du partage de sa succession entre ses enfants, et qui a donné le jour à la branche du Buisson d'Iquelon, avait une sœur, Catherine du F., mariée au sire Thomas Blanchechappe, dont elle était veuve en 1484, lors de l'aveu du fief d'Iquelon rendu à cette date par Nicole du Buisson, prêtre, maître ès-arts, etc., son neveu. Il est bien possible que ces deux dames aient été les dernières qui aient porté le nom de cette maison du Faveril.

Il résulte de ce qui précède que nous ne pouvons connaître l'écu des du Faveril ; on nous a indiqué, il est vrai, comme pouvant appartenir à cette famille, les armes mentionnées ci-après, mais dont nous ne garantissons pas l'authenticité : *de sable, à l'écu en abîme d'argent, orlé de six fermaulx* (2) *d'or.*

(1) Landry : famille de noblesse ancienne et possédant le fief seigneurial d'Iquelon-sur-Fourmetot depuis le XIIIe siècle, comme nous l'indique le passage suivant du *Pouillé* d'Eudes Rigaud (évêché d'Evreux), au sujet de la chapelle St-Jacques, placée le long du chemin Perray, tendant d'Iquelon à Pont-Audemer :

« Capella Sancti Jacobi de quemino Petroso. Johannes Landri, *miles* (sic), « patronus. Valet XII libras. »

En 1543, demoiselle Etiennette de Landry épousa le célèbre capitaine Dieppois Jean de Montpellé. — En 1551, nous trouvons messire Jean Landry *élu de la marée fraiche* de Dieppe. — Sous Louis XIII, il existait un chevalier de Landry, qui fut mêlé aux intrigues dirigées contre le cardinal de Richelieu.

Un Landry, du bailliage de Pont-de-l'Arche, figure aux Assemblées de la Noblesse du grand bailliage de Rouen en 1789.

Enfin le *Dictionnaire de la Noblesse*, de la Chesnaye-des-Bois, contient ce qui suit :

« De cette famille Landry était Marie-Marthe, morte à Paris le 1er octobre « 1755, mariée le 3 juillet 1753, comme troisième femme, à Pierre-Guy-« Balthasar-Aimé de Guiffrey de Monteynard, comte de Marcieu, maréchal « des camps et armées du Roi. Elle était fille de Clair-Louis Landry, écuyer, « seigneur de La Ronce.

« Armes : *de gueules, au chevron d'or, accompagné de trois croissants* « *d'argent, 2 et 1, et surmonté d'une devise d'azur, chargée de trois trèfles* « *d'argent ; au chef d'or.* »

(2) Fermaulx : boucles des ceintures des chevaliers et hommes de guerre.

IX° DES ESSARTS.

Onzième degré de filiation.

Jacques du Buisson ; Louise des Essarts : *seconde partie du XVe siècle* (1470 à 1480). — *Exarare*, dans la basse latinité, signifie défricher un lieu couvert d'arbres. De là les noms *essarts*, *essartiers*, *essartières*, qui indiquent des lieux ainsi défrichés, noms qui ont été donnés à plusieurs lieux et à plusieurs familles en Normandie. Pour trois ou quatre de ces familles au moins, ce nom des Essarts est devenu le nom patronymique ; pour beaucoup d'autres, tant en Normandie qu'en France (Bernard, Corrard, Davrillé, Doroldot, Forbin, Montulé, Quérangal, La Taille, etc.), il n'est qu'un nom de terre ajouté à un nom patronymique, bien que ces familles portent usuellement ce nom de nos jours. Nous n'avons pas naturellement à nous occuper de ces dernières. Quant aux autres, voici celles de Normandie sur lesquelles nous possédons des renseignements.

La première et la plus ancienne tire son nom de la paroisse des Essarts (aujourd'hui commune du canton de Damville, arrondissement d'Evreux, département de l'Eure), et remonte à Gilbert des Essarts, chevalier, qui se trouve sur la liste des seigneurs bannerets ayant accompagné à la première Croisade, en 1096, le duc Robert de Normandie et Godefroy de Bouillon (1). Elle s'éteignit en ligne masculine, après neuf générations, en la personne de Jean IV des Essarts, vivant en 1372 et 1385, qui ne laissa qu'une fille, Agnès, devenue dame des Essarts en 1386 et mariée en premières noces, vers 1350, à son parent Jean de Lombelon ; Gilbert-Alexandre de Lombelon, descendant de Jean et d'Agnès des Essarts, obtint, en 1725, l'érection en marquisat de la terre des Essarts, en la subdélégation de Conches, sous le titre de *des Essarts-Avrilly*. Cette famille des Essarts portait : *de gueules, au chevron d'or*.

La seconde famille dont nous ayons connaissance était aussi fort ancienne et avait pour auteur connu Guillaume des Essarts, seigneur d'Ambleville dans le Vexin Normand,

(1) Voir sur cette famille des Essarts : 1° l'*Histoire de Normandie*, de G. du Moulin ; 2° le *Dictionnaire de la Noblesse*, de La Chesnaye des Bois (Paris, 1773), tome VI, pages 133 et suivantes ; 3° les *Mémoires et Notes pour servir à l'histoire du département de l'Eure*, d'Auguste Le Prévost, publiées par L. Delisle et L. Passy, t. II, 1re partie, pages 51 et suivantes.

vivant en 1221 ; elle s'est éteinte après six générations, JULIEN, 5e descendant de Guillaume, qui vivait en 1400, n'ayant laissé que deux fils morts sans postérité, et deux filles, l'une mariée à Charles de Châtillon, l'autre à Bouchard de Mornay. Elle portait : *d'azur, à la bande d'argent, coticée de même* (1).

La troisième famille de ce nom, anoblie, avait pour premier auteur PIERRE des Essarts, argentier du roi Philippe V le Long en 1320, et garde de la Voirie de Paris, qui laissa deux fils; du premier, Pierre, IIe du nom, est sortie une branche qui se serait éteinte en 1402, d'après le Père Anselme (2) ; le second, Philippe, a donné naissance à la branche de Thieux et peut-être aussi aux branches de Linières, de Meigneux et plusieurs autres, bien que le point de jonction de ces dernières, qui portent les mêmes armes, ne soit pas clairement précis.

La branche des Essarts, seigneurs de Thieux, s'est éteinte, le 18 juin 1590, par la mort de François des Essarts, seigneur du Sautour, neuvième descendant de Pierre, l'argentier du Roi, et père de Charlotte des Essarts, femme de François de L'Hospital, maréchal de France. A cette branche appartenait PIERRE des Essarts, arrière-petit-fils de Pierre l'argentier, seigneur de La Mothe, de Tilly et de Villerval-en-Artois, conseiller, chambellan et maître d'hôtel du roi Charles VI, nommé prévôt de Paris le 30 avril 1408, et grand bouteiller de France par lettres patentes du 21 juillet 1410. Accusé d'avoir voulu enlever le Roi et le duc de Guyenne, il fut condamné à mort et exécuté aux halles de Paris le 1er juillet 1413.

Le chef connu des branches de Linières, de Meigneux, etc., est ROBERT des Essarts, marié à Marguerite de Linières le 7 janvier 1451, dont sont issus Cardin, Charles et Robinet; le premier et le dernier comparurent à la *Monstre* générale des Nobles des bailliages de Caux et Gisors, passée, au nom du Roi Louis XI, par messire Antoine d'Aubusson de Monteil, grand bailly de Caux, le 31 décembre 1470 et jours suivants.

CARDIN eut deux fils de son alliance avec Claude de Louan, dame de Bray : 1° Gilles ou Guillaume, sous la tutelle de sa mère en 1524 ; 2° Jacques. Ce dernier continue la filiation de la branche de Linières, qui a possédé les seigneuries de Marley, de Mauroy, et, par alliance avec la famille de Paillard, celles de Choqueuse, de Faï, d'Herleville, etc., en Pi-

(1) Voir le *Dictionnaire de la Noblesse* précité, de La Chesnaye-des-Bois, et l'*Histoire de la maison de Châtillon*, de Duchesne.

(2) Voir l'*Histoire des Grands Officiers de la Couronne*, du Père Anselme, tome VIII de l'édition de 1733, pages 554 et suivantes, et le *Dictionnaire de la Noblesse*, de La Chesnaye-des-Bois.

cardie ; dans l'ouvrage du Père Anselme, cette filiation s'arrête à François des Essarts (8e degré à partir de Robert), page de Roi en 1697, marié à Anne-Charlotte de La Fontaine et père de deux fils et trois filles. Mais La Chesnaye-des-Bois nous parle de ses descendants, notamment de François des Essarts, marquis de Linières, mort le 12 février 1721, laissant un fils qui était alors page du Roi en sa Petite Ecurie.

Charles, second fils de Robert, est l'auteur de la branche de Meigneux; dans le même ouvrage précité, cette filiation est continuée jusqu'à Charles des E. (8e degré également à partir de Robert), maintenu par M. Bignon, intendant de Picardie, le 20 janvier 1698, et qui avait épousé damoiselle Elisabeth-Ursule de Gardin le 19 janvier 1696.

Cette famille a été maintenue dans sa noblesse en 1670 par M. de La Galissonnière, intendant de la généralité de Rouen. On lit dans la *Recherche* de cet intendant :

« Des Essarts. — Pierre des Essarts, écuyer, demeurant en la « paroisse de Guiseniers, élection d'Andely ; François, écuyer, son « neveu, demeurant en la paroisse de St-Riquier, élection d'Arques ; « Charles, son autre neveu, chevalier, sieur du Hamel, lieutenant- « général pour le Roi en la ville et citadelle de Rüe, généralité « d'Amiens en Picardie, et y demeurant, possesseur d'héritages en « la paroisse St-Pierre du Val, élection d'Arques, déjà maintenu en « Picardie, le 9 décembre 1667, comme noble d'ancienne race ; — « tous les trois maintenus le 21 novembre 1670.

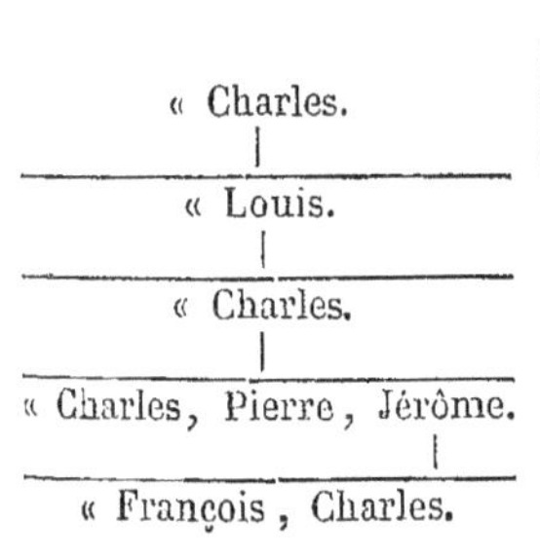

« Louis, fils Charles, gouverneur à Montreuil, marié à delle Catherine du Crocq.

« Charles II, marié à delle Jeanne de Joigny.

« Charles, fils Charles, marié à delle Marie Tardieu.

« Pierre, son frère, marié à delle Marie de Bernay.

« Jérôme, son autre frère, marié à delle Françoise Tillette.

« Charles, fils Jérôme, marié à delle Charlotte Tardieu, fille de Charles Tardieu et d'Anne de Bézu.

« Portent : *de gueules, à trois croissants d'or, 2 et 1* (1). »

(1) On trouve les mêmes armes ainsi indiquées pour Louis des Essarts, écuyer, seigneur de Genetey, demeurant en la paroisse de Grosley, élection de Pont-Audemer, maintenu aussi par La Galissonnière le 1er juillet 1670 ; mais, d'après l'armorial de Chevillard, les armes de ce Louis des Essarts, fils Martin, fils Martin, fils Jean, seraient : *de gueules, au sautoir denché d'or, cantonné de quatre croissants de même.*

Enfin il a existé une quatrième famille des Essarts, ou peut-être et plus probablement une dernière branche de la famille issue de Pierre, l'argentier du roi Philippe V. Cette famille ou plutôt cette branche se trouve mentionnée dans la *Recherche de la Noblesse* faite en Basse-Normandie par Roissy et autres commissaires royaux, ès années 1598-1599. Nous serions assez portés à croire que Louise des Essarts, la femme de Jacques du Buisson, appartenait à la maison mentionnée dans Roissy, puisque cette maison s'était fixée en Basse-Normandie et que Jean du Buisson, père de Jacques, par son premier mariage avec Charlotte de Vauquelin, de l'élection de Falaise, était presque revenu dans son pays d'origine. Voici, d'ailleurs, ce qu'on lit dans le registre des maintenues de Roissy et autres :

« DES ESSARTS. — **2 *juin* 1599.** — GUILLAUME DES ESSARTS, fils « Gilles, demeurant à Savenay, sergenterie d'Evrecy, élection de « Caen, a pour fils Gilles et Geoffroy ; — Veu ses titres, jouira, « après qu'il aura justifié de Cardin, son aïeul.

« **4 *juin* 1599.** — CHARLES, PIERRE et PHILIPPE DES ESSARTS, frères, « fils Jacques, qui eut un arrêt au Conseil privé du Roi, contre les « paroissiens de St-Gabriel, le 20 mars 1572, demeurant aud. lieu « sergenterie de Creully, élection de Caen ; led. Charles a pour fils « François et Jacques. LAURENT, cousin-germain des susdits, fils « Louis, compris aud. arrest, demeurant à St-Gabriel, a pour fils « Pierre, Jacques et Jean. GUILLAUME et FRANÇOIS, frères dud. Lau- « rent, demeurant aud. lieu ; led. Guillaume a pour fils Nicolas. — « Veu leurs titres, jouiront. »

Cette famille, qui existait assurément encore au début du XVIIIe siècle et dont un des représentants, croyons-nous, habite de nos jours le château (bâti sous Louis XIV) de Longueville, canton d'Isigny, arrondissement de Bayeux, dans le Calvados, ne se trouve pas dans la *Recherche* de l'intendant de Caen Chamillart (1666-1667) ; mais ses armes, analogues à celles précédemment indiquées, sont gravées, avec la mention que la famille habitait l'élection de Bayeux, dans l'armorial de Chevillard (XVIIIe siècle) : *de gueules, au chevron d'or, accompagné de trois croissants d'argent*, 2 et 1.

X° BOUËT.

Douzième degré de filiation.

JEAN (III) DU BUISSON, SIEUR DE COURSON ; JEANNE BOUET, DAME DE COURSON : 22 *décembre* 1517. — Nous ne pouvons que répéter ici ce que nous avons déjà dit ailleurs (Livre Ier, 2e partie, XIIe degré de filiation), savoir : que le traité de mariage de Jean (III) du Buisson est mentionné dès les premières lignes de la Maintenue de noblesse de 1704 (C. A., n° 88) comme passé à la date du 25 juin 1513, sans désignation toutefois du nom de sa femme ; que la première Requête de Robert Hubert, adressée à l'intendant de Caen Foucault le 6 mars 1697, dans l'intérêt de la noblesse de son pupille Pierre-Nicolas du Buisson de Cristot (C. A., n° 81), constate que Jean du Buisson épousa demoiselle Jeanne Bouët le 22 décembre 1517 ; que nous ne savons pas exactement s'il s'agit de deux mariages subséquents, ou d'un même mariage dont le contrat aurait été passé en 1513 et reconnu devant notaires ou devant le garde des sceaux de la vicomté de Caen en 1517 seulement, bien que nous penchions en faveur de cette dernière hypothèse.

Quelle était cette famille Bouët ? Nos recherches à cet égard sont à peu près restées infructueuses. Il est vrai qu'en feuilletant le 3e registre, 1re partie, de l'*Armorial général de France* imprimé, de d'Hozier on y trouve une famille BOUET DU PORTAL, en Poitou et en Saintonge. René Bouët, IIe du nom, sieur du Portal, et auteur du Ve degré de la généalogie donnée dans d'Hozier, ayant été inquiété sur sa noblesse, produisit au bureau et chambre du Conseil de l'élection de St-Jean-d'Angely les titres sur lesquels il la justifiait depuis l'an 1539, et y obtint, le 7 septembre 1673, une sentence en vertu de laquelle son nom fut rayé du rôle des tailles de la paroisse d'Augicq ou Augit, en Saintonge. Sur le vu des mêmes titres, Charlotte du Bourg, sa veuve, et François Bouët, IIe du nom, écuyer, sieur du Portal, son fils, obtinrent conjointement, le 20 août 1707, une ordonnance de M. Bégon, intendant de la Rochelle, qui les maintint : l'une dans la qualité de veuve d'*Ecuyer*, l'autre dans la qualité d'*Ecuyer*. — La généalogie donnée par d'Hozier commence à Pierre Bouët, écuyer, sieur de Couzay, en Poitou, veuf d'Anne de La Lande, sa femme, le 11 décembre 1539.

Armes des Bouët du Portal : *d'argent, à trois hures de*

sanglier de sable, posées en pal, ensanglantées de gueules, défendues d'argent et contournées.

Il n'est pas présumable qu'il existe la moindre affinité entre la famille Bouët mentionnée par d'Hozier et celle qui nous occupe. Cette dernière, bien que notable, était-elle même de noblesse ? Ce point nous paraît plus que contestable. En effet, dans un contrat de mariage du 23 janvier 1594, par lequel la même famille Bouët s'est alliée aux Lamendey, possesseurs du fief de Lébizey-sur-Cristot, l'époux, Guillaume Bouët, est qualifié seulement *honneste homme, bourgeois de Caen, fils d'honorable homme Eloi Bouët et de Catherine Le Courthois.* D'autres actes postérieurs (14 février 1613 ; 12 avril 1614), et un acte de baptême en date du 27 janvier 1631, d'après lequel Philippine Bouët, fille de ce Guillaume décédé, servit de marraine, en l'église de Cristot, à Philippine du Buisson, ne donnent pas davantage audit Guillaume Bouët de qualification nobiliaire.

Par ce qui précède et par d'autres documents, il nous paraît démontré que la famille Bouët, qui nous occupe, était originaire de Caen, où elle comptait parmi la bourgeoisie notable ; que de plus Jean (III) du Buisson (*noble et scientiffique personne*) tenait son fief de COURSON de son union avec Jeanne Bouët, dame dud. lieu, qui possédait à Cristot et dans les paroisses circonvoisines des immeubles féodaux ; que ces immeubles sont passés ensuite dans les mains des enfants (Claude, Philippine) qu'elle eut de ce Jean du Buisson, son mari, qui se fixa dès lors définitivement à Caen, où il devint l'un des plus savants professeurs de l'Université de cette ville.

Nous n'avons aucun indice qui nous fixe sur l'époque du décès de damoiselle Jeanne Bouët, dame de Courson ; quant au lieu de sa sépulture, les apparences seraient en faveur de la paroisse St-Pierre de Caen.

Postérieurement à 1631, tous renseignements nous font défaut sur cette famille Bouët, probablement éteinte de nos jours.

Sans armes connues.

XI° LE MAISTRE.

Treizième degré de filiation.

CLAUDE (1er) DU BUISSON, sieur DE COURSON (1er lit) ; CATHERINE LE MAISTRE : 23 *août* 1551. — Plusieurs familles nobles du nom de Le Maistre ont existé en Normandie ; on en compte notamment deux en l'élection de Coutances. L'une, celle des sieurs du Moulin, d'Anisières, de Carteval, etc., anoblie au mois de mars 1594, maintenue dans sa noblesse par Chamillart, en 1666, en la paroisse du Chefresne, porte : *de sable, à trois fasces d'argent, surchargées d'une fleur de lys d'or brochant sur le tout.* L'autre, celle des seigneurs du Mesnil-Aubert, de Savigny, de Luis, beaucoup plus ancienne et plus illustre, a été maintenue noble par Roissy, le 26 novembre 1598, en les personnes de François Le Maistre, sieur de Savigny, et d'Olivier, son fils, qui justifièrent dès lors de quatre degrés de noblesse, puis par Chamillart en 1666. Elle compte parmi ses membres JACQUES LE MAISTRE, sieur DE SAVIGNY, né en 1550, chanoine de la cathédrale d'Avranches et principal du collége du Bois, à Caen, en 1609, dont le portrait se trouve à la Bibliothèque de cette ville, et CHARLES LE MAISTRE, sieur du MESNIL-AUBERT, qui comparût aux assemblées de la Noblesse du grand bailliage du Cotentin en 1789. Armes : *d'argent, à trois merlettes de sable.*

Catherine Le Maistre ne nous paraît appartenir ni à l'une ni à l'autre de ces deux familles, mais à une troisième du même nom, originaire de l'élection de Caen, et sur laquelle on lit, dans la *Recherche de la Noblesse de la généralité de Caen*, faite par Roissy et autres commissaires royaux délégués ès années 1598-1599 :

« **12 juin 1599.** — LE MAISTRE : Claude Le Maistre, fils Jean « puîné, fils Robert, fils Jean, anobly par la charte des Francs-fiefs « de l'an 1470, demeurant à Bavent, sergenterie de Varaville, élec- « tion de Caen, a pour fils Robert ; — Veu lad. charte et sa descente, « jouira (du privilége de noblesse). »

On est confirmé dans cette opinion si l'on rapproche ce passage de la teneur du traité de mariage de CLAUDE Ier DU BUISSON, écuyer, sieur DE COURSON, passé le 23 août 1551, et reconnu devant Charles Le Fournier, lieutenant du vicomte de Caen, le 17 avril 1553 (C. A., n° 7). En effet, il est établi par ce document que *noble homme* ROBERT LE MAISTRE, père de Catherine, vivant en 1551, lors de la passation du contrat, était mort en 1553, laissant, outre sa fille, deux fils, JEAN et JEAN, et que ladite Catherine avait un cousin-germain, autre ROBERT LE MAISTRE, écuyer, sieur D'ECHAUFFOU, enquesteur à Caen, qui lui constitue une partie de sa dot.

On se rappelle que de l'union de CATHERINE LE MAISTRE avec CLAUDE DU BUISSON, *écuyer*, sieur DE COURSON, sortit un fils unique, TANNEGUY DU BUISSON, *écuyer*, sieur DU ROUMOIS, jurisconsulte distingué, qui devint avocat au Parlement de Rouen et conseiller du Roi au siége général de la Table de

Marbre (amirauté et eaux-et-forêts) de cette ville, et mourut, sans postérité connue, dans les premières années du XVII° siècle. Mais que devint la postérité de JEAN LE MAISTRE *puîné*, mentionné dans Roissy en 1599, ainsi que CLAUDE, son fils, et ROBERT, son petit-fils ? Nous l'ignorons et nous n'en trouvons plus trace. Il en est autrement de JEAN LE MAISTRE *l'aîné*, son frère, et de ses descendants, qui allèrent s'établir en l'élection de Pont-l'Evêque, et dont le dernier rejeton, ADRIAN LE MAISTRE, sieur de Lisle et de la Noblerie, ne laissa, de son union avec JEANNE DE CYRESME, qu'une fille, MARIE-RENÉE-FRANÇOISE, mariée en premières noces au sieur de Mautaillis, et, en secondes noces, le 5 mai 1690, avec ANDRÉ DE LA BIGNE, écuyer, sieur de La Rochelle, de Lambosne, de Tessel, etc.

On lit sur cette famille, dans la *Recherche de la Noblesse*, faite par Barin de La Galissonnière, intendant de la généralité de Rouen (1666-1670) :

« LE MAISTRE. — Adrian Le Maistre, écuyer, sieur de La Noblerie, « demeurant paroisse de Barneville, élection de Pont-l'Evêque ; — « Maintenu le 10-12 mars 1669.

« Robert.	« Jean (l'aîné) épousa Anne du Hamel.
« Jean aîné ; Jean puîné.	« Guillaume épousa Marguerite Le Trémançois.
« Guillaume, Jean.	« Claude épousa Charlotte des Hayes.
« François, Claude.	« Adrian (épousa Jeanne de Cyresme plus tard).
« Adrian.	

« Porte : *d'argent, au chevron d'azur, accompagné de trois* « *roses de gueules.*

XII° LE SUEUR.

Treizième degré de filiation.

CLAUDE (1er) DU BUISSON, SIEUR DE COURSON (2e lit) ; MARIE LE SUEUR : *vers* 1560 *environ.* — On trouve en Normandie plusieurs familles du nom de LE SUEUR, dont deux notamment en la généralité de Caen ; l'une, celle des sieurs de La Ferrière, maintenue noble par d'Aligre, le 8 décembre 1634, en la paroisse de Marchesieux, élection de Carentan, porte : *d'or, semé d'hermines, au chevron de gueules, chargé de trois trèfles d'argent;* l'autre, qui nous concerne, est originaire de l'élection même de Caen et s'est divisée en plusieurs branches, dont l'une s'est établie en la généralité de Rouen.

La distinction dont cette seconde famille a joui dans la province a eu pour principe un anoblissement; mais à quelle époque? Il y a divergence, quant à la date, entre les énonciations des registres de maintenues de noblesse des commissaires royaux Roissy (1598-1599) et Chamillart (1666 et années suivantes), que nous reproduisons à la fin de cet article, et celles qui sont contenues dans le *Dictionnaire de la Noblesse* de La Chesnaye-Desbois (Paris : 1778), tome XII, page 567. En effet, tandis que les maintenues des premiers indiquent l'anoblissement comme ayant eu lieu en vertu de la charte de Francs-fiefs en 1470 et années suivantes; voici ce qu'on lit notamment dans l'ouvrage du second, avec des mentions fort précises :

« JACQUES LE SUEUR obtint de Jean le Bon, roi de France, des « *Lettres d'anoblissement*, le 12 mai 1360, enregistrées en la « Chambre des Comptes de Paris, le 30 octobre aud. an, lesquelles « font remonter la distinction de cette famille à des temps plus « reculés, car elles portent que led. Jacques Le Sueur était *bailli et* « *capitaine de Rouen.* Ce Jacques Le Sueur eut pour enfants :

« 1° Catherine, mariée à Jean Lambert, écuyer, d'une famille « noble de l'élection de Bayeux;

« 2° Colin, qui suit.

« II° COLIN LE SUEUR, écuyer, acquit, conjointement avec son « frère, par acte passé devant les tabellions de la vicomté de Caen « le 6 mars 1379, de Guillaume de Bron (peut-être Gron), écuyer, « les fief, terre et seigneurie de La Fresnaye, assis à Robertmesnil, « hameau de Cintheaux, relevant du Roi pour un quart de fief de « haubert. Il eut pour fils :

« III° RAOUL LE SUEUR, écuyer, sieur de La Fresnaye et de Ro- « bertmesnil (celui qui, d'après Roissy et Chamillart, aurait été « anobli aux Francs-fiefs), mentionné dans des Lettres royales du « 6 juin 1479; marié à damoiselle JEANNE DU VIVIER, dont :

« 1° Guillaume, qui suit;

« 2° Jean, auteur de la branche de Golmesnil;

« 3° Autre Jean, ecclésiastique, etc., etc.

Suit une généalogie de la branche-mère, éteinte à la fin du XVIIe siècle, de la branche des seigneurs des Fresnes (jusqu'au XIIIe degré formé par JEAN-FRANÇOIS LE SUEUR DES FRESNES, écuyer, né à Guéron, près Bayeux, le 18 août 1750, lieutenant au régiment d'Artois le 12 novembre 1770), et de la branche de Golmesnil (établie au pays de Caux, généralité de Rouen, et éteinte le 30 novembre 1749).

Quoique MARIE LE SUEUR, femme en secondes noces de CLAUDE (1er) DU BUISSON, *écuyer*, sieur DE COURSON, et sœur ou tante de NICOLAS LE SUEUR, *écuyer* (sic), demeurant à

Gavrus, qui figure, comme témoin, à la reconnaissance faite le 27 octobre 1603, devant Nicolas Roger et Richard Martin, tabellions à Caen, du traité de mariage de Marie du Buisson, en date du 22 janvier 1597 (C. A., n° 18), ne soit pas mentionnée dans cette généalogie, nécessairement incomplète, surtout en ce qui concerne la mention de la ligne féminine, nous n'hésitons nullement à croire qu'elle descendait d'une des branches de cette dernière famille. Nous supposons aussi que la mère de Marie Le Sueur était une demoiselle Le Marchant (peut-être Catherine), de la noble maison des Le Marchant de Caligny (1), puisque nous trouvons parmi les parents présents au contrat de mariage de Gilonne du Buisson 1605), fille de Marie Le Sueur (C. A., n° 23), avec la quali-

(1) Le Marchant ou Le Marchand : famille très-distinguée de la généralité de Caen, anoblie, pour services rendus à l'Etat, par Lettres-patentes de Louis XI, signées à Bourges en janvier 1466, enregistrées en la Chambre des Comptes le 21 octobre 1467, en la personne de Jean Le Marchant, qui avait été blessé d'une flèche à la jambe, en 1429, au siége d'Orléans, et assista à toutes les batailles du règne de Charles VII, notamment à la bataille de Formigny, en 1450.

Cette famille ne doit pas être confondue avec une autre famille Le Marchand, maintenue noble par Roissy (1598-1599), par d'Aligre (1634) et par Chamillart (1666) ès élections d'Avranches et de Carentan, dont était Antoine Le Marchand, sieur du Gripon, nommé conseiller au Parlement de Rouen en 1525, et qui portait: *de gueules, à la croix d'argent, pommetée d'or, cantonnée de quatre trèfles d'argent.*

Du mariage de Jean Le Marchant, Ier du nom, l'auteur de la famille de l'élection de Caen, avec Agnès de Creully, fille de Thomas de Creully et de Jeanne de Thère, sont issus quatre fils : 1° Renaud, curé de Turqueville; 2° Ferrand, auteur de la branche aînée, dont nous ne nous occuperons pas; 3° Jean, auteur de la branche cadette, qui suit ; 4° autre Jean, prêtre.

II° Jean II Le Marchant, présent, comme son père et son frère, à la bataille de Montlhéry en 1465, blessé en Italie à la bataille de Fornoue en 1495, épousa Robine Thézart, dont : 1° André, blessé en 1544 à Cerisoles, mort sans postérité à Luc-sur-Mer; 2° Robert, qui suit.

III° Robert Le Marchant épousa en premières noces Gillette de Mathan, dont il eut : 1° Richard, auteur des Le Marchant de Caligny, seigneurs de Luc-sur-Mer. L'un d'eux au Xe degré, Pierre-Paul Le Marchant, seigneur de Luc, officier distingué, acquit, par contrat passé devant les notaires de Caen le 4 novembre 1767, les seigneuries de Langrune, de Crépon, etc.; 2° Catherine. Le même Robert, devenu veuf, épousa en secondes noces Jeanne Le Petit, de la paroisse de St-Manvieu, dont trois fils : 1° Thomas, dit d'Esquay, prêtre; 2° Jean, dit du Rozel, qui suit; 3° Pierre, mort sans postérité.

IV° Jean III Le Marchant, sieur du Rozel, l'un des enfants d'honneur qui décorèrent l'entrée de François Ier à Caen en 1538, et qui avaient à leur tête noble homme François d'Harcourt, baron de Beuvron, dérogea à la noblesse en entrant dans le commerce, où il acquit de grands biens, avec lesquels il fit les acquisitions des fiefs de St-Manvieu, du Rozel et d'Esquay. Il laissa, en mourant (1558), trois fils qui obtinrent d'Henri III des lettres patentes les relevant de la dérogeance encourue par leur père. Ces enfants sont : 1° Robert, sieur de St-Manvieu, conseiller, secrétaire du Roi, maison et couronne de France, mort sans postérité en 1580; 2° Pierre, sieur du Rozel, qui suit; 3° Gaspard Le Marchant, sieur d'Outre-Laize, conseiller et avocat du Roi en

fication de *cousins maternels*, ainsi qu'au contrat de mariage de Marguerite du Buisson (1614), son autre fille (C. A., n° 28), nobles hommes Pierre Le Marchant, sieur du Rozel, conseiller du Roi et trésorier-général de France, à Caen; Gaspard Le Marchant, sieur d'Outre-Laize, conseiller du Roi et son avocat-général en la Cour des Aides, à Rouen; Pierre Le Marchant, sieur de St-Manvieu, conseiller, secrétaire du Roi, maison et couronne de France, puis trésorier de France au bureau des finances, à Caen.

Parmi les personnages de cette maison Le Sueur, nous trouvons encore, d'après le *Catalogue et Armorial du Parlement de Rouen*, de M. Steph. de Merval (Evreux: 1867): 1° PHILIPPE LE SUEUR, sieur DE PETIVILLE (1), de la religion prétendue réformée, nommé conseiller au Parlement en 1633; 2° PIERRE LE SUEUR, sieur de COLLEVILLE, nommé con-

la Cour des Aides de Normandie, mort sans postérité à Outre-Laize le 1er septembre 1621, âgé de quatre-vingt-deux ans, et inhumé à St-Manvieu.

V° PIERRE Le Marchant, sieur du Rozel, suivit son oncle Richard dans les guerres et se trouva avec lui au siége de Rouen en 1562 et à la bataille de Dreux, la même année. Il quitta ensuite le service, prit le parti de la Robe, fut un des Elus de Caen, et après, conseiller du Roi, trésorier-général de France en la même ville, et l'un des bienfaiteurs de l'Université. De concert avec son frère Gaspard, il fit bâtir, en 1605, la chapelle de St-Manvieu, qui est à côté de l'église dud. lieu, et que nous avons visitée avec intérêt le 7 juillet 1874. Il ne laissa qu'un fils.

VI° PIERRE II Le Marchant, sieur de St-Manvieu, fut, comme son père, trésorier-général de France à Caen, et réunit dans sa personne les grands biens de son père et de ses deux oncles. De concert avec François Le Révérend, sieur de Calix, il fonda, en 1619, la chapelle dite *des Deux Amis*, placée auprès du chœur de l'église des Cordeliers de Caen, et où il fut inhumé. Quelques années après, il établit aussi au Puy du Palinod, à Caen, un prix pour la meilleure Ode française; ce prix consistait dans un cent de jetons d'argent, renfermés dans une bourse de velours vert. Avec lui s'éteignit ce rameau en ligne masculine.

Cette famille Le Marchant, de l'élection de Caen, a été maintenue dans sa noblesse à la Cour des Aides en décembre 1652, à la Chambre souveraine des Francs-Fiefs, à Rouen, le 7 mars 1656, au Grand Conseil du Roi, à Paris, le 9 août 1721.

Marie Le Sueur, croyons-nous, pourrait être la petite-fille de Robert Le Marchant, cité plus haut, et peut-être la fille de Catherine Le Marchant, dont nous n'avons pu découvrir l'alliance; toutefois, quoique la parenté très-proche des Le Marchant et des Le Sueur soit établie notamment par deux contrats de mariage du Cartulaire (C. A., nos 23 et 28), il nous est impossible de préciser, avec preuve péremptoire, la filiation de ladite Marie Le Sueur par les Le Marchant.

Armes, d'après La Chesnaye-Desbois: *d'argent, au chevron de gueules, accompagné de trois roses doubles de même, deux en chef et une en pointe.* Cimier: *un lion d'or naissant, armé et lampassé de gueules.* Devise: *Nostri servabit odorem.*

(1) PETIVILLE: fief de haubert ayant le chef assis en la paroisse de ce nom, avec extension en celle de Varaville, près Caen. Les diverses parties de ce fief, avec ses mouvances de Varaville, furent transmises définitivement en 1720, tant par alliance que par transactions amiables, à une branche de la maison Tardif, qui, depuis lors, en a pris le nom et qui existe encore de nos jours.

seiller en 1659 ; 3° SAMUEL LE SUEUR, sieur DE COLLEVILLE, aussi de la religion prétendue réformée, nommé conseiller en 1678.

N... LE SUEUR DES FRESNES et N... LE SUEUR DE COLLEVILLE ont comparu aux Assemblées de la Noblesse du grand bailliage de Caen en 1789.

Nous terminerons cette notice historique par la copie des maintenues de Noblesse données à cette famille par Roissy et Chamillart.

On lit dans le Registre des Maintenues octroyées en la généralité de Caen par Jean-Jacques de Mesme, chevalier, seigneur de ROISSY, et autres commissaires royaux départis, ès années 1598-1599 :

« **2 juin 1599.** — GUILLAUME LE SUEUR, sieur de Robertmesnil, « fils MICHEL, qui obtint arrêt contradictoire aux Aides contre les « paroissiens de Cintheaux et de Gouvetz et le procureur général, « du 29 mai 1549, sur la proposition faite d'erreur d'autre arrêt du « 17 décembre 1535, où est mentionné RAOUL LE SUEUR, anobli par « charte des Francs-Fiefs, demeurant à Cintheaux, sergenterie « de St-Sylvain, élection de Caen, a pour fils CHRISTOPHE et GEORGES; « led. Georges a pour fils PIERRE ; led. Christophe demeurant à....., « sergenterie de St-Pierre-sur-Dives, élection de Falaise ; — Veu « leurs titres, jouiront (du privilége de noblesse).

« **9 juin 1599.** — PIERRE LE SUEUR, sieur de GOLMESNIL, fils « JULIEN, fils JEAN, fils RAOUL, anobli par charte des Francs-Fiefs, « demeurant à Troismonts, sergenterie de Préaux, élection de Caen ; « — Veu ses titres, jouira.

« GUILLAUME, fils JEAN, fils RAOUL anobli par charte des Francs-Fiefs, « demeurant à Cintheaux, sergenterie de Bretteville, élection de Caen, « a pour fils JEAN, MICHEL et PIERRE ; ELÉAZARD, frère dud. Pierre, a « pour fils PIERRE et ROBERT ; — Veu leurs titres, jouiront. »

On lit dans le Registre des Maintenues de M. de Chamillart, intendant de la généralité de Caen, ès années 1666 et suivantes, à la date du 18 mai 1667 :

« LE SUEUR : *anoblis en 1471 aux Francs-Fiefs.*

« Pierre Le Sueur, écuyer, sieur de La Garende, 67 ans; Louis, « écuyer, sieur de La Croix, 50 ans, de la paroisse de Cintheaux; « religion Romaine.

« Guillaume.	« Julien Le Sueur, sieur de Golmesnil, épousa d[elle] Galante Le Mancel, en 1543.
« Julien.	« Pierre épousa d[elle] Michelle de Clacy, en 1586.
« Pierre.	« Jean, son fils, épousa d[elle] Anne Pougot, en 1614.
« Jean, Pierre.	« Pierre, frère de Jean, épousa d[elle] Anne Baudouin, en 1629.
« Louis.	« Louis épousa d[elle] Anne Le Roux, en 1654.

« Charles et Adrien Le Sueur, écuyers, demeurant, led. Charles « à Cintheaux, 35 ans, et Adrien à Campigny, 37 ans; religion « Romaine.

« Guillaume.

« Christophe.	« Georges.
« Gilles.	« Georges.
« Charles.	« Adrien.

« Georges Ier Le Sueur épousa damoiselle Madeleine de La Fres- « naye en 1589. — (Erreur : Madeleine de La Fresnaye était sa mère « et c'est Marguerite Le Verrier qu'il épousa en 1589).

« Christophe, son frère, épousa d^elle^ Anne de Gosselin.

« Gilles, fils Christophe, épousa d^elle^ Jeanne Le Mercier, en 1628.

« Charles, fils Gilles, épousa d^elle^ Anne Aupoix.

« Georges, fils Georges, épousa d^elle^ Catherine Le Sens, en 1630.

« Adrien, fils Georges, épousa d^elle^ Marie Hellye, en 1663.

« Portent : *d'azur, au chevron d'argent, accompagné en chef « de deux croissants d'argent et en pointe d'une rose* (ailleurs *d'un « croissant*) *de même.* » (Armes indiquées également dans La Chesnaye-Desbois et dans l'*Armorial du Parlement de Rouen* de M. de Merval et ainsi gravées dans l'*Armorial* de Chevillard).

XIIIe BAUDOUIN.

Quatorzième degré de filiation.

Pierre (1er) du Buisson, sieur de Courson; Elisabeth (ou Isabelle) Baudouin : 2 *septembre* 1592. — Ce n'est pas pour nous un médiocre embarras de découvrir et d'établir avec quelques données certaines à quelle famille de Normandie ou peut-être de France appartenait Elisabeth ou Isabelle Baudouin (ou Baudouyn), qui avait pour mère Nicolle Bédeau et pour père Jean Baudouin (1), varlet de chambre et officier de la maison des rois Henri III et Henri IV, qualifié tantôt *honorable homme* (contrat de mariage de 1592), tantôt

(1) Sur le rôle des taxes de l'Arrière-Ban du bailliage d'Evreux, en 1562, publié par l'abbé Lebeurier, archiviste de l'Eure, d'après le registre de la *monstre* tenue à cette date par Pierre Cosse, lieutenant général au bailliage d'Evreux, on lit sous le n° 127 : « Jehan Baudouyn, escuyer, seigneur de « St-Sébastien de Préaux (canton d'Orbec), du Fay (commune de St-Quentin- « des-Iles, canton de Broglie), et de la Chapelle-Gautier (même canton), en « la vicomté d'Orbec ; — 45 livres. »

noble homme (acte de baptême de Claude du Buisson, son petit-fils, le 22 juin 1595, et autres documents). En effet, les pièces que nous avons entre nos mains ne nous fournissent aucune indication précise sur cette famille, si ce n'est que ledit Jean Beaudouyn avait, entre autres enfants, outre sa fille ELISABETH, un fils nommé GILLES BAUDOUYN, mentionné dans une sentence de la Prévôté de Paris, du 7 août 1598; de plus, le contrat de mariage de noble Pierre du Buisson, sieur de Courson, et d'Elisabeth Baudouyn ayant été passé à Chartres le 2 septembre 1592, devant maître Yves Cornu, tabellion en cette ville (C. A., n° 17), il serait au moins téméraire d'affirmer que les Baudouin en question fussent d'origine normande; d'autant plus que le nombre des familles de ce nom, tant en Normandie que dans diverses provinces de France, toutes anoblies à différentes époques par suite de leurs fiefs, de leurs charges ou de leurs services, est assez grand (1) pour rendre la question presque insoluble aujourd'hui. Elle se complique encore par cette circonstance que Jean Baudouin, devenu veuf de Nicolle Bédeau, épousa en secondes noces, plusieurs années avant sa mort arrivée en 1625, MARGUERITE DEL BOS, d'une grande famille d'Auvergne, fille de Bernard del Bos et de Catherine de La Panouse, et petite-cousine du maréchal de Thémines. C'est ce qu'établit une

(1) Le CHARTRIER FRANÇAIS, la plus consciencieuse publication nobiliaire de nos jours, compte, dans son *Dictionnaire des Anoblis*, pages 16, 60, 61 et 98, seize familles du nom de Baudouin :

1° Baudouin (Claude), pour Jean Le Vasseur, son beau-père; juillet 1618;
2° Baudouin (Noël) seigneur de Beuville ; anobli pour services en 1598 ;
3° Baudouin (Pierre), sieur de Soupire, secrétaire du Roi ; 18 juillet 1617;
4° Baudouin (René-Georges) ; en 1669 ;
5° Baudouin (Jacques) ; anobli pour services en 1534 ;
6° Baudouin (Olivier) ; en 1521 ;
7° Autre Baudouin (Olivier) ; anobli pour services en 1534 ;
8° Baudouin (Guy) ; anobli par Lettres patentes en 1584 ;
9° Baudouin (François) ; anobli par l'office de secrétaire du Roi, maison et couronne de France en 1701 ;
10° Baudouin (Emmanuel), conseiller du Roi administrateur du grand bureau des Pauvres, à Paris ; anobli en 1738 ;
11° Baudouin, varlet de chambre de Louis XI ; anobli par lettres de 1473 ;
12° Baudouin, notaire au châtelet de Paris ; anobli en 1644 ;
13° Baudouin, en Haute-Normandie ; anobli par Lettres patentes d'avril 1544 ;
14° Baudouin, à Amiens ; anobli par lettres de 1594 ;
15° Baudouin (Louis) ; anobli par l'échevinage de Nantes ; maintenue de 1670 à 1706 ;
16° Baudouin de Grandouët, élection de Falaise ; anobli par un franc-fief en 1470 (Erreur : anobli par lettres en 1521).

Voir encore Farin, *Histoire de Rouen* (Rouen : 1678), tome Ier, page 233 (Jacques), 239 (Pierre), 280, 347, 364 (Claude), et tome III, pages 37 (Henri) et 376 (Anne).

supplique, en date du 11 novembre 1645, adressée au juge royal de Vic-sur-Cère (Auvergne), et dont le texte nous a été communiqué (C. A., n° 170 *bis*). Cette Marguerite del Bos était de la famille maternelle de M. Pradelle, préfet actuel de la Charente.

Au milieu de cette confusion d'homonymes, *deux* familles nobles du nom de Baudouin ou Baudouyn sont plus notablement connues que les autres en Normandie ; ce sont :

1° Les BAUDOUIN, SIEURS DU BASSET, DE BOISSEY, de la Guensue, du Prey, de Beauvrèche, DE BEUVILLE, de Doudeauville, etc., anoblis par Charte du mois d'avril 1544, maintenus nobles en la généralité de Rouen par l'intendant Barin de La Galissonnière le 1er septembre 1667, dont plusieurs conseillers au Parlement de Rouen aux XVIIIe siècle, et dont les armes, gravées dans l'armorial de Chavillard, sont : *d'argent, à la croix de sable cantonnée au 1er et 4e d'une croix de malte d'azur, au 2e et 3e d'un pavillon* (tente) *de gueules* (1) ;

2° Les BAUDOUIN, sieurs DE GRANDOUET, DE FRESNEY-LE-VIEUX, DE CINGAL, D'ESPINS, etc., en l'élection de Falaise, anoblis en 1521 (et non pas par un Franc-fief en 1470, comme l'indique à tort le Chartrier Français, *Dictionnaire des Anoblis*, page 98), maintenus nobles successivement par Roissy en 1599, par de Marle et Chamillart le 16 mai 1667. Leurs armes sont également gravées dans l'*Armorial de Chevillard*, et deux personnages de cette famille, N... Baudouin, sieur du fief Avenel, à Croisilles, et autre N... Baudouin, sieur d'Espins, figurent comme absents sur la liste des Nobles du grand bailliage du Cotentin pour le bailliage de Tinchebray, en 1789 ; de plus La Chesnaye-Desbois, dans son *Dictionnaire de la Noblesse* (Paris : 1776), constate que :

« BERNARD-BAPTISTE BAUDOUIN, écuyer, seigneur d'ESPINS, cor-
« nette dans le régiment du colonel-général de cavalerie, épousa
« MARIE-ANNE BELLETTE, fille d'Olivier Bellette, seigneur de Gour-
« nay, et de Marie de Beauvais, dont il eut, entre autres enfants,
« MADELEINE-ELISABETH BAUDOUIN D'ESPINS, reçue à St-Cyr le 26 mars
« 1708, sur les preuves de sa noblesse établie par titres depuis PIERRE
« BAUDOUIN, son quatrième aïeul, qualifié *noble* et *écuyer* au mois
« d'avril 1521. »

(1) Telles étaient les armes de Charles-Nicolas Baudouin de Beuville et de Léonor-Marie-Pierre Baudouin de Doudeauville, conseillers au Parlement de Normandie en 1741 et en 1776 ; mais M. Steph. de Merval, dans son *Catalogue et Armorial du Parlement de Rouen*, mentionne parmi les conseillers, en 1671, en 1710 et en 1714, Pierre Baudouin, sieur du Basset, Pierre-Nicolas Baudouin, sieur de Gonseville, et Louis-Marie Baudouin du Basset, sieur du Thil, qui, d'après lui, portaient : *d'azur, à la croix ancrée d'argent, cantonnée au 1er et 4e d'une fleur de lys d'or, au 2e et 3e d'un croissant d'argent.* S'agirait-il d'une famille distincte ou serait-ce une variante des mêmes armes ?

Sur une seconde famille, on lit dans le Registre des Maintenues de noblesse de Roissy et autres commissaires royaux départis en la généralité de Caen ès années 1598-1599 :

« **29 mai 1599.** — Jacques Baudouyn, sieur de Fresney (le « Vieux) et de Cingal, fils Jean, fils Pierre, anobli par charte du « mois d'avril 1521, registrée aux Comptes le 8 mai 1522 et aux « Aides le 29 avril 1529, demeurant aud. Fresney, sergenterie de « Tournebu, élections de Caen et Falaise; a pour fils Pierre et Jean; « — Veu lad. charte et ses titres, jouira (du privilége de noblesse).

« **7 juin 1599.** — Pierre Baudouin, sieur d'Assy et d'Espins, « fils Charles, fils Pierre anobli par charte d'avril 1521, registrée, « etc., demeurant aud. Espins, sergenterie de Tournebu, élection « de Caen ; — Veu lad. charte et sa descente, jouira. »

On lit dans la Recherche de la Noblesse de la généralité d'Alençon faite, en 1666 et années suivantes, par l'intendant Hector de Marle :

« *Election de Falaise.* — Baudouin : Jean Baudouin, sieur de « Grandouët, ancien noble; — paroisse d'Angoville. »

Enfin on lit dans la Recherche de la Noblesse de la généralité de Caen faite à la même époque par l'intendant Guy Chamillart :

« Baudouin : *anoblis en 1521.*

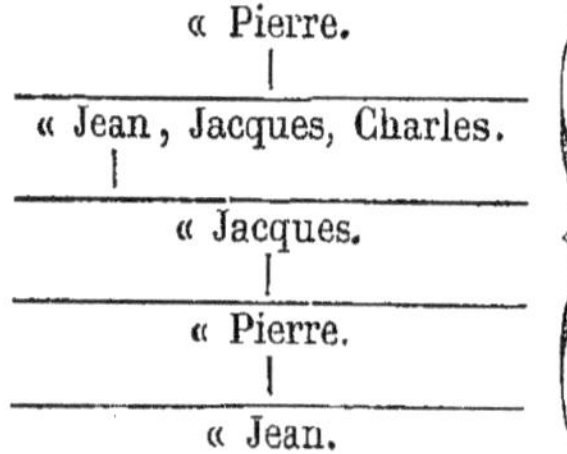
« Pierre.

« Jean, Jacques, Charles.

« Jacques.

« Pierre.

« Jean.

« Jean Beaudouin, écuyer, sieur de Fresney (le Vieux) et de Cingal, 44 ans, de la paroisse de Fresney (le Vieux), sergenterie de Tournebu, élection de Caen ; religion Romaine.

« Jean épousa damoiselle Catherine Le Fournier.
« Jacques épousa d^elle^ Marie de Bourgueville, en 1574.
« Pierre épousa d^elle^ Ambroise d'Anquetin (?).
« Jean épousa d^elle^ Catherine de St-Laurent, en 1642.

« Pierre.

« Jean, Jacques, Charles.

« Pierre.

« Charles, Jacques, Jean, Pierre.

« Jacques Beaudouin, écuyer, seigneur et patron d'Espins, y demeurant, élection de Caen, 55 ans; Jean, écuyer, sieur de Grandouët, 54 ans, y demeurant, paroisse d'Angoville, élection de Falaise; Pierre, écuyer, sieur de Tournebu, 49 ans, demeurant à Barbery, sergenterie de Tournebu; tous de religion Romaine.

« Charles épousa damoiselle Denise Patry en 1572.
« Pierre, son fils, épousa d[elle] Isabeau de Clinchamps, en 1612.
« Jean, fils Pierre, épousa d[elle] Catherine des Buats, en 1642.
« Jacques, autre fils Pierre, épousa d[elle] Marie Le Gardeur, en 1644.

« Portent : *d'azur, au chevron d'argent, surmonté d'une fleur « de lys d'or et accompagné en chef de deux roses et en pointe de « trois trèfles, le tout d'argent.* »

XIVe LAMENDEY.

Quinzième degré de filiation.

Claude II du Buisson de Cristot (1er lit) ; Anne Lamendey : 17 *février* 1624. — La famille Lamendey, nom que l'on trouve aussi écrit *Lamendé*, appartenait à la haute bourgeoisie de Caen ; quoique ses membres ne fissent pas partie de l'Ordre de la Noblesse, ils jouissaient cependant d'un certain prestige de position, et presque tous possédaient des fiefs dont ils prenaient le nom, Lébizey, La Pallière, Le Rufey, et autres.

On peut en résumer la filiation historique ainsi qu'il suit, d'après divers documents de notre cartulaire :

I° Martin Lamendey, sieur de Lébizey, mentionné comme père de Richard, qui suit, dans une sentence du bailliage de Caen du 30 juin 1568, sentence établissant que le fief de Lébizey-sur-Cristot appartenait à la famille Lamendey dès l'an 1462.

II° Richard Lamendey, sieur de Lébizey, seul fils connu du précédent, marié avec Jeanne Le Bas, ainsi qu'il est établi par une sentence du bailliage et siége présidial de Caen du 19 mars 1650, mentionnant les lots faits en vicomté de Caen, le 5 octobre 1587, entre Jeanne Le Bas, *veuve* de Richard Lamendey, et ses fils. De cette alliance, Richard eut pour enfants :

1° Robert Lamendey aîné, qui continue la descendance ;

2° Jean, sieur de La Pallière, fréquemment en procès avec ses sœurs ; mort avant 1615 ; marié avec d[elle] Marie Caval, dont un fils, nommé aussi Jean, qui, à la suite du second mariage de sa mère avec Jacques Robillard, bourgeois de Caen, fut placé sous la tutelle de Robert Angot, et fut le parrain de Marie du Buisson le 23 avril 1638 ; il épousa Philippine Le Coq ; leur fils fut baptisé à Cristot le 19 novembre 1637, et eut pour parrain *honneste homme* (sic) Jean Néel, procureur du Roi en l'élection et grenier à sel de Caen ;

3° Pierre Lamendey, présent au mariage de sa sœur Suzanne, le 10 mai 1581, et alors en bas-âge;

4° Suzanne Lamendey, mariée en premières noces, selon contrat du 10 mai 1581, avec Gilles ou Guillaume Angot, conseiller assesseur en la vicomté de Caen, dont Robert Angot, sieur de La Drouinière, qui épousa, le 16-21 novembre 1621, noble damoiselle Marguerite de Trihan, fille de noble Jean de Trihan, sieur de Bourgeauville, et de d[elle] Françoise de Grente; — mariée en secondes noces avec Me Guillaume Bosquet, avocat à Caen;

5° Marie Lamendey, mariée le 23 janvier 1594 avec Guillaume Bouët, bourgeois de Caen, fils d'Eloi Bouët et de Catherine Le Courtois, dont notamment une fille Philippine, qui fut la marraine, le 27 janvier 1631, de Philippine du Buisson de Cristot.

III° ROBERT Lamendey, sieur de Lébizey, marié vers 1595 ou 1596, avec noble damoiselle PHILIPPINE FOUBERT (1), et décédé au commencement de l'année 1612, ainsi qu'il appert de l'acte d'assemblée de famille du 28 août même année, aux termes duquel Robert Angot, son neveu, commissaire des guerres en Normandie, fut nommé tuteur de ses enfants en bas-âge. — Sa veuve se remaria plus tard avec messire Eustache Onfroy, contrôleur au magasin à sel de Caen. — Richard avait laissé, en mourant, deux enfants mineurs :

1° Pierre Lamendey, dont on ne trouve plus trace dans les actes postérieurs à 1612;

2° Anne, qui suit.

IV° Damoiselle ANNE Lamendey, dame de Lébizey, élevée sous la tutelle de sa mère Philippine Foubert et de son cousin-germain Robert Angot; mariée en premières noces à Ranville, le 12 mai 1616, à la suite d'un enlèvement, avec messire ANNE ONFROY (2), écuyer, sieur de Buron et du Cardonnay, fils de feu Etienne Onfroy, écuyer, docteur en l'Université de Caen, et de Madeleine de Gron, dont elle eut deux fils, Jean et Robert, et deux filles, Marie et Elisabeth Onfroy. Devenue veuve, elle épousa en secondes noces, selon un contrat de mariage du 17 février 1624, messire CLAUDE (II) DU BUISSON, *écuyer*, qualifié alors

(1) FOUBERT : anoblis en 1479, maintenus nobles par Chamillart le 14 octobre 1666 en l'élection de Valognes, paroisse de Martinvast, en la personne de Guillaume Foubert, sieur de Beuzeville, procureur du Roi en la maîtrise des Eaux et Forêts. On trouve plus tard messire Edouard Foubert des Pallières de Laize, né le 27 décembre 1786, fils de René, conseiller du Roi au présidial de Caen et de Marie-Charlotte de Neuville. Armes : *d'argent, à la fasce d'azur, chargée d'un léopard d'or.*

(2) ONFROY : anoblis en septembre 1594, en la personne d'Etienne Onfroy, docteur de l'Université de Caen, portent : *d'or, à la bande d'azur.*

sieur de LA FONTENELLE, plus tard seigneur et patron de CRISTOT et de BROUAY, fils de *noble homme* Pierre (Ier) DU BUISSON, sieur de COURSON, et d'Elisabeth Baudouin, sa femme; décédée au manoir seigneurial de Cristot le 24 avril 1639, jour de Pâques, elle fut inhumée dans le chœur de l'église de cette paroisse. (Registres d'Etat civil de Cristot.) — De son second mariage, Anne Lamendey, qui, selon une ancienne tradition de famille, était *d'une beauté remarquable*, laissa sept enfants, dont nous nous contenterons seulement ici de rappeler les noms :

1° Marguerite du Buisson de Cristot;
2° Madeleine, } devenues plus tard l'une et l'autre religieuses
3° Anne, } Bénédictines;
4° Pierre (II) du Buisson de Cristot-Courson, souche de la famille actuelle, né vers 1628;
5° Jacques du Buisson, né vers 1629, plus tard prêtre, curé de Cristot en 1659;
6° Philippine du Buisson, née le 27 janvier 1631;
7° Jean-B[te] du Buisson, né le 15 novembre 1635, baptisé le 15 décembre 1637;
8° Marie, née vers 1636, baptisée le 23 avril 1638;
9° CLAUDE du Buisson, mentionné dans l'acte de lots et partages, du 27 octobre 1640 (C. A., n° 239).

Le nom de cette famille Lamendey, sans doute éteinte de nos jours, se trouve encore fréquemment employé à la fin du XVIIe et au XVIIIe siècles sur les registres d'état civil de Cristot, notamment le 1er janvier 1664 (baptême de Gilles Lamendey, fils de Gabriel, sieur de La Pallière, et de Renée Tostain : parrain Jacques du Buisson), puis le 3 décembre 1744 et le 8 janvier 1745; en outre aussi sur les registres de Brouay, notamment dans un acte de baptême du 27 octobre 1734, du fils d'Etienne de Cairon et de damoiselle Anne Lamendey. Mais nous avons jugé inutile de pousser nos investigations plus loin pour la continuation de cette généalogie.

Sans armes connues.

XV° DE POILVILLAIN.

Quinzième degré de filiation.

Claude II du Buisson de Cristot (2° lit) ; Françoise de Poilvillain : *année* 1640. — La maison de Poilvillain ou Poilvilain, anciennement Pelvilain, originaire du diocèse d'Avranches, est l'une des plus vieilles de Normandie, où elle était connue dès le XIIe siècle, et a été maintenue successivement dans sa noblesse héréditaire par Monfault (1463), Roissy (1598-1599), d'Aligre (1634-1635) et les intendants de Caen et d'Alençon Chamillart et de Marle (1666-1670). — Son auteur est un certain Vautier de Pelvilain, qui vivait en 1189, et figure comme témoin à cette date dans une charte d'Henri II, roi d'Angleterre et duc de Normandie, en faveur de l'abbaye d'Aulnay, au diocèse de Bayeux.

Il existe une généalogie de cette famille dressée sur titres par Durouvo, généalogiste de l'Ordre de St-Lazare, et par de La Croix, son confrère de l'Ordre de Malte, qui a été reproduite par La Chesnaye-Desbois (1) ; elle commence à Richard de Poilvillain, chevalier (*miles*), qui fit acquisition de la terre de Bois-Mizouard, près d'Avranches, en 1194, et épousa Béatrice de Verdun, et ne s'arrête qu'à Georges-Antoine-Gabriel-Thibault-Henri de Poilvillain, né à Paris, le 28 novembre 1767, formant le XVIIIe degré de sa filiation, fils de Sébastien-Anne-Julien, comte de Cresnay et de Montaigu, etc., enseigne des gendarmes de la garde ordinaire du Roi, chevalier de St-Louis, et d'Antoinette-Jeanne-Victoire de La Tour du Pin, sa femme ; mais cette généalogie ne concerne que la branche mère des seigneurs du Mesnil-Adelée, et la branche aînée des comtes et marquis de Cresnay et de Montaigu. Il existe plusieurs autres branches, dont deux notamment sont mentionnées, ainsi que celle de Cresnay, dans la recherche de Chamillart (2) ; ces deux branches

(1) *Dictionnaire de la Noblesse* (2° édition : 1771, pages 377 à 380).

(2) On lit dans le Registre des Maintenues de l'intendant Chamillart (généralité de Caen), à la date du 14 janvier 1668 :

« Poilvillain

« Porte : *Parti d'or et d'azur.*

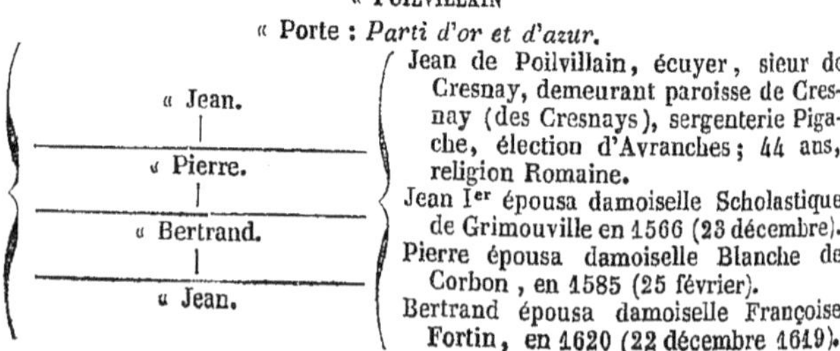

« Jean. | « Pierre. | « Bertrand. | « Jean.	Jean de Poilvillain, écuyer, sieur de Cresnay, demeurant paroisse de Cresnay (des Cresnays), sergenterie Pigache, élection d'Avranches ; 44 ans, religion Romaine. Jean Ier épousa damoiselle Scholastique de Grimouville en 1566 (23 décembre). Pierre épousa damoiselle Blanche de Corbon, en 1585 (25 février). Bertrand épousa damoiselle Françoise Fortin, en 1620 (22 décembre 1619).

sont : 1° celle des Poilvillain-Mizouard, sortie, au VIIIe degré, d'Eustache (1), fils de Pierre et de Catherine de Crux, qui vivaient en 1514 et en 1518 ; 2° celle des Poilvillain-Montchauveau, issue, au Xe degré, de Bertrand, seigneur de La Rochelle et de Cuves, fils de Jean et de Marguerite de Cotentin-Tourville, né en 1535 ou 1536, et marié lui-même à Madeleine de Grimouville. Une quatrième branche a été maintenue dans sa noblesse, en l'élection de Domfront, le

« Eustache. | « Richard. | « Ursin. | « Jacques.	Jacques de Poilvillain, écuyer, sieur de Mizoir (Mizouard), demeurant paroisse de Lolif, sergenterie Hérault, élection d'Avranches ; 75 ans ; religion Romaine. Richard épousa damoiselle Bernarde Gouestard, en 1566. Ursin épousa damoiselle Jacqueline Tesson, en 1584. Jacques épousa damoiselle Marguerite Gervaise, en 1619.
« Francois. | « Jean. | « Bertrand. | « Pierre, Etienne. | | « Pierre, Martin.	Pierre de Poilvillain, écuyer, sieur de La Rochelle, y demeurant, sergenterie Hérault, élection d'Avranches, 56 ans ; Martin, écuyer, sieur de Montrabais, demeurant paroisse de Montviron, même sergenterie et élection ; tous deux de religion Romaine. François épousa damoiselle Françoise du Homme. Jean épousa damoiselle Marguerite de Cotentin-Tourville, en 1528. Bertrand épousa damoiselle Madeleine de Grimouville, en 1594. Pierre épousa damoiselle Louise de Montchauveau, en 1606. Pierre, fils Pierre, épousa damoiselle Elisabeth Collardin, en 1652. Etienne épousa damoiselle Marguerite Louvel, en 1635. Martin, fils Etienne, épousa damoiselle Françoise Turgot, en 1662, et en secondes noces, Madeleine d'Hugleville en 1668.

(1) On lit dans le Registre des Jugements d'Etienne d'Aligre, ès années 1634-1635, sous le n° 1 de l'élection d'Avranches, et à la date du 18 janvier, 1636 :

« Veu les titres présentés par Jacques de Poilvillain, écuyer, sieur de « Mizouard, de la paroisse de Lolif, fils Ursin, fils Richard, fils EUSTACHE, « fils Pierre de Poilvillain, avons ordonné qu'il justifiera plus amplement, « dans quinzaine Richard être fils Eustache, autrement sera imposé en la « paroisse de Lolif ; — a depuis justifié ; — jouira (du privilége de noblesse). »

17 août 1666, par M. de Marle, intendant de la généralité d'Alençon.

De quelle branche des Poilvillain descendait Françoise, seconde femme de Claude du Buisson, seigneur et patron de Cristot et de Brouay ? Nous n'essaierons pas de l'établir dans la crainte de commettre quelqu'erreur; comme nous l'avons vu ailleurs, il résulte de divers actes d'état civil, notamment d'un acte de baptême du 16 mai 1641 et d'un acte de sépulture du 10 avril 1665 (C. A., nos 287 et 344), qu'elle était fille de Robert de Poilvillain, écuyer, sieur des Hauts-Champs, demeurant en la paroisse de St-Gatien du Pays-d'Auge (1), mort avant 1641, et de Marie de Nollent, inhumée à Cristot à la date du 10 avril 1665, âgée de 90 ans; en outre, il est établi que Françoise de Poilvillain, décédée à Cristot au mois de mars ou d'avril 1679, et mère de Marie du Buisson, qui épousa, le 2 janvier 1658, messire Georges Couespel, sieur du Mesnil, avait aussi une sœur cadette nommée Jeanne, mariée elle-même à Cristot, le 25 octobre 1641, avec Jean de Vendes, écuyer, sieur dudit lieu.

Ce sont là les seuls faits que nos documents de famille nous permettent de préciser sur cette alliance; mais nous ne croyons pouvoir nous dispenser d'indiquer quelques-uns des personnages les plus marquants de cette maison, de haute noblesse d'épée.

Ces personnages sont :

1° Geoffroy de Poilvillain, mentionné sur les anciens rôles des familles de Normandie qui possédaient des fiefs militaires au XIIe et XIIIe siècles;

2° Robert de P., qui obtint d'Henri V, roi d'Angleterre, répit d'un mois pour lui faire l'hommage de ses terres, situées en Cotentin et en la vicomté d'Avranches;

3° Jean de P., écuyer, procureur général en la Cour des Aides de Normandie en 1494, marié à noble Laurence Toustain, fille du seigneur de Bétencourt et de Honguemare;

4° Pierre II de P., seigneur et patron du Mesnil-Adelée, capitaine d'une compagnie de chevau-légers en 1583;

5° Bertrand, fils du précédent, commandant pour le Roi du fort de Tombelaine, en 1635;

(1) Comment ce Robert de Poilvillain se trouvait-il établi au Pays-d'Auge, élection de Pont-l'Evêque ? Probablement à la suite de son alliance avec les Nollent, qui y possédaient des biens. En effet, dans la Recherche de Barin de La Galissonnière, intendant en la généralité de Rouen (1666-1670), on trouve un certain François de Nollent, écuyer, sieur de Hébertot (St-Benoît d') et de Fatouville (Grestain), demeurant audit lieu d'Hébertot, maintenu noble le 12 septembre 1668. Il portait : *d'argent, à une fleur de lys de gueules en abîme, accompagné de trois roses de gueules, 2 en chef et 1 en pointe.*

6° Jean III de P., seigneur de Mesnil-Adelée, acquéreur de la terre et du comté de Cresnay (aujourd'hui Les Cresnays) en 1666, qui fut maintenu par M. de Chamillart, sur le vu de ses titres de noblesse, le 14 janvier 1668;

7° Guy de P., marquis de Cresnay et de La Boulouze, capitaine au régiment de Vermandois, tué au service le 6 août 1719;

8° Sébastien de P., marquis de Cresnay, comte de Montaigu, maréchal des camps et armées du Roi en 1748, commandant la même année en Normandie;

9° Charles-Félix de P., appelé le chevalier de Cresnay, frère du précédent, lieutenant-général dés armées navales le 1er septembre 1752, et vice-amiral de France en 1755, honoré du Cordon et de la Grand'Croix de l'ordre militaire de St-Louis;

10° Georges-Louis-Sébastien de P., mousquetaire en 1753, capitaine de grenadiers du régiment de Boulonnais, tué au combat de St-Cast en Bretagne, en 1758;

11° Thibault-François-Henri de P., dit le chevalier de Montaigu, frère du précédent, lieutenant-aide-major-général des quatre compagnies des gardes-du-corps en 1756, maréchal de camp en 1767, etc., etc.;

12° et 13° Gilles-Louis de P., sieur de Mizouard, demeurant à Lolif, et Sébastien-Anne de P., marquis du Mesnil-Renfray, comte de Cresnay, qui comparurent en 1789 aux assemblées de la Noblesse, le premier du bailliage d'Avranches, le second du bailliage de Mortain.

Armes, telles qu'on les voit sur le sceau d'une charte de l'abbaye de Savigny, datée de 1225, telles qu'elles avaient été figurées sur les vitraux de l'église paroissiale de La Rochelle près Avranches et sur les pierres du manoir seigneurial dudit lieu, telles enfin qu'elles sont indiquées par M. de Chamillart en 1668 et gravées dans l'armorial de Chevillard : *Parti d'or et d'azur.*

XVI° ROGER.

Seizième degré de filiation.

Pierre II du Buisson de Cristot-Courson (1er lit); Marie Roger : *vers* 1678 *ou* 1680. — Cette famille Roger n'est pas la même que celle qui est relatée dans le *Registre des Maintenues* de M. de Roissy (1598-1599); d'une origine plus ancienne, elle fut maintenue dans sa noblesse, ès années

1666-1670, à la fois par Chamillart, intendant de la généralité de Caen (1), en la personne de Jacques Roger, de l'élection de Bayeux, âgé alors de 85 ans, et par La Galissonnière, intendant de la généralité de Rouen, en la personne d'Henri Roger, sieur de La Choucquais, demeurant à St-Loup-de-Fribois, élection de Pont-l'Évêque.

Les Roger, dont le nom s'écrivait quelquefois *Rogier*, qui comptent deux conseillers au Parlement de Rouen, Jean, sieur de Neuilly, nommé en 1592, et Charles, sieur de La Brisollière, nommé en 1656, plus un vicomte de St-Lo, dont les armes étaient peintes, du temps de Toustain de Billy (fin du XVIIe siècle), à la clef-de-voûte de la chapelle St-Laurent en l'église Notre-Dame de St-Lo, avaient eu de fréquents rapports avec les du Buisson de Courson-Cristot, dont ils étaient parents par les Le Sueur, avant de s'allier directement avec eux. En effet, messire maître Jean Roger, écuyer, sieur de Neuilly, conseiller au Parlement de Normandie dès 1592, comme nous venons de le dire, figure, avec ces qualifications et la désignation de *cousin maternel*, aux contrats de mariage de Marie du Buisson avec Guillaume Hubert (22 janvier 1597), de Gillonne du Buisson avec Pierre Fouchaut (17 novembre 1605), et de Catherine du Buisson avec Antoine de Manneville-Monmirel (28 juin 1612); — Pierre Roger, écuyer, sieur de Sorteval, parrain de Jeanne du Buisson de Courson, fille de Pierre Ier et d'Elisabeth Baudouyn, lors de son baptême à St-Pierre de Caen, le 17 octobre 1598, figure en outre au contrat de mariage de Marguerite du Buisson avec François de Balleroy (21 mai 1614); le même est mentionné encore, ainsi qu'Isaac Roger, sieur de Tesson, son fils, dans un acte de vente fait à son profit, le 8 novembre 1631, par Claude II du Buisson de Cristot.

En l'absence du contrat de mariage de Marie Roger, qui doit avoir été passé vers 1678 ou 1680, puisque, d'après

(1) On lit dans le *Registre des Maintenues* de l'intendant Chamillart (1666-1670) :

« ROGER

« Porte : *d'azur, au sautoir d'or, cantonné de quatre rocs d'échiquier de même.*

« Jacques Roger, écuyer, sieur de...., 85 ans, sergenterie Briquesart, « élection de Bayeux; religion Romaine.

« Rault.	Rault ou Raoul Roger épousa damoiselle Guillemette Béthon (?)
« Henri.	Henri épousa damoiselle N..... Fidebricq (?)
« François.	François épousa damoiselle Geneviève de Vauquelin. »
« Jacques.	

son acte de sépulture, elle décéda à Cristot, *à l'âge de vingt-trois ans*, le 26 mars 1683, nous ne pouvons indiquer les noms de ses père et mère; mais il paraît hors de doute, en raison de la fréquence des relations des deux familles, qu'elle était de celle dont nous venons de parler.

Armes, d'après les maintenues de Chamillart et de La Galissonnière, l'armorial de Chevillard et l'armorial du Parlement de Rouen, de M. de Merval: *d'azur, au sautoir d'or, cantonné de quatre rocs d'échiquier de même.*

L'historien de St-Lo, Toustain de Billy, indique le champ *de sinople* au lieu du champ *d'azur*.

XVIIe DE MORANT OU MORAND.

Seizième degré de filiation.

Pierre II du Buisson de Cristot-Courson (2e lit); Marie-Anne de Morant-Courseulles : 25 *novembre* 1683. — On lit sur la famille de Morant, dans le *Dictionnaire de la Noblesse* (1775), de La Chesnay-Desbois (Paris, in-4°, 1775), tome X, pages 455 à 463:

« Morant : l'une des maisons appartenant à la plus ancienne No-« blesse de Normandie, où elle a possédé et possède encore (1775 « environ) des terres considérables, comme celles d'Escours, La « Perle, La Motte; les baronnies de Courseulles, Soliers, Coulonces, « Rupierre et Biéville; la baronnie du Mesnil-Garnier, acquise par « Thomas Morant, premier du nom, seigneur d'Eterville, etc.; le « comté de Penzès, transmis à ceux de ce nom par arrêt du Conseil; « la baronnie de Fontenay, la châtellenie de Bréquigny, etc., etc.

« Outre tous ces avantages, cette famille a ceux de s'être toujours « distingué par ses services, sa fidélité, son attachement envers les « Souverains, et par ses alliances contractées avec des maisons illus-« tres, qui lui en donnent avec la Maison Royale et les Princes du « Sang de France (1). — Selon ses titres, déposés dans les archives

(1) Les principales alliances des Morant sont : les Dampierre, Lescou, des Rotours, de Tilly, de Sacy (branche-mère); les Morel, de Cauvigny, de Bec-de-Lièvre, Boutin de Victot, Cauchon de Treslon, de Vieux-Pont, de Leuville, Bordier, Le Meneust de Bréquigny, etc. (branche du Mesnil-Garnier); Le Roux de Kerninon, de La Rivière, de Paulmy, de La Bonde d'Hiberville, etc. (branche de Penzès); de Hacqueville, du Buisson de Courson-Cristot, Le Bourgeois de Crux, de St-Priest, Le Cornu de Sainte-Marthe, de Cairon (branche de Courseulles); Jacob, Olier, Benoist, de Nollent, Lioult de Chênedollé, du Bosc (branche de Coulonces); Le Comte, de Montauglan, de Chazot, Le Moutardier de Rodé, etc. (branche de Rupierre-Biéville); Chabert, Aleaume, Parmentier, de St-Mart.-d'Esperies, de Labat (branche d'Escours).

« du couvent des Frères-Prêcheurs du Mesnil-Garnier, dont MM. de « Morant sont les fondateurs, elle remonte, par filiation suivie, à « ETIENNE MORANT, *chevalier*, qui épousa, l'an 1245, MARIE DE LA « HOULETTE (ou HOULOTTE), dont il eut JÉHAN ou JEAN MORANT, « seigneur d'Escours, La Perle et La Motte, né l'an 1249, qui fut « présent, l'an 1271, à un acte de foi et hommage et déclara qu'il « devait *service d'un quart de chevalier*. C'est ce qui conste « d'un Rôle coté nº 8 en la Chambre des Comptes de Normandie, « etc., etc. »

On trouve sur les Morant, aux Archives préfectorales du Calvados, *trois* chartes provenant des cartulaires d'abbayes diverses ; par la première, RAOUL et JEAN MORANT frères, fils de GUILLAUME MORANT, de Giverville, donnent à l'abbaye de St-André de Gouffern, en 1234, diverses pièces de terre situées à Giverville; cette charte est scellée du sceau de Raoul Morant en cire verte ; par la seconde JEAN MORANT, du consentement de JEANNE, sa femme, vend à l'abbaye de Troarn, en 1246, un marais qu'il possédait à Bures; par la troisième RAOUL MORANT, fils JEAN, et ALIX, veuve dud. Jean, vendent à l'abbaye de St-Jean de Falaise, en 1266, une pièce de terre située à Guibray.

On peut consulter en outre sur cette famille le *Traité du Ban et Arrière-Ban*, du sieur de La Roque La Lontière (1), notamment pages 63 et 82 (JEHAN MORANT, chevalier en la baillie de Caen ès années 1271 et 1272), et page 120 (GUILLAUME MORANT, en la vicomté de Neufchâtel, *armé de brigandine et sallade, avec luy un page portant ung vouge ; pour ce ung vouger*).

Enfin ROBERT MORANT, écuyer, est mentionné dans un *Etat des noms des gens exempts du fouage en la paroisse de Bliquetuit* (?), en date de l'année 1435, faisant partie des Archives de l'ancien Collége héraldique de France.

La Maison de Morant compte encore parmi ses illustrations : 1° dans la branche-mère : un chevalier distingué par ses exploits sous Charles VI (Jean II de Morant), vers 1380 ; c'est ce chevalier qui répondit au duc de Lancastre, dans une circonstance solennelle, qu'*il était venu en Bretagne non pour de l'or, mais pour de l'honneur ;* 2° dans la branche du Mesnil-Garnier : un trésorier de l'Epargne sous Henri III (Thomas Ier), deux conseillers au Grand-Conseil (Thomas II et Thomas III), un intendant en Normandie et en diverses généralités (Thomas III), un conseiller au Parlement de Paris, intendant en Bourbonnais et en Provence (Thomas-Alexandre) ; 3° dans la branche de Penzès, issue de celle du

(1) Voir aussi l'*Histoire de la maison d'Harcourt*, du même auteur (In-4° : 1662 : Bibl. Nat.), tome II, livre XIII, chap. XII, pages 1829 et 1830.

Mesnil-Garnier : un colonel (Thomas-Guy), un maréchal de camp, chevalier de Saint-Louis (Thomas-Charles), etc.; 4° dans la branche de Courseulles-Eterville, issue de celle du Mesnil-Garnier : plusieurs officiers, un capitaine d'infanterie (Alexandre-Jean); 5° dans la branche de Coulonces, issue de celle du Mesnil-Garnier : un garde-du-Corps, chevalier de l'Ordre de St-Lazare (Charles-Roger); un lieutenant des vaisseaux de Sa Majesté, chevalier de St-Louis (Charles-Pierre), et plusieurs officiers, notamment Charles-François, capitaine au régiment de la Reine, Dragons (1); 6° dans la branche de Rupierre-Biéville, issue aussi de la branche du Mesnil-Garnier : un conseiller du Roi en ses Conseils d'Etat et privé, trésorier des Ponts-et-Chaussées (Gaspard); un maréchal de camp (Charles-Thomas); un capitaine de dragons (Charles-Thomas, fils du précédent); 7° dans la branche d'Escours, issue de la branche-mère : plusieurs officiers, un chevalier de St-Louis (Esprit-Jean-Baptiste), etc., etc.

Voici comment nous établissons la filiation des du Buisson de Courson-Cristot par les Morant depuis le XVIe siècle (2), en commençant à Thomas Morant, Ier du nom, qui, d'après La Chesnaye-des-Bois, formerait le neuvième degré connu de la famille, depuis Etienne Morant, vivant en 1245 et marié à Marie de La Houlette :

IX° THOMAS Morant, Ier du nom, seigneur, puis baron du Mesnil-Garnier en 1607, seigneur d'Eterville, de Rupierre et de Biéville-en-Auge, né le 1er mai 1543, d'abord receveur des tailles à Caen, de là trésorier de France à Rouen, puis trésorier de l'Epargne sous Henri III et Henri IV, Cordon-Bleu, enfin conseiller d'Etat sous Louis XIII, en 1618 ; mort en 1621 ;

Marié en 1578 avec MAZURETTE ou MARIETTE MOREL DE PUTANGES inhumée à Ste-Barbe de St-Jean de Caen en 1614, dont cinq enfants :

1° Thomas, qui suit;
2° Gaspard, marié le 12 mars 1624, à Marie Le Comte de Montauglan, auteur de la branche de Rupierre et de Biéville-

(1) C'est peut-être ce Charles-François, chevalier de Morant, qui figure comme l'un des principaux témoins au mariage de Jean-Louis-Antoine du Buisson de Courson-Cristot avec Mlle de Sarcilly, le 17 août 1778, en la paroisse de La Graverie, près Vire.

(2) Nous ne commençons cette filiation qu'au XVIe siècle parce que, selon divers manuscrits et notamment la Recherche de Chamillart (1666-1669), les MORANT seraient des *anoblis* par leurs charges en septembre 1590 au camp de Clermont, et non des *nobles de nom et d'armes* descendant d'Etienne Morant. La question est délicate et fort controversable ; mais, quoi qu'il en soit, cette famille *titrée* n'en a pas moins brillé d'un vif éclat, pendant tout le XVIIe et tout le XVIIIe siècle, par ses charges et les services qu'elle a rendus à la Couronne.

en-Auge ; elle s'éteignit au commencement du XVIIIe siècle en la personne d'Antoinette de Morant, sa petite-fille, qui épousa N... de La Bonde d'Hiberville ;

3° Anne, mariée à Jacques de Cauvigny ;

4° Jeanne, mariée, le 2 novembre 1604, à Charles de Bec-de-Lièvre, chevalier, seigneur de Hocqueville et de Brumare, maître d'hôtel du roi Henri IV, et gentilhomme ordinaire de la Chambre sous Louis XIII ;

5° Madeleine, mariée, le 28 mai 1609, à Pierre Boutin, chevalier, sieur de Victot, grand bailly de Caen, chevalier de l'Ordre du Roi et gentilhomme de la Chambre de Sa Majesté.

X° THOMAS Morant, II° du nom, chevalier, seigneur et baron du Mesnil-Garnier, d'Eterville et de Soulles, baptisé en l'église Saint-Pierre de Caen le 13 novembre 1584, conseiller au Grand Conseil le 23 novembre 1605 ; trésorier de l'Epargne en 1617, sous Louis XIII ; nommé, vers la même époque, maître des Requêtes, et envoyé en Normandie et à Caen, où il eut de violents démêlés avec le Parlement (1) ; nommé grand trésorier et commandeur des Ordres du Roi par Lettres-patentes datées de Paris le 21 février 1621 ; nommé conseiller du Roi en ses Conseils d'Etat et privé, à la suite de la mort de son père en cette même année 1621 ; garde héréditai des sceaux et obligations de la vicomté de Caen ; vivement inquiété, en 1639, lors de la révolte des *Nu-pieds*, qui le traitaient de *monopolier* et de *gabeleur*, et contraint de se fortifier dans son château du Mesnil-Garnier (2) ; acquéreur, en 1630, de la *baronnie de* COURSEULLES ; mort en 1651, et inhumé aux Dominicains du Mesnil-Garnier ;

Marié en premières noces, selon contrat passé devant les notaires du Châtelet de Paris le 23 juillet 1609, avec JEANNE CAUCHON DE TRESLON, fille de Laurent, maître des Requêtes, et d'Anne Brûlart de Sillery ; elle mourut le 9 septembre 1622, lui laissant trois enfants :

1° Thomas Morant, IIIe du nom, né en juillet 1616, aussi, comme son père et son aïeul, conseiller au Grand Conseil le 18 septembre 1636 ; garde des sceaux de la vicomté de Caen et chevalier des Ordres du Roi ; maître des Requêtes, le 6 août 1643 ; successivement intendant à Bordeaux et à

(1) Voir Floquet, *Histoire du Parlement de Normandie*, tome IV, pages 485 à 495.

(2) Ce château, bâti par les Morant, défendu par quatre tours et des fossés profonds, a été remplacé par l'habitation actuelle qu'élevèrent plus tard les nouveaux possesseurs, les Poilvillain, comtes de Cresnay.

La seigneurie du Mesnil-Garnier, possédée d'abord par les Thieuville, puis par les Matignon, a été érigée en baronnie en 1607, au profit de Thomas Morant, Ier du nom, et en marquisat en 1659. — (Voir sur le Mesnil-Garnier l'*Annuaire de la Manche*, année 1854, pages 89 à 94).

Montauban en 1650, en Picardie et en Bourgogne en 1651, à Caen en 1653, à Rouen en 1655, en Touraine, Anjou et Maine en 1659; maître des Requêtes honoraire le 30 août 1663; mort le 6 octobre 1692 et inhumé en l'église de St-Jacques du Haut-Pas, à Paris (1). Il est la souche des marquis du Mesnil-Garnier (baronnie érigée en marquisat en sa faveur en 1659) par son mariage avec Catherine Bordier, en 1640, et des comtes de Penzès, par son mariage avec Louise Le Méneust de Bréquigny; il est aussi l'oncle de Marie-Anne de Morant-Courseulles, le grand-oncle par conséquent de Pierre-Nicolas du Buisson de Courson-Cristot;

2° Anne, née en 1619, mariée, le 23 octobre 1636, à Louis-Olivier, marquis de Leuville, et marraine de sa nièce, Marie-Anne de Morant-Courseulles, le 6 août 1659; morte sans postérité le 9 septembre 1698;

3° Jeanne, née en 1620, et morte sans alliance.

Marié en secondes noces, le 17 septembre 1624, avec noble damoiselle CATHERINE DE VIEUXPONT, fille de Jean de Vieuxpont, écuyer, et de Marie-Catherine de Beauffremont, dont cinq fils et cinq filles :

1° Nicolas-Claude, auteur de la branche de Courseulles, qui suit;

2° Charles-Roger de Morant, dit le chevalier du Mesnil-Garnier, né à Paris le 22 octobre 1633, reçu chevalier de l'Ordre de St-Lazare, après avoir fait ses preuves, le 16 septembre 1684; auteur de la branche des barons de Coulonces;

3° Henri-Dominique, dit le chevalier de Courseulles, officier de marine;

4° François, religieux Bénédictin, prieur de Cusset;

5° Louis, baptisé en l'église de Courseulles le 14 octobre 1641; plus tard lieutenant de vaisseau;

6° Marie-Claire, mariée à Michel Le Loup, sieur de La Motte-Guesclin; morte en 1692;

7°, 8°, 9°, 10° Quatre autres filles religieuses: la première, nommée Catherine, abbesse de Gif; la seconde, abbesse de Maret; la troisième, abbesse de Montreuil; la quatrième, supérieure des Carmélites de Compiégne.

XI° NICOLAS-CLAUDE Morant, écuyer, baron de COURSEULLES, seigneur d'Eterville et autres lieux, né en 1625; confirmé dans sa noblesse, en 1666, par M. de Chamillart, inten-

(1) On lit sur le fils aîné de ce haut personnage, Thomas-Alexandre de Morant, qui avait été nommé conseiller au Parlement de Paris en 1669, dans l'un des manuscrits de la Bibliothèque Nationale, collection dite des *Cinq-Cents de Colbert*, Portraits des membres du Parlement, n° 243 : « MORAND (sic), *fort éclairé, subtil, et d'une expression aisée qui sait* « *donner le tour aux choses; et en a fait de bons* (tours) *en sa vie; normand* « *et un peu dangereux.* »

dant de la généralité de Caen (1) ; parrain de Pierre-Nicolas du Buisson de Cristot-Courson, son petit-fils, le 2 juillet 1684 ; décédé à Caen, et inhumé dans l'église des Frères-Prêcheurs le 14 mars 1703 ;

Marié en premières noces (2) en l'église de Courseulles-sur-Mer, selon acte de célébration de mariage du 18 janvier 1655, extrait des anciens registres de cette paroisse, avec noble damoiselle MARIE-CHARLOTTE DE HACQUEVILLE (ou D'ACQUEVILLE), qu'il perdit en 1669 ; il en eut *quatre* enfants :

1° Nicolas (ou Nicolas-Claude), chevalier, seigneur du Rocreuil, seigneur et patron d'Eterville, etc., baptisé à Courseulles le 11 novembre 1655, mort le 22 février 1735 ; il avait épousé Agnès-Yves de St-Priest, qui fut marraine de Guillaume-Nicolas du Buisson de Courson-Cristot le 31 juillet 1717, et décéda le 24 juin 1733, laissant à son mari trois fils :

A. Alexandre-Jean, sieur de Rocreuil, seigneur et patron d'Eterville, né en 1715, capitaine d'infanterie ; marié à St-Jean de Caen, le 2 octobre 1742, avec Louise-Ovide Le Cornu de Sainte-Marthe, dont une fille unique, Marie-Char-

(1) On lit dans la *Recherche de la Noblesse*, de l'intendant Chamillart, (1666 et années suivantes) :

« MORANT :

« Porte : *d'azur, à trois cygnes d'argent*, 2 *et* 1, *becqués et membrés de gueules*.

	« Thomas	
	« Thomas	Gaspard.
Thomas. —	Nicolas-Claude, Charles-Roger, Henri-Dominique, François, Louis.	Charles-Thomas.
« Thomas-Alexandre.	Nicolas-Claude.	Charles-Thomas.

« Nicolas-Claude Morant, écuyer, sieur de Courseulles, y demeurant, « sergenterie de Bernières, élection de Caen, 41 ans ; Charles, garde-du-« Corps de Sa Majesté ; Henri-Dominique, au service sur mer ; Louis, à « l'armée navale. — Charles-Thomas, seigneur et baron de Rupierre (plus tard maréchal de camp), 39 ans, paroisse St-Jean de Caen. Tous de Reli-« gion Romaine.

« Thomas II épousa damoiselle Françoise de Vieuxpont, en 1624.

« Gaspard, son frère, épousa damoiselle Marie Le Comte en 1647.

« Nicolas-Claude (fils Thomas) épousa damoiselle Marie-Charlotte de Hac-« queville.

« Charles-Thomas (fils Gaspard) épousa damoiselle Valentine de Chazot, en 1654. »

(2) Il avait épousé en secondes noces MARIE AGARIN, dont il n'eut pas de postérité et qui décéda le 14 janvier 1726.

lotte-Françoise-Adélaïde, qui épousa, le 18 septembre 1762, Jean-Antoine-Pierre de Morant, baron de Coulonces, son cousin.

B. Charles-Nicolas, appelé le chevalier d'Eterville, marié en 17... avec Anne de Cairon, dont trois fils.

C. Autre Charles-Nicolas de Morant, docteur en Sorbonne et chanoine théologal de la cathédrale de Bayeux.

2° Marie-Anne de Morant qui suit (1).

3° Françoise, baptisée en l'église de Courseulles, à l'âge de 15 jours, le 27 février 1659; mariée plus tard à Charles-Henri Le Bourgeois, écuyer, seigneur de Crûx; enfin marraine, le 31 mai 1751 (quoique âgée de 92 ans), de Françoise-Julie du Buisson de Courson.

4° Marie-Valentine, baptisée le 29 janvier 1663; mariée au sieur N... de Cairon-La-Pigacière; morte le 17 juin 1747.

XII° Marie-Anne de Morant-Courseulles, née au manoir seigneurial de Courseulles, le 19 août 1657 (état civil), baptisée sans nom le 27 du même mois, et ainsi nommée deux ans seulement après sa naissance, le 6 août 1659, par noble et vertueuse dame (*sic*) Anne Morant (branche du Mesnil-Garnier), femme de M. le marquis de Leuville (Louis-Olivier);

Mariée, selon traité de mariage en date du 25 novembre 1683, avec messire Pierre (II) du Buisson, *écuyer*, sieur de Courson, seigneur et patron de Cristot et de Brouay; veuve le 5 février 1686; chargée, par Lettres-patentes du 31 août 1694, de la *garde-noble* et tutelle de Pierre-Nicolas du Buisson de Cristot-Courson, son fils mineur; décédée au manoir seigneurial de Cristot le 6 novembre 1695, et inhumée le lendemain dans le chœur de l'église de cette paroisse. Elle est, comme nous l'avons vu ailleurs, la quatrième aïeule et la cinquième aïeule des du Buisson de Courson actuels. Son portrait se trouve au château des Planches-sur-Amblie.

Sur le procès-verbal des Assemblées de la Noblesse du grand bailliage de Caen en 1789, figure *le marquis* de Morant. Peut-être s'agit-il de Thomas-Marie-Louis-Geneviève, chevalier, marquis de Morant, comte de Penzès, baron de Fontenay, né au château de Bréquigny le 30 juillet 1757, et devenu officier au régiment de la Reine, Dragons, dont son père était colonel. Il descendait de la branche aînée des

(1) Marie-Anne de Morant a été omise dans le *Dictionnaire de la Noblesse*, de La Chesnaye-des-Bois; mais nous pouvons prouver son existence, sa filiation et sa parenté, tant par actes d'état civil que par une série de contrats notariés et d'actes authentiques en notre possession présentement.

comtes de Penzès, et, au quatrième degré, de l'intendant de Caen et de Rouen Thomas III de Morant, dont nous avons parlé ci-dessus.

MORANT porte : *d'azur, à trois cygnes d'argent, becqués et membrés de gueules* (Chamillart : 1666), ou plutôt peut-être : *d'azur, à trois cormorans d'argent,* également *becqués et membrés de gueules* (armes parlantes : *corvi marini :* d'Hozier et La Chesnaye-Desbois).

Devise : *A candore decus.*

XVIII° DE ZUR-LAUBEN DE FRIBOURG.

Dix-septième degré de filiation.

PIERRE-NICOLAS DU BUISSON DE CRISTOT-COURSON ; MARIE-ANNE DE ZUR-LAUBEN DE FRIBOURG : *vers 1707.* — La maison de Zur-Lauben, branche cadette des anciens barons de La Tour-Châtillon en Valais (Suisse), remonte par son origine au XIe siècle. La branche de Châtillon eut pour auteur Aymon de Châtillon, damoiseau, frère puîné de Gérold II, baron de La Tour, en Valais, ainsi que l'établit un acte de l'abbaye de St-Maurice, écrit en latin et daté du 1er septembre 1263. Cet Aymon, qualifié chevalier et mort en 1280, avait épousé Isabelle de Morestel, d'une maison illustre en Savoie et Dauphiné.

La branche de Châtillon commence d'une façon directe à Balthazar de Gestellembourg ou de Châtillon, en Valais, descendant d'Aymon, qui, pour éviter la haine que l'on portait à la Noblesse féodale dans le Valais après la révolution de 1375 à 1377, se surnomma, vers la fin du XIVe siècle, *Zur-Lauben,* mot allemand qui signifie *de la Feuille,* ainsi qu'il est prouvé par l'anniversaire que ses fils Jean et Maurice fondèrent pour lui et dame Anne de Boll, leur mère, dans la commanderie de St-Lazare, à Séedorf, canton d'Urri, limitrophe du Haut-Valais. Voici, d'après La Chesnaye-Desbois, une partie de la filiation de cette famille :

Branche mère.

I° Balthazar, de Châtillon-Zur-Lauben précité ;

II° Jean de Gestellembourg de Châtillon-Zur-Lauben, fils

aîné du précédent; ayant gouverné, comme châtelain, le Bas-Valais pendant quelques années, au nom de l'évêque de Sion; expulsé en 1475 par les dizains du Haut-Valais. Il avait épousé Agnès Schreiber, dont il eut notamment :

III° Antoine Ier de Zur-Lauben, établi à Zurich, où l'État lui accorda le droit de citoyen en 1477, en récompense de la bravoure qu'il avait montrée, en 1476, contre les Bourguignons, à la bataille de Granson; mort en 1516 à Zug, où il s'était fixé, et inhumé dans l'église de St-Oswald. De son mariage avec Dorothée Herman, il eut deux fils : Oswald qui suit, et Conrad, souche de la seconde branche de Zur-Lauben;

IV° Oswald de Zur-Lauben, capitaine au service des papes Jules II et Léon X, présent à la bataille de Novare en 1513, capitaine dans les rangs de l'armée française à la bataille de Pavie en 1525, plus tard major général des troupes du canton de Zug; mort en 1549, laissant d'une alliance inconnue :

V° Antoine II de Zur-Lauben, capitaine au service du roi Charles IX, blessé à la bataille de Dreux, présent aux batailles de St-Denis, Jarnac et Moncontour; mort en 1586 à Zug, à l'âge de 81 ans. Ses deux fils furent tués à la bataille de Dreux, et avec eux s'éteignit la branche aînée des Zur-Lauben.

Seconde branche : principaux personnages.

IV° Conrad Ier de Zur-Lauben, fils puîné d'Antoine Ier et de Dorothée Herman; capitaine dans l'expédition des Suisses en Italie au secours du pape Jules II, eut de son mariage avec dame Vérine Schedler, plusieurs enfants, et notamment :

1° Béat, qui continue la filiation.
2° Samuel, officier au service de la France, tué au siége de La Rochelle, en 1573.

V° Béat Ier, baron de Zur-Lauben, resta en France, comme capitaine, pendant plusieurs années, au service des rois Charles IX et Henri III, et la bravoure dont il fit preuve, en 1569, à la bataille de Moncontour, lui valut une distinction royale. Charles IX lui accorda, à lui et à sa postérité, le droit de colleter le lion du cimier de ses armes d'un écusson *d'azur, à une fleur de lys d'or*. Il porta assez longtemps le titre de *capitaine des gardes Suisses du Roi* sous Charles IX et Henri III, et fut landamne du canton de Zug, où il mourut le 18 décembre 1596. De son mariage avec dame Régale de Kolin est sorti notamment :

VI° Conrad II de Zur-Lauben, chevalier de l'Ordre royal de St-Michel, landamne du canton de Zug, capitaine au régiment des gardes Suisses sous Louis XIII; marié avec dame Eve Zurcher de Swanden, dont notamment :

1° Béat II, qui suit;
2° Henri de Zur-Lauben de Fribourg, capitaine aux gardes Suisses et gentilhomme ordinaire de la Chambre du Roi, auquel Louis XIII confirma, le 28 novembre 1639, le droit accordé par Charles IX à son aïeul, et permit même de placer dans ses armes l'écusson *d'azur, à la fleur de lys d'or.*

VII° Béat II, baron de La Tour de Châtillon-Zur-Lauben, landamne de Zug et capitaine aux gardes Suisses sous Louis XIII; député vers ce monarque par les cantons catholiques Suisses en 1634; mort à Zug le 2 mai 1663. Il avait épousé Euphémie de Honnegger, dont notamment :

1° Béat-Jacques, ci-après.
2° Henri, tige d'une autre branche.
3° Conrad, colonel du régiment allemand de Furstemberg, brigadier des armées du Roi, inspecteur de l'Infanterie en Roussillon et Catalogne, gratifié par Louis XIV, en mars 1681, des seigneuries d'Ortenberg et du Val de Weiler, en Alsace.

VIII° Béat-Jacques Ier, baron de La Tour de Châtillon-Zur-Lauben, landamne de Zug et capitaine général de la province libre de l'Argeu, contribua puissamment, le 24 janvier 1656, à la victoire du canton de Lucerne et de ses confédérés sur les Bernois, à la bataille de Vilmergen; mort à Zug en 1690. Il avait épousé : 1° en premières noces, Marie-Barbe de Reding de Biberegg, dont il eut notamment Béat-Gaspard, chevalier des Ordres royaux de St-Michel de France et de SS. Maurice et Lazare de Savoie; 2° en deuxièmes noces, Marie-Marguerite Pfiffer de Wiher, dont sont sortis Béat-Jacques, qui suit, et Jean-François, lieutenant-colonel du régiment Suisse de Schmid, au service de Venise.

IX. Béat-Jacques II, baron de La Tour de Châtillon-Zur-Lauben, chevalier de St-Louis, landamne et capitaine général de Zug et de l'Argeu, décéda le 4 janvier 1717. Il avait épousé sa cousine-germaine, Marie-Barbe de Zur-Lauben, dont il eut Béat-François-Placide, commandeur de St-Louis, lieutenant-général des armées du Roi, inhumé à St-Roch de Paris, et Béat-Louis, ci-après.

X° Béat-Louis, baron de La Tour de Châtillon-Zur-Lauben, né à Zug en 1692, présent, comme officier, à la bataille d'Oudenarde (11 juillet 1708), capitaine d'une compagnie de son canton en 1712, et mort en 1730, s'était marié, le 31 janvier 1719, avec Marie-Anne de Burg-Seéthof, dont :

XI° Béat-Fidèle-Antoine-Jean-Dominique, baron de Zur-Lauben, né à Zug en 1720, chevalier de St-Louis, maréchal des camps et armées du Roi, premier capitaine du régiment des gardes Suisses; membre, en 1749, de l'Académie des Inscriptions et Belles-Lettres, auteur de plusieurs ouvrages, entre autres des *Tables généalogiques des maisons d'Autriche, Lorraine et Guise* (Paris : in-8°, 1770). Il avait épousé, le 26 novembre 1754, Marie-Elisabeth de Kolin, sa cousine, dont il ne lui est resté que deux filles.

Troisième branche : principaux personnages.

VIII. Henri, baron de La Tour de Châtillon-Zur-Lauben, second fils de Béat II et de Euphémie de Honnegger, capitaine au régiment des gardes Suisses sous Louis XIV, gouverneur du comté de Baden, et major général des troupes du canton de Zug, où il mourut le 2 mai 1676, laissa notamment, de son mariage avec Anne-Marie de Speck :

1° Béat-Jacques, ci-après.
2° Béat-Henri-Joseph, dit le chevalier de Zur-Lauben, chevalier de St-Louis, brigadier des armées du Roi et premier capitaine du régiment des gardes Suisses, tué à la bataille de Ramillies le 23 mai 1706.

IX° Béat-Jacques, *comte* de La Tour de Châtillon-Zur-Lauben, né à Zug le 25 février 1656, se distingua dans les armées Françaises sous Louis XIV; devenu colonel d'un régiment d'infanterie Allemande, maréchal de camp et lieutenant-général des armées du Roi, blessé à Steinkerque en 1692, il contribua à la victoire de Nerwinde (29 juillet 1693), et repoussa trois fois les ennemis à la bataille d'Hochstett (13 août 1704), où il reçut sept blessures; précédemment il avait été gratifié de la baronnie de Villé ou Weiler en Haute-Alsace, baronnie qui fut érigée pour lui en comté en décembre 1692, et avait fait inscrire son nom et ses armes dans l'*Armorial général de France* (1), de Ch.

(1) On lit dans l'*Armorial général de France*, manuscrit de Ch. d'Hozier, juge d'armes (1696-1709), contenant 34 volumes de texte et 35 volumes d'armoiries, déposé à la Bibliothèque nationale à Paris, volume concernant l'Alsace : Brisach ; page 1105, n° 341 :
« Béat-Jacques Zur-Lauben, baron de Gestellembourg, comte de Willé, « chevalier de l'Ordre militaire de St-Louis, maréchal des camps et armées « du Roy et colonel d'un régiment d'infanterie Allemande pour le service du « Roy, porte : *Écartelé : au 1er et 4e d'or, à une tour de sable, maçonnée « d'argent; au 2e et 3e d'azur, à un lion d'argent, tenant de ses deux pattes « une branche de peuplier d'or* (ou plutôt *de sinople*) *en pal, feuillée de « trois feuilles de même.* »

d'Hozier. Mort à Ulm des suites de ses blessures, le 21 septembre 1704, il ne laissa de son mariage, contracté le 18 juin 1691 avec Julie de Sainte-Maure, nièce du duc de Montauzier et demoiselle d'honneur de la Dauphine, que deux filles, dont l'une épousa, en 1711, messire Henri-Louis de Choiseul, lieutenant-général des armées du Roi.

Ces divers renseignements nous sont fournis en notable partie par le *Dictionnaire de la Noblesse*, de La Chesnaye-Desbois; nous n'avons mentionné toutefois que les principaux personnages de cette illustre maison. A notre très-grand regret, nous n'avons pu retrouver ni dans nos papiers de famille ni ailleurs, malgré nos scrupuleuses recherches, le contrat de mariage de noble dame Marie-Anne de Zur-Lauben de Fribourg avec messire Pierre-Nicolas du Buisson de Cristot-Courson, bien que nous ayons la preuve que ce contrat, transmis à Paris en 1761, ait été retourné en Normandie le 22 septembre de la même année (C. A., nº 103: Lettre 13). Il en résulte que nous ne savons malheureusement d'une façon précise ni de quelle branche descendait cette dame, ni les noms de ses père et mère, bien que deux tableaux représentant ces derniers soient conservés par nous au château des Planches. Bien plus, comme nous l'avons dit ailleurs, nous ne pouvons fixer la date approximative du mariage à 1706 ou 1707 que par la naissance à Cristot, le 19 août 1708, du premier enfant sorti de cette union, et par cette circonstance qu'au moment de la bataille d'Hochstett (13 août 1704), Pierre-Nicolas du Buisson, qui y fut fait prisonnier comme enseigne de la compagnie colonelle du régiment de Lassay, n'était pas encore marié. Faisons observer néanmoins, à titre de simple conjecture, que Marie-Anne de Zur-Lauben de Fribourg, qui était née en 1685, d'après son acte de sépulture, et qui avait par conséquent 21 ou 22 ans au moment de son mariage, pourrait être la petite-fille de Henri de Zur-Lauben de Fribourg, mentionné ci-dessus, capitaine aux gardes Suisses et gentilhomme ordinaire de la Chambre du Roi sous Louis XIII, dont nous ne connaissons ni l'alliance ni la postérité.

Autre question : d'où vient ce nom de *Fribourg* porté par une branche de la famille des Zur-Lauben? Un généalogiste, consulté par nous, prétend que, les Zur-Lauben étant jadis barons du St-Empire en Thuringe, il s'agirait, non pas de Fribourg en Brisgau, encore moins de Fribourg en Suisse, mais bien de la petite ville et du bailliage de Fribourg ou Freyburg, compris autrefois dans l'électorat de Saxe et voisin de Mersebourg. Quant à nous, nous aurions été plus porté à croire, par la raison que, sous Louis XIV, les Zur-

Lauben comptaient parmi la première noblesse d'Alsace, que ce fief de Fribourg n'était autre que la ville de Fribourg en Brisgau, voisine de la Basse-Alsace, et actuellement dans le duché de Bade.

Les barons de Zur-Lauben, de Fribourg et de Gestellembourg, seigneurs de Ortemberg, Erlenbach, comtes de Villé ou Weiler en Alsace, probablement éteints de nos jours, portaient : *Ecartelé : au 1er et 4e d'or, à la tour crénelée de sable,* qui est de La Tour de Châtillon; *au 2e et 3e d'azur, au lion saillant à dextre d'argent, tenant un tronc d'arbre de sinople, tigé de trois feuilles de même*, emblème du nom de Zur-Lauben; en abîme, *d'azur, à une fleur de lys d'or*, concession des rois Charles IX et Louis XIII. — Supports : *deux lions d'argent.* — Couronne : *de baron.* — Cimier : *casque de chevalier, surmonté d'un demi-lion d'argent, colleté d'un écusson d'azur à une fleur de lys d'or.*

Cette alliance est assurément une des plus brillantes de celles contractées par les du Buisson de Courson-Cristot.

XIXe DES PLANCHES.

Dix-huitième degré de filiation.

GUILLAUME-NICOLAS DU BUISSON DE CRISTOT-COURSON ; CATHERINE-LOUISE-HENRIETTE DES PLANCHES D'HÉROUVILLE : *30 septembre 1738.* — La famille des Planches, que les titres les plus anciens orthographient *des Planques* et les titres plus récents indistinctement *des Planches* ou *Desplanches*, et qui a, selon toute apparence, donné son nom au hameau des Planches, situé en la commune d'Amblie (1), appartenait, par son origine, à la haute bourgeoisie de Caen ; cette qualification de *bourgeois de Caen*, appliquée à des membres de la famille, se trouve souvent dans les actes dès le XVIe siècle.

Cette famille, éteinte le 23 juillet 1810 par la mort du dernier de ses représentants mâles, avait constamment contracté de fort honorables alliances, quoique prises pour la plupart dans la bourgeoisie, jusqu'en 1738, époque où elle s'unit à la maison du Buisson de Courson-Cristot. Elle compte, parmi ses personnages notables, des échevins de Caen, des conseillers soit en l'élection, soit au siége présidial de cette ville, des contrôleurs au grenier à sel, des officiers de divers grades et enfin un chevalier de l'Ordre royal et militaire de St-Louis. Elle fut anoblie sous Louis XIV, en 1699, comme nous le verrons ci-après.

FILIATION DEPUIS LE XVIe SIÈCLE.

Io Noël des Planques ou des Planches, vivant vers 1530, mentionné dans un acte du 29 août 1556 comme père de Jean ou Jehan, qui suit.

IIo Jean ou Jehan des Planques, possédant des terres à Colombiers-sur-Seulles en 1556, qualifié *tabellion* de la haute justice d'Argences et de St-Gabriel, en la sergenterie de Creully ; vivant encore en 1604 ;

Alliance inconnue, dont deux fils et une fille :

1° Henry des Planches, sur lequel nous n'avons aucun renseignement.
2° Jacques des Planches, qui suit.
3° Charlotte des Planches, mariée à honorable homme Jacques Renard, dont elle était veuve en 1600.

IIIo Jacques des Planches, qui était déjà décédé en 1600, par conséquent bien avant son père ;

Alliance inconnue, dont trois enfants, mentionnés dans un acte du 17 décembre 1600 :

1° Roch des Planches, qui suit.
2° Samuel des Planches.
3° Martin.

(1) Voir au Livre premier et au chapitre intitulé : *Fiefs, terres et seigneuries*, § second, n° 11, la notice historique sur le hameau et domaine sieurial des Planches et sur la paroisse-commune d'Amblie (Calvados), dont il dépend (pages 65, 66, 67 et suiv.).

IV° ROCH des Planques ou des Planches, bourgeois de Caen, y demeurant, paroisse St-Pierre, décédé avant le 2 août 1649;

Marié avec JULIENNE VAUDRY, ainsi qu'il conste du traité de mariage de leur fille ; de cette alliance deux enfants connus :

1° Barbe des Planches, mariée à Caen le 13 février 1633, selon traité de mariage à cette date, avec honorable homme Nicolas Hárel, bourgeois de la paroisse St-Julien de Caen.
2° Jean, qui suit.

V° Maître JEAN des Planches, second du nom, qualifié fréquemment dans les actes de bourgeois de Caen, et de *sieur de La Fontaine*, né vers 1625, renonçant, le 2 août 1649, à la succession de son père; acquéreur, par contrat du 31 décembre 1663, des biens de damoiselle Lucrèce Le Gardeur, fille de Jacques et sœur de Jean-Baptiste Le Gardeur, seigneurs d'Amblie; qualifié de *trésorier de l'église St-Pierre-de-Caen* dans un contrat de fief du 16 janvier 1670; nommé, le jour des Cendres, en mars 1686, *quatrième échevin de la ville de Caen*, c'est-à-dire le premier des échevins pris dans la Bourgeoisie du lieu; *ayant toujours vécu noblement* (sic), selon les termes des Lettres-patentes d'anoblissement octroyées à son fils;

Marié, ainsi qu'il est constaté dans un manuscrit de la Bibliothèque de Caen, avec damoiselle CATHERINE DE BASLY, fille, croyons-nous, de Robert de Basly, de la paroisse d'Amblie. Cette dame le laissa veuf en 1694 et fut inhumée, le 5 septembre de cette même année, à l'âge de 69 ans, en l'église St-Pierre d'Amblie.

De l'union de Jean des Planches et de Catherine de Basly sont sortis :

1° Gabriel, qui suit.
2° Anne des P., inhumée en l'église St-Pierre d'Amblie le 18 septembre 1674.
3° Jacqueline des Planches, marraine en 1673, et présente au mariage de Jean des P., son neveu, en 1711; mariée avec honorable homme Charles Geffroy.

VI° Monsieur maître GABRIEL des Planches, qualifié *sieur des Londes*, et qui va devenir *écuyer;* successivement *sous-lieutenant, lieutenant*, puis *capitaine* des milices bourgeoises de Caen; mentionné, comme *contrôleur au grenier à sel de Caen*, dans un acte du 11 juin 1677; *conseiller du Roi en l'élection de cette ville* en 1680; acquéreur de biens considérables à Amblie. Au mois d'août 1699, il fut *anobli*, pour ses services et ceux de son père, par Lettres-patentes de Louis XIV, enregistrées en la Cour des Aides de Normandie, à Rouen, le 30 mars 1700. En 1705, il était décédé.

Vers 1678, le sieur des Londes avait épousé demoiselle Catherine Housset, fille d'Olivier Housset, greffier général en la prévôté de Normandie, et de Marguerite Gallard. Cette dame trépassa dans les premiers mois de l'année 1717, ainsi que l'établit le partage de sa succession, à la date des 8-14 juin même année, entre ses enfants qui sont :

1° Jean des Planches, écuyer, successivement conseiller du Roi et lieutenant-criminel au grenier à sel de Caen, mort le 15 juillet 1729; marié en l'église St-Pierre de Caen, le 9 juillet 1711, avec noble demoiselle Madeleine-Thérèse Le Trémançois (1), fille de Robert Le Trémançois, écuyer,

(1) Le Trémançois : famille anoblie aux Francs-Fiefs, en 1473, en la personne de Richard ou Michel Le Trémançois, à cause de la sergenterie héréditale de Varaville, dont elle jouissait ; elle demeurait alors au Buisson, en la même sergenterie.

On lit dans la *Recherche de la Noblesse*, de Roissy, à la date du 7 juillet 1599 :

« Le Trémançois : François Le Trémançois, écuyer, sieur de La Rivière, « fils Jacques, demeurant au Buisson; sergenterie de Varaville, élection de « Caen, et sergent héréditai de Varaville; Louis, frère dudit François, de- « meurant avec lui ; — veu leurs titres, jouiront. »

On lit dans la *Recherche de la Noblesse* de l'intendant de la généralité de Caen Chamillart (1666-1667) :

« Le Trémançois : anobli aux Francs-fiefs :

« Michel (ailleurs Richard).

« Durant.

« Jacques. — Robert.

« François. Louis. (fils de Jacques) — Eustache. François. (fils de Robert)

« Jacques. (fils de François) — François. (fils de Louis) — Robert. (fils d'Eustache) — Robert. (fils de François)

« Etienne. Jacques. (fils de Jacques)

Etienne et Jacques Le Trémançois, écuyers, demeurant à Gonneville, sergenterie de Varaville, 29 ans, Jacques encore mineur, Religion Romaine ; François, écuyer, sieur de La Planche, 60 ans, demeurant à Bréville, sergenterie id., R. R.; Robert, écuyer, sieur de Chercheveulle (?), demeurant à Moulineaux, sergenterie de Ouestreham, 65 ans, Religion prétendue Réformée; Robert, écuyer, sieur des Jardins, demeurant à Caen, 22 ans, Religion Romaine.

« Michel épousa damoiselle . . . . . Anne Yvelin.
« Durant. . . . . Jacqueline Liégard.
« Jacques, fils Durant. . . . . Jeanne du Mont, en 1544.
« François, fils Jacques. . . . . . . Barbe Jacquesson, en 1598.
« Jacques, fils François. . . . . . . Marguerite Marin.
« Louis, fils Jacques . . . . Radegonde Vaultier, en 1601.
« Eustache, fils Robert. . . . . . . Catherine de Courseulles, en 1604.
« François, autre fils Robert . . . . Guillemette Hamelin, et, en 2mes noces, damoiselle Gaultier.

« Portent : *de sable, au chevron d'argent, accompagné de trois molettes d'éperon de même, 2 et 1.* »

conseiller du Roi au bailliage et siége présidial de Caen (dont le portrait se trouve encore actuellement au château des Planches-sur-Amblie, en la possession de M. Amédée du Buisson de Courson), et de noble dame Marie du Quesney; cette jeune femme apportait en dot à son mari une terre importante, située en la paroisse de Sannerville, près de Troarn. Jean des P. en eut trois fils et quatre filles; ces dernières moururent fort jeunes ou sans postérité; les trois fils sont :

A. Pierre-Jean-Robert des Planches, lieutenant au régiment de Piémont, en garnison à Strasbourg, en 1741; mort sans postérité.

B. Noble et discrète personne Jean-Charles des Planches, né en 1717, diacre en 1741 (27 novembre), lors du partage de la succession de son oncle Gabriel; qualifié vicaire et chapelain de l'église St-Gilles de Caen dans l'acte de baptême, du 21 octobre 1747, de Jean-Louis-Antoine du Buisson de Courson, dont il était parrain; curé de la paroisse St-Etienne de Caen dès le commencement de l'année 1755; inhumé dans le cimetière de ladite paroisse St-Etienne le 15 décembre 1762, à l'âge de 45 ans.

C. Gabriel-Urbain des Planches, né en la paroisse St-Gilles de Caen en 1720, successivement lieutenant, puis capitaine d'infanterie, enfin chevalier de l'Ordre royal et militaire de St-Louis, décédé à Sannerville, sans postérité de ses deux mariages, à l'âge de 90 ans, le 23 juillet 1810, après avoir transmis, par testament authentique en date du 14 avril 1808, tous ses biens aux héritiers de sa ligne paternelle, c'est-à-dire aux du Buisson de Courson et aux des Rotours de Chaulieu.

Gabriel-Urbain avait épousé en premières noces, selon contrat du 18 janvier 1764, Marie-Elisabeth-Gabrielle Le Roux, qu'il perdit presque aussitôt; il se maria en secondes noces, le 27 mai 1767, avec Marie-Armande Le Métaër, fille de Georges-Antoine Le Métaër, écuyer, capitaine d'infanterie, et de noble dame Louise-Aimée-Philippine Fournet de Courcelles; elle était native de Torteval et sœur de Marie-Antoinette-Aimée Le Métaër, épouse du sieur d'Argouges.

Avec Gabriel-Urbain s'est éteinte en ligne masculine la famille des Planches.

2° Olivier des Planches, qui continue la filiation.

3° Urbain des Planches, écuyer, sieur de Cloville, né vers 1682, nommé successivement, de 1707 à 1720, avocat du Roi au bailliage et siége présidial de Caen, puis conseiller du Roi audit bailliage et siége présidial, et devenu conseiller honoraire vers 1747; ensuite l'un des *trente* membres de l'Académie des Belles-Lettres de Caen; enfin nommé par Sa Majesté en l'office de subdélégué de l'Intendance et de la généralité de Caen (sous-préfet) ; mort en son hôtel de la paroisse St-Jean de Caen le 17 février 1758, et ensépulturé le lendemain *dans l'église* par les soins de messire Adrien-Antoine Achard de Vacognes, curé de St-Jean.

Le sire de Cloville avait épousé en premières noces damoiselle Salomé Cousture, déjà veuve de messire Jacques de La Rivière, seigneur de Crèvecœur ; le portrait de cette dame, dont il n'eut pas de postérité, se trouve au château des Planches. Devenu veuf, il contracta un second mariage avec demoiselle Angélique Brion (1), dont il n'eut qu'un fils, Ange-Urbain-Marguerin, né en 1741, mort et inhumé dans l'église St-Jean de Caen, à l'âge de 15 ans, le 7 mars 1756.

4° Gabriel des Planches, écuyer, majeur en 1706, résidant habituellement à Pierrepont, où il possédait des biens-fonds; mort sans postérité en 1741. Ce fut lui qui érigea sur l'une de ses pièces la croix en pierre, dite *Croix de Pierrepont*, bénite par H. Costuel, curé d'Amblie, le 31 décembre 1723, et qui existe encore aujourd'hui.

5° Catherine des Planches, mariée à St-Pierre de Caen, le 2 mai 1708, avec messire Pierre-François Blouet de Than, écuyer, âgé de 45 ans, fils de Pierre Blouet de Than et de Charlotte de Saint-Sauveur; dont un fils nommé Jacques, baptisé à St-Pierre de Caen le 3 avril 1709, et une fille, Catherine de Blouet, morte sans postérité en 1788.

VII° Messire Olivier des Planches, écuyer, qualifié dans tous les actes *sieur d'Hérouville* (2), né en 1680, ainsi qu'il conste de son acte de sépulture ; pourvu, par Lettres-patentes du 8 juillet 1706, de la charge de *conseiller du Roi en l'élection de Caen ;* possesseur de biens à Cerisy-l'Abbaye, du chef de sa mère, et d'une propriété importante située paroisse St-Martin de Caen, à Bagatelle, sur l'emplacement du cimetière actuel dit *des Quatre-Nations ;* nommé, par Lettres-patentes du 19 octobre 1746, conseiller honoraire en l'élection de Caen, « *le Roi ayant voulu reconnaître par quelques marques* « *d'honneur le zèle, la capacité, le travail et les talents* (sic) qui « avaient distingué le sieur des Planches d'Hérouville et le « récompenser de ses longs services par des témoignages de « satisfaction, etc. » ; décédé, à Caen, le 26 août 1749, et inhumé, le 27, dans l'église St-Martin (état civil) ;

Marié le 31 août 1706, en la paroisse de Cingal, avec

(1) Le portrait d'Angélique Brion, dame des Planches de Cloville, est également conservé au château des Planches ; il est peint au pastel et appartient aujourd'hui à M. Amédée du Buisson de Courson.

Cette dame, marraine d'Ange-Casimir du B. de C. le 18 septembre 1783, fut inhumée dans le cimetière d'Amblie, près du nouveau bas-côté, le 16 août 1787 ; elle était âgée de 83 ans.

(2) Quel était ce fief d'Hérouville ? Peut-être s'agit-il d'un ancien fief de ce nom situé à Litteau, commune actuelle du canton de Balleroy, arrondissement de Bayeux.

demoiselle Catherine-Louise Harel, fille de messire Henri Harel, sieur du Val, et de dame Catherine Mériel, dont une fille unique qui suit.

VIII° Noble demoiselle Catherine-Louise-Henriette des Planches d'Hérouville, née en 1712, mariée le mardi 30 septembre 1738, en l'église St-Martin de Caen, avec messire Guillaume-Nicolas du Buisson, écuyer, sieur de Courson-Cristot, officier dans les armées du Roi (C. A., n° 253); mère de *dix* enfants, bisaïeule et trisaïeule des du Buisson de Courson actuels; décédée à St-Sauveur de Caen le 5 mai 1780, et inhumée le lendemain dans le cimetière de cette paroisse, en présence de messires Gabriel-Pierre Marquier de Dampierre, Henri Harel et autres (C. A., n° 258).

Nota. — Le portrait de Catherine-Louise-Henriette des Planches, dame du Buisson de Courson-Cristot, et ceux d'Olivier des Planches d'Hérouville et d'Urbain des Planches de Cloville, ses père et oncle, sont conservés encore au château des Planches-sur-Amblie, en la possession de M. Amédée du Buisson de Courson-Cristot.

Armes de la famille des Planches, telles qu'elles ont été blasonnées par d'Hozier et telles qu'elles sont peintes sur les Lettres d'anoblissement enregistrées en la Cour des Aides de Rouen le 30 mars 1700 (Archives de la Seine-Inférieure) : *d'azur, à trois planches d'argent, posées en bande, 2 et 1.* — Timbre : *Casque orné de lambrequins azur et argent.*

XX° DE SCELLES DE PRÉVALLON.

Dix-neuvième degré de filiation.

—

Dominique-Nicolas du Buisson de Courson-Cristot; Marie Louise-Élisabeth-Geneviève de Scelles de Prévallon : 21 *mai* 1781. — Il y a eu en Basse-Normandie plusieurs familles portant le nom patronymique de SCELLES, notamment dans les élections de Valognes et de Bayeux. Celle des seigneurs de Saulx-Lestanville, de St-Manvieu, de Prévallon, du Maillot en la paroisse de Ste-Croix-Grand'Tonne, et autres lieux, la seule qui nous concerne, originaire de l'élection de Bayeux, a été anoblie par la Charte générale des Francs-Fiefs, en 1470, et a compté dans l'armée plusieurs officiers distingués et plusieurs chevaliers de St-Louis. Maintenue successivement dans sa noblesse par arrêts de la Cour des Aides de Normandie des 10 juin 1510 et 28 juin 1520, par Roissy, en 1599, et par Chamillart, en 1666, sa filiation se trouve à peu près établie par ces commissaires royaux délégués.

En effet, on lit dans la *Recherche de la Noblesse de la généralité de Caen*, par Jean-Jacques de Mesme, seigneur de Roissy, et autres commissaires royaux, ès années 1598-1599 :

« 31 **juillet** 1599 : — Stevenot Scelles, sieur d'Angleville (?), qui « eut arrest contradictoire aux Aides, l'an 1510, le 10 juin, de- « meurant aud. lieu, sergenterie des Vez, élection de Bayeux ;
« Jean, Etienne et Pierre, ses fils ;
« Guillaume et André mineur, fils Michel, neveux de Stevenot, « demeurant à Lestanville, sergenterie et élection susdites, (le « premier) ayant pour fils Jacques et Gilles ;
« Charles, frère d'Horace, demeurant à Lestanville, sergenterie « et élection susdites, ayant pour fils Jean, Pierre, Gaspard et « Etienne ;
« Jacques et François, frères desdits Horace et Charles, de- « meurant à Lestanville ;
« Jacques Scelles, fils Gilles, cousin-germain des dessus dits, « sieur d'Elloué et de Saulx, demeurant aud. lieu ;
« Guillaume et François, ses fils ;
« *Veu leurs titres ;* — *Jouiront* (du privilége de noblesse). »

On lit dans un vieux manuscrit sur la Normandie, provenant de l'ancien Collége héraldique de France :

« Michel Scelles, sieur de St-Paul, Christophe Scelles, sieur de « Saulx, élection de Bayeux, reconnus nobles dans un arrêt de « 1520 (28 juin). »

Enfin, on lit dans la *Recherche de la Noblesse* faite en 1666 et années suivantes par M. de Chamillart, intendant en la généralité de Caen :

« SCELLES : *Famille anoblie par les Francs-Fiefs en 1470.* »

Christophe

Jean	Guillaume	Gilles		François
Michel	Stévenot	Horace		Charles
	Jean, Etienne, Pierre.	Jacques	Siméon	Gaspard
		Antoine.—	François.—	Pierre, Paul.

« Jean Scelles, escuyer, sieur de Saulx-Lestanville, Antoine, « escuyer, sieur de St-Manvieu, pour lui et François, escuyer,

« paroisse de Longueville ; — Pierre, escuyer, sieur de St-Sever-
« Lestanville ; PAUL, escuyer, sieur de PRÉVALLON-LESTANVILLE *(sic)*,
« tous de l'élection de Bayeux. »

« Christophe Scelles épousa damoiselle Charlotte de Hottot, en 1503 ;

« Jean, fils Christophe, épousa damoiselle Guillemette Cottard, en 1526 ;

« François, autre fils, épousa damoiselle Jeanne de Fontaine, en 1551 ;

« Stévenot épousa damoiselle Marie (ailleurs Diane) de la Rivière, en 1597

« Jean épousa damoiselle Madeleine Mustel, en 1615 ;

« Horace épousa damoiselle Jeanne de Tollevast, en 1595 ;

« Charles épousa damoiselle Guillemette Suhard, en 1587 ;

« Jacques épousa damoiselle Marguerite Fresnel, en 1626 ;

« Siméon épousa damoiselle Perrette Ozenne, en 1652.

Comme on le voit dans le tableau filiatif établi par l'intendant Chamillart et reproduit ci-dessus, PAUL DE SCELLES, écuyer, sieur DE PRÉVALLON-LESTANVILLE, descendait au 5e degré de CHRISTOPHE SCELLES anobli en 1470. D'une alliance qui nous est restée inconnue, ce Paul de Scelles de Prévallon laissa notamment pour fils :

VIo Noble FRANÇOIS de Scelles, sieur de Prévallon, né en 1673, d'après son acte de sépulture ; marié, vers 1715, avec noble damoiselle ANNE DU MAILLOT (1), dame et héritière du fief Maillot en la paroisse de Ste-Croix-Grand'Tonne (2) ; mort

(1) DE MAILLOT ou plutôt DU MAILLOT : Famille de la généralité de Caen, maintenue noble par Chamillart en 1666, qui porte : *de gueules, à la fasce d'or, accompagnée de trois roses d'argent ; au chef cousu d'azur, chargé de trois fleurs de lys d'or.*

(2) STE-CROIX-GRAND'TONNE : ancienne paroisse de la généralité de Caen, diocèse de Bayeux, aujourd'hui commune de 455 habitants, sur un affluent de la Seulles, canton de Tilly (8 kilom.), arrondissement de Caen. — L'église, bâtie en forme de croix latine, est moderne ; on lit, sur une plaque de marbre placée dans la nef, sur le mur de droite en regardant le chœur, l'inscription suivante, que nous y avons copiée le 14 mai 1872 : « Cette église de Ste-Croix fut commencée à bâtir l'an 1756 par la piété et la « libéralité de très-haute et très-puissante dame REINE DE MADAILLAN, ci-« devant dame de cette paroisse, veuve de très-haut et très-puissant seigneur « monseigneur LÉON DE MADAILLAN DE LESPARRE, marquis DE LASSAY, « laquelle en a fait présent aux habitants. — Et la première pierre du « portail a été posée, le 27 novembre de la même année, par très-haut et « très-puissant seigneur monseigneur JEAN, comte de LA GUICHE, son neveu, « maréchal de camp des armées du Roi, seigneur patron haut justicier aud. « Ste-Croix, Cully, Putot, Brouay, Loucelles, seigneur de Sivignon, Le « Roussay et autres lieux. » — Dans l'une des chapelles latérales, celle de droite en regardant le chœur (côté de l'Epître), se trouvent aussi deux pierres tumulaires en marbre noir. On lit sur la première : « CHARLES-« AMABLE DE LA GUICHE, mort révolutionnairement le 9 thermidor an II « (28 juin 1794). » Sous la seconde se trouve le « cœur de H. L., comte « de Chastenay-Lanty, pair de France, décédé à Paris le 5 mai 1834. » —

en ladite paroisse le 5 septembre 1750, à l'âge de 77 ans, et inhumé le lendemain 6 *en la chapelle de Maillot* (Acte de sépulture).

De son union il laissa un fils et deux filles, qui sont :

1° Thomas, qui suit.

2° Marie-Anne-Françoise, baptisée en l'église de Ste-Croix-Grand'-Tonne le 16 janvier 1724, et tenue sur les fonts par messire André du Landais et sa femme Marguerite d'Anisy, parrain et marraine.

3° Marie-Louise, marraine de sa nièce le 3 janvier 1754 ; mariée en la chapelle du château de Martragny, selon acte de célébration de mariage en date du 14 février 1764, avec Mre Jean-Bernard de La Vieille, sieur des Parts, de la paroisse de Cartigny.

VII° Messire THOMAS de Scelles, écuyer, sieur de Prévallon, seigneur du Maillot, fils aîné des précédents, né en 1717, d'après son acte de sépulture, successivement lieutenant, puis capitaine aux régiments de grenadiers royaux de Narbonne et de Chabrillant (1), enfin chevalier de l'Ordre royal et militaire de St-Louis, épousa, vers 1752, noble demoiselle ELISABETH DE LA RIVIÈRE-ROMILLY (2), fille de

La veuve de ce dernier, la comtesse de Chastenay-Lanty, née Victorine de La Guiche, et sœur de Charles-Amable de La Guiche, cité plus haut, est décédée le 9 mai 1855, laissant la belle terre seigneuriale de Ste-Croix à son neveu, M. de Saint-Priest, qui en a complètement gâté l'aspect par l'abattis des avenues séculaires placées autour du château.

L'ancienne terre des Scelles de Prévallon a passé également dans des mains étrangères et leur résidence (*manerium*) est convertie en ferme rurale aujourd'hui. Cette terre du Maillot fut vendue par les héritiers de Marie-Louise-Elisabeth-Geneviève de Scelles de Prévallon au sieur Charles-François Jardin, manufacturier à Paris, pour la somme de 156,000 francs, *selon contrat* passé devant Mes Niobey et Marc, notaires à Bayeux, le 15 novembre 1849.

(1) Ce régiment était cantonné à St-Lô en 1769.

(2) DE LA RIVIÈRE-ROMILLY, seigneurs de Missy, Crèvecœur, Romilly, Héry, etc., dont un conseiller au Parlement de Rouen en 1600, maintenus nobles par Chamillart, en 1666. On lit dans la *Recherche* de cet intendant :

« DE LA RIVIÈRE-ROMILLY : anciens nobles.

« François

« Jean — Olivier

« Paul, Pierre (fils de Jean) — Pierre (fils d'Olivier)

« Jean, Pierre (fils de Paul) — François (fils de Pierre) — Thomas, Charles, s^r^ de Romilly (fils de Pierre)

« Pierre. (fils de Jean) — Adrien (et 2 filles.) (fils de Thomas)

« Jean et Pierre de La Rivière, écuyers, sieurs de Héry (ou Hérils) et « Crèvecœur, frères ; François de La Rivière, écuyer ; Charles de La

messire Jacques-Jean de La Rivière, écuyer, seigneur de Héry, chevalier de l'Ordre royal et militaire de St-Louis, capitaine au régiment royal, Artillerie; le nom de la mère de la jeune épouse ne nous est pas connu; car, malgré nos recherches, nous n'avons pu retrouver l'acte de célébration de mariage.

Plus tard, le 17 mars 1789, le sire de Prévallon comparut aux Assemblées de la Noblesse du grand bailliage de Caen; il parvint à se soustraire aux dangers de la tourmente révolutionnaire et décéda en son domicile, rue Monfiquet, à Bayeux, le 28 floréal an XII (18 mai 1804), à l'âge de 87 ans. Son corps fut rapporté et inhumé dans le cimetière de Ste-Croix-Grand'Tonne, et près de son tombeau se trouve celui de sa femme Elisabeth de La Rivière (1), décédée aussi

« Rivière, écuyer, sieur de Romilly; Adrien de La Rivière, écuyer, sieur « du Taillis et de Louvières.

« François épousa damoiselle Jacqueline de Cossé.

« Jean Ier épousa damoiselle Jacqueline Lescalley, en 1557.

« Paul épousa damoiselle Suzanne de Lieurcy.

« Jean II épousa damoiselle Marguerite La Niepce, en 1647.

« Pierre, fils Jean Ier, épousa damoiselle Avoye du Boussel (?), en 1627.

« François, fils dud. Pierre, épousa damoiselle Suzanne Le Loup, en 1656.

« Pierre, fils Olivier, épousa damoiselle Françoise Le Grand.

« Charles, fils dud. Pierre, épousa damoiselle Jacqueline d'Amours, en 1631.

« Thomas, sieur du Taillis, épousa damoiselle Marie d'Aigneaux.

« Portent : *d'argent, à trois tourteaux ou anneaux de sable,* 2 et 1. »

Ces armes sont encore indiquées et peintes, mais avec une *bordure de gueules* en plus, comme appartenant à Adrien de La Rivière, écuyer, sieur de Romilly, dans l'*Armorial général de France*, de Ch. d'Hozier (1696-1709), manuscrit de la Bibliothèque Nationale, comprenant 34 volumes de texte et 35 d'armoiries.

François de La Rivière-Romilly, seigneur de Héry et autres lieux, lieutenant-général en la vicomté de Bayeux pendant plusieurs années, auteur connu de cette famille, mourut à l'âge de 48 ans, le 13 septembre 1557; il fut inhumé, ainsi que sa femme Jacqueline de Cossé, morte le 23 décembre 1584, dans la chapelle de gauche de l'ancienne église St-Nicolas de Bayeux, où un monument lui fut élevé par les soins et aux frais de Jean de La Rivière, son fils, et de Pierre de La R., son petit-fils. Son épitaphe, dans laquelle il est qualifié *nobilissimus*, est rapportée dans l'*Histoire de Bayeux*, par Beziers (Caen : 1773), pages 84 et 85.

Romilly ou Rommilly est, croyons-nous, un ancien fief situé en la paroisse de St-Germain-du-Pert, aujourd'hui commune du canton d'Isigny, arrondissement de Bayeux.

Les biens de Mme de Scelles de Prévallon (Elisabeth de La Rivière-Romilly) étaient situés à Tour, près Bayeux, suivant qu'il appert du partage de sa succession, en date du 9 juillet 1808.

(1) Dans le cimetière de Ste-Croix-Grand'Tonne, à gauche de l'église, on trouve *quatre* larges pierres tumulaires juxtaposées; leurs inscriptions indiquent qu'elles recouvrent les restes : 1° de Thomas de Scelles de Prévallon; 2° d'Elisabeth de La Rivière-Romilly, sa femme; 3° de Jacques-François de Scelles de Prévallon, l'un de ses fils; 4° de Marie-Modeste de Baupte, femme de ce dernier.

à Bayeux le 13 février 1808, dans sa quatre-vingt-unième année.

De leur mariage ils eurent quatre enfants :

1° Marie-Louise-Elisabeth-Geneviève, mentionnée ci-après.

2° Jacques-Jean de Scelles de Prévallon, appelé aussi M. du Maillot, né le 30 octobre 1762, à Ste-Croix-Grand'Tonne, et baptisé le 1er novembre; reçu au régiment de Bourbon, Dragons, le 24 août 1779; nommé lieutenant au même régiment, compagnie d'Archiac, par commission signée à Versailles le 6 août 1783; passé dans l'armée Belge, en qualité de capitaine, selon brevets militaires signés à Bruxelles les 6 janvier, 3 mars 1790; ayant reçu de S. A. R. le duc de Berry la décoration de la Fleur-de-Lys le 25 juin 1814; mort célibataire à Creully, en 1829, après avoir dissipé sa fortune.

3° Jacques-François, né également à Ste-Croix le 25 septembre 1764, baptisé le lendemain (1); entré dans la marine royale et devenu capitaine de frégate et chevalier de l'Ordre Royal et militaire de St-Louis, lorsque la Révolution éclata; marié à Bayeux, le 4 novembre 1812 avec noble demoiselle Marie-Modeste de Baupte (2), née à Ecrammeville le 26 mai 1788, fille de feu Louis-Charles de Baupte, écuyer, et de Marie-Louise-Victoire de Baudre, alliance dont il n'eut pas de postérité; mort à Bayeux le 21 décembre 1830, et inhumé dans le cimetière de Ste-Croix-Grand'Tonne, ainsi que sa veuve, qui décéda en la même commune le 4 décembre 1848, à l'âge de 60 ans 6 mois. Jacques-François de Prévallon fut le dernier représentant mâle de sa branche.

4° Marie-Elisabeth, née à Ste-Croix le 28 février et baptisée le 1er mars 1769; présente au mariage de sa sœur aînée en 1781 et restée sans alliance.

VIIIe Noble demoiselle Marie-Louise-Élisabeth-Geneviève de Scelles de Prévallon naquit à Ste-Croix-Grand'Tonne le 2 janvier 1754, et, baptisée le lendemain en l'église du lieu,

(1) Parrain : messire Jacques-Pierre de La Rivière de Héry, curé de la paroisse d'Urville, stipulé et représenté par messire Jacques-Jean de La Rivière, écuyer, seigneur de Héry, chevalier de St-Louis, ancien capitaine au régiment royal, Artillerie, pensionnaire du Roi; marraine: noble demoiselle Françoise Patry, demeurant à Bayeux.

(2) Marie-Modeste de Baupte avait un frère aîné, Gustave de Baupte, né à Ecrammeville le 31 janvier 1785, qui épousa en la commune de Moon, le 22 avril 1815, Mlle Modeste-Jeanne Le Conte de La Varengerie, de la paroisse de St-Lô de Rouen, fille de feu M. Claude-Adrien Le Conte de La Varengerie et de feu Marie-Angélique-Christophe-Louise de Pienne. Témoin au mariage, M. Henri-François de Baupte de Moon, âgé de 76 ans, oncle du futur.

La famille de Baupte porte: *d'azur, au pal d'or, chargé d'une flèche de gueules, la pointe en bas.*

fut tenue sur les fonts par noble demoiselle Marie-Louise de Scelles de Prévallon, sa tante, et par messire Louis Eurry, écuyer, de la paroisse de St-Contest. Comme nous l'avons vu ailleurs, elle épousa, en la chapelle du château de Ste-Croix-Grand'Tonne, le 21 mai 1781 (C.A., n° 259), messire DOMINIQUE-NICOLAS DU BUISSON DE COURSON-CRISTOT, ancien officier de cavalerie et ancien garde-du-corps du Roi, et est ainsi devenue l'aïeule et bisaïeule des du Buisson de Courson actuels. Restée veuve dès 1793, elle a survécu longtemps à son mari et est décédée à Bayeux, chez sa fille, Mme de Patry, le 23 novembre 1852, en accomplissant sa quatre-vingt-dix-neuvième année.

ARMES des Scelles de Prévallon, d'après la *Maintenue* de Chamillart, l'*Armorial* de Chevillard, etc. : *d'argent, au chevron de gueules, accompagné de trois lions de sable, armés et lampassés de gueules.*

XXI° DE BILLEHEUST D'ARGENTON.

Vingtième degré de filiation.

ANGE-CASIMIR DU BUISSON DE COURSON-CRISTOT ; JUSTINE-AIMÉE DE BILLEHEUST D'ARGENTON : 23 *février* 1808. — La maison DE BILLEHEUST, bonne noblesse de Normandie, a une origine qui se perd dans la nuit des temps; d'après une constante tradition de famille, corroborée par quelques documents et par le *Dictionnaire de la Noblesse*, de La Chesnaye-des-Bois (XVIIIe siècle), elle serait originaire d'Irlande, où elle aurait joui d'un grand éclat à une époque fort reculée; plusieurs chevaliers de ce nom auraient été membres du Parlement d'Irlande et décorés de l'ordre de *la Jarretière*, dans la branche-mère restée au pays natal. Si ce dernier fait est exact, ce que nous n'avons pu contrôler, il en rejaillirait un grand honneur sur la maison tout entière ; car on sait que l'ordre de la Jarretière, fondé le 19 janvier 1350 par le roi Edouard III, et placé sous l'invocation de saint Georges de Cappadoce, patron de l'Angleterre, a le Roi pour grand-maître et qu'il se compose du prince de Galles, des princes descendants de Georges Ier et de *vingt-cinq* chevaliers *choisis dans la plus haute Noblesse des Trois-Royaumes*, indépendamment des souverains et des grands personnages étrangers.

Si nous en croyons des *Notes manuscrites* du siècle dernier, laissées par Thomas-François-Jacques de Billeheust d'Argenton, aïeul des représentants actuels, notes corroborées par la gravure, sur beaucoup d'anciennes pièces d'argenterie, d'*un cygne d'argent, sur champ d'azur*, au-dessous des armoiries, emblème du passage de la mer, l'auteur de la branche qui a fait souche en Normandie serait venu d'Irlande en France, en qualité de *capitaine de cent hommes d'armes*, dans les dernières années du XIIIe siècle, sous le règne d'Edouard Ier d'Angleterre, règne qui correspond chez nous avec ceux de Philippe-le-Hardi et de Philippe-le-Bel, et se serait établi tout d'abord dans l'élection d'Avranches; de plus, il aurait existé en Angleterre un bourg situé dans le comté de Sussex, et nommé le bourg de BILLEHEUST, ainsi que des représentants de la maison de ce nom, au XVIIIe siècle.

Toutefois, l'origine étrangère des Billeheust paraît douteuse au très-savant archiviste de la Manche, M. Dubosc ; il tendrait à croire de préférence que les anciens Billeheust d'Irlande et d'Angleterre dériveraient de ceux de Basse-Normandie et que cette province serait le berceau de la famille. Il se fonde sur ce qu'en l'année 1195, on trouve sur les rôles de l'Echiquier le nom d'ODON BILLEHELT, nom qui offre avec BILLEHEUST une grande analogie, et surtout sur ce qu'en 1236, par conséquent avant le règne d'Edouard Ier d'Angleterre, un MICHEL BILLEHEUST possédait des immeubles féodaux à Fontenay-le-Marmion, aujourd'hui commune du département du Calvados.

Quoi qu'il en soit, si l'illustration des Billeheust de France n'égale pas celle des Billeheust d'Angleterre ou d'Irlande, il est incontestable, dans toutes les hypothèses, que cette maison appartient à la *noblesse de nom et d'armes*, les Lettres-patentes de Louis XI, du 23 mars 1475, en faveur de Jourdain de Billeheust, ne laissent aucun doute à cet égard, pas plus que les termes dont se sert Nicolas de Billeheust, dans son *Mémoire généalogique* adressé aux Elus de Vire le 5 mars 1547, où il demande à jouir du privilége de noblesse, *comme personne capable, extraite de noble et antique lignée de toute ancienneté, et comme ont joui ses prédécesseurs et ancêtres de tel et si long temps qu'il ne peut être mémoire ou preuve du contraire.*

Il nous faut cependant arriver au commencement du XVe siècle pour trouver des documents suivis sur les Billeheust de la généralité de Caen. Le 4 mars 1419, nous voyons que *noble homme* JACQUES DE BILLEHEUST recevait de Henri V, s'intitulant roi de France et d'Angleterre, don de ses propres héritages situés en la vicomté de Mortain; car, d'après les lois de la guerre en ce temps, les biens des vaincus étaient confisqués de droit, dans toute l'étendue des pays conquis, au profit du vainqueur. — M. l'abbé Desroches, curé d'Isigny, dans son *Histoire du Mont-St-Michel*, mentionne le même Jacques de Billeheust comme ayant prêté serment au roi d'Angleterre, en 1421, avec un certain nombre d'autres Nobles de la province. Or, pour qu'à cette époque le roi étranger exigeât le serment d'un Noble, il fallait qu'il eût une importance considérable, soit par lui-même, soit en raison de ses biens; car on n'exigeait pas le serment des simples roturiers. On doit en conclure que Jacques de Billeheust comptait déjà parmi les barons du comté de Mortain; du reste, c'est ainsi que l'auteur le désigne.

D'ailleurs, peu de familles en France ont été aussi fréquemment inquiétées, puis confirmées dans leur noblesse que les diverses branches de la maison de Billeheust; nous trouvons en faveur de cette maison, depuis la fin du XVe siècle, *dix-huit* maintenues de noblesse ou arrêts d'exemption des tailles et du droit des Francs-Fiefs (1); il faut ajouter

(1) Voici l'indication sommaire de ces *dix-huit* maintenues de noblesse :

1° Lettres-patentes de Louis XI, du 23 mars 1475, en faveur de Jourdain de Billeheust;

2° Arrêt de la Cour des Aides de Normandie, du mois d'août 1478, au profit du même, contre Etienne Bonnet, collecteur des tailles de l'élection d'Avranches;

3° Arrêt de la même Cour des Aides, du 4 novembre 1486, au profit de Jean de Billeheust, frère de Jourdain, contre les paroissiens de St-Senier;

4° Arrêt de la Cour des généraux des Finances, à Rouen, rendu, en 1499, au profit de Jean de Billeheust, fils de Jourdain, contre les paroissiens de St-Paër;

5° Arrêt de la Cour des généraux des Finances, à Rouen, du 22 ocque damoiselle Marie-Louise-Léonore de Billeheust de Braffais, de la branche de St-Georges, fut reçue à St-Cyr, en 1720, sur les preuves de sa noblesse; que Jean-Jacques-Léonor Thomas, sieur de La Marche, conseiller en la Cour des Comptes, Aides et Finances de Normandie, issu d'une Billeheust de la branche de St-Vigor et d'Argenton, et aïeul maternel du comte Parrin de Sémainville, fut anobli par Louis XV, en 1772, en considération notamment des services rendus à la couronne par les Billeheust; qu'enfin, l'arrêt du Parlement de Rennes, du 6 septembre 1784, consacra pour Georges de Billeheust, de la branche de St-Georges, le droit d'entrée, de séance et de voix délibérative aux Etats de Bretagne.

tobre 1527, au profit d'Alain de Billeheust, fils d'un autre Jean de Billeheust et neveu de Jourdain;

6° Sentence des Elus de Vire, rendue en 1547, en faveur de Nicolas Ier de Billeheust;

7° Arrêt de la Cour des Aides de Normandie, du 7 avril 1551, rendue au profit du même, contre Jean Le Roy, collecteur des tailles de l'élection de Vire;

8° Arrêt du Grand Conseil et Lettres-patentes du roi Henri II, en date des 31 octobre et 13 novembre 1555, au profit de la noblesse du même;

9° Arrêts de maintenue de M. de Roissy, commissaire royal départi en la généralité de Caen, en date des 23 janvier et 1er février 1599, en faveur de Jacques et Etienne et de François et Nicolas II de Billeheust;

10° Arrêt du Parlement de Rouen, du 31 août 1618, en faveur de Nicolas II de Billeheust;

11° Arrêts de maintenue de M. d'Aligre, commissaire royal départi en la généralité de Caen, en date des 18 avril et 12 mai 1635, en faveur de Beuves et Jacques et de François et Nicolas II de Billeheust;

12° Arrêt des Commissaires délégués par le Roi, du 28 février 1641, au profit de Nicolas II de Billeheust, sieur d'Argenton, et de Georges de Billeheust, sieur de la Chapelle-Cécelin;

13° Arrêt des Commissaires généraux de la Cour des Aides de Normandie, du 10 janvier 1657, au profit de Charles et Jean de Billeheust frères, sieurs de Beaumanoir et d'Argenton;

14° Ordonnance de maintenue de M. de Chamillart, intendant de la généralité de Caen et commissaire départi, rendue en l'année 1666, en faveur de François, Martin, Georges et Gabriel de Billeheust, de Jean de Billeheust, sieur de Gourgoux, de Charles et Jean de Billeheust, sieurs de Beaumanoir et d'Argenton;

15° Certificat de noblesse émané du même intendant Chamillart, en faveur de Charles de Billeheust, sieur de Beaumanoir et d'Argenton, et daté de Bayeux le 12 mars 1671;

16° Mention dans l'Armorial général de France, manuscrit de d'Hozier (1696-1709), de la noblesse et des armes de plusieurs membres de la maison de Billeheust;

17° Arrêt du Parlement de Rennes, du 6 septembre 1784, en faveur de la noblesse de Georges de Billeheust, sieur des Loges et de St-Georges, de la branche de ce nom, ledit arrêt lui donnant en outre entrée, séance et voix délibérative aux Etats de Bretagne;

18° Certificat de noblesse délivré par Chérin père, le 21 juillet 1781, à Henri-Rodolphe de Billeheust de St-Georges, pour le service militaire.

Les Billeheust comptent des alliances et des apparentages dans la meilleure noblesse de Normandie, quelques-unes dans celle de Bretagne, principalement par la branche de St-Georges, et dans celle de quelques autres provinces. Citons, en passant, dans la branche directe : les Le Potier, de La Rüe, Le Foulon, d'Anjou, du Mesnil-Bérard de La Chaize, du Halley d'Antrain (Bretagne), Avenel, et par les Avenel, les du Buat et de Verdun ; Gaultier de La Barberye, et, par les La Barberye, les d'Auray et Tesson ; du Hamel de Villechien, Ango de Lézeau d'Ecouché, Crespin du Neufbourg, de Thomas de Labarthe (Languedoc), du Buisson de Courson-Cristot, de La Poix de Fréminville (Bourgogne), Daniel de Boisdenemetz. Dans les branches collatérales : les Avenel, Gaillard, Maillart, du Mesnil-Adelée, Le Febvre, Le Roy, Le Pelley, de Marceul, d'Auray, du Hamel, du Hommel-Sartilly, Pinterel, de Lesquen (Bretagne), de Péronne, de La Mariouze-Montbray, Le Sueur, de Mary de Longueville, de Carbonnel de Canisy, Achard des Hautes-Noës, Le Tellier des Vaux, Thomas de La Marche, de Couespel, de Rogery, de Percy, etc., etc.

C'est surtout dans la carrière des armes que les Billeheust, noblesse d'épée, se sont distingués ; depuis le XVe siècle, des certificats réguliers établissent leurs services militaires comme officiers ; un certain nombre ont été capitaines de dragons ; deux ont été colonels, le premier chevalier des Ordres du Roi, le second, Charles-Alexandre, de la branche de St-Georges, mort glorieusement dans l'Inde ; l'aïeul des représentants actuels est décédé en émigration à Constance (Souabe), avec le grade de lieutenant-colonel et la décoration de la croix de St-Louis ; leur père, qui a fait une partie des campagnes de l'Empire, était chevalier des Ordres militaires de la Légion d'Honneur et de St-Louis, et enfin, si nous en croyons La Chesnaye-Desbois, *huit* membres de cette famille auraient été tués au champ d'honneur dans les armées Françaises pendant le XVIIIe siècle.

Cette maison a possédé un grand nombre de fiefs et de seigneuries, notamment les fiefs de Soulœuvre, de Gourgoux, du Bois, du Manoir, d'Argenton (acquis par mariage en 1543), de St-Martin (en la paroisse de Montbray), de Boissey, des Vaulx, de La Fresnaye, du Chesnay, de St-Georges, etc., etc. ; les seigneuries de La Chapelle-Cécelin, de St-Aubin-des-Bois, de St-Vigor-des-Monts, de Ste-Marie-des-Monts, d'Annebecq, des Loges-sur-Brécey, de Margueray, du Champ-du-Boult, etc. ; le patronage (nomination à la cure) de ces paroisses était généralement la conséquence des droits de seigneurie. Mais, après l'érection en HAUTES-JUSTICES démembrées du bailliage de Vire, avec juridiction sur douze paroisses, des fiefs d'ARGENTON et de ST-VIGOR, ladite érection obtenue, en 1704, 1705 et 1707, des Commissaires du Roi, par noble et puissant seigneur Henri de Billeheust, ces terres seigneuriales acquirent une importance dominante et furent alors titrées BARONNIES; d'où le titre de *baron* D'ARGENTON, porté encore de nos jours par l'aîné des représentants de la maison de Billeheust (1).

Généalogie depuis le XVe siècle.

I° Noble homme PIERRE, Ier du nom, DE BILLEHEUST, écuyer, sieur DE SOULŒUVRE (2), vivant sous le règne de Charles VII vers 1435, est mentionné, dans le *Mémoire généalogique* présenté, le 5 mars 1547, aux Elus de Vire et à l'appui de sa noblesse par son arrière-petit-fils Nicolas Ier de Billeheust, comme bisaïeul de ce dernier, et comme ayant épousé, vers 1455 probablement, damoiselle CATHERINE LE POTIER, fille de *noble homme* Robert Le Potier.

Il est assez vraisemblable que ce Pierre de Billeheust était le fils de JACQUES DE BILLEHEUST, dont nous avons parlé plus haut, qui avait reçu, le 4 mars 1419, de la part d'Henri V, s'intitulant alors *roi de France et d'Angleterre*, don de ses propres héritages situés en la vicomté de Mortain, et qui crut, pour les conserver, ne pouvoir se dispenser de rendre aveu à ce roi en 1421; mais, en l'absence d'une preuve matérielle absolue, nous n'avons pas cru devoir remonter d'un degré cette généalogie.

Quoi qu'il en soit, d'après le même Mémoire de son arrière-petit-fils, Pierre de Billeheust aurait *suivi et fréquenté les guerres tant et ainsy que les autres noblesses du pays*, ce qui semble indiquer qu'il prit, dans les rangs de l'armée Française, une part active à l'expulsion des Anglais, envahisseurs de la patrie.

Aucun document n'établit l'époque de sa mort.

De son mariage avec Catherine Le Potier il laissa deux fils :

(1) On lit dans le *Grand Coutumier de Normandie :* « Aucuns veulent dire « que tout homme qui a haute justice et ressort en icelle peut se nommer « BARON. » (Voir aussi Sémainville, *Code de la Noblesse Française*, page 558.)

(2) Les vaux ou la vallée de SOULŒUVRE, profondément encaissés au milieu de coteaux schisteux, et où s'établirent d'abord, d'après M. de Caumont, les Religieux de l'abbaye du Val-Richer, sont traversés au-delà de Villers-Bocage, par la route de Caen à Vire, à 18 kilomètres environ de cette dernière ville.

1° Jourdain, qui continue la filiation;

2° Jean de Billeheust, écuyer, possesseur de fiefs situés sur le territoire de la paroisse de St-Senier, en l'élection d'Avranches, inquiété au sujet du paiement des tailles par les paroissiens de St-Senier; en raison de ce, maintenu dans sa noblesse et reconnu *noble d'ancienne extraction* par arrêt de la Cour des Aides de Normandie, en date du 4 novembre 1486; d'une alliance restée inconnue il eut pour fils:

Noble homme Alain de Billeheust, sieur du Bois, qui à son tour obtint à son profit et *en faveur de sa noblesse* un arrêt rendu, le 22 octobre 1527, en la Cour des généraux des Finances (Cour des Aides) à Rouen, et auquel on ne connaît pas de postérité.

II° Noble homme JOURDAIN DE BILLEHEUST, sieur de SOULŒUVRE, fils aîné de Pierre et de Catherine Le Potier, né vers 1452, sur la fin du règne de Charles VII, ayant suivi dans sa jeunesse la carrière des armes et rendu des services militaires *tant et ainsy que les autres noblesses du pays de Normandie*, obtint des Lettres-patentes de Louis XI, données à Paris le 23 mars 1475, par lesquelles il fut déclaré noble, et, ce qui est plus important pour la constatation de son origine, *né et extrait de noble lignée*, par suite exempt de toute espèce de tailles; avis en fut donné au bailli de Cotentin par Lettres royales datées du 7 décembre 1477.

En plus, le même Jourdain de Billeheust, inquiété à son tour par les paroissiens de St-Laurent-de-Terregatte et par Etienne Bonnet, collecteur des tailles en l'élection d'Avranches, fut confirmé dans sa noblesse par arrêt de la Cour des Aides de Normandie, du mois d'août 1478. Cet arrêt, en le déchargeant de toute contribution à la taille, reconnaît qu'il est incontestablement noble, qu'il *vit noblement avec les autres Nobles du pays, selon les priviléges et ordonnances* (sic), et condamne les paroissiens de St-Laurent et le collecteur aux dépens et à des dommages-intérêts envers le sire de Billeheust, *écuyer*.

Du *Mémoire généalogique*, dressé le 5 mars 1547 par son petit-fils, il conste qu'il avait épousé damoiselle PHILIPPE ou PHILIPPINE DE LA RUE, fille de *noble homme* Henri de La Rue, seigneur de St-Louët en sa partie, dont il eut quatre fils :

1° Jean de Billeheust, écuyer, sieur de Soulœuvre, qui s'était fixé en la paroisse de St-Paër-le-Servain, élection de Mortain, et obtint contre les manants et habitants de ladite paroisse un arrêt rendu à son profit, en 1499, en la Cour des généraux des Finances, à Rouen. On ne lui connaît pas de postérité.

2° Pierre II de Billeheust, qui continue la filiation de la branche directe.

3° Yves de Billeheust, écuyer, sieur de Montgothier, qui vivait sous François Ier, et que nous voyons, ainsi qualifié, mentionné dans un acte notarié d'aliénation de rentes seigneuriales passé à St-Gilles, vicomté de Mortain, le 17 avril 1532. Il avait pour fils ARTHUR, écuyer, sieur de Mongothier, décédé sans postérité, ainsi que son père, avant le 17 juin 1563.

4° Charles de Billeheust, auteur de la branche de Gourgoux, éteinte après trois générations, dans la seconde moitié du XVIIe siècle.

III° Noble homme PIERRE, IIe du nom, DE BILLEHEUST, écuyer, sieur DU MANOIR (1), second des fils de Jourdain de Billeheust et de Philippine de La Rue, né vraisemblablement sous le règne de Charles VIII, dut prendre part, selon toute apparence, aux guerres de Louis XII contre les Vénitiens, les Suisses, les Anglais et les Impériaux, en 1509, 1512 et 1513.

Il est mentionné comme *noble*, avec sa descendance noble jusqu'au 4e degré, dans le *Registre des jugements* de d'Aligre, en 1635, et jusqu'au 5e degré, dans la *Recherche de la Noblesse* de l'intendant Chamillart, en 1666.

Le *Mémoire généalogique* dressé par son fils aîné Nicolas, le 5 mars 1547, constate qu'il était mort avant cette date; il y est qualifié *noble homme*, *sieur du Manoir*.

De ce *Mémoire*, corroboré par un acte notarié contenant des partages de succession et passé à Montbray le 25 janvier 1587, il résulte qu'il avait épousé, sans doute vers 1515 ou 1520, noble dame RENÉE ou REINE LE FOULON, fille de *noble homme* Jean Le Foulon, sieur de La Mollière, et de *noble damoiselle* Françoise de Bricqueville, et petite-fille de noble et puissant seigneur messire Roger de Bricqueville, chevalier, baron de Laulnay, seigneur de Colombières et de Ste-Croix-Grand'Tonne ; de cette union, il eut deux fils :

1° Nicolas, qui continue la branche directe.

2° Jean, auteur des branches de Saint-Paër et de la Chapelle-Cécelin, que nous ne pourrions suivre que jusqu'au VIIe degré et probablement éteintes depuis longtemps.

IV° Noble homme NICOLAS, Ier du nom, DE BILLEHEUST,

(1) Quel était ce manoir ou ce fief du MANOIR ? Nous croyons qu'il s'agit ici de la terre appelée depuis le *Petit-Argenton*, et du manoir ou gentilhommière (*manerium*) situé sur la place du bourg de Montbray, à l'extrémité de la nef de l'ancienne chapelle-église du château, manoir dont il reste quelques légers vestiges et où se trouve aujourd'hui la demeure d'un fermier.

sieur DES VAULX et DE LA FRESNAYE, plus tard, par son alliance, sieur D'ARGENTON (1), qualifié quelquefois aussi sieur DU MANOIR, né vers 1518 ou 1520, *servit en personne* ès années 1541, 1542 et 1543, ainsi que le relate son propre *Mémoire généalogique*, dans l'arrière-ban des gentilshommes de Normandie convoqué par le roi François Ier; à la tête de la Noblesse de l'élection de Vire, *contribuant ès choses qu'il appartient à la Noblesse comme les autres Nobles du pays* (sic), il fit campagne successivement pendant ces trois années en Allemagne, en Luxembourg et en Hainaut (voir La Chesnaye-Desbois), sous le commandement supérieur de noble et puissant seigneur Jacques d'Auberville, seigneur et patron de Canteloup, assista au siége et à la prise de Landrecies, et se conduisit partout avec vaillance et avec honneur, ainsi qu'il fut établi par attestations du grand bailli de Caen, des 30 juin et 15 août 1543.

A son retour dans son pays natal, il épousa, selon traité de mariage du 28 juillet 1543, reconnu aux plaids de la baronnie de Montbray le 12 janvier 1547, noble damoiselle EDMONDE D'ANJOU, fille de *noble homme* Richard d'Anjou, sieur *d'Argenton* (sic), de la paroisse de St-Martin-de-Montbray.

Inquiété par Jean Le Roy, collecteur des tailles pour S. M. en l'élection de Vire et Condé, qui voulait le faire déclarer *personne du tiers-état, infime et populaire* (sic), et, comme tel, contribuable, il présenta devant les Elus de Vire, le 5 mars 1547, une généalogie de quatre degrés, avec pièces à l'appui, afin d'établir qu'il était *personne capable et extraite d'ancienne noblesse de toute ancienneté*, et jouir du privilége de noblesse comme par ci-devant avaient joui ses prédécesseurs et ancêtres *de tant et si longtemps qu'il n'était mémoire du contraire* (sic).... *sans jamais avoir été en rien repris contre*

(1) ARGENTON : fief et seigneurie situé à Montbray, à l'ouest du bourg et à 600 mètres du château environ, et qu'il ne faut pas confondre avec le fief du MANOIR, appelé aussi Petit-Argenton, dont le siége était au bourg même de Montbray, près de la chapelle. Un acte d'aveu rendu, le 20 octobre 1607, par François et Nicolas de Billeheust, écuyers, à messire François de Renty, baron de Landelles, nous apprend qu'à cette date le fief d'Argenton relevait, en *huitième de fief de haubert*, de la baronnie de Landelles, et s'étendait sur les paroisses de Landelles, Montbray, Beaumesnil, Courson et Beslon. Un siècle plus tard environ, ce fief devait à son tour être titré *Baronnie*, lorsqu'Henri de Billeheust eut acquis des Commissaires royaux, en 1704, 1705 et 1707, les hautes, moyennes et basses justices d'Argenton et de St-Vigor, démembrées du bailliage de Vire, et qui s'étendaient ensemble sur *douze* paroisses et peut-être davantage; celle d'Argenton s'étendait plus spécialement sur Montbray, St-Aubin-des-Bois, St-Maur-des-Bois, Fontenermont, La Chapelle-Cécelin, St-Fraguaire, et plus tard Beslon; du reste, elles ne furent jamais séparées jusqu'à la Révolution, quoique à la fin du XVIIIe siècle elles se trouvassent, par suite d'alliance, à la fois entre les mains d'un La Mariouze et d'un Billeheust.

l'honneur.... vivant noblement et sans déroger à icelui état. A la suite de cette présentation, non-seulement il eut gain de cause devant les Elus, mais encore, sur pourvoi de Jean Le Roy, il fut maintenu, par arrêt de la Cour des Aides de Normandie, du 7 avril 1551.

Sur pourvoi en dernier ressort au Grand-Conseil du Roi (Conseil d'Etat), Henri II, par Lettres-patentes données à Villers-Cotterets le 13 novembre 1555, après avis de son Grand-Conseil, du 31 octobre précédent, le déclara à son tour maintenu en la jouissance de son privilége de noblesse et condamna le collecteur des tailles aux dépens, à 100 livres de dommages-intérêts envers le sire de Billeheust et à l'amende, avec défense de toutes nouvelles poursuites à l'avenir.

Nicolas de Billeheust est encore mentionné dans un acte d'aveu rendu à Adrien de Montaigu le 16 mai 1564, puis dans des Lettres du roi Charles IX, du 30 mai même année, indiquant qu'il était alors, ainsi que Gilles Guiton, écuyer, en procès avec Antoine de Bordeaux, écuyer, sieur et baron de Coulonces; enfin, dans un acte notarié du 19 mai 1566, par lequel on voit qu'il possédait des terres et fiefs en la paroisse de Beslon.

Il était mort avant le 18 novembre 1574, ainsi qu'il conste d'un acte d'aveu rendu à cette date par sa veuve et ses fils. Dans cet acte, comme dans un certain nombre d'autres, il est qualifié *sieur* D'ARGENTON, fief qui lui venait de sa femme; il est le premier de sa race qui ait porté ce titre. De son mariage avec Edmonde d'Anjou, il laissa deux fils :

1° François de Billeheust, écuyer, sieur DE SAINT-MARTIN, qui rendit, le 18 novembre 1574, aveu des fiefs de Montenval et autres, situés en la paroisse de Montbray, pour lui, pour son frère Gilles et sa mère Edmonde d'Anjou, à noble et puissant seigneur Jacques du Pontbellanger, sieur de Pont-Farcy, baron de Montbray. D'une humeur ferrailleuse, il était surnommé *La Grande Epée* et redouté; en discussion fréquente avec les de Héricy, devenus seigneurs de Montbray, par alliance avec l'héritière des Pontbellanger, il eut plusieurs rencontres avec les deux frères et, dans l'une d'elles, un dimanche, au sortir de la Messe, les blessa dangereusement l'un et l'autre. Sur l'intervention des grands Maréchaux, il dut échanger avec eux les terres qu'il possédait à Montbray contre d'autres terres situées à Beslon. Décédé sans alliance connue, il fut néanmoins inhumé à Montbray; son tombeau, paraît-il, se voyait encore dans l'église en 1783, et il y avait une épitaphe dans laquelle on lui donnait son surnom de *La Grande Epée.* Il n'existe plus trace de ce tombeau aujourd'hui. — Son épée, d'une dimension exceptionnelle et qu'on ne pouvait tenir qu'à deux mains, était, en 1783, chez M. Rodolphe-Henri de Billeheust de Saint-Georges, l'un de ses petits-neveux, à Avranches.

2° Gilles de Billeheust, qui continue la ligne directe.

Noble homme GILLES DE BILLEHEUST, écuyer, sieur DES VAULX, qualifié *sieur* D'ARGENTON, *fils de feu noble homme Nicolas de Billeheust, en son vivant, sieur des sieuries de St-Martin, d'Argenton et de La Fresnaye,* dans un acte de transaction passé à Montbray le 25 janvier 1587, entre lui et son frère aîné François, d'une part, et ses cousins-germains, Jacques et Etienne, d'autre part, était possesseur, en 1584, de fiefs et terres seigneuriales à St-Aubin-des-Bois, d'après un acte notarié du 26 novembre de cette même année.

Aucune pièce n'indique qu'il ait rendu des services militaires. Toutefois, à une époque qui n'est pas indiquée, il avait été envoyé en députation à Caen par la Noblesse de l'élection de Vire; la cause de cet envoi en députation n'est pas non plus connue.

Il était mort avant le 2 décembre 1593, laissant ses enfants mineurs, comme on le voit par le dénombrement de la terre du Chesnay en la paroisse de Beslon, fourni par Edmonde d'Anjou, sa mère, au nom de ses petits-fils, aux plaids et gages-pléges de St-Sever et du Pont-Farcy. Mention dans Roissy, d'Aligre et Chamillart.

De son mariage contracté, vers 1575, avec noble damoiselle FRANÇOISE DU MESNIL-BÉRARD DE LA CHAIZE, fille de *noble homme* René du Mesnil-Bérard de La Chaize, mariage constaté par Chamillart et établi en outre par des actes notariés des 16 juillet 1596 et 21 septembre 1599, il laissa deux fils mineurs, encore sous la tutelle de leur mère en 1596, et une fille :

1° François, écuyer, sieur de Saint-Martin, IIe du nom, maintenu, en 1599, par Roissy et, en 1635, par d'Aligre, en l'élection de Vire; faisant avec son frère Nicolas, le 23 octobre 1612, un acte de partage des successions de son père et de son oncle François, acte d'où il résulte qu'il eut dans son lot, entre autres domaines, les terres de La Fresnaye et du Chesnay-en-Beslon, avec des moulins à blé, à foulon et à tan situés à St-Aubin-des-Bois. — Un certificat du duc de Longueville, pair de France, du 23 novembre 1636, constate que François de Billeheust, écuyer, sieur de St-Martin, avait fait remplir, en cette même année, les services militaires qu'il devait au Roi, par le sieur Jean Maizière, qui se rendit au lieu assigné *avec armes, chevaux et équipages, selon la qualité dudit Billeheust.* — Il fut inhumé dans l'église de Montbray, proche la porte du Chanteau, le 9 mars 1648. — (Etat civil de Montbray).

2° Nicolas, qui continue la ligne directe.
3° Bertrande de Billeheust, mariée, en 1603, avec Jean Le Pelley, fils de Nicolas, de la paroisse de Douvres, sergenterie d'Ouestreham, élection de Caen (Chamillart).

VI° NICOLAS, IIe du nom, de BILLEHEUST, écuyer, sieur d'ARGENTON, qualifié parfois aussi sieur DE SAINT-MARTIN, maintenu noble, avec son frère aîné, en l'élection de Vire, par Roissy, le 4 février 1599, par d'Aligre, le 12 mai 1635, mentionné avec ses auteurs et descendants par Chamillart, en 1666, rendit aveu, le 2 octobre 1607, ainsi que son frère, à François de Renty, chevalier, baron de Landelles, etc., *du fief d'Argenton*, relevant de ladite baronnie de Landelles. Resté en communauté d'héritage avec son aîné, François, jusqu'en 1618, mentionné avec lui dans des actes d'aveu et d'acquisitions des 8 juin et 14 octobre 1608, il présenta à son frère, le 15 octobre 1612, un projet de lots et partages des successions de leurs père et oncle et, après choisie de lots faite le 23 entre eux, il resta possesseur notamment des fiefs et terres situés à Montbray.

Le 14 mai 1613, il épousa à Montanel, selon traité de mariage à cette date, reconnu devant les tabellions de la vicomté d'Avranches au siége de St-James, damoiselle RADÉGONDE DU HALLEY D'ANTRAIN, *fille de défunt Gilles du Halley, vivant écuyer, seigneur de Boutteville, et de damoiselle Bertrande de Marcilly, de la duché de Bretagne, ladite damoiselle du Halley veuve de feu* JEAN GUITON, *vivant écuyer, seigneur des Biards et de La Villeberge* (sic).

La noblesse du sire de Billeheust d'Argenton était si peu douteuse que le Parlement de Rouen la constate incidemment dans un arrêt interlocutoire du 31 août 1618 et que, le 28 février 1641, il fut déchargé de la taxe des Francs-Fiefs par arrêt des Commissaires délégués, *attendu sa qualité et ancienne extraction de noble de race.* Ce dernier arrêt constate ses services rendus en 1636 (sous Louis XIII).

Décédé en mars 1646, il fut inhumé le 21 du même mois dans l'intérieur de l'église de Montbray (état civil). Le 15 mai 1651, sa veuve, Radégonde du Halley, faisait le partage de sa succession entre ses enfants, qui sont :

1° Charles de Billeheust, écuyer, sieur de Beaumanoir, qui continue la filiation en ligne directe.
2° Jean, auteur des branches des Loges et de Saint-Georges, dont nous n'avons pas à nous occuper ici, bien qu'elles aient joué un rôle aussi important par leurs services militaires et leurs alliances.
3° Noble et discrète personne François de Billeheust, prêtre, sieur de Saint-Martin et de La Fresnaye, mentionné dans l'acte de partage de la succession paternelle du 15 mai 1651.

VII° Messire CHARLES DE BILLEHEUST, écuyer, sieur DE BEAUMANOIR, DU PERREY, DE BOISSEY, etc., fils aîné de Nicolas II, sieur d'Argenton, et de Radégonde du Halley, né et baptisé à Montanel, élection d'Avranches, le 9 mars 1615, servit pendant sa jeunesse dans les armées de Louis XIII. Un certificat, délivré par le bailli de Cotentin le 7 octobre 1635, constate en effet qu'il était alors *officier de la compagnie du Vey-en-Cotentin*, et que, du 27 août au 7 octobre, il fut sans discontinuation présent à sa compagnie *avec armes et chevaux, pour le service du Roi;* qu'en dernier lieu, il assista à la montre des officiers, qui eut lieu à Coutances le même jour 7 octobre.

Le 7 février 1641, le sire de Billeheust-Beaumanoir prit alliance, selon traité de mariage à cette date, passé devant les tabellions de la sergenterie de St-Sever au siége de Clinchamps, avec damoiselle LOUISE AVENEL, fille de messire Claude Avenel, écuyer, sieur des Touches et d'Amalix, et de noble damoiselle Marguerite de Verdun.

Après le partage de la succession paternelle avec son frère Jean le 15 mai 1651, Charles de Billeheust, qui résidait à Beslon et est mentionné dans divers actes d'état civil de cette paroisse, en date des 17 mai 1653, 6 et 7 mars, 5 avril 1654, etc., avec la qualification de *noble homme, écuyer, sieur de Beaumanoir*, fut, sur la présentation de ses titres de noblesse et d'un inventaire analytique de ces mêmes titres, successivement déchargé de toute taxe par les Commissaires généraux de la Cour des Aides de Normandie, le 10 janvier 1657, puis maintenu, en 1666, ainsi que son frère, en la paroisse de Beslon, dans son privilége de noblesse héréditaire, par l'intendant Chamillart; de plus, ce dernier lui délivrait, à Bayeux, le 12 mars 1671, un certificat portant en tête les armes coloriées des Billeheust et constatant cette maintenue.

Enfin, il figure dans divers actes, la plupart d'échange ou d'acquisition de terres situées à Beslon, notamment ès années 1660, 1661, 1664, 1668 et 1669, dans lesquels il est qualifié, *écuyer, sieur de Beaumanoir, du Perrey et de Boissey*, possesseur de la *masure* (mansura : résidence) de La Fresnaye, et est mentionné pour la dernière fois dans le traité de mariage de sa fille Radégonde, le 15 février 1683, traité de mariage qui nous indique la plupart des enfants issus de son union avec Louise Avenel, inhumée elle-même à St-Aubin-des-Bois le 4 août 1689. Ces enfants sont au nombre de huit survivants, quatre fils et quatre filles :

1° Messire René de Billeheust, écuyer, puis chevalier, seigneur d'Argenton, né vers 1644, probablement à Beslon; successivement *cornette de la mestre de camp des chevau-légers du régiment de Moncauvel,* dès 1665, puis *lieutenant,* pendant deux ans, au même régiment, *compagnie de Boncourt;* enfin *reçu,* en 1668, *dans les Gardes-du-Corps du Roi* (Louis XIV), 1re *compagnie,* où il était encore en 1674; *s'étant bien acquitté de son devoir partout où il a trouvé l'occasion de donner des marques de sa valeur;* nommé, par commission royale, signée à Versailles le 4 octobre 1676, *capitaine d'une compagnie dans le régiment des dragons de Barbesières,* puis *capitaine commandant dans le régiment des dragons de Fimarcon* en 1679; nommé, par commission royale signée à Versailles le 25 octobre 1689, *lieutenant-colonel du régiment des dragons de du Héron;* recevant du Roi, le 3 novembre même année, l'ordre de se transporter de Fribourg à Château-Salins, avec sa compagnie, pour rejoindre son nouveau régiment.

Le 15-20 mars 1695, René de Billeheust se rendit acquéreur, par actes passés devant Vatel et Prieur, notaires du Châtelet de Paris, de la *terre seigneuriale* de St-Vigor-des-Monts (1), domaine fieffé et non fieffé, rentes, moulins, droits honorifiques, patronage et autres, ayant appartenu à feu messire Claude Coquille, conseiller du Roy, secrétaire du Conseil d'Etat. Il est qualifié, dans l'acte, de *chevalier, colonel de dragons.*

Six ans plus tard, le 28 juillet 1701, il mourut subitement à Caen pendant la guerre de la Succession d'Espagne, en rejoignant l'armée de M. de Vendôme; son corps, rapporté à St-Vigor, fut inhumé, le surlendemain 30 juillet, à l'entrée du chœur de l'église. — N'ayant jamais été marié et n'ayant eu qu'un enfant naturel, nommé François, il laissa sa succession à ses trois frères qui suivent.

2° Noble et discrète personne François de Billeheust, prêtre, qualifié successivement curé des Loges-sur-Brécey, en 1683; puis curé de St-Aubin-des-Bois, en 1695; enfin nommé curé de St-Vigor-des-Monts, le 17 janvier 1697, par l'Evêque de Coutances, sur la présentation de son frère René, et installé le 20 du même mois (procès-verbal d'installation : chartrier de Montbray). Ayant hérité, avec ses deux autres frères, de son frère René, en 1701, il fit donation, le 20 décembre même année, de ses droits à un préciput, en sa qualité d'aîné en ladite succession, à son frère Henri.

Son testament olographe, en date du 30 avril 1705, se trouve au presbytère de St-Vigor; il mourut le 2 mai 1712, et fut inhumé à l'entrée du chœur à côté de son frère René. La pierre tumulaire qui recouvre ses restes est encore aujourd'hui bien conservée.

3° Henri, qui continue la filiation en ligne directe.

4° Jean-Léonard, lieutenant, puis capitaine de dragons; marié,

(1) St-Vigor-des-Monts : commune de 988 habitants, canton de Tessy-sur-Vire (Manche), arrondissement de St-Lo.

selon contrat du mois de février 1702, avec CHARLOTTE DE LA MARIOUZE, fille de Tanneguy de L. M., chevalier, lieutenant général au bailliage de Vire, et de Jacqueline Chappedelaine. Il est l'auteur des branches de Boissey et du Champ-du-Boult, dont nous n'avons pas à nous occuper ici.

5° Anne-Marie de Billeheust, mariée, vers 1672, avec noble homme messire Charles d'Auray, dont trois fils, Pierre, Jacques et Georges d'Auray, écuyers; inhumée plus tard à Montbray, dans l'église et devant l'autel St-Jean.

6° Radegonde de Billeheust, mariée, le 15 février 1683, selon traité de mariage à cette date, avec messire Alexandre du Hamel, sieur du lieu, fils de feu messire Jean du Hamel, conseiller et avocat du Roi au bailliage de Mortain, et de damoiselle Elisabeth Le Louvetel.

7° Anne-Françoise de Billeheust, mariée en premières noces avec Jean-Baptiste Le Roussel, sieur de La Bunodière, procureur fiscal aux juridictions et hautes justices de La Davière et de St-Vigor; mariée en secondes noces, le 6 septembre 1723, selon traité de mariage à cette date, avec maître Jacques Le Faverais, conseiller et avocat du Roi ès bailliages et vicomté de Domfront et Passais; veuve de son second mari à la date du 3 mars 1731.

8° Catherine de Billeheust, mariée à Beslon, par son frère François, selon acte de célébration de mariage du 10 mai 1693, avec Charles Navet, sieur de La Ferté, fils de Jean Navet, sieur de La Timonnerie, et de Anne Le Roussel, de la paroisse Ste-Trinité, diocèse d'Avranches.

VIII° Messire HENRI DE BILLEHEUST, chevalier, qualifié dans sa jeunesse sieur DU CHESNAY (fief situé en la paroisse de Beslon) et plus tard, notamment dans trois baux des terres des Pallières en Beslon, et de La Barberye en Reffuveille, *haut et puissant seigneur*, *seigneur* D'ARGENTON, *seigneur et patron* DE ST-VIGOR ET STE-MARIE-DES-MONTS, ST-AUBIN-DES-BOIS, etc., *seigneur haut justicier* (et baron) *des hautes justices* D'ARGENTON ET DE ST-VIGOR, né en 1646, d'après son acte de sépulture, et probablement à Beslon, suivit, comme ses frères René et Jean-Léonard, la carrière des armes, fut nommé successivement : 1° par commission du 10 août 1677, *lieutenant de dragons* au régiment de Barbesières; 2° par commission du 7 mars 1679, signée par Louis XIV à St-Germain-en-Laye, *lieutenant de dragons* en la compagnie d'Argenton (de son frère René), régiment de Fimarcon, *voulant S. M. choisir une personne que se puisse bien acquitter de ce service, et sachant que le sieur du Chesnay a donné, dans toutes les occasions qui se sont présentées, des preuves de sa valeur, courage, vigilance et bonne conduite et de fidélité et affection à son service*; 3° par commission signée à Versailles le 16 mai 1690, *capitaine-aide-major de dragons*, régiment de du Héron; 4° *capitaine-aide-major de dragons*, régiment de

Fomboisard, le 6 février 1693, et présent à la bataille de Nerwinde, avec sa compagnie, sous les ordres du maréchal de Luxembourg, le 29 juillet même année; enfin affranchi, par Lettres d'État du 18 juin 1697, de toutes poursuites judiciaires pendant six mois, Sa Majesté constatant qu'il avait été retenu pour son service depuis plusieurs années et qu'il n'avait pu vaquer à ses propres affaires.

Rentré dans ses foyers, il participait, en 1701, à la succession de son frère René, mort à cette date; recevait, en décembre 1701, la donation de préciput de son frère François, curé de St-Vigor et aîné en ladite succession; choisissait par préciput la seigneurie de St-Vigor, et par lot, le 2 mai 1703, celle de Ste-Marie-des-Monts; obtenait des Commissaires généraux députés par le Roi, à la date des 4 janvier et 8 février 1704, la concession des *hautes, moyennes et basses justices de St-Vigor et d'Argenton*, démembrées du bailliage de Vire, s'étendant sur de nombreuses paroisses; enfin réunissait à cette dernière la *haute justice de Beslon*, par lui acquise le 4 janvier 1705.

Il avait épousé, selon contrat de mariage, en novembre 1701, selon l'acte de célébration, en mars 1702, damoiselle JACQUELINE-ANNE DE LA BARBERYE (1), de Reffuveille, sa parente par les Avenel, fille de Jacques Gaultier de La Barberye, écuyer, sieur d'Amâlix et de La Barberye, et de damoiselle Léonore d'Auray, et devint ainsi, après la mort de son beau-père, seigneur des fiefs de Laumosne et de La Barberye, dont il recevait l'aveu aux plaids et gages-pléges tenus au lieu de La Roche en Reffuveille ès années 1707, 1713, 1715, 1718 et 1720.

Le sire de Saint-Vigor, d'Argenton et autres lieux décéda à St-Vigor en 1721, et fut inhumé dans le chœur de l'église (état civil). Il laissait de son union cinq enfants vivants :

1° Léonore-Françoise de Billeheust, née à St-Vigor le 28 février et baptisée le 2 mars 1703; mariée, selon traité de mariage sous seing privé du 25 février 1726, avec messire Louis Le Tellier, sieur des Vaulx, officier en la grande

(1) LA BARBERYE OU GAULTIER DE LA BARBERYE : cette famille, quoique ayant joui d'un certain éclat à la fin du XVIIe et au XVIIIe siècle, ne date pas, comme noblesse, d'une haute antiquité; en effet, il résulte de documents du cartulaire de MM. de Courson qu'elle fut anoblie le 1er juillet 1611, par Lettres-patentes de Louis XIII, contresignées par la reine-mère régente Marie de Médicis, en la personne de JEAN GAULTIER, précédemment licencié ès lois, avocat au bailliage de Mortain, possesseur de la vavassorie de La Barberye, en la paroisse de Reffuveille, dès le 2 février 1562, ainsi qu'il résulte d'un acte notarié à cette date.

Armes des Gaultier de La Barberye : *d'azur, au lion d'argent, tenant une épée de même; au chef d'argent, chargé de trois hermines de sable.*

vénerie de France, fils de Jacques Le Tellier, sieur des Vaulx, et de Catherine Brossin, de la paroisse de St-Pierre de Séez; elle vivait encore en 1771 et 1772.

2° Louis-François-Léonard, né à St-Vigor, le 19 avril 1704, mort le 9 mai 1705.

3° Jean-François, qui continue la filiation en ligne directe.

4° Marie-Anne-Esther de Billeheust, née à St-Vigor le 28 avril 1707, baptisée dans l'église de ce lieu le 21 septembre 1711; mariée le 17 janvier 1725, à St-Vigor, avec maître Charles Thomas, sieur de La Marche, premier conseiller du Roi élu en l'élection de Mortain, fils de feu Arthur Thomas et de Anne Palix de Sourdeval, dont sortit une fille, aïeule des Robillard de Beaurepaire, et un fils, Jean-Jacques-Léonor Thomas, sieur de La Marche, seigneur de Manneville-la-Raoult, qui devint conseiller maître en la cour des Comptes, Aides et Finances de Normandie, et fut anobli par Louis XV, par Lettres-patentes du 17 novembre 1772, en considération de ses services et de ceux de ses ancêtres paternels et maternels et *plus spécialement des Billeheust* (sic). Le petit-fils par sa mère de ce dernier, le comte Parrin de Sémainville, dont l'ouvrage (*Code de la Noblesse Française*) fait jurisprudence en matière nobiliaire, issu du mariage de Pierre-Noël Parrin de Sémainville et de Alexandrine Thomas de La Marche de Manneville, marié lui-même à Bayeux avec une demoiselle Le Bègue de Germiny, est mort, le 20 août 1872, au château de Carqueiranne, près Hyères (Var).

5° Marie-Jacqueline de Billeheust, née à St-Vigor en 1712; mariée, selon contrat de mariage du 28 avril 1739, avec messire Louis-François Couespel, écuyer, sieur de Louvigny, fils de Antoine Couespel, écuyer, et d'Anne-Renée Denis. Cette dame est décédée à Vire le 26 février 1788.

IX° Haut et puissant seigneur messire JEAN-FRANÇOIS DE BILLEHEUST, seigneur et patron DE ST-VIGOR ET de STE-MARIE-DES-MONTS, DE ST-AUBIN-DES-BOIS, sieur D'EPAIGNES, DU PERREY, DU FIEF HÉRON et autres lieux, seigneur haut justicier (et baron) D'ARGENTON et DE ST-VIGOR-DES-MONTS, naquit en cette dernière paroisse le 31 mai 1705, et fut tenu, le 2 juin, sur les fonts de baptême par Jeanne de Bure, épouse de Jean de Guernon, assistée de noble homme François de Billeheust, curé de St-Vigor et oncle de l'enfant.

Seul représentant en ligne masculine de la branche aînée des Billeheust, mineur et âgé de 16 ans seulement à la mort de son père, en 1721, il n'eut pas l'occasion d'entrer au service et fut placé, par Lettres royales (Louis XV), en date du 19 mai 1723, sous la tutelle et *garde noble* de Jacqueline-Anne de La Barberye, sa mère, *faisant profession de la religion catholique, apostolique et romaine* (sic), etc.

Devenu majeur, il augmenta son patrimoine par diverses

acquisitions de biens à Ste-Marie et à St-Vigor-des-Monts ès années 1722, 1733, 1735 et 1738; agrandit considérablement le manoir bâti, en 1707, par son père, à St-Vigor; reçut aveu, le 11 juillet 1737, du fief Héron, dépendant des hautes justices de St-Vigor et d'Argenton, et assistait au mariage de sa sœur Marie-Jacqueline, le 28 avril 1739.

Quoique jeune encore, il décéda à Vire, dans sa propriété des Vaux, le 15 mars 1745, et fut inhumé deux jours après, dans le chœur de l'église de St-Vigor, par discrète personne Me Jean Goubin, curé de Landelles.

Messire Jean-François avait épousé à Vire, le 22 février 1727, noble damoiselle ANNE-BERTRANDE DU HAMEL, fille de messire Charles du Hamel, sieur de Boisradier, conseiller et avocat du Roi aux bailliage et vicomté de Vire, et de Marie Turgis, dame de Boisradier, laquelle Bertrande du Hamel, qualifiée *noble et puissante dame* dans un acte d'aveu de 1746, et investie de la *garde noble* et tutelle de ses trois enfants mineurs par Lettres royales du 1er septembre 1746, administra activement les biens desdits mineurs jusqu'au 24 mai 1755, époque de sa mort. — Cette dame, *d'un mérite distingué et universellement regrettée*, fut rapportée de Vire et inhumée le lendemain 25 dans le chœur de l'église de St-Vigor, à côté de son mari.

Les enfants de Jean-François de Billeheust et d'Anne-Bertrande du Hamel sont :

1° Marie-Jeanne-Léonore de Billeheust, née à Vire le 5 janvier 1729 et baptisée le lendemain ; mariée, le 20 juillet 1750, en l'église de St-Vigor-des-Monts, avec messire Jean-François, comte de Percy, capitaine d'infanterie, plus tard échevin de Vire, fils de Marc-Antoine de Percy, chevalier de St-Louis, ancien officier de cavalerie au régiment de Lyonnais, et de feu noble dame Anne-Angélique Roger ; de ce mariage un fils, Jean-Baptiste-Léonor de Percy, qui servit dans l'état-major du général Moira (François-Rawdon Moira, marquis d'Hastings, le directeur de la désastreuse affaire de Quiberon), fut décoré de la croix de St-Louis à l'armée de Condé et épousa Mlle Julie de Cheux de St-Clair;—de l'union de J.-B.-L. de Percy et de Mlle de Cheux, une fille unique, nommée Isabelle, devenue plus tard comtesse de La Ferrière-Percy, et morte sans postérité, en transmettant ses biens aux hospices de Flers. Mme Julie de Cheux, comtesse de Percy, mère de Mme de La Ferrière, morte en 1866, a transmis par testament ses biens à M. Aymar du Buisson de Courson, son neveu à la mode de Bretagne par alliance.

2° Messire Charles-François de Billeheust, baptisé en l'église de Vire le 25 décembre 1730, jour de sa naissance, qualifié *chevalier, seigneur et patron* de ST-VIGOR *et* STE-MARIE-DES-MONTS, ST-AUBIN-DES-BOIS, *les fiefs* HÉRON, LIVELIÈRE *et autres lieux, seigneur haut justicier* DE ST-VIGOR *et* D'ARGENTON ; tuteur de son frère Thomas-François-Jacques, qui était encore mineur en 1755 à la mort de leur mère ; lui rendant ses comptes de tutelle le 13 mars 1761 ; procédant avec lui au partage des successions paternelle et maternelle les 28 septembre, 4 décembre 1763 ; parti, en 1766, pour les Colonies Françaises et mort à St-Domingue le 30 juin 1768.

Charles de Billeheust, qualifié *comte* D'ARGENTON dans une procuration notariée du 17 novembre 1768, avait épousé à Paris, vers 1758, noble damoiselle MARIE-THÉRÈSE-PERRETTE DE ROGERY, fille de messire Marcel-Louis de Rogery, conseiller du Roi, maître ordinaire en la Cour des Comptes, Aides et Finances de Normandie ; le portrait de cette dame est conservé au château de Montbray. De cette union sortirent un fils, mort dans son enfance, et une fille.

Éléonore-Louise-Thérèse de Billeheust, née à St-Vigor-des-Monts le 21 janvier 1760 et baptisée le 24 ; mariée, vers 1778, avec haut et puissant seigneur JEAN-HERVÉ DE LA MARIOUZE, chevalier, seigneur, patron et baron DE MONTBRAY et DE LASSY, chevau-léger de la Garde du Roi ; elle porta dans la maison de La Mariouze la terre de St-Vigor et en partie celle d'Argenton, et eut plusieurs enfants, notamment une fille, qui suit :

JEANNE-HENRIETTE DE LA MARIOUZE DE MONTBRAY, née à MONTBRAY le 25 janvier 1784 et baptisée le 27 ; mariée, vers 1800, avec M. NICOLAS GAUPUCEAU, de la haute bourgeoisie de Domfront (administration des Forêts), dont un fils, Achille, mort sans postérité, et deux filles, l'une Stéphanie, mariée à M. le comte du Plessis de Grenédan, l'autre est la suivante ;

LUCE GAUPUCEAU, née en 1815, mariée le 20 juin 1836, à Vire, avec M. RAOUL-Gabriel-Jules DES ROTOURS, baron DE CHAULIEU ; décédée sans postérité à son château de Montbray le 12 juillet 1871, et inhumée, le 15, dans le cimetière de cette commune. Elle a laissé, par testament, une large partie de ses biens à son cousin du côté maternel, M. Edouard de Billeheust d'Argenton, notamment le château de Montbray et les terres d'Argenton et de St-Vigor, qui devaient, de cette façon, faire retour à la maison de Billeheust.

3° ANNE-JACQUELINE de Billeheust, mariée, le 30 mai 1748, à messire Pierre LE CORDIER, chevalier, seigneur de Beaumont, de Bon et de Chaulieu, fils de messire Hervé et de noble dame Gillette du Moulin de Burcy ;

4° THOMAS-FRANÇOIS-JACQUES de Billeheust, qui continue la filiation en ligne directe.

X° Noble seigneur messire THOMAS-FRANÇOIS-JACQUES DE BILLEHEUST, nommé dans sa jeunesse *le chevalier* DE ST-

Vigor, devenu plus tard baron d'Argenton, seigneur et patron de St-Aubin-des-Bois et autres lieux, naquit à Vire le 14 janvier 1740 et fut baptisé le lendemain dans l'église paroissiale de cette ville. Resté orphelin sous la tutelle de son frère aîné, après la mort de sa mère en 1755, il n'hésita pas, quoique âgé de moins de seize ans, à embrasser, comme beaucoup de ses ancêtres, la carrière des armes. Le 7 septembre 1755, il rejoignait à Valenciennes le régiment d'infanterie de Lyonnais, d'après les instructions du colonel marquis de Villeroy, qui lui avait promis une place d'enseigne. En effet, par commission royale du 15 janvier 1756, il fut nommé *enseigne de la compagnie colonelle du régiment de Lyonnais*, et, par une autre commission du 15 juillet même année, *lieutenant en la compagnie d'Amphernet*, au même régiment. Il prit par suite une part active à la guerre dite de Sept-Ans, pendant laquelle il assista à *quatorze* affaires, tant batailles et siéges que retraites, passages de rivières, etc., et, après avoir été fait prisonnier de guerre en 1758, et rendu à la liberté le 4 janvier 1759, il fut enfin nommé *capitaine au même régiment de Lyonnais* par commission royale du 4 mars 1762.

Rentré momentanément dans ses foyers après la signature du traité de paix le 10-15 février 1763, le capitaine chevalier de Saint-Vigor faisait avec son frère aîné Charles, le 28 septembre-4 décembre 1763, un partage de la succession paternelle, et, après avoir aussi partagé les meubles meublants avec sa belle-sœur Perrette de Rogery, devenue veuve, le 27 octobre 1772, il terminait enfin, en 1774, ses longs démêlés avec elle par une volumineuse transaction notariée.

Selon Lettres de Louis XVI, du 18 décembre 1776, messire Thomas-François-Jacques de Billeheust était devenu à cette date *capitaine commandant* (chef de bataillon) *au régiment du Maine, Infanterie*, colonel de Clarac, et il était nommé le 8 avril 1779, *capitaine commandant des chasseurs* au même régiment. — Pour cause de santé, il dut quitter l'armée le 21 janvier 1781, mais reçut, en récompense de ses services, le 13 août 1781, la croix de *chevalier de l'Ordre royal et militaire de St-Louis*, et avait déjà été constitué *pensionnaire du Roi* le 16 janvier précédent.

Antérieurement, par Lettres-patentes du 29 novembre 1780, signées à Versailles, enregistrées en la Cour des Comptes, Aides et Finances de Normandie le 22 mars 1781, et octroyées en conformité de deux arrêts et avis du Conseil d'Etat des 29 juin 1779 et 2 mai 1780, Louis XVI lui avait concédé, à titre de propriété incommutable à perpétuité, *pour diverses causes, notamment pour les services rendus par ceux de cette famille de Billeheust dans la carrière des armes*, une portion de bruyère nommée les VAUX-DE-VIRE et confinant à sa maison, à charge d'une redevance annuelle de 20 livres de froment ; il y avait établi de magnifiques jardins. — Nous le trouvons encore conférant, en date des 18 avril 1784 et 14 mai 1785, les offices de sergent et de greffier des hautes justices de St-Vigor et d'Argenton; recevant de son cousin Jean-Marie-Balthazar de Billeheust de Saint-Georges, lieutenant des maréchaux de France à Crespy-en-Valois, une lettre de condoléance, datée du 9 février 1789, au sujet de la mort de sa belle-sœur Perrette de Rogery; recevant enfin une convocation pour nouvelle assemblée de la Noblesse du bailliage de Caen, le 25 juillet 1789, dans une des salles de l'abbaye de St-Etienne de cette ville.

Cependant la Révolution approchait; le sire de Billeheust d'Argenton avait bien consenti librement, le 17 mars 1789, ainsi que les autres membres de la Noblesse de la généralité de Caen, à renoncer pour ladite Noblesse à l'exemption de l'impôt et des tailles (procès-verbal des assemblées de la Noblesse de la généralité de Caen, à St-Etienne de Caen, le 17 mars 1789 : Archives nationales : B. III. 40); mais il ne pouvait suivre d'un œil tranquille le débordement des passions révolutionnaires, qui allaient couvrir la France de sang et de ruines en renversant la Monarchie; il fit donc partie de la coalition de la Noblesse en 1791, émigra avec les Princes en 1793, et fit encore quatre compagnes en Allemagne : 1° la campagne de 1792 à l'armée de Mgr le duc de Bourbon, en qualité de premier chef de section de la Noblesse de Normandie, Infanterie; 2° la campagne de Liége, sous les ordres de Mgr le prince de Virtemberg, depuis le 26 mai jusqu'au 11 juillet 1794 ; 3° la campagne de 1794 et 1795, dans le corps anglais commandé par M. le maréchal duc de Broglie, jusqu'au 22 novembre 1795; 4° la campagne de 1796, à l'armée de Mgr le prince de Condé, en qualité de *chasseur noble*, avec brevet de *lieutenant-colonel*, dans la compagnie n° 17, campagne pendant laquelle il assista à différentes actions.

Devenu infirme et désespéré des événements de France, il mourut à Constance en Souabe (duché de Bade) le 9 novembre 1798, après avoir perdu tous ses biens personnels, confisqués et nationalement vendus pendant son Emigration, sans en excepter sa belle concession royale des Vaux-de-Vire.

Messire Thomas-François-Jacques de Billeheust d'Argenton s'était marié deux fois : la première, vers 1780, avec Mlle ADÉLAÏDE-CATHERINE ANGO DE LÉZEAU D'ECOUCHÉ, qu'il perdit presque aussitôt et qui, décédée à Rouen, berceau de sa famille, fut inhumée derrière l'autel, dans le chœur de l'église de Neuville, près Rouen, où était curé le frère de son père; la seconde fois, le 12 août 1783, à St-Marcouf-du-Rochy, près d'Isigny, avec Mlle LOUISE-FRANÇOISE CRESPIN DU NEUFBOURG (1), fille de messire Bon-François Crespin du Neufbourg, *écuyer*, seigneur et patron de Lépinay-Tesson, St-Marcouf-du-Rochy et autres lieux, et de noble dame Charlotte-Françoise du Châtel; elle lui apporta par héritage le château et la terre seigneuriale de St-Marcouf, encore aujourd'hui appartenant à l'aîné des représentants de la maison de Billeheust.

De cette alliance sont issus deux enfants :

1° BON-EUGÈNE, auteur des BILLEHEUST D'ARGENTON actuels.
2° JUSTINE-AIMÉE, mère et aïeule des DU BUISSON DE COURSON, dont l'article suit celui de son frère et de ses neveux.

XI° Messire BON-EUGÈNE DE BILLEHEUST, baron D'ARGENTON, vit le jour en la ville de Vire le 1er octobre 1784, sur la propriété concédée par Louis XVI à sa famille, et lors de son baptême, qui eut lieu à la même date, eut pour parrain son grand-père maternel et pour marraine sa tante, Mme la comtesse de Percy (Léonore de Billeheust).

Après avoir subi dans sa jeunesse les rigueurs de la Révolution, il entra au service, comme engagé volontaire, à l'âge de 21 ans, le 3 février 1807, dans le 27e régiment de chasseurs à cheval, et prit part depuis lors à presque toutes les guerres de l'Empire. Sa valeur personnelle et son courage lui firent rapidement atteindre le grade d'officier; il fit les campagnes de 1807 en Prusse et Poméranie, de 1808 en Hanovre, de 1809, 1810, 1811 et 1812 en Espagne, sous le maréchal Soult, de 1813 en Saxe, de 1814 et 1815 en France. Blessé deux fois sur le champ de bataille en Espagne, il reçut *la croix de la Légion d'Honneur* à Fontainebleau, de la main même de l'empereur Napoléon, le 3 avril 1814.

Sous la Restauration, il resta au service et reçut *la croix de*

(1) CRESPIN DU NEUFBOURG : La famille Crespin, quoique de noblesse récente, appartenait depuis un temps assez reculé à la haute et riche bourgeoisie du Bessin et du Cotentin. En raison de ses charges et aussi des services militaires de plusieurs de ses membres, dont l'un fut tué à la bataille de Dettingen (Bavière) en 1743, elle fut anoblie par Louis XV antérieurement à cette date, probablement vers 1735; toutefois, nous n'avons pu retrouver ni les Lettres-patentes ni par suite la date précise; et le premier de nos documents dans lequel se trouve la qualification nobiliaire d'*écuyer* est du mois de février 1742.

Armes des Crespin du Neufbourg : *d'azur, au chevron d'argent, accompagné de trois pommes de pin de même, la tige en haut.*

St-Louis par brevet du 29 février 1827. Deux ans plus tard, en 1829, Eugène de Billeheust, alors *capitaine-commandant au 9e régiment de dragons*, rentrait dans la vie privée, après avoir servi vingt-deux ans dans les 27e, 7e et 21e régiments de chasseurs et dans le 9e régiment de dragons, après avoir fait *neuf* campagnes et avoir reçu *deux* blessures. C'est à ce moment que, retiré fréquemment à son château de St-Marcouf-du-Rochy, il consacra ses loisirs à la culture de la poésie; les *Essais Poétiques* qu'il a laissés sont un précieux souvenir pour sa famille et ses amis.

Il est décédé à son château de St-Marcouf-du Rochy, près Isigny (Calvados), le 28 août 1863, à l'âge de 79 ans (1), entouré des sympathies de tous ceux qui avaient vécu dans son intimité, et justement regretté des pauvres, dont il fut toujours le bienfaiteur et l'ami.

M. le baron d'Argenton, qui avait fait un voyage en Angleterre, auprès de Mgr le comte de Chambord, en 1843, a épousé, d'après acte passé à la mairie de St-Vaast, près de Tilly-sur-Seulles (Calvados), le 8 avril 1826, Mlle MARIE-LOUISE-ADOLPHINE DE THOMAS DE LABARTHE, fille de messire Marie-Pierre-Claude de Thomas de Labarthe et de noble dame Marie-Anne-Emilie d'Auvrecher d'Angerville. Cette dame est décédée à Caen le 19 octobre 1873, dans sa 69e année, et a été inhumée dans le cimetière de Ste-Honorine, commune d'Hérouvillette, cimetière qui appartient à sa famille.

De l'union précitée sont sortis trois enfants :

1° HENRI, baron d'Argenton, l'aîné des représentants actuels (voir ci-après).

2° ÉDOUARD de Billeheust d'Argenton, souche de la branche puînée (voir ci-après).

3° MARIE-Paule-Octavie de Billeheust d'Argenton, née au château de St-Marcouf-du-Rochy (Calvados) le 11 septembre 1844, mariée à Ste-Honorine, commune d'Hérouvillette (Calvados), le 1er juin 1869, avec M. EDOUARD-Louis-Maxime DANIEL, comte DE BOISDENEMETZ, actuellement colonel d'un régiment de ligne et officier de la Légion d'Honneur, qui a pris une part glorieuse à la défense de Paris contre l'armée Allemande, dans la dernière et si désastreuse guerre de Prusse, et a été président du 4e conseil de guerre, chargé de statuer sur le sort des insurgés de la Commune révolutionnaire de Paris ; de cette union est sortie :

MADELEINE de Boisdenemetz, née à Caen, le 8 février 1871.

(1) Voir dans l'*Annuaire de l'Association normande*, 30e année, 1864, page 721 et suivantes, la Notice biographique sur M. Bon-Eugène de Billeheust, baron d'Argenton, par M. le comte de Guernon-Ranville.

Branche aînée.

XII° MARIE-JUST-HENRI DE BILLEHEUST, *baron* D'ARGENTON, né au château de Ste-Honorine-la-Chardonnette, commune d'Hérouvillette, près Caen, le 25 août 1828;

Marié en Bresse, le 15 juin 1858, avec Mlle EUGÉNIE DE LA POIX DE FRÉMINVILLE, fille de M. Claude de La Poix de Fréminville, ancien sous-préfet sous le premier Empire, demeurant alors au château de Laumusse, commune de Crottet (Ain), et de feu Mlle Marie-Caroline Nugues.

Après avoir habité quelque temps la commune d'Hurigny, aux environs de Mâcon (Bourgogne), après la mort de son beau-père, arrivée en janvier 1863, il a enfin fixé sa résidence habituelle, quelques années après la mort de son père, tant au château de St-Marcouf-du-Rochy, près d'Isigny (Calvados), dont la terre lui était échue en partage, et où il s'occupe d'agriculture, qu'en la ville de St-Lo (Manche).

De son union, il a aujourd'hui un fils et deux filles :

1° EUGÈNE de Billeheust d'Argenton, né à Hurigny (Saône-et-Loire) le 16 novembre 1863;
2° EMILIE, sœur du précédent, née également à Hurigny le 25 mars 1866;
3° MATHILDE, née au château de St-Marcouf-du-Rochy (Calvados) le 17 mars 1872.

Branche cadette.

XII° *bis*. ÉDOUARD-ADOLPHE-VICTOR DE BILLEHEUST D'ARGENTON, né au château de St-Vaast, près Tilly-sur-Seulles (Calvados), le 18 janvier 1832;

Engagé, en 1851, au 5e régiment de chasseurs à cheval; élève de l'Ecole de cavalerie de Saumur; retiré du service lors de son mariage;

Marié, le 14 octobre 1857, en la commune de Crottet (Ain), avec Mlle SOPHIE DE LA POIX DE FRÉMINVILLE, sœur puînée de la baronne Henri d'Argenton mentionnée ci-dessus.

Nommé *capitaine* dans la Garde mobile du Calvados lors de la formation; ayant fait, en cette qualité, la campagne de 1870-1871 dans les départements d'Eure-et-Loir, de la Sarthe, etc.; son corps faisant partie de la 2e armée de la Loire, il a rempli par intérim pendant assez longtemps les fonctions de *chef de bataillon*, et s'est vaillamment comporté, avec sa compagnie, à l'affaire de Savigné-l'Evêque (Sarthe), triste épisode de la bataille du Mans, les 10, 11, 12 et 13 janvier 1871; nommé chevalier de la Légion d'Honneur le 1er février 1872.

Actuellement (1876) propriétaire de la belle terre et du château de Ste-Honorine-Hérouvillette, près Caen, par suite de partages avec son frère et sa sœur, ainsi que du château de Montbray (Manche), et d'une partie considérable des anciens fiefs d'ARGENTON et de ST-VIGOR, par suite du testament de sa cousine, Mme la baronne des Rotours de Chaulieu; il habite la ville du Mans pour l'éducation de ses cinq enfants, qui sont :

1° CHRISTIAN de Billeheust d'Argenton, né au château de Laumusse (Ain), le 17 août 1858, terminant aujourd'hui ses études;
2° THÉRÈSE, née au château de Ste-Honorine-Hérouvillette, près Caen, le 9 mars 1862 ;
3° MAURICE, né au château de Ste-Honorine, le 1er décembre 1863;
4° VALENTINE, née au château de Ste-Honorine, le 20 octobre 1866;
5° LOUIS, né au château de Ste-Honorine, le 8 juin 1870.

XI° *bis*. JUSTINE-AIMÉE DE BILLEHEUST D'ARGENTON, sœur puînée de Bon-Eugène (voir ci-dessus), née à Vire, le 30 novembre 1785, passa auprès de sa mère, au château de St-Marcouf-du-Rochy, la tourmente révolutionnaire, et épousa, le 23 février 1808, en ladite commune de St-Marcouf, messire ANGE-CASIMIR DU BUISSON DE COURSON. Devenue veuve avec deux enfants le 29 août 1830, elle fut d'abord tutrice de ses deux fils, leur abandonna ensuite ses biens propres sous la réserve d'un douaire et vint se fixer à Bayeux. Vivant fort retirée du monde, d'une bonté, d'une piété et d'une douceur exemplaires, elle est décédée en cette ville le mardi 25 mars 1873, dans sa 88e année; son corps a été rapporté et inhumé, le vendredi suivant 28 mars, dans le cimetière d'Amblie, auprès de ceux de son mari et de son fils aîné. Un cippe en marbre noir, avec inscription, est également placé sur son tombeau.

Cette dame est la mère et l'aïeule des représentants actuels de la famille du Buisson de Courson-Cristot.

DE BILLEHEUST porte : *d'azur, au chevron d'argent, accompagné de trois roses de même, 2 et 1* (Armes indiquées dans la *Recherche* de l'intendant Chamillart, en 1666; — dans le *Nobiliaire du comté de Mortain*, par Pitart : fin du XVIIe siècle; — dans l'*Armorial général de la France*, de d'Hozier, 1696-1709 (1); — dans l'*Armorial de Normandie*, de Chevillard; — dans la Chesnaye-Desbois, etc.; — et peintes sur le certificat de noblesse signé de M. de Chamillart le 12 mars 1671).

SUPPORTS : *Deux licornes* (ailleurs *deux lions*); TIMBRE : *Couronne de Baron.*

(1) On lit dans l'*Armorial général de France*, manuscrit de d'Hozier (1696-1709), comprenant 34 volumes de texte et 35 volumes d'armoiries, dans le volume concernant la généralité de Caen, élection de Mortain :

Page 354, n° 20 : « Jean de Billeheust, écuyer, cadet, sieur de Fontenay, porte : *d'azur, à un chevron d'argent, accompagné de trois roses de même,* 2 *et* 1. »

Page 358, n° 37 : « François de Billeheust, écuyer, sieur des Pallières, porte : *d'azur, à un chevron d'argent, accompagné de trois roses de même,* 2 *et* 1. »

Page 377, n° 107 : « Alexandre de Billeheust, écuyer, sieur de Laugeril (?) (probablement des Loges), seigneur patron de La Chapelle-Cesselin, porte comme ci-devant article 37. »

Page 541, n° 80 : « Jean de Billeheust, écuyer, porte : *d'azur, au chevron* « *d'argent, accompagné de trois roses de même,* 2 *et* 1. »

SECONDE PARTIE.

ALLIANCES EN LIGNE COLLATÉRALE.

« L'on a cru dans tous les siècles que la splendeur « de la naissance était le premier avantage et la plus « importante félicité des familles. »

La Roque : Préface de l'*Histoire de la maison d'Harcourt.*

XXII° MUSTEL.

Sixième degré de filiation.

Jean ou Jéhan du Buisson; Marie Mustel : *vers la fin de la première moitié du XIV° siècle.* — Belle alliance. Il serait même assez vraisemblable que Marie Mustel, qui épousa Jean du Buisson, écuyer, mort en 1385, et frère de Thomas, avocat du Roi en l'Echiquier de Normandie, fût la sœur de Jean Mustel, maire de Rouen en 1356; elle appartenait, dans tous les cas, à la famille des Mustel de Bosc-Roger, qui fut maintenue dans sa noblesse en 1669 et qui, ainsi que Thomas et Jean du Buisson frères, mentionnés ci-dessus, avait sa sépulture en l'église du prieuré de St-Lô de Rouen.

Voici l'indication de quelques personnages notables de cette famille :

1° Noble homme Jean Mustel, vicomte de l'Eau de Rouen : 1302.

2° N. h. Robert Mustel, maire de Rouen : 1342-1352.

3° N. h. Jean Mustel, maire de Rouen : 1356.

4° N. h. Robin Mustel, qualifié, dans un document passé à Rouen le 15 avril 1426 et faisant partie de l'ancien Collége héraldique de France, *lieutenant* de Mgr Jean de Robessart, souverain maître enquêteur et réformateur des Eaux-et-Forêts du Roi en Normandie pendant l'occupation anglaise.

5° Nicolas Mustel, écuyer, sieur de Castillon, qui fit preuve de sa noblesse devant les Elus de Rouen en 1486.

6° Jean Mustel, écuyer, échevin de Rouen, député aux Etats de Normandie en 1509.

Etc., etc.

On peut consulter utilement sur cette famille l'*Histoire de Rouen*, de Dom Farin, tome II; l'*Histoire de la maison d'Harcourt*, de La Roque, pages 655, 656 et 793; le *Dictionnaire de la Noblesse*, de La Chesnaye-Desbois.

On lit dans la *Recherche de la Noblesse de la généralité de Rouen*, par messire Barin de La Galissonnière, intendant en ladite généralité (1666-1670) :

« Mustel : — Charles Mustel, écuyer, seigneur du Bosc-« Roger et de Gonneville, Philippe Mustel, aussi écuyer, « seigneur de La Boullaye, demeurant paroisse de Bou-« quetot, élection de Pont-Audemer; autre Mustel, demeu-« rant en la paroisse St-Lô, à Rouen; — maintenus le 10 avril 1669.

« Jean.	Jean Mustel, vivant en 1484, épousa d^lle Pauline Marguerit.
« Jean II, Michel.	Jean II épousa d^lle Marie de Maromme.
« Jean III.	Jean III épousa d^lle Geneviève Daré.
« Louis.	Louis, { lieutenant au bailliage de Rouen en 1549, épousa d^lle Barbe de La Place.
« Louis II.	Louis II épousa d^lle Jeanne de La Boullaye.
« Louis III.	Louis III épousa d^lle Madeleine Le Seigneur.
« Charles, Philippe.	Charles épousa d^lle Judith Le Loup.

« Portent : *d'azur, semé de fleurs de lys d'or sans nombre*, « *à trois herses d'or*, 2 *et* 1. »

D'après Dom Farin et l'*Armorial* de Chevillard : *d'azur, semé de fleurs de lys d'or sans nombre, à deux herses d'or, l'une au premier, l'autre au quatrième canton.*

XXIIIᵒ LE ROUX (ou LE ROUX D'ESNEVAL).

Neuvième degré de filiation.

Denis Le Roux de Becdal; Guillemette du Buisson; *année 1420 environ.* — On lit dans le *Dictionnaire de la Noblesse*, de La Chesnaye-des-Bois, que cette famille Le Roux, dont les membres devinrent, au XVIIe siècle, sires de Pavilly et barons D'ESNEVAL, est une des plus illustres de Normandie par l'antiquité de sa noblesse, ses possessions territoriales, ses alliances, ses charges et ses dignités. Elle tire son origine de RENAUD LE ROUX, mentionné dans le rôle des seigneurs qui possédaient des fiefs relevant du Roi sous Philippe-Auguste, et qui devaient service de chevalier *cum plenis armis.*

Le même auteur donne une généalogie commençant à RICHARD LE ROUX, qui vivait en 1315 et qui épousa Barbe du Mesnil, laquelle lui apporta en dot le fief de Becdal, ayant basse et moyenne justice, et relevant de la baronnie et haute justice d'Acquigny (1). Cette généalogie finit, pour la branche mère, au 12e degré, en la personne de Nicolas Le Roux, baron de Bourtheroulde, mort sans postérité dans la seconde moitié du XVIIe siècle. Mais la branche mère a donné naissance aux branches des seigneurs d'Infréville (10e degré), de Tilly (8e degré), de Cambremont, barons d'Esneval (10e et 11e degrés).

DENIS Le Roux (4e degré), qui épousa GUILLEMETTE DU BUISSON vers 1420, était fils de Martin Le Roux, chevalier, tué en 1424 à la bataille de Verneuil, et de Guillemette de Bailleul, dame de Villettes, et arrière-petit-fils de Richard Le Roux; outre les fiefs de Becdal et de Villettes, il possédait des biens dans le bailliage de Gisors, ainsi qu'il appert de lettres d'Henri V d'Angleterre, en 1419, l'autorisant à jouir des biens qui lui appartenaient en ce pays. Il fut gouverneur de Louviers et mourut en 1446, laissant de son alliance avec Guillemette du Buisson plusieurs enfants, notamment Guillaume, qualifié *riche et puissant seigneur.*

Les autres personnages les plus notables de cette maison sont :

Dans la branche mère : Guillaume II, conseiller en l'Echiquier, puis au Parlement de Normandie en 1499, acquéreur de la terre de Bourtheroulde et constructeur du célèbre hôtel de Bourtheroulde, à Rouen ; — Guillaume Le Roux, abbé d'Aumale et du Val-Richer, l'un des négociateurs du Concordat sous François Ier ; — Nicolas Le Roux, seigneur de Becdal et de St-Aubin, conseiller au Grand-Conseil, maître des Requêtes, puis président à mortier au Parlement de Bretagne, marié, le 10 février 1586, avec Catherine Olivier, fille de François Olivier, chancelier de France ; — Claude Le

(1) Voir sur Becdal, dont le manoir existe encore, et sur Acquigny (Eure), commune où est située cette terre, l'*Annuaire de l'Eure*, par Lebeurrier, archiviste du département, année 1862, pages 37 et suivantes, 97 et suivantes jusqu'à 107.

Roux, IVe du nom, nommé président à mortier au Parlement de Rouen en 1621; — Robert Le Roux, chevalier de Malte, etc.

Dans la branche d'Infréville : Louis Le Roux, intendant de la marine du Levant, puis conseiller d'Etat sous Louis XIII; — autre Louis Le Roux, chevalier de Malte, nommé capitaine de vaisseau en 1666, après la prise de cinq vaisseaux Algériens sur la côte d'Afrique; etc.

Dans la branche de Tilly : Robert Le Roux, Ier du nom, seigneur de Tilly et Becdal, second fils de Claude Le Roux et de Jeanne de Chalenge, conseiller au Parlement de Rouen en 1543, mort en 1583; — Nicolas Le Roux du Mesnil-Jourdan, petit-fils du précédent, gentilhomme ordinaire de la Chambre du Roi, tué au siége de Landrecies, en 1637; — Robert Le Roux, IIIe du nom, conseiller au Grand-Conseil; — Pomponne Le Roux de Tilly, lieutenant général des armées du Roi sous Louis XIII, gentilhomme ordinaire de la Chambre, gouverneur de Collioure en Roussillon, maréchal de camp en 1646, lieutenant général de l'armée de Catalogne sous le maréchal de La Motte-Houdancourt en 1652, mort à Pezenas en 1656, après avoir été ami des cardinaux-ministres Richelieu et Mazarin et avoir été réputé grand homme de guerre; etc.

Dans la branche de Cambremont et des barons d'Esneval : Claude Le Roux, conseiller au Parlement de Normandie en 1636, d'abord sieur de Becdal, acquéreur du fief de Cambremont et de la baronnie d'Acquigny en 1656, marié avec Madeleine de Tournebu, et dont le fils, Robert Le Roux, sire de Pavilly, baron d'Esneval (1), fut ambassadeur en Portugal et mourut en 1693; — Pomponne Le Roux, vicomte de Camblisy, aide-de-camp des maréchaux de Créquy et de Luxembourg, colonel du régiment de Luxembourg à la fin du XVIIe siècle; — Anne-Robert-Claude, baron d'Esneval, président à mortier au Parlement de Normandie en 1712; — Esprit-Robert-Marie Le Roux d'Esneval, baron d'Acquigny, aussi président à mortier au même Parlement en 1770, marié, en 1772, avec Françoise-Félicité de Morant, fille de

(1) La dernière héritière des premiers sires d'Esneval, titrés *vidames de Normandie*, sires de Pavilly, porta ses biens dans la maison de Dreux; une héritière de Dreux les porta à un Prunelé; puis une Prunelé, à un Tournebu; enfin Madeleine de Tournebu épousa, par contrat du 12 avril 1644, Claude Le Roux, sieur de Cambremont et de Becdal, puis baron d'Acquigny, et leur fils Robert reçut en donation de son aïeul maternel, en 1677, les terres d'Esneval et de Pavilly. Ce n'est que depuis cette époque que ces Le Roux ont pris le titre de vidames de Normandie, sires de Pavilly et barons d'Esneval.

Thomas-Charles, marquis de Morant, comte de Penzès ; — etc.

ARMES des Le Roux : *d'azur*, *au chevron d'argent accompagné de trois têtes* (ou *mufles*) *de léopard d'or*, *2 et 1* (1).

Branche d'IQUELON.

XXIVe MALDERÉE.

Onzième degré de filiation.

ROBERT DU BUISSON, SEIGNEUR D'IQUELON-SUR-FOURMETOT ; MARGUERITE MALDERÉE : *fin du XVe siècle.* — La noblesse de la maison Malderée, dont l'écusson est gravé dans l'*Armorial* de Chevillard, ne date que de la seconde moitié du XVe siècle ; à cette époque, elle possédait des fiefs importants en Haute-Normandie, notamment ceux de Cateville-sur-Dieppe, de Gravelles, etc. — Un sieur de Cateville (probablement Malderée) était, en 1584, maître d'hôtel de la maison du cardinal de Bourbon-Vendôme, archevêque de Rouen (Charles X de la Ligue). Ce fait est établi par le brevet de contrôleur ordinaire de la maison du Cardinal-prince, octroyé à Pierre (Ier) du Buisson, sieur de Courson, le 23 août 1584 (C. A., no 15). — JACQUES Malderée, écuyer, sieur de Cateville, prit part, en 1569, sous le règne de Charles IX, au complot des Religionnaires (huguenots) pour s'emparer de Dieppe, et fut même le chef de la conjuration. On lit dans l'*Histoire du Parlement de Normandie*, par A. Floquet (In-8o; Rouen; 1841), tome III, pages 47 à 51, que « ce « Cateville était un des hommes les plus remuants de la « province (de Normandie). Déjà, sept ans auparavant, « en décembre 1562, il avait tenté sur Dieppe même un « coup de main hardi, qui avait réussi », et qui avait eu pour conséquence l'assassinat de Ricarville, commandant du château, l'arrestation du gouverneur Martel de Bacqueville, et l'introduction des Huguenots dans la place. Vendu par un sergent nommé Revers, qui révéla au gouverneur Si-

(1) Les Le Roux d'Esneval portaient un écu composé : *Au 1er, d'azur, à la croix fleurdelisée d'or*, qui est DE PAVILLY ; *au 2e, palé d'or et d'azur de six pièces, au chef de gueules*, qui est d'Esneval ; *au 3e, échiqueté d'or et d'azur, à l'orle de gueules*, qui est DE DREUX ; *au 4e, de gueules, à six annelets d'or, 3, 2 et 1*, qui est de Prunelé ; *au 5e, d'argent, à la bande d'azur*, qui est de Tournebu ; — et sur le tout, l'écusson des Le Roux, tel qu'il est indiqué ci-dessus.

gognes tous les détails de cette nouvelle conjuration, arrêté, puis traduit devant le Parlement (Chambre criminelle), ainsi que son ami Lindebeuf, coupable seulement de n'avoir pas révélé le complot, tous les deux furent, par arrêt du 4 mars 1569, « déclarés convaincus du crime de Lèze-« Majesté, pour la prodition et la conjuration par eux faite « à surprendre les château et ville de Dieppe et ville Fran-« çoise de Grâce (Le Havre) et icelles rendre ès mains des « ennemis du Roi, condamnés à avoir la tête tranchée au « Vieux-Marché de Rouen, leurs têtes affichées sur lances « près du château de Dieppe, etc., leurs biens confisqués, « et à être, eux et leur postérité, dégradés de noblesse. « Le même jour, les deux amis, après d'horribles tortures, « furent traînés ensemble au supplice, et leurs têtes rou-« lèrent sur l'échafaud permanent du Vieux-Marché. »

Malgré cet arrêt, cette famille fut maintenue dans sa noblesse, en 1668, dans la généralité de Rouen et l'élection d'Arques; de plus, nous trouvons un Malderée, sieur de Cateville, mentionné sur les Procès-verbaux des Assemblées de la Noblesse du grand bailliage de Caux en 1789.

On lit dans la *Recherche de la Noblesse de la généralité de Rouen*, par messire Barin de La Galissonnière, intendant en ladite généralité (1666-1670) :

« MALDERÉE : — Hercule de Malderée, écuyer, sieur de « Casteville (*sic*), y demeurant, élection d'Arques, et « François de Malderée, écuyer, demeurant en la paroisse « de Preuilly, de ladite élection, frères; — maintenus le « 11 février 1668, le Procureur du Roi ayant dit que Jacques « de Malderée, fils Jean, leur bisaïeul, justifia de sa qualité « devant les Commissaires en l'an 1556, et exposa que Jean, « son prédécesseur, demeurant en la ville d'Arques, avait « été anobly en 1471.

« Jean.	Jean Malderée épousa d^{lle} Antoinette de Domeville.
« Jacques.	Jacques épousa d^{lle} Renée de Crény.
« Hercule.	Hercule Ier épousa d^{lle} Suzanne Beziq (?), en 1573.
« Louis.	Louis épousa d^{lle} Charlotte Langlois.
« Hercule II, François.	Hercule II épousa d^{lle} Marie de Grenoy (?).

« Portent : *de gueules, à la croix ancrée d'argent, chargée en « cœur d'un écu d'azur, surchargé d'un lion rampant d'or, lam-« passé de gueules.* »

XXV° DE PANNEBLEN.

Douzième degré de filiation.

GUILLAUME DU BUISSON, SEIGNEUR D'IQUELON; JEANNE DE PANNEBLEN : *vers l'an* 1500 *environ.* — Aucun document, malgré nos recherches, n'a pu nous renseigner sur la famille de Panneblen, qui cependant appartenait, sans aucun doute, à la Noblesse de Normandie, puisque Joachim de Panneblen, père de Jeanne et époux de Jeanne de Monchy, est qualifié *écuyer* dans le Titre généalogique de 1600, reproduit au Catalogue Analytique, n° 21.

Famille probablement éteinte depuis longtemps.

Armes inconnues.

XXVI° DE VILLIERS (1).

Treizième degré de filiation.

FRANÇOIS DU BUISSON, SEIGNEUR D'IQUELON; CLAUDE DE VILLIERS: *vers les années* 1520 *à* 1525 *environ.* — Quoique dans les *Recherches de la Noblesse* faites en 1666-1670 par les intendants Chamillart (généralité de Caen), La Galissonnière (généralité de Rouen) et de Marle (généralité d'Alençon), on ne trouve que la famille de Villiers de Hesloup, maintenue noble en la généralité d'Alençon, et à laquelle nous consacrons une notice au n° XLIII ci-après, l'existence en Normandie pendant le moyen âge de plusieurs familles du nom de VILLIERS n'en est pas moins certaine. Les deux plus connues et les deux plus illustres sont assurément celles de Villiers du Hommet en Cotentin, dont nous aurons l'occasion de parler plus loin, et celle des Villiers de l'Isle-Adam, dans l'Isle-de-France et aussi la Haute-Normandie.

Claude de Villiers, femme de François du Buisson d'Iquelon, était indubitablement de la même famille que « PIERRE DE VILLIERS, armé de harnois complet, ung page

(1) Nous avions d'abord lu sur le manuscrit CLAUDE DE TILLIÈRES; c'est ce qui explique pourquoi nous avions parlé des Le Veneur de Tillières dans un ouvrage précédent; un examen plus attentif du manuscrit, fait avec le concours de l'archiviste de la Manche, M. Dubosq, nous a convaincu que le texte portait en réalité CLAUDE DE VILLIERS *et non pas* DE TILLIÈRES.

« portant sa lance et ung homme en brigandine ; pour ce, « 1 homme d'armes, 1 coustillier », qui figure à Ecouis, le 10 janvier 1471, à la « Monstre généralle des Nobles « du bailliage de Caux et Gisors, faite au nom du Roy, « nostre sire (Louis XI), le 31 décembre 1470 et jours « suivants, par messire Anthoine d'Aubusson de Monteil, « bailly de Caux »; peut-être aussi de la même famille que ces Villiers (Balthasar, Sébastien, Jean) qui figurent sur les rôles des taxes de l'Arrière-Ban du bailliage d'Evreux en 1562. Mais était-elle de la maison des Villiers de l'Isle-Adam ? A l'époque où elle vivait, les déplacements des familles étaient rares et le voisinage autoriserait à la rigueur cette présomption, fort incertaine cependant.

La grande maison des VILLIERS DE L'ISLE-ADAM avait pour auteur AIMERY de Villiers, qui vivait en 1073, d'après l'*Histoire ecclésiastique* d'Ordéric Vital, et dont la filiation est rapportée par le sieur de La Roque-La-Lontière, dans son *Histoire de la maison d'Harcourt* (tome II, pages 1637 à 1642). Parmi les descendants d'Aimery, nous citerons : 1° ADAM de Villiers dit *le Bègue*, chevalier, seigneur de Villiers-le-Sec dans l'Isle-de-France, de Vitry-en-Brie, de La Tour de Chaumont-en-Vexin, de Belle-Eglise, près Chambly, etc., vivant en 1342, dont les grands biens passèrent en majeure partie à PERENELLE de Villiers, l'une de ses filles, qui épousa haut et puissant seigneur GUILLAUME d'HARCOURT ; 2° PIERRE de Villiers, frère du précédent, baron de Macy, plus tard seigneur de l'Isle-Adam et de Valmondois, grand maître d'hôtel de France pour le roi Charles V, et lieutenant-général en Normandie pendant la guerre contre les Anglais. Ledit Pierre ajouta à ses qualités celle de *seigneur de l'Isle-Adam*, ayant acheté cette terre, par contrat du 6 novembre 1364, de Guillemette de Lusarches, veuve de Pierre, dit Mauclerc, de Joigny, descendue d'Anselme de l'Isle, seigneur de Balincourt, de Nesle et de l'Isle-Adam l'an 1319. — Le petit-fils de Pierre de Villiers, JEAN, fut maréchal de France et capitaine du Louvre en 1418 ; Pierre est également l'un des aïeux de PHILIPPE de Villiers de l'Isle-Adam, le fameux grand-maître de l'Ordre de St-Jean de Jérusalem, qui s'immortalisa dans la défense de Rhodes en 1522-1523.

VILLIERS de l'Isle-Adam porte : *d'or, au chef d'azur, chargé d'un dextrochère d'argent mouvant du second party et revêtu d'un fanon d'hermines.*

XXVII° D'ANNEVAL.

Treizième degré de filiation.

GERMAIN D'ANNEVAL ; CHARLOTTE DU BUISSON D'IQUELON : *vers les années* 1522 *à* 1530 *environ.* — Nous n'hésitons pas à penser que cette famille d'Anneval est la même que celle dont le nom est écrit *d'Amerval* dans la *Recherche de la Noblesse* de La Galissonnière, d'autant plus que La Chesnaye-Desbois et Chevillard, dans son *Armorial*, écrivent bien *d'Anneval*, avec les mêmes armes que celles indiquées dans La Galissonnière pour *d'Amerval.*

Le Titre généalogique sur les du Buisson d'Iquelon (C. A., n° 21) nous indique que de l'alliance de Charlotte du Buisson avec Germain d'Anneval, sieur de St-Méry, sortit CLAUDE D'ANNEVAL, écuyer, qui épousa MADELEINE PORCHÉ, fille de noble homme Laurent Porché et de damoiselle *(sic)* Charlotte Martel.

On lit dans La Chesnaye-Desbois, *Dictionnaire de la Noblesse*, tome Ier, IIe partie : « ANNEVAL (D'), sieurs DE LA « FONTAINE, en Normandie, généralité de Rouen. Famille « maintenue dans sa noblesse le 10 août 1668. Dans le « *Traité du Ban et Arrière-Ban* par La Roque, on trouve, « parmi les barons, bannerets et chevaliers auxquels le Roi « (probablement Jean-le-Bon) écrivit pour venir à son man- « dement, le 23 août 1350, *le sire* D'ANNEVAL. »

On lit dans la *Recherche de la Noblesse* faite par messire Barin de La Galissonnière, intendant de la généralité de Rouen, en 1666-1670 :

« D'AMERVAL (lire D'ANNEVAL) : — Philippe d'Amerval (d'An- « neval), écuyer, sieur de Cirfontaine (partout ailleurs : de « La Fontaine), demeurant en la paroisse d'Avesnes, élec- « tion de Gisors, stipulé par Jacques, écuyer, son fils ; « maintenu le 10 août 1668.

« Philippe.	Philippe Ier épousa dlle Louise de Cléry.
« Achim.	Achim épousa dlle Louise de Malleville.
« Philippe, Mathieu, Robert.	Mathieu épousa dlle Anne de Crèvecœur.
« Philippe.	Philippe, fils Mathieu, épousa dlle Elisabeth de Guestrus (?).
« Jacques.	

« Portent : *d'azur, à trois molettes d'éperon d'or*, 2 *et* 1, « *avec un croissant d'argent en abîme* (mêmes armes indi- « quées dans La Chesnaye-Desbois et gravées dans l'*Armorial* « de Chevillard, le tout à l'article D'ANNEVAL). »

XXVIII° DE LIVET DE BARVILLE.

Treizième degré de filiation.

JEAN DE LIVET, SEIGNEUR DE BOURNEVILLE, BARVILLE, etc. CATHERINE DU BUISSON D'IQUELON : *vers les années* 1522 *à* 1530 *environ.* — On peut aisément se former une idée de l'ancienne noblesse de la maison normande des Livet de Barville par les grandes prérogatives qui lui avaient autrefois été accordées, et qui sont rapportées : 1° dans l'inventaire du trésor des Chartes, tome IX, page 635, n° 17; 2° dans le livre intitulé : *Les droits publics en France sous Philippe-Auguste*, qui renvoie au premier.

Laurent de Livet, écuyer, vendit au roi Philippe-le-Bel, en 1298, les droits de chasse dans la forêt de Rouvray, ceux de pêche de Francières et ceux de *franc-moudre* dans toutes les eaux, dans tous les moulins dépendant de la Couronne en Normandie, priviléges qui avaient été accordés à sa maison par Henri Ier, roi d'Angleterre et duc de Normandie.

Jean de Livet, chevalier banneret de Normandie au commencement du XIIIe siècle, est compris dans le rôle dressé par l'ordre de Philippe-Auguste vers l'an 1216 et rapporté par Masseville dans le tome II de son *Histoire sommaire de Normandie.*

De ce Jean de Livet est descendu Thomas de Livet, seigneur de Livet-sur-Authou, lequel prenait le titre de *chevalier* dans un acte passé devant les tabellions de Pont-Audemer le mercredi après la Circoncision de l'an 1268. C'est à ce Thomas de Livet que La Chesnaye-Desbois, dans son *Dictionnaire de la Noblesse*, tome XII, 1re partie, commence la généalogie de cette maison, qu'il continue sans interruption jusqu'au 15e degré, en 1769. On voit dans cet auteur que Renaud de Livet, fils de Thomas, épousa, dans la seconde partie du XIIIe siècle, Jeanne de Gaillon, laquelle eut pour dot la terre et seigneurie de BOURNEVILLE, dans le Roumois, terre et seigneurie dont Jean II de Livet rendit aveu au Roi le 23 juillet 1388 (1). Plus loin, on lit :

(1) Dans un rôle dressé par ordre de François Ier, selon Lettres datées de Blaye

« VIIe DEGRÉ. — Guillaume, IIe du nom, chevalier, seigneur « de Livet, Bourneville, Condé, Touffreville, Anières, Bar- « ville, Courtonnel, Le Villaret, etc....., épousa Marie des « Mares, fille de N.... des Mares, seigneur de Bellefosse-en- « Caux, etc. Leurs enfants furent :

« 1° JEAN, seigneur d'Anières, de Bourneville, etc., lequel pro- « duisit, tant en son nom qu'en celui de son père, ses « titres de noblesse remontant à des époques très-recu- « lées, dont copie fut déposée au bureau de l'élection à « Lisieux le 1er octobre 1540. Il fut employé dans l'armée « que François Ier envoya en Picardie et y fut tué. Il avait « épousé CATHERINE DU BUISSON, de laquelle il eut plusieurs « enfants, *dont nous ignorons la postérité.*

« 2° Guillaume, qui continue la descendance.

« 3° Blanche, religieuse au prieuré de Bondeville. »

Si La Chesnaye-Desbois n'a pu découvrir la postérité de Jean de Livet, seigneur de Bourneville, et de Catherine du Buisson d'Iquelon, nous savons, par la Recherche de la Noblesse de La Galissonnière, que son fils aîné s'appelait Jacques et épousa Jacqueline Godefroy, et, en outre, par le Titre généalogique de 1600 sur les du Buisson d'Iquelon, titre reproduit intégralement et textuellement au Catalogue Analytique, n° 21, que de cette union sortit encore au moins une fille, Louise de Livet, laquelle épousa messire Pierre de Saint-Pierre, écuyer, seigneur de Marolles ; qu'enfin cette alliance donna naissance à une autre fille, nommée Isabeau de Saint-Pierre (1). Le Titre généalogique s'arrête à cette dernière.

Sans entrer dans la suite de la généalogie des Livet, donnée

le 20 mars 1540, par le bailly de Rouen ou son lieutenant en la vicomté de Pont-Authou et Pont-Audemer, on trouve, en la sergenterie du Roumois, « le « fief de Livet et Bourneville, et la vavassorie des Jardins appartenant à noble « homme Guillaume de Livet, tenus du Roi pour un quart de fief valant (au « profit de la couronne) 250 livres. »

(1) On lit, sur cette famille de St-Pierre, dans la *Recherche de la Noblesse* de la généralité de Rouen par l'intendant Barin de La Galissonnière (1666-1670) :
« DE SAINT-PIERRE : Henry de St-Pierre, écuyer, sieur de St-Julien- « Mailloc, y demeurant, paroisse de Bonneville-la-Louvet, élection de Pont- « Audemer, maintenu (noble) le 12 septembre 1668.

« Antoine.	Antoine de Saint-Pierre épousa	Marie de Roqueline.
« Gédéon.	Gédéon.	Anne du Fay.
« François.	François	Custine de Brécy.
« Henry.	Henry, maintenu.	

« Portent : *d'azur, au chevron d'or, accompagné de trois roses de même, 2 en chef et 1 en pointe.*

par La Chesnaye-Desbois, nous devons cependant mentionner Adrien de Livet, chevalier, marquis de Barville, commandant en chef du régiment d'Armagnac, qui produisit, en 1666, devant l'intendant de la généralité d'Alençon, M. de Marle, outre vingt-deux attestations de services militaires, trente-deux actes justificatifs de l'ancienneté de sa noblesse; puis Jacques de Livet, marquis de Barville, fils du précédent, lieutenant-colonel au régiment d'Alençon en 1693; encore Louis-François de Livet, marquis de Barville, major au régiment de Carney et commandant du fort de Dagsbourg, en Lorraine.

Enfin on lit dans la *Recherche de la Noblesse* faite par messire Barin de La Galissonnière, intendant de la généralité de Rouen (1666-1670) :

« DE LIVET. — Jacques de Livet, écuyer, sieur de Caillovet, « demeurant en la paroisse de Borneville *(sic)*, élection de « Pont-Audemer, maintenu le 11 août 1668.

« Richard de Livet épousa damoiselle Gillette de Barville.
« Guillaume, fils Richard. . . . . . Marie des Mares.
« Jèan, fils Guillaume. . . . . Catherine du Buisson.
« Jacques, fils Jean. . . . . Jacqueline Godefroy.
« Jacques II, fils Jacques. . . . . . N.....
« Portent : *d'azur, à trois molettes d'éperon d'or*, 2 *et* 1. »

Ces armes sont gravées en outre dans l'*Armorial* de Chevillard, qui mentionne aussi un Livet, écuyer, sieur de St-Léger, Caillovet, etc., maintenu également en la généralité de Rouen, élection de Pont-Audemer, le 31 décembre 1667.

Branche de COURSON-CRISTOT.

XXIXe DE BOURGUEVILLE DE BRAS.

Treizième degré de filiation.

CHARLES DE BOURGUEVILLE, SIEUR DE BRAS; PHILIPPINE DU BUISSON DE COURSON : *année* 1540. — La famille de Bourgueville, dont on trouve trace à Caen dès 1410 et 1411, époque à laquelle vivait Richard de Bourgueville, ancêtre de celui qui nous occupe, n'était pas originairement *de noblesse;* elle fut anoblie seulement par le roi Henri II, en 1555, en la personne de l'époux de Philippine du Buisson. C'est ce que nous apprend le sieur de La Roque La Lontière, dans son *Traité de la Noblesse*, où on lit à la page 260 : « Enté-« rinement des Lettres d'anoblissement devant les baillis et

« les sénéchaux, et devant les Elus, comme celles données à « Charles de Bourgueville, sieur de Bras, lieutenant général « au bailliage de Caen, l'an 1555. » — On lit d'ailleurs encore, au sujet du petit-fils de M. de Bras, dans la *Recherche de la Noblesse de la généralité de Caen*, faite par ROISSY (Jean-Jacques de Mesme) et autres commissaires royaux pour ce départis en ladite généralité, ès années 1598-1599 : « Charles de Bour- « gueville, fils Guillaume, fils Charles, qui obtint arrêt d'en- « térinement, en date du 6 février 1568, des Lettres-patentes « du Roi, de maintenue à sa noblesse, du 6 avril 1567, de- « meurant à Caen ; veu ledit arrest et la descente, jouira (du « privilége de noblesse). »

Messire CHARLES DE BOURGUEVILLE, qui devint plus tard *sieur* DE BRAS (1), *naquit du vouloir de Dieu*, ainsi qu'il nous l'apprend lui-même, le jeudi 6e jour de mars 1504, de l'union de JEAN DE BOURGUEVILLE, avocat du Roi aux bailliage et vicomté de Caen, et de MARGUERITE DE CAIRON, et fut baptisé le même jour en l'église St-Pierre de Caen. Après avoir terminé ses études au collége du Bois et reçu le grade de *bachelier* à Caen, il fut pourvu, à l'âge de 27 ans, de la charge de *lieutenant du vicomte de Caen*, charge qu'il n'exerça guère plus d'une année. Il suivit alors la cour de François Ier et accompagna ce prince dans ses voyages en Auvergne, en Languedoc et en Provence. — Le 6 juin 1541, de retour à Caen, il fut pourvu de la charge de *lieutenant particulier du bailly* de cette ville ; il en prit possession le 20 du même mois, *sans payer finance*, parce que le chancelier Poyet « le connaissait et lui avait « promis de le pourvoir en état honorable. »

Vers l'an 1568, la charge de *Lieutenant général du Roi* à Caen étant devenue vacante par la mort de messire Olivier de Brunville, écuyer, Charles de Bourgueville lui succéda et exerça ses fonctions jusque sur ses vieux jours, époque à laquelle il s'en démit en faveur de Jean Vauquelin de La Fresnaye, qui avait épousé sa fille Jeanne. « Non pas, dit-il, « qu'il fût ennuyé de servir au public ; mais pour sa vieillesse, « à l'exemple d'un Quintus Cincinnatus, d'un Curius, et autres « sénateurs Romains ; comme aussy pour passer le reste de « son âge à lire l'Escriture Sainte et contempler les faits admi- « rables de Dieu et de nature. » Charles IX, par ses Lettres du 17 octobre 1573, enregistrées au Matrologue de la ville, « en considération des services qu'il avait rendus dans la

(1) Le fief de BRAS, dont l'historien de Caen prit le nom sous lequel il est si connu, est situé en la commune d'IFS, canton et arrondissement de Caen (Calvados). Les moines de St-Etienne de Caen en étaient seigneurs; mais il fut acquis par lui probablement pendant les guerres de religion, époque à laquelle on vendit plusieurs portions des biens des évêques et des abbayes.

« judicature pendant 45 années », lui conserva le droit d'assistance et de suffrage aux assemblées du Bailliage, du Présidial et de l'Hôtel-de-Ville, et les mêmes priviléges dont il jouissait étant lieutenant-général. Depuis ce temps, il se livra tout entier à l'étude et à ses recherches sur les antiquités de Caen. Voici les ouvrages qu'il composa à différentes époques de sa vie :

1° L'*Histoire véritable de la guerre des Grecs et des Troyens, par Darès de Phrygie ;* Caen : Bénédic Macé, 1572 ;

2° L'*Athéomachie et discours sur l'immortalité de l'Ame et résurrection des Corps ;* Paris : in-4° ; Martin le jeune, 1564 ;

3° *Les discours de l'Eglise, Religion et de la Justice ;* Paris, in-4° : Nicolas Chesneau, 1579 ;

4° Enfin les *Recherches et Antiquitez de la province de Neustrie, comme aussy de la Ville et Université de Caen :* Caen ; in-4° : Vincent et Le Fèvre, 1588.

C'est à ce dernier ouvrage seul que Bourgueville doit de jouir, après plus de deux siècles et demi, d'un nom encore si populaire parmi ses concitoyens. « Il recueillit le premier, » dit l'abbé De La Rue, » tout ce qu'il put trouver d'intéressant « pour l'histoire de Caen, et surtout sur le siècle où il « vivait. Aussi ses *Recherches* sont un monument que la pos- « térité accueillera toujours avec d'autant plus de faveur « qu'elles furent écrites dans un temps de trouble et d'anar- « chie, au milieu des agitations de l'esprit de parti, et cepen- « dant toujours avec ce ton simple et de bonhomie qu'em- « prunte quelquefois la vérité. » C'est d'ailleurs le premier ouvrage écrit en Français sur les antiquités de notre province. On y trouve une foule de détails fort curieux sur les anciens usages, que l'on chercherait vainement ailleurs.

M. de Bras, qui mourut le 5 novembre 1593, à l'âge de près de 90 ans, et qui fut inhumé dans l'église St-Pierre de Caen, dans la chapelle à droite du maître-autel, habitait un bel hôtel, situé rue Guilbert, n° 27 actuel (1), appartenant aujourd'hui

(1) La note suivante a été imprimée dans tous les journaux de Caen au commencement du mois d'août 1869 :

« La maison de M. de BRAS, à Caen.

« On a fait récemment dans notre ville une découverte archéologique qui « ne manque pas d'importance.

« Nos antiquaires savaient que le vieil et vénérable historien de Caen, « M. de Bras, avait son logis dans la rue Guilbert ; mais ils n'avaient pu jus- « qu'à présent indiquer sa maison avec une certitude absolue. Aujourd'hui « c'est une question décidée. Que l'on veuille bien se rendre au n° 27 de la « rue Guilbert, dans la cour de l'hôtel qu'occupait naguère Mme la marquise « de Canisy. Le nouveau propriétaire, M. Hettier, ayant fait démolir un bâti- « ment moderne appliqué contre l'ancienne façade, les ouvriers ont mis à nu « une fenêtre du XVIe siècle, surmontée d'un écusson aux armes de M. de

(1876) à M. Léopold Hettier, membre du Conseil général du Calvados et de la Société des Antiquaires de Normandie, hôtel restauré, dans le style de l'époque, avec intelligence et avec un goût parfait, par ce propriétaire et par son fils Charles, l'un de nos meilleurs amis d'enfance.

Charles de Bourgueville de Bras avait épousé en secondes noces, en 1540, noble damoiselle PHILIPPINE DU BUISSON (1), fille de noble homme messire JEAN DU BUISSON, sieur DE COURSON, et de JEANNE BOUET, sa femme ; cette dame le dédommagea amplement de la stérilité de son premier mariage, en lui donnant *sept* fils et *sept* filles. Mais il paraît que, de tant de fils, il ne lui en resta qu'un seul, GUILLAUME, sieur DE BRUCOURT, qui, après une union de sept années avec ANNE DE BURES, fut tué à la bataille de Coutras, aux pieds du duc de Joyeuse. « Il laissa, » dit Huet, « un fils à Charles, son père, « pour la consolation de sa vieillesse, nommé CHARLES, comme « lui, que nous avons tous connu sous le nom de BRUCOURT, « homme d'un esprit infiniment agréable, naturel, délicat et « original en son genre, etc. — BERNARDIN, son fils, tint « beaucoup de ce génie. Il eut l'esprit plus élevé que son « père, mais beaucoup plus bizarre et moins réglé. Il a fait « diverses pièces de poésie, toutes pleines de feu et d'inven- « tion. Il mourut avant son père. Il avait épousé une vieille « femme qui lui survécut. Elle était de la maison DE MONT- « GOMMERY et veuve du seigneur de La Forêt, de la maison de « Vassy (2). Il n'en eut point d'enfants et *laissa éteindre*, *par « sa mort, la famille* DE BOURGUEVILLE. »

ARMES, telles qu'elles se trouvaient au manoir de Bras, commune d'Ifs, près Caen, telles qu'elles sont peintes sur le portrait de M. de Bras, qui décore la Bibliothèque de Caen, et telles que la restauration de l'hôtel situé au n° 27 de la rue Guilbert, à Caen, les a rétablies sur la façade de l'ancienne habitation de l'historien caennais : *Palé d'or et d'azur de six*

« Bras (Charles de Bourgueville). L'écusson est intact, mais, des deux figures « des supports, il ne reste qu'un fragment, qui paraît d'un bon travail.

« Les armes sont exactement les mêmes que celles qui ont été observées au « manoir de Bras et dessinées par M. Bouet (*d'or, à trois pals d'azur, au « chef de gueules, chargé de trois fermaulx d'or*).

« Il est donc établi que l'hôtel où l'on vient de retrouver cet écusson fut « celui de M. de Bras. »

(1) On lit dans les *Notes* de l'abbé De La Rue : « PHILIPPINE DU BUISSON était de la famille des DU BUISSON, qui portent aujourd'hui le nom de *Courson*. »

(2) Dans un arrêt du Parlement de Paris, du 30 août 1675, faisant partie des documents de la maison de Billeheust d'Argenton, se trouve mentionné *messire* BERNARDIN DE BOURGUEVILLE, *chevalier*, *baron* DE CLINCHAMPS, qui avait épousé *dame* LOUISE DE MONTGOMMERY, veuve en premières noces de messire Jacques de Vassy, chevalier, seigneur de La Forêt.

pièces, au chef de gueules, chargé de trois fermaulx (1) *d'or.* Devise : *Par justice paix.* — Exergue : *L'heure de grâce use l'oubli.*

XXX° HUBERT DU MESNIL.

Quatorzième degré de filiation.

Guillaume Hubert, sieur du Mesnil; Marie du Buisson de Courson : 22 *janvier* 1597. — Nous n'avons pu constater avec certitude à quelle famille appartenait *honneste homme maître* Guillaume Hubert, sieur du Mesnil, qui, d'après un traité de mariage du 22 janvier 1597 (C. A., n° 18), épousa à cette date *damoiselle* Marie du Buisson, fille de défunt *noble homme* Claude (Ier) du Buisson, sieur de Courson, et de *damoiselle* Marie Le Sueur; nous ne pouvons même affirmer que ce Guillaume Hubert fût alors de noblesse, puisque l'acte ne le qualifie pas *écuyer.*

On lit cependant dans le *Registre des Maintenues de noblesse* de Roissy (1598-1599) : — « **3 décembre 1598** : — « Guillaume Hubert, de la paroisse de St-Gilles-lez-Granville, « élection de Coutances, sergenterie de St-Gilles, suivant « l'arrêt de la Cour des Aides du mois de mai 1583, jouira « (du privilége de noblesse). » Serait-ce l'époux de Marie Buisson ?

Il importe toutefois de ne pas confondre les sieurs Hubert du Mesnil avec une famille Hébert, dont descendait messire Claude Hébert, sieur de La Pleignère, officier général sous Louis XV, et qui portait : *d'azur, à trois grenades d'or ;* ni avec une famille Hubert en Beauce, mentionnée par La Chesnaye-Desbois, avec l'indication de ces armes : *d'argent, à un chien de St-Hubert de sable.*

Nous serions assez porté à croire que Guillaume Hubert, sieur du Mesnil, était un ancêtre de François Hubert, élevé à la dignité de conseiller au Parlement de Normandie en 1690, et qui, d'après le *Catalogue et Armorial du Parlement de Rouen;* par M. Steph. de Merval (Evreux : 1867; in-4°), portait : *D'azur, au chevron d'or, accompagné de trois lions rampants de même,* 2 *et* 1.

(1) Fermaulx : boucles de ceinture des chevaliers ou écuyers.

XXXI° FOUCHAUT.

Quatorzième degré de filiation.

PIERRE FOUCHAUT ; GILLONNE DU BUISSON DE COURSON : 17 *novembre* 1605. — Sur la famille Fouchaut, nous n'avons guère d'autres renseignements que ceux que nous fournit le traité de mariage, en date du 17 novembre 1605 (C. A., n° 23), « entre *honneste homme* Pierre Fouchaut, fils de Charles « Fouchaut, bourgeois de Bretteville-sur-Laize, et de « Isabeau Rémond, ses père et mère, d'une part, et *da-* « *moiselle* Gillonne du Buisson, fille de défunt *noble homme* « Claude (Ier) du Buisson, sieur de Courson, et de damoi- « selle Marie Le Sueur, ses père et mère, d'autre part. » Cependant, en cherchant dans les archives du Chapitre de la cathédrale de Rouen (Testaments), on trouve, le 22 mars 1631, une renonciation faite par Claude (II) du Buisson, écuyer, sieur de Christot, a divers droits provenant de la succession d'Anne du Buisson, son oncle, au profit de « *noble et discrète personne* maître PIERRE FOUCHAUT, prêtre, « chanoine de l'église cathédrale de Rouen, à présent « pourvu de la prébende que possédait le dit feu sieur « Anne du Buisson. »

Malgré la qualification donnée à Pierre Fouchaut dans ce dernier document (C. A., n° 236), il est probable que la famille Fouchaut n'était pas de noblesse ; mais il est évident, surtout si l'on considère les noms des parents présents au contrat de mariage (voir Catalogue analytique, n° 23), qu'elle était bien alliée et qu'elle appartenait à la haute bourgeoisie de la généralité de Caen.

Sans armes connues.

XXXII° DE MANNEVILLE-MONMIREL.

Quatorzième degré de filiation.

ANTOINE DE MANNEVILLE, SIEUR DE MONMIREL ; CATHERINE DU BUISSON DE COURSON (1er lit) : 28 *juin* 1612.—Nous avons déjà vu ailleurs que l'union de Catherine du Buisson de Courson avec Antoine de Manneville, écuyer, sieur de Monmirel, eut lieu, ainsi que le prouve le traité de mariage passé à Rouen le 28 juin 1612 (C. A., n° 26), sous les auspices de messire Anne du Buisson, sieur de Laize, chanoine de la cathédrale de Rouen, archidiacre du Vexin et conseiller clerc au Parlement de Normandie, oncle de la future.

La famille de Manneville-Monmirel, qu'il ne faut pas confondre avec celle des marquis de Manneville, seigneurs de Charlesmesnil et autres lieux, d'une origine normande plus ancienne et plus illustre et d'armoiries différentes (1), fut anoblie sous Louis XI par la Charte générale des Francs-Fiefs (1463-70). Elle s'était enrichie surtout pendant le XVe siècle, par suite des largesses des archevêques de Rouen, primats de Normandie ; en effet, pendant ce siècle, plusieurs de ses membres exercèrent consécutivement de génération en génération les fonctions de receveurs et administrateurs de la châtellenie de Gaillon.

Cette maison fut maintenue dans sa noblesse, en l'élection des Andelys, en 1669, et son blason est gravé dans l'*Armorial* de Chevillard (XVIIIe siècle). Sur les Procès-verbaux des Assemblées de la Noblesse en 1789, on trouve souvent en Normandie le nom de Manneville, notamment au bailliage de Caen et au bailliage de Chaumont; le Manneville cité dans ce dernier bailliage était aide-major des Gardes-Françaises et chevalier de St-Louis. Est-il de la famille qui nous occupe? Nous l'ignorons.

On lit dans la *Recherche de la Noblesse de la généralité de Rouen*, par l'intendant Barin de La Galissonnière (1666-1670) :

« MANNEVILLE-MONMIREL :—François de Manneville, écuyer, « sieur de Monmirel, demeurant à St-Aubin-sur-Gaillon, « élection d'Andelys (*sic*), tant pour lui que pour ses « frères, écuyers; — maintenus le 22 janvier 1669.

« Portent : *d'argent, au lion grimpant de sable, armé et* « *lampassé de gueules; à la bande de gueules brochant sur le* « *tout.* »

XXXIII° DE BEAUVAIS.

Quatorzième degré de filiation.

EDOUARD DE BEAUVAIS, SIEUR DU BOSCAMIN; CATHERINE DU BUISSON DE COURSON (2° lit); *année* 1618 *ou* 1619 *environ.* —

(1) Les Manneville de Charlesmesnil (marquis), nobles de nom et d'armes, portent : *de sable, à l'aigle éployée d'argent.*

D'une annotation mise par deux tabellions de Rouen en marge du premier contrat de mariage de Catherine du Buisson, annotation datée du 31 mai 1619 (C. A., n° 26), il résulte que ladite Catherine, devenue veuve, s'était remariée et était alors (1619) en secondes noces la femme de messire Edouard de Beauvais, écuyer, sieur du Boscamin.

Cette famille DE BEAUVAIS, dont sont sortis les seigneurs des Angles, des Isles et du Busc-Huet en la paroisse de Ste-Croix, près Buchy, est des plus anciennes de Normandie. — HILLON, châlelain de Beauvais, fonda l'église collégiale de St-Barthélemy de Beauvais en 1037.—LANCELIN, fils de Foulques de Beauvais, seigneur dudit lieu, fonda l'abbaye de Villers-St-Sépulcre en 1060.—GOUBERT de Beauvais est mentionné sur les listes les plus authentiques des compagnons du duc Guillaume de Normandie à la conquête d'Angleterre en 1066.—FOULQUES de Beauvais, évêque-comte de Beauvais, vivait en 1090, etc.

Dans les éditions les plus récentes du *Dictionnaire de la Noblesse*, de La Chesnaye-Desbois, est relatée avec détails une filiation des Beauvais depuis ODON, chevalier, châtelain de Beauvais, vivant en 1200, qui épousa PÉTRONILLE DE VASCŒUIL, dame du lieu. Cette généalogie compte dix-huit degrés jusqu'en 1780, et s'arrête à Pierre-Hubert-Louis de Beauvais, père de trois fils : François-Hubert, Louis-Hubert, et Alexandre-Louis-Pompée.

Nous allons nous contenter ici d'établir la filiation depuis cet Odon de Beauvais jusqu'à Edouard de Beauvais, marié avec Catherine du Buisson ; cette filiation résulte non-seulement du *Dictionnaire de la Noblesse* précité de La Chesnaye-Desbois, mais encore de l'ouvrage du Père Anselme, *Grands Officiers de la Couronne* (1733), tome VIII, page 831 de la 3e édition, et d'une notice sur Ailly et les Beauvais insérée dans l'*Annuaire de l'Eure* par M. Lebeurier, archiviste du département, année 1864, IIIe partie, pages 1 à 41.

I° ODON de Beauvais, vivant en 1200 ; marié à Pétronille de Vascœuil, dame du lieu, dont :

II° GUILLAUME, chevalier, châtelain de Beauvais, confirmant une charte en 1225 ; marié avec Marguerite, dame de Germiny, dont :

III° GUILLAUME II, chevalier, seigneur de Vascœuil, vivant en 1252; marié avec Eléonore Crespin, dame de Ferrières, de Ry, et de St-Denis-le-Thiboust, dont :

1° Guillaume, qui continue la filiation ;
2° Renaud, marié à Marguerite de Trie, dont un fils, qui suit :
Philippe de Beauvais, fait prisonnier, ainsi que son père, à la bataille de Poitiers (1356) ; marié

à Alix la Blonde, dame de La Forêt-le-Roy, dont deux fils et une fille :

A. Pierre, seigneur de Noyers en 1400.
B. Colart ou Colinet, mort sans alliance.
C. Jeanne, mariée en secondes noces à Jean Le Clerc, chancellier de France, qui fut maintenu par arrêt du 5 mai 1425 en la possession de la châtellenie de Beauvais. De concert avec sa femme, il vendit ensuite cette châtellenie à Estout d'Estouteville, seigneur de Beaumont, qui prit la qualité de châtelain de Beauvais.

3° Marguerite, femme de Jean Ier, sire de Créquy.

IV° GUILLAUME III, dit *Le Velu*, mandé, le 12 novembre 1318, pour combattre les Flamands ; mort en 1329 ; marié avec Jeanne d'Estouteville, dont un fils et deux filles :

1° Colart, qui continue la filiation ;
2° Alix, mariée à Robert d'Evreux ;
3° Jeanne, mariée à Jean de Crévecœur.

V° COLART de Beauvais, seigneur de Vascœuil, etc., qui fit *montre* à Harfleur et à Caen, avec Raoul, comte d'Eu, connétable de France, les 10-26 juillet 1346 ; marié avec Marguerite de Roye, dame de Germigny, dont deux fils et deux filles :

1° Guillaume, IVe du nom, seigneur de St-Denis-le-Thiboust, de Vascœuil, de Ry, de Ferrières, etc., chevalier, conseiller et chambellan du Roi ; présent à l'*ost* d'Amiens en 1355 ; gouverneur de Beauvais en 1359 ; grand Queux de France en 1367 ; accompagnant le roi Charles VI à Rouen en 1381 et à Montreuil en 1388 ; mort en 1390. Il avait épousé Jeanne de Raineval, dame de Luillier, et est le chef de la branche aînée des Beauvais ;
2° Ricard ou Richard, tige de la branche des seigneurs des Minières, des Angles, etc., dont nous allons parler ci-après ;
3° Jeanne de Beauvais ;
4° Marguerite de Beauvais.

BRANCHE DES SEIGNEURS DES MINIÈRES, DES ANGLES, D'AILLY, ETC.

VI° RICARD ou RICHARD de Beauvais, écuyer, second fils de Colart et de Marguerite de Roye ; marié avec Marie du Busc-Huet, et devenu, à cause de sa femme, seigneur de Mont-Lambert et d'Amecourt, ainsi qu'il résulte des actes passés devant les tabellions de Longchamp et de La Ferté les 3 août 1378 et 29 mai 1424. Il n'eut qu'un fils connu :

VII° GUILLAUME de Beauvais, écuyer, seigneur d'Incarville, de la Villette en Bray et de Martragny, devenu, en 1461, prévôt d'Ailly (1), mort en 1485 ; marié avec Catherine du Bosq, de la maison du Bois d'Ennebourg, dont il eut :

1° Jean, qui suit ;
2° Guillaume, mort sans alliance ;
3° Crespin, décédé aussi sans alliance.

VIII° JEAN de Beauvais, écuyer, seigneur des Minières et de Mont-Lambert ; après avoir d'abord reçu en partage de son père, le 9 août 1478, les fiefs des Minières situés à Romilly, de Pître et du Pont-Saint-Pierre, il hérita ensuite de la prévôté d'Ailly, avec ses dépendances, en 1485, et est mentionné comme prévôt d'Ailly dans l'aveu rendu au Roi par le Chapitre de Beauvais le 29 août 1485 (Trésor des Chartes, p. 278. — 3 ; cote 612). — Il était mort en 1512, puisque, le 12 mars de cette même année, eut lieu le partage de sa succession entre les enfants issus de son mariage avec Catherine de Guissancourt ou (selon l'archiviste d'Evreux) de Gingenrouet, mariage dont le contrat avait eu lieu devant les tabellions de Neufmarché le 28 mars 1480. Ces enfants sont :

1° Philippe, qui continue la filiation de la branche des Minières et des Angles ;
2° Etienne, mort sans alliance ;
3° Guillaume, vivant encore en 1547, mort sans alliance ;
4° Mathurin, qui suit.

(1) AILLY : aujourd'hui commune de 968 habitants, canton de Gaillon, arrondissement de Louviers (Eure) ; avant la Révolution, paroisse du diocèse d'Evreux, doyenné de La Croix-St-Leufroy, vicomté et élection de Pont-de-l'Arche, généralité de Rouen.

La *prévôté d'Ailly* était fieffée à une époque probablement fort ancienne, c'est-à-dire que l'office de *Prévôt*, au lieu d'être exercé par une personne du choix des Chanoines de l'évêché de Beauvais, feudataires, se transmettait par héritage, comme tout autre bien. Un aveu du 29 août 1485 nous fait connaître qu'un manoir, plusieurs terres labourables et 24 acres de bois appelé *le Bois-Camin* (d'où par abréviation *Boscamin*) étaient attachés à cet office. Le prévôt avait en outre la moitié des amendes et la moitié des droits de reliefs et de treizièmes, qu'il levait judiciairement. Il était tenu, d'après le même acte d'aveu, d'avoir à ses frais les prisons et les liens nécessaires pour garder les coupables condamnés à la prison par le sénéchal d'Ailly, plus un parc pour garder les bêtes saisies en flagrant délit, et enfin de faire les publications et les poursuites nécessaires pour l'exécution des sentences, la levée des amendes et la recette des revenus. Il touchait encore une partie des grains recueillis par le *messier* ou garde des moissons. Le prévôt obtint enfin, malgré quelques difficultés, d'avoir une volière, ensuite un colombier, qui subsiste encore de nos jours. — (Voir sur Ailly et les Beauvais l'*Annuaire de l'Eure*, par M. Lebeurier, archiviste, année 1864, IIIe partie, pages 1 à 41, notamment les pages 5, 6, 7, 8, 10, 25, 26 et 27).

IX° Noble homme MATHURIN de Beauvais, qui devait se trouver en la possession pleine et entière de la prévôté d'Ailly, dont il avait eu une partie lors du partage de 1512, et dont il acquit ensuite la seconde moitié de son frère Etienne. Selon acte du 3 mars 1515, il se fit concéder par les habitants d'Ailly une redevance fixe de *six* boisseaux de blé champart sur le revenu du messiage, vendit quatre jours après (7 mars) la prévôté d'Ailly à messire Antoine de Caradas, sieur du Val d'Ailly, rentra en possession de cette prévôté en 1529, et en rendit aveu au Chapitre de Beauvais le 5 novembre 1533.

De son mariage avec Jeanne Le Forestier, il laissa pour fils unique :

X° MICHEL de Beauvais, écuyer, qui avait succédé à son père dans la prévôté d'Ailly avant 1563. Il prend le titre de *sieur de Boscamin* (1) dans un acte du 31 août 1582, aux assises de Pont-de-l'Arche, où il protestait que les droits du colombier bâti depuis longtemps en la maison de la prévôté d'Ailly ne devaient recevoir aucun préjudice de la sentence donnée aux mêmes assises pour la construction d'un autre colombier près du manoir du Chapitre.

De son union avec noble damoiselle Catherine Le Parmentier, il eut un fils et trois filles :

1° Edouard, qui suit ;
2° Marie de Beauvais, mariée à Girard Le Mercier, écuyer, sieur des Hautes-Loges ;
3° Jeanne de B., mariée à Jacques de Farouil, écuyer, sieur de Vaulsine ;
4° Claude de B., mariée avec Hector Le Forestier, écuyer, sieur de Foucrainville.

XI° Messire ÉDOUARD de Beauvais, écuyer, sieur de Boscamin et du Bec, qui rendit aveu de la prévôté d'Ailly aux Chanoines de Beauvais le 4 juillet 1588. Il possédait en même temps à Ailly le moulin du Bec, avec une maison manable, sorte de gentilhommière, dont il rendit aussi aveu le 12 mai 1603.

Devenu veuf sans postérité d'un premier mariage avec Catherine Le Monnier, c'est alors que, vers 1618 ou 1619, Edouard de Beauvais épousa en secondes noces noble damoiselle CATHERINE DU BUISSON, fille de Claude (Ier) du Buisson,

(1) *Le Boscamin*, ou plus correctement *le Bois-Camin*, n'était qu'un triége planté en bois sur le territoire de la paroisse d'Ailly, mais sans aucun privilége féodal. Il était en entier, ou du moins en grande partie, comme nous l'avons dit, attaché à la Prévôté.

écuyer, sieur de Courson, ladite Catherine veuve elle-même d'Antoine de Manneville, écuyer, sieur de Monmirel.

La prévôté d'Ailly et le Bec restèrent dans les mains du sire de Beauvais-Boscamin jusqu'au 16 février 1628, date de sa mort en sa maison du Bec. Il était alors lieutenant du Roi à Vernon.

Avec lui s'éteignit en ligne masculine ce rameau de la branche des Minières, des Angles, etc.; car, de son mariage avec Catherine du Buisson, il ne laissa qu'une fille, qui suit:

XII° Noble damoiselle Louise de Beauvais-Boscamin, qui était mineure à la mort de son père, si nous en croyons un inventaire de meubles dressé, le 20 mars 1628, à la requête de Catherine du Buisson, sa mère, et de Jacques de Farouil, écuyer, sieur de Vaulsine, son oncle et son tuteur. — Elle épousa Charles de Bauquemare, écuyer, sieur de Verclives, mentionné dans un acte de 1640, et qui habitait encore Ailly en 1671. — Le fils unique de ce dernier et de Louise de Beauvais, Robert, qui rendit aveu de la terre du Bec en 1674, n'ayant pas eu d'enfants de son mariage avec Marie-Suzanne de Gaillardbois, les biens qui lui venaient de sa mère furent partagés, le 14 octobre 1723, entre les descendants des trois sœurs d'Edouard de Beauvais.

Beauvais porte, d'après l'*Histoire des Grands Officiers de la Couronne*, du Père Anselme, d'après la *Maintenue* de La Galissonnière (1), en date du 31 décembre 1667, et d'après le *Dictionnaire de la Noblesse*, de La Chesnaye-Desbois: *d'argent, à la croix de sable* (ailleurs *de gueules*), *chargée de cinq coquilles d'or* (2).

(1) On lit dans le Registre des Maintenues de l'intendant Barin de La Galissonnière (1666-1670), sur la branche Beauvais des Angles:

« Beauvais: Louis de Beauvais, écuyer, sieur des Angles, y demeurant, « paroisse de Ste-Croix, près Buchy, élection de Lyons; maintenu le 31 dé- « cembre 1667.

« Jean — Jean de Beauvais, écuyer, épousa damoiselle Marie du Quesne.
« Jean II — Jean II, écuyer, épousa damoiselle Louise de Launay.
« Mathieu — Mathieu, écuyer, épousa damoiselle Marguerite du Mesnil.
« Louis — Louis, écuyer, épousa damoiselle Marie Le Roy.

« Portent: *d'argent, à la croix de gueules, chargée de cinq coquilles* « *d'or.* »

(2) M. Lebeurier, archiviste de l'Eure, a confondu cette famille de Beauvais avec les Beauvais-Putanges, de la généralité d'Alençon, et leur a donné à tort les armes de ces derniers, qui sont: *d'azur, à trois fasces d'or*, 2 et 1. — Dans l'*Armorial* de Chevillard (XVIIIe siècle), les armes de la famille de Beauvais qui nous occupe sont gravées: *de gueules, à cinq coquilles d'or.*

XXXIV° DE BALLEROY.

Quatorzième degré de filiation.

François de Balleroy, sieur de La Carrière : Marguerite du Buisson de Courson : 21 *mai* 1614. — Quoique vraisemblablement originaire de la paroisse dont elle porte le nom, il ne faut pas confondre la famille de messire François de Balleroy, sieur de La Carrière, avec la famille de Jean de Choisy, ancien secrétaire d'Henri IV, possesseur du fief seigneurial de Balleroy en 1614, et dont le fils commença, en 1626, la construction du magnifique château actuel; pas plus qu'avec la famille de La Cour de Balleroy (1), à qui appartient de nos jours ce château et ce domaine, situés à la lisière de la forêt de Cerisy et à l'une des extrémités du bourg de Balleroy, chef-lieu de canton de l'arrondissement de Bayeux (Calvados).

Quels étaient donc les auteurs et prédécesseurs de noble François de Balleroy, écuyer, sieur de La Carrière, et de noble et discrète personne François de Balleroy, curé du Fresne, puis de La Bazoque, son frère, tous deux fils de feu messire Hébert de Balleroy, écuyer, et de Collette Cauchard (C. A., n° 28)? Nous en sommes réduit aux conjectures. Peut-être étaient-ils les descendants des premiers seigneurs

(1) La famille de La Cour de Balleroy, originaire aussi de la généralité de Caen, a surtout joué un rôle important depuis le XVIIe siècle. — Louis de La Cour, chevalier seigneur de La Cour, de Maltot et autres lieux, conseiller d'Etat et privé sous Louis XIII, fut Ambassadeur en Suisse, puis Intendant de Justice, Police et Finances au-delà des Monts; il mourut en 1641. — Jacques de La Cour, seigneur de Maltot, de Manneville, etc., petit-fils du précédent, devint Conseiller au Parlement de Paris. Ce fut en sa faveur que, par Lettres-patentes du mois de décembre 1704, les fiefs du Tronquay, du Vernay et de Balleroy furent érigés en *marquisat*. Il mourut en 1725. — Jacques-Claude-Augustin de La Cour, marquis de Balleroy, fils aîné du précédent et de Madeleine-Charlotte-Emilie Le Febvre de Caumartin, lieutenant-général des armées du Roi, gouverneur du duc de Chartres, laissa, entre autres enfants, Charles-Auguste, marquis de Balleroy, commandeur de l'Ordre de St-Louis, mort le 23 mars 1794, victime de la Révolution. — De ce dernier sortit Philippe-Auguste-Jacques de La Cour, marquis de Balleroy, colonel d'Infanterie, père de François-Joseph-Pierre de La Cour, marquis de Balleroy, et grand-père 1° d'Albert-Félix-Justin de La Cour, comte de Balleroy, né le 15 août 1828, nommé député du Calvados à l'Assemblée Nationale en février 1871, mort au mois d'août 1872; 2° d'Anne-Marie-Louise-Emilie de La Cour de Balleroy, mariée en 1851 au marquis de Chaumont-Quitry.

Les La Cour, marquis de Balleroy, portent : *d'azur, à trois cœurs d'or, 2 et 1.*

de Balleroy, des Thézart des Essarts, qui étaient venus en Normandie avec Rollon, qui eurent en apanage presque toute la contrée à plusieurs lieues autour de Balleroy, et qui se distinguèrent à la conquête d'Angleterre en 1066, ainsi qu'aux Croisades. Cette supposition est rendue plus vraisemblable encore par la situation de La Carrière, ancien fief sur le territoire de la commune actuelle de La Bazoque, à 2 lieues de Balleroy, où M. Bunot de Choisy, devenu propriétaire de cette terre, a fait construire, il y a quelques années, une jolie maison de campagne.

Quoi qu'il en soit, nous ne trouvons sur ce nom, considéré comme nom patronymique, que les deux documents suivants :

1° *Registre des dons, confiscations, maintenues et autres actes faits en Normandie par Henri V, roi d'Angleterre, ès années* 1418, 1419 *et* 1420 (publié par Charles Vautier : Paris : in-18, 1828) : « BASLEROY (*sic*). Le 5 décembre 1419, expé-« dition de don à Nicolas Basleroy, escuïer, de ses héritages, « et mandé au bailli et vicomte de Caen le laisser jouir. »

2° *Recherche de la Noblesse en Normandie*, par Raymond Monfault, en 1463; élection de Caen, sergenterie de Ouestreham ; — au nombre des Nobles :

« Jéhan de Balleroy, de la paroisse de Biéville.

« Colin de Balleroy, son frère, dudit lieu. »

Ce nom de Balleroy n'existe pas dans la *Recherche* de l'intendant Chamillart en 1666 et années suivantes, et la mention « de Balleroy, sieur de Balleroy, absent », que l'on trouve sur les *Procès-verbaux des Assemblées de la Noblesse du grand bailliage de Coutances en* 1789 (Nobles du bailliage secondaire de Tinchebray), paraît s'appliquer aux La Cour de Balleroy.

ARMES de François de Balleroy inconnues ; peut-être celles des Thézart des Essarts : *d'or, à la fasce d'azur*.

XXXV° BOURDON.

Quinzième degré de filiation.

GUILLAUME BOURDON, SIEUR DE PRÉFOSSÉ ; JEANNE DU BUISSON DE COURSON : *vers* 1624 *environ*. — La famille BOURDON, dont les membres ont été qualifiés sieurs de Roquereuil, de Préfossé, des Jumeaux, de Gruchy, DE BROUAY, de Verson, et plus souvent encore DE GRAMONT, fut anoblie en 1592, en les personnes de Charles et de GUILLAUME BOURDON, sieur DE ROQUEREUIL, ce dernier ayant épousé ANTOINETTE RIBAULT, collatérale de la Pucelle d'Orléans (1). Ce fut l'un des fils de Guillaume et d'Antoinette Ribault, un autre GUILLAUME BOURDON, *écuyer*, sieur DE PRÉFOSSÉ, ainsi que nous le verrons plus loin, qui épousa, vers 1623 ou 1624, *noble damoiselle*

(1) Après la mort de Jeanne d'Arc, brûlée vive sur un bûcher à Rouen le 30 mai 1431, par suite de son dévoûment au salut de la France, le village qui lui avait donné naissance fut exempté de toutes tailles ; mais déjà plus de deux ans auparavant, le 6 janvier 1429, Charles VII avait anobli la Pucelle, Jacques Day, son père, Isabelle, sa mère, Jacquemin, Jean, et Pierre dit Poerrolo, ses frères, avec toute leur parenté légitime et leur postérité tant masculine que féminine.

Voici en partie la teneur de la charte d'anoblissement :

« CAROLUS, etc........, præfatam Puellam, Jacobum Day patrem, « Isabellam, ejus uxorem, matrem, Jacqueminum, Johannem Day et « Petrum Poerrolo, fratres ipsius Puellæ, et totam ejus parentelam et « lignagium, et, in favorem et in contemplationem ejusdem, eorum paren- « telam *masculinam et feminam* in legitimo matrimonio natam et nasciturar « NOBILITAVIMUS........ Concedentes expressè ut dicta Puella, dicti Ja- « cobus, Isabella, Jacqueminus, Johannes et Petrus, et ipsius Puellæ tota « parentela et lignagium et ipsorum posteritas nata et nascitura in judicio « et extrà ab omnibus *pro* NOBILIBUS *habeantur et reputentur*..... — Conce- « dentes eisdem et eorum posteritati tam masculinæ quam feminæ in legitimo « matrimonio procreatæ et procreandæ ut ipsi feoda et res nobiles ...... « tenere et possidere valeant. »

En vertu de cette charte, jusqu'à la Déclaration de 1598 et surtout jusqu'aux Edits de révocation de juin 1614 et de janvier 1634, nombre de femmes de cette famille ont transmis la noblesse à leurs maris et à leurs enfants, qui y ont été maintenus.

En vain une déclaration du roi Henri II, donnée à Amboise le 26 mars 1556, avait-elle voulu, par une interprétation contraire à l'universalité des termes de la charte, restreindre l'anoblissement à ceux descendus du père ou des frères de la Pucelle en ligne masculine seulement ; en vain, un arrêt de la Chambre des Comptes de Normandie, accompagnant la publication de cette déclaration, avait-il ordonné, le 23 avril 1556, que ceux-là seuls, qui porteraient le nom ou seraient issus des filles de Jacques Day mariées à des gentilshommes vivant noblement, jouiraient du privilége de noblesse ; dès le 2 juillet de la même année, des Lettres-patentes, datées de Fontainebleau, redonnaient à la charte d'anoblissement sa véritable interprétation. Accordées en faveur de Robert Le Fournier, baron de Tournebu, et de Charles Le Fournier, son frère, puis adressées aux généraux des Aides et Finances de Paris, de Rouen et de Montpellier, au bailli de Rouen, et à tous autres baillis, sénéchaux et prévôts, elles contenaient que « *ceux qui « justifieraient être de la parenté de Jeanne Day, tant en ligne masculine « que féminine, seraient maintenus comme nobles, nonobstant la déclaration « d'Amboise.* »

Ces Lettres-patentes furent suivies d'un arrêt du Parlement de Rouen, du dernier juin 1565, et d'un arrêt du Conseil privé, du 3 février 1580, le premier en faveur de Lucas Duchemin, sieur du Féron, le second au profit de plusieurs descendants de Jeanne Le Fournier et de ses sœurs, issues de Marie de Villebresme, fille de Catherine du Lys.

Des Lettres de Charles II, duc de Lorraine, du 10 juillet 1596, accordées à Jean Le Royer, à Médard Le Royer, et à Marguerite de Voiseul, petite-fille d'Amélie Romée, tante maternelle de la Pucelle d'Orléans, confirment dans la noblesse les descendants des parents de la Pucelle, tant en ligne masculine que féminine.

JEANNE DU BUISSON, fille de Pierre Ier du Buisson, écuyer, sieur de Courson, et sœur de Claude II du Buisson, écuyer, seigneur et patron de Cristot et de Brouay. Cette alliance est établie d'une façon péremptoire, non-seulement par la brochure de M. du Feugray sur la famille Picquot de Magny (Caen, 1852), et par la *Recherche de la Noblesse* de l'intendant Chamillart en 1666, mais surtout par l'acte de baptême de Pierre Bourdon, leur fils, né à St-Pierre de Caen le 13 janvier 1625 (C. A., n° 283), et par un acte de procuration du 1er juillet 1628 (C. A., n° 38).

On lit dans la *Recherche de la Noblesse de la généralité de Caen*, faite par l'intendant Chamillart en 1666 et années suivantes :

« BOURDON : — *Famille anoblie en 1592.*

« Guillaume, anobli en 1592 pour services.

« Charles	Guillaume
« Nicolas, Jean-François.	Pierre, Claude, Thomas, Guillaume.

« Nicolas Bourdon, écuyer, sieur de Roquereuil, conseiller au « Présidial de Caen, 56 ans, y demeurant paroisse Notre-Dame ;
« Jean-François, écuyer, sieur de La Rivière, 45 ans, demeurant « à St-Sauveur de Caen ;
« Pierre, écuyer, sieur de Préfossé, 41 ans, paroisse St-Pierre ;
« Claude, écuyer, sieur de Gramont, conseiller au Présidial de « Caen, 40 ans, paroisse St-Pierre ;
« Thomas, écuyer, sieur des Jumeaux, 39 ans, paroisse St-« Sauveur ;
« Guillaume, écuyer, sieur de La Londe, 34 ans, paroisse St-« Pierre de Caen.

« Guillaume, anobly, espousa damoiselle Antoinette Ribault, en « 1577.
« Charles, son fils, espousa damoiselle Marie de Vendes, en 1609.
« Guillaume, autre fils, espousa damoiselle Jeanne du Buisson, « en 1624.
« Jean-François, espousa damoiselle Anne Néel, en 1656. »

On lit dans un manuscrit curieux, mais satirique et parfois inexact, de la Bibliothèque publique de Caen, intitulé : *Anecdotes de Caen, ou Mémoires sur une partie des familles nobles de la généralité*, donné par les Traitants à M. de Chamillart, lors de sa *Recherche*, en 1666 :

« BOURDON. — Guillaume Bourdon, sieur de Roquereuil, et « Charles Bourdon, son frère, furent anoblis. Charles n'eut point « d'enfants. Guillaume épousa Antoinette Ribault, dont sortit Guil-« laume Bourdon, conseiller au Présidial, et Charles Bourdon, sieur

« de La Rivière, qui lui succéda, et épousa Marie de Vendes, fille « du sieur de Vendes, avocat, fils d'André Porée, qui, s'étant fait « anoblir, avait pris le nom de Vendes, étant de cette paroisse. De « ce mariage est sorti Nicolas Bourdon, conseiller au Présidial, qui « a épousé la fille du sieur des Vallées-Kirié, et Jean-François « Bourdon, époux d'une Gervais, fille de Nicolas Gervais, etc., etc. »

Par suite de ces documents, on ne peut mettre en doute l'honneur qui revient à la famille du Buisson de Courson-Cristot d'une alliance avec un descendant en ligne maternelle de Pierre du Lys, frère de l'immortelle héroïne d'Orléans. Voici en effet la filiation authentique de la famille Bourdon depuis le père de Jeanne Day ou d'Arc, jusqu'à aujourd'hui :

I° Jacques Day ou d'Arc, marié avec Isabelle Romée, dont il eut trois fils et trois filles, notamment Pierre Poerrolo, dit plus tard Pierre du Lys, et Jeanne, l'héroïne ; anobli, ainsi que sa femme et ses enfants, par la charte de Charles VII, du 6 janvier 1429 ;

II° Pierre du Lys, frère de la Pucelle, marié avec Jeanne de Proville, dont :

III° Catherine du Lys, mariée avec François de Villebresme, dont :

IV° Marie de Villebresme, mariée avec Jacques Le Fournier, baron de Tournebu, dont Robert Le Fournier (1), baron de Tournebu, échevin de Caen en 1550, père de Marie Le Fournier (2), aïeule de la famille Picquot de Magny, et :

V° Jeanne Le Fournier de Tournebu, mariée avec Marin Patrix, docteur et professeur en droit en l'Université de Caen (qu'il ne faut pas confondre avec les membres de la famille Patry), dont :

VI° Madeleine Patrix, mariée, le 17 mai 1544, avec Jean Ribault, seigneur du Mesnil-St-Jores, receveur des décimes à Bayeux, dont :

VII° Antoinette Ribault, née en 1549, morte en 1640, à l'âge de 91 ans, et inhumée dans la chapelle de la Vierge de l'église de Verson ; — mariée, le 17 décembre 1587, avec Guillaume Bourdon, sieur de Roquereuil (3), contrôleur général des Finances en la généralité de Caen, qui fut *anobli*, à cause de sa femme et de ses services, en 1592. De ce mariage sont issus :

(1) Voir de Bras, *Antiquitez de Caen*, page 90.
(2) Voir La Roque, *Traité de la Noblesse*, page 229.
(3) Roquereuil était un ancien fief, situé sur le territoire de la commune actuelle d'Eterville, canton d'Evrecy, près Caen. — Voir sur cette alliance La Roque, *Traité de la Noblesse*, pages 195 et 196.

1° Charles, dont il est parlé ci-dessus.
2° Guillaume, qui suit.
3° Une fille, nommée Anne Bourdon, mariée à M. l'enquesteur Bouchel, et marraine de son neveu Pierre Bourdon, le 13 janvier 1625.

VIII° GUILLAUME (II) BOURDON, sieur DE PRÉFOSSÉ, marié vers 1623 ou 1624, avec noble damoiselle JEANNE DU BUISSON DE COURSON, fille de noble homme Pierre (Ier) du Buisson, sieur de Courson, et de dame Elisabeth Baudouyn, laquelle Jeanne avait été baptisée en l'église St-Pierre de Caen le 17 octobre 1598 (état civil). De ce mariage sont sortis quatre fils et une fille :

1° Pierre Bourdon, baptisé à St-Pierre de Caen, le 13 janvier 1625.
2° Claude, qui suit.
3° Thomas, sieur des Jumeaux, demeurant ordinairement à St-Sauveur de Caen, et qui vécut assez longtemps, puisqu'on le trouve mentionné sur les registres d'état civil de Brouay, dans divers actes de mariage, de baptême et de sépulture, en date des 12 août 1687, 15 et 28 mai 1700.
4° Guillaume, sieur de La Londe, demeuraut à St-Pierre de Caen.
5° Charlotte Bourdon, mariée, le 31 mai 1656, avec Jean-François Hallot, sieur de Martragny, avocat du Roi au bailliage et siége présidial de Caen, anobli aussi à cause de sa femme, descendante du frère de la Pucelle d'Orléans.

IX° CLAUDE BOURDON, écuyer, sieur DE GRUCHY, conseiller du Roi au siége présidial de Caen, maintenu dans sa noblesse par l'intendant Chamillart en 1666 ; — marié avec LAURENCE QUIRIÉ ou KIRIÉ, fille de N... Kirié, sieur des Vallées, dont deux fils, qui sont :

1° Claude-Jessé Bourdon, écuyer, auteur de la branche de BROUAY ; mentionné encore sur les registres de cette paroisse, avec damoiselle Marie de Séran, d'Audrieu, comme parrain et marraine, dans un acte de baptême du 9 février 1707 ; marié avec damoiselle Marie Daumesnil, et morts l'un et l'autre avant 1720, d'après l'acte de mariage d'une de leurs filles ; de cette union un fils et trois filles :

   A. Claude Bourdon, écuyer, seigneur et patron de Brouay, Fontenay-le-Pesnel, etc., mentionné dans plusieurs actes passés, en 1720 et 1721, avec son cousin Pierre-Nicolas du Buisson, seigneur et patron de Cristot (C. A. n° 109) ; mentionné encore sur les registres d'état civil de Brouay, comme présent au mariage de sa sœur en 1720, et comme parrain d'un enfant le 23 février 1729.

   B. Marie-Anne, mariée en premières noces, à Brouay, le 27 novembre 1720, avec messire Jacques Gaultier de La Motte, écuyer, seigneur de Fontenay-le-Pesnel ; mariée en deuxièmes noces avec Louis Malfilastre, procureur au Parlement de Rouen, dont une fille, Marie-Louise, qui épousa, à Brouay, le 28 novembre 1750, messire Abraham-Charles-Claude Le Boucher d'Emiéville ; Marie-Anne Bourdon, devenue encore veuve de son second mari, fut inhumée dans l'église de Brouay, le 23 juillet 1742.

C. Marie-Gabrielle, dame de Brouay et de Fontenay-le-Pesnel, présente au mariage de sa sœur en 1720 et marraine de Marie-Gabrielle du Buisson de Courson-Cristot, à Amblie, le 23 octobre 1742 ; elle recueillit, comme héritage de son frère, la seigneurie de Brouay, qu'elle aliéna sur la fin de sa vie au profit d'un M. Saint-Vincent (Charles-Alexandre), bourgeois de Caen ; décédée sans alliance à St-Sauveur de Caen, le 23 mars 1778, à l'âge de 84 ans, elle fut inhumée, le lendemain 24, dans le chœur de l'église de Brouay ; dans son acte de sépulture, elle est encore qualifiée *dame honoraire de Brouay*.

D. Marie-Catherine, mentionnée comme présente au mariage de sa sœur Marie-Anne, en 1720 ; morte probablement sans alliance.

2° Augustin, qui suit.

X° Messire Augustin Bourdon, écuyer, sieur de Gramont, auteur de la branche de ce nom et de celle de Verson ; — marié avec damoiselle Anne des Essarts, dont :

XI° Messire François-Auguste Bourdon, écuyer, sieur de Gramont, qui devint capitaine d'infanterie et chevalier de l'Ordre royal et militaire de St-Louis ; mort avant le mariage de son second fils, en 1783 ; — marié avec noble damoiselle Thérèse Daumesnil, de Verson, dont trois fils :

1° Pierre-Exupère-Auguste, qui suit.

2° Charles-François-Auguste Bourdon, dit *du Lys*, qui comparut aux assemblées de la Noblesse du grand bailliage de Caen, parmi les gentilshommes du bailliage de Vire, en mars 1789 ; marié à Brouay, le 27 février 1783, avec noble damoiselle Jeanne-Catherine-Aimée Daniel du Breuil, fille de feu messire Henri-Jacques-François-Aimé Daniel du Breuil, chevalier, seigneur et patron de Grangues, du Breuil et autres lieux, et de feu noble dame Jacqueline-Anne-Françoise des Champs-Guillot, de la paroisse de Brouay.

3° Claude-Augustin, ayant eu, d'un mariage contracté à Château-Gonthier, deux enfants :

A. Gabriel-Etienne Bourdon, élève de marine de première classe, fusillé à Quiberon, en 1795 ;

B. N... Bourdon, fille, mariée à Augustin Lancelot, vicomte de Quatre-Barbes.

XII° Messire PIERRE-EXUPÈRE-AUGUSTE BOURDON DE GRAMONT, capitaine de vaisseau et chevalier de l'Ordre royal et militaire de St-Louis, dont le nom figure sur le procès-verbal des Assemblées de la Noblesse du grand bailliage de Caen, en 1789, sous le nom de Bourdon de Verson; décédé à Caen le 20 avril 1817 ; — marié, en premières noces, le 10 septembre 1775, avec ANNE-PRÉGENTE MARCHAIS, sans postérité ; — marié, en deuxièmes noces, le 19 avril 1798, avec noble damoiselle CÉSARIE PICQUOT DE MAGNY, dont quatre enfants :

1° Agatis, mort jeune à Verson, le 24 avril 1811 ;
2° Césarie-Cécile, mariée, le 26 juillet 1825, avec N... Durand, qui résidait à St-Lô, dont trois fils : Léon, mort le 6 mai 1845 ; Octave, mort à Brécey le 17 septembre 1852 ; Henri Durand du Lys (1), né le 14 mars 1834 ; marié avec N... du Poërier de Franqueville, dont postérité.
3° Adèle-Rose, mariée avec M. Emmanuel de Bonnechose-Vaudecourt (2) ; morte à Verson, le 5 janvier 1840, laissant pour fils unique Fernand de Bonnechose-Vaudecourt, né à Verson le 19 décembre 1839, devenu fonctionnaire de l'Administration des Douanes et mort au Havre en septembre 1872 ;
4° Ernest, qui suit :

XIII° Messire ERNEST BOURDON DE GRAMONT, capitaine de frégate, chevalier de la Légion-d'Honneur, mort gouverneur du Sénégal (île St-Louis), le 24 mars 1847, d'une maladie contractée à la suite d'une expédition dans l'intérieur de l'Afrique; — marié, le 16 décembre 1833, avec Mlle Victoire-Charlotte-Hermandine DE SCORAILLES-LANGEAC (3), dont deux enfants :

1° Bathilde, née à Verson, décédée à Paris en 1874 ;
2° Roger, né à Toulon.

BOURDON porte, d'après la *Maintenue* de l'intendant Cha-

(1) Un des membres de la famille Bourdon prenait ordinairement la qualification de *du Lys*, en souvenir de l'origine de leur noblesse ; nous avons vu ci-dessus que Charles-François-Auguste Bourdon de Gramont vota sous ce nom *du Lys* aux assemblées générales de la Noblesse du grand bailliage de Caen en 1789.

(2) M. *Emmanuel* DE BONNECHOSE, devenu veuf, s'était remarié, au mois d'octobre 1841, avec Mlle Louise-*Marceline* DE PARFOURU, née à Altona (Holstein) pendant l'Emigration, fille de messire René de Parfouru, chevalier de St-Louis, ancien seigneur et patron de Jouveaux. Il n'a pas eu d'enfants de ce second mariage et est mort depuis. Sa veuve continue à résider actuellement (1876) à sa terre de Jouveaux, près Lieurey (Eure).

(3) Devenue veuve, cette dame a épousé en secondes noces M. de Maricourt.

millart (1066), l'*Armorial* de Chevillard et le *Dictionnaire de la Noblesse*, de La Chesnaye-Desbois : *d'azur, au bourdon de pèlerin d'or en pal, accosté de deux lions affrontés de même, armés et lampassés de gueules, appuyés sur le bâton.*

Ces armes étaient parfois écartelées avec celles de Jeanne d'Arc, qui sont : *d'azur, à une épée d'argent, garnie d'or, en pal, couronnée à la royale de même, et accostée de deux fleurs de lys d'or.*

XXXVI° DE MELUN.

Quinzième degré de filiation.

JEAN DE MELUN, SIEUR DE LONGUEMARE; MARGUERITE DU BUISSON DE COURSON : *en* 1627. — Nous connaissons peu de chose sur la famille de MELUN, des sires de Longuemare, originaire de l'élection de Bayeux, et dont l'alliance avec les du Buisson de Courson-Cristot, établie par un acte de procuration en date du 1er juillet 1628 (C. A., n° 38), est confirmée par les *Maintenues* de l'intendant Chamillart en 1666-1667. — Bien que la gravure de ses armes dans l'*Armorial* de Chevillard semble indiquer qu'elle pouvait compter encore des représentants en Normandie au commencement de la seconde moitié du XVIIIe siècle, elle ne figure pas sur les Procès-verbaux des Assemblées de la Noblesse Normande en 1789, et tout nous porte à croire que, si par hasard des membres de cette famille existent encore de nos jours, ils ont quitté leur pays d'origine.

JEAN de Melun, auteur connu de cette maison et aïeul de celui qui épousa Marguerite du Buisson, fut anobli par charte du roi Henri IV, donnée au mois de mai 1593, registrée en la Cour des Aides le 19 janvier 1594, et non registrée en la Cour des Comptes. Il laissa deux fils, Jean et Guillaume, qui demeuraient à Grandcamp, en la sergenterie des Vez et l'élection de Bayeux, en 1599. C'est dans cette paroisse en effet que, le 26 mars de cette dite année, ils furent maintenus l'un et l'autre dans la noblesse conférée à leur père par les trois commissaires royaux de Mesme de Roissy, de Répichon et de Croixmare. (Voir la *Recherche* de Roissy.)

GUILLAUME de Melun, second fils de Jean (l'anobli), eut, de son mariage avec noble damoiselle ISABELLE DE LESCOURT, JEAN II de Melun, écuyer, sieur de Longuemare, qui épousa, en 1627, noble damoiselle MARGUERITE DU BUISSON, fille de Pierre (Ier) du Buisson, écuyer, sieur de Courson, et de noble dame Elisabeth ou Isabelle Baudouyn, et en eut postérité.

Ces détails, les seuls que nous possédions, nous sont confirmés encore dans la *Recherche de la Noblesse* faite par l'intendant de la généralité de Caen, Chamillart, en 1666-1667. L'article qui concerne les Melun et les maintient dans leurs priviléges nobiliaires est ainsi conçu :

« DE MELUN :

« Jean, anobly en may 1593.

|

« Guillaume

|

« Jean

|

« Jacques.

« Jean de Melun, escuïer, sieur de Longuemare, 33 ans ;
« religion Romaine.

« Guillaume espousa dam^elle Isabeau de Lescourt, en 1601.

« Jean II. . . . . Margueritte du Buisson, en 1627.

« Jacques. . . . . Anne Le Long, en 1664.

« Portent : *d'or, au chevron d'azur, accompagné de trois melons de sinople, 2 et 1.*

XXXVII° COUESPEL.

Seizième degré de filiation.

GEORGES COUESPEL, SIEUR DU MESNIL ; MARIE DU BUISSON DE CRISTOT-COURSON : 2 *janvier* 1658. — La famille Couespel (nom écrit quelquefois *Coispel*), originaire de l'élection de Vire, serait fort ancienne en Normandie, si nous en croyons le *Nobiliaire* de cette province par de Magny, et sa noblesse remonterait par titres authentiques à l'année 1310. — Nous n'avons pu contrôler cette assertion d'un ouvrage qui ne mérite que peu de confiance ; mais ce qui est certain, c'est qu'on lit dans la *Recherche de la Noblesse de la généralité de Caen* faite, ès années 1598-1599, par Roissy et autres commissaires royaux départis :

« **8 mars 1599.** — Jean COUESPEL, fils Pierre, fils Guillaume,
« fils Jean, demeurant à La Chapelle-Engerbold, sergenterie
« de Vassy, élection de Vire, fera apporter les registres de
« Blaize Hélie et Gilles Bellanger, jadis tabellions à la Car-

« neille, qui sont aux mains de Pierre Petit, demeurant à « Flers, pour voir l'original, qui est au 2e feuillet, d'un « échange de l'an 1513, le 27 avril, entre Pierre James, de « La Chapelle-Engerbold, et Guillaume Couespel, soi-disant « fils Jean ; — ce fait, jouira. — A depuis satisfait. »

En outre, dans la *Recherche de la Noblesse*, de l'intendant de Caen, Chamillart, en 1666 et années suivantes, après l'indication des armes, on lit :

« COUESPEL. — Guillaume Couespel, escuïer, sieur des « Brières (ou Bruyères), de la paroisse de La Chapelle-« Engerbold, sergenterie de Vassy, élection de Vire ; 44 ans, « religion Romaine.

« Pierre	. . . .	
« Germain	Germain épousa delle	Louise Bonnet.
« Tavenot	Tavenot	Perrine Girard, en 1613.
« Guillaume.	Guillaume . .	Marie de Thieuville, en 1644.

GEORGES COUESPEL, avocat au Parlement de Rouen, et ainsi qualifié dans son acte de mariage avec MARIE DU BUISSON DE CRISTOT, acte inscrit sur les registres de Cristot le 2 janvier 1658, était-il issu de ces derniers ? Nous l'ignorons. Les registres de Cristot ne font mention que de ses trois fils : FRANÇOIS-GIROYE, né à Cristot le 5 juin et baptisé le 4 novembre 1660 ; GEORGES et JEAN, qui assistaient aux obsèques de leur père, inhumé dans l'église de Cristot le 1er juin 1682 ; — et de ses trois filles, l'une, MARIE-MADELEINE, née à Cristot le 10 février 1665 et baptisée le 18 avril 1666, l'autre, MARGUERITE, née à Cristot en 1668, morte le 22 septembre 1676, la troisième, MARIE, née à Cristot le 21 octobre 1677, et ainsi nommée par Jacques Couespel et Marie du Buisson, sa tante. Un acte de transaction, en date du 15 avril 1711 (C. A., n° 109), passé avec Pierre-Nicolas du Buisson, sieur de Cristot, nous indique aussi l'existence de JEAN Couespel, sieur DU MESNIL, stipulant tant pour lui que pour les enfants de Georges Couespel et pour THOMAS Couespel, *ses frères* (sic).

Quoi qu'il en soit, nous voyons encore que LOUIS-FRANÇOIS COUESPEL, écuyer, sieur de LOUVIGNY, fils d'Antoine Couespel et d'Anne-Renée Denis, épousa, selon traité de mariage du 28 avril 1739, MARIE-JACQUELINE DE BILLEHEUST, fille de messire Henri de Billeheust, seigneur d'Argenton, et de Jacqueline de La Barberye ; que MARIE COUESPEL, fille de CHARLES-LOUIS COUESPEL, écuyer, sieur de LANDISAC, épousa à Vire, le 10 février 1764, Georges-Augustin de Sarcilly, écuyer, sieur de

Laisnerie ; enfin, que GEORGES-ANTOINE-LÉONOR DE COUESPEL, écuyer, sieur de LOUVIGNY, fils de feu Antoine-Roger et de Marie-Anne de Banville-Landisac, épousa à Burcy, le 21 août 1767, Marie-Anne-Gillette Huillard d'Aigneaux, fille de feu Charles-Bertrand Huillard d'Aigneaux.

En 1784, messire FRANÇOIS-ANTOINE-MADELEINE-LÉONOR DE COUESPEL, ancien capitaine au régiment d'Aquitaine, chevalier de St-Louis, était l'époux de Marie-Michelle de La Bigne. De cette alliance, sont issus :

1° Claude de Couespel, capitaine de la Légion du Doubs en 1820 ;
2° Eléonore-Jacqueline, femme de Jean-Baptiste Vivier-Duraisin, juge de paix à Vire à la même époque.

N... DE COUESPEL comparut aux assemblées de la Noblesse du grand bailliage de Caen, parmi les gentilshommes du bailliage de Vire, pour son fief de Landisac, en 1789 ; il comptait au nombre des plus anciens (voir les Procès-verbaux).

Une branche de cette famille se trouve aujourd'hui transportée dans le département de l'Orne. LOUIS-CHARLES-FRANÇOIS DE COUESPEL, aïeul et bisaïeul des représentants actuels, avait épousé Mlle DE LA FOURNERIE DE LA FERRIÈRE, qui lui apporta la terre de Boisgency, dont elle avait hérité de M. de La Fournerie de Boisgency, son oncle, maréchal des camps et armées du Roi. Ses descendants sont MM. Gonzalve de Couespel de Boisgency, qui habite Alençon, et le cousin-germain de ce dernier, Conrad de Couespel, marié à une demoiselle de Piperay.

ARMES, d'après la Maintenue de l'intendant Chamillart (1666), et d'après l'*Armorial* de Chevillard : *d'azur, à trois besants d'argent en fasce, celui du milieu accompagné en chef et en pointe de deux têtes de lion d'or.*

XXXVIII° DE SARCILLY.

Dix-neuvième degré de filiation.

JEAN-LOUIS-ANTOINE DU BUISSON DE COURSON-CRISTOT ; ANNE-JEANNE-CHARLOTTE-ANTOINETTE DE SARCILLY : 17 *août* 1778. — La noble famille DE SARCILLY, dont les branches ont été nombreuses dans la Basse-Normandie et dont était issue demoiselle Anne-Jeanne-Charlotte-Antoinette de Sarcilly, fille de feu messire Hervé-Augustin de Sarcilly, écuyer, sieur de La Renaudière, et de Jeanne-Charlotte-Antoinette RUAULT, devenue femme du chevalier Jean-Louis-Antoine du Buisson de Courson-Cristot, en 1778 (C. A., n° 307), et aïeule maternelle de la famille DES ROTOURS DE CHAULIEU actuelle, est originaire de la paroisse de Pleine-Fougères, située sur la rive gauche du Couesnon, à une lieue environ de Pontorson. Elle a été successivement maintenue dans sa noblesse héréditaire par Roissy et autres commissaires royaux, en 1598-1599, par d'Aligre, en 1634-1635, par MM. de Marle et de Chamillart, intendants des généralités d'Alençon et de Caen, en 1666 et années suivantes, et son blason est gravé dans l'*Armorial* de Chevillard (XVIIIe siècle).

A l'aide de ces maintenues, que nous allons reproduire textuellement ci-après, à l'aide de quelques documents, et en compulsant les anciens registres d'état civil des paroisses où les membres de cette famille ont résidé depuis 1666, nous croyons qu'il serait possible de dresser une généalogie assez complète des diverses branches de cette maison, au moins depuis le commencement du XVIe siècle jusqu'à la fin du XVIIIe, époque où toute trace de son existence disparaît; nous la croyons par suite éteinte de nos jours. Mais, en raison des recherches considérables que nécessiterait un pareil travail et aussi du cadre restreint de notre ouvrage, nous nous contenterons de mentionner quelques-uns des personnages des deux sexes les plus marquants :

1° HENRI de Sarcilly, qui était seigneur de la Fressengère dans les premières années du XVIe siècle;

2° PHILIPPE de Sarcilly, sieur d'Ernes (1) et de Launay, fils d'Henri, qui embrassa la Réforme protestante et épousa CATHERINE LESNERAC;

3° FRANÇOISE de Sarcilly, fille aînée des précédents, mariée, selon contrat de mariage du 15 mars 1579, devant Thomas Racine et Christophe Le Clerc, tabellions en la vicomté de Falaise, avec PIERRE DE PICQUOT, écuyer, sieur de MAGNY, de St-Martin et d'Escures;

4° JACQUES de Sarcilly, frère de Françoise et fils également de Philippe et de Catherine Lesnerac, marié en premières noces, le 28 janvier 1581, à ANTOINETTE PIGACHE, veuve de Roger de Beugleville, et, en secondes noces, à RACHEL DAUVET, fille de Guillaume Dauvet, président au

(1) ERNES, aujourd'hui commune de 447 habitants, canton de Morteaux-Coulibœuf, arrondissement de Falaise (Calvados), possède encore un ancien château situé près de l'église, où habitait anciennement la famille de Sarcilly. On trouve plusieurs tombes des membres de cette famille dans le chœur de l'église, notamment celle de N... de Sarcilly, décédé le 11 janvier 1609, et de Catherine d'Alençon, sa femme; de Georges de Sarcilly, décédé le 17 mars 1712; d'un autre Sarcilly, sieur d'Ernes et de St-Sylvain, du commencement du XVIe siècle, portant une inscription en lettres gothiques avec un personnage gravé au trait (Voir de Caumont, *Statistique monumentale du Calvados*, tome II, pages 347 à 352).

Parlement de Paris, dont un fils, Isaïe, qui ne laissa pas d'enfants, et deux filles; la première, Marie, épousa Pierre Lessens, écuyer, sieur de Bois-Roussel; la seconde, Aimée, dame des fiefs de Launay et de La Fressengère, épousa, le 25 novembre 1633, Pierre de Neuville, écuyer, seigneur du Mesnil-Bacley, fils d'Eustache de Neuville et d'Anne de Picquot (Voir La Ferrière : *Histoire du canton d'Athis*, page 143 et suiv.);

5° et 6° Henry et François de Sarcilly, son fils, qui furent fort attachés à la famille de Montpensier; ce dernier devint intendant de l'amiral et épousa Marthe Malherbe en 1591;

7° Eléazard de Sarcilly de Chandeville, fils de François, neveu du grand poète Malherbe, né en 1611 à Brucourt. Il avait, dit Huet, dans ses *Origines de Caen*, un rare talent pour la poésie française. Isabelle de Bourgueville, fille d'honneur de la reine Henriette d'Angleterre et arrière-petite fille de M. de Bras, fut sa première inclination; il composa des vers en son honneur. Mort en 1633, à l'âge de 22 ans, il fut enterré à St-Germain-l'Auxerrois. M. de Montausier, étant venu à Caen prendre possession de son gouvernement, dit une fois, en parlant de M. de Sarcilly de Chandeville, qu'il n'était pas un jour qu'il ne donnât plus d'un quart-d'heure à sa mémoire. Ses poésies, qu'il voulut supprimer lors de sa mort, ne nous seraient pas parvenues sans M. de Scudéry, qui prit soin de les ramasser et de publier ce qui nous reste; elles sont conservées à la Bibliothèque Nationale;

8° Thomas de Sarcilly, frère du précédent, qui devint intendant du cardinal de Richelieu;

9° Philippine de Sarcilly, fille de Jean de Sarcilly, sieur d'Ernes, mariée à Fleury Rouxel, écuyer, seigneur de Médavy, de la maison de Grancey;

10° Jean de Sarcilly, sieur de Jarrots, neveu de la précédente et petit-fils de Jean (1er) de Sarcilly, sieur d'Ernes; marié à *haute et puissante dame* Catherine de Lorraine. Cette dame, devenue veuve, présenta requête au roi François II, en 1559, pour une contestation qui existait entre elle et Philippe de Sarcilly, sieur d'Ernes, au sujet des fiefs de Jarrots et de Combray (Archives du Calvados); elle reçut aussi du cardinal de Lorraine la garde-noble de sa fille mineure, qui devint plus tard demoiselle d'honneur de la duchesse de Lorraine, fut dotée par les princes de Lorraine et épousa le seigneur de Mihéas (?).

11° N..... de Sarcilly, président de l'élection de Vire, massacré par des séditieux le 12 août 1630, lors de la révolte des *Nu-Pieds* (Voir l'*Histoire du Parlement de Rouen*, par Floquet, tome IV, page 574);

12° DANIEL de Sarcilly, né à Vire le 7 juillet 1624, devenu plus tard *gouverneur* de cette ville; marié avec noble damoiselle FRANÇOISE PORET; mort à Vire le 6 février 1684 et inhumé dans le chœur de la cathédrale;

13° CHARLES de Sarcilly, autre gouverneur de Vire, marié le 10 août 1696, avec noble damoiselle BARBE PITON, et encore qualifié, dans un acte de 1742, *ancien gouverneur de Vire.*

Etc., etc.

On lit dans le *Registre des Maintenues de Noblesse* accordées en la généralité de Caen, ès années 1598-1599, par Jean-Jacques de Mesme, chevalier seigneur de ROISSY, et les deux autres commissaires royaux départis :

« **3 juin 1599.**—SARCILLY.—Antoine de Sarcilly, sieur de « Valencey, fils Henri, demeurant à Maizet, sergenterie de « Préaux, élection de Caen, a pour fils N....; — François, « frère dudit Antoine, a pour fils Jean, Guillaume et Robert, « demeurant audit lieu; — Charles, Pierre, Nicolas et Phi- « lippe, sieur de Montgothier, neveux des susdits et fils « de Philippe, demeurant à St-Lambert, sergenterie de St- « Jean-le-Blanc, élection de Vire; — veu leurs titres jouiront « (du privilége de noblesse). »

Autre Maintenue de Roissy, en date du 21 mai 1599, pour une branche de Sarcilly, de l'élection de Falaise.

On lit dans le *Registre des Jugements* rendus par Etienne d'Aligre, sieur de La Rivière, et Jean Cardinet, sieur de Logny, commissaires royaux députés pour le règlement des tailles, ès années 1634-1635 :

« *Election de Vire* : **13 mai 1635,** n° 67 :

« DE SARCILLY. — Veu les titres présentés par François, « Claude, Pierre et Louis de Sarcilly, écuyers, frères, tous « enfants de Charles, des paroisses de Culey et Cauville, « et ledit Pierre, de la paroisse de Canon, élection de Fa- « laise; — et pour Nicolas, sieur d'Amphernet, de la paroisse de « St-Lambert; — et pour Philippe, de la ville de Vire, élu, « oncle des premiers; — les sieurs Charles, Nicolas et Phi- « lippe frères, enfants d'autre Philippe, fils Henry, fils « autre Henry de Sarcilly, écuyer; — vu le Registre de M. de « Roissy, jouiront. »

On lit dans la *Recherche de la Noblesse* de la généralité d'Alençon par l'intendant Hector de Marle, ès années 1666 et suivantes et à la date du 25 mai 1667 :

« *Election de Falaise.* DE SARCILLY : Pierre de Sarcilly, « sieur d'Ernes, et Georges de Sarcilly, sieur du Castel, son « frère; — anciens nobles; — paroisse d'Ernes. »

Enfin, on lit dans la *Recherche de la Noblesse* de la généralité de Caen par l'intendant Guy Chamillart, ès années 1666 et suivantes :

« DE SARCILLY : *anciens nobles.*

« Jean de Sarcilly, sieur d'Ernes.

« Henry.

« Jean, Henry.

« Philippe, François.

« Charles, Nicolas, Philippe. Eléazard, Thomas.

« Claude, Pierre. Thomas. Daniel, Jean Bte. Thomas.

« Claude et Pierre de Sarcilly frères, écuyers, 58 et « 59 ans, demeurant à Cauville, sergenterie de St-Jean-le-« Blanc ; Thomas, écuyer, sieur d'Amphernet, paroisse « d'Athis, 28 ans ; Daniel et Jean-Baptiste, demeurant à « Vire, 40 et 30 ans ; Thomas, écuyer, sieur de Brucourt, « paroisse de Maizet, élection de Caen, 35 ans.

« Jean épousa damoiselle Catherine de La Palle.

« Henry, fils Jean, épousa dlle Françoise de Buin (?).

« Jean II, fils Henry, épousa dlle Jeanne-Catherine de « Lorraine.

« Henry II, frère Jean, épousa dlle Barbe Noël.

« Philippe, fils Henry, épousa dlle Marie de Fourqueville.

« Charles, fils Philippe, épousa dlle Marie Le Beauvisieux, « en 1603.

« Claude, fils Charles, épousa dlle Madeleine de Bonnet, « en 1628.

« Pierre, autre fils Charles, épousa dlle Marie de Bonnet, « en 1632.

« Nicolas, frère dudit Charles, épousa dlle Léonore du « Theil.

« Thomas, fils dudit Nicolas, épousa dlle Madeleine de La « Cour, en 1659.

« Philippe, 3e fils Philippe, épousa dlle Marie Le Houx, « en 1634.

« François, 2e fils d'Henry II, épousa dlle Marthe Malherbe, « en 1591.

« Thomas, fils dudit François, épousa dlle Marie Besnard, « en 1628.

« Portent : *Écartelé : au 1er et 4e, d'argent, à une hermine « de sable ; au 2e et 3e, de gueules, à trois fasces d'argent, « semées de six merlettes de sable, 3, 2 et 1.* »

XXXIX° DES ROTOURS DE CHAULIEU.

Vingtième degré de filiation.

Louis-Jules-Auguste des Rotours de Chaulieu ; Adélaïde-Antoinette du Buisson de Courson : 28 *janvier* 1801. — Gabriel-François des Rotours de Chaulieu ; Joséphine du Buisson de Courson : 27 *juillet* 1801. — La maison des ROTOURS, dont le nom s'est écrit quelquefois *des Rotors*, *des Rottours* ou *des Routtours*, et qui s'est alliée deux fois, par les deux sœurs, comme on vient de le voir, à la maison du Buisson de Courson-Cristot, est d'ancienne chevalerie de la province de Normandie. Elle a eu pour berceau une paroisse appelée Les Rotours, au diocèse de Séez, élection de Falaise, généralité d'Alençon. Elle a été maintenue dans sa noblesse d'extraction par Roissy, en 1598-1599 (1), et par de Marle, en 1667 (2), et a fait ses preuves par l'admission aux Pages de la Grande-Ecurie du Roi, du duc d'Orléans et du prince de Condé.

(1) On lit dans le registre des Maintenues de noblesse de Roissy et autres commissaires royaux, en 1598-1599 :

« des Rotours. — 28 *mai* 1599 : Pierre des Rotours, sieur du Sacq et « du Mesnil-Guillaume, fils Louis, demeurant au Sacq, sergenterie de La « Forêt, élection de Falaise, a pour fils Michel, Guillaume, François et « Olivier ; — Veu ses titres, jouira.

« 3 *juin* 1599 : Jean des Rotours, sieur de Champeaux et des Loges, fils « François, demeurant à Pointel, sergenterie de Briouze, élection de Falaise; « — Veu ses titres, jouira (du privilége de noblesse).

« 7 *juin* 1599 : Jean et Jacques des Rotours, sieurs des Rotours et de « l'Eveillerie, fils Julien, demeurant aud. lieu des Rotours, sergenterie de « La Bazoche, élection de Falaise ; — François, sieur du Plessis, fils « Julien, demeurant à Ste-Croix, sergenterie de La Forêt-Auvray, élection « de Falaise ; — Charles des Rotours, sieur de Launay, frère dud. François, « demeurant aud. lieu de Ste-Croix, sergenterie et élection susdites ; — « Julien, sieur de Fumesson, fils François, demeurant aux Rotours, ser- « genterie de La Bazoche, élection de Falaise ; — Pierre, frère dud. Julien, « demeurant aud. Ste-Croix, sergenterie de La Forêt, élection susdite ; — « Nicolas, frère dud. François, sieur de Chenyl (?), demeurant auxd. « Rotours, sergenterie de La Bazoche, élection susdite, ayant pour fils « Louis, René, Jean et François ; — Veu leurs titres, jouiront. »

(2) On lit dans la Recherche de la Noblesse de la généralité d'Alençon par

Outre la baronnie de Chaulieu, cette maison a possédé les seigneuries du Sacq, de Pointel, de Fumesson, de Méguillaume, du Coudray, de Conneray, de la Roque, de la Lande-Vaumont, de St-André de Briouze, de Quatre-Puits, de Fougy, de Ste-Croix, etc., etc.

Ses alliances ont été prises parmi les familles les plus considérables de la Normandie.

Le premier seigneur des Rotours connu avec certitude est Guillaume des Rotours (*Willelmus des Rotors*) qui prit part à la troisième Croisade, comme on le voit par une charte passée au camp du roi Richard Cœur-de-Lion devant St-Jean d'Acre, en 1191. Cette pièce, où il figure comme témoin, est un acte par lequel Guillaume du Douit (*de Ducto*) se reconnaît débiteur envers Nicolas du Vivier de 20 livres d'Anjou à payer plus tard par lui ou par ses héritiers. Les témoins de cet acte étaient RICHARD DU BUISSON, Samson l'Hermite, GUILLAUME DES ROTOURS, Guérin du Bosq et Nicolas de Cormeilles (En voir la teneur C. A., n° 172).

La *Noblesse de France aux Croisades*, par M. Roger, page 215, cite, en 1191, le même Guillaume des Rotours, d'après une autre charte datée de St-Jean d'Acre, du mois de juin même année, dont l'original appartient à M. le comte d'Amphernet, qui habite St-Brieuc. Par cette charte, Henry de Hanneville, Guillaume des Rotours, Hugues de Maleville et Jourdain d'Amphernet, chevaliers, reconnaissaient l'emprunt de cent marcs d'argent, remboursable en un an, sous la garantie de Richard, roi d'Angleterre, qu'ils avaient contracté envers Andréolo Comte et ses associés, citoyens de Pise.

En 1195, Gilbert Malesmains, rendant ses comptes à l'Echiquier de la baillie de Falaise, y fait figurer 6 sols reçus de FOULQUES DES ROTOURS, pour une maison sise à Falaise; même compte pour la même maison, en 1198, de la part de Robert Reinuard (Ext. des *Mémoires de la Société des Antiquaires de Normandie*, XVe volume, page 81, année 1846, et XVIe volume, page 43, année 1852).

HUGUES DES ROTOURS, écuyer, vivant en 1212, est cité dans le Catalogue alphabétique des *Antiques familles illustres de Normandie*, publié par Gabriel du Moulin, curé de Mane-

l'intendant Hector de Marle, en 1666 et années suivantes, à la date du 1er *juillet* 1667 :

« DES ROTOURS. — *Election de Falaise :* André des Rotours, sieur de Ste-« Croix; ancien noble. — Ste-Croix-sur-Orne.

« *Election d'Argentan :* René des Rotours, sieur du Chesnay; ancien « noble. — Boucé.

« *Election d'Argentan :* Guillaume des Rotours, sieur de Bouville; ancien « noble; — Coudehard. »

val, à la suite de son ouvrage intitulé *Conquestes et trophées des Norman-Français* (Rouen : 1658 ; in-folio, page 483).

PAYEN (*Paganus*) DES ROTOURS, chevalier (*miles*), avait concédé, à charge de service et d'hommage, antérieurement à l'année 1253, à Philippe de Ners, le tenement de La Ramée (?), et nous voyons, par une charte du mois d'août 1253, passée en la paroisse du Mesnil, que RAOUL DES ROTOURS, son fils, ratifia et confirma cette donation (1).

Dans une autre charte, passée en l'octave de l'Ascension 1263, PIERRE ou PAYEN DES ROTOURS, se sentant gravement malade, reconnaissait la vente qu'il avait faite à Guillaume de Pont et à ses hoirs, de la masure (*mansura* : résidence) de l'Aulnaye (?), et le paiement qu'il en avait reçu (2).

Nous allons donner une filiation succincte de cette famille ; mais, dans la crainte de commettre des erreurs en la reprenant plus haut, nous commencerons seulement à FRANÇOIS DES ROTOURS, vivant en 1309, peut-être fils de PIERRE ou PAYEN, et le premier cité dans la généalogie publiée, en 1829, par M. de Courcelles, dans son *Histoire des Pairs de France*, etc.

Filiation depuis le commencement du XIVe siècle.

I° FRANÇOIS, Ier du nom, des Rotours, écuyer, acquéreur, le 15 novembre 1309, d'un quart de fief de chevalier, nommé le fief de Notre-Dame-des-Rotours, à lui vendu par Gervais de Ners, écuyer, en la paroisse des Rotours (voir la teneur intégrale de l'acte dans l'*Histoire de la maison d'Harcourt*, de

(1) Cette charte se trouve déposée aux archives préfectorales de la Manche ; elle est scellée d'un sceau en cire verte, représentant un écu chargé de trois besants, avec cet exergue : *Raal des Rotors.* En voici la teneur :

« Notum sit omnibus tam præsentibus quam futuris quòd ego Radulphus « des Rotors (*sic*) concessi et confirmavi Philippo de Nuers tenementum de « Rameiâ, quod eidem Philippo dedit et pro servitio et hommagio suo concessit « Paganus, miles, pater meus, dum viveret, sicut ampliùs in cartâ, quam « indè prædictus Philippus habet, determinatur. — Et ut hoc ratum et in- « concussum perseveret, hoc præsens scriptum sigilli mei munimento robo- « ravi. — Actum anno Domini millesimo ducentesimo quinquagesimo tertio, « mense augusti, coram parrochia de Mesnillo. »

(2) Cette charte existe également aux archives préfectorales de la Manche ; elle est ainsi conçue :

« Noverint universi præsentes et futuri quòd ego Petrus des Rotours, in « litteraturâ sigilli mei cognomine Paien, gravidè morbo effectus, recognovi « quod vendidi Willermo de Ponte et hæredibus suis totam masuram meam « de Alneto et quod indè me tenui penitùs pro pagato. — In testimonium « hujus rei, præsentem paginam sigillo meo sigillavi. — Actum in octavis « Ascensionis Domini, anno M.C.C.LX tertio ; testibus Ricardo de Ponet « et Willermo, fratre ejus, sacerdotibus, Petro de Landâ, Ricardo de Bur, « Roberto de Saceio, Hamone Bigot, et aliis. »

La Roque, tome III, page 235); acquéreur, en 1303, de la seigneurie de Pointel; recevant aveu, le 18 novembre 1320, de la seigneurie de Drouet, mouvante de la *baronnie* des Rotours; — marié, suivant une production faite, en 1540, devant les Commissaires du Roi à La Flèche, avec MASSINE D'ECOUCHÉ, dont:

II° JEAN Ier, seigneur des Rotours et de Pointel, faisant don à la paroisse des Rotours, en 1364, du local du presbytère; — marié à ALIX DE MONCEAUX, fille de Robert, seigneur de Lonlay-le-Tesson; mentionné avec elle dans un bail à fief du 20 février 1378, dont:

III° JEAN II, seigneur des Rotours, de Pointel, de Fumesson, acquéreur d'une pêcherie le 13 janvier 1401; rendant aveu pour son fief des Rotours le 14 février 1415; ayant vu son domaine confisqué par Henri V, roi d'Angleterre, en 1418, après la prise de Falaise, et rentré plus tard dans ses possessions patrimoniales; — marié avec DENISE DE LA MESLIÈRE, fille de Guillaume de La M. et de Lucette du Sacq, ladite Denise héritière des seigneuries du Sacq, de Méguillaume, de l'Eveillerie, etc., dont:

IV° ROBERT Ier, seigneur des Rotours, de Pointel, du Sacq, de Méguillaume, etc., mentionné dans un acte de transport de 1448; mort avant 1464, laissant de JEANNE DE RAVETON, sa femme, deux fils et cinq filles; ces dernières se sont alliées aux de Mathan, de Belleville, de Corday, de Mélanger, du Faÿ; les deux fils sont:

1° Gabriel, marié en premières noces à une d'Harcourt et, en secondes noces, à Jeanne de Garnetot, dont un fils Guillaume, mort sans postérité;
2° Jean, qui suit.

V° JEAN III, seigneur des Rotours, du Sacq, de Fumesson, etc., faisant avec sa mère le 15 janvier 1464, le partage de la succession de son père; partageant, avec son neveu, le 2 novembre même année, la succession de Lucette du Sacq, sa bisaïeule; mentionné encore dans des actes de 1502 et de 1503; — marié à DENISE DE FALLAIS, fille de Jean de Fallais, sieur du Couldray et de Conneray au Maine, et de N... de Champlais, dame de Souvré, dont cinq fils et trois filles:

1° Robert, auteur de la branche aînée qui compte notamment un chevalier des Ordres du Roi, gentilhomme ordinaire de la Chambre, et qui s'éteignit à la fin du XVIIe siècle, après quatre nouvelles générations, en la personne de François des Rotours, officier de cavalerie en 1630; ce dernier aliéna le 3 novembre 1684, au profit du marquis de Vassy-la-

Forêt, son parent par alliance, la seigneurie des Rotours que sa famille avait possédée pendant plus de 300 ans;

2° Jean, prêtre, vivant en 1511;

3° François, auteur de la branche du Sacq, de Méguillaume et de Chaulieu, qui suit;

4° Guillaume, dont la postérité s'éteignit au XVIIIe siècle;

5° Samson, prêtre, curé de Champcerie;

6° Catherine, mariée, en 1504, à G. Le Goullu, seigneur des Aunays;

7° et 8° Radégonde et Marguerite, vivant en 1510.

BRANCHE DES SEIGNEURS DU SACQ, BARONS DE CHAULIEU, ETC.

VI° François II des Rotours, seigneur du Sacq et de Méguillaume, 3e fils des précédents, intervenu, comme parent, dans l'enquête faite au sujet de la garde-noble de Bonaventure d'Harcourt, le 12 juin 1526 (La Roque : *Histoire de la maison d'Harcourt;* tome IV, page 1765); ayant fait ses preuves de noblesse en 1540, avec Guillaume, son frère, sieur de Fumesson, devant les Commissaires du Roi à La Flèche;— marié en 1res noces, le 11 décembre 1512, avec FRANÇOISE DE SÉRAN, fille de noble Arthus de Séran, seigneur de Torp, et de Bertrand Le Cloustier, dont un fils :

Louis, qui continue la filiation de cette branche.

Marié en 2es noces, le 14 septembre 1523, avec MARIE DE VIEUXCOURT, dont :

1° Charles, prêtre, curé du Sacq;

2° Jean, marié avec N... de Fresquen, mort sans postérité;

3° Guillaume, élu, en 1575, grand prieur de St-Etienne de Caen;

4° Julien, mentionné dans Roissy; auteur de la branche de FOUGY, qui s'est éteinte à la fin du XVIIIe siècle, après avoir formé le rameau des seigneurs de LA CHAUX, encore existant, représenté par Alexandre des Rotours, né en 1801, fils de Charles-Henri et d'Agathe-Félicité de La Porte;

5° et 6° Françoise et Jeanne, vivant en 1567.

VII° LOUIS des Rotours, seigneur du Sacq et de Méguillaume, lieutenant dans la compagnie du comte du Lude, se qualifiant lui-même, dans son testament en date du 21 octobre 1555, *homme d'armes des Ordonnances du Roi en la compagnie du seigneur de Laval;* mort en Piémont de blessures reçues au siége de Carignan;—marié, le 28 février 1553, avec ANNE DE LA HAYE, dame de Placy et du Goustal, fille de François, seigneur de La Roche au Maine, et de Marie de Geslin, dont :

VIII° PIERRE des Rotours, seigneur du Sacq, de Méguillaume, etc.; mineur sous la tutelle de sa mère et de son oncle, Pierre de La Haye, en 1566 et 1567; recevant diverses reconnaissances féodales de 1577 à 1616; maintenu dans sa noblesse, avec ses quatre fils, par M. de Roissy, le 28 mai 1599; s'étant signalé par son zèle et sa fidélité au service d'Henri IV, dans les guerres civiles qui précédèrent et suivirent son avènement au trône, ainsi qu'il résulte d'une sauvegarde accordée par ce prince au camp d'Argentan le 30 décembre 1589, et d'autres pièces de 1591 et 1594;—marié le 1er janvier 1577, avec ANNE DE VAUQUELIN, fille de Guillaume Vauquelin, seigneur des Yveteaux et de Sacy, conseiller et avocat général au Parlement de Rouen, dont :

1° Michel des Rotours, seigneur du Sacq, officier dans les armées du Roi, mort le 7 mai 1656 et inhumé en l'église du Sacq; ayant eu de son mariage avec Françoise du Breuil, dame de Valcongrain, etc., une fille nommée Marie, qui épousa N... de Touraye, bailly de Lions-la-Forêt;
2° Guillaume, qui suit;
3° François, dont était veuve sans enfants, le 26 mars 1641, une certaine Jeanne Buisson (Ne serait-ce point JEANNE DU BUISSON?);
4° Louis, mort sans postérité;
5° et 6° Deux filles.

IX° GUILLAUME des R., écuyer, seigneur de Méguillaume, puis de La Roque, de La Cour-du-Bois, de La Motte-sous-Rouvres, de St-André-de-Briouze, par suite de son mariage avec PÉRONNE MARGUERIT, fille et héritière de Georges Marguerit, seigneur desdits lieux; mentionnés l'un et l'autre dans un acte de transaction du 31 mai 1604; ayant fait ses preuves, en 1641, devant M. Le Roy de La Potterie, intendant de Caen, sur le fait des Francs-Fiefs, ainsi que devant les Commissaires du Roi en la généralité d'Alençon; mort, en laissant de son alliance un fils, Julien, qui suit, et deux filles mariées à des gentilshommes.

X° JULIEN des R., écuyer, seigneur de La Roque, de La Motte-sous-Rouvres, etc., né et baptisé au Sacq le 6 septembre 1612; ayant servi à l'Arrière-Ban en 1635; maintenu dans sa noblesse, le 30 août 1666, par M. de Chamillart, alors qu'il habitait le château de La Roque, élection de Vire, et, le 1er juillet 1667 par M. de Marle; mort en cette paroisse de La Roque le 18 juillet 1683; — marié le 24 mai 1626, à MARGUERIT DE CAIRON, fille de Philippe de Cairon et de Marie d'Angerville, dont :

1° Philippe, seigneur de La Roque, marié à Madeleine de Chennevière et mort sans postérité;

2° Jacques, qui suit ;
3° François, né en 1647 ; marié à Louise de Percy de Montchamps, et auteur du rameau des des Rotours de Montchamps ;
4° et 5° Deux filles, mariées, l'une à Adrien de Banville, l'autre à René de Ste-Marie, seigneur de Richebourg.

XI° JACQUES des R., chevalier, seigneur de St-André-de Briouze, né en 1640 ; inhumé à La Roque le 14 mars 1722 ; — marié, le 16 août 1676, à CATHERINE LARCHER, fille de Jean et de Catherine Le Sage, décédée le 15 avril 1721, dont :

1° Jacques-Philippe, marié à N... Drudes, fille de Guillaume, seigneur du Rocher ; auteur de la branche DE QUATRE-PUITS, dont étaient sortis Alexandre-Philippe et Augustin dès Rotours, décédés l'un et l'autre, en mars 1807, de blessures reçues à la bataille d'Eyleau ; elle s'est éteinte en 1814, par la mort de Bertrand des Rotours, lieutenant au 7e de ligne, chevalier de la Légion d'Honneur ;
2° Charles, marié à N... de Cairon, dont un fils, page du duc d'Orléans, mort sans postérité, et une fille, mariée à N. Bauquet de Grandval ;
3° Julien, qui continue la filiation ;
4° Jeanne, mariée, en 1705, à Robert Noël, écuyer, sieur des Hogues et de La Bigne.

XII° Julien II des R., seigneur et patron haut justicier de La Lande-Vaumont, de St-Martin et de St-Sauveur de Chaulieu, etc., garde-du-Corps du Roi en 1717 ; acquéreur, le 17 février 1753, des fiefs de Chaulieu et de Crépon, appartenant au chevalier de Calmesnil ; décédé à La Lande-Vaumont le 28 janvier 1776, et inhumé dans le chœur de l'église ; — marié, selon contrat du 24 mai 1728, à MARIE-LÉONORE DES MONTS, dame de La Lande-Vaumont, de La Chapelle-St-Maur, etc., élection de Vire, fille de Robert des Monts et de Jacqueline-Eléonore Guéroult de Bellée, dont :

1° Michel-Nicolas-Julien-Joseph, né le 4 mai 1741, page du Roi en 1757, mort sans postérité en 1761 ;
2° Jacques-Augustin, qui suit ;
3° 4° 5° 6° Quatre filles, dont trois mariées.

XIII° JACQUES-AUGUSTIN des R., *baron* DE CHAULIEU, seigneur patron haut-justicier de La Lande-Vaumont, sieur de Montaigu, Crépon et autres lieux, baptisé à La Lande-Vaumont le 5 septembre 1742 ; entré dans les Chevau-légers du Roi après la mort de son frère aîné, ainsi que le constate un certificat du duc d'Aguillon ; devenu titulaire de la baronnie de Chaulieu, par acte du 1er mai 1784 et par Lettres-patentes de Louis XVI, du mois d'octobre 1785, enregistrées au Parlement de Rouen le 17 novembre 1786 ; présent aux Assemblées de la Noblesse du grand bailliage de Caen en 1789; l'un des rédacteurs du *Cahier* de son Ordre, procureur-syndic des Ordres de la Noblesse et du Clergé près le bureau d'administration du bailliage de Vire ; décédé à Caen le 9 juin 1796 ; — marié en premières noces à MADELEINE-FRANÇOISE LABBEY, dont deux filles :

1° Emilie, morte sans postérité ;
2° Julie-Françoise, qui épousa son cousin Bertrand des Rotours de Quatre-Puits et décéda à Vire le 15 novembre 1806.

Marié en deuxièmes noces à MARIE-LOUISE-FÉLICITÉ FORTIN DE MARCENNE, fille de Jacques, seigneur de Marcenne, et de Léonore-Marie-Françoise Hue de Montaigu; veuf de nouveau par la mort de cette dame, arrivée au château de Chaulieu en août 1783 ; ayant eu de cette seconde alliance deux fils, qui sont :

1° Louis-Jules-Auguste, auteur de la branche aînée ;
2° Gabriel-François, auteur de la branche cadette.

BRANCHE AÎNÉE DE LA MAISON DES ROTOURS DE CHAULIEU.

XIVe LOUIS-JULES-AUGUSTE des Rotours, baron de Chaulieu, né au château de Chaulieu le 9 avril 1781, capitaine dans l'armée royale de Normandie sous les ordres du comte Louis de Frotté, eut un bras fracassé, en 1799, devant la ville de Vire. Par Lettres-patentes, datées de St-Cloud le 25 juillet 1811, transcrites le 28 septembre suivant sur les registres du Sénat, Napoléon lui conféra à nouveau le titre de *baron*, qu'avait porté son père. Auditeur au Conseil d'Etat le 7 mai 1812, chargé, en 1813, de porter à l'Empereur, en Allemagne, le portefeuille du Conseil d'Etat; chargé la même année d'une mission délicate dans la 32e division militaire; sous-préfet de Cherbourg en octobre 1815; préfet du Finistère le 19 juillet 1820; préfet de la Loire du 2 juillet 1823 à 1830; nommé chevalier de la Légion d'Honneur en 1818, et officier en 1828; devenu président de la Société d'Agriculture de Mortain et décédé, le 7 juillet 1852, à son château de Chaulieu, le baron de Chaulieu avait épousé, à Vire, le 8 pluviôse an IX (28 janvier 1801), demoiselle ADÉLAÏDE-ANTOINETTE DU BUISSON DE COURSON, fille aînée de Jean-Louis-Antoine du B. de C. et de Jeanne-Charlotte-Antoinette de Sarcilly, dont il devint veuf à Cherbourg en mars 1818; elle lui laissa deux fils et deux filles :

1° RAOUL-Gabriel-Jules des Rotours de Chaulieu, né à Vire le 20 avril 1802 ; secrétaire général des Ardennes avant 1830 ; conseiller général du Calvados en 1848, et élu en 1849 par l'arrondissement de Vire représentant du Peuple à l'Assemblée Législative ; mort à Vire en juillet 1876. Il avait épousé à Vire, le 20 juin 1836, Louise-Eléonore-Luce Gaupuceau, fille de Nicolas Gaupuceau et de Jeanne-Henriette de La Mariouze de Montbray ; cette dame est décédée sans postérité au château de Montbray le 12 juillet 1871 ;

2° Hugues-Antoine, né au château de La Graverie le 26 juillet 1804, devenu inspecteur des Finances, démissionnaire en 1833, mort à Falaise vers 186... ; marié à Paris, le 2 février 1831, avec Louise-Emma-Pauline Lambert de Chamerolles, veuve du comte Gustave de Brossard et fille de feu Paul-Augustin-Joseph, baron de Lambert, conseiller au Parlement de Paris, préfet, puis maître des requêtes au Conseil d'Etat, et de feue Louise-Aglaé-Etiennette de Brossard, dont:

Louise-Antoinette-Berthe des Rotours de Chaulieu, née au château des Isles-Bardels ; mariée, en 1853, à M. Amédée de Caix, dont trois fils vivants : Gérard, Camille et Hubert ;

3° Marie-Thais, née le 2 mai 1807 ; mariée, le 31 janvier 1837, à St-Martin de Chaulieu (Manche), avec M. Adrien-Auguste-Arthur Payen de Chavoy, officier de marine, issu d'une des plus anciennes familles d'origine chevaleresque du Cotentin (1), fils de Hugues-Jean-Baptiste Payen de Chavoy et de Dominique-Aimée de Corday ; Mme Payen de Chavoy, dont le mari habite Avranches actuellement (1876), est décédée à La Graverie le 16 septembre 1842, laissant trois filles :

A. Louise-Marie, sans alliance.

B. Marie-Charlotte-Gabrielle, mariée à M. Georges du Faÿ, sous-inspecteur des Forêts, dont la mère est une du Merle de la branche d'Orbec et La Vespière.

C. Anne-Marie-Marguerite, décédée à Avranches le 9 mars 1854.

4° Anne-Alix des Rotours, morte à Montbrison en 1824.

BRANCHE CADETTE DE LA MAISON DES ROTOURS DE CHAULIEU.

XIV° Gabriel-François, baron des Rotours, né au château de Chaulieu le 2 août 1782, reçut dans son enfance la qualification de *chevalier de Chaulieu*, quoiqu'il fût fondé à s'attribuer un des titres de *baron* existant dans sa famille, au moment de la publication de la Charte. Membre de la Société d'Agriculture et de Commerce de Caen dès le 4 juin 1809, nommé président des assemblées électorales du canton de Bény-Bocage (Calvados) par décrets impériaux des 11 juin 1810 et 2 juin 1813, il composa, en juillet 1814, un

(1) Armes de la maison Payen de Chavoy : *d'argent, à trois tourteaux de sable, le premier chargé d'une rose d'or*. Devise : *In arduis fortior.*

Essai sur l'état de l'ancienne Noblesse et sur quelques moyens d'améliorer son sort (1), qu'il adressa d'abord à M. d'Ambray, chancelier de France, et plus tard en 1824, avec quelques modifications, à M. le comte de Villèle, président du Conseil des Ministres; ces deux ministres lui en accusèrent réception par lettres des 1er août 1814 et 11 octobre 1824. — Nommé, le 26 septembre 1815, conseiller de Préfecture de la Manche, et, le 10 juin 1818, sous-préfet de l'arrondissement de Dreux, où il resta jusqu'en 1830, et où il eut le douloureux honneur de recevoir Charles X et la famille royale partant pour l'exil; devenu conseiller général du Calvados de 1839 à 1848, et vice-président de la Société d'Agriculture de l'arrondissement de Vire depuis cette époque jusqu'à sa mort; décoré de la croix de la Légion d'Honneur le 1er mai 1821, à l'occasion du baptême de S. A. R. le duc de Bordeaux; décédé à son château de La Graverie, près Vire, le 26 août 1863, Gabriel des Rotours avait épousé à La Graverie, le 28 thermidor an IX (16 août 1801) Mlle JOSÉPHINE DU BUISSON DE COURSON, sœur de la baronne de Chaulieu, dont il devint veuf le 24 août 1860 et dont il eut deux fils :

1° LÉON des Rotours, né au château de La Graverie le 17 mai 1802; attaché au Ministère de l'Intérieur; marié, les 31 décembre 1832-2 janvier 1833, avec Mlle Louise-Françoise-ALIX MARQUIER DE DAMPIERRE, fille de Louis-Auguste Marquier de Dampierre, écuyer, d'une noble famille d'origine irlandaise, qui est décédé à son château de Bray-la-Campagne le 6 mars 1869, et de Marie-Aimée de Brossard; de cette union deux enfants :

- A. MARTHE des Rotours, née à Bray-la-Campagne; sans alliance.
- B. GEORGES, né à Bray-la-Campagne le 16 juillet 1841, capitaine dans la Garde nationale mobile du Calvados pendant la désastreuse campagne de 1870-71 (2);

(1) Dans cet écrit, M. des Rotours s'attachait à fondre la Noblesse ancienne et la Noblesse nouvelle, et, pour l'organisation de l'article 71 de la Charte, formulait notamment les propositions suivantes : 1° sévir avec force contre les usurpateurs des armoiries, titres et qualifications nobiliaires : 2° rédiger un état officiel de toutes les familles nobles, avec leurs véritables titres et qualités et l'indication de leurs armoiries; 3° encourager la formation des majorats; 4° attribuer à l'aîné des familles nobles la quotité disponible, aux termes des dispositions du Code civil.

(2) Georges des Rotours, nommé capitaine de la 5e compagnie (canton de Bretteville-sur-Laize), 2e bataillon de la Garde mobile du Calvados, partit aussitôt après l'appel à l'activité des Gardes nationales mobiles, à la fin d'août ou au commencement de septembre 1870. Il a fait notamment toute la campagne de Dreux, a pris part aux combats de Marchenoir et de Fréteval (Loir-et-Cher), et s'est vaillamment comporté pendant la pénible retraite de Firmincourt à Dreux. Séparé pendant trois jours, avec sa compagnie, du gros

marié, le 7 novembre 1866, à Douai (Nord), avec Mlle Thérèse Prévost, fille de M. N... Prévost et de Mlle N... Payen de Brébières, dont une fille, Marie-Thérèse, née le 24 octobre 1867.

2 Alexandre-Antonin, né à La Graverie le 22 mai 1806; élève des Ecoles militaires de St-Cyr et de Saumur; sous-lieutenant au 4e Hussards, puis lieutenant au 14e Chasseurs à cheval; démissionnaire en 1832 par suite de son mariage; nommé, sous le second Empire, député du Nord au Corps Législatif; décédé le 6 janvier 1868; marié à Abscon (Nord), le 10 décembre 1832, avec Mlle Eugénie Plichon, fille de feu Charles Plichon, propriétaire, et de Catherine-Félicité des Moutiers, résidant au château d'Avelin, près Lille, dont:

Robert-Eugène, né au château d'Aniches (Nord) le 23 octobre 1833; docteur en droit de la Faculté de Paris; nommé conseiller de Préfecture du Nord sous le ministère Persigny; démissionnaire en 1868, et élu, en février même année, député au Corps Législatif au lieu et place de son père décédé; élu, en février 1871, l'un des députés du Nord à l'Assemblée Nationale; réélu député en février 1876; de plus, conseiller général de son département. Il a épousé, le 10 mai 1859, Mlle Emma Van-den-Hecke de Lambecke, de Gand, sortie par sa mère de l'ancienne maison des Van-de-Wœstine en Brabant, dont il n'a qu'un fils unique, Raoul des Rotours, né le 8 avril 1860, qui sera peut-être le seul héritier *mâle* des deux branches des Rotours de Chaulieu.

Armes de la maison des Rotours : *d'azur, à trois besants d'argent, 2 et 1.* — Timbre : *Casque de chevalier*, orné de ses lambrequins et sommé d'une couronne de *Baron.* — Supports : *Deux lions.*

XLe PATRY.

Vingtième degré de filiation.

Jean-Gabriel-Désiré Patry, sr de Hérils; Marie-Henriette du Buisson de Courson : 14 *fructidor an IX* ou 1er *septembre* 1801. — Si une branche de la famille Patry s'est alliée directement, le 1er septembre 1801, à la maison du Buisson

de l'armée, il a su pourvoir à tout pendant ce temps et échapper à l'ennemi, ce qui lui a valu les éloges de ses chefs. Tombé malade à la suite des fatigues de la guerre, il a dû être envoyé en convalescence dans sa famille en 1871, quelque temps avant l'armistice.

de Courson-Cristot, la branche aînée actuelle de cette dernière maison descend elle-même, en ligne maternelle, des Patry d'un autre rameau, par les d'Auge et les du Merle. A ce double titre, nous allons examiner avec soin, quoique d'une façon relativement succincte, les faits principaux des ancêtres qui ont créé son illustration.

Cette vieille maison des PATRY, qu'une tradition, un peu vague, il est vrai, ferait descendre des anciens patrices romains *(patricii)*, est originaire de Basse-Normandie, où elle a possédé un grand nombre de fiefs importants; plusieurs communes actuelles de cette région, notamment Culey-le-Patry (1), La Lande-Patry, Bernières-le-Patry, Le Mesnil-Patry, etc., portent et rappellent encore son nom.

Elle a joué un rôle considérable au moyen âge, et même dans des temps plus modernes, par ses charges, ses alliances (2) et ses exploits guerriers, tant en Normandie qu'en Anjou et en Languedoc, où se sont établies deux branches détachées de la tige normande.

Les extraits des manuscrits, des archives et des bibliothèques publics, que nous allons reproduire, mentionner ou analyser ci-après, confirmeront ce que nous venons de dire de l'antique prestige de cette grande famille.

On lit dans l'*Histoire générale de Normandie* (Paris : 1631), par Gabriel du Moulin, fin du volume :

« **Catalogue des Gentilshommes de Normandie à la conqueste de Jérusalem sous Robert Courte-Heuse :** »

« Monsieur Raoul Patry : *de gueules, à trois rays* (ou *quinte-« feuilles*) *d'argent, graineté d'or.* »

« Monsieur Robert Patry. » } Trois chevaliers à la première croisade.
« Autre monsieur Raoul Patry. » }

Aux archives préfectorales du Calvados on trouve des chartes : 1° de 1276 et de 1278, constatant que Guillaume Patry, chevalier, possédait des terres féodales en la paroisse de Montmartin-en-Graignes; 2° de 1289, constatant que le même Guillaume Patry, seigneur de Montmartin-en-

(1) Voir de Caumont, *Statistique monumentale du Calvados*, tome II, page 591.

(2) De deux lettres adressées, l'une le 10 avril 1838 au comte Sébastiani, l'autre le 12 du même mois au duc de Coigny, par M. Chrysostome Patry, découlent les renseignements suivants :

1° La famille PATRY est des plus anciennes de Normandie.

2° M. le duc de Coigny actuel (1838) et Mme la maréchale Sébastiani, née de Franquetot de Coigny, étaient les représentants de la branche aînée des Patry, comme descendant de MADELEINE PATRY, dernier rejeton de cette branche, mariée à un Guillote de Franquetot, alors marquis de Coigny. Une généalogie des Patry jusqu'à cette alliance a été confectionnée et se trouve dans le chartrier de Coigny.

3° N... PATRY DES ALLEURS mourut très-vieux sans postérité vers le milieu

Graignes, y possédait moulins et droits de mouture ; 3° de 1353, aux termes de laquelle Jeanne Patry, dame de Montmartin, veuve de Jean de Prion, reconnaît devoir diverses rentes à sa fille, religieuse, pendant sa vie seulement ; 4° de 1248, par laquelle Robert Patry donne à l'abbaye de St-Etienne de Caen les droits qu'il avait sur un fief tenu à Rôts par Henri de Bailleul ; 5° de 1157, émanée d'Henri II d'Angleterre, duc de Normandie, et portant la signature *Guillaume Patry ;* 6° de 1210 ou environ, par laquelle Enguerrand Patry confirme et garantit *vadia* (peut-être les hommes à gages ou soldats) qu'il avait levé dans son domaine du Mesnil-Patry ; ladite charte est attestée par Patry *de Landâ* (de La Lande-Patry), Raoul Patry, Guillaume de Caligny, Guillaume de Loucelles, Mathilde de La Lande-Patry, etc. ; 7° de 1214, par laquelle Mathilde de La Lande-Patry, veuve de Raoul Tesson, donne à l'abbaye de Fontenay cinq vergées et demie de terre située au Mesnil-Patry (1) ; 8° d'avril 1232, portant donation aux pauvres de la Maison-Dieu de Lisieux par Guillaume Patry et par Cécile et Eustachée Patry, filles de Hugues, de leurs droits sur l'héritage de Guillaume de Livet ; 9° de 1291, par laquelle Guillaume Patry, chevalier, seigneur de Culey, confirme toutes les donations faites au prieuré du Plessis-Grimould, ainsi que les acquisitions faites par les Religieux dans ses fiefs et domaines ; 10° de la fin du XIIe siècle, par laquelle Robert Patry, à l'instigation de Philippine du Rozel, sa femme, donne à Nicolas, prieur du Plessis-Grimould, en présence d'Henri, évêque de Bayeux, et du consentement d'Henri, roi d'Angleterre, les églises de Ste-Marie *de Abreio*, de St-Vigor-des-Maizerets, de St-Pierre et de St-Martin-du-Rozel, avec les dîmes et terres qui en dépendent. Enfin un Guillaume

du XVIIIe siècle, après avoir été ambassadeur à Constantinople. Il avait été dans sa jeunesse le compagnon de l'aventureux roi de Suède Charles XII, dont il raconta plusieurs prouesses à Voltaire.

4° Le feu duc de Coigny, gouverneur des Invalides (Marie-François-Henri de Franquetot, pair de France, chevalier des Ordres du Roi, lieutenant-général, capitaine des chasses, etc.) fut le protecteur des quatre fils de messire Louis-Yves de Patry, seigneur de Banville-en-Villiers, etc. Tous ont été au service ; trois sont morts. Ledit Chrysostome, XIIe rejeton d'une branche qui va s'éteindre, et son neveu, Edouard Patry, ancien officier en retraite ruiné par 18 ans de services militaires, sont presque les derniers représentants mâles de cette race.

5° Joseph-Antoine-Olivier Patry, frère aîné dudit Chrysostome, avait, de concert avec un avocat et en courant de grands dangers, sauvé la vie au duc de Coigny sus-mentionné, dans une des premières émeutes de la Révolution en Normandie.

(1) Voir Léchaudé-d'Anisy, *Inventaire des archives du Calvados* (Caen : 1834), tome Ier, pages 219, 286, 322, 364 et 366.

Patry figure, comme tenant *un fieu de chevalier pour Montmartin, avec ses dépendances*, en tête du rôle des tenants de l'évêque de Bayeux par fiefs de haubert et *qui doivent être sémonnés à ayde d'ost*, rôle dressé du temps d'Henri Ier, roi d'Angleterre et duc de Normandie (1).

Dans les anciens rôles normands de l'Echiquier et autres se trouve constamment cités des membres de la famille des Patry : Enguerrand, Hugues, Raoul, Guillaume (1271-72), Robert (1378), etc. (2). Parmi les « *Nomina militum citatorum in exercitu domini regis Franciæ de baillivià Constanciensi, anno* 1272 *post Pascha* », se trouve « GUILLELMUS PATRY, *miles* (chevalier) ; *tenet feodum integrum.* » — Dans le *Cartulaire Normand* de Philippe-Auguste, Louis VIII, St-Louis et Philippe-le-Hardi (3), Guillaume Patry, chevalier, figure dans un jugement de l'Echiquier, du 7 janvier 1295, et on voit que Robert Patry possédait des terres à Gouvetz en 1231.

Parmi les chartes de l'ancien Collége héraldique de France, se trouve une quittance de 300 livres tournois donnée, le 12 septembre 1302, à Chantre, sieur de Milly, trésorier royal des guerres, par Guillaume Patry, chevalier banneret de la baillie du Cotentin, pour ses gages en l'*ost* (armée, camp) des Flandres.

Dans les mandements et actes divers du roi Charles V (1364-1380), conservés à la Bibl. Nat., se trouvent des Lettres royales datées de Paris le 30 décembre 1372, concernant le sire de Tournebu, et desquelles il résulte qu'il avait pour compagnons d'armes, dans ses luttes contre les Anglais, « nos amez et féaulx Jéhan Martel, Yon de Termagon, Le Gallois d'Achy et RAOUL PATRY, chevaliers. »

Sans parler de Robert Patry, chevalier, capitaine d'une compagnie, qui, d'après le Père Anselme, fit une *monstre* (revue) à Carentan le 1er juin 1387, nous voyons, dans les Maintenues, dons, confiscations et autres actes d'Henri V, roi d'Angleterre, faits en Normandie en 1418, 1419 et 1420, que la terre de Claude Patry fut confisquée au profit d'Hortaut Vauclox et que, par Lettres du 24 mars 1419, Jean Patry, chevalier, reçut le don et la délivrance de ses terres et qu'il fut mandé au bailly de Caux et au vicomte de Montivilliers de le laisser jouir.

La noblesse des Patry a été hautement reconnue par les

(1) Voir Léchaudé-d'Anisy, *Inventaire des archives du Calvados*, tome II, pages 32, 81, 87 et 431.

(2) *Mémoires de la Société des Antiquaires de Normandie*, tomes XV et XVI, années 1846-1852.

(3) *Id.*, tome XVI, pages 200 et 314.

Commissaires royaux à différentes époques. On lit notamment dans la *Recherche* de Monfault (1463-1464), parmi les Nobles :

« *Election de Falaise, sergenterie de Tournebu :* Robin Patry, « de la paroisse de Cingal. »

« *Election de Vire, sergenterie de Condé :* Jean Patry, de la « paroisse des Moustiers. »

On lit dans la *Recherche* de Roissy et autres (1598-1599) :

« *12 mars 1599.* — Robert Patry, sieur de Sully, fils François, « demeurant audit lieu, sergenterie, ville, banlieue et élection de « Bayeux ; Guillaume, son frère, sieur de Hourné, demeurant audit « lieu de Sully ; veu leurs titres, jouiront (du privilége de noblesse).

« *24 mai 1599.* — Jean Patry, fils de Barthélemy, demeurant « à Quesnay, sergenterie Aubrame, élection de Falaise ; veu ses « titres et Montfault, jouira.

« *2 juin 1599.* — Jacques Patry, sieur de Courtemot, demeu- « rant à Croisilles, sergenterie et élection de Caen ; Jean, son frère, « demeurant à Gavrus, sergenterie et élection susdites ; Pierre, « autre frère, sieur de Bandosme, demeurant à Maiseray, sergen- « terie de Préaux, élection de Caen ; Roland, quatrième frère, sieur « du Bois, demeurant à Bretteville-sur-Bordel, sergenterie de « Cheux, élection de Caen ; veu leurs titres, jouiront.

« *28 juin 1599.* — Claude Patry, conseiller du Roy au siége « présidial de Caen, fils Etienne, vivant conseiller au Parlement « de Rouen, originaire de Beaucaire en Languedoc, demeurant à « Caen, a pour fils Charles et Pierre ; veu ses titres, jouira. »

On lit dans la *Recherche* de Chamillart (1666-1667), parmi les maintenues de ceux considérés comme très-anciens nobles :

« PATRY :

« Portent : *de gueules, à trois quintefeuilles d'argent, 2 et 1.*

« François.
|
« François.
|
« Robert.
|
« Robert.
|
« François, Jacques.

} Robert Patry, écuyer, sieur de Sully, tant pour lui que pour François et Jacques Patry, ses enfants.

« François, fils de Jean Patry et de damoiselle Rose d'Argouges, « épousa damoiselle Jeanne de La Dangu.

« François II, épousa damoiselle Jeanne Laillée.

« Robert Ier, épousa damoiselle Christine Eustache.

« Robert II, épousa damoiselle Marie Le Trésor, en 1624.

« François, fils Robert, épousa damoiselle Marguerite Séchard, et « en deuxièmes noces, N... de La Rivière, fille de Jean de La Rivière, « écuyer, sieur de Néris. »

L'espace nous manque pour reproduire la généalogie de cette puissante maison telle qu'elle est donnée par La Roque-la-Lontière dans son *Histoire de la maison d'Harcourt* (In-4°, Paris, 1672), tome II, livre XI, pages 1074, 1147, surtout 1177 et 1178, et livre XII, page 1738, où il est question de Foucaut du Merle et de Guillaume Patry, tous les deux officiers de l'armée navale en 1295 ; cette généalogie est indiquée du reste dans La Chesnaye-Desbois, avec plus de développement. Nous ne ferons également que citer pour mémoire, parmi les nombreux auteurs et ouvrages qui ont parlé des Patry : 1° M. Steph. de Merval, qui, dans son *Catalogue et Armorial du Parlement de Rouen*, mentionne, avec leurs armes, Jean Patry, conseiller en 1499, et Etienne Patry, qui occupa la même charge en 1527 ; 2° M. de La Ferrière-Percy, dans son *Histoire de Flers* (pages 108 et 109), qui parle de La Lande-Patry et des Patry, ses premiers seigneurs; 3° la *Généalogie de la maison de Grimouville-Larchant* (In-8°, St-Malo, 1818), qui indique que Jeanne Patry était veuve, le 1er juillet 1575, de René d'Ecajeul, sieur de Sully, et qu'en 1666, Jeanne de Grimouville était la femme de Jean Patry, écuyer, seigneur de Vaux-sur-Aure ; 4° enfin, la *Généalogie de la famille Picquot de Magny*, par M. du Feugray (In-8°, Caen : Buhour, 1852), qui nous donne, avec les armes, la filiation d'une branche des Patry, d'après laquelle :

1° Nicolas Patry épousa Catherine Grain-d'Orge, en 1522.
2° Guy Patry épousa Marguerite Le Chevalier.
3° Guillaume Patry épousa Marie d'Héricy, le 22 juillet 1565.
4° François Patry épousa Jeanne de Missy, en 1628.
5° Jacques Patry épousa Jeanne de Montjean, en 1656.
6° Pierre Patry épousa Gabrielle d'Odeman, en 1681.
7° Ravenne Patry épousa Aimé-Charles de Vauborel.
Cette dernière était la bisaïeule paternelle de MM. de Magny.

Nous finirons, avant de parler des derniers représentants qui nous occupent, par la reproduction (en extrait) de l'article contenu dans le *Dictionnaire de la Noblesse*, de La Chesnaye-Desbois (Paris, 1776), tome XI, pages 217 à 224.

« PATRY. — Voici ce que nous apprend un Mémoire, dressé sur « titres originaux, communiqués, de cette ancienne maison de « chevalerie, originaire du bailliage de Caen en Normandie. Ce « Mémoire ne remonte qu'à Guillaume Patry, seigneur de Caley ou « plutôt Culey, nom qu'ont conservé deux branches qui subsistent « en Normandie, lequel aumôna, en 1229, la dîme de St-Georges « de Culey, dont il était seigneur, aux moines de ce prieuré. Mais « cette maison, suivant un manuscrit de Piganiol de La Force, « remonte plus haut, comme on le verra à la fin de cette généalogie.

« On trouve, dans le *Traité de la Noblesse*, par La Roque, qu'en « 1271, Guillaume Patry, qualifié *chevalier*, servit pendant quarante

« jours au ban et arrière-ban de la baillie du Cotentin, avec Jean « de Villiers et Hugues de Bezu, chevaliers, au lieu et place de « Jean de Harcourt; que le même Guillaume servit de suite, à « raison de son fief, à l'armée de Normandie; qu'enfin, un autre « Guillaume Patry était au nombre des seigneurs normands.

« Cette ancienne maison a produit plusieurs branches; on en « trouve encore deux en Normandie portant le même nom et les « mêmes armes. Celle qui s'est successivement établie en Anjou « et en Languedoc prit d'abord, selon l'ancien usage, le nom de « *Calay* ou *Calain*, de la terre qu'elle possédait en Normandie, « et, vers le commencement du XVIe siècle, changea ce dernier nom « en celui de *Calouin*. C'est ce qui résulte des titres authentiques « qui nous ont été présentés et sur lesquels a été dressée la généa- « logie ci-après. Ensuite, nous donnerons la notice de Piganiol de « La Force sur les branches établies en Normandie. »

Suit une généalogie des Patry d'Anjou et de Languedoc, qui se sont distingués par leurs services militaires, et qui se subdivisèrent en trois rameaux; le premier, dont sont sortis les rameaux de Tréville et de Montoulivet, comptait 14 degrés en 1729; dans ce rameau, Thomas II de Calouin-Patry (XIe degré), écuyer d'Henri de Navarre, depuis Henri IV, établi en Languedoc sous les ordres du duc de Joyeuse, s'y maria avec Bérangère de Caires, qui lui apporta le fief de Montoulivet.

L'article concernant les branches d'Anjou et de Languedoc se termine ainsi :

« Toutes ces branches ont toujours conservé leurs armes primi- « tives, qui sont : *de gueules, à trois quintefeuilles d'argent, 2* « *et 1*. Ces mêmes armes se voient encore aux vitraux de l'église « paroissiale de St-Pierre-de-Villa-Savary en Languedoc, où elles « furent placées à la fin du XVIe siècle. Elles étaient au château « de La Calouinière avant que les La Boulaye n'y fissent placer les « leurs. — Les Calouins d'Anjou y joignaient pour devise : *Gloria,* « *decus, honor, Patry;* pour cimier : *un dextrochère d'argent,* « *avec un sabre de gueules;* et pour supports : *deux sauvages,* « *l'un ayant la massue levée et l'autre posée à terre.*

« Branches de Normandie.

« Les branches de cette maison qui subsistent en Normandie, et « qui sont les aînées, portent simplement : *de gueules, à trois* « *quintefeuilles d'argent, l'écu graineté d'or, ou plutôt fleuronné.* « Elles remontent à :

« I° Guillaume Patry, Ier du nom, qui, selon Piganiol de La « Force, vivait en 1103, et laissa :

« 1° Guillaume, qui suit.

« 2° Robine, femme de Philippe de Clinchamps, chevalier, en « 1155.

« II° Guillaume Patry, chevalier, IIe du nom, est mentionné

« dans l'histoire de Mathieu Pâris sous les années 1168 et 1174. Il « eut pour fils :

« III° GUILLAUME Patry, IIIe du nom, seigneur de Culey-le-Patry, « qui aumôna, en 1229, la dîme de la paroisse de Culey et fut du « nombre des chevaliers qui accompagnèrent le roi saint Louis en « son voyage à Tunis. Il eut, entre autres enfants :

« IV° ROBERT Patry, chevalier, seigneur de Culey-le-Patry en « 1253, qui épousa JEANNE DE BRUCOURT, veuve de Philippe de « Varennes, dont :

« 1° Jean, qui suit ;

« 2° Guillaume Patry, chevalier, lequel fut un de ceux qui ac- « compagnèrent Geoffroy d'Harcourt, amiral de France, « dans son voyage en mer, en 1308.

« V° JEAN Patry, seigneur de Culey-le-Patry, épousa ALIX D'ES- « TOUTEVILLE, veuve de Jean de Preuves, seigneur de La Prée, et « fille de Robert d'Estouteville et de Marguerite de Séricourt. De « ce mariage vinrent :

« 1° Raoul, qui suit ;

« 2° Bernard, auteur de la branche de Croisilles rapportée ci-après;

« 3° Thomas Patry, chevalier, seigneur de Graye, lequel fut un « des chevaliers qui suivirent le roi Charles VI dans les « guerres de Flandres, en 1382;

« VI° RAOUL Patry, seigneur de Culey-le-Patry, transporta à « Alix d'Estouteville, sa mère, en 1395, 100 livres de rente à « prendre sur le seigneur de Bréauté. Il est ainsi dénommé dans « deux arrêts de l'Echiquier des années 1396 et 1413. Il épousa « JEANNE LE BŒUF, fille du seigneur de Fresné et de Tubœuf, dont, « entre autres enfants :

« VII° JEAN Patry, IIe du nom, seigneur de Culey-le-Patry, marié « à GUILLEMETTE SUHARD, fille de Geoffroy Suhard, seigneur de « Rupalley, et de Raulette de Blosville ; de laquelle il eut :

« 1° Jean, seigneur de Culey-le-Patry, mort sans alliance ;

« 2° Richard, qui suit :

« VIII° RICHARD Patry, seigneur de Culey-le-Patry après son frère, « épousa MARIE DE RABESTAN, fille de Jean, seigneur d'Avenay, et « de Bertrande Le Grix, dont :

« 1° Geoffroy, qui suit ;

« 2° Isabeau, femme de Simon Auzeray, seigneur de Bois- « normand.

« IX° GEOFFROY Patry, seigneur de Culey-le-Patry, épousa MARIE « MURDRAC, et en eut pour fille unique JEANNE PATRY, femme, en « 1442, de PIERRE DAVY, chevalier, seigneur de St-Pierre-Azif.

« BRANCHE DE CROISILLES.

« VI° BERNARD Patry, seigneur de Croisilles, second fils de Jean, « Ier du nom, et d'Alix d'Estouteville, épousa JEANNETTE D'AIGNEAUX, « fille de Guillaume, seigneur de Bréville-sur-Orne, et de Catherine « de Fontaines. Il eut pour fils :

« VII° GUY Patry, seigneur de Croisilles, marié à JEANNE DE « Sully, fille de Richard, chevalier, seigneur de Sully, et de Jeanne « de Hottot, dont :

« 1° Jean, seigneur de Sully et de Croisilles, qui épousa autre
« Jeanne de Hottot, de la postérité de laquelle on n'a pas
« connaissance (1) ;

« 2°-3° Olivier et Guillaume, qui embrassèrent l'état ecclésias-
« tique ;

« 4° HENRY, seigneur de Villeroy, qui suit :

« VIII° HENRY Patry, seigneur de Villeroy et de Courtemot, par-
« tagea avec ses frères le 14 septembre 1488, et épousa CATHERINE
« DE SAINT-GERMAIN, dont :

« 1° Roland, qui suit ;

« 2° Anne, devenue, selon son traité de mariage de l'an 1556,
« femme de Jean de Percy, seigneur de Montchamps, fils
« de Pierre, seigneur de Montchamps, et de Jacqueline
« d'Assy.

« IX° ROLAND Patry, seigneur de Villeroy et de Croisilles, eut de
« sa femme, dont le nom est ignoré :

« X° JEAN Patry, II° du nom, seigneur de Villeroy et de Croisilles,
« qui épousa MARGUERITE FRESNEL, dame de Montigny, Maisoncelles-
« sur-Oise et Maltot, dont il eut :

« 1° Jacques, qui suit ;
« 2° Pierre, seigneur de Gomes ;
« 3° Jean, seigneur de Bandosme ; } Voir ci-dessus les maintenues de Roissy (1599).

« 4° Roland, seigneur du Bois, marié à Madeleine de Croisilles,
« fille de Guillaume de Croisilles, chevalier ;

« XI° JACQUES Patry, seigneur de Villeroy et de Croisilles, par-
« tagea avec ses frères, devant les tabellions de Condé-sur-Noireau,
« le 17 août 1597, et épousa RENÉE DE RENTY, fille de Jacques de
« Renty, baron de Landelles, dont, pour fille unique :

« XII° MADELEINE Patry, femme de JEAN-ANTOINE DE FRANQUETOT,
« comte de COIGNY (2) et de St-Georges, lieutenant des gens d'armes
« de la reine Anne d'Autriche. »

L'article se termine par quelques observations qui con-

(1) Ce JEAN PATRY ne serait-il point l'auteur de la branche de Sully, Vaux-sur-Aure et Villiers-le-Sec qui nous concerne, et celui que la Maintenue de Chamillart (1666-1667) mentionne comme père de François par son mariage (peut-être en deuxièmes noces) avec Rose d'Argouges ?

(2) On lit dans l'*Annuaire de la Manche*, année 1858, à l'article *Coigny* :

Page 24 : « Le contre-rétable de l'autel principal (de l'église de Coigny)
« est de l'année 1652. Ce fut noble dame RENÉE DE RENTY, veuve de
« messire JACQUES PATRY, chevalier, seigneur et patron de Montigny,
« Maltot, Le Bosc et autres lieux, trésorier de l'église de Coigny, qui le fit
« faire par Thomas Carraby, sculpteur à Caen. »

Page 27 : « Le comte de Coigny se trouva, en 1648, à la bataille de
« Lens, où il fut blessé après avoir trois fois chargé l'ennemi ; le Roi, pour
« le récompenser, le fit maréchal-de-camp. Il épousa *haute et puissante dame*
« MADELEINE PATRY, fille de Jacques Patry, seigneur et patron de Croisilles,
« Villeroy, Montigny, Maltot, Maisoncelles et autres lieux, et de noble
« dame Renée de Renty. »

Dans l'*Annuaire* de 1857, pages 111 et 112, on voit encore que Madeleine Patry, veuve de Franquetot, comtesse de Coigny, acheta à Gaspard Desmaires, en l'année 1667, *tous et tels droits à lui appartenant*, soit *en rentes ou droit de sa propriété*, *sur et à cause des marais du Beauptois*.

statent que de cette même maison étaient : 1° Raoul Patry, seigneur du Mesnil-Patry, qui épousa Marie de Hottot, veuve de Guillaume Tesson; 2° un autre Raoul Patry, vivant en 1160, qui fut marié en secondes noces à Philippe de Clinchamps, dame des Maizerets, fille de Hugues, seigneur de Clinchamps; 3° Robert Patry, dont il est fait mention dans l'Echiquier de 1341; 4° Simon Patry, qui était vicomte d'Evreux l'an 1509.

C'est à deux rameaux de la branche de Sully et Vaux-sur-Aure, puînée de cette grande maison des PATRY, dont la branche de Croisilles tomba en quenouille, comme on vient de le voir, vers la moitié du XVIIe siècle, qu'est alliée tant directement qu'indirectement la maison du Buisson de Courson-Cristot. De ces deux rameaux, les derniers peut-être de cette famille en Normandie, l'un est déjà éteint, l'autre va s'éteindre fatalement dans un certain nombre d'années, le dernier de ses représentants mâles, âgé de 72 ans, n'étant pas marié.

Rameau de Sully, de Hérils, etc.

Sans chercher à faire le raccordement de cette branche avec la tige-mère, ainsi que le permettraient peut-être les *Maintenues* de Roissy et de Chamillart précitées et quelques documents en notre possession, notamment un acte notarié du 3 octobre 1697, relatant trois degrés de filiation antérieure, nous nous contenterons d'indiquer, pour le rameau de Sully, allié le 1er septembre 1801, les quatre derniers degrés :

1° JACQUES Patry, écuyer, sieur de Sully, demeurant paroisse de Soules; mort avant 1772; marié avec noble dame FRANÇOISE GUIFFARD, dont :

A. Jean-François, qui suit;
B. Joseph-Jacques Patry, écuyer, sieur de Fontenelle;
C. Françoise-Elisabeth, mariée à M^e^ Le Monnier, avocat à Coutances;
D. Jeanne-Madeleine Patry du Domaine.

2° JEAN-FRANÇOIS Patry, écuyer, chevalier de l'Ordre royal et militaire de St-Louis, capitaine de grenadiers royaux au régiment de Bretagne en 1772 et, l'année suivante, capitaine au régiment provincial de Caen; mort avant le 28 septembre 1795; marié en l'église de Soules, le mercredi 4 novembre 1772, avec damoiselle HENRIETTE-GABRIELLE-GENEVIÈVE MAUGER DE LA MAUGERIE, fille de feu Jean-Joseph Mauger, écuyer, sieur de La Persillière, et de noble dame Louise-Anne-Geneviève Poret, de la paroisse de Noyon, dont :

A. Reine-Joséphine-Geneviève, baptisée en l'église de Soules le 23 octobre 1773;
B. Charles-François, baptisé à Soules, le 23 mars 1775, le lendemain de sa naissance.
C. Jean-Gabriel-Désiré, qui suit.

3° Messire JEAN-GABRIEL-DÉSIRÉ Patry, sieur de Hérils (terre qu'il aliéna en 1833), baptisé le 17 février 1780, lendemain de sa naissance, en l'église de Soules, n'ayant pu suivre aucune carrière par suite de la Révolution; mort à Bayeux le 22 juillet 1840; — marié à la mairie d'Amblie le 14 fructidor an IX (1er septembre 1801), avec Mlle MARIE-HENRIETTE DU BUISSON DE COURSON, âgée alors de quinze ans, dont :

A. Henriette-*Virginie* Patry, née à Bayeux, rue des Augustins le 1er messidor an X (20 juin 1802); elle demeure encore actuellement en cette ville, rue des Bouchers, avec son frère;
B. Charles-*Léon*, qui suit;
C. Aimée-*Louisa*, née à Bayeux le 25 juin 1811; religieuse au couvent de Blon, près Vire, où elle est décédée vers 1853 ou 1854.

4° Charles-LÉON de Patry, dernier représentant mâle de sa maison, né à Bayeux le lundi 5 frimaire an XIII (26 novembre 1804); entré dans l'Administration financière; longtemps contrôleur principal des Contributions Directes à Paris; actuellement en retraite et demeurant à Bayeux; sans alliance.

Rameau de Vaux-sur-Aure et de Villiers-le-Sec.

Nous n'avons plus, pour terminer, qu'à parler du rameau de Vaux-sur-Aure et de Villiers-le-Sec (Calvados), dont descend la branche aînée des du Buisson de Courson actuels par les d'Auge et les du Merle, et, comme pour l'autre rameau, nous nous contenterons de mentionner les quatre derniers degrés.

1° RENÉ-JOSEPH Patry, écuyer, sieur de Vaux-sur-Aure, mort avant le 28 décembre 1759, époque où eut lieu le partage de sa succession; — marié, vers 1727, avec noble demoiselle ANNE D'AMOURS, sœur d'Olivier d'Amours, seigneur de Villiers-le-Sec, qui décéda elle-même à la fin de l'année 1773. De ce mariage vinrent :

A. Jeanne-Claudine-Louise Patry de Badeville, née à Bayeux en novembre 1728; morte célibataire le 23 janvier 1813;
B. Marguerite-Françoise Patry de La Cavée, baptisée en l'église St-Patrice de Bayeux le 11 août 1730, lendemain de sa naissance; morte célibataire à Bayeux le 17 pluviôse an V (5 février 1797);
C. Louis-Yves, qui suit;
D. Jeanne Patry, née en 1740; mariée avec messire de Malherbe,

colonel de cavalerie, chevalier de St-Louis; décédée à Villiers-le-Sec le 25 juillet 1833, âgée de 93 ans.

2° LOUIS-YVES Patry, chevalier, seigneur en partie de Villiers-le-Sec, après avoir hérité de son oncle maternel Olivier d'Amours, en 1768, et ayant eu l'honneur de recevoir dans son château, en 1778, successivement le duc de Coigny, colonel général des dragons de France, et le comte de Caraman, maréchal-de-camp, alors l'un et l'autre officiers généraux du camp de Vaussieu ;—marié à Commes, près Bayeux, avec LOUISE-FRANÇOISE GERMAIN DE LA COMTÉ, dont :

A. François-Auguste Patry de La Bauquerie, page du roi Louis XVI, officier au régiment de Poitou ; massacré par la populace à Brest, en 1791, pour son attachement à son roi, et dont la tête fut portée au bout d'une pique ;
B. Michel Patry de Bernières, mort au service ;
C. Joseph-Antoine-Olivier, qui suit ;
D. MARGUERITE-VICTOIRE Patry, mariée à Villiers-le-Sec, selon contrat du 18 mars 1785 et selon acte de célébration du 22 avril suivant, avec messire JACQUES-FRANÇOIS D'AUGE, écuyer, seigneur et patron de Bazenville ; veuve en 1808 ; décédée à Caen le 2 mai 1820 et inhumée à Bazenville. Elle est l'aïeule de *Mme Eugène du Buisson de Courson* et la bisaïeule de ses enfants (branche aînée) ;
E. Henriette-Louise, mariée avec messire Charles-Pierre de Malherbe ; mère de Mlle Henriette de Malherbe et de M. Charles de M., son frère ; aïeule de Mme Wilfrid de Courseulles ;
F. Chrysostome Patry, né à Villiers-le-Sec le 27 janvier 1774 ; fondateur du Petit-Séminaire de Villiers ; mort célibataire le 29 mai 1852.

3° Messire JOSEPH-ANTOINE-OLIVIER Patry, baptisé en l'église du Dézert en Cotentin le 18 septembre 1759 ; reçu cadet gentilhomme dans le régiment de Beauce, au camp de Vaussieu, en 1778 ; sous-lieutenant au même régiment en 1780 ; lieutenant de grenadiers en 1781 ; démissionnaire en 1786 et nommé capitaine de canonniers dans les Gardes-Côtes, sous les ordres de M. de Pierrepont ; décoré de la Fleur-de-Lys le 1er octobre 1814 ; — marié à Bretteville-l'Orgueilleuse, selon contrat de mariage du 11 avril 1783, reconnu devant le notaire de Crépon le 18 octobre 1788, avec noble demoiselle CATHERINE-CHARLOTTE-FÉLICITÉ D'ARCLAIS, fille de feu Jean-Joseph-Michel d'Arclais, brigadier des gardes-du-Corps du Roi, chevalier de St-Louis, et de noble dame Marie-Charlotte Daniel, dame de La Lande et de La Vallonière en Roumois ; union rompue par un acte de divorce du 11 juillet 1810, mais dont étaient issus :

A. Émilie Patry, mariée à M. Jacques-Frédéric Blancvillain, et décédée en 1869 ;

B. et **C.** CAROLINE et ADÉLAÏDE PATRY, nées à Bretteville-l'Orgueilleuse en 1785 et 1787; décédées l'une et l'autre sans alliance aux Planches, commune d'Amblie, la première le 27 août 1866, la seconde le 28 mai 1869, après une vie de dévouement et d'abnégation consacrée au bonheur de leurs enfants d'adoption, dont l'un est heureux du moins de leur rendre ce témoignage de reconnaissance posthume;

D. Edouard-Louis, qui suit;

E. Joséphine Patry, épouse d'Alexandre-Jules-Louis Cottun.

4° ÉDOUARD-LOUIS Patry, né à Bretteville-l'Orgueilleuse le 28 novembre 1788, entré au service dans les vélites de la Garde-Impériale le 25 mars 1805, sous-lieutenant en 1812, lieutenant en 1813, capitaine au 2e hussards le 22 novembre 1815, après avoir été décoré de la Fleur-de-Lys le 4 août 1814; passé dans la Légion des Basses-Pyrénées en 1817; admis au traitement de réforme en 1819. Il avait fait les campagnes de 1805 à 1809, à la Grande-Armée; de 1810-1811, en Espagne; de 1812, en Russie; de 1813 et 1814, au blocus du Wœsel; de 1815, avec le duc d'Aumont en Normandie. Il est mort vers 1840 sans alliance; ce rameau est donc éteint.

PATRY porte, comme nous l'avons vu : *de gueules, à trois quintefeuilles d'argent, 2 et 1, l'écu fleuronné d'or.* (Armes indiquées dans les *Maintenues* de Chamillart et dans tous les livres héraldiques (1), gravées dans l'*Armorial* de Chevillard, et peintes, pour Jean Patry, écuyer, sieur de Vaux, et pour H. Patry, écuyer, sieur de Sully, dans l'*Armorial général de France*, manuscrit de Charles d'Hozier, juge d'armes : 1696-1709.)

(1) On lit dans les *Etudes héraldiques sur les anciens monuments de Caen*, par Raymond Bordeaux, article concernant l'église St-Sauveur ou plutôt Notre-Dame de la rue Froide :

« 3° Au bas de la seconde nef, des armoiries timbrées d'un chapeau de « protonotaire sont placées à la voûte. Elles paraissent être celles de Dom « JACQUES PATRY, religieux de St-Etienne à la fin du XVIe siècle, et qui « portait : *de gueules, à trois quintefeuilles d'argent* » (Manuscrit de Baillehache).

TROISIÈME PARTIE.

ALLIANCES DES BRANCHES ACTUELLES.

BRANCHE AINÉE.

XLIe DU MERLE.

Vingt-unième degré de filiation. — Branche aînée.

Louis-Eugène du Buisson de Courson ; Louise-Adolphine du Merle : 16-20 *juin* 1836. — La maison du MERLE, que certains titres anciens orthographient de Merle, du Mesle (1) ou

(1) Certains auteurs ont pensé avec vraisemblance que le nom du Mesle

du Melle, d'autres Dumerle en un seul mot, et qu'il ne faut pas confondre avec celle des du Merle de Grandchamp, anoblis en 1651 seulement, est classée, par son origine féodale, entre les plus anciennes et les plus illustres de Normandie, et tire son nom de la baronnie du Merle-Raoult ou du Merlerault (1), située dans l'ancienne généralité d'Alençon, entre Argentan et Laigle.

Les principales branches de cette maison sont : 1° la branche-mère, qui s'éteignit en ligne masculine à la fin du XVIIe siècle ; 2° la branche de Préaux, devenue branche aînée, et qui est celle qui nous occupe ; 3° la branche de Fourneaux, sortie de Ravend du Merle, marié, en 1620, avec Françoise Le François ; 4° la branche des seigneurs du Boisbarbot, d'Orbec, de Blancbuisson et de Bauvilliers, sortie d'un certain Jean du Merle, marié le 11 février 1474, à Marie Le Comte, dame de Nonant et de Blancbuisson ; 5° celle des seigneurs d'Auval, issue de la précédente, qui eut pour auteur Jean du Merle, seigneur d'Auval, maintenu noble le 1er novembre 1667 par M. de Marle, intendant de la généralité d'Alençon, et marié, le 28 janvier 1672, avec Esther-Marie-Louise de Chaumont ; 6° celle des seigneurs de Laurigny et de La Salle, issue de la quatrième branche par Charles du Merle, seigneur de Boisbarbot, marié, le 26 avril 1646,

pouvait dériver de l'ancien mot français *meslier*, synonyme de l'arbre appelé aujourd'hui *néflier*; d'où les armes parlantes, *trois fleurs de néflier*, qui ressemblent beaucoup aux *quintefeuilles*, quoique un peu plus allongées.

(1) La baronnie du Merle-Raoult, ou Merlerault, resta jusqu'à la fin du XIVe siècle seulement dans les mains de la famille du Merle. Après la mort de Foulques du Merle, IIIe du nom (10e degré), maréchal de France, elle échut en apanage, vers 1314 ou 1315, à Jean du Merle, son fils aîné, et, après une ou deux générations, tomba en quenouille en la personne d'Agnès du Merle. Elle fut possédée par les filles ou petites-filles de cette dernière, Jeanne et Agnès de La Champagne, dont l'aînée épousa Nicolas Paysnel, seigneur de Hambie, qui rendit aveu de cette baronnie au comte d'Alençon, le 27 novembre 1413, à cause de la châtellenie de Ste-Scolasse-sur-Sarthe. Puis ladite baronnie passa dans la maison d'Estouteville, par le mariage de Jeanne Paysnel, fille unique de Nicolas Paysnel, avec Louis, sire d'Estouteville, grand bouteiller de France, frère aîné du cardinal Guillaume d'Estouteville et père de Michel d'Estouteville, baron de Moyon et du Merle-Raoult (*sic*), ainsi qualifié dans un acte d'aveu à lui rendu le 1er août 1451, pour le fief du Boisbarbot, par *son bien-aimé cousin* (sic) Foulques (IV) du Merle (14e degré). Par le mariage d'Adrienne, duchesse d'Estouteville, arrière-petite-fille de Michel, cette baronnie se trouva dans les mains de François de Bourbon, comte de St-Pol, duc d'Estouteville. Enfin, Adrienne d'Estouteville n'ayant eu qu'une fille, cette fille la porta dans la maison d'Orléans-Longueville, d'où elle est venue aux sires de Goyon-Matignon, qui devinrent également possesseurs de la terre de Gacé au XVIIIe siècle. — Aujourd'hui, le Merlerault, chef-lieu de canton, de 1,486 habitants, sur la rivière des Authieux, arrondissement d'Argentan (Orne), centre d'un pays qui produit une race de chevaux renommés, possède encore les ruines d'un château-fort.

avec Catherine Feydeau ; 7° enfin celle du Plessis et de St-Germain, issue de la précédente en la personne de Pierre, second fils de Charles du Merle, lequel Pierre épousa, le 10 mai 1688, Marie-Gabrielle de Nocé, et est la tige des comtes du Merle du château de La Vespière, près Orbec-en-Auge.

La famille du Merle compte des alliances et des apparentages dans la meilleure aristocratie féodale en Normandie. Citons en passant, dans la branche aînée et dans celle de Préaux, qui la continue : les Giroye, les Nolent-Tancarville, les Bertrand de Briquebec, les Mathefelon, les Logy-Juvigny, les Mainbier, les Sillans-Creully, les Héricy, les Fribois, les Gaâlon, les Flambart, les Malherbe, les Parfouru, les d'Auge, les Patry, les du Buisson de Courson, les Boyvin de Montigny, etc. ; dans les autres branches : les des Rotours, les Le Comte de Nonant-Blancbuisson, les d'Aché, les d'Orbec, les Bellemare, les Chaumont de Lergue, les Grouchy, les Feydeau, les d'Abancourt, les Gouhier, les Quérière-Bois-Laval, les Gislain, les Nocé, les Gomer, les Sallen, les Pardieu, etc.

Mais si la maison du Merle appartient incontestablement à la *Noblesse de nom et d'armes ;* si on la voit figurer avec honneur dans les vieilles chroniques (1) et dans les plus anciens nobiliaires ; si plusieurs de ses membres ont pris part soit à la conquête de Naples et de la Sicile (2), soit à la conquête d'Angleterre en 1066, soit aux Croisades ; si elle a été maintenue successivement dans sa noblesse héréditaire par les commissaires royaux Monfault en 1463-64, Roissy en 1598-99, par les intendants Chamillart et de Marle en 1666 et années suivantes ; si elle compte parmi ses illustrations un Maréchal de France, dont le nom et les armes figurent dans la

(1) On rencontre fréquemment le nom de divers membres de cette famille du Merle dans les jugements et les enquêtes de l'Echiquier de Normandie au XIIIe siècle (publiés par Léopold Delisle). Voir aussi les *Annales de l'Avranchin*, par l'abbé Desroches, qui mentionnent, au XIVe et au commencement du XVe siècle, Guillaume, Jean, autre Jean et Foulques du Merle. Enfin, il existe aux archives de la Manche une charte de l'an 1022, qui contient une donation à l'abbaye de Cerisy-la-Forêt, sous le patronage de St-Vigor, et cette charte est ainsi conçue :

« Ego Robertus Oisellus, filius Olivarii de Merula, concedente domino meo « Wilhelmo duce (Guillaume le Bâtard), dedi Deo et Sancto-Vigori in eleemosinâ apud Marsaïum (la baronnie de Marsay, près d'Argentan) terram « Ricardi Mustelli, scilicet sexaginta acras, et terram Fulconis de Landâ, illis « annuentibus. »

Suivent les *signa* du duc Guillaume, de Richard Mustel, de Foulques de La Lande, de l'archevêque Guillaume, enfin de Robert du Merle, fils d'Olivier.

(2) On trouve dans Masseville (*Histoire sommaire de Normandie*, t. II, page 340) un catalogue intitulé : *Gentilshommes de Normandie qui se sont distingués aux royaumes de Sicile et de Naples durant les XIe et XIIe siècles*, parmi lesquels est mentionné un Guillaume du Merle, sieur de Nôron.

galerie des Maréchaux au palais de Versailles, un gouverneur de Robert d'Artois, frère de St Louis, plusieurs capitaines généraux de milices en Normandie, un grand bailly de Caen et du Cotentin, des gentilshommes ordinaires de la Chambre et des chevaliers des Ordres du Roi, elle est aussi un exemple des vicissitudes auxquelles sont sujettes les meilleures familles; en effet, si nous en croyons d'Hozier, elle était déjà peu connue hors des lieux qu'elle habitait en 1742, et il faut bien reconnaître avec regret que l'éclat dont elle jouissait au moyen âge et dont elle avait pu conserver quelques vestiges n'a fait que pâlir encore depuis le siècle dernier.

Nous allons donner une généalogie succincte des du Merle de la branche-mère et de la branche de Préaux, qui lui a succédé, jusqu'à l'alliance contractée avec cette famille du Merle par le chef-de la branche aînée de la maison du Buisson de Courson-Cristot; notre *Mémoire historique* sur les du Merle (Montpellier; imprimerie Gras; in-8°; 1870) contient de plus amples détails auxquels on pourrait au besoin recourir. Quant aux autres branches que nous avons citées plus haut, nous renvoyons aux ouvrages du Père Anselme, de d'Hozier, de La Chesnaye-Desbois, etc., en faisant observer que la plupart de ces branches sont éteintes et qu'il ne reste aujourd'hui de notoirement connue, en dehors de la branche aînée, que celle qui habite le château de La Vespière, près Orbec-en-Auge, et sur laquelle nous donnons aussi plus loin une indication filiative.

Filiation en ligne directe depuis le XIe siècle.

I° Roger du Merle, chevalier *(miles)*, seigneur baron du Merle-Raoult ou Merlerault, vivant dès la première moitié du XIe siècle, compagnon d'armes de son suzerain Guillaume-le-Bâtard, duc de Normandie, à la conquête d'Angleterre, en 1066, et présent à la bataille d'Hastings (14 octobre même année); ayant reçu des terres seigneuriales en Angleterre, ainsi qu'il conste d'un passage d'une chronique du temps, le *Monasticon Anglicanum;* mentionné sur la liste des compagnons du Conquérant gravée, en 1862, par les soins de M. Léopold Delisle, membre de l'Institut, sur le mur occidental de la nef intérieure de l'église de Dives (Calvados); mentionné en outre, ainsi que Radulphe ou Raoul et que Thomas du Merle (1), par Gabriel du Moulin, curé de Maneval, dans

(1) Nous ne parlerons pas de ce Thomas du Merle dans la filiation, parce qu'aucun document ne nous indique de qui il était fils, ni même à quelle époque précise il vivait. Il ne serait pas impossible qu'il eût accompagné Philippe-Auguste ou Richard Cœur-de-Lion à la troisième Croisade.

son *Catalogue des seigneurs renommés en Normandie depuis Guillaume-le-Conquérant jusqu'en l'an* 1200 (Paris : 1631) ;

Marié, d'après Orderic Vital (page 465 de l'édition d'André Duchesne, et pages 26 et 27 du tome II, livre III, de la traduction publiée dans la *Collection des Mémoires relatifs à l'Histoire de France*, de M. Guizot, XXVII° volume), avec EMMA GIROYE (1), de famille très-noble, troisième fille de Giroye ou Géroin, possesseur des baronnies féodales de Montreuil-l'Argilé et d'Echauffour, et de noble Gisèle Bertrand de Bastenbourg, dont deux fils :

1° Radulphe ou Raoul, dont on ne connaît pas la postérité, mais qui partit, ainsi que son frère, pour la première Croisade, en 1096 ;
2° Guillaume, qui suit.

II° GUILLAUME du Merle, Ier du nom, chevalier, baron du Merle-Raoult, mentionné dans Orderic Vital ; ayant fait, de concert avec sa femme et son fils, avant de partir pour la première Croisade, une donation à l'abbaye dite *Sancti Cuthberti Dunelmensis*, située en Angleterre ; compagnon d'armes de son suzerain Robert Courte-Heuze, duc de Normandie, en 1096 ; ayant son nom et prénom et l'indication de ses armes relatés par Gabriel du Moulin, dans son *Catalogue des seigneurs de Normandie à la conqueste de Jérusalem en* 1096 ;

Marié, d'après le *Monasticon Anglicanum* (tome Ier, pages 48 et 49), avec noble dame du nom de MENCALDE, dont :

1° Radulphe ou Raoul, qui suit ;
2° Roger du Merle.

III° RADULPHE ou RAOUL du Merle, chevalier, seigneur baron du Merle Raoult, mentionné comme fils de Guillaume Ier à la fois dans les *Historiæ Ecclesiasticæ Normannorum* du moine de St-Evroult (Orderic Vital) et dans le *Monasticon Anglicanum* ; héritier de son père en 1129, et à cette époque voisin de l'abbaye de St-Evroult, d'après le même Orderic Vital ;

Alliance inconnue, dont notamment un fils (2), qui suit :

(1) « *Orderici Vitalis angligenæ, sancti Ebrulsi monachi, historiæ ecclesiasticæ Normannorum.* » — « Tertia Geroii filia fuit Emma, quæ data est Rogerio de Merulâ ; ex quâ Radulfus et Willelmus, Radulfi et Rogerii vicinorum nostrorum pater, orti sunt. »

(2) Dans une généalogie de la famille du Merle, dressée en juin 1780, on a fait figurer, à tort selon nous, trois descendants successifs de Radulphe du Merle, nommés GUILLAUME, RICHARD et RAOUL ou RADULPHE II ; cette filiation est basée sur une vieille charte de fondation passée au profit de l'abbaye de St-Evroult en 1080. Ces trois degrés sont *manifestement* une erreur, rendue

IV° Foulques (ailleurs Fouquet ou Foucault) du Merle, Ier du nom, chevalier, baron du Merle-Raoult et de Messey, seigneur de Couvrigny (1), mentionné dans deux actes de fondation passés en 1139, l'un au profit de l'abbaye de La Genevraie, l'autre au profit de l'abbaye de St-Jean de Falaise; dans ce dernier acte est relatée la présence de son fils aîné *(annatus)*, Guillaume, qui continue la filiation.

V° Guillaume du Merle, II° du nom, chevalier, baron du Merle-Raoult et de Messey, seigneur de Couvrigny, etc., mentionné dans l'acte de fondation indiqué ci-dessus, et dans un autre acte d'une fondation faite par son fils et confirmée en 1179, fondation dans laquelle sont rappelés les noms du père et de l'aïeul du donateur, ce qui ne laisse aucune incertitude sur le degré suivant.

VI° Foulques du Merle, II° du nom, chevalier, baron du Merle-Raoult et de Messey, seigneur de Couvrigny, mentionné aussi dans deux actes de fondation, l'une faite en 1160, l'autre confirmée par le Pape en 1179; mentionné en outre dans le *Monasticon Anglicanum* (tome Ier, page 581) comme présent à une charte émanant d'un certain Guillaume de Briouze; décédé vers 1180, d'après la généalogie dressée au siècle dernier;

Alliance inconnue, dont vraisemblablement plusieurs enfants (2), notamment:

VII° Guillaume du Merle, III° du nom, chevalier, baron du Merle-Raoult et de Messey, seigneur de Couvrigny, du Boisbarbot, etc., auteur d'une charte de donation en faveur de l'abbaye de St-Evroult vers 1198, charte qu'il fit confirmer

évidente par la comparaison même des dates. Nous n'avons pas eu sous les yeux la charte citée; mais ou l'on a mal lu, ou l'on en a mal interprété les termes, ou ces trois personnages forment, à l'origine même, une autre branche des du Merle.

(1) Couvrigny était partie de fief noble de haubert, situé sur le territoire de la commune actuelle de St-Pierre-du-Bû, à 5 kilomètres de Falaise. En 1418, ce domaine avait été donné par Henri V, roi d'Angleterre, à l'un de ses compagnons d'armes. L'ancien château seigneurial, placé près d'un étang, se voit encore aujourd'hui. Le nouveau château a été construit au siècle dernier.

(2) Foulques II du Merle pouvait avoir pour fils ou petits-fils, mais assurément avait au moins pour cousins les trois personnages suivants: 1° Radulphe du Merle, mentionné sur les grands Rôles de l'Echiquier de Normandie en 1184 et aussi en 1191 (*Inventaire des Archives du Calvados*, II, p. 336) et sur le Rôle de l'Echiquier de la St-Michel, 1212; — 2° et 3° Mathieu et Roger du Merle, le premier mentionné dans une charte de 1198, confirmée par Richard Cœur-de-Lion, et dans un Rôle de l'Echiquier de Pâques 1212, le second mort avant 1223, d'après un jugement de l'Echiquier de Pâques même année.

par Richard-Cœur-de-Lion (1), son suzerain; mentionné encore dans une charte du 4 février 1204, par laquelle le roi Jean (Sans-Terre) lui faisait remise ou quittance de 50 livres d'Anjou, qu'il devait à l'Echiquier royal tenu à Caen (*Grands Rôles normands* de la Tour de Londres, publiés à Caen vers 1846, page 115); connu d'une façon authentique comme issu de Foulques II par une charte confirmative de donation passée par l'un de ses fils en 1209; il était mort par conséquent avant cette date.

Alliance inconnue, dont trois fils :

1° Guillaume, qui continue la filiation;
2° Robert du Merle, écuyer, seigneur du Boisbarbot, mort sans alliance, laissant ses biens à son neveu Guillaume-Melloc;
3° Noble et vaillant chevalier monseigneur Foulques ou Foucault du Merle, gouverneur de Robert, comte d'Artois, frère de St Louis; parti avec ce prince pour la septième Croisade et tué avec lui à la bataille de La Massoure (Egypte) le 9 février 1250 (Voir notamment Joinville, *Histoire de St Louis*, page 47 de l'édition de l'imprimerie royale : Paris 1761). Ses armes sont peintes dans une des salles des Croisades, à Versailles.

VIII° Guillaume du Merle, IV° du nom, chevalier, baron du Merle-Raoult et de Messey, seigneur de Couvrigny, mentionné dans diverses chartes de fondation, notamment en 1209 et en 1229; possesseur de nombreux fiefs relatés sur le registre des fiefs normands du roi Philippe-Auguste (1210), qui avait le droit de marier sa fille aînée, sans toutefois la mésallier (2);

(1) Voici la fin de cette charte, reproduite dans le *Recueil des jugements de l'Echiquier de Normandie au XIII° siècle*, par Léopold Delisle, page 269 :
« ..... Et ut hæc concordia et recognitio perpetuum robur posset habere, « ego per cartam domini Ricardi, illustris regis Anglorum, feci confirmari « abbatiæ Sancti Ebrulsi, et in Eschacario ipsius apud Cadomum in rotulis « inscribi » (Cartulaire de l'abbaye de St-Evroult, pièce 563).

(2) Extrait des *Grands Rôles Normands*, publiés vers 1846 (Caen, gr. in-8°) par les soins de M. Léchaudé-d'Anisy, dans les Mémoires de la Société des Antiquaires de Normandie, XV° volume :

« Registrum domini illustrissimi regis Philippi (Philippe-Auguste) de « Feodis: — année 1210, p. 175 :

« *Feoda de Sanctâ Scolasticâ.* — Guillelmus de Melle, decem feoda..., etc.
« *Feoda domini du Melle.* — Willelmus, dominus de Melle, tenet decem « feoda quæ sunt in terrâ de Melle (du Merlerault), in terrâ de honore sanctæ « Scolasticæ (de Ste-Scolasse), de quibus debet gardiam apud Sanctam « Scolasticam de decem militibus, et debet, pro illis decem feodis, domino « Regi servicium exercitus per unum militem per manum comitis Glocestriæ. « Et hæ sunt partes feodorum. Hugo de Portâ, Guillelmus de Genevreiâ (de « la Genevraie) et Robertus Barbout (du Bois-Barbot) tenent tria feoda, de « quibus debent servicium quinque militum. Apud Creestal unum feodum. « Au bois Turpin unum feodum. Talevaium unum feodum Fulque apud « Sanctum-Leonardum. Et Robertus Hurel, au Mesnil-Hurel, unum feodum.

présent, soit comme témoin, soit comme tiers-arbitre aux Echiquiers tenus à Caen à la St-Michel 1212 et à Pâques 1224-1225; mentionné enfin dans la *Gallia christiana* (tome II, page 1434, D.), avec la qualification de *miles*, comme auteur d'une donation, en juin 1218, aux moines de l'abbaye de Fontenelle, cette donation faite « cum assensu Guillelmi Orri, « domini de Bello-Loco »; mort vers 1240;

Alliance inconnue, dont deux fils :

1° Guillaume-Melloc, qui suit;
2° Noble Jean du Merle, avocat au barreau de Paris en 1265.

IX° GUILLAUME du Merle, V° du nom (ou Melloc, d'après d'Hozier), chevalier, baron du Merle-Raoult, de Messey, de Gorron, seigneur de St-Julien-le-Faucon, de Couvrigny, des Champeaux, de Médavy, etc., qualifié dans quelques Mémoires du titre de *grand vavasseur héréditaire en Normandie;* présent, comme témoin (lui ou son père), à plusieurs enquêtes faites aux Echiquiers de Normandie, notamment en mai 1233 et mai 1236; mentionné dans une charte de 1243, par laquelle il transféra à l'évêque de Séez son droit de patronage sur la cure de St-Sulpice-de-Gâprée; décédé vers 1265;

Marié, d'après d'Hozier, avec très-noble damoiselle MARIE DE NOLENT-TANCARVILLE, dont :

1° Foulques, le maréchal de France, qui continue la filiation;
2° Guy du Merle, d'abord archidiacre de Coutances, chantre de Rouen, enfin évêque de Lisieux en 1267. Ce prélat confirma en cette qualité, le 1er septembre 1277, la fondation d'une chapelle de St-Gatien en la cathédrale de Lisieux (*Archives du Calvados*, tome II, page 24), assista au concile provincial de Pont-Audemer en 1279, confirma et augmenta, en 1284, les donations qui avaient été faites aux Dominicains, et mourut au château des Loges en 1285 (Lacour : *Histoire d'Orbec*, et *Annales* en latin de l'abbaye de St-Evroult) (1).
3° Laurence du Merle, mariée, en 1268, à noble Guillaume Bertrand de Briquebec, fils de Robert Bertrand, baron de Briquebec et d'Alix de Tancarville.

« Garinus Chauvin et Emorram de Fresnels et Hugo Legris et Guillelmus « de Medavi unum feodum, quod est apud Sanctam-Columbam et au Melle.
« Item notendum est quod Guillelmus du Melle tenet de domino Rege « suum mercatum (son marché) et suas ferias (et ses foires); itaque dominus « Rex *potest maritare filiam ejus primogenitam* sine disperagiare illam (sans « la mésallier), et etiam debet habere ballum (le bail, la tutelle, la garde), terræ domini de Melle, quando contigit, et consuetudines Normanniæ. »

(1) « Anno 1267. Obiit Fulco, Lexoviensis episcopus; cui successit magister Guido de Merulâ.
« Anno 1285. Obiit Guido, Lexoviensis episcopus; cui successit magister Guillelmus de Arneriis, cantor ejusdem loci. »

X° Noble et puissant seigneur Monseigneur FOULQUES ou FOUCAULT du Merle, IIIe du nom, chevalier, baron du Merle-Raoult, de Messey, de Gorron, seigneur châtelain de Gacé, de Briouze, de Bellou, de Ronfeugeray et autres lieux, mentionné pour la première fois sur le Rôle dressé par ordre du roi Philippe-le-Hardi en 1272, et intitulé : *Nomina militum et aliorum bailliviæ Cadomensis qui submoniti sunt quòd item sint Turonis hâc instanti quindenâ post Pascha, in armis et equis, pro servitio domini Regis faciendo*, avec cette formule : FULCO DE MELLE ; *Litteræ domini Regis præsentatæ sunt illi per baillivum ;* figurant ensuite dans une charte de l'évêque de Séez, de l'an 1275. Vingt ans plus tard, en 1295, Foulques du Merle fut chargé de s'opposer à Edouard Ier, roi d'Angleterre, qui menaçait les côtes de France dans les environs d'Abbeville ; puis il fut nommé, par le roi Philippe-le-Bel, *maréchal de France* (1), le 11 juillet 1302, après la désastreuse bataille de Courtrai. Vainqueur des Flamands, près de Tournai, le 18 avril 1303 ; présent à la première séance du Parlement de Toulouse le 11 janvier 1304 ; gratifié par son souverain, au mois de février suivant, d'une rente de 200 livres à prendre sur le Trésor de Paris (2), rente échangée, au mois de juillet 1306, contre la donation royale des fiefs de Briouze et de Bellou (3) ; ayant pris une part active et glorieuse à la bataille de Mons-en-Puelle, livrée avec succès aux Flamands le 17 août 1304, et souvent mentionné avec éloges dans un poëme du temps, intitulé : *La branche des royaux lignages*, dont l'auteur était un certain Guillaume Guiart, qui écrivait en l'année 1306 (4) ; gratifié, en vertu

(1) On sait que les *maréchaux de France*, dont la haute importance date de Philippe-Auguste, et qui n'étaient que *deux* avant le règne de François Ier, prenaient rang immédiatement après le *connétable* et représentaient, après ce dernier, alors comme aujourd'hui, la plus haute dignité de l'Armée.

(2) « PHILIPPUS, Dei gratiâ Francorum rex, etc. Nos dilecto et fideli nostro « FOUCAUDO, domino DU MERLE, *marescallo Franciæ*, obtentu grati servitii ab « eodem multifariam nobis impensi, ducentas libras Turonenses annui reditûs « capiendas singulis annis ab eo ejusque hærede de propriâ carne genito, et « ipsius hæredis hæredibus ex rectâ lineâ descendentibus, in Thesauro nostro « Parisiensi, de speciali gratiâ concedimus et donamus, etc. »

(3) « PHILIPPUS, etc. Notum facimus universis quòd, cum fidelis et dilectus « FOUCAUDUS DE MERULA, *miles*, *marescallus Franciæ*, ducentas libras turonenses..... percipere et habere deberet..... Nos, ut idem Foucandus futuris « temporibus nostris obsequiis promptior habeatur, ipsi volentes gratiam facere « pleniorem, dictas ducentas libras..... in terrâ de *Breouzâ* et in feudo seu « terrâ de *Bellou*, quam et quos, cum suis pertinentiis universis et singulis « dicto Foucaudo tradimus, assidemus et feodamus, pro ducentis libris..... « Et idem Foucaudus hommagium nobis fecit, ipsumque in hominem recepimus pro prædictis, etc. »

(4) Voir, sur le maréchal Foulques du Merle, divers détails intéressants, dans le *Recueil des Historiens de France*, de l'an 1226 à l'an 1328, t. XXII,

de Lettres-patentes données à Loches en 1307, de tous les fruits et revenus de la terre de feu Guillaume de Clisson; commandant l'armée royale en Lyonnais, en 1310, et à Vienne, en 1311; encore présent à l'armée des Flandres en 1314, il mourut vers cette époque.

Alliance inconnue, dont une fille et trois fils :

1° N..... du Merle, mentionnée comme fille de Foulques (*Fulcherii de Merlo*) et femme d'Aimeric de Chargé (*de Chargeio*), chevalier, de la vieille noblesse de Touraine, dans une charte de 1270, passée par ce dernier avec les moines de l'abbaye de Noyers, charte reproduite dans le tome XXII (page 703, n° 660) des *Mémoires de la Société Archéologique* de Touraine, année 1872;

2° Jean du Merle, baron du Merle-Raoult, seigneur de St-Julien-le-Faucon, de Gacé, etc., aîné des fils du maréchal, dont la branche tomba en quenouille, après une ou deux générations, en la personne d'Agnès du Merle; par suite, la baronnie du Merle-Raoult passa dans des mains étrangères (Voir la seconde note de l'article du Merle, page 480);

3° Guillaume (l'aîné), baron de Messey, qui suit;

4° Guillaume du Merle (le jeune), baron de Briouze et seigneur de Bellou en 1318, dont la postérité s'éteignit en ligne masculine en la personne de Jean du Merle, son arrière petit-fils, ce dernier n'ayant laissé qu'une fille, Isabelle du Merle, mariée à Jean Affour, seigneur anglais, reçu en grâce par le roi Charles VII en 1459, et qui devint ainsi seigneur de Briouze et de Bellou.

XI° Monseigneur Guillaume du Merle, VI° du nom, chevalier, baron de Messey, seigneur de Couvrigny, etc., mentionné dans une charte confirmative de donation, de l'an 1315, au profit de l'abbaye de La Genevraie; qualifié chevalier, gardien des ports et frontières de la baillie du Cotentin (*Guillelmus de Merulâ, miles, custos portuum et fronteriarum bailliviæ Constanciensis*) dans des Lettres du roi Charles IV, du 27 janvier 1326, Lettres conservées en original aux archives de la Manche (1), et prescrivant une enquête pour savoir si les Religieux du Mont-St-Michel étaient tenus, ou non, à l'entretien d'un chevalier et de cinq servants, que voulait, en sa qualité, leur imposer le dit Guillaume; mort avant 1330;

(Paris, in-folio, imprimerie Impériale, 1865), publié par MM. de Wailly et Delisle; notamment aux pages 249, 261, 286, 289, 290, 292, 293, 297 (Poëme des royaux lignages), 381, 384, 385 et 403 (anciennes chroniques des Flandres).

(1) On lit dans le *Recueil des Historiens de France* précité, tome XXIII (*Fragmenta computorum*), page 773, § 64, D : « En l'an 1326, fut estably « *messire* Guillaume du Merle à la mer et des frontières de Normandie, de « Honnefleu (Honfleur) jusqu'au Mont-St-Michel. Le dit messire Guillaume « *banneret*, et 35 autres chevaliers, 113 écuyers, 137 sergens. »

Marié, d'après un acte de reconnaissance de rente à sa mère devenue veuve, passé en 1330 par son fils aîné, avec noble dame JEANNE DE MATHEFELON, dont :

1° Guillaume du Merle, qui continue la filiation ;
2° Foulques ou Foucault du Merle, chevalier, ayant servi en Poitou; retenu prisonnier à Fougères en 1353; sans postérité connue ;
3° (Incertain). Peut-être Laurent du Merle, dont le nom est inscrit sur un *Catalogue des princes et gentilshommes* assemblés par le roi Jean-le-Bon pour la guerre du Poitou. (Voir Lacour : *Histoire d'Orbec.*)

XII° Noble et puissant homme Monseigneur GUILLAUME du Merle, VII° du nom, chevalier, baron de Messey et de Gorron, seigneur du Boisbarbot et autres lieux, mentionné par La Roque (*Traité du Ban et Arrière-Ban*, page 111), comme figurant sur le Rôle des barons, bannerets et chevaliers convoqués en août 1350, à l'avènement au trône du roi Jean ; d'abord capitaine de 200 hommes d'armes des Ordonnances du Roi ; fait prisonnier par les Anglais à la bataille de Poitiers le 19 septembre 1356, en combattant à côté de son souverain; mis en liberté sur parole et sous la promesse d'une forte rançon ; faisant, le 11 décembre 1358, en qualité de capitaine des ville, châtel et vicomté de Caen, une *monstre* (revue) des gens d'armes détenus aux gages de la dite ville; recevant des bourgeois-jurés de Caen, le 11 décembre 1359, 200 florins d'or, à titre de gratification, pour lui aider à payer sa rançon aux Anglais. Dès 1358, selon les uns, en 1364 plus probablement, selon d'autres, Guillaume du Merle était *grand bailly de Caen et du Cotentin* (1), et, par Lettres-patentes de Charles V, datées de Paris le 11 octobre 1364, il fut nommé *capitaine général des bailliages de Caen et de Cotentin*, avec les pouvoirs les plus étendus (2). Du reste,

(1) Mémoires de la Société des Antiquaires de Normandie, t. XXV, année 1863, pages 126 et 139.

(2) Voici la teneur textuelle de ces Lettres-patentes intéressantes :

« A Paris, le 11 octobre 1364.

« CHARLES, par la grâce de Dieu, roy de France, à tous ceuls qui ces « presentes Lettres verront, salut. — Savoir faisons que Nous, *confians à plain* « *du senz, loyauté et diligence de nostre amé et féal chevalier* GUILLAUME DU « MERLE, iceli avons fait, commis, ordené et establi, faisons, commettons, « ordenons et establissons par la teneur de ces présentes, *cappitaine général* « *de tous les pays et lieux des bailliages de Costentin et de Caen*, et lui « avons donné et donnons povoir et auttorité de garder et gouverner les dis « pays au nom de Nous et pour Nous ; demander et assembler touz les Nobles « et autres gens d'armes, arbalestriers et archers d'iceulz pays, pour garder « et deffendre les dis pays, lieux, villes et forterèces d'icelui ; de requerre

à partir de cette date, les Lettres royales, mandements et documents qui concernent notre chevalier surabondent. Par Lettres royales du 30 octobre 1364, il fut chargé de recevoir les subsides levés en Normandie pour la délivrance du roi Jean, et échus depuis que Bertrand du Guesclin, qui l'avait précédé comme capitaine général en Normandie, avait été envoyé *ès parties de Bretagne*. Le 26 décembre 1364, ordre du Roi à Guillaume du Merle, sire de Messey, capitaine général, etc., de faire payer cent francs d'or à Roger Le Masnier et Robert de Warignies, chevaliers, ce dernier bailly de Caen. Le 26 janvier 1365, quittance de ses appointements donnée par Guillaume du Merle, et scellée de ses armes. Le 10 octobre même année, ordre du Roi à Robert de Warignies, bailly de Caen, de recevoir les *monstres* (revues) des gens d'armes, archers, arbalétriers et gens de pied en service en Normandie « *sous le gouvernement* de nostre « amé et féal chevalier Guillaume du Merle, sire de Messey, « capitaine général, etc. » Le 16 mai 1366 et le 13 février 1367, Lettres royales, datées de Paris et du Louvre, prescrivant à « nostre amé et féal chevalier et conseiller Guil- « laume du Merle, cappitaine général de par Nous ès « bailliages de Caen et de Costentin, » de s'opposer aux

« les gens des bonnes villes et autres pour lui secourir et aidier, se mestier « en a ; de oster et mettre tous gardes, cappitaines et chastellains des for- « terèces et autres lieux des dis pays et de mettre autres tieulx comme bon « lui semblera ; de pardonner, quittier et remettre touz crimes à toutes « personnes qui nostre parti vouldront tenir et qui vouldront jurer solempnel- « lement et promettre qu'ils seront perpétuellement bons, vrays et loyaulx « François, et de donner sur ce ses Lettres, lesquelles nous confermerons, « se requis en sommes ; de visiter, avitailler et garnir les dis chasteaux et « forterèces d'iceulx pais, et d'y mettre tieulx garnisons de gens d'armes « comme nécessaire sera, et de les croistre et amendrir quant bon lui sem- « blera ; de faire prendre par les commis et députez les aides et subsides « ordenez ès dis pais pour la délivrance de nostre très-chier seigneur et père, « que Dieu absoille, et, pour le fait de la guerre, de les recevoir des commis « et de present ès dis pais par Nous ou par les généraulx esleuz à Paris sur « les dis fais, pour convertir ès dites gens d'armes en la manière que bon et « proffetable li semblera ; de faire bailler Lettres de quittance de ce que « receu en aura esté, et y sera alloué ès comptes de ceuls à qui il appartendra, « et généralement de toutes choses faire et exercer que à bon et vray cappi- « taine peut et doit appartenir, et que le faisoit et exerçoit nostre amé et féal « chevalier et chambellan Bertran du Glaskin (Guesclin), comte de Longue- « ville, naguères cappitaine des dis pais. — Si donnons en mandement à « touz noz féaulz et subgez que au dit Guillaume, en faisant et exersant le dit « office, en toutes les choses dessus dictes et chascune d'icelles, obéissent di- « ligeamment et entendent. En tesmoing de ce, nous avons fait mettre nostre « seel à ces Lettres. Données à Paris, le XIe jour d'octobre, l'an de grâce « mil CCCLX et quatre. »

« Par le Roy en son Conseil :

« N. DE VERRES. »

brigandages des compagnies qui pillaient et détruisaient tout dans le pays, et de leur faire solder ce qui leur était dû. Le 27 novembre 1367, ordre du Roi, daté de Vincennes, à « Guillaume du Merle, capitaine général ès bailliages de « Caen et de Costentin, *et de tout le païs de Normandie par « delà la rivière de Saine* (sic), » pour visiter les lieux, villes, châteaux et forteresses du dit pays. Lettres du Roi, datées de Paris et de Vincennes les 14 mars 1367, 6 août 1368 et 2 avril 1369, prescrivant de faire payer par les receveurs des Aides, « à nostre amé et féal chevalier et conseiller « Guillaume du Merle, etc., » diverses gratifications et les sommes dont il aura besoin. Le 10 avril 1369, ordre du Roi à Guillaume du Merle, capitaine général de Normandie, de marcher au secours du roi de Navarre contre les Bretons qu'avait amenés Alain de La Houssaye. Le 10 septembre même année, ordre du Roi, par lequel Charles V retient son « amé et féal chevalier et conseiller Guillaume « du Merle, *cappitaine de par Nous ès parties de Normandie « outre la rivière de Seine* », avec 200 hommes d'armes, pour servir aux présentes guerres. Le 11 octobre 1371, Lettres du Roi aux gens des Comptes, desquelles il résulte que « nostre « amé conseiller Guillaume du Merle, cappitaine général ès « parties de Caen et de Costentin, » avait fait contre les ennemis du Royaume, depuis la bataille d'Auray (1364) jusqu'à cette époque, « *à l'aide de Nostre Seigneur et de noz « bons sugiez, plusieurs bons et nottables faiz en plusieurs ma- « nières.* » Autres Lettres du Roi, datées du Louvre et de Paris les 8 février et 26 novembre 1372, où il est encore question de « nostre amé et féal chevalier et conseiller « Guillaume du Merle, cappitaine pour Nous après Bertran « du Guesclin, nostre dit connestable, ès bailliages de Caen « et de Costentin (1). »

En outre de ces mandements et de ces Lettres-patentes du souverain, d'autres documents nous relatent les *monstres* (revues) des gens de guerre que ce haut personnage fit à Caen les 15 octobre 1365, 18 novembre 1366, 3 septembre 1368 et 1er août 1370. En récompense de sa belle défense du château d'Exmes pendant un an contre les Anglais, les généraux des Finances lui remirent 500 francs d'or de la part du Roi, en vertu de Lettres royales du 18 novembre 1368.

En résumé, le sire du Merle fut mêlé à tous les événements

(1) Voir la publication intitulée : *Mandements et actes divers de Charles V* (1364-1380), recueillis dans les collections de la Bibliothèque Nationale, publiés et analysés par M. Léopold Delisle, membre de l'Institut (Paris, in-4°, Imprimerie Nationale, 1874), notamment aux numéros 95, 117, 155, 254, 305, 308, 309, 391, 418, 422, 425, 432, 438, 462, 505, 515, 578, 824, 930, 946, 1111, 1865.

militaires importants de son époque, notamment dans le Cotentin (1). Pourvu, par brevet royal daté de St-Denis le 2 mars 1374, de l'état de *capitaine*, *garde et chastelain des ville et chastel de Falaise*, vacant par la mort de Jean Martel, chevalier, il donnait en cette qualité quittances de ses gages en 1377 et en 1378 ; et son souverain, qui paraissait l'honorer d'une estime et d'une bienveillance particulières, lui faisait don, par Lettres datées de Montargis le 17 septembre 1379, de « la somme de deux cens frans d'or de gaiges..... outre « et par dessus la somme de trois cens frans d'or que par « avant il prenoit chacun an, à cause de la dicte garde. » Il est mentionné pour la dernière fois dans un bail de son fief noble du Boisbarbot, en date du 27 juin 1386 ; il avait acquis ce fief en 1360, de Colin de Boisbarbot, écuyer.

Alliance inconnue, dont :

1° Jean du Merle, baron de Messey et de Gorron, auteur des seigneurs de Messey, qui vivaient au commencement du

(1) Extraits de l'*Histoire du Cotentin et de ses îles*, par G. Dupont, t. II, période comprise entre l'année 1205 et l'année 1461 :

Page 384 : « Lorsque la compagnie du captal de Buch avait franchi la Vire « pour se rendre à Évreux (avril ou mai 1364), *le capitaine-général des « bailliages de Caen et du Cotentin*, GUILLAUME DU MERLE, *seigneur de « Messey*, qui se tenait aux environs de Bayeux, s'était jeté immédiatement « sur les terres de Charles de Navarre et avait battu ses gens auprès du village « d'Escausseville, voisin de Montebourg (en Cotentin). »

Page 389 : « Le traité de paix (préparé entre le roi de France Charles V et « le roi de Navarre Charles le Mauvais, le 6 mars 1365) était accompagné « d'une trêve qui devait se prolonger jusqu'à la Pentecôte, et qui fut notifiée « le 17 mars 1365, par Valois, hérault d'armes du duc d'Orléans, à la re- « quête de GUILLAUME DU MERLE, *capitaine-général des baillies de Caen et du « Cotentin*, à Robert de Warignies, bailli de Caen, à Jean Stakes, capitaine de St-Sauveur-le-Vicomte, etc. »

Page 390 : Reproduction d'un passage d'une ancienne chronique inédite : « Tantost que GUILLAUME DU MERLE le sçut (l'occupation du Homme, au- « jourd'hui l'Ile-Marie, par les Anglais), il assembla bien VI^{xx} combattants et « plus, et fist tant que les gens du roy de Navarre s'accordèrent de venir « mettre le siége devant la dite place; car c'estoit en la terre du roy de Na- « varre. » Cette place fut prise sous la direction de Guillaume du Merle, vers le 13 juin 1366.

Page 396 : « Cela ne parut pas une force suffisante au grand-maître de « l'Hôtel (Pierre de Villiers); il réunit à Caen (août 1368) une sorte de « conseil de guerre, où étaient *le capitaine-général* GUILLAUME DU MERLE; le « grand trésorier de France, sir Aymar Bourgeoise; le capitaine de Caen, « Robert de Warignies; le bailli, Jean Le Coustellier, et plusieurs autres per- « sonnages. »

Page 400 : « Charles V, informé de ce déplorable état de choses (la désola- « tion du Cotentin par la garnison de St-Sauveur-le-Vicomte et le manque de « bras pour faire la récolte en 1369), envoya en Cotentin les maréchaux de « France Louis de Sancerre et Mouton de Blainville, et les *seigneurs* de La « Ferté et DU MERLE, qui, avec ce qu'ils purent rassembler de troupes, al- « lèrent mettre le siége devant St-Sauveur-le-Vicomte. Olivier de Clisson y « amena ses Bretons. »

XVe siècle, notamment d'un Guillaume du Merle, capitaine des ville et châtel de Falaise en 1404 (18 octobre), 1405 (26 octobre) et 1411 (7 mai), en la personne duquel s'éteignit en ligne masculine la branche de Messey. En effet, ce Guillaume du Merle avait épousé Marguerite (ailleurs Catherine) de Vendôme, descendante des anciens comtes de Vendôme (La Roque; *Histoire de la maison d'Harcourt*); de ce mariage sortit une fille unique, Catherine du Merle, qui épousa Henri de Bailleul et transmit à la maison de Bailleul du Renouard la baronnie de Messey, relevante de la seigneurie de Ronfeugeray. (Voir l'*Histoire du canton d'Athis*, par le comte H. de La Ferrière-Percy, pages 325 et 326.)

2° Pierre du Merle, qui continue la filiation (1).

XIII° Noble homme Monseigneur Pierre du Merle, seigneur de Couvrigny, du Boisbarbot, des Planches, etc., qualifié *écuyer*, puis *chevalier*, sur les Rôles de diverses montres de gens d'armes depuis 1369 jusqu'à 1387, cette dernière montre passée par Robert Patry à Carentan; rendant aveu au comte d'Alençon, le 26 mars 1399, de son fief de Boisbarbot; mentionné encore dans des actes de 1405, 1406 et 1407; mort avant le 8 janvier 1421, ainsi que l'établissent les Lettres royales de jouissance de ses biens octroyés par Henri V, roi d'Angleterre et conquérant de la Normandie, à sa *veuve* Marie de Logy, dame de Juvigny, dont notamment il avait eu pour fils :

XIV° Noble Foulques du Merle, IVe du nom, chevalier, seigneur de Couvrigny, du Boisbarbot, de Juvigny, etc., l'un des 119 chevaliers défenseurs du Mont-St-Michel contre les Anglais en 1423 (2), ou plus exactement en 1427, et ayant

(1) Il ne serait pas impossible que Jean et Pierre du Merle eussent pour frère, mais assurément avaient au moins pour cousin, un certain Foulques du Merle, seigneur de Pirou, mentionné dans un *vidimus*, en 1411, d'une charte de 1408. Ce *vidimus*, qui se trouve aux archives de la Manche, relate la teneur de cette charte, ainsi conçue:

« Sachent tous présens et advenir que je, Foulques du Merle (sic), seigneur « de Pirou, pour le salut de mon âme, de Jaquemine, ma femme, de mes « ancesseurs (*sic*) et de mes hoirs, ay confermé et octroié, conferme et octroie « que religieuses dames la prieure et couvent de Nostre-Dame-des-Moutons « apperçèvent à tousjours, mesme pour le temps advenir, c'est-à-sçavoir : « toute et telle rente comme il est contenu par chartre de l'un de nos ances- « seurs, dont appert par copie :

« . . . . . En tesmoing de ce, ay mis mon scel à ces présentes Lettres. « Ce fut fait l'an de grâce mil IIII c et huict, le XIIIe jour de juing, au dict « lieu de Pirou. »

(2) Un autre du Merle, nommé Jean, peut-être le frère de Foulques, était l'un des lieutenants de messire Jean d'Harcourt, au Mont-St-Michel, en 1420. (Voir les *Annales religieuses de l'Avranchin*, par l'abbé Desroches, page 63). Ne serait-ce point de ce Jean du Merle dont il est question dans le *Registre des donations, confiscations, maintenues et autres actes* d'Henri V, roi d'Angle-

son nom inscrit et ses armes peintes sur le catalogue de ces chevaliers, conservé dans la forteresse. Le 1er août 1451, il faisait hommage de son fief du Boisbarbot à son *bien-aimé* cousin Michel d'Estouteville, possesseur de la baronnie du Merle-Raoult, de laquelle relevait ce fief; mentionné et qualifié de *noble homme*, *d'écuyer*, de *noble et honoré écuyer*, de *seigneur de Juvigny*, dans divers documents en 1457, 1459 et 1460, et en outre dans deux actes d'aveu, l'un rendu au duc d'Alençon par Marguerite de La Ferrière le 22 octobre 1451, l'autre à lui rendu le 19 juillet 1462 par Pierre d'Avaugour, écuyer (Archives de la Manche), il fut maintenu dans sa noblesse héréditaire, ainsi que son fils Jean, en 1463-64, par Raymond Monfault (1), en la paroisse St-Pierre-du-Bû, sergenterie et élection de Falaise; enfin il est qualifié, dans un acte d'aveu du 27 juin 1470, *homme d'armes des Ordonnances du Roi sous la charge de messire de Torcy*, et décéda en 1473.

Foulques du Merle avait épousé, vers 1440, noble Marie de Mathefelon, dame de St-Sulpice-sur-Loire, de Guernetot, etc., dont il eut dix enfants, rappelés tous dans les actes de partage de la succession de leurs père et mère, en 1473 et 1482 :

1° Jean (l'aîné), qui continue la filiation de la branche aînée;
2° Jean (le jeune), tige des comtes du Merle actuels, du château de La Vespière, près Orbec-en-Auge;
3° Guillaume du Merle, écuyer, seigneur de Lambroise, de St-Sulpice-sur-Loire, du franc-alleu de La Beuzelinière; marié à Josse du Molay-Bacon, dont postérité;
4° Pierre, chanoine de Pontoise, puis curé de St-Georges-d'Aunay et de Thury;
5° Olivier, seigneur de Juvigny, mort en 1508, laissant un fils Sébastien (2), qui décéda sans hoirs, et une fille, Madeleine, femme, en 1503, d'Olivier de Méry;

terre, dans le duché de Normandie, à la date des 12 et 20 mai 1419? Ou encore, ne serait-ce point plutôt certain Jean du Merle, seigneur de Vaux-sur-Seulles et du Breuil, dépossédé au profit de Pierre Dupin, normand rallié (*Antiquaires de Normandie*, tome XXIII, n° 483)?

(1) On lit dans la Recherche de la Noblesse, de Raymond Monfault, commissaire de Louis XI en Normandie, faite en 1463-64 :
« Election et sergenterie de Falaise : Nobles : — Foulques du Mesle, paroisse de St-Pierre-du-Bû.
« Election de Falaise, sergenterie de Jumel : Nobles : — Jean du Mesle, paroisse de Quatre-Puits. »

(2) Sébastien du Merle et, après lui, sa sœur Madeleine, femme d'Olivier de Méry, possédaient la suzeraineté féodale du fief du Mesnil-Roullet, tenu alors d'eux par Pierre d'Avaugour, écuyer, « par un quart du fief de haubert, dont le chef est assis en la paroisse de Beaulandays et de Geneslay, et s'extend en icelles paroisses et ès paroisses de Juvigny, de Halaine et de Sainct-Front et illecques environ. »
(Ext. d'aveux à eux rendus le 14 juillet 1502 et le 13 février 1503 : Archives de la Manche).

6° Jeanne, femme de Raoul du Rozel dès 1460 ;
7° Marie, veuve du sieur de Vaussenay en 1473 ;
8° Philippe, mariée, le 22 octobre 1469, avec Jean de Bauville, seigneur de Pierres et de Précaire ;
9° Catherine, mariée, le 7 juillet 1471, avec François de Mainbier ;
10° Thomasse, mariée avec Renaud de Pommereuil.

Filiation (abrégée) des comtes du Merle actuels, du château de la Vespière et d'Orbec-en-Auge.

Branche du Boisbarbot, d'Orbec et de Blancbuisson.

XVe Jean du Merle le jeune, second fils de Foulques IV et de Marie de Mathefelon, écuyer, seigneur du Boisbarbot, de Vaux, des Planches, d'Escorches, verdier de St-Sever, inhumé, d'après le désir qu'il en avait manifesté dans son testament en date du 24 juin 1505, auprès de ses prédécesseurs, en l'église St-Pierre-du-Mesnil, élection de Bernay ;

Marié, le 11 février 1474, avec Marie Le Comte, dame de Nonant et de Blancbuisson, fille de Jean Le Comte, seigneur des dits lieux, et de Marie de Rivel ; dont un fils, qui suit, et une fille, Antoinette, mariée, en 1496, à Nicolas de Mailloc.

XVI° Jean II du Merle, écuyer, seigneur de Blancbuisson, des Planches, du Boisbarbot, etc., marié, le 21 novembre 1503, avec Jeanne Le Cesne (ou Le Sesne), qui en était veuve le 5 mars 1519, fille de noble Antoine Le Cesne, seigneur de Mesnilles et de La Godelière, et de Marguerite de Mennemare, dont Jacques, qui suit, et Françoise, mariée à Benoît d'Orbec-Normanville le 19 janvier 1527.

XVII° Jacques Ier du Merle, chevalier, seigneur de Blancbuisson, du Boisbarbot, des Planches et de Vaux, successivement homme d'armes dans l'Arrière-Ban du bailliage d'Evreux en 1551 ; lieutenant de la capitainerie d'Evreux par commission du 10 mai 1554 ; capitaine du même Arrière-Ban l'an 1556 ; capitaine de 400 hommes de la légion de Normandie et de 100 arquebusiers destinés à la conservation de la ville d'Evreux, par commission du 26 mai 1562 ; — ayant fait les preuves de sa généalogie depuis Foulques du Merle, maréchal de France, devant les Commissaires du Roi, le 9 novembre 1540 ;

Marié, le 19 avril 1528, avec Gabrielle d'Aché, fille de Jean d'Aché, écuyer, seigneur de Serquigny, Marbœuf et Blanquetin, et de Madeleine d'Orbec, dont un fils, qui suit, et trois filles, Anne, religieuse, Suzanne, femme de Marin de Pluviers, et Marguerite, femme de Jean de Guernon.

XVIII° Noble et puissant seigneur JACQUES II du Merle, chevalier, seigneur du Boisbarbot et de Blancbuisson, enseigne de 50 hommes d'armes des Ordonnances du Roi en 1570, et créé, le 14 juin de la même année, chevalier de l'Ordre de St-Michel, *en considération de ses vaillances, vertus et mérites*; gentilhomme ordinaire de la chambre de S. M., en 1571; commandant dans la ville de Lisieux en 1593;

Marié, selon contrat du 25 janvier 1565, avec FRANÇOISE LE GRIX, fille de noble homme Pierre Le Grix, seigneur de Montreuil-l'Argilé, baron d'Echauffour, et de Jeanne de Thieuville, dont Jean, qui suit, N... du Merle de Laurigny, cornette de chevau-légers en 1594, et quatre filles.

XIX° Noble seigneur JEAN III du Merle, seigneur de Blancbuisson, du Boisbarbot, des Planches, de Bauvilliers, etc., lieutenant dans la compagnie des chevau-légers du comte de Grancey destinés au siége de Laon, en 1594; capitaine d'une compagnie de chevau-légers, par commission du 29 juillet 1622;

Marié, le 24 septembre 1600, avec LOUISE D'ORBEC, fille de Jean, baron d'Orbec, et de Catherine de l'Hospital-Choisy, dont Jean, qui continue la branche de Blancbuisson, du Boisbarbot, de Bauvilliers, éteinte au XVIII° siècle; Charles, qui suit; Jacques, prêtre, docteur en théologie, prieur de St-André en 1660; et quatre filles.

Branche de Laurigny, de La Salle, du Plessis, etc.

XX° Noble seigneur CHARLES du Merle, chevalier, seigneur du Plessis, d'Orbec, de St-Germain-la-Campagne, de Laurigny, etc., né en juillet 1604, capitaine en second de la compagnie des gens d'armes du maréchal d'Estrées, en 1646; nommé gentilhomme ordinaire de la Chambre par Lettres-patentes du 26 avril 1665;

Marié, selon contrat du 26 avril 1646, avec CATHERINE FEYDEAU, fille de Pierre Feydeau, écuyer, et de Catherine Vivien, dont une fille et les trois fils suivants:

1° François-Annibal, marié avec Michelle d'Abancourt, et ayant continué la branche de Laurigny, où l'on compte un chevalier de Malte, des officiers et des pages du Roi;
2° Pierre, qui suit;
3° Louis-César du Merle, baptisé le 11 novembre 1650, reçu chevalier de l'Ordre de Malte au grand prieuré de France, où ses preuves furent faite le 23 août 1666.

Branche du Plessis, de St-Germain, d'Orbec, etc.

XXI° PIERRE Ier du Merle, chevalier, seigneur du Plessis, de St-Germain-la-Campagne, d'Orbec, etc., qui fit inscrire son nom et ses armes dans l'*Armorial général de France* de Ch. d'Hozier, juge d'armes, en 1697 ; décédé le 20 avril 1700, et inhumé devant l'autel de la Vierge de l'église d'Orbec ;

Marié, le 10 mai 1688, avec MARIE-GABRIELLE DE NOCÉ, fille de Claude de Nocé et de Marie Le Roy de Gomberville, dont un fils, qui suit, et une fille, Anne-Dorothée, mariée, en septembre 1707, à Charles de Quérière-Bois-Laval.

XXII° CLAUDE du Merle, écuyer, seigneur du Plessis, de St-Germain-la-Campagne, d'Orbec en partie et de La Vespière, décédé le 29 avril 1738, à l'âge de 49 ans, et inhumé devant l'autel principal de l'église d'Orbec ;

Marié, le 25 juin 1717, avec MARIE-ANNE VERZURE, originaire de Gênes, fille de Jean-Laurent Verzure, qualifié *noble Gênois*, et de Marie-Catherine Souëf ; dont un fils, qui suit, et deux filles.

XXIII° Haut et puissant seigneur PIERRE II du Merle, écuyer, seigneur du Plessis et de St-Germain, né le 10 juin 1722, reçu page du Roi en sa Petite-Ecurie le 22 mars 1737 ; plus tard officier dans le régiment du colonel général des dragons de France ; figurant comme maréchal de camp, avec le titre de *Comte*, dans l'*Etat militaire de la France en* 1782 (page 93) ;

Marié, le 7 août 1754, avec LOUISE LE CORNU DE BALIVIÈRE, dont deux fils, l'un qui suit, l'autre, Dominique-Louis-Marie, inhumé à St-Etienne de Caen le 18 juillet 1770, à l'âge de 13 ans.

XXIV° NICOLAS-PIERRE, comte du Merle, officier au régiment du Roi, puis officier supérieur de cavalerie, chevalier de l'Ordre militaire de St-Louis, qui comparut aux assemblées de la Noblesse du grand bailliage d'Evreux en 1789 ;

Marié, le 14 avril 1795, avec JOSÉPHINE DE WEISSALZ, dont notamment une fille, Mme du Faÿ, et un fils aîné, qui suit.

XXV° LOUIS, comte du Merle, né en 1798, d'abord officier de cavalerie, puis propriétaire, demeurant au château de La Vespière, près Orbec-en-Auge ; maire de cette commune, où il est décédé le 27 juillet 1875, dans sa 78e année ;

Marié, le 18 septembre 1826, avec ISAURE DE GOMER, fille de Joseph, comte de Gomer, et de Marie-Charlotte de Taillevis de Jupeaux, dont sept enfants, qui suivent.

XXVI° 1° CHARLES du Merle, marié en 1852 avec OCTAVIE DE FRIBOIS ; veuf d'elle le 5 octobre 1863. Il en a eu trois fils (Guillaume, décédé à Caen le 8 août 1874, Jean, décédé le 22 décembre 1871, et Octave, actuellement vivant), et une fille (Louise, décédée le 19 juillet 1870) ;

2° CAMILLE, marié, le 20 août 1867, avec MATHILDE DE SALLEN, dont il a quatre filles, Gabrielle, Geneviève, Jeanne et Marthe ;

3° JOSEPH, marié à HONORINE DE CHIRÉE, dont deux fils, Louis et Maxime, et deux filles, Zénaide et Marie ;
4° XAVIER, officier de hussards ; marié, le 31 janvier 1872, avec FRANCINE DE PARDIEU, dont une fille, Suzanne ;
5° OCTAVIE du Merle ;
6° GABRIELLE, sœur de St-Vincent-de-Paul ;
7° MARIE du Merle, id.

Suite de la filiation des du Merle de la branche aînée.

XV° JEAN du Merle (l'aîné), aîné des fils de Foulques et de Marie de Mathefelon, écuyer, seigneur de Couvrigny et autres lieux, mentionné dans deux actes passés par lui les 5 juin et 6 mars 1451 ; stipulant pour Foulques, son père, en 1457 ; maintenu, comme lui, dans sa noblesse par Monfault en 1463-64, en la paroisse de Quatre-Puits ; mort avant le 19 février 1472 ;
Alliance inconnue, dont il laissa deux fils mineurs sous la tutelle de leur aïeule :

1° Robert du Merle, qui suit ;
2° Guillaume du Merle, curé de Cesny.

XVI° Noble homme ROBERT (ou NORBERT, d'après le P. Anselme) du Merle, seigneur de Couvrigny, de Lambroise, de Guernetot et autres lieux, présent au partage de la succession de son aïeule Marie de Mathefelon le 16 août 1482 ; rendant aveu au roi Charles VIII le 14 septembre 1484 ; se faisant maintenir, par sentence arbitrale du 9 mars 1493, en la possession de tous les droits seigneuriaux de Couvrigny ; transigeant avec ses cohéritiers en 1508 et 1511 ;
Marié avec GILLONNE DE MAINBIER, fille d'un premier lit de François de Mainbier, écuyer, seigneur de Laillée, et de Jeanne de Raveton, dont :

1° François, qui suit ;
2° Madeleine du Merle, mariée, le 5 septembre 1514, avec Jean de Bautot, seigneur de Maizières et d'Ozeville ;
3° Jeanne du Merle, mariée, le 1er octobre 1514, avec Etienne de La Moricière, seigneur de Vicques.

XVII° Noble homme FRANÇOIS du Merle, seigneur de Couvrigny, de Cesny-aux-Vignes, etc., majeur le 6 janvier 1517, mentionné dans divers actes en 1519, 1530 et 1535 ; rendant aveu de la terre de Couvrigny le 2 avril 1529, aveu vérifié aux assises de Falaise le 8 juin 1530 ; ayant obtenu, le 1er octobre 1552, acte du bailliage de Caen constatant ses services militaires dans l'Arrière-Ban ; mentionné encore dans les maintenues de noblesse octroyées par Roissy à son fils, en 1599, et par l'intendant Chamillart à ses arrière-petits-fils, en 1666 et années suivantes.

Marié au château de Creully le 11 octobre 1523, selon traité de mariage à cette date, reconnu devant notaires le 26 avril 1525, avec noble damoiselle FRANÇOISE DE SILLANS-CREULLY (1), fille aînée de Jean de Sillans, seigneur d'Hermanville, XVIIe baron de Creully du chef de l'altière Marie de Vierville, sa femme.

De ce mariage six enfants :

1° Jacques du Merle l'aîné, marié le 16 mai 1561 avec Catherine des Buats, fille de Nicolas des Buats, capitaine du château de Touques; il décéda en 1587 ;
2° Jacques du Merle le jeune, qui continue la descendance ;
3° Roland du Merle, seigneur de Fourneaux, mort sans postérité ;
4° Marguerite du Merle, mariée, le 24 juin 1545, à Charles Ouvart, seigneur de Sacy et d'Espins, lieutenant-général à Falaise ;
5° Jeanne, mariée, le 2 décembre 1558, à Pierre de Montreuil ;
6° Françoise, mariée, le 8 septembre 1567, à Jacques de Charevières.

XVIIIe Noble homme JACQUES du Merle (le jeune), seigneur de Couvrigny et de Fourneaux, encore mineur le 2 décembre 1558, lors du mariage de sa sœur; mentionné dans des actes d'aveu et de foi et hommage des 17 juin 1561, 22 juin 1607 et 4 février 1612; maintenu dans sa noblesse par Roissy et autres Commissaires royaux, en la paroisse St-Pierre-du-Bû, le 4 juin 1599 (2) ;

Marié, le 6 mars 1585, avec JEANNE DE HÉRICY (ou d'Héricy), fille de feu noble Jacques de Héricy et d'Anne de Morel, dont :

1° Louis, qui suit ;
2° Ravend du Merle, seigneur de Fourneaux, souche de la

(1) Cette alliance compte au nombre des plus marquantes contractées par la maison du Merle. Mme Eugène du Buisson de Courson (Adolphine du Merle), et, par elle, son fils et sa fille descendent en ligne directe de ces fameux barons de Creully qui ont fait si grande figure au moyen âge, et, par un heureux hasard, à la fois de la brillante ligne de Vierville, qui s'éteignait, et de la ligne de Sillans, qui commençait et qui a joui aussi d'un grand prestige (Voir Pezet, *Barons de Creully*, pages 431 à 437).

(2) On lit dans la *Recherche de la Noblesse en Basse-Normandie*, de Roissy et autres Commissaires, recherche faite en 1598-1599 :

« 4 juin 1599. — DU MERLE : Jacques du Merle, sieur de Couvrigny, fils « François, demeurant à St-Pierre-du-Bû, sergenterie et élection de Falaise, « a pour fils Louis et Ravend ; — veu ses titres et Monfault, jouira (du privi- « lége de noblesse). »

branche de ce nom; marié, le 12 juillet 1620, avec Françoise Le François, et père de Brandelis du Merle maintenu noble en 1667 par M. de Marle, intendant de la généralité d'Alençon.

XIXe Noble homme LOUIS du Merle, seigneur de Couvrigny et autres lieux, mentionné dans cinq actes depuis le 20 mai 1618 jusqu'au 6 juillet 1631 ; déchargé de toute taxe, comme *noble d'antique lignée*, par ordonnances des Commissaires des Francs-Fiefs, des 14 janvier 1628 et 26 juin 1637 ;

Marié, le 19 septembre 1619, avec damoiselle CHARLOTTE MARGUERIT, fille de noble homme Jean Marguerit, sieur du Bû-sur-Rouvres, de Guibray et autres lieux, et de Marie des Rotours, dont :

1° JEAN du Merle, seigneur de Couvrigny, de St-Pierre-du-Bû et autres lieux, maintenu noble le 1er janvier 1666 et le 1er novembre 1667, ainsi que plusieurs de ses cousins, par MM. de Marle et Chamillart, intendants des généralités d'Alençon et de Caen (1); — marié, le 10 juin 1651, avec

(1) On lit dans la *Recherche de la Noblesse*, de M. de Marle, intendant de la généralité d'Alençon, faite en 1666 et années suivantes, à la date du 1er novembre 1667 :

« DU MERLE :

« Election de Falaise. — Brandelis du Merle, sieur de Brieux; ancien noble. — Brieux.

« id. — Jean du Merle, sieur de Couvrigny; ancien noble. — St-Pierre-du-Bû.

« Election de Bernay. — Gabrielle du Merle, veuve de Laurent de Bellemare, sieur de Duranville, tutrice de ses enfants; anciens nobles. — Duranville.

« id. — Charles du Merle, sieur de Blancbuisson; ancien noble. — St-Pierre-du-Mesnil.

« Election de Verneuil. — Benjamin du Merle, sieur du Boisbarbot; Jean et Léonard, ses frères, sieurs du Merle; anciens nobles. — Hellenvilliers. »

On lit dans la *Recherche de la Noblesse* de la généralité de Caen, faite également en 1666 et années suivantes, par M. de Chamillart, intendant :

« DU MERLE : *anciens nobles.*

« Portent : *de gueules, à trois quintefeuilles d'argent.*

« François | « Jacques | « Louis | « Jean; Jacques	Jean et Jacques du Merle, écuyers, frères, le dit Jean demeurant à Couvrigny, sergenterie et élection de Falaise; le dit Jacques en la paroisse de Vendes, sergenterie d'Evrecy, élection de Caen; tous deux de religion Romaine; 45 et 32 ans.

« François épousa damoiselle Françoise de Silians, en 1523;
« Jacques. . . . . d[lle] Jeanne de Héricy, en 1585;
« Louis. . . . . d[lle] Charlotte Marguerit, en 1619;
« Jean. . . . . d[lle] Charlotte de Fribois, en 1651;
« Jacques. . . . . d[lle] Madeleine de Gaâlon, en 1665. »

CHARLOTTE DE FRIBOIS, dont un fils nommé FRANÇOIS, en la personne duquel s'éteignit la branche-mère des du Merle, et une fille nommée Françoise, morte en 1736, en son vivant femme de Robert des Landes, seigneur de Crévecœur, et mère de François-Robert des Landes, seigneur de Crévecœur, nommé en 1721 conseiller au Parlement de Rouen ;

2° Jacques-Augustin, qui continue la filiation et qui est l'auteur de la branche de Préaux, devenue branche aînée après la mort de François du Merle, fils Jean.

Branche de Préaux, devenue branche aînée.

XX° Noble JACQUES-AUGUSTIN du Merle, écuyer, plus tard sieur de Préaux du chef de sa femme, né à St-Pierre-du-Bû le 3 septembre 1634 ; maintenu noble, ainsi que son frère aîné, par l'intendant de Caen Chamillart, en 1666, en la paroisse de Vendes, sergenterie d'Evrecy, élection de Caen ;

Marié, en 1665, avec MADELEINE DE GAALON, dame de Préaux, dont :

1° Anne du Merle, mariée plus tard avec messire Gilles Busnel, seigneur de Monts ;
2° Jacques du Merle, mort en 1738 curé de Crouay, au diocèse de Bayeux ;
3° Augustin, qui suit ;
4° Marie-Catherine, décédée sans alliance.

XXI° Noble AUGUSTIN du Merle, II° du nom, seigneur de Préaux, baptisé en l'église de Cingal, le 15 juin 1679 ;

Marié, vers 1703 ou 1704, en la paroisse de St-Vaast, près Tilly-sur-Seulles, généralité de Caen, avec noble damoiselle ANNE-OLIVE DE FLAMBARD (ou DE FLAMBART), fille de noble homme Jacques de Flambard et de Marguerite Davy, dont :

1° Jacqueline-Bonne du Merle, décédée sans alliance le 26 janvier 1726 ;
2° Jacques du Merle, prêtre, curé de Cussy, au diocèse de Bayeux, vivant encore en 1766 ;
3° Pierre-François du Merle, écuyer, sieur du Rosne, né à St-Vaast le 27 septembre 1708 ; marié en premières noces, le 29 janvier 1750, avec Marie-Madeleine-Françoise Allain de La Bertinière, sans postérité ; marié en secondes noces, en 1772, avec Marie-Françoise de Montfiquet, dont trois

En marge est écrit : « De Jacques dernier sont sortis Jacques, curé de « Crouay, et Augustin, qui a épousé d[lle] Anne-Olive Flambard, demeurant à « St-Vaast, élection de Caen, et a des enfants dont l'aîné, Pierre-François, « sieur du Rosne, demeure à St-Vaast. »

filles, notamment Adélaide-Louise-Françoise, qui épousa, le 6 juillet 1801, messire René-Furci de Mésange, écuyer; — ledit Pierre-François inhumé à St-Vaast le 3 mai 1776;

4° Augustin, qui continue la filiation;

5° Jacob-Michel, sieur du Parc, marié à Lingèvres avec Françoise-Elisabeth Le Nantier; sans postérité mâle;

6° Jean-Baptiste-Charles, inhumé à St-Vaast le 18 septembre 1721;

7° Marie-Jeanne-Françoise, mariée, le 25 juin 1743, avec messire Pierre (II) d'Auge, écuyer, sieur de Tournebu, seigneur et patron de Bazenville;

8° Marie-Anne, mariée, le 7 octobre 1749, avec Claude-Adrien de du Vernay, écuyer.

XXII° Messire Augustin du Merle, IIIe du nom, écuyer, sieur de Maizières, né à St-Vaast le 6 novembre 1711, décédé en 1780;

Marié, vers 1748 ou 1749, avec noble damoiselle Marie-Anne-Françoise de Malherbe, fille de Louis-Eléazard de Malherbe, écuyer, et de noble dame Françoise de Gaâlon, dont:

1° et 2° Anne-Jacqueline-Françoise et Guilhelmine-Françoise-Marie du Merle, toutes les deux religieuses à l'abbaye de Cordillon, avant la Révolution;

3° Louis-Eléazard-Augustin, qui suit.

XXIII° Messire Louis-Eléazard-Augustin du Merle, écuyer, aîné des représentants mâles de sa maison en 1780, né à St-Vaast le 5 février 1753, garde-du-Corps des rois Louis XV et Louis XVI, en la compagnie de Luxembourg, puis brigadier des mêmes gardes-du-Corps et chevalier de l'Ordre royal et militaire de St-Louis; émigré pendant la Révolution, qui lui fit perdre tous ses biens personnels *nationalement* vendus; mort à Laize-la-Ville le 26 avril 1824;

Marié en premières noces à Rocquancourt, le 27 avril 1784, avec noble damoiselle Marie-Anne-Louise-Françoise-Jeanne de Parfouru (1), fille de Jean-Robert de Parfouru, écuyer, seigneur de Rocquancourt, et de Jeanne-Françoise Marguerite

(1) Parfouru ou Parfouru-l'Eclin, en Basse-Normandie, terre et seigneurie qui dépendait de la haute-justice de Thorigny pour les cas ordinaires et du bailliage de Bayeux pour les cas royaux. Elle a donné son nom à l'ancienne famille de Parfouru, qui se prétend, par tradition, issue d'un prince de France, dire qui s'appuie sur ses armes, lesquelles sont: *d'azur, à la haute fleur de lys d'or.* La maison forte qu'elle possédait à Parfouru, *fermée de mottes et de ponts-levis*, fut prise et ruinée par les Anglais, sous les règnes des premiers Valois; elle perdit alors presque tous ses biens, titres et chartes.

Les Parfouru furent maintenus nobles par Monfault en 1463-64, et par l'intendant Chamillart en 1666. La branche de Parfouru de Rocquancourt existe encore aujourd'hui et est représentée par M. L. de Parfouru, colonel en retraite, maire de la commune.

de Bouffey (1), dont trois enfants ; — marié en deuxièmes noces, vers 1812, avec JEANNE-LOUISE DE MONTFIQUET, dont il n'eut pas de postérité.

Enfants sortis du premier lit :

1° Foulques-Jean-Louis, qui suit ;
2° Nicolas-Gabrielle-François, officier dans les armées du Roi, disparu dans sa jeunesse ;
3° Eugénie-Françoise-Louise du Merle, née le 13 juin 1792 ; — mariée en premières noces, le 22 février 1819, avec messire Charles-Augustin Viel de Maisoncelles, écuyer, seigneur de Maisoncelles-la-Jourdan, près Vire, chef d'escadron et chevalier de St-Louis ; — mariée en deuxièmes noces, le 29 juillet 1830, avec messire César Lambert d'Herbigny, ancien chef d'escadron, chevalier de St-Louis, officier de la Légion d'Honneur; morte sans postérité en février 1846.

NOTA. — Un tableau, représentant Eugénie-Françoise-Louise du Merle, est conservé avec soin au nombre des portraits de famille du château des Planches, par M. Amédée du Buisson de Courson, son petit-neveu.

XXIV° Messire FOULQUES-JEAN-LOUIS du Merle, écuyer, né à Rocquancourt le 23 octobre 1786, possesseur par héritage de la terre seigneuriale de Cordebugle ;

Marié, le 24 septembre 1812, avec noble demoiselle VICTOIRE-LOUISE D'AUGE (2), fille unique de Jacques-François

(1) DE BOUFFEY OU DE BOUFFAY : ancienne noblesse, sieurs de Cantepis, seigneurs et patrons de Cordebugle, en l'élection de Lisieux, maintenus nobles par Chamillart le 12 avril 1666 ; ils portaient : *d'hermine, à un vol de sable.*

Joseph-Louis-Nicolas de Bouffey, dernier représentant mâle de cette famille éteinte et dernier seigneur de Cordebugle, marié avec N... de Vauquelin, de l'élection de Falaise, dont un fils qui mourut en émigration, comparut aux assemblées de la Noblesse du bailliage d'Evreux, en 1789. — Lors de son décès, et par suite de la perte de son fils unique, il transmit tous ses biens à la fille de sa sœur, Marie-Anne-Louise-Françoise-Jeanne de Parfouru ; par cette dernière, la terre de Cordebugle a passé dans la maison du Merle et est possédée actuellement par M. Télesphore-Foulques du Merle, arrière-petit-neveu de messire de Bouffey.

(2) D'AUGE : vieux nobles, écuyers, anciens vicomtes du Pays-d'Auge, originaires de l'élection de Pont-l'Evêque, sieurs de Brumare, Soquence, Bonneval, St-Pierre-Azif, Branville, possesseurs des fiefs de Gouéville, St-Suplix, Coursy, Beaugouët et Montpoignant, tous situés en la vicomté d'Auge ; maintenus nobles par Monfault en 1463-64, par l'intendant de Caen Chamillart en 1666, et par l'intendant de Rouen La Galissonnière, le 25 janvier 1668.

En l'an 1637, Guillaume d'Auge, écuyer, sieur de Branville, fils de François d'Auge, écuyer, sieur de Coursy, épousa Marie Hélie, fille aînée de Pierre Hélie, écuyer, sieur de Garcelles, et de Marie Regnaud, dame et patronne de Bazenville. Après la mort de sa belle-mère, il vint habiter cette paroisse, dont il était devenu seigneur et patron du chef de sa femme, et il fut inhumé dans l'église du lieu le 19 septembre 1677. — Ses descendants ont, jusqu'à la Révolution, continué à résider dans cette terre, qui a perdu de son importance primitive. Nous venons de voir qu'elle a passé par alliance, en 1812, dans la maison du Merle ; en 1854, et toujours par alliance, elle a été transmise à la maison du Buisson de Courson-Cristot, et appartient aujourd'hui en propriété à Mme de Villiers, née Berthe de Courson.

d'Auge, écuyer, seigneur de Bazenville, et de Marguerite-Victoire Patry (1), et arrière-petite fille d'Anne d'Amours (2); héritier, par suite de cette alliance, des terres seigneuriales de Bazenville (3) et de Villiers-le-Sec; maire de Villiers-le-Sec pendant 37 ans; décédé dans cette commune le 4 novembre 1854, à l'âge de 68 ans.

De son union, quatre enfants :

1° Louis-Raoul, mort le 2 août 1830, à l'âge de 17 ans;

2° Télesphore-Foulques du Merle, né à Villiers-le-Sec le 12 octobre 1814; marié à Caen (paroisse St-Jean), les 28-29 décembre 1841, avec Marie-Louise-Esther Boyvin de Montigny, qu'il perdit en 1867, et dont il a deux enfants :

A. Stéphen-Foulques du Merle, né à Villiers-le-Sec le 30 juin 1843; marié, en 1868, à St-Etienne (Loire), avec Mlle Eugénie Vernillet, dont une fille, Louise, née en 1870, et un fils, Raoul, né à Paris en 1872.

Armes des d'Auge : *d'argent, semé de billettes de gueules, au lion issant et lampassé de gueules, brochant sur le tout.* Ces armes sont inscrites et peintes, au nom de Tauneguy d'Auge, sieur de Tournebu en Bazenville, dans l'Armorial général de France, de d'Hozier (1696-1709).

(1) Marguerite-Victoire Patry était fille du chevalier Louis-Yves de Patry de Villiers-le-Sec et de noble dame Louise-Françoise-Germain de La Comté. (V. ci-dessus, aux alliances collatérales, l'art. XL, consacré à la famille Patry.)

(2) D'Amours : écuyers, sieurs de St-Martin, de Lison, des Essarts et de beaucoup d'autres lieux; ancienne maison de la généralité de Caen, alliée à presque toutes les familles nobles de Normandie, maintenue noble par Chamillart, en 1666.

On trouve à la page 40 d'un manuscrit de la Bibliothèque de Caen, intitulé : *Recueil de pièces concernant la Noblesse de la généralité; Recherche des Nobles de l'élection de Bayeux, faite par les Elus, l'an* 1523, une généalogie commençant à Jean d'Amours, seigneur de Lestres et de Haut-Mottier, et comprenant *huit* degrés antérieurs à ladite année 1523. Nicolas d'Amours fut député vers le roi Charles IX, en 1572, par le Parlement de Rouen, pour affaires importantes.

Une branche de cette famille, aujourd'hui éteinte, et dont le dernier représentant mâle, en 1750, était messire Olivier d'Amours, frère d'Anne d'Amours citée plus haut, possédait à Villiers-le-Sec droits de seigneurie et de patronage; ces droits passèrent par succession, du moins en partie, en 1768, à messire Louis-Yves de Patry, fils d'Anne d'Amours et neveu d'Olivier; puis, par ledit Patry, dans la maison d'Auge, et enfin dans la maison du Merle.

Messire Olivier d'Amours, restaurateur de l'église de Villiers-le-Sec en 1760, de l'église St-Laurent de Bayeux en 1765, bienfaiteur de la paroisse de Villiers-le-Sec, par l'établissement et l'entretien d'une école, par la fondation, au profit des Pauvres de cette paroisse, de trois lits à l'hôpital de Bayeux, etc., mourut célibataire, à St-Laurent de Bayeux, le 9 janvier 1768.

Armes des d'Amours : *d'argent, à trois lacqs d'amour de sable, 2 et 1.* Ces armes sont inscrites et peintes dans l'*Armorial général de France*, de Ch. d'Hozier (1696-1709), manuscrit de la Bibliothèque Nationale, se composant de 34 volumes de texte et 35 volumes d'armoiries.

(3) Dans la préface de l'*Histoire de la maison d'Harcourt*, par le Sr Gilles-André de La Roque-La-Lontière (In-4°, 1662. Bibl. Nat.), tome Ier, on lit : « Messire Guy Chrétien, chevalier, seigneur de *Sommervieu* et de *Bazenville*, était vicomte de Bayeux, l'an 1509. »

5. Noémi du Merle, née à Roullours, près Vire, en janvier 1855 ; mariée à Cordebugle (Calvados), le 6 mai 1876, avec M. Charles Janmar, ancien sous-officier au 2e cuirassiers, percepteur à St-Germain-la-Campagne (Eure), fils de feu Charles-Louis-Florent Janmar et de dame Hersilie-Sophie-Victoire Capelle, et petit-fils du baron Capelle, qui fut préfet de Seine-et-Oise, puis ministre;

3° Louise-Adolphine, qui suit;

4° Zénaïde-Louise-Augustine du Merle, mariée, en janvier 1847, avec M. Henri-Guillaume de Brunville, dont elle est actuellement séparée de corps et de biens, sans postérité.

XXV° Mlle Louise Adolphine du Merle, née à Villiers-le-Sec le 25 avril 1817 ; mariée, les 16-20 juin 1836, à Villiers-le-Sec (Calvados), avec M. Louis-Eugène du Buisson de Courson, dont un fils, Amédée-Casimir, marié à Versailles, le 14 mars 1876, avec Mlle Marie Hennet de Bernoville, et une fille Marie-Berthe, mariée, les 11-12 février 1867, avec M. Paul de Villiers-Hesloup.

Mme Eugène de Courson est devenue veuve le 13 décembre 1872 et habite actuellement, une grande partie de l'année, le château des Planches-sur-Amblie, qui appartient à son fils.

Du MERLE porte, d'après deux sceaux conservés sur des actes émanant de Guillaume du Merle (VIIe du nom); d'après Du Moulin, le P. Anselme, d'Hozier (1), La Chesnaye-Desbois, Chevillard, d'après la *Maintenue* de Chamillart, enfin d'après les peintures d'écussons des salles des Croisades du palais de Versailles : *de gueules, à trois quintefeuilles d'argent*, 2 *et* 1.

Supports : *deux sauvages, armés d'une massue.*

Timbre : *couronne de Marquis* (ailleurs, *de Comte*).

(1) Extraits de l'*Armorial général de France*, de Ch. d'Hozier, juge d'armes (1696-1709), manuscrit de la Bibliothèque Nationale, contenant 34 volumes de texte et 35 volumes d'armoiries :

Volume (Normandie) de la généralité d'Alençon : 12 juillet 1697 : Argentan : page 23, n° 91 : « Jean-Antoine du Merle, escuïer. »

XLIIe HENNET DE BERNOVILLE.

Vingt-deuxième degré de filiation.

Amédée-Casimir du Buisson de Courson ; Marie-Joséphine-Céline Hennet de Bernoville : 14 *mars* 1876. — La famille HENNET (nom écrit parfois Henet), alliée, le 14 mars 1876,

Bernay : page 229, n° 5 : « Gabrielle du Merle, veuve de Laurent de Bel-« lemare, sieur de Duranville, porte : *de gueules, à trois quin-« tefeuilles d'argent.* »

Bernay : page 236, n° 55 : « Pierre du Merle, chevalier, seigneur du Plessis, « porte : *de gueules, à trois quintefeuilles d'argent.* »

Lisieux : page 308, n° 91 : « Benjamin du Merle, chevalier, seigneur du Bois-« barbot, porte : *de gueules, à trois quintefeuilles d'argent.* »

Lisieux : page 315, n° 133 : « N... du Merle, curé de St-Germain-la-Cam-« pagne, porte : *de gueules, à trois quintefeuilles d'argent.* »

à la maison du Buisson de Courson-Cristot, est originaire du pays Liégeois et de la Lorraine allemande (environs de Sarreguemines), où elle appartenait primitivement à la haute bourgeoisie.

L'Histoire de Liége (*Historia Leodensis*) du jésuite Foullon, et les *Récits historiques sur l'ancien pays de Liége*, par M. L. Polain (petit in-8°; Bruxelles, 1866), parlent de tous les membres de cette famille qui furent chefs de cette ville, sous la dénomination de *Consuls* ou *Bourgmestres*, pendant les luttes politiques entre la ville et les princes-évêques de Liége au XVIIe siècle (1).

Lorsque Liége succomba, en 1648-1649, sous l'effort des armes du prince-évêque Ferdinand de Bavière, soutenu par les troupes de l'Autriche, le bourgmestre Jacques Hennet, chef de l'armée Liégeoise, périt en combattant à Jupille, le 11 août 1648 (2), et fut inhumé au village de Visé, situé sur la rive droite de la Meuse, à trois lieues de la cité. — Il eut pour successeur en autorité son frère Wathieu Hennet, qui défendit la ville, et, lorsqu'elle fut prise à la suite d'une dissension intestine, fait prisonnier et condamné par les vainqueurs; il périt sous la hache le 16 septembre 1648; comme bourgmestre, sa tête fut clouée sur la porte St-Léonard et fut la première chose que rencontrèrent les yeux du prince-évêque à son entrée triomphale dans la ville (3).

Avant cette époque, une autre branche de la famille Hennet s'était établie à Landrecies, en la personne d'un

(1) Extrait des *Récits historiques sur Liége*, par Polain, pages 384 et 385; on lit :
« Ferdinand (de Bavière) écrivit au Conseil de la Cité pour annoncer sa « prochaine arrivée. Parmi les membres de ce Conseil, on distinguait *les frères* « Hennet et Barthélemy Rolant, plus connu sous le nom de Barthel. Les « Hennet avaient été obligés de se retirer sur le territoire des Etats-Généraux, « à l'époque de la conclusion de la *paix fourrée* (1640); ils furent du nombre « des réfugiés politiques qui se rendirent à Liége dans la nuit du 25 au 26 « juillet 1646, et qui contribuèrent si puissamment au succès de l'élection du « colonel Janmar. »

(2) Extrait du même auteur, pages 392 et 393; on lit:
« Spaar ne s'arrêta guère à Fléron; il continua sa marche vers Jupille. Le « bourgmestre Hennet venait d'y arriver avec sept ou huit cents bourgeois et « une pièce de canon. Les habitants avaient à la hâte élevé quelques retran- « chements, et tout présageait une énergique défense. . . . .
« . . . . . Le bourgmestre, ne pouvant plus résister aux attaques réitérées « des Allemands, voulut opérer sa retraite par les prés de Droixhe; mais « Spaar, qui aperçut ce mouvement, fit poursuivre les bourgeois par sa ca- « valerie, et plus de 300 fuyards furent tués dans la campagne. Hennet, qui « n'avait abandonné Jupille que l'un des derniers, fut enveloppé et massacré « par les ennemis. On trouva sur lui la grande clef d'argent, emblème de la « dignité magistrale, et l'on se hâta de l'envoyer à Maximilien. »

(3) Extrait du même ouvrage, pages 397 et 398.

officier de ce nom, originaire de la Lorraine allemande. Dans le peu d'actes des magistrats et de l'état civil de cette ville qui ait survécu aux désastres de la Révolution, on le trouve mentionné, sous le nom de CHARLES, notamment dans un acte de constitution de rente, en date du 3 août 1616, passé à son profit par Jean Bouché, son beau-père, et dans l'acte de baptême de son fils, appelé aussi Charles, en date du 30 août 1622. Le séjour de la famille à Landrecies est confirmé par un certain nombre d'actes postérieurs.

Bien qu'aucun des actes retrouvés à Landrecies, à Bavay ou à Meubeuge ne précise le degré de parenté de la branche de Landrecies avec celle de Liége (1), cette parenté est notoire, certaine, établie par une constante tradition de famille.

Les Hennet, de Landrecies, ont possédé, au XVIIe et au XVIIIe siècle, un certain nombre de fiefs, parmi lesquels on peut citer ceux de Goutelles, du Vigneux, de Frasnoy, de Lambresson, de Baret (2), de Courtefroy, de Villereau, de La Chapelle, d'Audignies, de La Haye, de Grougies, de Cessereux, les seigneuries d'Aisonville, de Bernoville, etc.

Ils comptent, parmi leurs principales alliances, les Bouché ou Boucher, Amas, Willart, Prouveur de Longpré, Le Lasseur de Lombos, Mazel, Bruyère, Fabry, Marmande de Tourville, Gœthals, de La Ferté-Meung, Picquery, Darets, Félix de La Motte, de Berluc-Pérussis, de Martène, de Mayol de Lupé, Gratian de Gaudin, Carrier de Monstrière, Faulte de l'Etang, de Marguerit, Marrier de Chanteloup, Bailly de Barberey, Le Myre de Vilers, de Shonen, Rémilly, Tanquerel de La Panissais, Daniel de Vauguyon, Blandin du Vignau, Boreau de Roincé, Waleyns, de Pressac, Luce du Mesnil, de Sigaldi, Courtin, Desmons, de Laing, Schneyder, de Wartensée, Comian, Hayoit de Termicourt, Puniet de Montfort, Vandamme d'Audignies, de La Chevardière de La Grandville, Frans de La Chapelle, Marguerin du Metz, Rolin, de Raveneau, Cambronne, d'Hautpoul, du Buisson de Courson, etc.

La branche aînée de la famille Hennet, de Landrecies, était représentée, en 1868, par Mme de La Clémencerie,

(1) La perte de la majeure partie des archives de Landrecies laisse également obscure la parenté de divers membres de la famille dont l'existence est révélée par le dépouillement de ce qui reste des archives de cette ville.

(2) On lit dans le *Chasseriau* ou *Cachereau* (registre des biens) de Jacques Hennet, prévôt de Maubeuge, chef de la branche aînée :

« Le 30 juillet 1717, j'ai acquis de Guillaume Scott, seigneur de La Mésangère, de Bocherville et autres lieux, *le fief de* BARET, situé à Orcival, proche Le Quesnoy, consistant en 26 mencaudées ou environ de terres labourables, etc., etc.; ledit fief relevant du Roi. J'en ai fait foi et hommage à la Chambre des Finances de Lille le 28 octobre 1718, et j'en avais pris saisine le 1er septembre 1717. »

morte depuis et restée la dernière à la maison paternelle à Meubeuge. C'est dans ses mains qu'on aurait peut-être pu trouver les anciens documents de famille, s'ils existent encore.

Quand le Hainaut fut annexé à la France en vertu des stipulations du traité de Nimègue, en 1678, le premier prévôt de Maubeuge sous la domination Française fut Georges de Montreville, nommé par Louis XIV en 1679. Il eut pour successeur, en 1692, JACQUES HENNET, né à Landrecies en 1663, et reçu avocat au Parlement de Paris en 1685. Un édit du mois de février 1692 ayant réuni au domaine du Roi les offices de bailly, prévôt et mayeur, messire Hennet n'obtint qu'en récompense de services financiers la charge qui devint héréditaire dans sa famille. Dans l'acte de concession, il fut stipulé qu'il aurait, comme juge royal de Maubeuge, toutes les attributions dont jouissaient les officiers du même ordre créés par les ordonnances du roi Louis XIV. Cette extension de pouvoirs fut d'abord vivement contestée par la Noblesse de la prévôté, puis par le Clergé; mais ces résistances furent brisées par un arrêt du Conseil d'Etat, du 18 juin 1703 (1).

Quelques années après la réunion du Hainaut à la France, le Roi avait envoyé des Commissaires pour confirmer dans leur noblesse ceux de ses nouveaux sujets qui avaient droit de se dire nobles et justifieraient de titres suffisants. Ces Commissaires logèrent chez messire Jacques Hennet et lui offrirent de lui donner des Lettres recognitives de noblesse. Comme il avait *quatorze* enfants, dont huit fils, il crut devoir refuser, ne pouvant laisser sa charge qu'à son fils aîné et craignant que cette noblesse officiellement reconnue n'empêchât ses autres fils de rechercher des positions lucratives et n'entravât leur fortune à venir. Il exerça sa charge de prévôt jusqu'à sa mort, arrivée à Maubeuge en 1741; mais son fils aîné ne l'exerça pas, étant mort avant son père. Elle revenait à l'aîné des fils que laissait Philippe-François-Théophile, et qui était dénommé FRANÇOIS-AUGUSTIN-POMPÉE; pendant sa minorité, il fut suppléé successivement, jusqu'en 1754, par deux de ses oncles, Philogène d'abord, puis Jules-Hercule-Nicanor. A sa majorité, il entra en fonctions jusqu'à la suppression des prévôtés à la Révolution, en 1789. Il présenta, en 1764, au Procureur général du Parlement de Flandre un très-volumineux *Mémoire* sur les changements à apporter dans la juridiction du Hainaut Français; ce mémoire, toutefois, n'eut pas de suite, de même qu'un autre, plus résumé,

(1) La prévôté de Maubeuge comprenait, au XVIIIe siècle, outre la ville, cinquante-huit villages.

que le prévôt envoya, en 1774, au garde-des-Sceaux. Il fut enfin député du bailliage d'Avesne aux Etats-Généraux, en 1789, et est mort à Paris en 1792, après avoir assisté aux premières scènes sanglantes de la Révolution.

La branche de la famille Hennet établie à Landrecies, Maubeuge et Bavay compte encore, parmi ses personnages les plus notables, des subdélégués de l'Intendance de Hainaut, des prévôts de Bavay, des conseillers du Roi, maison et couronne de France, un grand maître des Eaux-et-Forêts, plusieurs officiers et capitaines des armées du Roi, plusieurs officiers de l'armée de mer, des lieutenants-généraux de prévôté, plusieurs chanoines et ecclésiastiques distingués, un conseiller au Parlement de Flandre, un député aux Etats-Généraux de 1789, un général de brigade, plusieurs hauts fonctionnaires de l'Administration des Finances et de celle des Forêts, un conseiller à la Cour des Comptes, etc.; ajoutons encore plusieurs chevaliers de St-Louis et de Malte, plusieurs chevaliers et officiers de la Légion d'Honneur.

Filiation certaine à partir du XVIIe siècle.

I° CHARLES (Ier) HENNET, écuyer, indiqué dans les papiers de famille comme officier des armées du Roi, originaire des environs de Sarreguemines dans la Lorraine allemande. Il épousa, à Landrecies, vers 1618, damoiselle NOELLE BOUCHÉ, ainsi qu'il résulte de l'acte d'inhumation de cette dame à Landrecies le 15 mai 1667. C'est probablement par suite de ce mariage que la famille Hennet s'établit dans les Flandres et le Hainaut.

L'acte de partage passé à Landrecies, le 24 mars 1664, entre cette dame et ses enfants, nous indique qu'elle était veuve à cette date et que, de son union avec Charles Hennet, sont sortis :

1° Louise Hennet, née à Landrecies en 1620; décédée veuve le 11 décembre 1684; mariée avec messire Pierre Regnault, dont une fille, Marguerite.
2° Charles, qui suit.
3° Marie, née à Landrecies en 1623; inhumée dans l'église de cette ville le 9 août 1686.
4° Otton, baptisé à Landrecies le 19 février 1624; mort en bas âge.
5° Jean, baptisé à Landrecies le 26 juin 1625; mort en bas âge.
6° François, baptisé à Landrecies en 1627; procureur du Roi en cette ville; marié avec Catherine-Jeanne Amas, d'une noble famille, dont les armes, inscrites dans l'*Armorial général de France*, manuscrit de d'Hozier (1696-1709), étaient:

d'or, à la fasce d'azur, accompagnée de trois roses de gueules. Cette dame était veuve en décembre 1698 et avait eu de son mariage une fille :

Catherine-Jeanne Hennet, baptisée à Landrecies le 14 octobre 1674; mariée en la même ville, selon contrat du 5 novembre 1705, avec Jean Le Cerf, échevin de la ville du Cateau, dont postérité.

II° CHARLES, IIe du nom, HENNET, écuyer, baptisé à Landrecies le 30 août 1622, devint *mayeur* (maire) héréditaire de cette ville, dans laquelle il décéda en 1706, âgé de 84 ans. — Il avait épousé noble demoiselle ANNE BOUCHÉ (ou BOUCHER), probablement sa cousine, qu'il perdit le 26 octobre 1694, à l'occasion de laquelle il fonda, pour lui et elle, le 15 juillet 1695, un obit perpétuel, et dont il eut :

1° Charles-Simon, né vers 1659; prêtre, docteur en Sorbonne; décédé à Landrecies le 10 février 1688, âgé de 29 ans;
2° Anne-Noelle, prieure de l'abbaye de Woestines, à deux lieues de St-Omer;
3° Jeanne-Thérèse, décédée célibataire à Maubeuge, le 11 octobre 1726;
4° Charles-Antoine, licencié en Sorbonne; président du séminaire de St-Amé, à Douay; décédé à Meubeuge le 28 juillet 1719. Le partage de ses biens eut lieu le 10 août 1720.
D'après l'Armorial manuscrit de d'Hozier (1696-1709), il portait pour armes : *d'argent, à un hanneton de gueules.*
5° Jacques, souche de la branche aînée et de ses divers rameaux;
6° François, tige de la branche cadette, dont la filiation suivra celle de son frère aîné, Jacques.

BRANCHE AINÉE.

III° JACQUES HENNET, écuyer, né à Landrecies en 1663, conseiller du Roi, devint, en 1692, comme nous l'avons indiqué plus haut, le second prévôt français et juge royal de la prévôté de Maubeuge; il était en outre subdélégué de l'Intendance de Hainaut (sous-préfet) en la même ville, où il décéda le 8 août 1741. — Il avait épousé à Condé-en-Flandre, le 5 novembre 1694, noble demoiselle MARIE-ALDEGONDE-AUGUSTINE WILLART, qui lui survécut jusqu'au 24 mai 1742, et dont il eut *quatorze* enfants :

1° Pierre-Alexandre-Auguste, né à Maubeuge le 22 décembre 1695, licencié en Droit, chanoine de St-Amé, à Douay, où il décéda et fut inhumé dans l'église St-Amé.
2° Nicolas-Emile, né à Maubeuge le 2 mai 1697, licencié en Droit, décédé sans alliance, à Maubeuge, en août 1718.

3° Philippe-François-Théophile, auteur des rameaux de Goutelles, du Vigneux, du Franoy, de Lambresson.

4° Jacques-Wasnon-Héliodore, auteur du rameau de Baret.

5° Charles-Joseph-Melchiades, né à Maubeuge le 9 août 1700, licencié en Droit, décédé au même lieu, sans alliance, le 1er août 1730.

6° Philogène Hennet de La Binde, né à Maubeuge le 12 septembre 1704, licencié en Droit, prévôt temporaire de Maubeuge par suite de la minorité de son neveu François-Augustin-Pompée; puis contrôleur général de la Caisse d'amortissement à Paris, où il est décédé en 1779.

Il avait épousé à Valenciennes, le 16 janvier 1746, Marie-Joseph-Rose Prouveur de Longpré, dont un fils et une fille.

7° Marie-Madeleine-Virginie, née à Maubeuge le 24 février 1706; mariée en premières noces, le 12 mai 1727, avec Pierre Meurant; mariée en secondes noces, à Maubeuge, le 24 novembre 1739 avec Charles-Antoine Le Lasseur, écuyer, sieur du Lombos, de La Viganière, chevalier de St-Louis, capitaine de grenadiers au régiment de Rohan. Elle est décédée sans postérité, à Meubeuge, le 8 février 1740.

8° Adrienne-Aldegonde-Pélagie, née à Maubeuge le 16 février 1707; décédée le 24 août 1761; mariée à Maubeuge, le 30 mai 1730, avec Pierre-François Mazel, trésorier et receveur des tailles à Maubeuge, dont douze enfants, notamment Florence-Pélagie-Amélie, née en 1731, qui épousa à Maubeuge, le 10 novembre 1752, Théodore-Joseph Janmar, de la paroisse de Berlaimont.

9° Augustin-Nestor, né le 10 juin 1709, prévôt du Chapitre de St-Quentin, à Maubeuge, chanoine de Condé.

10° Thérèse-Adélaïde, née le 19 septembre 1710; décédée sans alliance le 9 mai 1729.

11° Anne-Camille, née à Maubeuge le 29 novembre 1711; décédée le 9 novembre 1787, sans enfants de son mariage avec Jean Bruyère, chevalier de St-Louis, major de la place de Maubeuge.

12° Marie-Florence-Clotilde, née à Maubeuge le 1er avril 1713; décédée sans alliance au même lieu le 19 janvier 1774.

13° Jules-Hercule-Nicanor, né à Maubeuge le 24 mai 1714; prévôt temporaire de Maubeuge, après son frère Philogène, jusqu'à la majorité de son neveu Pompée en 1754; décédé à Maubeuge le 18 août 1784, laissant, de son mariage avec Marie-Caroline-Josèphe Fabry, six enfants :

A. Jean-Joseph-Raimond, officier au régiment de Lille;

B. Albertine-Josèphe-Pélagie, née le 30 décembre 1748;

C. Jacques-François-Emile;

D. Marie-Albertine-Adélaïde, mariée, le 23 novembre 1772, avec messire Frédéric-François-Cécile Marmande de Tourville, capitaine de cavalerie, chevalier de St-Louis, seigneur du Romain en Champagne, mort sur l'échafaud révolutionnaire;

E. Marie-Josèphe-Mélanie, morte dans son enfance;

F. François-André-Osmont, officier, mort en Emigration.

14° Laurent-Alexis-Juvénal Hennet de Courbois, né à Maubeuge le 30 juillet 1715; grand-maître enquesteur-réformateur des Eaux-et-Forêts aux départements de Lyonnais, Forez, Beaujolais, Mâconnais, Dauphiné, Auvergne et Provence. De son mariage, contracté à Gand, le 21 juillet 1747, avec demoiselle Thérèse-Jacqueline Goëthals, il ne laissa qu'une fille, Marie-Josèphe-Antoinette-Colette Hennet, qui épousa à Paris, le 8 octobre 1773, messire Nicolas de Mehun (ou de Meung), écuyer, comte de La Ferté, capitaine au régiment de Custine, et auteur des comtes et marquis DE LA FERTÉ-MEUNG et des ducs D'AYEN.

Branches de Goutelles, du Vigneux, de Frasnoy, de Lambresson, dérivées de la branche aînée.

IV° PHILIPPE-FRANÇOIS-THÉOPHILE HENNET, écuyer, né à Maubeuge le 29 mai 1698, premier échevin de cette ville du vivant de son père, qui en était prévôt, y décéda le 31 janvier 1739. Il avait eu de son mariage, contracté, le 23 janvier 1728, avec MARIE-JOSÈPHE PICQUERY, sept enfants :

1° François-Augustin-POMPÉE, dont l'article suit;
2° Jacques-Ignace-César, décédé célibataire le 2 août 1749 ;
3° Pélagie-Aglaé, mariée à Paris, le 19 septembre 1752, avec Jean-Baptiste de Berluc-Pérussis, gentilhomme provençal, contrôleur à la Compagnie des Indes, puis contrôleur général des Saisies au Parlement de Paris, dont postérité;
4° Ferdinand-Joseph-Othon, auteur du rameau de Goutelles;
5° Daniel-Théodore, chanoine de Condé;
6° Sabine-Ferdinande-Olympe, mariée, le 20 novembre 1763, avec Louis-Augustin Gratian, écuyer, seigneur du Gaudin, capitaine de grenadiers royaux, chevalier de St-Louis;
7° Jean-Thomas-Laurence Hennet de Lambresson, né à Maubeuge le 11 septembre 1736; capitaine au régiment d'artillerie de La Fère, puis colonel; retiré du service en 1793; décédé à Paris en 1821. Il avait épousé Marguerite Carrier de Monstrière, dont une fille, Claire-Sophie, mariée, le 22 janvier 1795, au baron de Taviel, général de division d'artillerie, et un fils, qui suit :
    Charles-Emmanuel Hennet de Lambresson, né le 30 décembre 1784; chef d'escadron d'artillerie ; tué au combat de Tœpliz, le 30 avril 1813.

V° Messire FRANÇOIS-AUGUSTIN-POMPÉE HENNET, né à Maubeuge le 15 décembre 1728, licencié en droit, devint, en 1754, prévôt de Maubeuge (charge qu'avaient successivement remplie deux de ses oncles pendant sa minorité), et exerça ses fonctions jusqu'à la suppression des prévôtés à la Révolution. Il fut, comme nous l'avons déjà dit ailleurs, *député aux*

États-Généraux pour le bailliage d'Avesnes, en 1789, soutint de ses votes le parti du Roi, et décéda à Paris le 2 mars 1792, après avoir assisté aux premières saturnales révolutionnaires.

Le 3 avril 1758, il avait épousé demoiselle BARBE-CONSTANCE DARETS, fille de N... Darets, directeur de la manufacture royale d'armes de Maubeuge, qui lui donna sept enfants :

1° ALBERT-JOSEPH-ULPIEN HENNET, né à Maubeuge le 25 décembre 1758; chevalier de Malte, officier de la Légion-d'Honneur en 1824, auparavant commissaire impérial, puis royal au Cadastre; marié à Paris, le 8 janvier 1794, avec ANNE-MARIE-VIRGINIE HENNET DE GOUTELLES, sa cousine, dont postérité encore existante; mort à Paris le 10 mai 1828.

Albert-Joseph-Ulpien a consacré une grande partie de sa vie à l'étude des finances et des connaissances qui s'y rattachent, sans avoir négligé néanmoins la culture des Lettres. A l'époque du premier ministère de Necker, il était surnuméraire dans les bureaux de M. d'Ailly. Le sort de l'infortuné Louis XVI l'affecta profondément et, à l'approche du supplice, il composa sur ce passage de Jérémie : *Popule meus, quid feci tibi,* une romance ou complainte, qui fut de suite défendue par la police. — Quoiqu'il eût salué l'aurore du gouvernement impérial, il avait conservé de l'attachement pour les Bourbons et vit avec enthousiasme leur retour. Il a laissé de nombreux ouvrages, notamment sur les finances et, dans la *Biographie Universelle*, un assez long article, où il est qualifié *d'homme probe, bienveillant et serviable*, lui est consacré.

Ce fut à lui que le roi Louis XVIII, en souvenir de son père, accorda, par ordonnance du 11 septembre 1815, la devise : *Deo et Regi fides impavida.*

2° Marie-Louise-Constance-Flore, mariée à Maubeuge, le 7 juin 1784, avec messire Eugène-Joseph-Ghislain Félix, écuyer, seigneur de La Motte, directeur de la manufacture d'armes de Maubeuge, dont postérité ;

3° et 4° Augustine-Aglaé et Alexandre-Othon ;

5° Louis-Farnèse-Platon, auteur du rameau du Vigneux, relaté ci-après ;

6° Louis-Aristide Hennet, sieur de Frasnoy, né à Maubeuge le 30 avril 1767 ; officier très-distingué du Génie militaire ; émigré ; tué à l'armée de Condé, le 13 septembre 1793, lors de la sortie de Menin ;

7° Anne-Julie-Aldegonde, morte dans son enfance.

Rameau des Hennet du Vigneux.

VI° LOUIS-FARNÈSE-PLATON HENNET DU VIGNEUX, cinquième enfant de François-Augustin-Pompée et de Constance Darest, né à Maubeuge le 4 juillet 1765, d'abord capitaine d'artillerie au régiment de La Fère avant la Révolution, devint plus tard inspecteur général du Cadastre, puis directeur des Contributions Directes du département de l'Oise, à Beauvais; il est décédé à Olivet (Loiret) le 16 mai 1845.

Il avait épousé à Paris, le 27 février 1812, Mlle ELISABETH-JOSÉPHINE FAULTE DE L'ETANG, dont une fille et deux fils :

1° Hélène-Joséphine, née à Bordeaux le 12 septembre 1812; mariée avec M. Amédée-Paul-Marie Kermel; aujourd'hui décédée;
2° Louis-Jean-Maurice, marié avec Mlle Amélie Le Febvre, dont il n'a eu qu'une fille;
3° Louis-Farnèse, né en 1816; décédé en bas-âge en 1818.

Rameau des Hennet de Goutelles.

V° FERDINAND-JOSEPH-OTHON HENNET, écuyer, sieur de GOUTELLES, quatrième enfant de Philippe-François-Théophile et de Marie-Josèphe Picquery, né à Maubeuge le 29 août 1732, licencié en Droit, régisseur général des Etapes, décédé à Paris le 11 novembre 1785, s'allia avec demoiselle ANNE-THÉRÈSE DE MARGUERIT, dont il eut six enfants :

1° Anne-Marie-Virginie, née à Paris le 29 octobre 1764; mariée en premières noces avec N... Doré, propriétaire à St-Domingue, et, en secondes noces, avec son cousin Ulpien Hennet le 8 janvier 1794; décédée à Fontainebleau en 1819;
2° Jean-Marie, né à Paris le 21 octobre 1768; percepteur des Contributions directes à Bordeaux, sous l'Empire; marié, le 12 février 1804, à Fontainebleau, avec Louise-Marie-Aglaé Marrier de Chanteloup, dont cinq filles et un fils, Louis-Ernest-Léon, décédé sans alliance à Besançon le 23 mai 1854;
3° Albert-Boniface-Joseph, né à Paris le 7 juillet 1773, devenu directeur des Contributions Directes à Nevers, où il est décédé le 7 juin 1815; marié à Nevers, le 7 décembre 1809, avec Elizabeth-Pierrette Fromentin, veuve du marquis de Rémigny, dont deux fils :
   A. Albert-Pierre, marié à Paris, le 17 décembre 1839, avec Louise-Albertine Bailly de Barberey, dont deux filles : l'aînée, Isabelle-Pierrette-Clémentine, née en 1841, a épousé à Paris, le 23 avril 1862, Charles-Marie Le Myre de Vilers, ancien officier de marine, aujourd'hui préfet de la Haute-Vienne; la seconde, Valentine-Pierrette-Hélène, a épousé à Paris, le 2 mars 1865, Etienne-Claude de Shonen, devenu sous-préfet de Fougères, second fils de l'ancien député de la Seine, procureur-général à la Cour des Comptes;
   B. Alphonse-Pierre, né à Paris le 11 mai 1815; marié à Versailles, le 17 décembre 1846, avec Zélie Rémilly, fille de M. Ovide Rémilly, ancien maire de Versailles, ancien député de Seine-et-Oise; dont

une fille et trois fils. La fille, Elisabeth-Pierrette-Mathilde, a épousé, en 1872, à Fontainebleau, son cousin, M. Gustave Tanquerel de La Panissais.

4° Cécile-Félicité, née en 1775; mariée avec Jean-Baptiste Oyon, directeur des Contributions directes à Nancy, où il est décédé en 1826; dont postérité.

5° Augustin-Hippolyte, né à Paris le 3 octobre 1776; devenu directeur des Contributions directes au Mans, où il est décédé le 20 octobre 1838. Il avait épousé à Paris, le 10 avril 1809, Anne-Augustine-Catherine Maucourt, dont il eut six enfants:

A. Hippolyte-Albert, né en 1810, décédé sans alliance à Paris en 1868;

B. Laure-Cécile, née en 1811, mariée, en 1833, avec Théodore-Jacques Tanquerel de La Panissais, dont une fille, et un fils, Gustave-Louis-Théodore, marié, le 20 février 1872, avec sa cousine Elisabeth Hennet;

C. Alfred-Léon, né à Tours en 1813; marié à Bar-le-Duc, le 21 août 1850, avec Claire Bergeron d'Anguy, fille du receveur-général de la Meuse, dont un fils et une fille;

D. Paul-Edouard Hennet de Goutelles, né à Tours le 1er janvier 1816, ancien colonel d'artillerie, aujourd'hui *général de brigade* commandant la subdivision à Angoulême; marié avec Charlotte-Anne-Marie Daniel de Vauguyon, dont deux fils, Etienne (décédé) et Maxime, et une fille; cette dernière a épousé, en 1872, Georges Boreau-de Roincé, chef d'escadron d'artillerie;

E. Sophie-Adélaïde, née au Mans en 1819; décédée à Hyères en 1843, sans alliance;

F. Albert-Augustin, né à Tours en 1821; enseigne de vaisseau; décédé célibataire en 1843;

6° Alexandre-Charles-Marie, né à Paris en 1779; garde-général des Forêts à Bourges; décédé à Samois, près Fontainebleau, le 10 mai 1831, sans laisser de postérité de son union avec Mlle Julie Blandin du Vignau.

Branche de Baret, dérivée de la branche aînée.

IVe Jacques-Wasnon-Héliodore Hennet, écuyer, sieur de Baret, quatrième fils de Jacques et de Marie-Aldegonde-Augustine Willart, né à Maubeuge le 13 août 1699, plus tard licencié en Droit, devint avocat au Parlement, bailly général du chapitre royal de Ste-Aldegonde, enfin subdélégué de l'intendance de Hainaut (sous-préfet) en la même ville, où il mourut le 7 mai 1781. Il avait épousé à Maubeuge, le 17 juillet 1729, demoiselle Sabine-François-de-Paul Waleyns, dont huit enfants:

1° Aldegonde-Josèphe-Julie, née à Maubeuge en 1731 ; mariée en la même ville, le 11 novembre 1754, avec François de Pressac, écuyer, commandant de bataillon au régiment de Beauvoisis, dont postérité ;

2° Jeanne-Ferdinande-Lucie, née en 1732 ; mariée à Maubeuge ; le 16 janvier 1761, avec Alexandre-Balthazar Senesi-Benadelli, chevalier de St-Louis, capitaine au régiment royal Italien ;

3° Pierre Tibulle, dont nous parlerons ci-après ;

4°, 5° et 6° Jean-Baptiste-Eutrope ; — Jacques-Emile ; — et Joseph-Edmond ; décédés en bas-âge ;

7° Marie-Françoise-Agathe, née en 1743 ; mariée à Maubeuge, le 15 février 1773, avec Marie-François-Josèph Luce du Mesnil de La Motte, conseiller du Roi, commissaire aux Saisies réelles des ville et prévôté de Maubeuge, dont un fils, mort sans postérité ;

8° Louise-Sabine, née à Maubeuge le 4 février 1750 ; décédée sans alliance à Arras vers 1795.

V° PIERRE-TIBULLE HENNET, écuyer, sieur de BARET, né à Maubeuge le 12 décembre 1733, y devint successivement avocat au Parlement de Douay, puis premier échevin de la ville de Maubeuge, enfin subdélégué de l'Intendance de Hainaut (sous-préfet) ; il était en outre régisseur des biens du Chapitre des Dames chanoinesses, et il y décéda le 14 juin 1807. — Le 10 septembre 1781, il avait épousé à Bavay demoiselle FERDINANDE-ALDEGONDE-NYMPHE HENNET DE COURTEFROY, sa cousine, qui vécut jusqu'en 1837, et dont il eut quatre enfants :

1° Marie-Nymphe-Céline, née en 1782 ; décédée sans alliance en 1798 ;

2° SABINE-DULE-FANNY, née à Maubeuge le 27 mars 1784, morte à Versailles le 13 avril 1872 ; mariée à Maubeuge, le 2 mars 1810, avec M. Achille-Armand-François-Joseph Hennet de Bernoville, son cousin (Voir ci-après : branche cadette, p. 522) ;

3° FERDINANDE-THÉRÈSE-ADÉLAÏDE, née à Maubeuge le 4 novembre 1785 ; mariée à Maubeuge, le 9 janvier 1815, avec M. François-Antoine-Alexandre-FÉLIX DE SIGALDI, général de brigade, décédé à Versailles le 28 août 1850 ; dont deux fils, morts dans leur jeunesse, et une fille :

PAULINE-Louise-Marie-Camille, née à Monaco le 27 juillet 1819 ; mariée à Alby, le 5 septembre 1842, avec M. ERNEST-Charles-Marie DE LALANDE, ancien officier de cavalerie. De ce mariage trois enfants :

A. Marie, sans alliance ;

B. Félix, né en 1845, sorti ingénieur de l'Ecole Polytechnique ;

C. Cécile, née le 3 novembre 1849, mariée, le 1er février 1872, avec M. René de Fontaines, ancien officier de mobiles, chevalier de la Légion-d'Honneur, dont postérité (trois enfants en 1876).

4° Etienne-Jules-Armand, né à Valenciennes le 18 mars 1823; décédé à Paris le 1er août 1841.

BRANCHE CADETTE.

III° FRANÇOIS HENNET, écuyer, sixième enfant de Charles II et d'Anne Boucher, né à Landrecies en 1666, devenu lieutenant du maire de Maubeuge, et décédé en cette ville le 26 novembre 1753, à l'âge de 87 ans, y avait contracté alliance, le 10 février 1694, avec demoiselle ANNE-ALDEGONDE COURTIN, dont il eut *neuf* enfants :

1° Françoise-Narcisse, née le 13 juin 1695; mariée à Maubeuge, le 22 février-8 juin 1717, avec François Ysarn, commissaire des guerres à Longwy et à Montmédy, dont postérité;
2° Thérèse-Natalie, née en 1697; mariée à Bruxelles avec Alexandre Pelot, capitaine au régiment d'infanterie de Tallart et commandant de la ville de Saverne, sans postérité;
3° Philémon, mort dans son enfance;
4° François-Ferdinand Philémon, qui continue la filiation;
5° Alphonse-Achille, né en 1703; devenu conseiller du Roi, lieutenant-général de la prévôté Le Comte, à Valenciennes; décédé célibataire, à Maubeuge, le 29 septembre 1784;
6° Charles-Ferdinand-Andronic, né en 1705; devenu commissaire des Saisies de la prévôté royale de Bavay; mort le 28 décembre 1789. Il avait épousé à Beaumont, le 25 juin 1745, Gabrielle Desmons, sa belle-sœur, dont rien n'indique qu'il ait eu postérité;
7° Aldegonde-Placidie, née en 1708; inhumée dans l'église St-Pierre de Maubeuge en 1709;
8° Anne-Marie-Anastasie, née à Maubeuge le 26 octobre 1710; mariée à Roisin, en 1733, avec Philippe de Laing, écuyer, général-major des ingénieurs de la reine de Hongrie, puis conseiller des Finances à Bruxelles;
9° Adrienne-Iphigénie, née en 1713; mariée, après 1745, avec Fidèle-Antoine Schneyder de Wartensée, écuyer, lieutenant-colonel d'un régiment suisse et juge militaire à Landrecies.

IV° FRANÇOIS-FERDINAND-PHILÉMON HENNET, écuyer, seigneur de VILLEREAU, né à Maubeuge le 26 août 1701, d'abord officier de mousquetaires gris, puis prévôt de Bavay, où il décéda en 1773, prit alliance, à Beaumont-en-Hainaut, le 8 juin 1733, avec demoiselle MARIE-ALDEGONDE DESMONS, dont dix enfants :

1° Gabriel-François-Chrysol, auteur de la branche de Courtefroy et des rameaux de La Chapelle et d'Audignies;
2° Thérèse-Aldegonde-Mélanie, décédée en bas-âge;
3° Flore-Achille, auteur de la branche de La Haye et de Bernoville;

4° Gabrielle-Ferdinande-Domitile, née à Bavay en 1740 ; mariée à Maubeuge, le 3 septembre 1774, avec Edouard-Louis-Josèphe Luce du Mesnil, écuyer, capitaine d'infanterie, chevalier de St-Louis, commandant la place de Maubeuge ;
5°, 6°, 7° 8°, 9° Quatre fils et une fille, morts en bas-âge ;
10° Hégésippe, né en 1757; lieutenant-général de la prévôté Le Comte à Valenciennes; puis inspecteur de la librairie à Paris ; décédé à Vaugirard de Paris en 1834, laissant postérité de son mariage avec Françoise Guillaume.

Branche Hennet de Courtefroy, dérivée de la branche cadette.

V° GABRIEL-FRANÇOIS-CHRYSOL HENNET, écuyer, sieur de COURTEFROY (fief situé au Sars, près Merville), fils aîné des précédents, baptisé à Bavay le 27 septembre 1734 ; avocat au Parlement de Flandres; conseiller, secrétaire du Roi, maison et couronne de France ; prévôt, juge royal, civil et criminel de prévôté à Bavay; subdélégué de l'Intendance de Hainaut; décédé maire de Bavay, le 23 octobre 1810; avait épousé en cette ville, le 5 octobre 1756, CLAIRE-ALBERTINE-PHILIPPINE-HIPPOLYTE COMIAN, qui lui donna sept enfants :

1° Agnès-Hippolyte-Reine-Dule, née en 1757; mariée à Bavay, le 15 janvier 1787, avec Louis-Pierre-Josèph Hayoit de Termicourt, dont postérité; décédée à Valenciennes en 1851 ;
2° Gabriel-François-Joseph-Martial Hennet, écuyer, sieur de Courtefroy, né à Bavay le 21 août 1758, avocat au Parlement, conseiller du Roi, audiencier de la Chancellerie d'Artois, puis directeur des Contributions Directes à Avesnes ; décédé en 1820 à Bavay. Il avait épousé à Vaulx, diocèse de Cambrai, le 24 février 1789, Octavie Derome, dont une fille, Chrysoline-Hortense, mariée, en 1818, avec Ivan Matzkewitsch, colonel du 12e régiment d'infanterie Russe, et un fils, Martial, marié à Avesnes, en 1825, avec Mlle Eugénie-Gabrielle-Aline Pillot ;
3° Ferdinande-Aldegonde-Nymphe, née en 1759 ; mariée, à Bavay, avec son cousin Pierre-Tibulle Hennet de Baret, le 10 septembre 1781 ; dont postérité;
4° Emery-Josèph-Métulle, né en 1761 ; mort vers 1773 ;
5° Omer-Achille, auteur du rameau de La Chapelle et d'Audignies, rapporté-ci-après;
6° Auguste-Hégésippe-Hippolyte, décédé en bas-âge ;
7° Eulalie-Placidie-Domitile, née en 1766 à Bavay; mariée au même lieu, le 30 septembre 1797, avec le chevalier Josèph Puniet de Montfort, officier du Génie, qui devint plus tard général de brigade, dont trois fils et deux filles.

Rameau de La Chapelle et d'Audignies dérivé de la branche des Hennet de Courtefroy.

VI° OMER-ACHILLE HENNET, écuyer, sieur de LA CHAPELLE,

né à Bavay le 31 mars 1763, décédé à Audignies le 22 juillet 1832, s'unit par alliance avec une vieille famille du pays, en épousant à Bavay, le 2 février 1789, noble demoiselle MATHILDE-FLORENTINE VANDAMME D'AUDIGNIES, fille du baron d'Audignies, qui lui apporta la jouissance en survivance de cette terre seigneuriale. Il en eut dix enfants, qui sont :

1° Eugène-François-Omer, né à Audignies le 15 novembre 1789; percepteur à Berlaimont (Nord); décédé le 4 juin 1827;
2° Florent-Joseph, né à Audignies en 1791; ancien percepteur à Berlaimont;
3° Erice-Domitile, née en 1793; sans alliance;
4° Flore-Aimée, née en 1796; religieuse du Sacré-Cœur;
5° Dule-Zoé, née en 1798;
6° Omérine, née en 1800; décédée en 1851;
7° Dympne, née en 1802, décédée en 1847;
8° Chrysol-Adolphe, qui suit;
9° Delphine-Floride, née en 1807;
10° Félicie-Elisabeth, née en 1809; décédée sans alliance à Audignies en 1875.

VII° Messire Chrysol-ADOLPHE HENNET D'AUDIGNIES, né à Audignies le 7 avril 1805, est actuellement maire de la commune d'Audignies. Il a épousé, à Cons-la-Grandville (Ardennes), le 13 juin 1855, Mlle CAROLINE DE LA CHEVARDIÈRE DE LA GRANDVILLE; de cette union sont sortis :

1° Eugène, né à Audignies en 1856, décédé en bas-âge au même lieu;
2° Marie-Florentine, née à Audignies le 20 octobre 1858;
3° Marie-Mathilde, née au même lieu le 7 août 1861.

Branche Hennet de La Haye et de Bernoville, dérivée de la branche cadette.

V° Messire maître FLORE-ACHILLE HENNET, écuyer, puis chevalier, sieur de La Haye, puis seigneur de BERNOVILLE, Aisonville, Cessereux, Grougies, Buvignies, Rocq-sur-Sambre, etc., troisième enfant de Philémon et de Marie-Aldegonde Desmons, né à Bavay le 14 septembre 1737, fut pourvu, par Lettres royales du 21 mai 1763, de la charge de conseiller au Parlement de Flandres, à Douay; après un exercice de plus de vingt années consécutives, pendant lesquelles il remplit ces fonctions *avec tout le zèle, la probité et le désintéressement possible* (sic), il résigna ces dites fonctions en faveur de messire Joseph-Louis de Taffin, et obtint de Sa Majesté (Louis XVI) des Lettres de conseiller honoraire, en date du 24 septembre 1783, dans lesquelles il est qualifié *sieur de La Haye.* Dès le

8 avril de la même année, et de concert avec sa femme, il s'était rendu acquéreur par devant les notaires royaux de Flandres résidant à Douay, Coppin et Defaulx, en vertu d'un acte, où il est qualifié *chevalier*, *conseiller au Parlement de Flandres*, *seigneur de Buvignies*, *Rocq-sur-Sambre et autres lieux*, des seigneuries de BERNOVILLE (1), Aisonville, Cessereux et Grougies, avec tous les droits seigneuriaux qui en dépendaient, notamment ceux de haute justice. Cette vente lui avait été consentie pour le prix de 232,000 livres par Me François-Henri-Constant Verwoort, avocat au Parlement de Douay (2).

Il figure comme *secrétaire de l'Assemblée de la Noblesse du Hainaut et membre de celle du Vermandois*, sur les procès-verbaux des Assemblées de la Noblesse du bailliage d'Avesnes et des prévôtés de Maubeuge, Bavay, etc., en date du 14 avril 1789, et, décédé à Bernoville (Aisne), il fut inhumé, le 6 juillet 1790, dans l'intérieur de l'église d'Aisonville, après avoir assisté au début de la Révolution qui devait couvrir la France de sang et de ruines.

(1) BERNOVILLE ; Bernonville en 1202 ; *Bernunvilla* au XIIe siècle ; *Bunuvilla* en 1160. — Cette ancienne paroisse, dont l'église était sous le vocable de la Vierge et appartenait à l'abbaye de Liessies, ne forme aujourd'hui une commune du département de l'Aisne que par sa réunion avec Aisonville. C'était, dès la fin du XIe siècle, un fief noble ayant ses seigneurs particuliers ; en 1783, il relevait de M. du Tronquay, à cause de sa baronnie d'Estrée.

Seigneurs connus de Bernoville.

1090. — Roger de Bernoville. — Il fit partie de la première Croisade et fut tué devant Antioche, en 1099.

1230. — Verric de Moy, seigneur de Bernoville et Versigny ; femme, Elvide ; fils, Verric. — Il se croisa en 1239.

1240. — Verric ou Guerric de Moy, seigneur de Bernoville.

15... — Guy Caméro.

1530. — Aleaume de La Porte, beau-frère du précédent ; et Catherine Loyseau, sa veuve.

1563. — Adrien de Saint-Père, fils d'un premier lit de Catherine Loyseau.

1565. — Jeanne de Saint-Père et Senac de Quinemont.

1616. — Pierre du Boys et Gilberte du Liége, sa femme ; puis Jean du Boys du Liége, leur fils.

1628-1630. — Jacques du Boys du Liége, oncle du précédent ; puis Julienne (ou Lucienne) Le Febvre de L'Estang, sa veuve, tutrice de sa fille Marguerite du Boys ; cette dernière épousa Jacques de Puységur, mestre-de-camp au régiment de Piémont.

1660. — Le même, qualifié Jacques de Chastenet, marquis de Puységur, vicomte de Buzency.

1699. — Jacques-François de Puységur et François-Maxime de Puységur.

1746. — Daniel du Camp-Laurent, commissaire des Guerres, le constructeur du château actuel (style Louis XV ; très-considérable ; 23 fenêtres de face ; belles grilles).

1772. — N... de l'Epine, gendre du précédent.

1774. — Henri-Constant Verwoort, avocat au Parlement de Douay.

1783. — Flore-Achille Hennet, conseiller au Parlement de Flandres.

(2) Les terres vendues alors vaudraient près d'un million et demi aujourd'hui.

Flore-Achille Hennet de Bernoville avait épousé à St-Omer, selon contrat de mariage du 27 décembre 1771, noble demoiselle MARIE-AUGUSTINE-JOSÈPHE FRANS DE LA CHAPELLE, d'une famille aujourd'hui éteinte, fille de messire Alexis-François Frans, écuyer, seigneur de La Chapelle et de La Hamayde, et de Marie-Josèphe-Marguerite Lenglart; elle était née à St-Omer le 18 mai 1741, et décéda à Valenciennes le 10 octobre 1813. De cette union sont sortis :

1° Achille-Armand-François-Josèphe, qui suit;
2° Henri (appelé ordinairement *M. de Buvignies*), né à Douay en 1775 ; mort à Paris en 1837, sans alliance ;
3° Angélique-Domitile, née en 1777; mariée à St-Quentin, le 28 février 1810, avec M. Alexandre-Louis-Quentin Margerin du Metz, sans postérité.

VI° Messire ACHILLE-ARMAND-FRANÇOIS-JOSÈPHE HENNET, écuyer, sieur de LA HAYE et plus tard seigneur de BERNOVILLE, etc., né à Douay le 4 février 1774, devint, sous la Restauration et le règne de Louis-Philippe, membre du Conseil général de l'Aisne et fut maire de Bernoville pendant 53 ans. Il décéda à Paris le 16 mai 1853, et son corps fut reporté et inhumé dans l'intérieur de l'église de Bernoville, avec le concours et sur la demande de toute la population, qui avait pour lui une haute estime et une profonde affection.

Son mariage avec Mlle SABINE-DULE-FANNY HENNET DE BARET, sa cousine, fut célébré à Maubeuge le 2 mars 1810, comme nous l'avons vu; cette dernière est décédée à Versailles le 13 avril 1875 et a été reportée et inhumée à Bernoville; son monument funèbre, en marbre blanc, entouré d'une grille, se voit à l'angle du cimetière de la paroisse.

Ils ont eu six enfants :

1° Alexis-Armand-Martial, qui suit;
2° Paul-Henri, né à Maubeuge en 1813, décédé dans son enfance ;
3° Louise-Adèle, née à Maubeuge le 18 décembre 1814; décédée sans alliance à Bernoville le 2 avril 1870 ;
4° ARMANDINE-Stéphanie, née à Guise le 12 janvier 1819 ; mariée à Paris, le 24 juin 1848, avec M. Charles-Alexandre-Josèphe-AMAURY DE RAVENEAU, né à Guise en 1821, d'une noble famille des Flandres, fils de messire Charles-Gabriel de Raveneau, sous-inspecteur aux revues, chevalier de St-Louis et de la Légion d'Honneur, et de Françoise-Hilarise de Raveneau, sa cousine (1). De cette alliance trois enfants :
   A. Saint-Valery, né en 1849, tué par l'imprudence d'un

(1) Le neveu de M. Amaury de Raveneau, Mgr Le Hardy du Marais, nommé évêque de Laval, a été sacré à St-Sulpice de Paris le 24 septembre 1876.

ami étant à la chasse, près de Guise, le 8 octobre 1863;

B. Henri, mort dans son enfance;

C. Fernand, né à Versailles le 11 mai 1860.

5° Jules-Ferdinand, mentionné plus loin, après son frère aîné.

6° Hippolyte-Amédée, mentionné plus loin, après son second frère Jules.

VII° M. ALEXIS-ARMAND-MARTIAL HENNET DE BERNOVILLE, né à Bernoville le 9 juin 1811, aujourd'hui propriétaire, demeurant alternativement en son hôtel, 26, rue de l'Orangerie, à Versailles, et au château de Bernoville (Aisne), avait été poussé dans sa première jeunesse vers le notariat par la nature de son caractère sérieux et par son goût pour les affaires; avant son mariage, il dirigea même pendant quelque temps, comme notaire, une étude importante à Paris.

Un décret impérial, en date du 14 avril 1860, contresigné du garde des Sceaux, ministre de la justice (M. Delangle), l'autorisa, ainsi que ses deux frères, à faire rectifier leurs actes de naissance par l'addition du nom de *de Bernoville*, omis dans ces actes par suite de la suppression des distinctions honorifiques pendant la période révolutionnaire.

M. Alexis Hennet de Bernoville a pris alliance, à Guise, le 25 janvier 1848, avec Mlle Marie-Elisabeth-ELVIRE ROLIN (1), née à Guise le 25 décembre 1829, fille de M. Nicolas-Josèphe-Germain Rolin, ancien chirurgien militaire, ancien régisseur-général des biens de la famille de Bourbon-Condé pour le duché de Guise, chevalier de la Légion-d'Honneur, et de dame Marie-Marguerite-Aldegonde-Flore Lesur. De cette union sont sortis quatre enfants :

(1) Madame Alexis Hennet de Bernoville, née Rolin, petite-fille de M. Ignace-Nicolas Rolin, avocat au Parlement de Nancy, emprisonné sous la Terreur, mort vers 1800, au moment où il venait d'être nommé Procureur-Général, et d'une demoiselle de la Ruelle, sa femme; petite-nièce de M. Rolin de Mainville, secrétaire des commandements de S. A. Mg^r le prince de Condé; a trois sœurs :

1° Marie-FRANÇOISE-Josèphe-Aldegonde Rolin, née à Guise en 1816; mariée au même lieu, en août 1837, avec M. AUGUSTE GUÉRIN, propriétaire à Nancy; dont un fils, Albert, élève de l'école Forestière, décédé à Nancy le 19 mars 1866, âgé d'environ 23 ans ;

2° Marie-Marguerite-VICTOIRE, née à Guise en 1823, et mariée au même lieu, en septembre 1842, avec M. André-Marie-Constant-ERNEST HÉBERT, d'ancienne noblesse de l'échevinat de Paris, maire de Chauny, député de l'Aisne, et questeur au Corps-Législatif sous l'Empire; commandeur de la Légion-d'Honneur; membre du Conseil Général de l'Aisne; — sans postérité ;

3° Marie-Joséphine-Elisabeth-CLOTILDE, née à Guise le 8 août 1832 ; mariée à Paris (chapelle du Corps-Législatif), le 10 mai 1855, avec M. PIERRE-Joseph MERCIER, alors sous-préfet de Compiègne; aujourd'hui séparée de corps et de biens, mais ayant de cette union une fille, LOUISE MERCIER, née à Paris, le 14 janvier 1858.

1° (VIIIe degré) MARIE-Joséphine-Céline HENNET DE BERNOVILLE, née à Versailles le 25 juin 1850; mariée en la cathédrale St-Louis de Versailles, le 14 mars 1876, avec M. AMÉDÉE-Casimir DU BUISSON DE COURSON-CRISTOT (C. A., n° 275, p. 308), alors sous-préfet de l'arrondissement de Valognes (Manche), actuellement sous-préfet de l'arrondissement de Quimperlé (Finistère);

2° Auguste-PAUL-Lucien, né à Versailles le 30 novembre 1851, avocat, docteur en Droit, sous-lieutenant d'artillerie dans l'armée ~~territoriale~~, de réserve.

3° Marie-Clotilde-AMÉLIE, née à Versailles le 30 janvier 1853;

4° Clotilde-FANNY, née à Versailles le 5 novembre 1860.

VII° *bis*. M. JULES-Ferdinand HENNET DE BERNOVILLE, cinquième enfant d'Achille et de Sabine-Dule-Fanny Hennet de Baret, né à Bernoville le 30 mai 1823, longtemps maire d'Aisonville-et-Bernoville, aujourd'hui propriétaire, demeurant alternativement à Paris, rue du Faubourg-Poissonnière, 98, et au château de Bernoville, a épousé à St-Quentin, le 9 novembre 1857, Mlle Clotilde-Louise-ELISE CAMBRONNE, née à St-Quentin le 19 octobre 1833, fille de M. Henri Cambronne et de Mme Joséphine Brabant, sa femme; de ce mariage, une fille unique :

VALENTINE-Fanny-Louise, née à St-Quentin le 30 janvier 1862.

VII° *ter*. M. HIPPOLYTE-Amédée HENNET DE BERNOVILLE, sixième enfant d'Achille et de Sabine-Dule-Fanny Hennet de Baret, né à Bernoville le 4 mai 1826, aujourd'hui conseiller référendaire de 1re classe à la Cour des Comptes, demeurant ordinairement en son hôtel, rue Royale, n° 95, à Versailles, a contracté une haute alliance en épousant à Paris, le 30 avril 1856, Mlle MARIE-Henriette-Germaine D'HAUTPOUL, appartenant à l'une des plus nobles familles du Languedoc, fille du général de division, marquis d'Hautpoul, ancien ministre de la Guerre, ancien gouverneur de l'Algérie, grand référendaire au Sénat sous l'Empire, et de dame Catherine-Françoise Tournier de Monestrol.

M. Hippolyte H. de B. est devenu veuf le 11 juin 1876; sa femme est décédée à Versailles, où elle a été inhumée le 13, à l'âge de 46 ans.

De leur mariage, sont nées deux filles :

1° Henriette-Fanny-GERMAINE, née à Paris le 14 novembre 1858;

2° LOUISE-Armandine-Fanny, née à Paris le 23 mai 1860.

ARMES. — Il existe plusieurs variantes des armes de la famille Hennet. Nous avons déjà vu, en effet, que Charles-

Antoine Hennet, chanoine de St-Amé, à Douai, portait : *d'argent, à un hanneton de gueules.*

D'après l'*Armorial général de France,* manuscrit de d'Hozier (1696-1709), qui comprend 34 volumes de texte et 35 d'armoiries, les armes de messire François Hennet, procureur du Roi à Landrecies, sont ainsi décrites : *d'argent, à la croix de gueules en sautoir.*

Selon le texte du même *Armorial* (page 1303 ; 25 juin 1698 ; département de Mons : Maubeuge), Jacques Hennet, écuyer, conseiller du Roi, prévôt et juge royal, civil et criminel en la prévôté de Maubeuge, souche de la branche aînée et des branches de Goutelles, du Vigneux, de Baret, etc., portait : *écartelé :* au 1er et 4e, *d'azur*, *chargé d'un casque d'argent taré de front, au chef d'hermines ;* — au 2e et 3e, *d'or, à trois lions de gueules*, 2 *et* 1, *au chef d'azur*, *chargé de trois haches d'armes d'argent.* Les armoiries placées au 2e et 3e quartier sont probablement des armes d'alliance.

Au contraire, François Hennet, tige de la branche cadette et dont descendent les Hennet de Bernoville, le frère puîné de Jacques, est inscrit à la même date à Landrecies, et dans le même *Armorial* (page 1352), avec les armes : *de gueules, à trois roses d'argent, 2 et 1.*

Ces armes ne sont pas même encore complètement exactes quant à la couleur du champ ; en effet, un manuscrit authentique, provenant des archives de l'ancien Parlement de Douay et encore existant en cette ville, intitulé : *Institution, progrès et suite du Parlement de Flandres*, nous donne (folio 32) l'écusson de Flore-Achille Hennet, originaire de Bavay-en-Hainaut, conseiller au Parlement de Flandres, l'aïeul et le bisaïeul des représentants actuels, et l'acquéreur des fiefs de Bernoville, Aisonville, Cessereux et Grougies (1). Ces armoiries, portées encore aujourd'hui par ses petits-enfants et arrière-petits-enfants, les Hennet de Bernoville, sont : *d'azur, à trois roses d'argent, 2 et 1.*

Devise (donnée par Louis XVIII à Albert-Joseph-Ulpien Hennet, fils de François-Augustin-Pompée, selon une ordonnance royale du 11 septembre 1815) : *Deo et Regi fides impavida.*

(1) Aisonville : ancienne seigneurie relevant, en 1783, de S. A. S. Mgr le prince de Condé, à cause de son duché de Guise; aujourd'hui commune de 1311 habitants, par suite de sa réunion à Bernoville, arrondissement de Vervins (Aisne).

Cessereux : fief relevant également du duché de Guise en 1783.

Grougies : commune actuelle de 1680 habitants, arrondissement de Vervins (Aisne) ; ancien fief relevant, en 1783, du marquis de La Plenoye, à cause de sa seigneurie de Vadencourt.

XLIIIe DE VILLIERS DE HESLOUP.

Vingt-deuxième degré de filiation.

René-Paul de Villiers de Hesloup; Marie-Berthe du Buisson de Courson : 11-12 *février* 1867. — Comme nous l'avons déjà dit au n° XXVIe des alliances (lignes collatérales), et quoique, sur les *Recherches de la Noblesse* faites en 1666 et années suivantes par les trois intendants de Normandie, on ne trouve mentionnée que la famille des Villiers de Hesloup dans celle de M. Hector de Marle, intendant de la généralité d'Alençon, il a existé en Normandie, au temps de la Féodalité et même pendant la première période de l'ère moderne (XVe et XVIe siècles), plusieurs familles nobles portant ce nom patronymique de Villiers.

Quelle est donc l'origine de ces Villiers de Hesloup, alliés en 1867 à la maison du Buisson de Courson-Cristot? Selon une tradition de famille accréditée, mais qui malheureusement n'est pas appuyée de documents, ces Villiers seraient une branche cadette de la grande et illustre maison des Villiers du Hommet en Cotentin, seigneurs de Villiers-sur-Port (1), barons du Hommet, de Coulonces, etc., dont sont dérivés les Vierville, *barons de Creully par alliance* en 1391. Il est vrai que

(1) Villiers-sur-Port : ancien fief, aujourd'hui hameau dépendant de la commune d'Huppain, canton de Trévières (Calvados), près de la limite du département de la Manche. D'après André Duchesne (Bibliothèque Nationale; manuscrit du cabinet des Titres, registre 23, pages 190 et 191), on trouve un Guillaume, sieur de Villiers-sur-Port, auteur d'une charte datée du vendredi après la fête St-Georges, l'an 1207.

ces Villiers du Hommet, qui comptent au XIIIe siècle deux grands baillis du Cotentin (Lucas : 1248-1252 ; Nicolas : 1292-1295), et deux illustres chevaliers (Enguerrand et Richard, son fils) mentionnés, sur les anciens *Rôles normands*, comme présents en l'*ost* de Foix en 1271 et à la grande *monstre* faite à Tours en 1272, sous Philippe III le Hardi, qui comptent encore, au XVIe siècle, sous Charles IX, un maréchal de camp ayant dirigé les opérations du siége de St-Lo en 1574, enfin, qui furent maintenus nobles par Monfault en 1463-64, et auxquels La Roque, dans son *Histoire de la maison d'Harcourt*, (tome II, pages 1069 à 1080), consacre une assez longue notice, portent : *fascé d'argent et d'azur, de six pièces* (1), armes fort différentes de celles des Villiers de Hesloup ; mais, si nous en croyons la même tradition, les armes actuelles de cette dernière famille seraient celles des LA BUNACHE, auxquels elle s'est alliée en 1474 et en 1530, et auxquels, à défaut de représentants mâles de ce nom, elle aurait définitivement succédé. Du reste, il faut bien reconnaître que le fief de HESLOUP ou HÉLOUP (2), qu'elle a possédé jusqu'à la fin du siècle dernier, lui vient de cette alliance.

(1) L'un des membres de cette famille, Guillaume de Villiers, brisait ces armes de *trois molettes de sable, en chef*. Les Vierville, dérivés des Villiers du Hommet, portaient : *fascé d'argent et d'azur de six pièces, à la bande de gueules brochant.*

Selon La Roque, la généalogie des Villiers du Hommet remonterait, par titres, à Enguerrand, sire de Villiers-sur-Port, et à Isabeau de Coulonces, sa femme, héritière de la baronnie de ce nom, dont Jean Ier, sire de Villiers et de Coulonces, portant ces qualités dans un titre de l'an 1236. Ce Jean Ier de Villiers avait épousé Tiphaigne (Etiennette) Paysnel, dont sortirent Guillaume et Jean, frères, mentionnés dans un titre de 1246. Guillaume, aîné des deux frères, épousa Aliénore de Vitré, dont il eut cinq fils et une fille, notamment Guillaume II, baron du Hommet.

(2) HÉLOUP ou HESLOUP, parfois aussi HESLOU et HELLOU : ancien fief seigneurial, qui appartenait en 1404, d'après un acte d'aveu en notre possession, daté du 20 février de ladite année, à « Macé Pentoul (de Penthou), escuïer, seigneur de Hellou » ; qui était passé, en 1452, par alliance, aux Dupont, écuyers, et, dès 1471, à la famille de La Bunache, alliée avec celle de Villiers en 1474. C'est aujourd'hui une commune de 640 habitants environ, sur la Sarthe, dépendant du canton-ouest et de l'arrondissement d'Alençon (Orne), et où se trouve le menhir de Pierre-Longue, situé sur une colline dominant la Sarthe. — Sous l'ancienne Monarchie, la paroisse de Hesloup ou Hellou était comprise dans le ressort du Parlement de Rouen, le diocèse du Mans, l'intendance et l'élection d'Alençon ; on y comptait 64 feux et 380 habitants.

Il nous a paru intéressant de reproduire ici le texte d'un ancien document sans date, mais qui, d'après d'autres documents contemporains, aurait été écrit vers 1685. En voici la teneur :

« Le sieur DE VILLIERS (probablement René Ier ou son père, Gilles III), à « cause de ses fiefs de Heslou, est en possession de la seigneurie de la paroisse « de Heslou. Le chapitre du Mans et les Religieux de La Couture luy con- « testent cette qualité, et prétendent que la dite seigneurie leur appartient, « tant à cause d'un fief qu'ils ont dans la dite paroisse, qui s'esteud tout autour

Quoi qu'il en soit, et sans nous arrêter davantage à cette présomption, qui donnerait aux Villiers qui nous occupent, si elle était confirmée, un rang distingué parmi les plus grands noms de la Féodalité Normande, nous allons reproduire la généalogie de cette famille, établie par titres authentiques et sans interruption depuis le XVe siècle, avec l'indication de ses alliances, prises presque toutes dans la Noblesse normande la plus distinguée.

« de l'église, leur en donne l'enclave et fait présumer la dite église bâtie sur « leur fief, qu'à cause de la donation que leur en fist, dans le XIIe siècle, « Foulques de Sougé, de tous les droits, actions, nominations, présentations, « donations, patronages et fondations qu'il aurait en la d. églize de Heslou « comme fondateur et patron, la quelle église ses prédécesseurs avaient fondée « en leur terre de Heslou, laquelle église le d. Sougé dota encore et aumosna « de certaines dixmes qu'il prenait dans ses fiefs en la plaine d'Alençon.

« Le sieur de Villiers soutient que le d. Chapitre et les d. Religieux ne « peuvent pas prétendre la d. seigneurie de Heslou à cause du dit fief, encore « bien qu'il entoure l'église, parceque la donation du d. Foulques de Sougé « prouve le contraire, faisant voir que la d. églize a esté bastie en les fiefs de « Heslou, appartenant au d. Foulques de Sougé, et par conséquent le d. « Chapitre ne peut pas dire qu'elle soit bastie sur son fief, parceque son « propre titre prouve le contraire; à moins qu'il ne voulût supposer que le « d. fief lui aurait esté aussi aumosné, ce qui ne paraît par aucun acte; le « sieur de Villiers faisant voir, au contraire, qu'il possède les mêmes fiefs que « possédait le d. Foulques de Sougé, on ne peut pas supposer que le d. fief « leur ait esté aumosné.

« Le dit Chapitre et les dits Religieux ne peuvent pas non plus prétendre « la dite seigneurie en vertu de la donation de Foulques de Sougé, encore « bien qu'il leur aumosne tous les droits, actions, nominations, présentations « et fondations qu'il avait en la d. église de Heslou, puisqu'il ne leur donne « point son fief de Heslou, auquel estait attachée la dite seigneurie; outre « que, par l'article 142 de la Coustume de Normandie, dans laquelle on « prétend faire voir que le d. fief de Heslou est situé, il est dit, qu'encore « bien qu'on ait aumosné le patronage d'une église sans aucune réservation, « néanmoins les droits honoraires deubs aux patrons demeurent entiers au « donateur ou à ses hoirs ou ayant cause, au fief ou glèbe auquel estait « annexé le d. patronage. Il ne faut point d'autres preuves, pour faire voir « que les fiefs de Foulques de Sougé estaient du ressort de la province de « Normandie, que la donation même par laquelle il dote la dite église de « certaines dixmes qu'il prenait dans les fiefs en la plaine d'Alençon, puisque « la d. plaine, sur laquelle le d. Chapitre et les d. Religieux cueillent encore « aujourd'huy la d. dixme, est de la despendance de Normandie; que toute la « paroisse de Heslou en est aussy, à la réserve de quelques maisons relevantes « du fief du Chapitre, les quelles même reconnaissent la juridiction d'Alençon, « despendante de Normandie.

« Le sieur de Villiers fait voir que *ses ancestres* ont toujours pris la qualité « de *seigneurs de Heslou*; que de temps immémorial ils ont eu *un banc et « leur sépulture dans le chœur de l'église*, un listre funèbre tout autour de « l'église, et que de tous temps *on a fait les prières nominales pour eux*; que, « des Gentilhommes de la paroisse leur ayant contesté la dite seigneurie, ils y « ont esté *maintenus par arrests*; outre qu'il fait voir qu'il possède encore « aujourd'huy les mesmes fiefs que Foulques de Sougé possédait, puisque les « terres subjettes aux dixmes dont il dota la d. église relèvent de son fief de « Heslou. »

Filiation.

I° JEAN de Villiers, dit BRUNET, capitaine des archers du prince René de Valois, comte du Perche et devenu duc d'Alençon en 1474;

Marié en premières noces, le 28 juin 1469, avec noble damoiselle ANNE DE MATHEFELON, fille de Jean de Mathefelon, écuyer, seigneur d'Assé-le-Boisne; sans postérité connue;

Marié en deuxièmes noces, le 20 mars 1474, selon traité de mariage à cette date relaté sur les registres de la mairie d'Alençon, avec noble damoiselle JEANNE DE LA BUNACHE, fille et héritière de Robert de La Bunache (ou La Beunache), écuyer, sieur de La Bunache, Hesloup, Baudet et Monceaux, dont notamment :

II° MARGUERIN de Villiers, écuyer, seigneur de Hesloup, etc.;

Marié, le 22 février 1505, avec noble damoiselle GUILLEMETTE DE JUPILLES, fille de Guillaume de Jupilles, écuyer, et de Marie de Bailleul, dont notamment :

III° Noble homme GUILLAUME de Villiers, qualifié dans un acte d'aveu de divers héritages relevant de la seigneurie de Hesloup à lui rendu le 23 juin 1557, « *écuyer, seigneur des* « *fiefs, terres nobles et seigneuries de La Bunache, Fontenay, La* « *Roullerye, Hellou* (sic), *Baudet, Monceaux et Le Courray* » ;

Marié, le 20 juin 1530, avec noble damoiselle FRANÇOISE DE LA BUNACHE, fille d'un autre Robert de La Bunache, sieur de Fontenay, et de Catherine de Valois, dont deux fils, notamment :

IV° GILLES Ier de Villiers, écuyer, seigneur de Hesloup, La Bunache et autres lieux;

Marié, le 13 mars 1582, avec damoiselle JEANNE D'ABATAM, fille de Georges d'Abatam, écuyer, sieur de Beauchesne, l'un des cent gentilshommes de la maison du Roi, et de Françoise Paysnel, dont deux fils :

1° Joachim de Villiers, souche de la branche du Rosay, aujourd'hui éteinte;
2 Charles, qui suit.

V° Noble homme CHARLES de Villiers, écuyer, seigneur et patron de Hesloup, Fontenay, La Bunache, Baudet, La Joustière, Monceaux, Le Courray, etc.;

Marié, le 28 juin 1599, avec noble damoiselle ANNE D'ALLEAUME, fille de Philippe d'Alleaume, écuyer, sieur de La Ramée et de Beaupréau, et de Madeleine Barbier. Cette dame en était veuve le 3 juillet 1625, d'après un acte d'aveu à elle rendu à cette date. De ce mariage est sortis notamment :

1° Gilles, qui suit ;
2° Jeanne, mariée en 1633, en l'église St-Germain d'Argentan, avec messire Claude Barbot, écuyer, fils de Gilles Barbot, écuyer, sieur du Pin.

VI° Gilles II de Villiers, écuyer, seigneur et patron de Hesloup, sieur de Fontenay, etc. ; marié, le 16 janvier 1629, avec une autre damoiselle Anne d'Alleaume, fille de Paulin d'Alleaume, écuyer, sieur de La Hiboudière, et d'Anne du Val, dont un fils unique, qui suit.

VII° Gilles III de Villiers, écuyer, seigneur et patron de Hesloup, sieur de La Bunache, de Baudet, etc. ; maintenu dans sa noblesse héréditaire et comme *ancien* noble, le 22 juin 1667, en la paroisse de Hesloup, généralité et élection d'Alençon, par M. Hector de Marle, alors intendant de ladite généralité ; ayant encore obtenu, le 20 août 1670, un jugement rendu à Tours à cette date par M. Voysin de La Noiraye, commissaire député pour l'exécution des ordres de Sa Majesté ès provinces de Touraine, d'Anjou et du Maine, aux termes duquel jugement ce commissaire, « sur le vu des *titres de noblesse* à lui produits par Gilles de « Villiers, écuyer, sieur de Hesloup, de Baudet et de La « Bunache, fils de *feu* autre Gilles de Villiers, écuyer, sieur « de Fontenay, et de damoiselle Anne d'Alleaume », lui donne acte de la représentation desdits titres, « pour y avoir « égard lors de la confection du *Catalogue des Gentilshommes* « *du Royaume* » ; — mort avant le mariage de son fils, qui eut lieu en 1696 ;

Marié lui-même, selon contrat du 22 novembre 1664, avec noble damoiselle Suzanne de Boullemer, fille de Jacques de Boullemer, écuyer, sieur de La Normanderie, et de Suzanne Le Roux. Sa veuve fit inscrire son nom et ses armes dans l'*Armorial général de France*, de Ch. d'Hozier, juge d'armes (1696-1709), à la date du 24 décembre 1700, au volume (Normandie) de la généralité d'Alençon.

Il en eut au moins deux enfants, qui sont :

1° René, qui suit.
2° Suzanne, qui épousa plus tard messire René de Buchère, sieur des Planches, conseiller du Roi au bailliage d'Alençon.

VIII° Noble René Ier de Villiers, chevalier, « seigneur et « patron des paroisses de Hesloup et de La Bunache, demeu« rant au manoir seigneurial de Hesloup, fils aîné et prin-

« cipal héritier de *défunt* Gilles de Villiers, écuyer, en son « vivant seigneur de Hesloup et de La Bunache, etc., » d'après les termes de son contrat de mariage; ayant fait inscrire son nom et ses armes dans l'*Armorial général de France* de Ch. d'Hozier (1696-1709), à la date du 30 juillet 1700;

Marié, selon ledit contrat de mariage, passé à Alençon, le 2 mars 1696, devant Racinet et Marchand, tabellions royaux en la même ville, avec noble damoiselle MARIE-ANNE DE MOLORÉ (dans l'acte DE MAULORÉ), fille de René de Moloré, écuyer, sieur de Lespinay et de Glatigny, et de dame Marie de Rénusson, dont notamment :

IX° Messire RENÉ II de Villiers, chevalier, né le 10 juillet 1697 et baptisé le lendemain en l'église paroissiale de Hesloup; reçu page du Roi en sa Grande Ecurie, sur le vu du procès-verbal de ses *preuves de noblesse* certifié à Sa Majesté, le 17 mars 1714, et signé par Charles d'Hozier, juge d'armes de France, chevalier de l'Ordre de St-Maurice et Lazare de Savoie; — mentionné dans un acte d'aveu du fief noble de Hesloup et de la vavassorie noble de La Joustière, situés en la châtellenie d'Alençon, ledit aveu rendu au Roi, le 9 juillet 1736, pour lesdites terres et seigneuries relevant de Sa Majesté à cause de sa vicomté d'Alençon; — enfin, qualifié dans son contrat de mariage « *haut et puissant* « *seigneur messire* René de Villiers, *chevalier*, seigneur de « Hesloup, de St-James, de La Bunache et autres lieux, « demeurant au manoir seigneurial de Hesloup, fils de *feu* « messire René de Villiers, *chevalier*, seigneur de Hesloup, et « de *défunte* dame Marie-Anne de Mauloré (*sic*) »;

Marié, selon ledit contrat de mariage, arrêté sous seing privé en la ville d'Alençon le 29 décembre 1725, reconnu au château de Lisle, le 9 janvier 1726, devant Bidou et Ledonné, notaires royaux en ladite ville d'Alençon, avec noble damoiselle MARIE-MARGUERITE DES MOULINS DE LISLE, fille de haut et puissant seigneur messire Louis-François des Moulins, chevalier, marquis de Lisle, baron de Hertré, seigneur de St-Germain-du-Corbeis, commandeur de l'Ordre royal et militaire de St-Louis, lieutenant-général des armées du Roi, commandant dans les ville et citadelle de Lille-en-Flandre, e de défunte noble dame Catherine de Bougis; dont deux fils :

1° René-Jacques-Pierre de Villiers, seigneur de Hesloup, de St-James et de La Bunache, présent, comme son frère, aux Assemblées de la Noblesse du grand bailliage d'Alençon en 1789; marié avec damoiselle Marie-Anne Chausson du Saussay, dont il eut un fils qui mourut sans postérité;

2° Charles-Philippe, qui continue la descendance.

X° Messire CHARLES-PHILIPPE de Villiers de Hesloup, chevalier, né le 27 septembre 1733 et baptisé le même jour en l'église de Hesloup, officier des armées du Roi, capitaine successivement aux régiments de Lamballe et de Beaujolais; présent, comme son frère aîné, à l'Assemblée générale de la Noblesse du grand bailliage d'Alençon le 16 mars 1789;

Marié, selon contrat de mariage sous seing privé en date du 26 avril 1766, reconnu le surlendemain au château d'Aché, paroisse de Congé-sur-Orne, devant Bienvenu et Marchand, notaires royaux en la ville d'Alençon, avec noble demoiselle ELIZABETH-CLAIRE-EUGÉNIE LE CARPENTIER DE LA MÉTAIRIE, demeurant en la ville de Sèez, fille de défunt messire Pierre Le Carpentier, chevalier, sieur de La Hénardière, seigneur de Chailloué, et de défunte noble dame Marie-Anne-Marguerite Le Frère de Maisons, dont notamment:

XI° Messire RENÉ III de Villiers de Hesloup, chevalier, né au manoir seigneurial de Hesloup le 16 septembre 1769 et baptisé le lendemain en l'église dudit lieu, ayant eu pour parrain messire Pierre-René Le Frère de Maisons, prêtre, bachelier en Sorbonne, grand archidiacre de Sèez, chanoine de l'église métropolitaine de Rouen, prieur des Biards, conseiller de grand'chambre au Parlement de Normandie et président de la Chambre souveraine du Clergé de la même province; — reçu à l'école militaire de St-Cyr en 1780, sur le vu du procès-verbal de ses *preuves de noblesse* dressé et signé, le 19 avril 1780, par Antoine-Marie d'Hozier de Sérigny, juge d'armes de France (1); — sorti de St-Cyr comme officier au régiment de Beaujolais;

Marié, après la tourmente révolutionnaire, le 6 mars 1802, avec Mlle MARIE-SOPHIE QUILLEL DE FONTAINE, fille de noble Jean-Gabriel Quillel de Fontaine, ancien conseiller au siége

(1) Ce procès-verbal se trouve aujourd'hui à la Bibliothèque de Rouen, dans les cartons du fonds Martainville; M. Frère, l'obligeant conservateur de la Bibliothèque, nous faisait savoir, dans sa lettre du 30 janvier 1872, que la pièce originale est d'une belle calligraphie, sur vélin grand in-folio, ornée en tête des *armes* de la famille de Villiers, et, dans les marges, de plusieurs branches d'arbres. — Ledit procès-verbal se termine ainsi:

« Nous ANTOINE-MARIE D'HOZIER DE SÉRIGNY, chevalier, juge d'armes de la « Noblesse de France et, en cette qualité, Commissaire du Roi pour certifier « à Sa Majesté la noblesse des élèves des Ecoles royales militaires, che- « valier grand'croix honoraire de l'Ordre royal de St-Maurice et Lazare de « Sardaigne;

« Certifions au Roi que RENÉ DE VILLIERS *a la noblesse requise pour être « admis au nombre des Gentilshommes que Sa Majesté fait élever dans les « écoles royales militaires*, ainsi qu'il est justifié par les actes énoncés et « visés dans ce procès-verbal, que nous avons dressé et signé à Paris le « 19ᵉ jour du mois d'avril l'an mil sept cent quatre-vingt. »

Signé: *d'Hozier de Sérigny*.

présidial d'Alençon, et de dame Marie-Françoise-Louise Paillard de Chenay, dont *cinq* fils :

1° Eugène de Villiers, mort en Afrique lieutenant de gendarmerie, et sans alliance;
2° Ernest, mort à Caen en mai 1870, sans alliance;
3° Alfred de Villiers, élève à l'Ecole militaire de St-Cyr, mort à Alençon;
4° Edmond, marié à St-Nazaire avec Mlle Mélanie Grosleau; mort dans la même ville le 22 mai 1865, sans postérité;
5° René-Léon, qui suit.

XIIe M. René-Léon de Villiers, né à Alençon le 29 décembre 1808, propriétaire;

Marié, à la mairie d'Argences, puis en l'église d'Orbec le 31 janvier 1832, avec Mlle Louise-Calixte Quillel de Fontaine, sa cousine, fille de M. Jean-Louis Quillel de Fontaine et de dame Candide-Aspasie de Folleville, dont trois fils :

1° René-Paul, qui suit;
2° Georges de Villiers, né le 28 mars 1841; entré dans l'Administration des Finances, actuellement démissionnaire; marié à Versailles, le 19 janvier 1869, avec Mlle Marie-Edma de Lespinasse-Langeac, dont André de Villiers, né à Alençon le 20 juillet 1871;
3° Marc de Villiers, né le 23 mars 1848; entré à l'Ecole militaire de St-Cyr; sous-lieutenant d'infanterie en juillet 1870; ayant fait en cette qualité, au 19e de ligne, la désastreuse campagne du Rhin en 1870; présent à la bataille de Borny (14 août) et au siége de Metz; emmené prisonnier en Allemagne lors de la capitulation de la place et de l'armée du Rhin, signée par le maréchal Bazaine; revenu en France, incorporé au 119e régiment de ligne, et ayant pris part, en 1871, au second siége de Paris contre la Commune Révolutionnaire; promu lieutenant le 3 mai 1873; actuellement (1876) au 137e de ligne.

XIIIe M. René-Paul de Villiers, né à Alençon le 24 décembre 1832; actuellement demeurant à Villiers-le-Sec, près Creully (Calvados);

Marié à Amblie (Calvados), les 11-12 février 1867, avec Mlle Marie-Berthe du Buisson de Courson, fille de M. Louis-Eugène du Buisson de Courson, propriétaire (qui demeurait alors au château des Planches-sur-Amblie et qui est aujourd'hui décédé), et de dame Louise-Adolphine du Merle, dont trois enfants :

1° Marie-Edith-Louise, née au château des Planches-sur-Amblie le 3 mai 1868; élevée par son aïeule maternelle;
2° Louis-Raoul René, né au même lieu le 7 septembre 1869;
3° Marie-Louise-Augustine-Bathilde, née également au même lieu le 26 novembre 1870.

De VILLIERS de Hesloup porte, d'après l'Armorial général de France, de Ch. d'Hozier (1696-1709), d'après le procès-verbal des Preuves de Noblesse du 19 avril 1780, ci-dessus relaté, et d'après de nombreux écussons de famille : *d'argent, à neuf croix recroisetées de sable, posées 3, 3 et 3; le tout chargé de deux lances aussi de sable, ferrées de gueules, brochant, posées en chevron les pointes en haut* (1).

BRANCHE CADETTE.

XLIV° LE ROY DE DAIS.

Vingt-unième degré de filiation.

Jules-Aymar du Buisson de Courson ; Marie-Stéphanie-Gabrielle Le Roy de Dais : — 11-12 *février* 1838. — Cette famille des LE ROY, sieurs d'Amigny, de Dais, du Campgrain, de Surville, du Gué, de Sonceboz, etc., est ancienne et originaire des élections de Coutances et de Carentan, en Basse-Normandie; sa noblesse a été authentiquement reconnue à différentes époques, notamment par un arrêt de la Cour des Aides de Normandie, en date du 27 mars 1494, ainsi que dans les *Recherches* de Roissy (1598-1599) et de Chamillart (1666-1667) ; elle compte des officiers de tout grade et plusieurs chevaliers de St-Louis. Au nombre de ses illustrations sont à citer deux capitaines provinciaux de l'Artillerie,

(1) Les armes de la maison de Villiers de Hesloup sont également gravées dans l'Armorial de Chevillard (XVIIIe siècle), mais avec une légère variante qui nous a fait préférer l'indication ci-dessus, plus authentique. D'après la gravure de Chevillard, elles se définiraient ainsi : *d'hermines, aux deux lances de sable, ferrées de gueules, posées en sautoir*. Mais on lit dans l'Armorial général de France, de Ch. d'Hozier, juge d'armes (1696-1709), manuscrit de la Bibl. Nationale (34 volumes de texte et 35 volumes d'armoiries), au volume (Normandie) de la généralité d'Alençon :

Alençon : 24 décembre 1700, page 498, n°s 63-64 : « Fut Gilles de « Villiers, *escuier*, seigneur de Hellou, suivant la déclaration de N... « (Suzanne) de Boullemer, sa veuve. Portait : *d'argent, à neuf croix de « Malte de sable, ayant leurs montants allongés du côté de la pointe et « posées 3, 3 et 3; à deux lances aussi de sable, ferrées de gueules, posées en « chevron les pointes en haut, brochantes sur le tout*. — Accolé : *d'or, au « chevron d'azur, accompagné de trois aiglons à deux têtes, de sable* (Armes « des Boullemer). »

Alençon : 30 juillet 1700; page 1076; n° 276 : « René de Villiers, *escuier*, « seigneur et patron de Hellou, La Bunache et autres lieux. »

un capitaine aide-major du Grand-Maître de l'Artillerie de France, un capitaine-gouverneur du château du Hommet-en-Cotentin (1), un lieutenant des Maréchaux de France à St-Lo et à Thorigny, sous Louis XVI, un général de brigade, commandeur de la Légion d'Honneur, etc.

Les preuves de noblesse fournies par cette maison devant d'Hozier, juge d'armes de France, pour la réception à St-Cyr, en 1735, de noble demoiselle Scholastique Le Roy du Gué, en font remonter la filiation à GUILLAUME LE ROY DE DAIE (*sic*), écuyer, maintenu, le 27 mars 1494, dans l'arrêt précité de la Cour des Aides de Normandie. Il est l'auteur de la branche de Dais et du Campgrain, qui vient de s'éteindre, et de la branche d'Amigny, éteinte vers 1720, toutes les deux restées en Basse-Normandie ; de la branche du Gué, passée en Lorraine et éteinte vers 1760 ; enfin de la branche de Sonceboz, en Suisse, sortie de Jacques Le Roy, quatrième fils de Charles, seigneur d'Amigny, et de Marie du Campgrain. Cette dernière branche existe peut-être encore de nos jours ; Jacques Le Roy, son auteur, était passé en Suisse pour échapper aux persécutions religieuses, et y a laissé postérité.

En raison des nombreuses branches de cette famille et de la difficulté de donner une généalogie *certaine* des membres qui nous occupent, nous allons reproduire les documents les plus intéressants parmi ceux que nous avons pu nous procurer.

On lit dans le *Registre de la recherche de la Noblesse de la généralité de Caen*, faite, ès années 1598-1599, par Jean-Jacques de Mesme de Roissy, conseiller d'Etat, Michel de Répichon, président des Trésoriers de France à Caen, et Jacques de Croixmare, conseiller en la Cour des Aides de Normandie, commissaires royaux :

(1) On lit dans les *Recherches sur les anciens châteaux du département de la Manche* (arrondissement de St-Lo), par M. de Gerville (*Antiquaires de Normandie*, années 1829 et 1830, page 283), canton de St-Jean-de-Daye:

« CHATEAU DU HOMMET :

« Dans le XVIIe siècle, il y avait encore une garnison au château du « Hommet. On m'a communiqué une sentence rendue par M. le comte « de Longaunay, gouverneur de Carentan, relativement à la solde de la gar- « nison du Hommet, commandée par *noble homme* GUILLAUME LE ROY DE « DAIE, à raison de 40 écus d'or soleil par mois. M. Le Roy du Campgrain, « descendant de ce commandant, auquel je dois cette communication, m'a dit « qu'il a vu d'autres pièces au moyen desquelles on prouverait facilement « qu'il y a eu garnison dans ce château sous le règne de Louis XIV. Le « croirait-on, en voyant les restes de son emplacement ? Croirait-on qu'en « moins de deux siècles, ce château des Connétables héréditaires de Nor- « mandie a entièrement disparu, qu'il n'en reste plus une seule pierre, que « les habitants du Hommet peuvent à peine indiquer son emplacement, « qu'il ne reste plus aucune trace de l'église, quoiqu'elle ait subsisté jusqu'à « la Révolution, et qu'au lieu d'un bourg où se tenait un marché, on ne « retrouve plus qu'un misérable hameau. »

« **3 *décembre* 1598.** — Guillaume Le Roy, paroisse du Lorey, « sergenterie de La Halle, élection de Coutances ; — A justifié ; — « Jouira (du privilége de noblesse). »

« **29 *décembre* 1598, *à* St-Lô.** — Guillaume Le Roy, sieur de « Dais, Henri et Jacques, ses fils, demeurant au Mesnil-Angot, « sergenterie du Hommet, élection de Carentan ; — Ont satisfait de « titres ; — Jouiront.

« Jean, Hector et André Le Roy, demeurant au Lorey, sergen- « terie de La Halle, élection de Coutances ;—Ont justifié ;—Jouiront.

« Jacques et Guillaume Le Roy, frères, demeurant à Camprond, « sergenterie de La Halle, élection de Coutances, justifieront être « descendus de Gilles, leur père ; — Ont depuis justifié, par certi- « ficat ; — Jouiront.

« Jean et Guillaume Le Roy, frères, demeurant audit Camprond, « justifieront être descendus de Richard ; — Depuis, ont satisfait.

« Charles et Beuves Le Roy, sieurs d'Amigny, y demeurant, ser- « genterie du Hommet, élection de Carentan, justifieront être « descendus de Louis, leur père ;—Ont depuis justifié ;—Jouiront. »

On lit dans le *Registre des Jugements* rendus, ès années 1634-1635, par Etienne d'Aligre, conseiller du Roi, et Jean Cardinet, trésorier général des Finances à Orléans, commissaires royaux départis pour l'examen des exemptions dues aux gentilshommes de la généralité de Caen :

« **Election de Coutances : 17 *décembre* 1634.** — N° 9. — Veu « les titres présentés par Pierre et Jean Le Roy, de la paroisse du « Lorey, enfants de Jean, fils Jean, et par Jacques et Gilles, de la « paroisse de Camprond, enfants de Gilles, et encore pour Gilles et « Pierre, ses neveux, de la paroisse du Lorey, lesdits Gilles et « Jean frères, enfants de Jacques, fils Gilles, fils Jean Le Roy, « écuyer ; — Jouiront.

« N° 10. — Veu les titres présentés par Jean et Louis Le Roy, de « la paroisse du Lorey, enfants de Raoul, fils Raoul, fils Jacques, « avons ordonné qu'ils justifieront plus amplement dans huitaine, « autrement, seront imposés en ladite paroisse ; — Ont justifié ; — « Jouiront.

« N° 77. — Veu les titres présentés par Pierre Le Roy, écuyer, « sieur de La . . . . , de la paroisse du Lorey, fils Guillaume, « fils Gilles, fils Jean Le Roy, écuyer ; veu les ordonnances des Com- « missaires des 3 décembre 1598 et 13 janvier 1624 ; — Jouira. »

« **Election de Carentan : 8 *décembre* 1634.** — N° 115. — « Veu les titres présentés par demoiselle Jacqueline de La Lande, « veuve de Jacques Le Roy, écuyer, sieur de Dais, paroisse du « Mesnil-Angot, pour elle et Hervé Le Roy, fils mineur d'elle et « dudit Jacques Le Roy, fils Guillaume, et pour Beuves Le Roy, « écuyer, sieur des Rivières, et René, son fils, paroisse de Littry, « élection de Bayeux, et pour Jacques Le Roy et Beuves frères, en- « fants de Louis, ledit Louis et Guillaume, fils Guillaume, fils Pierre « Le Roy, écuyer, sieur de Dais ; — Jouiront. »

On lit dans la *Recherche de la Noblesse de la généralité de Caen*, faite en 1666-1667 par messire Guy Chamillart, intendant en ladite généralité, et parmi les Nobles ayant justifié de 4 degrés :

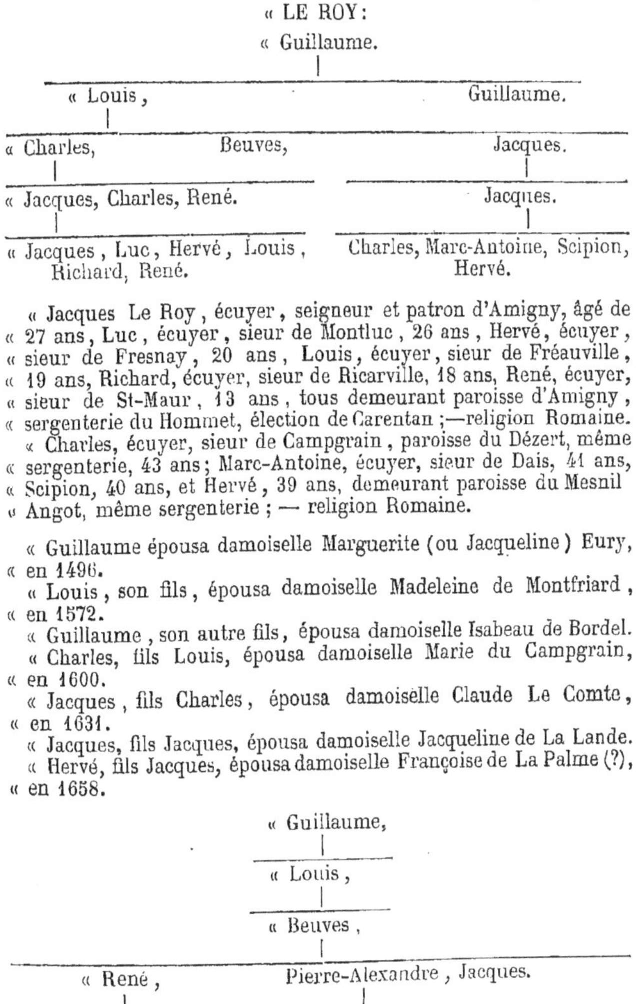

« LE ROY:

« Guillaume.

« Louis, — Guillaume.

« Charles, Beuves, — Jacques.

« Jacques, Charles, René. — Jacques.

« Jacques, Luc, Hervé, Louis, Richard, René. — Charles, Marc-Antoine, Scipion, Hervé.

« Jacques Le Roy, écuyer, seigneur et patron d'Amigny, âgé de « 27 ans, Luc, écuyer, sieur de Montluc, 26 ans, Hervé, écuyer, « sieur de Fresnay, 20 ans, Louis, écuyer, sieur de Fréauville, « 19 ans, Richard, écuyer, sieur de Ricarville, 18 ans, René, écuyer, « sieur de St-Maur, 13 ans, tous demeurant paroisse d'Amigny, « sergenterie du Hommet, élection de Carentan ;—religion Romaine.

« Charles, écuyer, sieur de Campgrain, paroisse du Dézert, même « sergenterie, 43 ans; Marc-Antoine, écuyer, sieur de Dais, 41 ans, « Scipion, 40 ans, et Hervé, 39 ans, demeurant paroisse du Mesnil « Angot, même sergenterie ; — religion Romaine.

« Guillaume épousa damoiselle Marguerite (ou Jacqueline) Eury, « en 1496.

« Louis, son fils, épousa damoiselle Madeleine de Montfriard, « en 1572.

« Guillaume, son autre fils, épousa damoiselle Isabeau de Bordel.

« Charles, fils Louis, épousa damoiselle Marie du Campgrain, « en 1600.

« Jacques, fils Charles, épousa damoiselle Claude Le Comte, « en 1631.

« Jacques, fils Jacques, épousa damoiselle Jacqueline de La Lande.

« Hervé, fils Jacques, épousa damoiselle Françoise de La Palme (?), « en 1658.

« Guillaume,

« Louis,

« Beuves,

« René, — Pierre-Alexandre, Jacques.

« Jean, Pierre. — Claude.

« Jean et Pierre Le Roy, écuyers, sieurs de Surville et du Parc.
« Louis épousa damoiselle Madeleine de Montfriard, en 1572.
« Beuves épousa damoiselle Judith Le Forestier, en 1607.
« René épousa damoiselle Jeanne Le Tellier, en 1632.
« Pierre épousa damoiselle Marie Roger.

« Le Roy porte : *d'argent, à trois merlettes de sable, 2 et 1.* »

On lit dans d'Hozier, *Armorial général* de France (Paris : in-4°; 1738), registre premier, seconde partie, page 469 :

« Anne-Jean-Victor Le Roy, sieur du Gué, chevalier de l'Ordre « militaire de St-Louis, commissaire provincial de l'Artillerie et « commandant aux Ecoles établies à Metz, naquit à Stenay le 11 sep- « tembre 1695, et fut marié, dans la même ville, le 22 octobre 1718, « avec Catherine Guérin, fille de Joseph Guérin, chevalier du même « Ordre de St-Louis, commandant le second bataillon du régiment « de l'Yonne, Infanterie, et d'Etiennette Coquin de La Bretonnière. « De ce mariage, il eut, entre autres enfants, Scholastique Le Roy « du Gué, née le 31 juillet 1723, et reçue à St-Cyr le 23 juillet 1735, « sur les titres qui ont été produits pour sa réception, et qui justi- « fient que ledit sieur Le Roy du Gué eut pour père et mère :

« Claude Le Roy, écuyer, sieur du Gué et du Verdier, capitaine- « aide-major au régiment de Saulx, lieutenant du grand-maître de « l'Artillerie, chevalier de l'Ordre militaire de St-Louis, et Catherine « Mariet, qu'il épousa le 20 novembre 1685, fille d'Anselme Mariet, « ancien maire de ladite ville de Stenay, et de Marguerite Heurté. « Ledit Claude fils de :

« Pierre-Alexandre Le Roy, écuyer, sieur du Gué, capitaine de « cavalerie dans le régiment de Bridieu, commissaire provincial de « l'Artillerie, et de Jeanne de Mathiron, mariée dans l'église de « Marchais, au diocèse de Soissons, le 18 juillet 1648, fille de Ber- « nard de Mathiron, avocat au Parlement de Paris, et de Michelle de « Mathiron. — Que ledit Pierre-Alexandre obtint du Roi une pension « de 1500 livres le 30 janvier 1654, en considération de ses services « et de ses blessures ; qu'il eut pour frère Jacques Le Roy, écuyer, « mort au service du roi Louis XIII, et qu'ils étaient enfants de :

« Beuves Le Roy, écuyer, sieur du Gué, et de Judith Le Forestier, « qu'il épousa le 24 juillet 1607, fille de Jacques Le Forestier, « écuyer, sieur de Pringy, et de Marie Le Tourneur. Ledit Beuves « fils de :

« Noble homme Louis Le Roy, écuyer, sieur d'Amigny, et de « Madeleine de Montfriard, mariée le 1er juillet 1572, fille de noble « homme Jacques de Montfriard, sieur de Coujon, et de Guillemette « Le Painteur. — Que ledit Louis Le Roy, et Guillaume Le Roy, son « frère, étaient enfants de :

« Noble homme Guillaume Le Roy, seigneur dudit lieu d'Amigny, « de Daie *(sic)*, etc., et de Jacqueline du Mesnil-Eury.

« *D'argent, à trois merlettes de sable, posées deux et une.* »

Nota. — L'écusson est gravé dans le texte.

On peut encore consulter sur cette famille le *Dictionnaire universel de la Noblesse de France*, par de Courcelles (Paris : 1820), tome II, page 260.

Dans la branche Normande DE DAIS, sont à signaler : 1° messire N... Le Roy de Dais, lieutenant-général des Maréchaux de France à St-Lo et à Thorigny, sous Louis XVI, dont les services sont établis par l'*Almanach de Normandie* de 1788 (Bibliothèque Nationale, L. 23, 66), et par l'*Etat militaire de la France en* 1789 ; 2° et 3° Nicolas-François-Auguste Le Roy de Dais, sieur du Mesnil-Angot, et son fils Jean-François-Auguste Le Roy, chevalier de Dais, ancien officier au régiment de Piémont, Infanterie, qui comparurent aux assemblées de la Noblesse du bailliage de St-Lo en 1789 (Ext. de la minute des procès-verbaux des assemblées de la Noblesse en 1789 : Archives nationales, B. a. IV, 27).

Au commencement du siècle actuel, cette branche de Basse-Normandie s'était divisée en deux rameaux. — L'un de ces rameaux était représenté par messire CHARLES-AUGUSTE LE ROY DU CAMPGRAIN, membre du Conseil général de la Manche, chevalier de la Légion d'Honneur, né en 1769, décédé à Valognes le 6 septembre 1830, laissant, de son union avez Mlle EUGÉNIE BAUQUET DE GRANDVAL, un fils et deux filles :

1° Louis-ERNEST LE ROY DU CAMPGRAIN, mort le 20 novembre 1870, à l'âge de 65 ans, sans laisser de postérité de son alliance avec Mlle du Parc ;

2° Claire-Eugénie, décédée célibataire à Valognes le 11 août 1870, à l'âge de 66 ans ;

3° N... Le Roy du Campgrain, qui a épousé M. Gustave-Henri Le Prévost de La Moissonnière, dont elle est devenue veuve le 1er janvier 1869, et dont elle a eu deux fils, Arthur et Charles, mariés l'un et l'autre avec deux sœurs, Mlles de Marguerit de Rochefort, dont postérité.

Mme veuve Le Prévost de La Moissonnière habite aujourd'hui (1876) la ville de Valognes, avec son fils aîné.

M. GUSTAVE-ALEXANDRE LE ROY DE DAIS, représentant de l'autre rameau, colonel d'infanterie sous la Restauration, officier de la Légion-d'Honneur, avait épousé dans les premières années de ce siècle Mlle PAULINE-ROSE D'ALBIGNAC (1), fille de messire Pierre-Lévy, comte d'Albignac, ancien lieutenant des Gardes du Roi, à Bayeux, en 1787, devenu, sous

(1) D'ALBIGNAC : ancienne famille noble de Rouergue, Languedoc et Guyenne, titrée du titre de *comte*, dont une branche s'établit, vers le milieu du XVIIIe siècle, en l'élection de Bayeux.

Armes : *d'azur, à trois pommes de pin d'or*, 2 et 1. — Devise : *Nihil in me, nisi valor*.

le règne de Louis XVIII, major des Gardes-du-Corps et grand-croix de l'Ordre militaire de St-Louis.

De cette union, sont sortis deux enfants :

1° Raoul-Pierre-Eugène Le Roy de Dais, né à Bayeux le 1er avril 1814. Entré au service en 1832, comme élève de l'Ecole militaire de St-Cyr, sous-lieutenant en octobre 1834, ayant longtemps servi en Afrique, où il fut nommé capitaine en 1841, chef de bataillon en 1852, après les événements du 2 décembre 1851, où son énergie fut remarquée, ayant conquis en Crimée le grade de lieutenant-colonel et la croix d'officier de la Légion-d'Honneur, il fut nommé ensuite colonel du 98e de ligne le 12 mai 1860, après avoir fait la guerre d'Italie, où il passa dans la Garde, et fut élevé à la dignité de commandeur de la Légion-d'Honneur en 1864. Promu au grade de général de brigade le 14 juillet 1870, il fit la campagne du Rhin dans le 6e Corps et prit une part active aux batailles de Borny, de Gravelotte et surtout de St-Privat, où une balle lui effleura la tête et traversa son képi. Fait prisonnier avec l'armée de Metz et interné à Hambourg, puis rentré en France après le traité de paix, il reçut le commandement d'une brigade, qui prit une large part aux opérations du deuxième siége de Paris contre la Commune Révolutionnaire. Dans la journée du vendredi 26 mai 1871, il fut frappé à mort dans Paris, à la tête de sa brigade, par la balle d'un assassin tirant d'une fenêtre. La dépêche *officielle* du lendemain, 27, rendant compte des actions militaires dans le quartier de Belleville, annonçait sa mort en ces termes d'une éloquente simplicité. « Le « nombre de nos morts et de nos blessés n'est pas grand, « mais les coups sont sensibles. Ainsi nous avons à regretter « le général Le Roy de Dais, *l'un des officiers les plus « braves et les plus distingués de nos armées.* »

Le corps du général de Dais fut rapporté à Bayeux et inhumé le jeudi 1er juin, après un service à la cathédrale ; sur sa tombe, des discours pleins d'émotion furent prononcés par le général de Vendœuvre, par le préfet du Calvados et par M. Jules Morin de La Rivière, ancien capitaine de frégate, ami du défunt.

D'un caractère doux et bienveillant, Raoul Le Roy de Dais était aimé et estimé de tous ceux qui le connaissaient ; modeste, il possédait au plus haut degré les qualités de l'homme de bien. Sa vie pourrait se résumer en quatre mots : *Bon ami, brave soldat.* Il était, depuis la mort de son cousin Ernest Le Roy du Campgrain, le dernier représentant mâle de sa maison en Normandie ; avec lui, elle est éteinte.

2° Marie-Stéphanie-Gabrielle Le Roy de Dais, née à Bayeux le 18 décembre 1815 ; mariée à la date des 11-12 février 1838, comme nous l'avons vu ailleurs, par Mgr Louis-François Robin, évêque de Bayeux, avec M. Jules-Aymar du Buisson de Courson, dont deux fils, anciens militaires, Georges et

Roger de Courson, et une fille, Marie, religieuse au couvent des Bénédictines de Caen.

Mme Aymar de Courson (Gabrielle de Dais) est décédée en son hôtel, à Bayeux, le 18 juin 1874; son corps a été inhumé le lundi suivant (22 juin) dans le cimetière de l'église cathédrale de cette ville.

LE ROY DE DAIS, DU CAMPGRAIN, D'AMIGNY, DU GUÉ, DE SONCEBOZ, etc., porte, d'après les *Maintenues* de Chamillart, d'après d'Hozier et d'après l'*Armorial* gravé de Chevillard (XVIIIe siècle) : *d'argent, à trois merlettes de sable, 2 en chef et 1 en pointe* (1).

XLV° GOSSET DE LA ROUSSERIE.

Vingt-deuxième degré de filiation.

GEORGES-PAUL DU BUISSON DE COURSON; LOUISE-MARIE-THÉRÈSE GOSSET DE LA ROUSSERIE : 22 *août* 1874. — Il a existé en Normandie plusieurs familles du nom patronymique de GOSSET. La plus ancienne et la plus illustre est assurément celle qui possédait au XVe siècle la seigneurie importante de LIEUREY (2). En 1498, Charles Aux-Épaules, seigneur de

(1) Ces armes sont peintes également, au nom de Jacques-Antoine Le Roy, sieur d'Amigny, et de Henry Le Roy, écuyer, dans l'Armorial général de France, de Ch. d'Hozier (1696-1709), manuscrit de la Bibl. Nationale, comprenant 34 vol. de texte et 35 d'armoiries.

(2) LIEUREY : commune actuelle de 2,152 habitants, canton de St-Georges-de-Vièvre, arrondissement de Pont-Audemer (Eure). Une partie de la nef de l'église est du XIe siècle. — Quatre foires annuelles; commerce de rubans, satins et damas.

On lit dans les « *Mémoires et Notes de M. Auguste Le Prévost, pour servir* « *à l'histoire du département de l'Eure*, publiés par MM. L. Delisle et L. « Passy (In-8°; Evreux; A. Hérissey; 1866), tome II, 2e partie, pages 310 « et 311 :

« LIEUREY—. . . . . Au XVe siècle, Lieurey appartenait à la famille GOSSET. « En 1498, Charles de Ste-Marie Aux-Epaules en devint seigneur par son ma- « riage avec Anne Gosset. Henri-Robert, son petit-fils, ne laissa que des filles. « La dernière, Judith Aux-Epaules, hérita des seigneuries de Lieurey, de Gié, « de La Tillaie, de La Garde, du Breuil, de Mont-Rôti, des Mortiers, de « Bosgouët, et les porta en dot, en 1607, à Jacques du Fay, seigneur du « Taillis, comte de Maulévrier et sire de Bourg-Achard. La descendance de « ce personnage conservait encore, en 1720, le château du Lieurey, qui, à

Ste-Marie-du-Mont, d'une des familles d'ancienne chevalerie du Cotentin, fils aîné de Georges Aux-Epaules et de Madeleine de Dreux, après avoir accompagné le roi Charles VIII dans son expédition d'Italie en 1495, épousa, en 1498, noble dame ANNE GOSSET, veuve de Gilles de Heudreville et fille de Nicolas Gosset, écuyer, seigneur de Lieurey. Cette famille Gosset, dont les membres étaient en outre seigneurs de La Tillaye, de Heudreville, et baillis d'Orbec, probablement éteinte en ligne masculine, puisqu'on n'en trouve plus trace dans les *Recherches* postérieures de la Noblesse en Normandie, étrangère, d'ailleurs, croyons-nous, à celle qui nous occupe, portait : *d'azur, au sautoir de sinople, chargé de cinq besants d'or et accompagné de quatre croisettes de gueules* (1).

Bien que nous manquions de documents précis et surtout détaillés sur les GOSSET, sires des AULNAIS, de LA ROUSSERIE et autres lieux, alliés en 1874 à la maison du Buisson de Courson-Cristot, par suite de l'égarement de leurs pièces de famille dû à des circonstances malheureuses et à des dissentions intestines, nous savons néanmoins d'une façon certaine que cette famille Normande est originaire de l'élection de Lisieux en l'ancienne généralité d'Alençon ; que ses membres y ont résidé pendant une longue période ; que sa noblesse n'est pas très-ancienne ; qu'elle est due principalement à l'exercice de plusieurs offices de judicature ou d'échevinat. Avant et même depuis la possession de la vavassorie de *La Rousserie* (2), acquise en 1710, plusieurs de ses membres étaient qualifiés *sieurs des Aulnais* ; le dernier qui se soit appelé ainsi, Louis Gosset des Aulnais, est mort jeune et sans alliance vers 1820 ou 1822, et était alors garde-du-Corps du roi Louis XVIII.

Parmi les ancêtres maternels des représentants actuels sont

« l'époque de la Révolution, appartenait à M. de Milleville. Cette seigneurie « ne donnait que le titre de seigneur de la paroisse ; le droit de patronage « appartenait aux Chanoines de Lisieux. . . . . Etc. »

(1) Voir La Rocque, *Histoire de la maison d'Harcourt* (généalogie DU FAY), pages 44 et 45, et La Chesnaye-Desbois, *Dictionnaire de la Noblesse* (Paris : 1774), tome VII, page 314, *verbo* GOSSET.

Une autre famille de Normandie du nom de GOSSET, établie depuis longtemps en Angleterre, porte : *d'azur, à un annelet d'or et trois gousses de fèves, feuillées et tigées, mouvantes de l'annelet et rangées en pairle de même ; au chef d'argent, chargé d'une aiglette de sable.*

(2) *Vavassorie de* LA ROUSSERIE : actuellement terre d'un peu plus de 60 hectares, située dans un vallon un peu perdu de la commune de Lessard-et-Le-Chêne, canton et arrondissement de Lisieux (12 kilom.), département du Calvados. — Ladite commune, située sur la Vie, est desservie par la poste de St-Julien-le-Faucon et, dans son église, on voit encore des statues du XVe et du XVIIe siècle.

à citer : les Duvergier de Hauranne, les Le Couteulx (de la branche de Verclives), les de Penthou, ou de Panthou, les de La Rocque, etc.

Voici l'indication sommaire de la filiation des *quatre* derniers degrés :

I° JEAN-BAPTISTE Gosset, sieur de La Rousserie, né à Lisieux vers 1750 ; — devenu conseiller au bailliage et siége présidial de Caen, et exerçant encore ces fonctions en 1789 (1), ainsi qu'il résulte des indications de l'*Almanach de Normandie* pour ladite année (page 254) ; — ayant eu à soutenir un gros procès, qu'il gagna, au sujet de son fief de *La Rousserie*, contre le marquis de Prie, possesseur de vastes domaines dans le pays, et qui prétendait assujettir cette vavassorie, libre et franche, à certaines redevances féodales ;

Marié avec noble demoiselle N..... DE PENTHOU (ou DE PANTHOU), d'une très-vieille famille de la généralité d'Alençon dont :

II° JEAN-ANDRÉ-ALEXIS Gosset, sieur de La Rousserie, né vers 1780 à Lisieux, dans une maison, appelée *le manoir Gosset*, que sa famille y possédait depuis longues années ; devenu, au début de la Restauration et après avoir occupé plusieurs positions dans la magistrature, conseiller à la Cour royale de Rouen ; décédé peu de temps après, en 1815, à Rouen, à l'âge de 35 ans à peine ;

Marié à Rouen, en 1808, avec Mlle MARIE-APPOLINE LE PICARD, qui, après la mort de son mari, épousa en deuxièmes noces, en 1826, M. Le Barois des Barres, mort dans un âge fort avancé vers 1873.

De l'union précitée de Jean-André-Alexis et de Marie-Appoline Le Picard est sorti :

III° AMÉDÉE Gosset de La Rousserie, né à Rouen le 14 mai

(1) Au 1er janvier 1789, le bailliage et siége présidial de Caen était composé de la manière suivante :

MM. De Lisle-Duperré, écuyer, *lieutenant-général ;* De Than, *lieutenant-général d'Epée ;* Le Harivel de Gonneville, *lieutenant-général de police ;* Barbey du Longbois, *lieutenant-général-criminel ;* Daigremont, *lieutenant-particulier civil et criminel.*

Conseillers au Présidial et au Bailliage : MM. Andrey, doyen ; Dudouet, H. ; Laisné, H. ; de La Bérardière, H. ; de Saint-Manvieu, H. ; Despalières père, H. ; Dubisson ; Le Portier ; Pyron ; Housset ; DE LA ROUSSERIE ; de Vauville ; Quinette ; Ségouin de La Rivière ; de La Chouquais ; Rousselin ; Foubert de Laize.

Gens du Roi du Présidial et Bailliage : MM. Dudouet-Descours, premier avocat du Roi ; Revel de Bretteville, procureur du Roi ; Daigremont fils, second avocat du Roi ; Le Bidois, substitut ; de Morigny, receveur des consignations ; Le Chevalier, commis des gens du Roi.

Greffiers maîtres : MM. Rast ; Fouache ; Féron ; Chaperon ; Deslongbeaux.

1810; actuellement propriétaire, demeurant alternativement à Rouen, et à sa terre de Cauverville-en-Roumois (Eure);
Marié à Rouen, le 14 mai 1840, avec Mlle LOUISE-MATHILDE DE LA ROCQUE, dont une fille et un fils :

1° Louise-Marie-THÉRÈSE Gosset de la Rousserie, née à Ouville-l'Abbaye, arrondissement d'Yvetot (Seine-Inférieure), le 28 septembre 1844; mariée à Rouen, le 22 août 1874 (C. A., n° 274, page 308), avec M. GEORGES-Paul DU BUISSON DE COURSON, capitaine d'infanterie démissionnaire;
2° Louis-GEORGES Gosset de La Rousserie, né le 21 mai 1849; licencié en Droit.

ARMES. — Nous avons eu quelque peine à être fixé sur les armes des GOSSET DE LA ROUSSERIE, à défaut de documents de famille; néanmoins, en raison de leur résidence habituelle à Lisieux, nous sommes fort enclin à croire que ces armes sont les mêmes que celles qui sont indiquées dans l'*Armorial général de France*, manuscrit de d'Hozier (1696-1709), à la page 1180 du volume (Normandie) de la généralité d'Alençon, et au nom du sieur N... GOSSET, curé du Mesnil-Durand, près Livarot, c'est-à-dire : *Lozangé d'argent et d'azur.*

XLVI° D'ORSANNE DE THIZAY.

Vingt-deuxième degré de filiation.

JOSEPH-ROGER DU BUISSON DE COURSON; JEANNE-MARIE-NOEL D'ORSANNE DE THIZAY : 30-31 *mai* 1876. — La noble maison D'ORSANNE ou D'ORSENNE, en latin *de Orsannâ*, *de Ursannâ*, d'ancienne extraction, est originaire des confins de la Marche et du Berry. Pour établir son antiquité, on pourrait presque se contenter de citer les passages de deux jugements rendus en 1859 par les tribunaux de Bourges et de Quimper, lorsque les membres de cette maison voulurent faire fixer d'une manière irrévocable l'orthographe si variable de leur nom et constater en même temps son origine féodale. En effet, le jugement du tribunal civil de Quimper indique que « son « origine se perd dans la nuit des temps »; le jugement du tribunal de Bourges, en date du 17 juin 1859, après avoir prouvé sa haute antiquité par les documents qu'il relate, se termine ainsi :
« Attendu que le Tribunal se trouve donc en présence d'un « nom féodal consacré par des documents qui ont un véri-« table intérêt historique, et cela *depuis près de sept cents ans;*

« Que ce nom vient du fief *Ursannum*, *Orsanna*, et plus tard « ORSANNE, ORSENNE (1), et que, si l'on doit s'étonner d'une « chose, c'est que ce nom ait conservé son caractère et sa « pureté originels à travers les âges, et que l'apostrophe « apparaisse à toutes les époques et presque sans lacune; « car, comme le fait observer Béthencourt dans son livre des « *Noms féodaux*, les élisions marquées par l'apostrophe « étaient peu ou point connues dans les anciennes écritures;

« Qu'il résulte des pièces produites que l'orthographe pri« mitive du nom patronymique de la famille des demandeurs « était *d'Orsanne*; etc. »

N... d'Orsanne, chevalier (*Dorsennus*, *miles*), vivait à la fin du XIe siècle, ainsi que le prouvait une épitaphe que l'on voyait, à la fin du siècle dernier, à Argenton, bourg voisin d'Orsanne.

En 1189, GILBERT d'Orsanne (*Gilbertus de Orsannâ*) figure comme témoin, avec Philibert de Malicorne, dans une charte de donation de Hugues de Naillac, passée devant Henri de Seuly (ou Sully), archevêque de Bourges, au profit du prieuré de Verneuil (2), et publiée par Catherinot, historien du Berry.

En 1356, RENÉ d'Orsanne, écuyer, seigneur des Marches, d'Orsanne, de Thizay, homme d'armes des Ordonnances du Roi (Jean-le-Bon), fut fait prisonnier, avec son souverain, à la bataille de Poitiers, et resta trois ans captif en Angleterre. D'après une constante tradition de famille, le roi Jean, pour perpétuer le souvenir de son dévouement, ajouta à ses armoiries (qui étaient: *d'argent, au chevron de gueules*) un *chef* ou plutôt une *bande d'azur, chargée de trois mâcles d'or*, emblèmes de trois anneaux de chaîne, en mémoire de ses trois années de captivité (3); de cette circonstance aussi date la devise de famille que ses descendants conservent encore: *Spes captivos alit.* — (Catherinot.)

PIERRE d'Orsanne, écuyer, qui devint seigneur du Souchet, de Vorlay, etc., fils du prisonnier en Angleterre, après avoir combattu, dans sa jeunesse, à la journée de Rosebecque,

(1) ORSANNE, actuellement ORSENNE: ancien fief considérable situé près d'Argenton-sur-Creuse, dont l'église était sous le patronage de N.-D. de Déols; — aujourd'hui commune de 1,890 habitants, sur un affluent de la Gargilesse, canton d'Aigurande, arrondissement de La Châtre (Indre).

(2) Cette charte se termine ainsi:

« ..... Hoc autem factum est per manus Henrici, archiepiscopi Bitu« ricensis, anno Incarnationis Domini 1189. Hujus rei testes sunt: Robert « Avisart, Petrus Beatus, Philibert de Malicorne, GILBERTUS DE ORSANNA. »

(3) Ces armes ont été consacrées, 311 ans après, par l'ordonnance de maintenue de 1667.

en Flandre, en 1382, quitta les environs d'Argenton-sur-Creuse pour s'établir au château du Souchet (1), près d'Issoudun, probablement à la suite de son mariage, contracté vers 1390, avec la petite-fille d'un chevalier anglais, MARIE BASTONN, dame de Vorlay, dont tous les biens étaient dans la mouvance d'Issoudun. Cette alliance établit pour longtemps la race de Pierre dans le voisinage de cette ville, et c'est à lui que La Thaumassière, dans son *Histoire du Berry*, commence la filiation authentique de cette famille, degré par degré.

JEAN d'Orsanne, écuyer, seigneur du Souchet, de Vorlay, de Chaugy, etc., filleul de Jean de France, duc de Berry, et fidèle à son roi Charles VII, successivement conseiller du duc, puis maître des requêtes, conseiller et procureur du Roi à Issoudun, commissaire royal en plusieurs provinces pour la levée de la taxe des Francs-Fiefs, se fit remarquer, en 1435, avec le sire de La Châtre, à la défense de la ville d'Issoudun contre Villandandro, chef d'une compagnie franche. Il servit son prince et son pays « si exactement, » dit Catherinot, « qu'il en négligea ses affaires « domestiques, et cette négligence du bien particulier pour « l'intérêt public, jointe avec les dégâts des Anglais, ces « hôtes importuns de la France, pensa le réduire à un « fâcheux état »; si fâcheux que, quoiqu'il possédât des fiefs ou des droits seigneuriaux à Issoudun, Arneure, Saint-Georges-sur-Moulon, Vorlay, au Souchet, à Segry, Villeines-sur-Théols, St-Léger, Villardeau, Chouday, Raince, Villesaison, Villefaveu, Vatan, Buxeuil et autres lieux, ses enfants et petits-enfants se trouvèrent dans l'impossibilité de faire accepter par le chancelier du Berry les actes de foi et hommage de leurs fiefs, grevés de dettes énormes (2).

PIERRE d'Orsanne, chanoine de la Ste-Chapelle de Bourges, plus tard abbé de St-Pierre-de-Vierzon, véritable type du prêtre au moyen âge, chez qui l'énergie et l'esprit religieux

(1) Extrait des archives de Bourges, par Catherinot, en 1650 :

« Le lieu du SOUCHET est dans la maison d'Orsanne dès 1400, et Pierre « d'Orsanne, seigneur de Vorlay, père de Jean d'Orsanne, était aussi « seigneur du Souchet.... On sait que ces sortes de domaines, si anciens « dans les familles, ne reçoivent pas de prix..... Cette terre est franche et « libre de toutes charges et peut-être la plus allodiale qui soit en Berry; « elle est dans la franchise d'Issoudun et exempte de tailles et gabelles; elle « ne relève d'aucun seigneur, ne paie ni cens ni rentes, pas même de « dixmes. Enfin, elle est telle que Dieu l'a créée et il semble que ce canton « de terre soit l'unique modèle qui nous reste de ce que nos anciennes « histoires et chartes appellent *Allodium* et opposent ordinairement à *Feudum.* »

(2) Voir les ouvrages divers de Catherinot sur le Berry, vers 1650; — La Thaumassière : *Histoire du Berry ;* — Cajeron : *Archives de Bourges ;* — les archives du Cher, etc.

n'excluaient ni la prudence, ni l'habileté, rétablit la fortune de ses neveux. Ses armes se trouvaient encore au siècle dernier sur les vitraux de la maison canoniale qu'il avait fait bâtir à Bourges en 1450.

GUILLAUME d'Orsanne, homme d'armes de Louis XI, « pour « imiter aucuns de ses ancêtres qui avaient servi l'Etat dans « l'armée, se fit soldat et mourut au lieu d'honneur, sous « le règne de Louis XI et à son service (1). »

JACQUES d'Orsanne, écuyer, seigneur du Souchet, de Vorlay, etc., fut député à la cour du roi Charles VIII pour y défendre les intérêts de la ville d'Issoudun contre le comte de Blois, prince du Sang, qui voulait démembrer le bailliage d'Issoudun, alors un des plus considérables du Royaume (2). Ses armoiries avaient, d'après Catherinot, des supports allusifs à son nom (*de Ursanâ*), c'est-à-dire deux ours.

Haut et puissant seigneur ANTOINE d'Orsanne, écuyer, seigneur de Thizay (3), du Souchet et autres lieux, conseiller du Roi, lieutenant du bailli d'Issoudun, maître des requêtes de la reine Marguerite de Navarre, et ayant assisté à la rédaction de la Coutume du Berry en 1535, subit l'influence de son séjour à la cour de sa souveraine et de ses liaisons avec Michel de l'Hospital, Théodore de Bèze, Cujas et autres calvinistes fougueux. Il propagea avec ardeur les idées de la Réforme dans tout le Bas-Berry, résista avec audace aux arrêts du Parlement, fut obligé de se réfugier à Genève en 1560, continua, en 1562, dans son château de Thizay, la propagande religieuse, et poussa les choses si loin que le Parlement décréta la confiscation de ses biens et sa prise de corps, « si faire se pouvait », ce qui, paraît-il, n'était pas facile. Ses luttes avec l'un des chefs catholiques, Charles de Barbançois, qui voulait le faire écorcher vif, si l'on en croit Théodore de Bèze, sont des plus curieuses. — Parmi les nombreux documents relatifs à cet Antoine, il faut mentionner une longue poésie latine du chancelier de l'Hospital, qui raconte dans le plus grand détail un voyage qu'il fit en Savoie, en quittant la cour de François Ier, avec Antoine d'Orsanne, *son amy intime* (sic), pour rejoindre « Mme Mar« guerite de France, duchesse de Berry et de Savoie (4). »

(1) Voir Cajeron, Catherinot, La Thaumassière.

(2) Cajeron. — La Thaumassière.

(3) THIZAY : ancienne seigneurie, aujourd'hui commune de 570 habitants, sur la Vignole, canton et arrondissement d'Issoudun (Indre).

(4) Voir Raynal, *Histoire du Berry ;* — Théodore de Bèze, *Histoire ecclésiastique*, tome Ier, pages 104, 297, 761 et 762 ; — les œuvres de l'Hospital ; — Cujas, *OEuvres*, tome VIII, page 1254 ; — La Thaumassière — Catherinot ; — Cajeron.

Antoine laissa deux fils, tous les deux dévoués au parti de Henri IV ; ce sont :

1° François, capitaine d'une compagnie au service du Roi (Henri IV).

2° Claude d'Orsanne, écuyer, seigneur de Thizay, du Souchet, etc., qui fut revêtu des mêmes charges que son père. Il remplit en Berry, avec un égal courage, les fonctions de juge et de capitaine, « demeurant, pendant les guerres de « la Ligue, ferme en l'obéissance du Roy. Il résista avec « vigueur au maréchal de La Châtre, qui commandait en « Berry pour le parti de la Ligue et qui le fit chasser « d'Issoudun, pendant qu'il en fut le maître. » — Lorsque la paix fut rétablie, il rendit de grands services à la ville d'Issoudun, en obtenant d'Henri IV la confirmation des immunités et priviléges qui avaient été accordés à cette ville par les rois, ses prédécesseurs (1).

Citons encore René d'Orsanne, écuyer, seigneur de Thizay, qui fit partie des Etats-Généraux de 1614, et, plus tard, un autre Antoine d'Orsanne, grand-vicaire et ami du cardinal de Nouailles, archevêque de Paris, qui se rendit célèbre sous la Régence par l'ardeur de ses opinions jansénistes; le duc de St-Simon en parle dans ses *Mémoires*.

Nous ne pouvons pas laisser dans l'ombre la situation qu'eut sous Louis XIV un autre René d'Orsanne, qui prouva sa noblesse de race en 1675, selon une ordonnance du 6 mars à cette date, et en faveur duquel ce monarque, « *pour reconnaître les services que ledit* René d'Orsanne *et « ses ancêtres ont rendu à Nous et à l'Etat depuis trois « siècles* », joignit, en 1685, les hautes justices de Condé et de La Gravole, et la châtellenie de St-Léger, à la haute justice de Thizay, ancienne terre patrimoniale de cette famille (2). Le même René, qui avait accepté l'échevinat du quartier St-Sulpice de Bourges, obtint, en 1696, un arrêt du Conseil d'Etat le déchargeant, comme noble d'extraction, du paiement des taxes dues par les nobles du mairat et de l'échevinat de Bourges.

En résumé, depuis Henri IV jusqu'à nos jours, la famille d'Orsanne a été représentée dans chaque guerre par quelques-uns de ses membres. Sur 46 d'Orsanne qui formèrent les générations de cette race, 36 portèrent l'épée, 10 la robe et, sur ces 10, plusieurs furent à la fois hommes de robe et

(1) Voir d'Hozier, *Armorial de France* ; — La Thaumassière ; — Raynal ; — Catherinot ; — Cajeron ; — les Archives de la mairie d'Issoudun ; — les Archives de Bourges.

(2) Extrait des registres du Parlement : 1685.

hommes d'épée; « car, dans cette famille », dit l'historien Catherinot, « il n'y eut jamais que des officiers de justice et « de milice. » — Plusieurs rejetons de ladite famille, qui compte un grand nombre d'officiers distingués, cinq chevaliers de St-Louis, des gouverneurs de places fortes, des pages, des officiers de la maison du Roi, ont payé de leur vie l'honneur de servir leur pays. Cinq d'entre eux furent élus cornettes de la Noblesse du Berry pendant les guerres désastreuses de la fin du règne de Louis XIV, alors que le ban et l'arrière-ban de cette brave Noblesse française étaient convoqués pour sauver le pays menacé. Trois d'entre eux, les chefs des trois branches, sous les ordres des maréchaux de Turenne et de Créquy, eurent l'honneur de commander une partie de la Noblesse du Berry, et de rapporter dans leurs châteaux de Thizay, de Sarragosse et de Montlevie les étendards qu'ils avaient portés et défendus pendant la campagne.

Plusieurs rois ont voulu récompenser par des témoignages particuliers les services militaires de cette maison. Louis XIV fit conduire à Sarragosse deux canons, pour reconnaître les longs et honorables services de Toussaint d'Orsanne. Louis XV distingua aussi cette famille d'une façon toute particulière par le don gracieux qu'il fit à Antoine d'Orsanne de Montlevie, le 10 novembre 1732, du château des Moulins-Bastard, près de Bourges.

Les preuves de noblesse de la maison d'Orsanne ont été faites successivement: — en 1667 (arrêt du Conseil d'Etat faisant remonter la filiation jusqu'en 1360), — le 6 mars 1675, — en 1696, — le 7 novembre 1715, — en octobre 1728, pour les Pages, — en 1750, pour La Flèche, — le 3 mars 1769, pour Malte, etc. (1).

En 1789, si les membres de cette famille acceptèrent généreusement les grandes réformes réclamées par la justice et ensuite défigurées par la violence, ils s'élevèrent avec énergie contre les excès des passions révolutionnaires, et, soit à Paris dans la garde du Roi, soit à l'armée de Condé, soit dans leurs terres, ils s'efforcèrent, comme par le passé, de servir leur pays, en défendant la religion, la justice et la royauté. Trois d'Orsanne firent partie de l'armée de Condé; deux furent tués dans les rangs des émigrés. — Pendant que ses cousins se battaient hors de France, René d'Orsanne

(1) Consulter encore, sur les d'Orsanne: Le P. Anselme, *Grands Officiers de la Couronne*, tome VIII, p. 666; — La Chesnaye-Desbois, *Dictionnaire de la Noblesse*, tome VII, p. 57 et 632, et tome X, p. 658; — St-Simon, *Mémoires*, liv. XIII, p. 248 et 249; — Archives du Cher, *Actes de foi et hommage*, de 1430 à 1541; — Archives du Cher, *Actes Béroult* (contrats de mariage), p. 138 et 229; — Archives nationales, *Aveux* depuis 1659.

de Thizay, jeune homme de 17 ans, courait s'enfermer dans Lyon, assiégée par les troupes républicaines, et fut massacré dans une sortie, en 1793, « après avoir donné » dit son général, le comte de Précy, « des preuves de la plus bril- « lante valeur.... et est mort universellement regretté de « tous ses camarades et de son général. »

La maison d'Orsanne s'est distinguée à toutes les époques par le choix et même l'éclat de ses alliances; parmi les plus notables, on peut citer les familles Bastonn de Vorlay (1390), de La Rivière (1472), de Gougnon de Clois (1511); Labbé de Montvéron, de Grené, de Valenciennes, Bouffet de St-Aoust, de Rotrou, du Ligondès de Genouillac, de Gamarches de Lagny, Aucapitaine, du Ligondès de Connive, du Breuil, du Bost de Gargilesse, Garnier de Farville, de L'Estang de Condé, de Costentin, d'Ivoy, de Catherinot, de Chamborand, de Contré-Lésignem, de Maussabré, de La Taille, de Bousingen, de Bar, Hanapier d'Ormes, de Minvieille, de Raguenet de St-Albin, de Waters, de Meaux, de Lockhart, du Buisson de Courson-Cristot.

Les détails qui précèdent permettent de se rendre compte de l'ancienneté chevaleresque de la maison d'Orsanne; il ne nous semble donc pas nécessaire de reproduire ici la généalogie de cette famille donnée, degré par degré, par La Thaumassière, depuis la seconde partie du XIVe siècle, et par plusieurs autres historiens du Berry. Nous nous contenterons de constater qu'à la fin du siècle dernier, elle s'est divisée en deux branches :

1° La branche aînée, celle qui nous occupe principalement, dont nous allons indiquer ci-après les derniers rejetons;

2° La branche puînée, celle des sires de MONTLEVIE, représentée par *Louis* D'ORSANNE, vicomte de Montlevie, marié, le 20 avril 1805, avec Mlle *Augustine* DE GARNIER-FARVILLE, d'une des premières familles du pays Chartrain, dont il a eu un fils et une fille :

1° Aimé d'Orsanne de Montlevie, né en 1806, officier de cavalerie, chevalier de la Légion-d'Honneur, sans alliance;

2° Hippolyte, née en 1808, et mariée, le 15 avril 1828, avec M. Alphonse du Bost de Gargilesse, ancien officier de cavalerie, chevalier de la Légion-d'Honneur; de cette alliance, une fille nommée Isabelle.

Branche aînée et ses représentants actuels.

I° *Louis-René* D'ORSANNE DE THIZAY, chevalier, marquis de Douhauld, seigneur de Thizay, Villepeuple, Méron, Coulon, et autres lieux, fils de René-Louis d'Orsanne, chevalier, seigneur des mêmes fiefs, mousquetaire, puis capitaine de dragons au régiment de Nouailles, et de noble dame Marguerite Trumeau de Longchamp, né à Issoudun le 29 juin 1741, devint officier au régiment de Navarre, Infanterie; puis, plus tard, il fut député par la Noblesse du Berry à l'assemblée provinciale tenue à Bourges en 1789. Il inspirait une telle confiance, nous dit un témoin oculaire, qu'il était choisi comme arbitre par tous les partis, pour terminer les nombreux différends qui naissaient du contact des opinions opposées ou des passions surrexitées par les événements politiques. Sa vertueuse conduite et la considération dont il était entouré ne l'empêchèrent pas d'être cruellement persécuté et, s'il échappa à l'échafaud révolutionnaire, ce fut grâce aux touchantes réclamations des populations fidèles et reconnaissantes. — Décédé en 1801, il laissa, de son union contractée, à Lyon, vers 177..., avec notre demoiselle *Etiennette* DE WILLIONNE, cinq enfants;

1° René, comte d'Orsanne, officier d'infanterie, né en 1775, dont nous avons parlé plus haut, et qui fut tué au siége de Lyon en 1793, en combattant pour la cause royaliste;
2° Louis, vicomte d'Orsanne de Villepeuple, marié à Orléans, le 27 janvier 1818, avec Mlle Hélène Colas des Francs; — mort sans postérité;
3° Philippe, qui suit;
4° Charles-Marcellin, dont la filiation suivra celle de son frère aîné;
5° Marie-Victoire d'Orsanne, née en 1773; mariée, en 1802, avec M. Ferdinand, comte de Waters, ancien préfet d'Indre-et-Loire, officier de la Légion-d'Honneur, chevalier de Malte et de St-Louis, fils de Georges-Jean, comte de Waters, baron de La Maisonfort, colonel au régiment de Dillon, chevalier de St-Louis, chambellan du duc de Parme, et de Marie-Constance de Rice. — De leur union est issue Célinie de Waters, chanoinesse de Bavière, mariée avec M. Augustin, vicomte de Meaux, dont Camille de Meaux, né en 1829, député à l'Assemblée Nationale en 1871, nommé, en 1874, ministre de l'Agriculture et du Commerce, aujourd'hui (1876) sénateur. — M. Camille de Meaux a épousé Mlle Marie-Elisabeth-Viltrude de Montalembert, fille du célèbre orateur.

Rameau de Douhauld.

II° *Philippe* D'ORSANNE, chevalier, seul héritier du titre de *marquis* DE DOUHAULD, né au château de Coulon (Cher), le 20 avril 1781, mort au château de La Roche (Cher) en 1862, s'est allié, le 16 février 1811, avec Mlle *Suzanne* DE MAUSSABRÉ, fille de M. Honoré, comte de Maussabré, chevalier de St-Louis et capitaine au régiment de la Reine, Infanterie, et de noble dame Marie-Madeleine-Louise Durand de Lavaux-Martin, dont :

1° Charles-Marcellin, né en 1815; marié, en 1848, avec Mlle Elvire de La Taille, d'une ancienne famille du Gâtinais, dont :
A. Marie, née le 21 juin 1849;
B. Louise, ... 1er septembre 1850;
C. René, né le 16 août 1852;
D. Charles, ... 23 mars 1854;
E. Marcelle, née le 29 juillet 1856;
F. Gustave, né le 11 mars 1860.

2° Henri d'Orsanne, né le 13 décembre 1817; capitaine de dragons, puis chef d'escadron de gendarmerie, officier de la Légion-d'Honneur, décoré du Medjidié; — marié, en août 1858, avec Mlle Octavie Dagneau de Richechour, dont une fille, Marguerite, née en 1861.

3° Honorine d'Orsanne, née le 24 août 1812; mariée, le 24 octobre 1837, avec M. Charles, baron de Bousingen, général de brigade, commandeur de la Légion-d'Honneur, d'une ancienne maison originaire de Pologne.

4° Marie-Victoire-Louise, née le 28 janvier 1814; mariée, le 27 novembre 1837, avec M. Auguste, comte de Bar, dont un fils, Gustave.

Rameau de Thizay.

II° *bis.* — Messire *Charles*-Marcellin D'ORSANNE DE THIZAY, appelé *le chevalier*, et héritier du titre de *vicomte* à la mort de son frère Louis, né le 27 avril 1787 au château de Coulon (Cher), colonel d'infanterie, chevalier de St-Louis, de la Légion-d'Honneur et de St-Ferdinand d'Espagne, mort à Orléans en 18....., a épousé en la même ville, le 20 août 1825, noble demoiselle *Rosalie-Claire* HANAPIER D'ORMES, fille de M. Amy Hanapier d'Ormes, écuyer, lieutenant de cavalerie, ancien gendarme de la garde de Louis XVI, puis commissaire des guerres, et de Marie-Anne de Loynes, dont trois enfants :

1° Marie-*Célinie* d'Orsanne, née le 30 novembre 1829; mariée, le 25 juillet 1849, avec M. Guillaume-*Henri* de Minvieille, d'une ancienne famille de Gascogne; de cette union est sortie une fille, Juliette de Minvieille.

2° Marie-*Isabelle*, née le 4 mars 1832; mariée, le 8 janvier 1850, avec M. *Edmond* de Raguenet de St-Albin.

3° Louis-Ferdinand, qui suit.

III° M. Louis-*Ferdinand*, vicomte D'ORSANNE DE THIZAY, né à Quimper le 25 août 1827, aujourd'hui propriétaire au château de Mézières, près de Cléry-sur-Loire (Loiret), et maire de sa commune, s'est allié, le 27 février 1854, avec Mlle *Hélène*-

Marie-Noël Lockhart, fille de M. Charles-François Lockhart, *esquire*, d'une famille originaire d'Ecosse (1), et de dame Jeanne-Marie de Tristan.

De cette union, deux filles :

1° Jeanne-*Marie*-Noël d'Orsanne de Thizay, née à Orléans (Loiret) le 25 décembre 1854 ; mariée à Mézières (Loiret), les 30-31 mai 1876, avec M. Joseph-*Roger* du Buisson de Courson, ancien zouave pontifical et ancien militaire (cuirassiers) ;

2° Marie-*Elisabeth* d'Orsanne de Thizay, né à Orléans le 8 janvier 1859; encore sans alliance.

d'ORSANNE porte : *d'argent, au chevron de gueules* (armes primitives); *au chef d'azur, chargé de trois mâcles d'or* (emblèmes de la captivité de René d'Orsanne en 1356).

Timbre : *Couronne de Marquis.*

Supports : *Deux ours de sable.*

Devise : *Spes captivos alit* (L'espérance soutient le courage des captifs).

(1) La branche aînée de la famille Lockhart possède encore, en Écosse, la terre baronniale de Lée.

Lockhart porte : *d'argent, au cadenas de sable enveloppant un cœur de gueules ; au chef d'azur, chargé de trois hures de sanglier d'argent.*

ADDITIONS AUX ALLIANCES

PAR SUITE DE CHANGEMENTS SURVENUS EN COURS D'IMPRESSION.

XL° PATRY,

Rameau de Sully et de Hérils.

Page 476 : article Charles-Léon de Patry.

M. Charles-*Léon* DE PATRY, dernier représentant *mâle* de son nom et de sa race en Basse-Normandie, est décédé à Bayeux (Calvados), à l'âge de 71 ans 11 mois 10 jours, le lundi 6 novembre 1876, après une douloureuse maladie courageusement et chrétiennement supportée ; il a été inhumé, le jeudi suivant 9 novembre, dans le cimetière de cette ville, près des tombes de sa mère et de son aïeule paternelle.

XLII° HENNET DE BERNOVILLE,

Rameau des Hennet de Goutelles.

Page 516 : article C : Alfred-Léon Hennet de Goutelles.

M. *Alfred*-Léon HENNET DE GOUTELLES, colonel d'artillerie en retraite, le frère du général Paul Hennet de G., et le mari de Mlle Claire Bergeron d'Anguy, est décédé au Mans dans les premiers jours de janvier 1877, à l'âge de 63 ans environ; il s'était fixé dans cette ville après avoir fait l'acquisition de la maison de son neveu, M. Gustave Tanquerel de La Panissais, qui l'avait précédé de deux ans dans la tombe.

FIN.

« . . . *Fas est et decet meminisse parentum.* »

ERRATA.

Page 39, ligne 1 et 2, *au lieu de* une campanille moderne, *lisez* un campanile moderne.
Id. 100, id. 23, *au lieu de* mais le tibre est, *lisez* mais le timbre est.
Id. 146, id. 41, *au lieu de* dans un contrat du 20 septembre 1679, *lisez* dans un contrat du 12 septembre 1679.
Id. 162, id. 35, *au lieu de* 28 thermidor An IX (27 juillet 1801), *lisez* 28 thermidor An IX (16 août 1801).
Id. 171, id. 8, *au lieu de* dans l'église d'Amblie, *lisez* dans le cimetière d'Amblie.
Id. 182, id. 19, *au lieu de* dame de Ducey et de Charencey, *lisez* dame de Ducey et de Chérencey.
Id. 183, id. 1 et 2, *au lieu de* BÉATRIX D'YVOY, dame d'Yvoy en Lingreville, *lisez* BÉATRIX D'YNOY, dame d'Ynoy-en-Lingreville.
Id. 184, id. 5, *au lieu de* contrat passé au Bournonnel, *lisez* contrat passé au Bourgnouvel.
Id. 208, id. dernière, *au lieu de* sieur déput, *lisez* sieur député.
Id. 213, id. 43, *au lieu de* Guillaume Hunot, *lisez* Guillaume Bunot.
Id. 223, id. 39, *au lieu de* **N° 79**, *lisez* **N° 70.**
Id. 250, id. 18, *au lieu de* Nécl (de Tontuy), *lisez* Nécl de Tontuit.
Id. 266, id. 27, au lieu de *Nicolpo de Vivers*, lisez *Nicolao de Nuers.*
Id. 266, id. 33. *au lieu de* Guario Bosq filio *(Guérin du Bosq fils)*, *lisez* Guario Bosc filio *(Guérin, fils de Bos ;* peut-être de *Beuve).*
Id. 266, id. 34 et 35, *au lieu de* paginam ad majorum certitudinem, *lisez* paginam ad majorem certitudinem.
Id. 271, id. 12, col. 1re, *au lieu de* sieur de Morienne, bailly d'Aumasle, *lisez* sieur de Morienne, baillie d'Aumasle.
Id. 271, id. 1re, col. 2, *au lieu de* Montfreuille sur B....., *lisez* Montfreville-sur-Bayeux.
Id. 280, id. 19, *au lieu de* foci prætoriani, *lisez* fori prætoriani.
Id. 317, id. 7, *au lieu de* **(13 avril 1797)**, *lisez* **(12 avril 1797)**.
Id. id., id. 36, *au lieu de* **28 thermidor an IX (27 juillet 1801)**, *lisez* **28 thermidor an IX (16 août 1801).**
Id. 335, id. 12 et 13, *au lieu de* Montfreville sur B....., baillie de Pont-Audemer, *lisez* Montfreville-sur-Bayeux, vicomté de Bayeux.
Id. 352, id. 12, *au lieu de* Gilonne du Buisson, *lisez* Gillonne du Buisson.
Id. 364, id. 15, *au lieu de* mars ou d'avril 1679, *lisez* de novembre ou de décembre 1679.
Id. 365, id. 24, *au lieu de* marquis du Mesnil-Renfray, *lisez* marquis du Mesnil-Raïnfray.
Id. 456, id. 9, *au lieu de* JOSÉPHINE DU BUISSON DE COURSON : 27 *juillet* 1801, *lisez* JOSÉPHINE DU BUISSON DE COURSON : 16 *août* 1801.
Id. 458, id. 44, *au lieu de* testibus Ricardo de Ponet, *lisez* testibus Ricardo de Ponte.
Id. 517, id. 27, *au lieu de* et dont il eut quatre enfants, *lisez* et dont il eut trois enfants.
Id. id., id. 37 et 38, *au lieu de* dont il eut deux fils, morts dans leur jeunesse et une fille, *lisez* dont deux fils, morts dans leur jeunesse, plus une fille et un autre fils qui suivent.
Id. 518, id. 1re, *au lieu de* 4° Etienne-Jules-Armand, *lisez* Etienne-Jules-Arnaud de Sigaldi, frère de Pauline (Mme de Lalande).

TABLE

DES PRINCIPALES MATIÈRES CONTENUES DANS CE VOLUME.

Les chiffres donnent l'indication des pages.

I° — Noblesse française.

II° — Féodalité, Fiefs, Seigneuries.

III° — Armoiries : Blason.

IV°— Du Buisson de Courson-Cristot. Maison normande.

V° — Variétés.

VIe — Quelques sources diverses où l'on a puisé des renseignements, en dehors du cartulaire de famille.

Etc., etc.

TABLE ALPHABÉTIQUE

DES

PRINCIPAUX NOMS DE LIEU DONT IL EST QUESTION DANS CET OUVRAGE

Etc. Etc.

TABLE ALPHABÉTIQUE

DES DIVERS MEMBRES

DE LA MAISON NORMANDE DES DU BUISSON

(BRANCHE MÈRE, BRANCHES D'IQUELON ET DE COURSON-CRISTOT),

DÉSIGNÉS PAR LEURS PRÉNOMS,

ET DE LEURS PRINCIPALES ALLIANCES.

Hommes.

Femmes.

Leurs alliances directes les plus connues.

Notices historiques.

TABLE ALPHABÉTIQUE

DES

PRINCIPALES FAMILLES

AUTRES QUE LA FAMILLE DU BUISSON DE COURSON-CRISTOT

DONT IL EST QUESTION DANS CET OUVRAGE.

TABLE

DES

SOUVERAINS, PRINCES ET GRANDS DIGNITAIRES

MENTIONNÉS DANS CET OUVRAGE.

Caen, typ. F. Le Blanc-Hardel.

www.ingramcontent.com/pod-product-compliance
Lightning Source LLC
Chambersburg PA
CBHW031723210326
41599CB00018B/2493

* 9 7 8 2 0 1 2 6 2 1 8 7 9 *